HongKong

Macau

Kanton

Anhang

**Werner Lips**
**Hongkong, Macau und Kanton**

*Ein Weg bildet sich dadurch, dass er begangen wird.*
(ZhuangZi)

## Impressum

Werner Lips
**Hongkong, Macau und Kanton**

erschienen im
REISE KNOW-HOW Verlag Peter Rump GmbH
Osnabrücker Str. 79
33649 Bielefeld

© Peter Rump 1998, 2000, 2002, 2004
**5., komplett aktualisierte Auflage 2007**

Alle Rechte vorbehalten.

**Gestaltung**
Umschlag: G. Pawlak, P. Rump (Layout);
 André Pentzien (Realisierung)
Inhalt: Günter Pawlak (Layout);
 Kordula Röckenhaus (Realisierung)
Fotos: der Autor (wl)
Titelfoto: René Raeder, www.fotolia.de
Karten: Bernhard Spachmüller, der Verlag

**Lektorat** (Aktualisierung): André Pentzien

**Druck und Bindung:**
Fuldaer Verlagsanstalt GmbH & Co. KG

**ISBN 978-3-8317-1616-6**
Printed in Germany

Dieses Buch ist erhältlich in jeder Buchhandlung
Deutschlands, der Schweiz, Österreichs, Belgiens
und der Niederlande.
Bitte informieren Sie Ihren Buchhändler
über folgende Bezugsadressen:
**Deutschland**
 Prolit GmbH, Postfach 9, D-35461 Fernwald (Annerod)
 sowie alle Barsortimente
**Schweiz**
 AVA-buch 2000
 Postfach, CH-8910 Affoltern
**Österreich**
 Mohr Morawa Buchvertrieb GmbH
 Sulzengasse 2, A-1230 Wien
**Niederlande, Belgien**
 Willems Adventure
 Postbus 403, NL-3140 AK Maassluis

Wer im Buchhandel trotzdem kein Glück hat,
bekommt unsere Bücher auch direkt über
unseren **Büchershop im Internet:**
**www.reise-know-how.de**

*Wir freuen uns über Kritik, Kommentare
und Verbesserungsvorschläge.*

*Alle Informationen in diesem Buch sind vom
Autor mit größter Sorgfalt gesammelt
und vom Lektorat des Verlages gewissenhaft
bearbeitet und überprüft worden.*

*Da inhaltliche und sachliche Fehler nicht ausgeschlossen
werden können, erklärt der Verlag,
dass alle Angaben im Sinne der Produkthaftung
ohne Garantie erfolgen und dass Verlag
wie Autor keinerlei Verantwortung und
Haftung für inhaltliche und sachliche Fehler
übernehmen.*

*Die Nennung von Firmen und ihren Produkten und
ihre Reihenfolge sind als Beispiel ohne Wertung gegenüber
anderen anzusehen. Qualitäts- und Quantitätsangaben
sind rein subjektive Einschätzungen
des Autors und dienen keinesfalls der Bewerbung
von Firmen oder Produkten.*

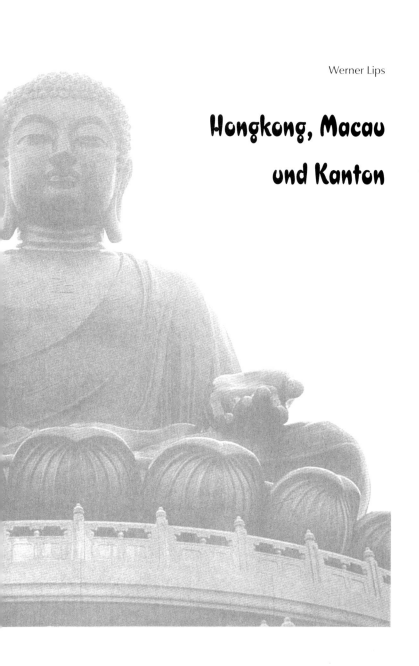

Werner Lips

# Hongkong, Macau und Kanton

## REISE KNOW-HOW im Internet

Aktuelle Reisetipps und Neuigkeiten
Ergänzungen nach Redaktionsschluss
Büchershop und Sonderangebote

**www.reise-know-how.de**
**info@reise-know-how.de**

Wir freuen uns über Anregung und Kritik.

# Vorwort

HongKong – wie viele andere Städte auf dem Globus gibt es noch, bei deren Namen allein dem Weltenbummler ein kalter Schauer über den Rücken läuft? HongKong, zu deutsch „duftender Hafen", ist in vieler Hinsicht einmalig und mit keiner anderen Weltstadt vergleichbar. Das Meer inmitten der Stadt, die emsige Geschäftigkeit, die selbst in der heutigen Zeit noch immer geheimnisvollen Alltagsbräuche der Chinesen, die überwältigenden Warenberge und Leuchtreklamen, diese schier perfekte Schnittstelle zwischen den Kulturen und Systemen. Und gleichzeitig immer wieder augenfällige Gegensätze: Manager in Maßanzügen betend im jahrhundertealten verräucherten Tempel, winzige Garküchen neben den teuersten Restaurants, auseinanderfallende Klapperkisten neben Nobelkarossen. Die schönste Skyline, der höchste Buddha, der größte Vergnügungspark, die längste Brücke – HongKong ist auch eine Stadt der Superlative, und täglich scheinen sich neue Rekorde hinzuzugesellen. Die Bevölkerung erfreut sich eines erstaunlich hohen Lebensstandards, wird aber politisch weitgehend bevormundet, auch wenn die Volksrepublik China seit der Rückgabe seitens der Briten 1997 unerwartet wenig am inneren Gefüge der ehemaligen Kronkolonie geändert hat.

HongKong besteht nicht nur aus großstädtischer Geschäftigkeit; auf den 234 vorgelagerten Inseln und im Hinterland, New Territories genannt, läuft das Leben langsamer, nahezu ländlich-geruhsam. Subtropische Strände, einsame Wanderwege und Naturparks vermitteln ein Bild von HongKong, welches die wenigsten kennen.

Mit der Fähre (Turbocat) liegt Macau, die älteste europäische Besitzung in China und seit 1999 wie HongKong Sonderverwaltungsgebiet des Riesenreiches, nur einen Katzensprung von HongKong entfernt. Nachts Sündenmeile und Spielhölle, tagsüber in altem kolonialen Glanz erstrahlend, ist Macau weit mehr wert als nur einen Tagesausflug.

Direkt nördlich grenzt das Reich des gelben Drachen an die beiden Metropolen, welches mit Sonderwirtschaftszonen ZhuHai und ShenZhen vor den Toren Macaus und HongKongs den großen Vorbildern wirtschaftlich Konkurrenz macht. Und folgt man schließlich dem Perlfluss ein kleines Stück flussaufwärts, erreicht man das eigentliche, echte China mit seinem traditionsreichen Zentrum GuangZhou (Kanton).

Gute Reise!

*Werner Lips*

# INHALT

| | | | |
|---|---|---|---|
| Vorwort | 7 | Öffnungszeiten | 67 |
| Benutzerhinweise | 12 | Orientierung | 67 |
| Tourenvorschläge | 13 | Postwesen und Telefon | 67 |
| Was man unbedingt wissen sollte | 14 | Sicherheit | 68 |
| | | Sprache | 69 |
| Die Städte im Überblick | 15 | Sprachaufenthalt und Studium | 69 |

## HongKong (XiangGang)

### Praktische Reisetipps von A bis Z  18
unter Mitarbeit von E.H.M. Gilissen

| | | | |
|---|---|---|---|
| An- und Rückreise (aus Europa) | 18 | Sport | 70 |
| Abreise, regionale Weiterreise | 26 | Uhrzeit | 75 |
| Ausflüge, organisierte Touren, Reisebüros | 29 | Unterhaltung | 75 |
| | | Unterkunft | 80 |
| Ausrüstung | 30 | Verkehrsmittel | 95 |
| Behinderte auf der Reise | 32 | Versicherungen | 103 |
| Bekleidung | 33 | | |
| Diplomatische Vertretungen | 33 | **Land und Natur** | **105** |
| Ein- und Ausreisebestimmungen | 34 | Geografie | 105 |
| Einkäufe | 35 | Klima ud Reisezeit | 106 |
| Elektrizität | 42 | Flora und Fauna | 108 |
| Essen und Trinken – Chinesische Küche | 43 | | |
| | | **Staat und Politik** | **109** |
| Essen und Trinken – Verpflegungstipps | 48 | Geschichte | 109 |
| | | Politik | 115 |
| Feste und Feiertage | 55 | Wirtschaft und Handel | 117 |
| Film und Foto | 58 | Tourismus | 120 |
| Geldangelegenheiten | 58 | Verkehr und Umwelt | 121 |
| Gepäckaufbewahrung | 60 | | |
| Gesundheit und Hygiene | 60 | **Mensch und Gesellschaft** | **122** |
| Informationsstellen | 61 | | |
| Kinder auf der Reise | 62 | Bevölkerung | 122 |
| Kosten | 63 | Glaubensrichtungen | 123 |
| Maße und Gewichte | 64 | Mentalität, Brauchtum und Verhaltenshinweise | 128 |
| Medien | 64 | Bildung und Soziales | 133 |
| Notfälle | 66 | Traditionelle Künste | 134 |
| | | Musik und chinesische Oper | 139 |
| | | Architektur | 140 |

# Inhalt

## HongKong-Island — 141

| | |
|---|---|
| Überblick | 141 |
| Central, Western und SheungWan | 144 |
| CheKeiShan – HongKong Peak | 152 |
| WanChai | 154 |
| Causeway Bay | 155 |
| North Point/ShauKeiWan | 160 |
| Shek O | 161 |
| Stanley | 161 |
| Repulse Bay und Deep Water Bay | 162 |
| OceanPark und Water World | 163 |
| Aberdeen | 165 |
| Der HongKong-Trail | 165 |
| Der Wilson-Trail | 170 |

## KowLoon — 172

| | |
|---|---|
| Überblick | 172 |
| TsimShaTsui | 173 |
| HungHom | 180 |
| YauMaTei | 182 |
| MongKok | 185 |
| New KowLoon | 186 |

## Die New Territories — 189

| | |
|---|---|
| Überblick | 189 |
| Die westlichen New Territories | 189 |
| Die zentralen New Territories | 198 |
| Die östlichen New Territories | 204 |

## Die Inseln — 215

| | |
|---|---|
| LamMa | 215 |
| CheungChau | 221 |
| PengChau | 228 |
| LanTau | 230 |
| TungLungChau | 245 |
| TapMunChau | 247 |
| PingChau | 249 |
| YimTinTsai | 250 |
| KiuTsuiChau | 252 |
| PoToi | 252 |
| Weitere Inseln | 253 |

## Exkurse

| | |
|---|---|
| Mini-„Flug-Know-how" | 20 |
| HongKonger „Spezialitäten" | 31 |
| Film | 76 |
| DengXiaoPing | 113 |
| Die Orakelknochen (GuWen) | 125 |
| Aufstieg und Fall des Hauses Aw | 159 |
| Praxisnaher Englischunterricht | 178 |
| Der HongKong-Museum-Pass | 179 |
| MahJong-Karten | 185 |
| Das Svastik – Symbolzeichen des Buddhismus | 193 |
| Die KowLoon-Kanton-Railway | 200 |
| Der MacLehose-Trail | 213 |
| Das Kuchenfest | 225 |
| Die portugiesischen Festungen | 305 |
| Luis de Camoes | 306 |
| Vasco da Gama | 310 |
| Francisco Xavier | 322 |
| Zugfahren in der VR China | 343 |
| Dr. SunYatSen | 415 |

# INHALT

## Macau (AoMen)

### Praktische Reistipps von A bis Z  256
unter Mitarbeit von E.H.M. Gilissen

| | |
|---|---:|
| An- und Weiterreise | 256 |
| Ausflüge und organisierte Rundreisen | 259 |
| Ausrüstung und Bekleidung | 260 |
| Behinderte auf der Reise | 260 |
| Ein- und Ausreisebestimmungen | 260 |
| Einkäufe, Elektrizität | 261 |
| Essen und Trinken | 262 |
| Feste und Feiertage | 264 |
| Film und Foto | 264 |
| Geldangelegenheiten | 264 |
| Gesundheit und Hygiene | 265 |
| Informationsstellen | 266 |
| Kinder auf der Reise, Kosten | 266 |
| Maße und Gewichte | 267 |
| Medien | 267 |
| Notfälle | 267 |
| Öffnungszeiten | 268 |
| Orientierung | 268 |
| Post und Telefon | 268 |
| Reisezeit | 269 |
| Sicherheit | 270 |
| Sport | 270 |
| Sprache | 270 |
| Studium | 271 |
| Unterhaltung | 271 |
| Unterkunft | 275 |
| Verkehrsmittel | 279 |

### Land und Natur  283

| | |
|---|---:|
| Geografie | 283 |
| Klima | 283 |
| Flora und Fauna | 284 |

### Staat und Gesellschaft  285

| | |
|---|---:|
| Geschichte | 285 |
| Politik | 288 |
| Wirtschaft | 289 |
| Tourismus | 289 |
| Bevölkerung und Religion | 290 |

### Die Insel Macau  291

| | |
|---|---:|
| Penha Peninsula | 291 |
| Zentral-Macau | 300 |
| Nord-Macau | 309 |

### TaiPa  316

### Coloane  320

## Kanton (GuangDong)

### Praktische Reisetipps von A bis Z  326
unter Mitarbeit von E.H.M. Gilissen

| | |
|---|---:|
| Anreise | 326 |
| Ausrüstung und Bekleidung | 327 |
| Behinderte auf der Reise | 327 |
| Ein- und Ausreisebestimmungen | 328 |
| Einkäufe | 330 |
| Elektrizität, Essen und Trinken | 331 |
| Feste u. Feiertage | 331 |
| Film/Foto, Geldangelegenheiten | 332 |
| Gesundheit und Hygiene | 334 |
| Informationsstellen | 335 |
| Kinder auf der Reise | 335 |
| Kosten | 336 |
| Maße und Gewichte, Medien | 336 |

| | |
|---|---|
| Notfälle | 337 |
| Öffnungszeiten, Post und Telefon | 337 |
| Reisezeit | 338 |
| Sicherheit | 338 |
| Sprache, Uhrzeit, Unterhaltung | 339 |
| Unterkunft | 341 |
| Verkehrsmittel | 342 |
| Versicherungen | 343 |

## Land und Natur — 344

| | |
|---|---|
| Geografie | 344 |
| Klima, Flora und Fauna | 346 |

## Staat und Gesellschaft — 347

| | |
|---|---|
| Geschichte | 347 |
| Politik | 350 |
| Bevölkerung | 352 |
| Wirtschaft und Handel | 352 |
| Tourismus | 355 |
| Verkehr und Umwelt | 356 |

## GuangZhou (Kanton) — 357

| | |
|---|---|
| Überblick | 357 |
| Sehenswertes zwischen HuanShiLu und ZhongShanLu | 360 |
| Sehenswertes im Nordosten | 370 |
| Sehenswertes südlich der ZhongShanLu | 373 |
| Unterkunft | 378 |
| Essen und Trinken | 381 |
| Einkäufe | 382 |
| Unterhaltung | 384 |
| Institutionen | 384 |
| Transport in der Stadt | 385 |
| Organisierte Chinareisen | 387 |
| Weiterreise | 390 |

## ShenZhen, SEZ — 394

| | |
|---|---|
| Überblick | 394 |
| Sehenswertes | 396 |
| Unterkunft | 404 |
| Essen und Trinken, Institutionen | 406 |
| Transport in ShenZhen | 407 |
| Weiterreise | 408 |

## ZhuHai, SEZ — 410

| | |
|---|---|
| Überblick | 410 |
| Sehenswertes | 412 |
| Unterkunft | 415 |
| Essen und Trinken | 417 |
| Unterhaltung | 418 |
| Institutionen | 418 |
| Transport in ZhuHai | 419 |
| Weiterreise | 419 |

## Anhang

| | |
|---|---|
| Sprachhilfe | 422 |
| Glossar | 428 |
| Literaturhinweise | 440 |
| Reise-Gesundheitsinformationen | 442 |
| Register | 457 |
| Der Autor | 467 |
| Kartenverzeichnis und Legende | 468 |

### Danksagung

Mein Dank gilt allen Lesern, die sich die Mühe machten, zwischen den Auflagen auf Änderungen, eigene Erfahrungen und Ergänzungen hinzuweisen. Besonders hilfreich waren die Zuschriften/Mails von:

A. Abert, C. Bank, M. Baraczewski, K. Brauer, G. Braunschweiger, W. Grohe, Hd. Hannemann, M. Heidelmann, C. Hermes, T. Ihle, B. Knopf, G. & M. Kuhn, T. Laubis, A. Leung, M. Mühlhausen, K. Schaper, R. Stacks, U. Übelhör, M. Umpitz, Dr. W. Wiegmann sowie D. Wirowski.

# Hinweise zur Benutzung

Dieses Handbuch gliedert sich in drei Teile: HongKong, Macau und die Provinz GuangDong. Jeder Teil umfasst einen allgemeinen Informationsteil bestehend aus praktischen **Reisetipps von A bis Z** und Hintergrundkapiteln zu **Land und Leuten** sowie die Beschreibung der einzelnen **Sehenswürdigkeiten.**

Reisetipps, die für alle drei Teile gelten, sind nur bei HongKong ausführlich vermerkt, um Doppelungen zu vermeiden.

HongKong und Macau gehören seit 1997 bzw. 1999 der Chinesischen Volksrepublik an. Natürlich sind sie seit jeher Teil des chinesischen Kulturkreises, man verwendet daher chinesische Schriftzeichen.

In HongKong und Macau kommt man sehr gut mit Englisch zurecht, auch im Straßenbild sind Straßenschilder, Behörden usw. immer auch in Englisch (HongKong) bzw. Portugiesisch (Macau) beschriftet. In China werden nur die Schriftzeichen verwendet, daneben gelegentlich die internationale lateinische **Umschrift PinYin.** Die Sprachhilfe im Anhang, insbesondere für Reisen nach China konzipiert, verwendet diese einfach zu benutzende PinYin-Umschrift neben den Schriftzeichen.

Als Hilfe für den Leser beginnt die Umschrift jedes einzelnen chinesischen Zeichens im Buch mit einem Großbuchstaben, zusammengehörende Begriffe werden außerdem stets zusammengeschrieben, beispielsweise HongKong, GuangZhou, XiAn usw. Der Benutzer kann so erkennen, dass der Ort *XiAn* aus zwei, der Begriff *Xian* dagegen aus nur einem Zeichen besteht. Außerdem wird *XiAn* anders gesprochen (zweisilbig, etwa: „shii-ann") als *Xian* (einsilbig, „shjänn"). Manchmal kann in Gegenden mit Wegweisern, die nur aus Schriftzeichen bestehen, so der Weg durch Abzählen der Zeichen eher erkannt werden.

In HongKong und Macau wird nicht das in China als Amtssprache verbreitete Mandarin, sondern **Kantonesisch** gesprochen, darüber hinaus ist eine völlig andere Umschrift verbreitet. In den Kapiteln zu HongKong und Macau wird daher die dort übliche Umschrift des Kantonesischen im Buch zuerst genannt und – sofern notwendig – die Mandarin/PinYin-Variante in Klammern ergänzt, z.B. HongKong (XiangGang), Kanton (GuangZhou) usw.

Da manche Sehenswürdigkeiten auch in HongKong und Macau nicht in Englisch ausgeschildert sind, gelegentlich auch einmal Englisch nicht verstanden wird, werden die Namen der Sehenswürdigkeiten auch in ***chinesischen Zeichen*** wiedergegeben. Gleiches gilt für Hotels und Institutionen in den Städten der Volksrepublik. Um dem Leser hier die Zuordnung zu erleichtern, ist dem lateinischen Namen des in Zeichen geschriebenen Begriffes im Haupttext das Zeichen Φ (bedeutet übrigens „chinesisch") vorangestellt.

Abschließend noch eine geografische Begriffsklärung: Das im Deutschen gebräuchliche **Kanton** ist die kantonesische Umschrift und bezeichnet sowohl die Stadt wie auch die Provinz. Im Mandarin wird hier differenziert: Die Stadt heißt **GuangZhou,** die Provinz **GuangDong.**

## Abkürzungen

| | |
|---|---|
| a/c | air-con, Klimaanlage |
| Bbhf. | Busbahnhof |
| Bldg. | Building (Gebäude) |
| BSP | Bruttosozialprodukt |
| chin. | chinesisch |
| Do. | Dormitory (Schlafsaal) |
| DZ | Doppelzimmer |
| EZ | Einzelzimmer |
| Hbf | Hauptbahnhof |
| HK-Island | Insel HongKong, Hauptinsel |
| HK$ | HongKong-Dollar |
| HKTA | HongKong Tourist Association (Touristeninformationsstelle) |
| KCR | Eisenbahn KowLoon – Kanton |
| km | Kilometer |
| KPC | Kommunistische Partei Chinas |
| LRT | Straßenbahnsystem in HongKongs New Territories |
| M$ | Macau Patacas, Macau-Dollar |
| MTR | U-/S-Bahnsystem in HongKong |
| NT | New Territories (Neue Territorien, Teil von HongKong) |
| RMB | RenMinBi, Währung der VR China |
| SAR | Sonderverwaltungsgebiet (Special Administrative Region = HongKong und Macau |
| SEZ | Sonderwirtschaftszone (Special Economic Zone = ShenZhen und ZhuHai) |
| TST | TsimShaTsui, Zentrum in KowLoon |
| VR (C) | Volksrepublik (China) |
| Y | Yuan (=RMB) |
| ↗ | siehe |

# Tourenvorschläge

Sehr viele Touristen reisen ausschließlich nach HongKong und lassen Macau wie auch die Provinz Kanton beiseite. Dies ist sehr bedauerlich, da die „Schwesterstädte" jeweils vollkommen anders und mindestens ebenso interessant sind wie HongKong selbst. Von HongKong nach Macau oder Kanton zu reisen, dauert heute kaum länger als eine Fahrt mit öffentlichen Verkehrsmitteln von Bremen nach Hamburg. Bei einem „stopover" von 2–3 Tagen sind solche Ausflüge aus Zeitgründen allerdings nicht zu empfehlen. Wer HongKong und Macau besuchen möchte, sollte mindestens vier (volle) Tage Zeit mitbringen, kommt noch ein Ausflug nach Kanton dazu, weitere 2 Tage. In einer Woche können also durchaus alle drei Metropolen besucht werden! Andererseits wird man dann nur einen recht oberflächlichen Eindruck gewinnen und nur die gängigsten Sehenswürdigkeiten zu Gesicht bekommen. Außerdem müsste dann ein China-Visum möglichst schon vor der Ankunft in HongKong ausgestellt sein.

Um alle in diesem Buch beschriebenen Sehenswürdigkeiten und Wanderungen wirklich zu erleben, benötigt man allein für HongKong etwa drei Wochen, für Macau und die beschriebenen Ziele der Provinz GuangDong je eine Woche zusätzlich. Die nachfolgenden Tourenvorschläge dienen lediglich der organisatorischen Hilfe der Leser und sollen zeigen, was „rein

# WAS MAN UNBEDINGT WISSEN SOLLTE

technisch" in einer bestimmten Zeit gesehen werden kann, sowie nochmals auf die Höhepunkte verweisen.

## Kurzaufenthalte/Stopover (2-3 Tage):

- **1. Tag:** Rundgang KowLoon, Uferpromenade, Space Museum, KowLoon Park, Science Museum, abendliches TsimShaTsui & Promenade
- **2. Tag:** HongKong-Island, Western/Central Rundgang, HongKong Park, Botanischer Garten, The Peak, Kneipenbummel in LanKwaiFong
- **3. Tag:** YauMaTei, MongKok, SiKSiK Yuan, Einkäufe

## Kurzurlaub (4-6 Tage):

Die **ersten beiden Tage** können wie oben geplant werden, danach empfehlen sich folgende Zusatzprogramme:
- **3. Tag:** Tagesausflug auf eine Insel (LamMa, LanTau oder CheungChau), wobei LanTau mit dem PoLin-Kloster und dem LanTau-Peak (934 m) die meisten Besucher anzieht.
- **4. Tag:** Tagesausflug nach Macau oder GuangZhou (Kanton). **Achtung:** das Visum für China am zweiten Tag beantragen, auch Bahnreservierung vornehmen.
- **5. Tag:** Tagesausflug in die New Territories. Je nach Interesse entweder Geschichte und Kultur (dann Westroute) oder Wanderungen und Natur (dann Plover Cove oder SaiKung, Ostroute)
- **6. Tag:** YauMaTei, MongKok, Einkäufe

## Vorschlag für eine komplette Rundreise in alle drei Metropolen (ca. 10 Tage):

Die **beiden ersten Tage** sollten wie oben für KowLoon und HongKong-Island angesetzt werden. Das Chinavisum so früh wie möglich beantragen.
- **3. Tag:** Tagesausflug in die New Territories, je nach Interesse entweder Ostroute (mehr Natur) oder Westroute (mehr Geschichte/Kultur)
- **4. Tag:** Ausflug auf eine der Outlying Islands
- **5. Tag** je nach Interesse (ganztägig): Water World und/oder Ocean Park bzw. Disneyworld auf LanTau, ggf. in Verbindung mit dem PoLin Kloster
- **6. Tag:** Bahnfahrt nach GuangZhou (Kanton). Besichtigung der Tempel GuangXiaoSi und WuXianGuan, YueXiu-Park und LiuHua-Park
- **7. Tag:** BaiYunShan (dauert 6-7 Stunden), Nachmittag Süd-Kanton mit Perlflusspromenade und ShaMian-Island
- **8. Tag:** Busfahrt nach GongBei, Einreise nach Macau. Halbtagesrundgang Zentral- und Südmacau: Penha-Church, Barra-Festung, AMa-Tempel, Maritimmuseum. Abend: Casinobesuch
- **9. Tag:** Nordseite Macaus mit Guia, Kunlam-Tempel, Fortalezza MongHa, Fortalezza Monte und Ruinen von St Paul. Abend: Hunderennen
- **10. Tag:** Halbtagesbesichtigung Taipa oder Coloane. Überfahrt nach HongKong und Flughafentransfer (dauert insgesamt nicht mehr als zwei Stunden).

# Was man unbedingt wissen sollte

## Visum

- Die Einreise nach **Macau** ist für Bürger Österreichs, der Schweiz und der Bundesrepublik Deutschland für bis zu 20 Tage ohne Visum möglich.
- In **HongKong** ist für Deutsche, Österreicher und Schweizer ein visafreier Aufenthalt von 90 Tagen möglich.
- Für Besuche der **VR China (Kanton)** besteht generell Visapflicht, Ausnahmen sind allerdings Kurzaufenthalte (bis zu 24 Stunden) bei der Einreise über den Flughafen GuangZhou beziehungsweise ein an der Grenze ausgestelltes Kurzvisum (landingpass) für Tagesbesuche der Sonderwirtschaftszonen.

## Geld

*HongKong Dollar* (HK$) bzw. **Macau Pataca** (M$) sind frei konvertierbar. Gewechselt wird bei allen Banken, Wechselstuben sowie an den Flug- und Fährhäfen. Im August 2007 lag der Wechselkurs bei 10,59 HK$ für 1 €, 7,81 HK$ für 1 US$ bzw. 6,46 HK$ für 1 SFr; 10,60 M$ für 1 €, 7,87 M$ für 1 US$ bzw. 6,51 M$ für 1 SFr.

In der chinesischen Provinz Kanton (GuangZhou, ShenZhen, ZhuHai) zahlt man mit dem chinesischen **RenMinBi** (RMB), auch **Yuan** (Y) genannt.

Wechselkurs im August 2007: 10,21 Yuan für 1 €, 7,58 Yuan für 1 US$, 6,27 Yuan für 1 SFr.

## Zeit

Gegenüber der mitteleuropäischen Zeit (MEZ) + 7 Stunden, bei mitteleuropäischer Sommerzeit + 6 Stunden.

## Klima

Subtropisches Klima mit heißen Sommern, regenreichen Übergangsphasen und feuchtkühlen Wintern.

## Impfungen

Wegen des in HongKong und Macau relativ hohen Hygienestandards sind keine speziellen Impfungen erforderlich. Zu empfehlen sind Tetanus-, Diphtherie- und Hepatitis-Impfungen sowie die Mitnahme eines Malariamittels (zur Einnahme im Falle einer Infektion ausreichend). Wer außerdem Gebiete der Volksrepublik China bereist, sollte sicherheitshalber auch die Polio- und Typhus-Impfungen rechtzeitig vor der Reise bei seinem Hausarzt vornehmen lassen ( ⌂ Gesundheitsinformationen im Anhang).

## Reisegepäck

Leichte Baumwollhemden/-blusen im Sommer, leichte Jacke oder wattierte Weste im Winter. Lange Hose/Rock ist außer an Stränden oder auf Inselwanderungen kulturell obligatorisch. Koffer nur für Geschäftsreisende, Touristen nehmen besser einen Rucksack oder eine Tragetasche.

## Versicherungen

Reiserücktrittsversicherung und Gepäckversicherung können, eine Auslandskrankenversicherung sollte unbedingt abgeschlossen werden.

# Die Städte im Überblick

| | HongKong | Macau | GuangZhou (Kanton) |
|---|---|---|---|
| *Fläche* | 1103 km² | 28,5 km² | 1444 km² |
| *Einwohnerzahl* | 7.015.000 | 510.000 | 6.850.000 |
| *Bevölkerungsdichte* | 6355/km² | 17.717/km² | 4655/km² |
| *Pro-Kopf BIP / Jahr* | ca. 28.000 US$ | ca. 19.500 US$ | ca. 7200 US$ |
| *höchste Erhebung* | TaiMoShan (957 m) | Guia (42 m) | BaiYunShan (382 m) |
| *Reisezeit* | ganzjährig | ganzjährig | ganzjährig |
| *Hauptregenzeit* | Juni–August | Mai–August | Mai–August |
| *Visapflicht* | nein (4 Wochen) | nein (3 Wochen) | ja (ab 24 Std.) |
| *Währung* | HongKong-Dollar (HK$) | Macau-Pataca (M$) | Yuan, RenMinBi (Yuan, Y) |

# HongKong (XiangGang)

香港

**Conrad International Hotel**
Nobelherberge

**Island Shangri La Hotel**
Nobelherberge

**Lippo Cent**
Von KowLoc
aus in der S
line kaum au
zumachen, i
Central aber
(HK-Park) we
der Schacht
bauweise un
kennbar

**Star Ferry Pier, WanChai**
Anlegepunkt f. Stadtfähre von KowLoon nach WanChai

**Harbour Centre**
Einkaufs- und Bürogebäude

**China Resources Building**
Wichtig für China Visa

**Citic Tower**
Bemerkenswert das unverkennbare FengShui-Loch

**Prince of Wales Building**
Ehemalige Basis der Ro
Navy, heute
Sitz der VBA

**Great Eagle Centre**
Büro- und Einkaufskomplex auf dem Weg zum China Resources Building

**HongKong Convention Centre**
Erbaut für die Übergabe HongKongs (1.7.97), hier fand die Zeremonie statt

**Central Plaza, 374 m**
abends Wechselbeleuchtung

**Bank of Chi**
Die „Tobleron
Schachtel" w
bis Anfang d
1990er Jahre
höchste Geb
de und meist
begehrtes Fo
motiv

**WanChai**

**Admiralty**

# HONGKONG (XIANGGANG)

**Jardine House**
Benannt nach dem Handelshaus Jardines; unverkennbar an den Bullaugen-Fenstern

**Exchange Square**
Börse HongKongs, wo der berühmte Hang Seng - Index erstellt wird

**Star Ferry Pier, Central**
Anlegepunkt f. Stadtfähre von KowLoon nach Central

**International Finance Centre I**
Das Bürohaus erinnert an einen aufrecht stehenden Rasierapparat; darunter liegen Airport Express Line und MTR-TungChung Line

**HK-Macau Ferry Terminal**
Im markanten rot-schwarzen Doppeltower liegt der Fährhafen nach Macau

**Ritz Carlton-Hotel**
Nobelherberge

**International Finance Centre II**
Mit 415,8 m zweithöchstes Gebäude HongKongs (seit 2004)

**The Peak**
Der eigentliche Gipfel; zwischen Tram-Station und Peak liegen die Top-Wohnungen der SAR

**The Centre, 350 m**
die wechselnde farbige Spitze (abends) stellt eine kodierte Uhr dar

**Peak Tower**
Hier endet die Peak Tram und beginnen der Rundweg um den Peak sowie der HongKong-Trail

**Vicwood Plaza**
Bürogebäude

*Central*

*SheungWan*

# Praktische Reisetipps von A bis Z

# An- und Rückreise (aus Europa)

## Luftweg

Direktverbindungen aus dem deutschsprachigen Raum nach HongKong bestehen von Frankfurt mit *Cathay Pacific* und *Lufthansa*, von München mit *Lufthansa*, von Zürich mit *Swiss*. Diese **Direkt- und Nonstop-Flüge** haben die Flugzeiten auf 11/12 Stunden *(Cathay, Lufthansa, Swiss)* verkürzt.

Daneben gibt es interessante **Umsteigeverbindungen** von vielen Flughäfen in D/A/CH mit *Air China* (über Peking), *Air France* (über Paris), *Air New Zealand* (über London), *British Airways* (über London), *China Airlines* (über Taipeh), *Emirates* (über Dubai), *Finnair* (über Helsinki), *KLM* (über Amsterdam), *Malaysia Airlines* (über Kuala Lumpur), *Qantas* (über London), *Qatar Airways* (über Doha), *Singapore Airlines* (über Singapur), Thai Airways (über Bangkok) und *Vietnam Airlines* (über Hanoi oder Ho Chi Minh City). Diese können zwar billiger sein als die Nonstop-Flüge, aber man muss hier auch eine längere Flugdauer einkalkulieren.

**Tipp:** *Cathay Pacific Airways* bietet interessante Stopover-Programme, Transport vom/zum Flughafen, günstige Übernachtungen in guten Hotels, Stadtrundfahrten usw. an. Dies gilt aber nur dann, wenn man HongKong nur 2 oder 3 Tage besucht, das Hauptreiseziel aber ein anderes Land der Region ist.

# AN- UND RÜCKREISE (AUS EUROPA)

## Flugpreise

Je nach Fluggesellschaft, Jahreszeit und Aufenthaltsdauer in HongKong bekommt man ein Economy-Ticket von Deutschland, Österreich und der Schweiz hin und zurück nach HongKong **ab ca. 700 €** (inkl. aller Steuern, Gebühren und Entgelte).

**Hauptsaison** für HongKong ist in den Sommer- und Weihnachtsferien. Am niedrigsten sind die Flugpreise für Flüge nach Ostern bis Ende Juni.

Preiswertere Flüge sind mit **Jugend- und Studententickets** (je nach Airline junge Leute bis 29 Jahre und Studenten bis 34 Jahre) möglich. Außerhalb der Hauptsaison gibt es einen Hin- und Rückflug von Frankfurt nach HongKong ab etwa 600 €.

Von Zeit zu Zeit offerieren die Fluggesellschaften **befristete Sonderangebote.** Dann kann man z.B. mit KLM für unter 600 € von vielen Flughäfen in Deutschland, Österreich und der Schweiz über Amsterdam nach HongKong und zurück fliegen. Diese Tickets haben in der Regel eine befristete Gültigkeitsdauer und eignen sich nicht für Langzeitreisende. Ob für die gewünschte Reisezeit gerade Sonderangebote für Flüge nach Hongkong auf dem Markt sind, lässt sich im Internet auf der Website von Jet-Travel (www.jet-travel.de) unter „Flüge" entnehmen, wo sie als **Schnäppchenflüge** nach Asien mit aufgeführt sind.

In Deutschland gibt es von Frankfurt aus die häufigsten Verbindungen nach HongKong. Tickets für Flüge von und nach anderen deutschen Flughäfen sind oft teurer. Da kann es für Deutsche attraktiver sein, mit einem **Rail-and-Fly-Ticket** per Bahn nach Frankfurt zu reisen (entweder bereits im Flugpreis enthalten oder nur 30 bis 60 € extra). Man kann je nach Fluglinie auch einen preiswerten **Zubringerflug** der gleichen Airline von einem kleineren Flughafen in Deutschland buchen. Außerdem gibt es **Fly & Drive-Angebote,** wobei eine Fahrt vom und zum Flughafen mit einem Mietwagen im Ticketpreis inbegriffen ist.

Indirekt sparen kann man als Mitglied eines **Vielflieger-Programms** wie www.star-alliance.com (Mitglieder u.a. Air New Zealand, Lufthansa, Singapore Airlines, Swiss, Thai Airways), www.skyteam.com (Mitglieder u.a. Air France, KLM) sowie www.oneworld.com (Mitglieder u.a. British Airways, Cathay Pacific Airways, Finnair, Qantas). Die Mitgliedschaft ist kostenlos, und mit den gesammelten Meilen von Flügen bei Fluggesellschaften innerhalb eines Verbundes reichen die gesammelten Flugmeilen dann vielleicht schon für einen Freiflug bei einem der Partnergesellschaften beim nächsten Flugurlaub. Bei Einlösung eines Gratisfluges ist langfristige Vorausplanung nötig.

## Empfehlenswerte Reisebüros

Folgende **zuverlässigen Reisebüros** haben meistens günstigere Preise als viele andere:

● **Jet-Travel,** Buchholzstr. 35, D-53127 Bonn, Tel. 0228-284315, Fax 284086, info@jet-travel.de, www.jet-travel.de. Auch für Jugend- und Studententickets. Sonderangebote auf der Website unter „Schnäppchenflüge".

# Mini „Flug-Know-how"

## Check-in

Nicht vergessen: Ohne einen *gültigen Reisepass* kommt man nicht an Bord eines Flugzeuges nach HongKong.

Bei den meisten internationalen Flügen muss man *zwei bis drei Stunden vor Abflug* am Schalter der Airline eingecheckt haben. Viele Airlines neigen zum Überbuchen, d.h., sie buchen mehr Passagiere ein, als Sitze im Flugzeug vorhanden sind, und wer zuletzt kommt, hat dann möglicherweise das Nachsehen.

Wenn ein *vorheriges Reservieren* der Sitzplätze nicht möglich war, hat man die Chance, einen Wunsch bezüglich des Sitzplatzes zu äußern.

## Das Gepäck

In der Economy-Class darf man in der Regel nur *Gepäck bis zu 20 kg pro Person* einchecken (steht auf dem Flugticket) und zusätzlich ein Handgepäck von 7 kg in die Kabine mitnehmen, welches eine bestimmte Größe von 55 x 40 x 23 cm nicht überschreiten darf. In der Business Class sind es meist 30 kg pro Person und zwei Handgepäckstücke, die insgesamt nicht mehr als 12 kg wiegen dürfen. Man sollte sich beim Kauf des Tickets über die Bestimmungen der Airline informieren.

Aus Sicherheitsgründen dürfen *Taschenmesser, Nagelfeilen, Nagelscheren,* sonstige Scheren und Ähnliches nicht mehr im Handgepäck untergebracht werden. Diese sollte man unbedingt im aufzugebenden Gepäck verstauen, sonst werden diese Gegenstände bei der Sicherheitskontrolle einfach weggeworfen. Darüber hinaus gilt, dass Feuerwerke, leicht entzündliche Gase (in Sprühdosen, Campinggas), entflammbare Stoffe (in Benzinfeuerzeugen, Feuerzeugfüllung) etc. nichts im Passagiergepäck zu suchen haben.

Seit November 2006 dürfen Fluggäste *Flüssigkeiten* oder vergleichbare Gegenstände in ähnlicher Konsistenz (z.B. Getränke, Gels, Sprays, Shampoos, Cremes, Zahnpasta, Suppen) nur noch in der Höchstmenge von 0,1 Liter als Handgepäck mit ins Flugzeug nehmen. Die Flüssigkeiten müssen in einem durchsichtigen, wiederverschließbaren Plastikbeutel transportiert werden, der maximal einen Liter Fassungsvermögen hat.

## Rückbestätigung

Bei den meisten Airlines ist heutzutage die *Bestätigung des Rückfluges* nicht mehr notwendig. Allerdings empfehlen alle Airlines, sich dennoch telefonisch zu erkundigen, ob sich an der Flugzeit nichts geändert hat, denn kurzfristige Änderungen der genauen Abfluguhrzeit kommen beim zunehmenden Luftverkehr heute immer häufiger vor.

Wenn die Airline allerdings eine Rückbestätigung *(reconfirmation) bis 72 oder 48 Stunden vor dem Rückflug* verlangt, sollte man auf keinen Fall versäumen, die Airline kurz anzurufen, sonst kann es passieren, dass die Buchung im Computer der Airline gestrichen wird; der Flugtermin ist dahin. Das Ticket verfällt aber nicht dadurch, es sei denn, die Gültigkeitsdauer wird überschritten, aber unter Umständen ist in der Hochsaison nicht sofort ein Platz auf einem anderen Flieger frei.

Die *Rufnummer* kann man von Mitarbeitern der Airline bei der Ankunft, im Hotel, dem Telefonbuch oder auf der Website der Airline erfahren.

# AN- UND RÜCKREISE (AUS EUROPA)

●**Globetrotter Travel Service,** Löwenstr. 61, CH-8023 Zürich, Tel. (01) 2286666, zh-loewenstrasse@globetrotter.ch, www.globetrotter.ch. Weitere Filialen siehe Website.

Die vergünstigten Spezialtarife oder befristeten Sonderangebote kann man nur bei wenigen Fluggesellschaften direkt auf ihrer Website buchen; diese sind jedoch immer auch bei den oben genannten Reisebüros erhältlich.

### Last-Minute-Flüge

Wer sich erst im letzten Augenblick für eine Reise nach HongKong entscheidet, kann Ausschau nach Last-Minute-Flügen halten, die von einigen Airlines mit deutlicher Ermäßigung **ab ca. 14 Tage vor Abflug** angeboten werden, wenn noch Plätze zu füllen sind. Diese Last-Minute-Flüge lassen sich nur bei Spezialisten buchen:

●**L'Tur,** www.ltur.com, (D)-Tel. (01805) 212 121 (0,12 €/Min.), (A)-Tel. (0820) 600800 (0,12 €/Min.), (CH)-Tel. (0848) 808088 (0,12 SFr./ Min.); 140 Niederlassungen europaweit.
●**Lastminute.com,** www.de.lastminute.com, (D)-Tel. (01805) 777257 (0,12 €/Min.).
●**5 vor Flug,** www.5vorflug.de, (D)-Tel. (01805) 105105 (0,12 €/Min.).
●**www.restplatzboerse.at:** Schnäppchenflüge für Österreich.

## Der Flughafen

### ChekLapKok International

Das hohe Passagieraufkommen ließ es notwendig erscheinen, einen neuen Terminal außerhalb des Zentrums zu errichten. Hierzu wurde die komplette Insel ChekLapKok an der Nordseite LanTaus eingeebnet und mit einer **Mehrzweck-Schnellbahntrasse** an das Zentrum HongKongs angebunden. Nebenbei wurde dabei die bis dato **längste Brücke auf dem Globus** von TsingYi nach MaWan errichtet, ein Super-Schnellzug zum Flughafen sowie eine neue MTR-Linie nach LanTau gebaut. Das milliardenschwere Gesamtprojekt wurde gegen heftige Proteste Chinas, das eine Plünderung der Stadtsäckel befürchtete, noch unter britischem Gouvernement umgesetzt. Ein gigantischer Flughafen mit einem Passagierterminal von über einem Kilometer Länge, futuristisch, praktisch, mit allen denkbaren Serviceleistungen – typisch HongKong eben.

Nach Erledigung der Einreise- und Zollformalitäten passiert man – noch im Sicherheitsbereich – die (sehr ungünstig tauschenden) Wechselstuben (einen **Maestro-(EC-)Karten-Geldautomaten** findet man schräg gegenüber) und den äußerst nützlichen **Hotelreservierungsschalter.** Letzterer ist insbesondere im Mittel- und Oberklassebereich ein echter Fundus, da hier deutlich bessere Preise angeboten werden, als wenn ein Reisender selbst in einem Hotel anfragt (siehe auch „Unterkunft"). Man erhält hier sofort eine schriftliche Buchungsbestätigung (gezahlt wird erst im Hotel), außerdem zeigen die Angestellten die genaue Lage des Hotels im Stadtplan und notieren die Anschrift – z.B. für Taxifahrer – in chinesischer Sprache. Als ein kleines Manko erweist sich aber die Lage dieses Schalters im Sicherheitsbereich der Ankunftshalle: weder Transitpassagiere (z.B. Umsteigspause in HongKong auf dem Hinweg mit geplantem Stopp auf dem Rückweg) noch abfliegende Reisende (z.B. Ausflug nach Kanton und zurück), die hier eventuell eine Reservierung vornehmen wollen, können den Sperrbereich der Ankunftshalle nicht betreten, der Reservierungsschalter ist in diesen Fällen nicht zugänglich.

Erst dann gelangt der Reisende in die eigentliche **Ankunftshalle** mit McDonald's, Informationsschaltern, Limousinentransport, Airport-Express/Octopus-Schalter usw. Diese Halle liegt *direkt unter der Abflughalle* und ist vor Passieren der Passkontrolle von der check-in Halle zugänglich – wichtig, wenn man am Abflugtag noch etwas verzehren möchte, da die Geschäfte unten günstiger sind als die „Boutiquen" der Abflughalle.

Im Ankunftsbereich befinden sich auch eine Reihe von Informationsständen, an denen kostenlose *Informationsbroschüren* bereithängen – unbedingt mitnehmen, und sei es nur wegen der recht ordentlichen Stadtkarte.

### Kurzstopps in HongKong/Transit

Ein Wort zum *Transitbereich* und kurzen Aufenthalten mit Weiterflug am selben Tag: als Transitpassagier hat man zwei Möglichkeiten, entweder die Wartezeit im Abflugbereich zu verbringen (ohne Möglichkeit, zu den Geschäften der Abflughalle zu gelangen), oder ins Zentrum bzw. nach LanTau zu fahren. Dies lohnt sich bei einem geplanten Halt ab fünf Stunden, da das Gepäck durchgecheckt wird und somit zügig die Einreise ohne Warten auf das Hauptgepäck möglich ist (evtl. Handgepäck deponieren, ♪ Gepäckaufbewahrung). Dann nimmt man den **Airport Express** (AE) nach HongKong-Station und ist ca. eine Stunde nach Verlassen des Flugzeugs im Zentrum. Verschiedene organisierte *Halbtages-/Tagestouren* können außerdem im Ankunftsbereich an Schalter B-13 (Tel. 21866883) gebucht werden.

Da man für den Weiterflug bereits eingecheckt hat, genügt die Rückfahrt ab HongKong-Station eine Stunde vor dem Abflug.

*Achtung:* Die Flughafensteuer (airport-tax) – soweit nicht im Ticket enthalten – wird fällig, sobald die Passkontrolle passiert wurde.

Transitreisende können im Ankunfts-/Transitbereich auch die Plaza Premium Lodge, Level 7 (bei Gate 35 & 41), Tel. 22612618 nutzen, wo für umgerechnet rund 30 € heiße Dusche, Buffet, Getränke, E-Mail und Internet zur Verfügung stehen.

### Vom Flughafen nach Macau und China

● *Fähren* (LanTau, Macau, ShenZhen): Vom Flughafen kann man direkt von/nach Macau 4-mal täglich für 200 HK$ fahren, von/nach ShenZhen 7–13-mal täglich (250 HK$). Das Gepäck wird direkt vom Flugzeug aus eingecheckt (nicht durch die Immigration gehen, im Transitbereich melden, „Express Link"), die Reisezeit verkürzt sich so deutlich gegenüber dem klassischen Landweg; Informationen (aktueller Fahrplan und Preise) unter www.cksp.com.hk.

● *China-Busse/Limousinen:* GuangZhou und ShenZhen, aber auch viele andere Orte der Provinz GuangDong, kann man täglich von 07:00 bis 23:00 Uhr direkt ab Flughafen per

# An- und Rückreise (aus Europa)

Bus bzw. Minibus und/oder Limousinenservice erreichen. Die drei Anbieter findet man in der Ankunftshalle an den Schaltern A-8 bis A-10; weitere Informationen unter http://ctsbus.hkcts.com, www.eebus.com und www.trans-island.com.hk.

**Achtung:** Zur Nutzung dieser Möglichkeiten ist ein **gültiges China-Visum** erforderlich, das in der Ankunftshalle bei Schalter A-4 und B-05 (Tel. 22612472) von 08:00 bis 16:00 Uhr täglich beantragt werden kann – der Preis ist natürlich deutlich höher als in der Stadt.

## Vom Flughafen in die Stadt

Folgende Transportmöglichkeiten stehen dem Reisenden zur Verfügung:

- **Taxi:** Der Preis für KowLoon liegt bei 300–350 HK$, HK-Island bei 400 HK$, LanTau bei 100–150 HK$.
- **Hotellimousinen und Airport-Shuttle:** Größere Hotels bieten einen Zubringerservice an, der überwiegend bereits vorab in Europa (Reisebüro) gebucht wird. Die Kosten von ca. 350 HK$ (KowLoon) bzw. 400 HK$ (HK-Island) sind im Reisepreis inbegriffen.

Etliche Hotels stellen keinen eigenen Limousinenservice zum Flughafen ab, sondern schließen sich mit anderen Hotels zusammen, um die Gäste mit Luxusbussen vom/zum Flughafen zu befördern. Die Kosten belaufen sich auf 150–200 HK$ und sind ebenfalls im vorab zu buchenden Reisepaket enthalten.

Einige (Luxus-)Hotels sind in der Ankunftshalle vertreten und bieten ein kombiniertes Transfer- und Übernachtungsangebot an.

- **Airport-Express, AE (06:00 bis 01:00 Uhr):** Der moderne Schnellzug bietet die schnellste Möglichkeit, kostet aber 90 HK$ (KowLoon-Station) bzw. 100 HK$ einfach (HongKong-Station). Rückfahrkarten mit vierwöchiger Gültigkeitsdauer kosten 180 bzw. 200 HK$. Ticketschalter befinden sich in der Ankunftshalle, auch die „Octopus" (s.u.) kann genutzt werden (kostet nur die Hälfte). Der AE umfasst 4 Haltepunkte: Flughafen, TsingYi (Umsteigen in die TungChung-MTR möglich), KowLoon Station (20 Minuten, Umsteigen in die TungChung-MTR möglich) und Hong-Kong-Station (24 Minuten, hier ist das Umsteigen in die Island Line-MTR und in die TungChung-MTR möglich). Die meisten Reisenden werden KowLoon-Station oder HongKong-Station als Ziel wählen, siehe Transfer von diesen Stationen weiter unten.
- **Airport-Busse:**

Die Flughafen-Buslinien wurden zur deutlichen Abgrenzung von den Stadtbussen auch mit einem Buchstaben gekennzeichnet; dabei bedeuten „A" tagsüber 06:00–24:00 Uhr und „N" Nachtbusse 00:00 bis 05:00. Alle Preise bezeichnen die einfache Fahrt, die Fahrtzeit beträgt je nach Verkehrsdichte und Ziel 60 bis 90 Minuten:

*HongKong-Island:*

Zwar ist der **Airport Express** die schnellste Möglichkeit in die Innenstadt zu kommen, wer aber an den AE Stationen nicht noch extra ein Taxi nehmen oder auf den (kostenlosen) Zubringerbus warten möchte, fährt mit dem traditionellen **Doppeldecker-Bus**, der nicht nur günstiger ist, sondern auch die viel bessere Aussicht bietet. Dabei kann man unter anderem entweder direkt per Bus A-21 nach KowLoon (Nathan Rd.) oder per S-1 nach TungChung-MTR Station fahren und dort in die MTR (Metro ♪ Verkehrsmittel) wechseln. Auch viele andere Routen in alle Winkel der SAR-HongKong werden bedient, wobei oft die größeren Hotels als Haltestelle gewählt wurden. Hier die wichtigsten Verbindungen ab Ankunfts-Terminal:

*A-Busse* (A bedeutet „Airport-Bus", ist ein Express und teurer):

**A11:** Airport – Tunnel – Connaught Rd. – Queensway – Hennesey Rd. – Electric Rd. – North Point Ferry Pier; zurück über Kings Rd./Gloucester Rd., alle 15–30 Min., 40 HK$.

**A12:** Airport – Tunnel – nonstop bis Java Rd. (North Point) – Kings-Rd – Taikoo MTR – Sai Wan Ho – Chai Wan – Siu Sai Wan; zurück ab North Point nonstop, alle 20–30 Minuten, 45 HK$

**A21:** Airport – Nathan Rd. – Salisbury Rd. – Hung Hom KCR Station und zurück, alle 10–15 Minuten, 33 HK$; wichtigster Bus für Traveller, hält u.a. an den ChungKing Mansions.

**A22:** Airport – Jordan Rd. – Chatham Rd. – Prince Edward Rd. – Kowloon Bay MTR – Lam Tin MTR; alle 15–20 Minuten, 39 HK$

# AN- UND RÜCKREISE (AUS EUROPA)

*Praktische Reisetipps*

**A 41:** ShaTin (New Territories), alle 20 Minuten, 20 HK$
**A 35:** MuiWo/LanTau, alle 30 Minuten, 14 HK$ (Sonn- und Feiertag 23 HK$)

**E-Busse** (E bedeutet „external", ist langsamer und hält häufiger):
**E-11:** Causeway Bay, 21 HK$, E-21 TaiKokTsui (MTR Olympic), 14 HK$, E-33 TuenMun MTR (Town Center), 13 HK$, E-42 ShaTin (New Territories), 13 HK$

**N-Busse** (Nachtbusse, Routen nicht immer mit den Ziffern der Tagbusse identisch):
**N-11:** Causeway Bay (31 HK$), **N-21** TsimShaTsui/Star Ferry (23 HK$), **N-31** TsuenWan (20 HK$), **N-35** MuiWo / LanTau (30 HK$, werktags 20 HK$).

**S-Busse** (Kurzstrecken – Shuttle):
**S-1:** Ankunftshalle – TungChung New Town (MTR-Station), alle 6–10 Minuten, 3,5 HK$, 05:40–24:00 Uhr. Von dort aus können per Bus weitere Ziele auf LanTau angefahren werden (♪ TungChung, LanTau).
**S 55P:** Ankunftshalle – ChekLapKok-Pier (Fähre nach TuenMun), 3 HK$, nur von 06:30–09:00 Uhr!
**S-64:** TungChung New Town (MTR) – ChekLapKok-Pier, 3,5 HK$, 05:40–24:00 Uhr

**DB-Busse** (Pendelbusse von/nach Discovery Bay, ♪ LanTau):

> Der größte Flughafen, die längste Brücke – dies alles war HongKong sogar ein **Besucherzentrum** *(LanTau-link visitor centre)* auf der Insel TsingYi wert. Auf 600 m² Ausstellungsfläche wird der Bau der Brücke und des Flughafens dargestellt, mit Computerspielen das Wissen der Besucher zum Thema „LanTau-Link" abgefragt.
> ● **Anfahrt:** Von der MTR-Station LaiChiKok mit Bus 234R (8,80 HK$, alle 15–30 Minuten von 09:30 bis 17:00 Uhr). Eintritt frei, das Besucherzentrum hat täglich von 10:00 bis 17:00 Uhr, sonn- und feiertags bis 18:30 Uhr geöffnet, mittwochs geschlossen. Informationen unter Tel. 24955825.

**DB 01 R:** Discovery Bay – TungChung New Town (MTR) und zurück, 8 HK$
**DB 02 R:** Discovery Bay – Abflug/Ankunft und zurück, 28 HK$; beide Busse 05:30–01:30 Uhr

● **Octopus:** Mit der **Octopus-Karte** (♪ Verkehrsmittel) kann man einiges sparen – zum Beispiel nach der Ankunft am Flughafen:

Eine Regel besagt, dass Oktopuskarten-Inhaber, die den AE (Airport-Express) mit dem Oktopus nutzen, die anschließende Zubringer-MTR Fahrt **kostenlos** bekommen, sofern diese innerhalb einer Stunde nach AE-Benutzung erfolgt **und** der Oktopus ein Guthaben aufweist. Daraus folgt: mit Oktopus per AE nur bis TsingYi fahren (dort werden beim Ausstieg 50 HK$ „abgebucht") und in die TungChung-MTR umsteigen – so ist die Strecke von TsingYi bis KowLoon-Station bzw. HongKong-Station kostenlos. Dasselbe gilt auch umgekehrt für die MTR-Fahrt vor der Fahrt per AE zum Flughafen: die Octopus-Karte „erkennt" den direkten Zusammenhang der MTR und AE-Fahrt und transferiert automatisch den vorher zunächst abgezogenen MTR-Betrag zurück. Natürlich sind auch andere Kombinationen denkbar: wer in Causeway auf HK-Island wohnen möchte, fährt zur HK-Station mit dem AE und steigt anschließend in die (mit Oktopus nunmehr) kostenlose MTR nach Causeway Bay ein.

**Noch günstiger** ist folgende Variante: per S1-Bus vom Flughafen bis TungChung (zwischen 3,5 und 5 HK$), dort in die TungChung-MTR (20 HK$) nach KowLoon-Station – dauert insgesamt auch nur ca. 45 Minuten und ist immer noch schneller und deutlich günstiger als der Bus bis KowLoon (oder HK-Island); siehe auch „Ankunft in den Stationen" weiter unten.

● **Ankunft in den AE/MTR-Stationen KowLoon-Station bzw. HongKong-Station:**
Per „Bahn" (egal, ob AE oder TungChung-MTR ab TungChung/LanTau) kommt man sicher am schnellsten ins Zentrum, allerdings ist man dann noch nicht am Hotel. Während die langsameren Busse etliche Hotels direkt anfahren, hängt man als Bahnreisender anscheinend an den Stationen fest. Dies bemängelten denn auch zahlreiche Reisende,

# An- und Rückreise (aus Europa)

denn es bietet keinen Vorteil bzw. ist schlicht zu teuer, erst den AE zu einer der Stationen zu nehmen, um dann per Taxi zum Hotel zu kommen – da könne man auch gleich ab Flughafen per Bus oder gar Taxi (z.B. 4 Personen à 80 HK$) direkt zum Hotel kommen. Die Verantwortlichen senkten daher sowohl die AE-Preise und führten zudem Zubringerbusse von den Stationen zu diversen Hotels ein. Die beiden Linien auf HongKong (H1 und H2) als auch die sechs Linien auf KowLoon (K1-K6) sind für AE-Fahrer kostenlos.

*Tipp:* diese Busse verkaufen keine Tickets bzw. kassieren keinen Fahrpreis. Wer mit seinem Gepäck aus der Station kommt (egal ob er per MTR oder per AE kam), muss als Beleg lediglich sein Flugticket vorweisen.

●*Die Zubringerlinien im Einzelnen:*
**H1:** Island Shangri La, Conrad International, JW Mariott, Furama Hotel
**H2:** Wharney Hotel, Century HongKong, Renaissance Harbour View, Grand Hyatt
**K1:** Jordan Station (d.h.: auf der Hinfahrt Austin Rd., nahe MTR „Jordan", auf der Rückfahrt Jordan Rd. kurz vor der Ecke Nathan Rd.), KCR Station HungHom
**K2:** Prince, Marco Polo, HongKong-Hotel, Sheraton
**K3:** KowLoon-Hotel, Hyatt Regency, Great Eagle, Royal Pacific/China Ferry Terminal
**K4:** New World Renaissance, Regal Kowloon, Grand Stanford Harbour View, Kowloon Shangri La
**K5:** Holiday Inn Golden Mile – Park – Miramar – Windsor – BP Intl.
**K6:** Eaton HongKong – Pearl Garden – Majestic

Es werden also hauptsächlich die großen Hotels angefahren, wer dort nicht wohnt muss in etwa wissen, welches der genannten in der Nähe des eigenen liegt. Diese Busse fahren alle 10-20 Minuten. Während die Beschilderung zu MTR und Bussen in der HongKong-Station gut ist, bleiben die kostenlosen Zubringerbusse dem Ankömmling der KowLoon-Station zunächst verborgen (er wird auf die Taxis zugesteuert). Vom AE kommend muss man um die airline check-in Schalter herum in die Haupthalle gehen (hier kommt die TungChung-MTR an), dort Ausgang B.

Mit viel Gepäck ist aber auch ein Taxi nicht verkehrt – kostet ca. 30 HK$ zum Hotel.

Quintessenz für den kostenbewussten Traveller: Bus bis TungChung (S51, S61, S64, A35), mit Oktopuskarte per MTR bis KowLoon-Station, dort K1 Zubringerbus bis Jordan – hier liegen direkt die Lucky Mansions (Austin Rd./Ecke Nathan Rd.) und dort mit der Suche nach günstiger Unterkunft beginnen.

Auch für die *Rückfahrt zum Flughafen* wurde der Komfort um einen wichtigen Punkt ergänzt, den **AE-Check-In** (geöffnet 5.30-23.00 Uhr): AE-Nutzer haben nun die Möglichkeit, an den AE-Stationen Kowloon und HongKong am Tag der Abreise bis spätestens 90 Minuten vor dem Abflug einzuchecken, und zwar für alle Fluggesellschaften, aber exklusiv für AE-Fahrer, es gibt keine Tricks (Octopusnutzern wird der Fahrpreis direkt beim einchecken abgebucht, ansonsten muss ein AE-Ticket vorgelegt werden). Das ist sehr nützlich, um sein Gepäck „loszuwerden" und einen guten Platz zu sichern. AE-Nutzer können dann zeitlich recht knapp vor dem Flug zum Flughafen fahren.

## Flughafensteuer

Bei der Abreise wird eine „airport tax" von derzeit 120 HK$ (Kinder unter 12 Jahren kosten nichts) erhoben, sie ist meist bereits im Ticketpreis enthalten, beim Kauf des Tickets danach fragen! Die Steuer entfällt bei Kurzaufenthalten, bei denen der Durchreisende HongKong vor Mitternacht des Ankunftstages wieder verlässt.

●*Buchtipp:*
*Frank Littek:* Fliegen ohne Angst, Praxis-Reihe, Reise Know How Verlag

# ABREISE, REGIONALE WEITERREISE

### Agenturen am Airport

Zahlreiche Agenturen und Reiseveranstalter bieten bereits am Flughafen ihre Dienste an. Vom Transfer in die Stadt über Hotelreservierungen bis zu organisierten Rundtouren und China-Reisen wird alles geboten. Unter vielen anderen bieten **CTS** (A-5, Tel. 22612472, http://ctsbus.hkcts.com) und **Chinalink** (Tel. 22612636, A-9, www.hotelink.com.hk) Transfers und China-Bustouren. **ZhongHua Travel,** Tel. 22610239, kümmert sich um Visa nach Taiwan.

### Sonstige Services

In der Ankunftshalle (nicht Abflughalle, per Rolltreppe nach dem Gepäck-Einchecken hinunterfahren) gibt es zahllose **Fast-Food-Restaurants** (beispielsweise *Oliver's, McDonald's, Spaghetti House etc.*), auf dem Weg zum Bus einen **EC-Geldautomaten** (vorher nicht!), am Busausgang links die **Bustickets.**

# Abreise, regionale Weiterreise

## Luftweg

Bei den Fluggesellschaften und Reisebüros in HongKong sind Tickets zu allen Zielen der Region erhältlich. Flüge zu größeren Städten in China, Ost- und Südostasien werden mehrfach täglich angeflogen. Hier einige **Preisbeispiele** für die einfache Flugstrecke:

- **BeiJing** (Peking) 2750 HK$
- **Saigon** (Ho Chi Minh City) 2600 HK$
- **Manila** 1250 HK$
- **Bangkok** ab 1100 HK$
- **Jakarta** 2450 HK$
- **Singapur** 2300 HK$
- **TaiWan** 1700 HK$
- **Nordamerika** (Los Angeles, Vancouver) 4050 HK$

Die genannten Preise sind normalerweise immer erzielbar, in Einzelfällen (Last Minute, noch zu viele Plätze zu haben) sind Abschläge bis zu 10 % möglich. Dennoch sind Flugtickets in HongKong nicht unbedingt billig, sodass der Kauf des kompletten Tickets noch in Europa auf Grund des Wettbewerbs derzeit vorzuziehen ist.

( ↗ auch internationale An-/Abreise)

### Nach Macau

*East Asia Airlines/ShunTak Helicopter Services* bietet einen **Hubschrauberservice** alle halbe Stunde von 10:00 bis 22:30 Uhr an, 1400 HK$/Person. Tickets gibt es im Macau Ferry Terminal auf HK-Island, hier auch Abflug, Tel. 28593359.

## Seeweg

Zwei Fährterminals gewährleisten eine zügige und bequeme Anbindung zur See nach Macau und in Städte der Volksrepublik China. Der **Macau Ferry Terminal (MFT)** liegt im ShunTak Centre in Central/HK-Island, der **China Ferry Terminal (CFT)** in der Harbour City, TsimShaTsui/KowLoon. HongKong erhebt eine Hafensteuer von 25 HK$, die in den aufgeführten Ticketpreisen (einfache Strecke) bereits enthalten ist.

# ABREISE, REGIONALE WEITERREISE

Hochseesegler vor dem HongKong Convention und Exhibition Centre

## Nach Macau (AoMen)

Ausflüge nach Macau sind sehr einfach selbst zu organisieren, etwa alle 15 Minuten fahren Schnellboote von HongKong hinüber.

Zumindest unter der Woche kann man alle **Formalitäten** vom Ticketkauf über die Ausreiseformalitäten bis zum Einstieg durchaus binnen einer halben Stunde vor der geplanten Abfahrt erledigen. Fähren nach Macau legen sowohl vom MFT wie auch vom CFT ab.

● *Macau Ferry Terminal* (HK-Island, ShunTak-Bldg., MTR SheungWan):

Die **Personen-Schnellboote** (ca. 45 Minuten) fahren von 06:00 Uhr bis Mitternacht alle 15 Minuten, danach alle 90 Minuten, 140 HK$, Wochenende 155 HK$, Abend- und Nachtfähren ab 17:00 Uhr kosten 175 HK$. Stoßzeiten an Wochenenden und Feiertagen sollte man unbedingt vermeiden! Einen Fahrplan nebst tagesaktuellen Preisen findet man unter www.cksp.com.hk.

Im ShunTak-Centre (Macau Ferry Terminal) werden zahlreiche **Tages- und Mehrtagestouren** angeboten, auch **Hotels** können an mehreren Schaltern für Macau und auch die Provinz GuangDong gebucht werden. Es lohnt sich, die Hotelpreise einmal zu vergleichen – gelegentlich sind hier Macau Top-Hotels zu 400 HK$ als Aktionspreis (unter der Woche) zu haben.

Die **Macau Tourist Organisation** hat eine Niederlassung mit guten Prospekten und Karten zu Macau hier im Terminal.

● *China Ferry Terminal: FF* (First Ferry) fährt hier von 07.00 bis 24.00 Uhr alle halbe Stunde für 137 HK$ (abends 172 HK$), weitere Details findet man unter www.nwff.com.hk.

## ABREISE, REGIONALE WEITERREISE

### Nach GuangZhou (Kanton)
Der Fährbetrieb nach GuangZhou war zuletzt unterbrochen, neuste Hinweise findet man ggf. unter www.turbojet.com.hk, www.cksp.com.hk sowie www.turbojetseaexpress.com.hk.

### Andere Ziele der Volksrepublik
*Achtung:* Die **Abfahrtszeiten** für Ziele in China unterliegen stets Änderungen, sodass sich die folgenden Angaben als Hinweis auf Anbindungsmöglichkeiten und Häufigkeit verstehen.

### SheKou/ShenZhen (Grenzort zu HongKong)
- Tagsüber (07:30 bis 18:00 Uhr) verkehren **Schnellboote** vom MFT („HongKong", 7x tgl.) und CFT („Kowloon", 8x tgl.) von/nach ShenZhen (ab 177 HK$); 3-mal täglich besteht zudem Anbindung zwischen Macau und ShenZhen (175 HK$).

## Landweg

Die einzige Landverbindung HongKongs besteht nach China. Es gibt mehrere Grenzstationen, die meisten für Berufspendler und den Lastverkehr: Wichtigste Übergangsstation für Individualreisende ist **LoWu,** wo man am einfachsten in die Volksrepublik einreisen kann (siehe Einreisebestimmungen).

- ***Bus nach ShenZhen und Kanton:*** Neben den Direktbussen ab HK-Airport ( ↗ dort) fährt *CTS* (8 CheongWan Rd., Room 209, KCRC Building, HungHom, Tel. 27649803, Tickets unter 23650118, http://ctsbus.hkcts.com) al-

## AUSFLÜGE, ORGANISIERTE TOUREN UND REISEBÜROS

le 30 Minuten von ca. 08:00 bis 19:00 Uhr zahlreiche Städte an (ShenZhen 50 HK$, GuangZhou 120 HK$). Es gibt keinen echten Bbhf für diese Busse, man muss sich an die jeweilige CTS-Haltestelle in nördliche Fahrtrichtung an den MTR-Stationen WanChai, TsimShaTsui, YauMaTei, MongKok, Prince Edward oder ShamShuiPo stellen. Dies ist die günstigste Möglichkeit der Direktreise nach GuangZhou. Sie hat jedoch den leichten Nachteil, dass man eventuell einige Zeit auf alle Reisenden an der Grenze warten muss.
- **Bahn:** Ab KowLoon-Station fahren tgl. vier Direktzüge (08:35, 09:25, 11:45 und 13:20 Uhr) nach GuangZhou DongZhan (Ostbahnhof, 2 Stunden), Kosten insgesamt rd. 230 HK$.
- **Tipp:** Günstiger (man kommt so gleich zum Hbf in GuangZhou) ist die normale KCR-S-Bahn bis zur Grenzstation LoWu (30 Minuten, 30 HK$) und dann ein Direktzug (Gao) nach GuangZhou-Hauptbahnhof (70 Minuten, 90 Y, Tickets problemlos im Bahnhof LuoHu/LoWu).
- **Achtung:** Octopus-Tickets (♪ Verkehrsmittel) gelten nicht bei Benutzung der Grenzstation LoWu, egal, in welche Richtung man fährt; also egal ein reguläres Ticket kaufen! Die Grenze ist tgl. von 07:00 bis 23:00 Uhr geöffnet; an Wochenenden sollte man den Grenzübergang meiden (Hochbetrieb).

Mit dem Schnellboot ist man in 60 Minuten in Macao

## Ausflüge, Organisierte Touren und Reisebüros

### Organisierte Touren

Die **HongKong Tourist Association (HKTA)** fungiert neben ihrer Aufgabe als (♪) Informationsstelle auch als zentrale Buchungsstelle für Stadtrundfahrten, Ausflüge und Touren aller Art. Auch bei vielen Hotels sowie natürlich den Veranstaltern selbst kann gebucht werden, da aber bei der HKTA alle Angebote vorliegen, empfiehlt es sich, der Einfachheit halber hier zu buchen. Am günstigsten liegt die HKTA-Filiale direkt am Star Ferry Pier, KowLoon, Tel. 28076390. Hier eine kleine Auswahl an organisierten Ausflügen zur Orientierung:

**Dragon Cruise** (direkt neben dem HK Convention & Exhibition Centre), Tel. 21318181, www.nwft.com.hk.
- „Harbour & Outlying Island Tour": vormittags, ca. 90 Minuten, LanTau, PengChau, HeiLingChau, CheungChau, 220 HK$.
- „HongKong Island Cruise": nachmittags, 2 Std., um ganz HK-Island herum, 220 HK$.
- „TsingMa Sunset Cruise": früher Abend, ca. 90 Min., Richtung Brücke und zurück, 220 HK$.
- „TsingMa Night Cruise": 2 Std., 20:00 Uhr, Richtung Brücke bis Airport und zurück, 220 HK$.

**Shoestring Travel,** Alpha House (Eingang Peking Rd.), 27–33 Nathan Rd., Tel. 27232306, shoetvl@hkstar.com.
- „HongKong Island Tour" (klassische Stadtrundfahrt): Peak, Repulse Bay, Stanley Market, Aberdeen. 2 x tgl. 08:00 und 13:45 Uhr, ca. 3 1/2 Std., 290 HK$ für 2 Personen.
- „Seafood Dinner Cruise": Meeresfrüchte-Abendessen und Besuch des Temple-Street Nachtmarktes, tgl. 16:00–18:00 Uhr, 490 HK$.

- „Harbour Buffet Dinner Cruise": 2x am Abend, ca. 2 Std., Hafenfahrt mit Buffet-Abendessen, 290 HK$.
- „Macau-Tagesausflug", 660 HK$.
- „LuoWu Tagestour", ca. 10 Std., 430 HK$ (inkl. Visum).
- „ShenZhen inkl. Splendid China und Folk Culture Village", 670 HK$ (Essen inklusive).
- „Tagestour GuangZhou", 980 HK$, 07:00–19:30 Uhr einschließlich Stopp in SheKou.
- „3 Tage GuiLin und YangShuo", 3600 HK$.
- „4 Tage BeiJing", 5000 HK$ (alle China-Touren inklusive Visa).

**Gray Line,** 72 Nathan Rd., TST (gegenüber der Moschee), www.grayline.com.hk, Tel. 23670082, bietet neben Stadtrundfahrten und Bootstouren auch viele außergewöhnliche Ausflüge wie Delfinbeobachtung, Pferderennen oder die bekannte „Land between"-Tour, die rückwärtige Gegenden der New Territories beinhaltet.

**Splendid Tours & Travel,** Tel. 23162151, www.splendidtours.com, hat sich u.a. auf konzentrierte Halb- und Ganztagestouren (LanTau, Ocean Park) sowie abendliche Dinner-Bootstouren spezialisiert.
- „Splendid Night of Delight" mit Meeresfrüchte-Abendessen und Besuch des Temple-Street Nachtmarktes, tgl. 4 Std., 480 HK$ oder die
- „Aberdeen Night Cruise", ca. 5 Std., Hafenfahrt mit Buffet-Abendessen im schwimmenden Restaurant, 680 HK$.

**Watertours HongKong,** Tel. 29263868, www.watertourshk.com, betreibt die markante grün-gelbe „Ausflugsdschunke" im Hafengebiet. Angeboten werden vorwiegend „DimSum-" und „Seafood-Touren" mit Rundfahrten im Victoria Harbour. Da Getränke inklusive sind, erfreuen sich die Watertours-Ausflüge großer Beliebtheit.

## Reisebüros

- **Student Travel Bureau,** Zi. 1021, 10. St., Star House, TST, Tel. 27232306. Ursprünglich ein rein studentisches Reisebüro, bedient heute jeden, ist aber nicht mehr das billigste.
- **Phoenix Services,** Zi. B, 6. St., Milton Mansion, 96 Nathan Rd., TST, Tel. 23760621, ist ein noch recht junges Unternehmen, welches sich aber gerade bei ausländischen Reisenden großer Zuverlässigkeit erfreut.
- **Traveller Services,** Zi. 1012, Silvercord Tower, 30 Canton Rd., TST, Tel. 23752222, gehört zu den etablierten und oft empfohlenen Unternehmen HongKongs.
- Sehr kompetent, zentral gelegen und einfach zu finden ist **Time Travel,** Peking Rd., Hyatt, Arcade (gegenüber Delifrance im UG des Hyatt Regency), Tel. 27226878. Hier wird so ziemlich alles arrangiert, vom China-Visum über Hotelreservierungen und China-Ausflüge bis hin zu Bahntickets für die Transsib (Peking – Moskau 2300 HK$/hardsleeper).

# Ausrüstung

Allgemeine Empfehlungen für mitzubringende Ausrüstungsgegenstände sind für die Städte Südchinas kaum möglich, da die Reiseausrüstung auch von möglichen weiteren Reisezielen abhängt. Wer ab HongKong nach Südostasien reist, wird sich ganz anders ausstatten als ein Chinareisender oder Wanderer in den Bergen Taiwans. Grundsätzlich gilt jedoch, dass so wenig wie irgend möglich mitgenommen werden sollte, da man zum Einen sein Gepäck in der Hitze schleppen muss, zum Anderen – und dies sollte man schon vor dem Hinflug bedenken – Städte wie HongKong und Macau geradezu zum Kaufrausch verlocken und freier Gepäckplatz dann höchst willkommen ist.

Unabhängig von weiteren Zielen sind zu empfehlen:

- Schwimmkleidung (einige Inseln)
- bequeme Schuhe (leichte Wander- oder gute Sportschuhe); Größe 44 ff. gibt es vor Ort kaum zu kaufen

- Regenschutz (ein Schirm kann gleichzeitig als Sonnenschutz dienen; Knirpse kosten vor Ort rund 40 HK$)
- Sonnencreme; Tuch, Stirnband oder Mütze als Sonnenschutz für Wanderungen in der heißen Jahreszeit
- Sonnenbrille
- Nähzeug
- Taschenmesser (Multifunktionsmesser mit Büchsenöffner, Schere, Feile usw.)
- Wäscheschnur (zum Aufhängen der Handwäsche, besser flexibles Hosengummi, gleichzeitig Notgürtel)
- Waschmittel (Reisewaschmittel sind vor Ort selten erhältlich, Kernseife genügt ebenfalls)
- Medikamentenbeutel
- bruchfeste, leichte Tasse (heißes Wasser gibt es in allen Hotels kostenlos)
- für Langstreckenwanderungen oder Inselausflüge: bruchfeste Feldflasche o. Ä.
- Reisewecker (wichtig für frühe Verkehrsmittel o.Ä., wenn kein Weckservice besteht)
- kleine Taschenlampe (nur für Stromausfälle in der Taifunsaison)

Individualreisende wie auch Geschäftsleute sind gut beraten, sich nicht mit unhandlichen Koffern auf eine Reise in die Subtropen zu begeben, auch wenn das Reiseziel eine Stadt ist.

## HongKonger „Spezialitäten"

- Die nobelste und *teuerste Kundentoilette* der Welt: Juwelier *LamSaiWing* verlangt allerdings Einkäufe zu 200 US$, um das aus purem Gold und Rubinen gefertigte stille Örtchen nutzen zu dürfen! Kosten: 3 Mio. €!
- In MongKok leben pro $km^2$ 14.000 Menschen.
- HongKong ist grün! *Grünflächenanteil* an der Gesamtfläche überraschenderweise 90 %.
- Von den 50 weltweit umsatzstärksten *McDonald's-Filialen* braten in HongKong 25.
- HongKong im *Dauerstau:* pro Straßenkilometer sind 271 Fahrzeuge zugelassen.
- Von den 150.000 jemals gebauten *Rolls Royce* fahren alleine in HongKong 1500.
- Teurer Luxus: Ein *Parkplatz* kostete Anfang 2007 durchschnittlich (Kaufpreis) 57.500 €.
- HongKongs *Anteil am Gesamtdevisenaufkommen* Chinas: ein Drittel

Auch eine „Spezialität": Chinesischer Kurzhaarhund

Bequem ist eine leichte Umhängetasche bzw. eine **Reisetasche** mit versenkbarem Rucksack-Tragegestell – beides übrigens sehr günstig in HongKong erhältlich.

Insbesondere bei größeren Touren mit Standortwechsel (z.B. nach Macau, Kanton, eine der Inseln HongKongs oder eine weiterführende Reise durch China) ist eher ein simpler **Matchsack** zu empfehlen. Einerseits ist ein Koffer unhandlich, zweitens kostet ein sperriges Gepäckstück in öffentlichen Verkehrsmitteln Aufpreise, außerdem muss man manchmal lange Strecken zu Fuß zurücklegen (bei der Einreise in Macau oder an der Hong-Kong-chinesischen Grenze, bei der Unterkunftssuche), was mit einem Koffer anstrengend wird. Außerdem kann alles, was man am Körper hat (Rucksack, Tragetasche) nicht so leicht „verlorengehen" (⌨ auch „Ausrüstung" im China-Teil).

# Behinderte auf der Reise

Asien im Allgemeinen und die Metropolen Südchinas im Besonderen sind nicht unbedingt behindertenfreundlich gestaltet. Betroffen sind vor allem Rollstuhlfahrer, für die nur wenige Gebäude leicht zugänglich sind.

HongKong, das wegen seiner Menschenmengen am ehesten große Schwierigkeiten zu bereiten scheint, bietet allerdings eine Reihe von Möglichkeiten und Serviceleistungen an, die Behinderten auf der Reise einen Aufenthalt in HongKong zumindest nicht generell unmöglich machen.

So ist der **Flughafen** mit Behinderten-WCs, Liften und speziellen Informationstelefonen (englisch-, chinesisch- und japanischsprachig) für Behinderte ausgestattet, alle Punkte im und um den Flughafen sind rollstuhlfähig.

Der Transport in HongKong mit öffentlichen bzw. privaten **Verkehrsmitteln** gestaltet sich unterschiedlich: Während die öffentlichen Busse in aller Regel nicht rollstuhlfähig sind, bietet *Rehabus* (Tel. 28178154) in behindertengerechten Minibussen zumindest die Möglichkeit, die gängigsten Routen zu nutzen. Die KowLoon-Kanton Railway (Tel. 26027799) ist mit den Zügen und Stationen (außer *Racecourse*) absolut behindertengerecht mit Fahrstühlen, Rampen und gekennzeichneten Sitzen versehen, gleiches gilt für den in den New Territories operierenden *Light Rail Transit* (Tel. 24687788). Unzugänglich sind dagegen die Tram (Victoria) und meist die MTR-Metro. Bei der HongKong und KowLoon verbindenden Star-Ferry ist zumindest das „lower deck" gut zugänglich (Informationen unter Tel. 23662576).

Eine umfassende Übersicht über die Nutzbarkeit der Verkehrsmittel für Behinderte bietet der *Transport Guide for Disabled Travellers*, welcher beim Transport Department, 41 St., Immigration Tower, Gloucester Road, Wan-Chai, HongKong, erhältlich ist.

# BEKLEIDUNG, DIPLOMATISCHE VERTRETUNGEN

Zu wichtigen Institutionen wie Banken, Kinos, Hotels, Restaurants, Konsulaten, Museen, Tempeln, Sportmöglichkeiten usw. gibt die HKTA die kostenlose Broschüre **Access Guide for Disabled Visitors** (in englischer Sprache) heraus, die schon vorab bei den (↗) Infomationsstellen in Europa erhältlich ist.

## Bekleidung

Zunächst sei darauf hingewiesen, dass man stets eine leichte Jacke, Sweatshirt o.Ä. mitführen sollte, da man sich sehr häufig unter Klimaanlagen aufhält (in Einkaufsarkaden, im Bus, in der U-Bahn usw.).

Bequeme **Schuhe** sind eigentlich das wichtigste mitzubringende Bekleidungsstück, da Größen ab 44 selten erhältlich sind. Außerdem ist man in Südchina oftmals viel zu Fuß unterwegs, sodass das passende Schuhwerk ein absolutes Muss ist. Prinzipiell kann man natürlich auch vor Ort Schuhe kaufen, doch liegt der Schwerpunkt häufig auf elegantem Schuhwerk, strapazierfähige Allzweck- oder Turnschuhe sind dagegen selten.

Der „normale" Tourist kleidet sich in den Städten etwa so, wie er es auch zu Hause tun würde: in den warmen Sommermonaten leichte und bequeme Kleidung, in den kühleren Monaten (↗Klima) zusätzlich mit einer leichten Jacke und Regenschutz. Auch die Einheimischen kleiden sich sauber und zweckmäßig. Weder Macau noch HongKong sind mit dem vergleichsweise schmutzigen Süden Chinas vergleichbar, vor allem in Tempeln und öffentlichen Gebäuden ist vergammelte Kleidung – was in China für einen Individualtouristen auf Grund des Schmutzes eigentlich zwangsläufig „normal" ist – kaum tolerierbar. Dennoch braucht niemand mit mehr als einem Satz Kleidung nach HongKong einzureisen – gute und sehr günstige Kleidung vom T-Shirt bis zum Maßanzug kann problemlos vor Ort erworben werden. Lediglich Hosen kann man nicht immer direkt von der Stange kaufen, da aus hygienischen Gründen generell ein Anprobierverbot besteht.

Für **Geschäftsleute** besteht beinahe ausnahmslos Krawatten- und Anzugzwang für Herren beziehungsweise Kleid- oder Kostümpflicht für Damen. Nahezu jeder, der irgendwo im Geschäftswesen oder in Büros tätig ist, kleidet sich elegant und weltmännisch. Dies wird trotz der großen Hitze auch vom ausländischen Geschäftspartner erwartet. Zwar hält man sich überwiegend in gekühlten Gebäuden auf, doch genügen schon wenige Minuten in der subtropischen Sonne unter freiem Himmel, zum Beispiel beim Warten auf ein Taxi, um den Anzug zur Sauna werden zu lassen.

## Diplomatische Vertretungen

↗ Kapitel „Notfälle", „Ein- und Ausreisebestimmungen"

# Ein- und Ausreisebestimmungen

Die Rückgabe HongKongs an China brachte keine Änderungen der Einreisebestimmungen mit sich. Westeuropäer können sich **visafrei bis zu einem Monat** in der SAR HongKong, China aufhalten.

Nur bei geplantem **längeren Aufenthalt** (Arbeit, Studium) ist ein Arbeitsvisum notwendig, welches bei der Einwanderungsbehörde (Immigration Department), 7 Gloucester Rd., WanChai Tower, 2. St., WanChai (Tel. 2824 6111) in HongKong oder vorab bei der zuständigen **Botschaft der Volksrepublik China** beantragt werden kann. Auch in Deutschland, der Schweiz oder in Österreich lebende Staatsbürger von Nicht-EU-Staaten sollten sich bei der Botschaft nach der Notwendigkeit für ein Visum erkundigen.

- **Deutschland:** Brückenstr. 10, 10179 Berlin, Tel. (030) 27588572, Fax 27588519. Auch die Generalkonsulate in Frankfurt/M., Hamburg und München stellen Visa aus (siehe www.china-botschaft.de).
- **Österreich:** Metternichgasse 4, 1030 Wien, Tel. (01) 7103648, Fax 7103770, www.chinaembassy.at.
- **Schweiz:** Kalcheggweg 10, 3006 Bern, Tel. (031) 3514593, Fax 3518256. Auch das Generalkonsulat in Zürich stell Visa aus (siehe www.china-embassy.ch).

Noch vor der Einreise wird auf den Fähren oder an Bord der Flugzeuge ein **Ein-/Ausreiseformular** ausgegeben, welches bei der Passkontrolle in HongKong ausgefüllt vorzulegen ist. Ein Durchschlag verbleibt beim Einreisenden und muss bei der Ausreise abgegeben werden.

Neu ist ein zusätzliches **Gesundheitsformular,** welches derzeit wegen SARS verlangt wird und dem Einreiseformular ähnelt.

Die **Zollformalitäten** beschränken sich meist auf Stichproben. Zollfrei eingeführt werden dürfen, 200 Zigaretten (oder 50 Zigarren oder 250 g Tabak), ein Liter Wein und alle Artikel des persönlichen Bedarfs in vernünftigen Mengen. Elfenbein, obgleich in HongKong vielfach käuflich erwerbbar, unterliegt einer strengen Ausfuhrkontrolle wie auch einem Einfuhrverbot in die meisten europäischen Staaten. Schusswaffen sind zwar nicht verboten, müssen aber deklariert und bei der Einreise in Verwahrung gegeben werden. Devisen und HK$ sind in unbegrenzter Höhe ein- und ausführbar.

Für Reisen in die **Volksrepublik China** besteht nach wie vor Visapflicht. Anträge sind im Visa Office, 5. St., Lower Block, 26 Harbour Rd. (Eingang unten von Fleming Rd.), WanChai zu stellen, eine andere Visastelle wäre *China Travel Services* (Hong-Kong) Limited, 1/F, Alpha House, 27–33 Nathan Rd., Tsim Sha Tsui, Tel. 27361863 ( ♫ Einreisebestimmungen im Kanton-Teil).

## Rückeinreise nach Europa

Bei der Rückeinreise **in ein EU-Land** sind folgende Waren für den privaten Gebrauch abgabenfrei einführbar: für über 17-Jährige 200 Zigaretten oder 100 Zigarillos oder 50 Zigarren oder 250 g Tabak sowie 1 Liter Spirituosen (über 22 % Vol.) oder 2 Liter Alkoholisches (bis 22 % Vol.) oder 2 Liter Schaum-, Likörwein bzw. Wein; für über 15-Jährige außerdem 500 g Kaffee (und in Österreich 100 g Tee). Darüber hinaus pro Person 50 g Parfüm und 0,25 Liter Eau de Toilette sowie neu angeschaffte Privatwaren bis zu einer Freigrenze von 175 Euro.

Bei der Rückeinreise **in die Schweiz** dürfen pro Person 200 Zigaretten oder 50 Zigarren oder 250 g Pfeifentabak, sowie 2 Liter (bis 15 % Vol.) und 1 Liter (über 15 % Vol.) an Alkohol und auch neuangeschaffte Privatwaren bis zu einer Freigrenze von 300 SFr. eingeführt werden.

Werden die *Freigrenzen überschritten,* sind Einfuhrabgaben auf den Gesamtwert der Ware zu zahlen und nicht nur auf den die Freigrenze übersteigenden Warenwert.

Überdies sollte man die jeweiligen *Verbote und Einschränkungen* beachten, um eine böse Überraschung am Zoll zu vermeiden. **Nähere Informationen** gibt es für Deutschland unter www.zoll.de oder beim Zoll-Infocenter, Tel. (069) 469976-00, für Österreich unter www.bmf.gv.at oder beim Zollamt Villach, Tel. (04242) 33233, für die Schweiz unter www.zoll.admin.ch oder bei der Zollkreisdirektion in Basel, Tel. (061) 2871111.

> **Hinweis:** Da sich die **Einreisebedingungen kurzfristig ändern** können, raten wir, sich kurz vor der Abreise beim Auswärtigen Amt (www.auswaertiges-amt.de bzw. www.bmaa.gv.at oder www.dfae.sdmin.ch) oder der jeweiligen Botschaft zu informieren.

# Einkäufe

HongKong wird oft als großer Supermarkt in Form einer Millionenstadt mit günstigen Einkaufsmöglichkeiten dargestellt. Nun ist diese Beschreibung, zumindest was den Nordteil von Hong-Kong-Island sowie KowLoon betrifft, sicherlich nicht völlig aus der Luft gegriffen, da diese Stadtteile beim Betrachter tatsächlich den Eindruck eines hyperaktiven Basars hinterlassen können. Die New Territories, die Inseln oder große Teile HongKong-Islands vermitteln aber ein eher anderes Bild.

Sicherlich sind noch hier und da *Schnäppchen* zu machen, nicht jedoch bei Markenartikeln. Was wirklich günstig auf den Straßenmärkten angeboten wird, ist meist gefälschte Ware aus China oder Textilien mit kleinen „Macken". Die Leichtindustrie, die in den vergangenen Jahrzehnten den Mythos des Supermarktes HongKong entstehen ließ, wurde inzwischen weitgehend auf die andere Seite der Grenze verlegt, der Dienstleistungssektor bestimmt heute das Geschehen und beschäftigt 75 % der Werktätigen.

Das Warenangebot HongKongs („downtown") ist jedenfalls so reichhaltig, äußerst raffiniert dargeboten und scheinbar unschlagbar günstig, dass der folgende Hinweis angebracht scheint: In kaum einer anderen Stadt der Erde kann der Tourist so leicht in einen Kaufrausch geraten wie gerade in HongKong! Nirgendwo sonst werden Lockbegriffe wie *discount* (Rabatt) oder *free* (kostenlos) so oft gebraucht wie in HongKong. Schilder wie *50 %*

# EINKÄUFE

*discount on every purchase!* oder *buy five - get one free!!!* scheinen den neutralen Beobachter schier zu erschlagen, zu entwaffnen und wie von selbst seine Börse unmerklich zu leeren. Tatsächlich lässt sich vor allem auf den zahlreichen Straßenmärkten, aber auch in den vielen kleinen Läden in TsimShaTsui/KowLoon so manch gutes Geschäft machen.

Die beiden obersten Gebote für den Kunden lauten: erst die Preise vergleichen, dann **handeln, handeln, handeln!** Wenn in einem Geschäft nicht ausdrücklich auf *fixed prices* (Festpreise) hingewiesen wird, muss auf Teufel komm raus geschachert werden – man braucht dabei kein schlechtes Gewissen zu haben: Kein Verkäufer wird einem Geschäft zustimmen, wenn bei ihm nichts hängenbleibt! Der Kunde sollte sich vorab darüber im Klaren sein, was er als Maximum zahlen will und dann den Verkäufer nach dem Preis fragen (wenn kein Preis ausliegt). Dann biete man so viel unter dem eigenen Limit, dass man sich am Ende zu aller Zufriedenheit in der Mitte trifft.

Der (flohmarktartige) Handel war immer ein traditioneller Faktor der südchinesischen Mentalität – das findet der Tourist in den emsigen Innenstadtbereichen HongKongs eindrucksvoll bestätigt. Vom Handel lebt die Stadt, dazu wurde sie geboren und dadurch ist sie aufgestiegen!

In größeren **Kaufhäusern** sind die Preisschilder dagegen als Endpreise gemeint, lediglich bei größeren Käufen kann man dezent nach einem kleinen Rabatt fragen. Oft finden aber auch in Kaufhäusern Sonderverkäufe u.Ä. statt, wo dann erhebliche Rabatte auf die angegebenen Preise winken.

Unter dem Strich ist es eher davon abzuraten, nur der Einkäufe wegen nach HongKong zu reisen. **Foto- und Computerzubehör** ist in Europa billiger als in HongKong, von etwaigen Garantieproblemen einmal abgesehen.

Bei **Wertgegenständen** (Schmuck, teure Uhren) ist die Gefahr der Fälschung – insbesondere in TsimShaTsui – groß, bei **Textilien** muss man sich viel Zeit nehmen und alle Artikel, vor allem auf Straßenmärkten, sehr genau unter die Lupe nehmen. Scheinbar gute Blusen werden nicht grundlos für 10 HK$ verschleudert.

*Tipp:* Generell sollte der Reisende keine Zeit „verschwenden", indem etwa ein halber Tag „für Einkäufe" eingeplant wird – auf Besichtigungstouren passiert man ohnehin immer wieder Kaufhäuser und Shopping-Malls (Einkaufszentren). Mitbringsel, Souvenirs und sonstige Kleinigkeiten können immer „auf dem Weg" ganz nebenbei erworben werden.

## Öffnungszeiten

Die Geschäfte haben auf **HongKong-Island** in den Stadtteilen Central und Western von 10:00 bis 18:00 Uhr, in Causeway Bay und WanChai von 10:00 bis 21:30 Uhr geöffnet.

Etwas anders sind die Öffnungszeiten in **KowLoon,** wo in TsimShaTsui, YauMaTei und MongKok in der Regel von 10:00 bis 21:00 Uhr, in TsimShaTsui East dagegen nur bis 19:30 geöffnet ist.

In den **NT** sind die Geschäftszeiten im Allgemeinen von 10:00 bis 19:00 Uhr, kleinere Geschäfte haben teilweise auch länger geöffnet.

Die großen **Kaufhäuser und Shopping-Malls** sind täglich meist bis 22:00 Uhr geöffnet, Ausnahmen sind die *Daimaru-* und *Matsuzakawa-Kaufhäuser*, die unregelmäßig am Dienstag oder Mittwoch geschlossen bleiben.

## Einkaufszentren und Märkte

Besonders empfehlenswert für den kleineren und mittleren Geldbeutel ist das **YueHwa-Kaufhaus** mit Produkten der VR China. Vom nachgebauten „Schweizer Messer" über Seidenwesten bis hin zu chinesischen Heilkräutern findet man auf engem Raum einfach alles. Leider nur selten im Programm sind hochwertige Daunenmäntel/-jacken für rund 100–150 US$, die auch nach Europa exportiert werden und dann das Drei- bis Vierfache kosten.

Ein beliebter Straßenmarkt für Krimskrams liegt in der **Cat Street** (an der Hollywood Rd.), die Gegend um den Markt birgt zahlreiche Antiquitäten- und Porzellangeschäfte.

Kleidung vom T-Shirt bis zur Lederjacke kann man auf dem **LiYuan-Markt** (bis gegen 19:00 Uhr) erstehen.

Hauptsächlich Jeans und Kinderkleidung (günstige Preise!) werden rund um die **Spring Garden Lane** angeboten.

Ein Tipp für Seiden- und Lederwaren, aber auch für Sportwaren (wie Sportschuhe auch in Größe 46!) ist der **Stanley-Market** in Stanley. Er liegt an der Südspitze HongKong-Islands und wird überwiegend von Einheimischen besucht; ebenso beliebt ist der Ladies' Market im Distrikt Mong-Kok.

**Jardine's Crescent** ist eine Hochburg für Damen- und Kinderbekleidung, Kosmetika, Gewürze und Obst und Gemüse.

Trotz der vergleichsweise höheren Preise lohnt sich natürlich auch ein Streifzug durch **TsimShaTsui**. Während und in den Straßen rund um die **Nathan Rd.** zahllose kleine Einzelhändler von der modernen Kamera bis zur Goldrolex alles Erdenkliche feilbieten, liegt gegenüber des HongKong Museum of Science & Technology an der Granville Rd. ein großartiges, modernes **Einkaufszentrum** westlicher Prägung mit etlichen Plazas rund um den Centenary Garden. Unbedingt empfehlenswert sind vor allem auch die gigantischen **Super-Shopping-Malls Festival Walk** (MTR/KCR KowLoon Tong), Maritime Square (MTR TsingYi), Times Square (MTR Causeway Bay), Cityplaza (MTR TaiKoo) oder der Ocean Terminal (Star Ferry Pier TsimShaTsui).

## Fotozubehör

Nur in seltenen Fällen lohnt heute noch der Kauf einer Kamera oder eines Camcorders in HongKong. Seit japanische Produkte sich auch in Europa nahezu uneingeschränkt durchgesetzt haben, ist ein **Preisvorteil** in Asien kaum noch erzielbar, und wenn es immer wieder heißt, HongKong sei ein Eldorado für Fotoartikel. Wer beharrlich handelt, die Preise vergleicht und die Qualität prüft, kann eventuell 10 % gegenüber dem europäischen Preis sparen – die Verkäufer wissen aber natürlich, dass der Tourist unter Zeitdruck steht oder unerfahren ist. Auch ist es üblich, Gehäuse sehr günstig anzubieten, dann aber beim Zubehör kräftig zuzulangen. Am besten wählt man schon zu Hause ein konkretes Modell mit allem Zubehör und vergleicht dann den Endpreis mit dem Angebot vor Ort.

Auf jeden Fall muss man auf einer weltweiten **Garantiekarte** bestehen und sich auf alle **Tricks,** wie gute Ware zur Ansicht, schadhafte dann in der „Originalverpackung", einstellen!

Auch **auf Bestellung,** „weil der gewünschte Artikel erst morgen geliefert wird" sollte man vor allem Foto und Elektronik nicht kaufen – es ist mit Kreditkarte gleich zu zahlen, der gewünschte Artikel kommt dann doch nicht rechtzeitig, und man muss, um überhaupt etwas zu bekommen, gegen Aufpreis höherwertige Geräte kaufen!

Eine gute und zuverlässige Adresse für Fotobedarf ist die **Nathan Rd./ MongKok,** von größeren Anschaffungen in TsimShaTsui ist abzuraten – hier werden die meisten Touristen stark übervorteilt. Dies gilt natürlich nicht für Filme oder Entwicklung.

## Elektronik/EDV

Vor dem Erwerb von **Camcordern, Videorecordern** und **TV-Geräten** seien Nicht-Fernsehtechniker eindringlich gewarnt: in HongKong wird im asiatischen PAL-System ausgestrahlt. Im Gegensatz dazu exisitieren SECAM (Frankreich), NTSC (Nordamerika, Japan) und PAL (Europa). Verwendete Geräte müssen untereinander kompatibel (auf das System des ausstrahlenden Landes abgestimmt) sein. Wer also einen Videorecorder (PAL/Asien) kauft, wird Probleme beim Benutzen mit seinem Fernseher in Europa haben. Natürlich kann das Gerät umgestimmt werden, dies muss jedoch ein Fachmann vornehmen, was den Vorteil des günstigen Kaufpreises mehr als auffressen dürfte.

Die **Computerpreise** entwickeln sich in Europa rasant, preislich und qualitativ interessant ist in HongKong lediglich der Kauf von Computer-Software (insbesondere Chinesisch-Programmen), Laptops oder kleineren Hardwareteilen (z.B. Festplatten). Allerdings verlangen die Einfuhrbestimmungen in Europa teilweise einen Importzoll (↗ Ein- und Ausreisebestimmungen). Man erkundige sich beim Zoll nach den aktuellen Sätzen, um bei der Rückkehr keine böse Überraschung zu erleben. In allen Fällen sollte auf eine internationale Garantie (↗ Nach dem Kauf) geachtet werden.

Gerade HongKong bietet auf den Märkten eine unglaubliche Vielfalt kleiner **elektronischer Spielereien.** Von der PKW-Kaffeemaschine zum Anschluss an den Zigarettenanzünder (ca. 20 US$) bis zu Turnschuhen mit eingebautem Radiowecker auf Batteriebasis gibt es nichts, was es nicht gibt.

Im Star House (*Star House Computer City*, rechter Eingang, Rolltreppe hinauf) liegen gleich mehrere **Compu-**

**tershops,** auf HongKong-Island ist *Computer 88*, 311 Gloucester Rd. (Windsor House), Causeway Bay, der bekannteste Anbieter. Generell findet man die Kette „Fortress" (orangefarbenes Logo mit einem Turm) in allen größeren Kaufhäusern/Shopping-Malls, die quasi den Elektronik-Discount-Ketten in Mitteleuropa entspricht.

## Bekleidung

Die Straßenmärkte in HongKong (♪ MongKok, Stanley) bieten dem Bekleidungssuchenden viele **Alltagsstücke** zu kleinen Preisen. Hier muss man einfach mal gewesen sein!

Eine recht preisgünstige Möglichkeit für **Maßkleidung** bieten zahllose Nähereien und Boutiquen in HongKong an: Binnen 4–5 Tagen wird ein Maßanzug/-kleid im gewünschten Schnitt im ausgewählten Stoff angefertigt. Die Angebote beginnen schon bei 150 HK$ für gute Anzüge, eine (nicht rückerstattbare) Anzahlung von 50 % wird grundsätzlich verlangt.

Im Folgenden einige zuverlässige und qualitativ sehr gut arbeitende Schneidereien:

- **Raja Fashions,** 34-C Cameron Rd., KowLoon, Tel. 23667624
- **Anukay Fashions,** 31 Hankow Rd., KowLoon, Tel. 23760415
- **Harry Lee & Co.,** 42 Hankow Rd., KowLoon, Tel. 23660093

Man muss gar nicht lange nach solchen Läden suchen, „Schlepper" sprechen vor allem Touristen insbesondere an der Star Ferry in KowLoon von morgens bis abends an.

Generell sei bemerkt, dass die meisten größeren Hotels und Shopping Malls ebenfalls Schneidereien beherbergen, die hohen Mietpreise schlagen sich hier aber auf den Preis nieder. Die kleinen Klitschen in den Hinterhöfen können – bei gleicher Qualität – meist den besseren Preis anbieten.

Markenartikel, aber auch no-name Produkte findet man zum halben Preis oder weniger rund um die Granville Road/TsimShaTsui, Henessy Road/WanChai oder FaYuen Street/MongKok. Wichtig ist, dass eine **Anprobe** in Boutiquen wie auch auf Märkten aus hygienischen Gründen **grundsätzlich nicht gestattet** ist – daher ist es viel schwieriger, Hosen zu kaufen als Hemden oder T-Shirts.

Beim Straßenverkauf muss die Ware ganz besonders intensiv auf **Fehler** geprüft werden: Oft fehlen Knöpfe, manchmal klemmen Reißverschlüsse, sind Farben verschossen, gibt es Löcher oder fehlerhafte Nähte. Auch völlig verschnittene Teile mit unterschiedlich langen Beinen/Ärmeln werden gerne untergemogelt ...

## China-Souvenirs

Das **YueHwa-Kaufhaus** mit Filialen auf HongKong-Island sowie in KowLoon bietet einen Fundus an Kleinigkeiten, Bekleidung, Küchengeräten, Kunsthandwerk und Gewürzen chinesischer Herkunft. Wer originelle und nützliche Mitbringsel sucht, wird hier bestimmt fündig: Essstäbchen, Küchenutensilien, Reis-Schnellkochtöpfe, Gewürze, Bücher, Landkarten, Buddhafiguren, chi-

nesische Lackmöbel, Fächer, Korkschnitzereien, Jadeschmuck, Gemälde, leichte Oberbekleidung (T-Shirts, Blusen, Westen, Jacken), Reisetaschen/ Rucksäcke, Daunenmäntel ...
Die größten Zweigstellen:

- YueHwa-Building, Nathan Rd./Ecke Jordan Rd., TsimShaTsui, Tel. 23840084
- 22 Paterson St., Causeway Bay, HK-Island, Tel. 28081363

*Hinweis:* Die Waren sind 2–3 mal so teuer wie in China selbst, aber auch qualitativ gut.

## Möbel

Manch Besucher des Fernen Ostens lässt sich von dem dortigen Wohnstil inspirieren und findet eine Möbelkombination, die er gerne für das eigene Heim erwerben möchte. Nun muss erwähnt werden, dass HongKong für Möbel kein günstiges Pflaster ist, Holz als Rohstoff muss **importiert** und aufwendig bearbeitet werden. Hinzu kommen hohe Lagerhaltungskosten usw., sodass in HongKong Möbel oft auf Bestellung importiert werden (auch wenn dies in den Geschäften anders scheint). Viele Stücke im chinesischen Stil stammen also aus China, Vietnam, oder aus Korea.

Günstig sind allenfalls **Rattanmöbel** meist indonesischer Herkunft. Gewiss kann man ein Rattanset günstiger in Indonesien selbst kaufen, in Hong-Kong ist allerdings die tatsächlich angelieferte Qualität garantiert, auch kann ohne großen Aufwand verschifft werden (⌕ Nach dem Kauf).

In der Queens Road/East auf HK-Island liegt eine Reihe guter **Möbelhändler,** die sich insbesondere auf Rattan spezialisiert haben.

## Schmuck und Jade

HongKong dürfte einer der größten Umschlagplätze der Erde für **Elfenbein** und andere zumindest in Europa verbotene Materialien (z.B. Nashorn-Hörner, Krokodilleder, Schildkrötenpanzer) sein. Auch wenn der Erwerb reizen mag: Die Einfuhr nach Europa ist in aller Regel verboten und ist durch die Röntgenmaschinen der Flughäfen auch nicht zu verstecken. Allein aus moralischen Gründen sollte man sich nicht an derartigen Geschäften beteiligen.

*Schmuck,* insbesondere aus Gold, kann vergleichsweise günstig sein. Dabei muss allerdings beachtet werden, dass nicht das Material selbst, sondern vor allem die Arbeitszeit den Preisunterschied ausmacht. Auch sollte man sich einigermaßen bei gefassten Stücken auskennen und von Schnäppchenangeboten bei nicht von der HKTA empfohlenen Läden Abstand nehmen, da einem sonst Fälschungen untergejubelt werden können (⌕ Reklamation).

Letzteres gilt auch für die in ganz China so beliebte **Jade** (⌕ Traditionelle Künste). Sehr beliebt als Mitbringsel ist der jadeähnliche **Speckstein,** der zur Herstellung der chinesischen Namensstempel dient und in allen Kaufhäusern erhältlich ist. Sehr beliebt ist der bekannte „Jade Market" im Stadtteil Jordan.

# Nach dem Kauf

Es kommt nicht selten vor, dass man nach einem recht unterhaltsamen Einkaufsbummel plötzlich vor Problemen steht. Was tun, wenn man den tollen Schreibtischstuhl eben doch nicht im Rucksack mitschleppen kann? Was, wenn sich die teure Jadekette plötzlich als Fälschung entpuppt? Was, wenn der tolle Camcorder nach der Rückkehr in Europa den Geist aufgibt?

Hat man etwas bestellt, wird eine **nicht rückerstattbare Anzahlung** (in der Regel 50 %) fällig, der Rest wird bei Abholung bzw. Besichtigung des Endproduktes gezahlt. Mit anderen Worten, in dem Augenblick, in dem man sich zur Anzahlung des tollen und modischen Rattansofas hat beschwatzen lassen, ist das Kind auch schon in den Brunnen gefallen – es gibt kein Zurück mehr.

## Verschiffung

Zunächst sollte man beim Kauf sperriger Artikel die **Verschickung per Post** prüfen (♪ Post). Bei vielen Artikeln – Bekleidung, Kochtöpfe usw. – ist es kein Problem, überzähligen Ballast auf dem Postweg loszuwerden.

Viele Kaufhäuser und Möbelhändler sind von sich aus bei der Verschiffung der gekauften Waren behilflich, meist natürlich nicht, ohne an der Vermittlung eines Kunden an einen **Spediteur** zu verdienen. Man achte darauf, wohin die Verschiffung führt: meist nur in einen europäischen Hafen (Rotterdam, Bremen, Hamburg). Von dort aus ist dann der Kunde selbst zuständig – der Spediteur informiert rechtzeitig über die Ankunft, dann muss der Kunde zügig die Ware abholen (lassen), was wieder Geld kostet. Im Endeffekt hätte man dann gleich bei einem Importeur in Europa kaufen können.

Wer wirklich groß „zulangen" will, sollte sich in Europa mit einem Spediteur in Verbindung setzen und eine Gesamtsumme für einen **Container** inkl. Versicherung von HongKong nach Basel/Innsbruck/Dresden usw. vereinbaren. 2000–3000 US$ sollten genügen. So ein Container ist etwa so groß wie eineinhalb Garagen, eine komplette Wohnungseinrichtung kann bequem untergebracht werden. Außerdem hat man den Vorteil, einen Verantwortlichen in Europa zu haben, sollte etwas beschädigt worden sein. Beim Großeinkauf in HongKong muss man dann nur noch den Transport zum Schiff aushandeln.

## Garantiewesen

Insbesondere bei elektronischen Geräten und Fotoapparaten kann es bisweilen zu unliebsamen Störungen kommen, die vor Ort nicht erkennbar waren. Es gibt in HongKong drei verschiedene Arten der **Garantie,** wobei für den Touristen nur eine von Belang ist: die **uneingeschränkte, international gültige** auf Markenartikel. Ist ein Händler nicht bereit, eine solche auszustellen, sollte vom Kauf elektronischer oder Fotoartikel Abstand genommen werden. Diese internationale Garantie erlaubt es dem Kunden, das schadhafte Gerät bei jedem Händler, der diese Marke führt, zur Reparatur abzugeben, und zwar kostenlos, solange die Garantiezeit nicht überschritten ist. Mögliche Preisvorteile unbekannter Marken wiegen für den Touristen das Risiko bei wertvollen Geräten erfahrungsgemäß nicht auf.

### Reklamation/Betrug

Nachdem es in den frühen Jahren des „Supermarktes HongKong" oft zu bösen Beschwerden über mangelnde Qualität, Übervorteilung oder teilweise auch betrügerische Machenschaften kam, bemühte sich die HongKong Tourist Association (HKTA) um eine höhere Geschäftsmoral gegenüber der Laufkundschaft „Tourist" und versammelte die korrekten und ordentlichen Geschäftsleute um sich. Heute kann bedenkenlos in allen Läden gekauft werden, die das kreisrunde, rote **Logo** mit chinesischer Dschunke und dem Schriftzug ***HongKong Tourist Association – Ordinary Member*** tragen.

Sollte es zu einer berechtigten Beschwerde über ein Mitglied kommen, hilft die **HKTA** im „Center", 99 Queens Rd., UG, Tel. 25081234 (tgl. 08:00–18:00 Uhr) weiter. Insbesondere beim Thema Schmuck, Uhren und Edelsteine kann es gelegentlich zu Meinungsverschiedenheiten kommen. Auch hier hilft die HKTA oder die **Gemmological Association of HongKong,** Tel. 23666006.

Bei Dienstleistern und Geschäften, die nicht Mitglied der HKTA sind, wende man sich im Notfall an den ***HongKong Consumer Council,*** China HongKong City, Canton Rd., Kowloon, Tel. 28563113, mit einer Filiale in der 38 Pier Rd., Central (Tel. 2541 1422) sowie einem Verbrauchertelefon (29292222).

Jeder Käufer bei fliegenden Händlern *(Want ROLEX?)* muss sich darüber im Klaren sein, dass er zu den angebotenen Preisen keine Original-Markenware bekommen kann – Beschwerden sind dann nicht nur erfolglos, sondern zeugen auch von großer Naivität. Der Kunde muss auch wissen, dass z.B. bei Märkten oder Fabrikverkauf ein Umtausch generell ausgeschlossen ist, auch hier wäre eine Beschwerde zwecklos.

Ein weiteres Problem beim Kauf von Falsifikaten kann letztlich der heimische Zoll werden, da die Einfuhr solcher Produkte nicht gestattet ist. Nichtwissen schützt auch hier vor Strafe nicht – die Konfiszierung der Ware ist die Folge. No-name-Souvenirs von Straßenmärkten in kleinen Mengen sind dagegen kein Problem.

## Elektrizität

Die elektrische **Spannung** beträgt in Kanton, HongKong und Macau durchgehend 220 V bei 50 Hz, entspricht also in etwa dem europäischen System, Spannungsadapter sind daher nicht notwendig.

Unterschiedlich sind dagegen die Steckdosen: Während HongKong und Macau **Steckdosen** mit drei runden Löchern haben, sind die in der VR China überwiegend entweder wie in Europa mit zwei Löchern, oder aber (was seltener vorkommt) wie in den USA oder TaiWan mit 3 flachen Schlitzen versehen.

In europäischen Baumärkten sind so genannte „Weltstecker" erhältlich, mit denen angeblich das Steckdosenproblem weltweit gelöst sein soll – eine Mogelpackung, denn diese verfügen nicht über die 3er-Steckdose HongKongs und sind dann vor Ort wertlos! Wer elektrische Geräte anschließen muss, sollte sich erst in HongKong einen **Zwischenstecker** kaufen, der hier sehr günstig ist und dann auch passt.

Bei den Dreier-Steckdosen mit runden Löchern gibt es für einen kleinen **Trick,** mit dem auch unsere Stecker passen: Das obere Loch ist lediglich eine Art Sicherung, die geöffnet werden muss, damit in die beiden unteren der Stecker eingesteckt werden kann. Drückt man mit einem Kugelschreiber oder Bleistift in dieses Loch, kann gleichzeitig der europäische Stecker eingesteckt werden.

# Essen und Trinken – Chinesische Küche

Nicht zuletzt durch die hohe Anzahl chinesischer Restaurants in Europa ist der kulinarische Aspekt einer der ersten (oft auch einzigen) Berührungspunkte des Europäers mit der chinesischen Kultur vor einer Reise in den fernen Osten. Die chinesische Küche zeichnet sich aus durch eine Vielzahl an Stil-, Zubereitungs- und Geschmacksrichtungen wie auch eine unvergleichliche optische Gestaltung der Mahlzeiten. Tatsächlich wird das Kochen in China nicht als Handwerk, sondern als Kunst verstanden, die Verbindung von Optik, Geschmack und Geruch spielt in allen chinesischen Küchen eine Schlüsselrolle.

Als gewissermaßen optische Einstimmung auf die chinesische Küche seien die **Filme** Eat Drink Man Woman (TaiWan, 1994) und Ente gut, alles gut (HongKong, 1988) empfohlen.

## Regionale Küchen

Die regionalen Besonderheiten und Anbauvoraussetzungen Festlandchinas haben über die Jahrtausende zahlreiche vollkommen unterschiedliche Küchen entstehen lassen, die sich in etwa so unterscheiden wie die französische von der britischen. In HongKong und in geringerem Maße auch in Macau leben die Nachkommen von Chinesen aus allen Provinzen Chinas. Demzufolge sind auch die zahlreichen Stilrichtungen der chinesischen Küche, angereichert durch den jeweiligen kolonialen Einfluss, auf engstem Raum vertreten, was beide Städte bei Freunden der chinesischen Kochkunst besonders beliebt macht.

Kulinarisch wird China in **vier Regionen** mit wiederum eigenen Kochstilen gegliedert: die nördliche Küche (Peking-Stil, mongolischer Stil), die östliche Küche (ShangHai-Stil), die südliche Küche (kantonesischer, Hakka-, taiwanesischer und FuZhou-Stil) und die westliche Küche (SiChuan-Stil, HuNan-Stil).

# ESSEN UND TRINKEN – CHINESISCHE KÜCHE

- **Peking-Küche:** Die Gerichte werden isoliert (nicht zusammengemischt) und frisch zubereitet, sind sehr mild gewürzt und somit dem westlichen Besucher geschmacklich am vertrautesten. Sehr beliebt sind gegrillte Fleischgerichte und Hammelspieße. Das bekannteste Gericht dürfte allerdings die „Peking-Ente" sein, deren Zubereitung bei Beachtung aller Regeln mehrere Tage dauert und die durch das Einpinseln mit Honigwasser goldbraun glänzt. Die Poren werden so versiegelt, das Fett brät nach innen und lässt die Haut besonders knusprig werden. Zur Ente werden Zwiebeln oder Lauch und Pfannküchlein gereicht.
- **Mongolisch:** Das markante dieser Kochrichtung ist die gemeinsame Benutzung eines Grills (mongolian barbecue) oder Topfes (mongolian hotpot) der Gäste am Tisch. Zubereitet werden meist Fleisch, Geflügel und Gemüse. In HongKong bieten einige Restaurants das so genannte mongolian barbecue (eat as much as you can) zum Festpreis an – für Hungrige ein gutes Schnäppchen!
- **ShangHai-Stil:** Huhn und vor allem Krabben sind die Hauptbestandteile der Shang-Hai-Küche, ergänzt durch Pilz- und Bambussprossengerichte. Die einzelnen Speisen behalten bei dieser überwiegend naturbelassenen Zubereitungsart ihren natürlichen Geschmack, die Würze entsteht durch die beigestellten Saucen.
- **Kantonesisch:** („Heimatküche" HongKongs, Macaus und Kantons) „Der Kantonese isst alles was fliegt oder vier Beine hat – außer den Stuhl, auf dem er sitzt und das Bett, in dem er schläft" lautet eine auch in China selbst weitverbreitete Redensart zur Essgewohnheit im Süden. In Film und Literatur wird oft nicht berücksichtigt, dass Kanton nicht China, eine Küche nicht stellvertretend für das ganze Land und „alle Chinesen" genannt werden kann. Die überwiegende Mehrheit der Chinesen lehnen die kantonesische Küche ebenso ab wie der von Tierschutz geprägte westliche Besucher. Tatsächlich beinhaltet die kantonesische Küche auch (aber nicht nur) Käfer, Würmer, Schlangen, Hunde, Ratten, Vogelnestsuppe und andere Leckereien. Wer einen Anhänger dieser Richtung auf die „Widerwärtigkeit" derartiger Lebensmittel anspricht, muss damit rechnen, dass er nach dem Unterschied zu Aal, Schnecken oder Austern gefragt wird! Zu den „normalen" Köstlichkeiten zählen „Dim-Sum" (DianXin, „Herz-erwärmendes"; eine Vielzahl an warmen Snacks), gebratenes Schweinefleisch, Haifischflosse und Shrimps in zahlreichen Varianten. HongKong, Macau und Kanton liegen übrigens in der Provinz GuangDong, dem Zentrum der kantonesischen Küche! Daher sollte der Besucher gerade in HongKong auch einmal DimSum probieren, da hier das Bestellen im Gegensatz zu China so einfach ist (Englisch!).
- **ChaoZhou-Stil:** Haifischsuppe, Schellfisch, Gans in Sojasauce und Vogelnestsuppe zählen zu den bekanntesten Gerichten dieser Region. Die Mahlzeiten sind sehr gehaltvoll und herzhaft, wenn auch nicht übermäßig scharf.
- **Hakka-Stil:** Die Hakka als Nomadenvolk haben ganz China durchquert und dabei einige besondere Kochgewohnheiten entwickelt. Ihre Grundbestandteile bestehen aus getrockneten Gemüsearten und getrocknetem Fleisch, um eine möglichst lange Haltbarkeit zu gewährleisten. Hauptmahlzeiten bestehen aus salzig-sauer eingelegtem Chinakohl, Sojabohnenquarksuppe und Innereien.
- **FuZhou-Stil:** Der Schwerpunkt dieser Küche liegt auf der frischen und geschmackserhaltenden Zubereitung von Meeresfrüchten und Suppen. Besondere Delikatessen sind Haifischflossen- und Schildkrötensuppe. Gebratene Speisen sind oft süßsauer. Letzteres ist ein typisches Geschmacksmerkmal dieser Kochrichtung, welches oft fälschlich als typisch chinesisch bezeichnet wird.
- **SiChuan-Stil:** Diese im Südwesten der Volksrepublik beheimatete Küche zeichnet sich durch die Verwendung von Chili, Fenchel, Anis und Koriander aus. Das Resultat ist eine einzigartige Geschmacksmischung aus Schärfe und würzigem Geschmack. Neben Schweinefleisch und Süßwasserfisch ist vor allem die geräucherte Ente äußerst beliebt. Die Ente wird in Pfefferkörnern, Ingwer, Zimt, Orangenschale und Koriander mariniert und über einem offenen Feuer mit Tee- und Kamferholz geräuchert. Nudeln und Brot sind be-

liebte Beilagen, obwohl südlich des Chang-Jiang-Flusses (YangTzeKiang) eher Reis gegessen wird.
- *HuNan-Stil:* Die Besonderheit der HuNan-Küche liegt in der Verwendung von viel Öl und dem Dämpfen der Fleischspeisen. Man kennt hier sowohl sehr scharfe als auch süßsaure Zubereitungsarten. Besonderheiten sind Schwalbennest mit Krabbenfleisch oder Entenzunge in brauner Sauce.

In HongKong findet man zahllose hochpreisige Restaurants mit **internationaler Küche,** ein echter Einfluss der britischen Küche ist dagegen – böse Zungen meinen glücklicherweise – kaum spürbar. Allerdings gibt es einige koloniale Reminiszenzen in Form von indischen Restaurants.

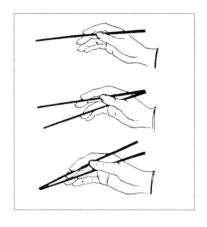

## Tischsitten

Ein **chinesisches Mahl** besteht meist aus einer Vielzahl von Gängen, die auf einem runden Tisch allen Teilnehmern einer Runde zur Verfügung stehen. So kann man eine ganze Reihe von einzelnen Gerichten nach und nach probieren, große Einzelgerichte wie in westlichen Lokalen kennt man in der chinesischen Küche nicht. Der Gastgeber sitzt auf dem der Tür nächstgelegenen Platz, der Ehrengast gegenüber, sonstige Familienmitglieder oder Freunde verteilen sich ringsum. Bei (Ehe-) Paaren sitzt der Mann links von der Frau. Üblicherweise wird zur Eröffnung eine Tasse chinesischen Tees getrunken, ehe einige warme oder kalte Vorspeisen serviert werden. Anschließend folgt mindestens ein halbes Dutzend Hauptspeisen, eine Suppe wird als Beilage nebenher „getrunken", nicht gegessen.

Selbstredend verwendet man in China zum Essen keine Bestecke, sondern *KuaiZi* (Essstäbchen). Alle Gerichte sind so fein geschnitten und portioniert, dass ein Zerkleinern der Speisen am Tisch überflüssig ist. Für die Suppe gibt es entweder einen kleinen Porzellanlöffel, oder sie wird aus der Schale getrunken, wobei die größeren Bestandteile mit den Stäbchen aufgenommen werden. Das **Essen mit Stäbchen** sollte sich der Tourist einigermaßen aneignen, es sieht zwar schwierig aus, ist aber nur eine Sache der Übung. Die Skizze gibt eine kleine optische Hilfestellung zur Handhabung. Ein ausgezeichnetes Training ist das Aufnehmen von Erdnüssen mit Essstäbchen!

## Beilagen

*Gemüsebeilagen* variieren je nach Anbaugebiet und Saison. Typisch sind Blumenkohl, Broccoli, Chinakohl, Soja-

# Essen und Trinken – Chinesische Küche

bohnensprossen, Pilze, Bambussprossen, Melone, Gingko, chinesischer Spinat, Gurke, Tomate, Kartoffel, Süßkartoffel und Karotte. Sojabohnen werden meist zu Sojasauce oder Sojaquark *(TouFu)* verarbeitet und nehmen in der buddhistischen vegetarischen Küche eine wichtige Stellung als Fleischersatz ein.

Typisches **Grundnahrungsmittel** ist der Reis, auch Nudeln sind aber weit verbreitet. Kartoffeln dagegen sind selten, stellen eine besondere Delikatesse dar und werden als Gemüse verzehrt. Glasnudeln aus Reis kommen vor allem in Suppen vor.

## Getränke

In guten Lokalen stehen neben einer breiten Palette internationaler **Spitzenweine** auch **Importbier** und *MaoTaiJiu* (Reis-Hefeschnaps), *KaoLiangJiu* (Sorghumschnaps), Tee und diverse Biere (Carlsberg, San Miguel, in Lizenz vor Ort gebraut u.a.) zur Auswahl.

**Milch** und **Milchprodukte** sind erhältlich, allerdings vergleichsweise teuer. Viele Chinesen vertragen Milchprodukte generell nicht, da den meisten ein Enzym im Magen zum Abbau der Milchsäuren fehlt.

Ein urtypisches, geradezu zeremonielles Getränk der Chinesen ist der **Tee,** dessen Zubereitungs- und Trinkkultur bereits Jahrtausende im chinesischen Volk verwurzelt ist. Während der Tang-Dynastie (618–907 n. Chr.) entwickelte ein buddhistischer Mönch namens *LuYu* gar einen „sechsten" Klassiker der chinesischen Literatur, das *ChaChing* (Buch des Tees; offiziell gibt es nur fünf Klassiker). Im 17. Jahrhundert kam dann der Tee durch niederländische Kaufleute nach Europa, wo er insbesondere in England mit großer Begeisterung aufgenommen wurde und bald den regen Handel mit den Teeanbaugebieten des Empires begründete. Tee wird aus den jungen, grünen Blättern des Teestrauches gewonnen, getrocknet und entweder als unfermentierter grüner Tee *(LüCha)* oder als gerösteter und fermentierter schwarzer Tee (die Chinesen sagen *HongCha*, roter Tee) aufgegossen. Eine Mischform – halbfermentiert – ist der oft als Gesundheitstee angepriesene Oolung-Tee *(WuLong,* schwarzer Drache). Zubereitet wird der Tee in winzigen Teekannen, die zu einem Viertel mit Teeblättern gefüllt und mit 100 Grad heißem Wasser bei fermentierten und halbfermentierten Sorten, mit 90 Grad heißem Wasser bei unfermentierten Sorten übergossen wird. Der Tee muss anschließend drei Minuten ziehen und wird aus wenig mehr als fingerhutgroßen Becherchen getrunken. Die Kanne wird dann wieder mit Wasser aufgegossen, jeder Aufguss benötigt dann eine Minute länger zum Ziehen. Tee gilt in China auch als lebensverlängernd, da er harntreibend und gut für die Augen ist. Außerdem enthält das chinesische Nationalgetränk eine Reihe lebenswichtiger Vitamine, ätherische Öle und Flourid. Wer länger in die Volksrepublik oder nach TaiWan reisen will, sollte sich an Tee gewöhnen, da er in diesen Ländern überall erhältlich und preisgünstig ist. Nahezu alle Hotels dort bieten kostenlos heißes Trinkwasser zur eigenen Zubereitung des Tees an, gelegentlich wird sogar der lose Tee bzw. Teebeutel im Zimmer bereitgestellt. Tee wird in China ohne Zucker oder Zitrone getrunken.

Wer einmal richtig zubereiteten **Tee in traditioneller Umgebung** genießen möchte, sollte unbedingt dem *LukYu Tea House*, 26–42 Stanley Street, Central, Tel. 25231970 einen Besuch abstatten – urig, klassisch und vergleichsweise günstig.

## Günstige Verpflegung

Soviel zur hohen chinesischen Küchenschule, nun geht es dem Touristen aber auch darum, die Volksküche und preiswerte Verpflegungsmöglichkeiten kennen zu lernen – und die sehen etwas anders aus. Der Chinese der mittleren und einfachen Schichten geht gerne auswärts essen und wählt dazu meist preislich andere Kategorien als der gutbetuchte Tourist oder Geschäftsmann.

*Einfache originär chinesische Lokale* bieten oft einander ähnliche kantinenartige Buffets für mehrere Personen, gegessen wird dann aus Plastikschalen und mit Einweg-Holzstäbchen. Hier findet man auch gelegentlich chinesische Tischsitten wie das Werfen von Essensresten oder Knochen auf den Tisch, ein Zeichen, dass es geschmeckt hat. Die einfachen Küchen bieten schmackhafte und preiswerte Tellergerichte wie Suppen oder *JiaoZi*, eine Art gekochter Ravioli mit unterschiedlichen Füllungen, die jeder Tourist einmal probieren sollte. Diese einfacheren Küchen erkennt man daran, dass sie keinen klimatisierten Gastraum anbieten, sondern zur Straße hin offen sind und die „Küche" nahe am Zugang für jedermann einsehbar ist.

Besonders zu empfehlen ist das der kantonesischen Küche (zu der auch HongKongs chinesische Küche zählt) eigene **DimSum** (herzhafte Kleinigkeiten): Auf kleinen Rollwagen werden geflochtene Körbchen durch die Reihen der Gäste gefahren, in denen drei bis fünf Exemplare der gleichen Kleinigkeit liegen, die einem das Wasser im Munde zusammenlaufen lassen – eingebackene Shrimps, frittierter Broccoli, Toufu, Geschnetzeltes usw. Insgesamt gibt es einige Dutzend verschiedener, warmer Kleinigkeiten. Bestellt wird immer ein kompletter Korb, sodass sich ein echtes DimSum-Essen besonders für Gruppen eignet, jeder kann dann eine möglichst breite Palette von Snacks probieren. DimSum-Lokale haben meist von 08:00 bis 14:00 Uhr geöffnet, die beste Zeit mit der größten Auswahl ist zwischen 10:30 und 11:30, mittags sind die besten Gerichte schnell weg.

Daneben gibt es – der modernen Gesellschaft folgend – eine unendliche Vielzahl von **Fast-food-Ketten** in HongKong, weniger dagegen in Macau und der Provinz GuangDong. Diese Hühner- und Burgerfabriken sind bei Touristen wie Einheimischen recht beliebt, weniger der lukullischen Genüsse wegen, sondern auf Grund des entwaffnenden Faktums, dass die Preise in Südchina wohl nirgends auf der Welt unterboten werden können. Man stelle sich dort auf 50 % der europäischen Preise bei weltweit gleicher Qualität ein.

Recht günstig sind **vegetarische Mahlzeiten** in buddhistischen Klöstern (falls die Möglichkeit dazu besteht, wird im beschreibenden Teil jeweils darauf hingewiesen) oder die am Svastik („buddhistisches Sonnenkreuz") erkennbaren vegetarischen Restaurants. Hier wird insbesondere *ToUFu* (Sojabohnenquark) in mannigfaltigen Variationen von würzig bis süßsauer zubereitet.

## Selbstversorger

Es besteht zwar kein Anlass dazu, aber man kann sich auch preiswert mit Konserven, Brot und Nudelsuppen über Wasser halten. Nudelsuppen in Trockenform zum Aufgießen mit heißem Wasser sind sehr günstig (bereits schon ab 5 HK$, in Macau und China noch günstiger).

Die Märkte bieten eine reichhaltige Palette an Gemüse, Fleisch, Fisch und **Obst.** Leider ist frisches Obst nicht so günstig wie in den größeren Erzeugerstaaten der Region, zwei importierte Mangos oder eine Wassermelone kosten etwa 30 HK$. Auch sind nicht alle Früchte durchgängig erhältlich, die nachfolgende Übersicht gibt die jeweilige Saison der in Südchina erhältlichen Obstsorten an:

- **Immer:** Ananas, Banane, Carambola, Grapefruit, Guava, Papaya, Wachsäpfel, Wassermelone
- **März–Juli:** Pflaume
- **April:** Erdbeere
- **Juni–Juli:** Mango, Pfirsich, Litschi
- **Juli–Sep.:** Longan
- **Aug.–Okt.:** Apfel, Birne
- **Aug.–Jan.:** Limone
- **Nov.–Feb.:** Orange

# Essen und Trinken – Verpflegungstipps

Trotz der geradezu gigantischen Auswahl an Essensmöglichkeiten aller Art landen viele Reisende immer wieder in westlichen Fast-Food Lokalen und verpassen die exquisite kulinarische Vielfalt HongKongs. Als grundsätzlicher Tipp für alle, die nicht lange suchen wollen, sei darauf hingewiesen, dass in praktisch allen großen Shopping Malls (siehe Einkäufe) so genannte *„foodcourts"* eingerichtet wurden, oft eine ganze Etage mit Snacklokalen, Imbissstuben und Restaurants aller Art, in denen von DimSum über Japanisch bis zu Fast Food alles auf engem Raum zu vernünftigen Preisen genossen werden kann, was die Küche HongKongs hergibt.

Als weiterer wichtiger Hinweis sei auch auf die beiden gepflegten Kneipen- und Nachtschwärmer-Viertel **LanKwaiFong** und **Soho** auf HongKong-Island (siehe Unterhaltung) verwiesen, wo man ebenfalls sehr gut in unterschiedlichen Preisklassen essen kann. Hier hängen auch meistens Speisekarten aus, sodass man sich preislich zunächst einmal orientieren kann.

# KowLoon

## Einfach und günstig

- Abgesehen von den Möglichkeiten der Selbstverpflegung in Supermärkten (die bekanntesten Ketten sind *Wellcome* oder *Park'n Shop*) und Märkten bietet KowLoon eine überwältigende Anzahl von **Schnellimbiss- und Straßenlokalen** mit guten Gerichten und Snacks zu kleinen Preisen. Neben den bekannteren westlichen Fast-food-Fabriken *(Mc Donald's, Pizza Hut, Spaghetti House und Kentucky Fried Chicken)* sind in HongKong *Wendy's* (Burger und Snacks), *Jack in the Box* (Burger, Kleingerichte), *Hardee's* (Burger), *Café de Coral* sowie *Fairwood Fast Food* (beide mit westlichen und östlichen Schnellgerichten) vertreten. Wenn man nicht von selbst darüber stolpert – in der Tabelle (s. nächste Seite) sind einige zentrale Filialen verzeichnet.
- Eher typisch chinesisch isst man am **Nachtmarkt** in der Temple Street (↗ YauMaTei) oder in einem der zahlreichen kleinen **Garküchenlokale** in HanKow und Lock Rd. (TsimShaTsui).
- Besonders hervorzuheben ist das kleine **DimSum-Restaurant** in der Cameron Rd., eingebettet von *McDonald's* und *KFC*. Hier kann man auch schon (chinesisches) Frühstück bekommen, wenn alle anderen Lokale noch schlummern.
- Das Dilemma fehlender **Frühstücksmöglichkeiten** für Individualreisende haben abgesehen von *McDonald's* mehrere Ketten erkannt, u.a. *Starbucks* (amerikanischer Kaffee mit gutem Gebäck, z.B. auf HK-Island im ShunTak Centre, im IFC II Tower oder in KowLoon gegenüber vom YMCA, HangKow Rd./Ecke Middle Rd. bzw. am StarFerry House neben 7/11) oder *Maxim's* (in vielen MTR-Stationen vertreten).
- Freunde der indischen Küche finden im Erdgeschoss und in der Mittelaula im ersten Stock der ChungKing Mansions (↗ Unterkunft) (über eine kleine Treppe in der Mitte des EG zu erreichen) einige **indische Garküchen**. Die Gerichte sind durchweg sehr preiswert und ausgezeichnet.
- Direkt am Cultural Centre, TST, liegen nebeneinander das **Café Express** mit Snacks ab 12 HK$ und Gerichten ab 20 HK$ sowie das **Concerto Inn** mit Mittagsmenus zu 42 und Teesets zu 20 HK$.
- Für Frühstück und Snacks empfiehlt sich in TST ferner das **Rose Noir,** 25 Canton Rd. (direkt unten am Prince Hotel) mit guten Frühstücksmenus, Sandwiches und in HongKong recht seltenem Vollkornbrot.

## Tipps in der mittleren Preisklasse

- Das **Ever Best Restaurant** Harbour Crystal Centre, HungHom, bietet feine Lunch Buffets (90 HK$), Afternoon Tea-Buffet (60 HK$) und Dinner Buffets (220 HK$).
- Gegenüber liegt das günstige **FungMing-Yuen-Restaurant,** in dem zwar einfache, aber gute chinesische Küche (Tellergerichte, vor allem Meeresfrüchte) angeboten wird, auch zum Mitnehmen.
- Für Freunde der vietnamesischen Küche empfiehlt sich ein Besuch im **Hanoi-Restaurant,** 87 WooSung Rd., Tel. 23889372. Einfache Gerichte beginnen bei etwa 35 HK$, Spezialitäten (Meeresfrüchte) kosten um 90 HK$.
- Das **ShangHaiDu SanZhen FanDian,** 113–119 Victoria Rd., Kennedy Town, Tel. 28191337, hat nur außen grüne chinesische Zeichen, innen (Treppe hinauf) jedoch englische Karte und vorzügliches untouristisches Essen; sehr preiswert. Spezialität sind *Dumplings (BaoZi* = Teigtaschen), gedämpft in Bambuskörben. Am besten mit der Tram bis Endstation Kennedy Town, dann die Victoria (heißt hier Belcher) bis Ecke Smithfield zurückgehen, seeseitig oberhalb der Bank of Communication.
- HongKong ist natürlich vor allem eine Hochburg der chinesischen Küche, bedingt durch die langjährige britische Kolonialherrschaft ließen sich aber auch Minderheiten aus allen Winkeln des ehemaligen britischen Empire in der ehemaligen Kronkolonie nieder. Dies schlägt sich auch im Restaurant-Angebot nieder, für den europäischen Besucher sind insbesondere die zahlreichen ausgezeichneten **indischen Restaurants** zu empfehlen. Im mittleren Preissegment müssen die vielen Lokale in den ChungKing Mansions (↗ Unterkunft), die man getrost auch als „Little India" bezeichnen kann, an erster Stelle genannt

# ESSEN UND TRINKEN – VERPFLEGUNGSTIPPS

| **Zentrale Fast-food-Ketten in KowLoon und HongKong-Island** (zudem in Shopping Malls) | |
|---|---|
| **Kette** | **KowLoon** |
| McDonald's | Star House/Salisbury Rd.; KowLoon-Park, Cameron Rd.; 12 Peking Rd., Nathan/Hillwood Rd., 21 Granville Rd. |
| Kentucky Fried Chicken | 2 Cameron Rd.; 241 Nathan Rd.; |
| Hardee's | Regent Hotel, Salisbury Rd. |
| Jack in the Box | 21 Cameron Rd. (Plaza); Mody Rd. (TsimShaTsui Centre) |
| Fairwood | 6 Ashley Rd. |
| Pizza Hut | Harbour City; 221 Nathan Rd.; 65 Mody Rd.; |
| Café de Coral | 2 Granville Rd. (Albion Plaza); 54 Canton Rd. |
| Oliver's | Ocean Centre/Canton Rd. (EG) |
| Spaghetti House | Cameron Rd.; 57 Peking Rd.; 38 HaiPhong Rd.; 30 Nathan Rd.; Harbour City |
| Wendy's | 2 Granville Rd. (Albion Plaza) |

werden. Zu zweit isst man hier schon für rund 200 HK$ ganz hervorragend, allerdings nur, wenn auf alkoholische Getränke verzichtet wird (teuer). Hier eine kleine Auswahl, mein persönlicher Favorit ist seit Jahren das Taj Mahal.

- **Southern India** (Lhal-Küche), ChungKing Mansions Block D, D1, 3. St.
- **Everest Club** (Nepali-Küche), D6, 3. St.
- **Choliah Mess** (allg. ind. Kü), Block E, E1, 7 St.
- **Karachi Mess** (Halal Küche), 3 St. E1, Tel. 23681678
- **Taj Mahal Club Mess** (Masala-Küche), Block B, B4, 3. St., Tel. 27225454
- **Sher I Panjab Club Mess** (allg. ind. Küche), Block B 3 St. B6, Tel. 23680859

## ESSEN UND TRINKEN – VERPFLEGUNGSTIPPS

### HongKong-Island

**Central:** 5 Queens Rd.; 37 Queens Rd.;
32 Connaught Rd.; 88 Queensway
(Pacific Place, OG);
**WanChai:** 302 Henessy Rd.;
**Causeway Bay:** 46 YeeWoo St.;
500 Henessy Rd. (Mitsukoshi)

**Central:** 88 Queensway (Pacific Place);
6 DíAguilar St.; **Causeway Bay:** 40 YeeWoo St.;
**Central:** 15 De Voeux Rd. (Grand Bldg.)
**Causeway Bay:** 53 Paterson St.; Lockhart Rd.
**Central:** 57 Connaught Rd. (Ananda Tower);
**WanChai:** 165 WanChai Rd.;
**Causeway Bay:** 9 Cannon St.;
**Central:** 17 Queens Rd.
(UG, Edinburgh Tower);
**Causeway Bay:** 482 Hennessy Rd.;
**Central:** 88 Quens Rd.; 10 Stanley St.;
18 Jubilee St.; **WanChai:** 76 Johnston Rd.;
13 Fleming St.; 151 Lockhart Rd.;
**Causeway Bay:** 6 Paterson St. (Matsukaya);
19 Jardineís Bazaar; 50 Leighton Rd.;
483 Jaffe Rd.

**Central:** 10 Chater St.
(Prince's Bldg., No 233); 88 Queensway
(Pacific Place, EG, No. 8); 8 Connaught
Place (Exchange Square II, No. 104)
**WanChai:** 38 Gloucester Rd. (Fleet House);
**Causeway Bay:** 311 Gloucester Rd.
(Windsor Hs.)

**Central:** 10 Stanley Rd., UG;
**WanChai:** 68, 85 und 290 Hennessy Rd.;
**Causeway Bay:** 483 Jaffe Rd.;
5 Sharp St. East; PJ Plaza, Paterson St.
**Causeway Bay:** 42 Yee Woo St.

● Ein weiterer hervorragender Inder ist das **Surya-Restaurant**, Lyton-Bldg., 38 Mody Rd., KowLoon, Tel. 23669902.
Das Schlemmerparadies Hong-Kong bietet eine schier endlose Reihe von DimSum-Lokalen und anderen chinesischen und asiatischen Restaurants bei moderaten Preisen (100–150 HK$), hier die empfehlenswertesten:

● **Harbour View Seafood Restaurant,** TsimShaTsui Centre, 66 Mody Rd., TsimShaTsui, Tel. 27225888, geöffnet 11:00–24:00 Uhr, DimSum 11:00–17:00 Uhr.
● **KauKee Restaurant** (Kantonesisch), Beverley Commercial Centre, 87–105 Chatham Rd. South, TsimSha Tsui, Tel. 27221663. Geöffnet 11:00–23:30 Uhr; äußerst empfehlenswert für DimSum bis (15:30 Uhr).
● In der 67 Chatham Rd. liegt das gleichnamige **KauKee Restaurant** (Tel. 23668825), welches für Meeresfrüchte-Hotpots und sehr preiswerte Mittagsgerichte bekannt ist. Geöffnet täglich 11:00–04:00 (!), DimSum bis 15:30 Uhr.
● **Seasons Barbeque Restaurant,** Whampoa garden, HungHom, Basement 1, Tel. 27643382. Berühmt für Hotpot und DimSum (08:00–15:00 Uhr); geöffnet täglich 08:00–0:30 Uhr.
● **TaiWoo Restaurant,** 14–16 Hillwood Rd. (Tel. 23699773) und 20 Granville Rd. (Tel. 27398813). Diese kleine Restaurantkette (♪ HK-Island) bietet einen ausgezeichneten und preiswerten Einstieg in die kantonesische Küche, sehr beliebt sind Meeresfrüchtegerichte und die täglich wechselnden, sehr günstigen Tagesmenüs. Geöffnet täglich 11:00–03:00 Uhr, DimSum bis 16:00 Uhr.
● **Satay King,** 17 TungChoi Rd., MongKok, Tel. 23843363. Vorwiegend malayische Spezialitäten wie Satay oder Fischcurry. Geöffnet täglich 11:30–23:30 Uhr.
● **Peking Restaurant,** 227 Nathan rd., 1. St., YauMaTei (MTR Jordan), Tel. 27351316. Exzellente Peking-Ente (vorbestellen!). Täglich von 11:00 bis 22:00 Uhr geöffnet.
● **Yap PanHong Restaurant** (ShangHai-Küche), 35 Kimberley Rd., TsimShaTsui, Tel. 23115078. Gut und preiswert, geöffnet tgl. von 11:00 bis 04:00 Uhr. Besonders zu empfehlen ist hier die hausgemachte Sojabohnenmilch.
● **FunglLum Restaurant** (SziChuan-Küche), Commercial Building, 21 Prat Avenue, TsimShatsui, Tel. 23678686. Der Tipp für Garnelen in Chili-Knoblauchsauce, allerdings nicht ganz billig. Geöffnet täglich 11:00–23:00 Uhr.
● **Light Vegetarian Restaurant,** New Lucky House, 13 Jordan Rd., YauMaTei, Tel. 2384

# ESSEN UND TRINKEN – VERPFLEGUNGSTIPPS

*Praktische Reisetipps*

2833. Preiswerte und gute rein vegetarische Küche.
- **Java Rijstafel Restaurant,** HanHing Mansion, 38 HanKow Rd., TsimShaTsui, Tel. 23671230, geöffnet täglich 12:00–22:30 Uhr. Gute indonesische Küche mit Spezialitäten.
- **Cafe de la Paix,** 25 Hillwood Rd./Ecke Nathan Rd., YauMaTei, Tel. 27214665. Vietnamesische Spezialitäten.
- **WongChunChun Thai Restaurant,** 29 LungKong Rd. (Tel. 27166269), 70 NgaTsinWai Rd. (Tel. 23834680) und 21 Prat Avenue, TsimShaTsui (Tel. 27210099) ist eine kleine Thai-Kette mit günstigen Gerichten verglichen mit dem üblichen Preisniveau von Thai-Restaurants. Geöffnet täglich 11:00–02:00 Uhr.

## Gehobene und Top-Restaurants

Japanische und westliche Restaurants gehören in HongKong dem oberen Preissegment an. Zu besonderen Anlässen sind zu empfehlen:
- **San Francisco Steak House,** 101 Barnton Court, Harbour City, TsimShaTsui, Tel. 27357576. Hochpreisige amerikanische Küche mit Spezialitäten wie Hummer oder texanischen Steaks.
- **Valentino,** 16 Hanoi Rd., Tel. 27216449, hat den Ruf des besten italienischen Restaurants in HongKong.
- **Napoleon Grill,** Miramar Hotel, 130 Nathan Rd., TsimShaTsui, Tel. 23686861, bietet alle Feinheiten der französischen Küche.
- **Nishimura Restaurant,** 6. St. Omni Hotel-Harbour City, Canton Rd., TsimShatsui, Tel. 27356899. Exzellente japanische Küche in passendem Ambiente, allerdings sollte man mit 600 HK$ pro Person aufwärts rechnen. Geöffnet 12:00–15:00 und 18:30–23:00 Uhr.
- **Nadaman,** UG, Shangri La Hotel, 64 Mody Rd. TsimShaTsui, Tel. 27212111. Japanisches Top-Restaurant im Stile eines traditionellen Teehauses. Geöffnet 12:00–15:00 und 18:30–23:00 Uhr.
- **Tang Court,** 1. St. Rennaissance Hotel, 8 Peking Rd., TsimShaTsui, Tel. 23751133. Alle Feinheiten der kantonesischen Küche im Ambiente eines kaiserlichen Speiseraumes der Tang-Dynastie. Geöffnet täglich 12:00–15:00 und 18:00–23:00 Uhr.
- **SunTungLok Shark's Fin Restaurant,** Ocean Galleries, Harbour City, Canton Rd., EG, No. 63, Tel. 27300288. Qualitativ sicher derzeit die beste kantonesische Küche in HongKong. Spezialitäten sind Haifischflossengerichte in vielerlei Zubereitungsarten und darüber hinaus mit ausgezeichneter Beratung durch die fachkundigen Kellner. Öffnungszeiten: täglich 12:00–15:00 und 18:00–23:00 Uhr, DimSum bis 17:00 Uhr – **Achtung:** Zu zweit kann man hier leicht einen Monatslohn verspeisen.

# HongKong-Island

## Einfach und günstig

- Selbstredend gibt es auch auf HongKong-Island **Supermärkte** für Selbstverpfleger, auch die zu KowLoon genannten **Fast-food-Ketten** bieten hier ihre bekannten Snacks an. Abwechslung durch Schwarzbrot bietet die **Source of Hell Bäckerei** in der D'Aguilar St./Ecke Wellington St.
- Ausgezeichnete amerikanische und europäische Frühstücksbuffets zu 35 HK$ bietet das **Kirin Pub & Restaurant** in der Kingston Street (um die Ecke vom Park Lane Hotel) in Causeway Bay.
- In der kleinen HsiuLung St. an der De Voeux Rd., gegenüber der United Chinese Bank hat das **Poids Chaud** französische Toasts und Weißbrote mit Cafe au Lait.
- Gleich daneben liegt das chinesische **Hsiu-Lung-Restaurant,** welches sehr günstige einheimische Frühstücksgerichte anbietet.
- Immer zu empfehlen für ein schmackhaftes und preiswertes Frühstück ist **Oliver's** mit etlichen Filialen auf der Insel (s. Tabelle).
- Echte Garküchen gibt es in Central nicht, einfache Snacks zum Mitnehmen (sogar ganz ordentliche Döner!) findet man in der **D'Aguilar St./LankwaiFong Lane.** Diese Ecke ist allerdings mehr eine Hochburg für Kneipenbummler ( ⌕ Unterhaltung).
- Ebenfalls nicht schlecht und nicht nur auf Kebabs beschränkt ist der **Kebab-King** in der Hennessy Rd, Causeway Bay.
- Ganz in der Nähe liegt der Straßenmarkt **Jardine's Bazaar/Jardine's Crescent.** Inmitten beider Sträßchen befinden sich einige sehr

# ESSEN UND TRINKEN – VERPFLEGUNGSTIPPS

preiswerte, garküchenähnliche Open-air-Restaurants mit ausliegenden Speisekarten.
- Auch viele kleinere Lokale in der **Lockhart Rd.** zwischen Canal Rd. und MTR Causeway Bay haben eine Speisenkarte ausliegen.
- Wer günstig verschiedene chinesische Küchenrichtungen unter einem Dach ausprobieren möchte, wird sich im *TaiKoo-Plaza* (MTR TaiKoo, exit D) wohlfühlen: Im 2. Obergeschoss liegt das Rondell „La Fiesta" mit etlichen fast-food-Ständen der chinesischen und asiatischen Küche – geradezu ideal für einen kulinarischen Streifzug. Ähnliches gilt für das zentrale **Pacific Place** (MTR Admiralty, sehr guter food-court im UG).
- Wer sich in HongKong kulinarisch auf einen Macau-Trip vorbereiten möchte, kann das **Macau-Restaurant** in der 25 Lock Rd. besuchen. Das besonders bei Einheimischen beliebte einfache Lokal bietet Snacks und Speisen im Stile der ehemaligen portugiesischen Kolonie sowie HongKonger Spezialitäten wie kantonesische Ente zu günstigen Preisen. Gleiches gilt für das sehr beliebte macanesische Schnellrestaurant im *ShunTak-Centre.*
- Eine relativ junge Gegend für Kneipen und Lokale liegt in der Elgin Street zwischen Central Market, HK-Island und der Hollywood Rd. entlang den Central Escalators. In diesem Soho genannten Distrikt liegen u.a. das **India Today** und das **Sawadee Thai Restaurant,** die **Soho-Bakery** mit einer Riesenauswahl an diversen Brotsorten, das Fish & Chips Restaurant **M-Kitchen** sowie etliche Pizzerien.
- Sehr beliebt und fast ausschließlich von Einheimischen frequentiert, ist das **HsinLe Restaurant,** 221 Nathan Rd., direkt neben dem Shamrock-Hotel. Hier gibt es gute und landestypische Gerichte zu günstigen Preisen, z.B. eine halbe Ente für 70 HK$.
- Im Star House (gleicher Eingang wie Star Computer City: rechter Eingang, Rolltreppe hoch) liegen zwei Lokale der mittleren Preisklasse: Das **Golden Island,** Tel. 27366228, (geöffnet 11:00–15:00 Uhr) bietet hervorragende ChiuChou-Küche und das **DimSum** (geöffnet 11:00–15:00 Uhr). Das **Peking Garden Restaurant,** Tel. 27358211, (11:30–15:00 und 17:30–24:00 Uhr) ist sehr preiswert und bietet Peking- sowie kantonesische Küche.

- Für Freunde der preiswerten japanischen Küche empfehlen Leser den **Katiga Food Shop,** SungOl Bldg./EG, 37 SungKit St., HungHom, Tel. 27646436. Tischreservierung ratsam: gegessen wird in zwei „Schichten" von 18:30–20:15 und 20:30–23:00 Uhr (Gerichte 30–60 HK$).

## Tipps in der mittleren Preisklasse

Die nachfolgenden Restaurants ragen aus dem Gesamtangebot auf Grund eines besonders günstigen Preis-Leistungs-Verhältnisses oder sonstiger Spezialitäten hervor.
- Unbedingt empfehlenswert ist das eher unscheinbare, nur an einem großen grünen chinesisch beschrifteten Schild erkennbare **KuenFat Seafood Restaurant** im 1. Stock der 61 Catchick St. (Tram Endstation Kennedy Town, dann ca. 150 m zurückgehen, Tel. 28181725) mit einer enormen Auswahl und vorzüglichen Geflügel- und Seafoodgerichten.
- Sofern man einen Platz bekommt, sollte man einmal das einfache chinesische **TokMoi** in der D'Aguilar St., Central aufsuchen – die Suppen hier sind ebenso zu empfehlen wie die gebratenen Enten.
- **Club Lanka II,** 1 Lyndhurst Terrace, Central, Tel. 25451675, bleibt ein ewig heißer Tipp für preiswerte indisch-ceylonesische, vegetarische Küche. Essen-so-viel-man-kann kostet mittags inkl. aller Softdrinks 80 HK$, abends 95 HK$ inkl. ein Getränk.
- **Wishful Cottage,** 336 Lockhart Rd., Causeway Bay, Tel. 25735645, bietet das einzige garantiert rein vegetarische DimSum HongKongs! Sehr preiswert und empfehlenswert.

Auch die folgenden Lokalitäten sind sehr populär und dabei keineswegs überteuert.
- **CheeKee WonTon Noodle Shop,** 50 Russell St., Causeway Bay, Tel. 25756322. Spezialitäten dieses garküchenähnlichen Lokals sind verschiedene Suppen und so genannte *WonTons* (Teigtaschen). Preiswert, gut und gesund, da kein MSG (Geschmacksverstärker) verwendet wird. 11:00–23:30 Uhr geöffnet.
- **Golden Crown Shark's Fin Seafood Restaurant,** Charterhouse Hotel, 209 WanChai Rd., WanChai, Tel. 28939228. Neben Haifischflossen sind hier gefüllte Garnelen eine Spe-

# Essen und Trinken – Verpflegungstipps

zialität der kantonesischen Küche. Geöffnet 08:00–23:30 Uhr, DimSum bis 15:00 Uhr.
- **Jade Garden Chinese Restaurant,** 11 Chater Rd. (Swire House), Central, Tel. 25263031 und 1 Connaught Place (Jardine House), Central, Tel. 25245098. Kleine Kette mit kantonesischer Küche; Spezialitäten: gebratener TouFu und Ente.
- **Noble House Restaurant,** 4 De Voeux Rd., Central, Tel. 28773993. Großer Name, hohe Qualität (insbesondere das DimSum ist unbedingt zu empfehlen) – und dennoch humane Preise. Geöffnet 11:00–23:00 Uhr, DimSum bis 15:30 Uhr.
- **SerWongFun,** 30 Cochrane St., Central, Tel. 25431032, ist vermutlich der letzte wirklich günstige Anbieter von Schlangengerichten auf HK-Island. Auch die Gänseinnereien oder der Tintenfisch sind delikat. Geöffnet täglich 11:00–22:30 Uhr.
- **Mythical China,** 1. Stock, Western Market, 323 De Voeux Rd., Tel. 28152312. Dieses Peking-Restaurant im Stile eines authentischen Teehauses der 1920er Jahre ist zwar auf Ente spezialisiert, serviert aber auch exquisite Spanferkel- und Haifischflossengerichte oder sogar Vogelnestsuppe. Mit 250 HK$ pro Person eher im oberen Preissegment anzusiedeln, zu besonderen Anlässen aber auch für Nicht-Millionäre ein erschwinglicher Luxus. Geöffnet täglich 11:00–23:00 Uhr, DimSum bis 15:00 Uhr.
- **Steam & Stew Inn,** 21 TaiWong St. (HingWong Court), WanChai, Tel. 25293913, kann man als „gutbürgerlich" bezeichnen. Bohnen mit Hackfleisch, Rippchen und Ginsengsuppe sind hier vorzüglich.
- **TaiWoo Restaurant,** 27 Percival St., Causeway Bay, Tel. 28930822. Empfehlenswertes, preiswertes Meeresfrüchte-Restaurant (kantonesisch). Hat auch Ableger in KowLoon.
- **ChungChukLau Restaurant,** 30 Leighton Rd., Causeway Bay, Tel. 25774914. Peking- und mongolische Küche (Hotpot) zu vernünftigen Preisen. Ente sollte vorbestellt werden, sonst bekommt man eine Touristenversion. Geöffnet 11:00–22:30 Uhr.
- **PuDong,** 1 Jubilee St. (Haleson Bldg.), Central, Tel. 28052038. Vor allem die Festpreismenüs dieses ShangHai-Restaurants sind sehr zu empfehlen. Geöffnet 11:00–23:00 Uhr.
- **Kublai's,** 151 Lockhart Rd., WanChai, Tel. 25112287 mit mongolischer Küche und Filiale in KowLoon ( ♪ ). Geöffnet 12:30–15:00 und 18:30–24:00 Uhr.
- Empfehlenswerte indische Restaurants sind das **Ashoka** mit zwei Filialen in der 185 WanChai Rd. (Connaught Commercial Bldg.), WanChai, Tel. 28918981 und 57 Wyndham St., Central, Tel. 25249623 sowie das **Koh-I-Noor,** 34 D'Aguilar St. (California Entertainment Bldg., No. 103), Central, Tel. 28779706.
- **Aberdeen:** Angelehnt an die vielen Hausboote im Hafen von Aberdeen bieten auch etliche so genannte *floating restaurants* (schwimmende Gaststätten) ihre Dienste an. Diese großen Boote liegen mitten im Hafenbecken und sind nur mit kostenlosen Fähren zu erreichen ( ♪ Karte Aberdeen). Die bekanntesten dieser – allesamt sehr touristischen – Lokale sind das **Floating Palace** (Tel. 25540513) sowie das **Jumbo Floating Restaurant** (Tel. 25539111). Im Angebot stehen vorwiegend frische Meeresfrüchte und Gemüsesuppen.

## Top-Lokale

- **Fukuki,** 21 Wellington St., Central, Tel. 28776668, japanisches Spitzenhaus, das vor allem durch die optische Darbietung der Speisen besticht. Geöffnet täglich außer Sonntag 11:30–15:00 und 18:00–23:00 Uhr; Riechsalz für den Moment der Rechnung mitnehmen.
- **Nadaman** (japanisch), Island Shangri La Hotel, Supreme Court Rd., Central, Tel. 28208570. Hübscheres Interieur als die Filiale in KowLoon, ebenfalls sehr teuer. Gleiche Öffnungszeiten wie das Fukuki.
- **Indochine 1929,** 30 D'Aguilar St. (California Tower), LanKwaiFong, Central, Tel. 28697399. Vietnamesische Küche mit Spezialitäten wie Froschschenkel-Curry oder glasierten Rippchen. 12:00–14:30 und 18:00–22:30 Uhr geöffnet, sonn- und feiertags nur abends.
- **Bentley's Seafood Restaurant & Oyster Bar,** 10 Chater Rd., (Prince's Bldg.), Central, Tel. 28680881. Englische Küche mit Meeresfrüchtespezialitäten in britisch-kolonialem Ambiente. Sehr stilvoll. Mo–Sa 11:00–22:30 Uhr.

- **Brasserie on the Eighth** (Französisch), Hotel Conrad, 88 Queensway, Central, Tel. 25213838. 12:00–15:00 und 19:00–23:00 Uhr.
- **Amigo,** 97 WongNeiChong Rd., Happy Valley, Tel. 25772202, geöffnet täglich 12:00–15:00 und 18:00–24:00 Uhr. Bestes französisches Restaurant der Stadt bei seltsamerweiser spanischem Interieur.
- **Grissini** (Italienisch), 1 Harbour Rd. (Grand Hyatt Hotel), WanChai, Tel. 25881234, geöffnet täglich 12:00–14:30 und 19:00–22:30 Uhr. Bester Italiener HongKongs mit formidabler Weinkollektion.
- **La Ronda,** Hotel Furama Kempinski, 30. St., 1 Connaught Rd., Central, Tel. 25255111. Internationale Küche im drehenden Restaurant mit großartigem Hafenblick. Geöffnet täglich 12:00–23:00 Uhr, von 15:00 bis 18:30 Uhr geschlossen.
- **Mozart Stub'n,** 8 Glenealy, Central, Tel. 25221763. Österreichische Spezialitäten. Sonntags und 15:00–18:30 Uhr geschlossen.

## New Territories

Es hat wenig Sinn, nur wegen des Essens in die New Territories zu fahren, wenn eine viel breitere Auswahl direkt im Zentrum liegt. Einige Perlen sind freilich erwähnenswert und, wenn man gerade in der Nähe ist, durchaus in Erwägung zu ziehen.

- **Happy Dragon Restaurant,** 641 CheKung-Miu Rd., TaiWai, ShaTin, Tel. 26026328. Berühmt für kantonesische Barbeque-Gerichte für 3–5 Personen zum Selbstzubereiten auf offenem Feuer in einem parkähnlichen Garten. Zu Festpreisen werden verschiedene Fleischsorten, Softdrinks und alles Grillzubehör gestellt. Geöffnet täglich 06:00–23:00 Uhr, DimSum bis 14:30 Uhr.
- **Hong Rock Restaurant,** Commercial Estate, 2. St., No. 51, ShaTin, Tel. 26975802. Sehr gute, reine Hakka-Küche (findet man selten), geöffnet täglich 11:00–23:00 Uhr.
- **YuenYuen,** YuenYuen Institute, TsuenWan, Tel. 24909882. Das vegetarische Restaurant dieses Tempels (♪ TsuenWan, New Territories) ist bei Einheimischen sehr beliebt und nicht nur qualitativ und preislich, sondern auch auf Grund der wesentlich entspannteren und fröhlicheren Atmosphäre dem Massenbetrieb des PoLin-Klosters auf LanTau vorzuziehen. Rein vegetarisch, versteht sich.
- **Kar Shing Restaurant,** YuenLong Plaza, Castle Peak Rd., YuenLong, Tel. 24763228. Ente und vegetarische Gerichte der kantonesischen Küche, deutlich preiswerter als downtown. Geöffnet täglich 07:00–23:00 Uhr, DimSum bis 15:00 Uhr.
- Auch **Fast food** wird in den New Territories reichlich geboten: alle größeren MTR- und KCR-Stationen sind meist in eine Shopping-Mall (Einkaufszentrum) integriert, in der zumindest eine Fast-food-Filiale zu finden ist.
- Ein Tipp für authentisches und gleichzeitig modernes, aber nicht übertuertes DimSum: **TaoHeung DimSum Restaurant,** Tel. 2947 0818, im UG des Maritime Square (MTR TsingYi), geöffnet tgl. 10:00–22:00 Uhr.

# Feste und Feiertage

Wie überall im chinesischen Kulturkreis wird auch in Macau, Kanton und HongKong der Kalender unserer Zeitrechnung verwendet, viele Feste und Feiertage richten sich aber nach dem traditionellen **Mondjahr** und liegen daher nicht fest. Ein Mondmonat hat 28 Tage, alle 30 Monate wird zum Ausgleich ein Schaltmonat hinzugefügt.

## Bewegliche Feiertage

### Neujahrstag

Das traditionellste und kulturell bedeutsamste Fest ist das chinesische Neujahr *(ChünJie)*, welches sich nach dem Mondkalender berechnet (**erster Tag des ersten Mondes**) und in die Zeit von Mitte Januar bis Ende Februar fällt. Die Feierlichkeiten dauern etwa drei Tage und sind von Knallkörpern, vielen neuen Vorsätzen, Symbolen, Verzierungen an den Häusern und Verwandtenbesuchen gekennzeichnet. Während dieser Tage geht „gar nichts", die Arbeit ruht, Hotels sind ausgebucht, und der öffentliche Transport ist mehr als überfüllt. Mit dem ersten Tag des neuen Mondjahres wechselt auch das Tierkreiszeichen ( ⌕ Chinesischer Kalender).

## Laternenfest

Zum Laternenfest *(YuanXiaoJie)*: Zwei Wochen nach dem chinesischen Neujahr, am **15. Tag des ersten Mondes**, ziehen die Menschen mit selbstgebastelten, kunstvollen Lampions zu den Tempeln, um den Geistern den Weg zu weisen. Ganz besonders bedeutend sind die Tempel von LuErMen, YenShui und PeiKang ( ⌕ Südwesten), wo viele tausend Teilnehmer und Besucher dem ohrenbetäubenden Lärm von Feuerwerkskörpern den Prozessionen beiwohnen.

## Ahnengedenktag

Zum Ahnengedenktag *(QingMingJie)* **Anfang April** ziehen die Familien mit Picknickkörben und Gartengerät zu den Grabstätten ihrer Vorfahren, um die Gräber zu reinigen und wieder für ein weiteres Jahr ansehnlich zu gestalten. Nach getaner Arbeit wird mit einer mitgebrachten Vesper der Tag vor Ort beschlossen. Die chinesischen Friedhöfe unterscheiden sich stark von christlichen Begräbnisstätten. Das Grab wird überwiegend als farbig gekachelte, halbkreisförmige Mauer errichtet, die Daten des Verstorbenen werden ins Zentrum eingeschliffen und ein Bild oder ergänzende Texte beigefügt. Blumen sind sehr selten, die gesamte Fläche ist mit Ziegeln oder Kacheln versiegelt, zwischen den einzelnen, nicht geordneten Gräbern wächst wildes Gras. Je nach Vermögen der Familie und Ansehen des Verstorbenen ähneln die Gräber manchmal kleinen Tempeln.

## Ostern

Das christliche Osterfest, in HongKong ebenso Feiertag wie bei uns, berechnet sich nach dem Mond und liegt zeitgleich mit den europäischen Feiertagen.

## Geburtstag der Göttin TinHau

Eine der wichtigsten Schutzgottheiten überall an den chinesischen Küstenregionen ist die taoistisch-schamanistische Göttin MaZi (MaTzu), die auf Kantonesisch TinHau (Mandarin: TianHou) heißt. Sie wacht über das Heil der Fischer und Seefahrer, jeder Küstenort beherbergt mindestens einen Schrein oder Tempel. Ihr Geburtstag wird am **23. Tag des dritten Mondmonats** (April) begangen.

## Drachenbootfest

Auch das Drachenbootfest *(DuanWuJie)* am **fünften Tag des fünften Mondes** (Juni) geht auf eine Geschichte zurück: *ChüYuan*, ein Politiker des chinesischen Altertums, ertränkte sich in einem Fluss, um gegen die Willkürherrschaft der Regierenden zu protestieren. Die Bewohner der umliegenden Orte wollten ihn finden und fuhren mit allen zur Verfügung stehenden Booten in rasender Eile den Fluss entlang, ohne Erfolg allerdings.

Auf dieses Ereignis basieren die an diesem Tag abgehaltenen **Drachenbootrennen**. Heute werden die mit farbenfroh verzierten Booten ausgetragenen Rennen von Aberdeen, YauMaTei, Stanley, CheungChau und LanTao im Fernsehen übertragen und haben ähnlich sportlichen Charakter wie das alljährlich ausgetragene Rennen zwischen den Teams von Oxford und Cambridge

## Geistermonat (GuiYue)

Während des **siebenten Mondmonats** (Juli, August) kommen die Geister aus der Unterwelt und wandeln einen Monat lang auf der Erde umher. In dieser Zeit vermeidet der Chinese das Reisen, Heiraten, den Abschluss größerer Geschäfte oder auch nur das Schwimmen, da die umherirrenden Geister nahezu alles negativ beeinflussen. Am ersten Tag finden zahlreiche rituelle Prozessionen und Geldverbrennungen (symbolisches Papiergeld) statt, um die Geister zu besänftigen, teilweise sollen die Geister der Unterwelt auch durch lautes Feuerwerk am Aufstieg auf die Erde gehindert werden. Ähnliches wiederholt sich am 15. Tag des siebenten Mondmonats. Während dieser Zeit reisen Chinesen recht ungern, sodass meist keine Transport- oder Unterkunftsengpässe für den westlichen Besucher auftreten.

## Tag der Verliebten

Mitten im Geistermonat, genau am **siebenten Tag des siebenten Monats**, wird in China der Tag der Verliebten *(QingRenJie)*, vergleichbar mit unserem Valentinstag, begangen. Die Paare schenken sich Karten und kleine Aufmerksamkeiten, bei Einbruch der Dunkelheit sind die Parks voll mit engumschlungenen Pärchen.

## Herbstfest, Mondfest

Am **15. Tag des achten Mondes** (etwa Mitte September) wird das Herbstfest *(ZhongQiuJie)* oder Mondfest *(YueJie)* gefeiert. Zu diesem Anlass backen die Bäckereien die typischen, nur zu dieser Zeit erhältlichen Mondkuchen, eine Art kleine, zuckersüße, dunkle Pastete. Das Fest ist traditionell sehr romantisch, da zwischen den Geschlechtern „Bande geknüpft" werden sollen. Dies basiert auf einer Legende, in der der Schütze *HouYi* neun der zehn die Erde verbrennenden Sonnen abschoss und zum Dank dafür ein Mittel der Unsterblichkeit erhielt, welches ihm aber von seiner Frau gestohlen wurde. Dem alten „Mann im Mond" missfiel die mangelnde Aufrichtigkeit zwischen den Ehepartnern, und seitdem knüpft er „unsichtbare Fäden der Aufrichtigkeit" zwischen Männern und Frauen.

## Chinesische Feiertage nach dem Mondkalender

| Fest | 2007 | 2008 | 2009 |
|---|---|---|---|
| Chinesisches Neujahr | 18.2. | 7.2. | 27.1. |
| Laternenfest | 4.3. | 21.2. | 10.2. |
| Geburtstag der Meeresgöttin | 9.5. | 28.4. | 17.4. |
| Drachenbootfest | 19.6. | 8.6. | 28.5. |
| Herbstfest, Mondfest | 25.9. | 14.9. | 2.10. |

## Festliegende Feiertage

Andere Feiertage (nach dem Sonnenkalender) sind neben **Weihnachten** (24./25.12.) und **Neujahr** (1.1.):

## Weltkriegsende

Nach der Niederlage im Zweiten Weltkrieg musste Japan auch HongKong an Großbritannien zurückgeben, das Ende des Krieges wurde zum Feiertag *(GuangFuJie,* **letzter Montag im August***)*. Die Feierlichkeiten fallen aus wirtschaftspolitischen Gründen heute allerdings recht bescheiden aus.

## Geburtstag des Konfuzius

In China ist der Respekt vor dem Wissen und der Person des Lehrers eine der bedeutensten konfuzianischen Traditionen. So wird der Geburtstag des *Konfuzius* (**28. September**) als „Tag der Lehrer" gefeiert, an dem die Schüler den Lehrern als Dank für die Ausbildung und Wissensvermittlung kleine Präsente überreichen. Im Konfuziustempel in Causeway Bay/HongKong, der nur an diesem einen Tag zum Leben erwacht, finden farbenfrohe und prunkvolle Umzüge statt.

## Revolutionstag

Am 10.10.1911 wurde *PuYi*, der letzte Kaiser der Ching-Dynastie (1644–1911) von den nationalistischen Republikanern unter der Führung von *Dr. SunYatSen* zum Abdanken gezwungen. Der **10.10.**, *ShuanShiJie*, in chinesischen Zeichen ++ („Doppelzehn") genannt, ist einer der größten Nationalfeiertage der Republik China auf TaiWan, dem politischen Erzrivalen Pekings. Viele Anhänger des Systems auf TaiWan konnten während der britischen Phase diesen Tag auch in den Kolonien HongKong und Macau feiern und GuoMinDang-Fahnen der Partei *Suns* hissen. Da die GuoMinDang auch die führende Partei TaiWans ist, sind offene Feiern seit Juli 1997 in HongKong offiziell nicht mehr möglich.

Alles andere als ein Feiertag, aber ein wichtiges Großereignis sind die alljährlichen – und geduldeten – **Gedenkdemonstrationen** am 4. Juni an die blutige Niederschlagung der studentischen Demonstrationen auf dem Platz des himmlischen Friedens in Peking von 1989. Zum 10-jährigen „Jubiläum" demonstrierten im Victoria Park (Hong-Kong-Island) rund 70.000 Menschen – HongKong ist damit die einzige Stadt Chinas, wo derartige systemkritischen Kundgebungen möglich sind.

## Filme und Foto

Während in GuangZhou **Zubehör** (z.B. Batterien) und **Filme** seltener zu bekommen sind, bieten Macau und HongKong hingegen alles in etwa auf europäischem Preisniveau, auch die in Asien nicht so gefragten Diafilme *(Kodak* oder *Fuji).* Es ist daher unnötig, aus Europa übermäßig viel Filmmaterial mitzubringen, vor allem dann, wenn man seine Filme mehrfach durch die Röntgengeräte der Flughäfen laufen lassen muss. Filmentwicklungen werden hier schnell und zuverlässig erledigt. Gleiches gilt für **Digitalspeicher,** die zumindest in HongKong (siehe Einkäufe) überall erhältlich sind (nicht auf den Inseln!).

Prinzipiell kann man getrost alles fotografieren, es gibt nur wenige **Fotografierverbote,** diese sind jeweils deutlich kenntlich gemacht. Selbstverständlich gibt es Grenzen des Anstandes, die jeder selbst kennen muss: Bettler, Betende, Liebespärchen usw. lichtet man auch in Europa nicht einfach so ab. Vor allem Mönche, aber auch Wahrsager sollte man vorher fragen, in Tempeln ist das Fotografieren bis auf wenige Ausnahmen generell gestattet, sofern nicht die Betenden gestört werden.

Zu den obligatorischen Motiven HongKongs gehört sicherlich eine Nachtaufnahme der beleuchteten Skyline, entweder vom (↗) Peak aus oder von der Uferpromenade in KowLoon – Stativ nicht vergessen! (Panorama der Skyline incl. Beschreibung der wichtigsten Gebäude s. S. 16/17). Kameras und Fotoausrüstung ↗ Einkaufen.

● ***Buchtipp:*** Wissenswertes rund um das Thema „Fotografie" findet sich in den REISE KNOW-HOW „Praxis"-Titeln ***Reisefotografie*** und ***Reisefotografie digital.***

## Geldangelegenheiten

### Währung

Der **HongKong-Dollar** (HK$) blieb auch nach dem 1. Juli 1997 die offizielle Währung der SAR HongKong, lediglich die Münzen mit dem Portrait von *Königin Elisabeth II* wurden ersetzt. Der HK$ ist in 100 Cent unterteilt. Im Umlauf sind Scheine zu 10, 20, 50, 100, 500 und 1000 HK$, Münzen zu 5, 2 und 1 HK$ sowie 50, 20 und 10 Cent. Der HK$ ist frei konvertierbar und kann in unbegrenzter Höhe ein- und ausgeführt werden.

Der HK$ blieb auch während der südostasiatischen Währungskrise innerhalb eines engen Korridors an den US$ gekoppelt und damit stabil.

| Wechselkurse | |
|---|---|
| 1 € = 10,59 HK$ | 1 HK$ = 0,09 € |
| 1 SFr = 6,46 HK$ | 1 HK$ = 0,15 SFr |
| 1 US$ = 7,81 HK$ | 1 HK$ = 0,12 US$ |
| (Stand: August 2007) | |

# GELDANGELEGENHEITEN

## Geldwechsel/Zahlungsmittel

Gängige **Kreditkarten** *(Visa, MasterCard, American Express und Diners Club)* werden in vielen Hotels, Restaurants und Geschäften akzeptiert. Es empfiehlt sich, so viel wie möglich mit Karte zu bezahlen, da so die Wechselverluste am geringsten bleiben. Für den Auslandseinsatz der Karte werden ca. 1–2 % Gebühr berechnet. Von Barabhebungen per Kreditkarte ist jedoch abzuraten, weil dabei bis zu 5,5 % an Gebühr einbehalten werden.

**Tipp:** Die **Octopuskarte** (♫ Verkehrsmittel) wird zunehmend auch als bargeldloses Zahlungsmittel eingesetzt, u.a. in 7/11-Minimärkten, Starbucks-Café, Mc Donald's oder an Telefonzellen (z.B. Star-Ferry).

Für das Einlösen von **Reiseschecks** berechnen die Banken vor Ort eine Gebühr von 30–50 HK$ pro Scheck.

**Bargeld** zieht man am besten mit der EC- bzw. Maestro-Karte und der PIN-Nummer aus einem **Geldautomaten** (ATM), wobei je nach Hausbank in Europa pro Abhebung ca. 1,30–4 € bzw. 4–6 SFr berechnet werden.

Wer partout mit stapelweise Bargeld aus Europa anreisen möchte, erhält bei den **Banken** einen etwas günstigeren Kurs als bei den zahlreichen lizensierten **Wechselstuben** *(Money Changer)* und Flughafenbanken.

## Banken

Banken sind Montag bis Freitag von 09:00 bis 16:30 Uhr, an Samstagen von 09:00 bis 12:30 Uhr geöffnet.

Wechselstuben und Banken gibt es zu Hauf an jeder Ecke in HongKong, natürlich ist eine Filiale des gesuchten Institutes gerade dann nicht zu finden, wenn man unbedingt wechseln muss. Hier einige Adressen der o.g. **Wing-Lung-Bank** (♫ Stadtpläne):

### Auf HK-Island
- 45 DeVoeux Rd., Central, Tel. 25343499
- Eastern Harbour Centre, Tel. 25643625
- Citibank Tower, Tel. 25093488
- CNT House, Johnston Rd., Tel. 28340208
- HoiLung Centre, Aberdeen, Tel. 25527688
- 62 Percival Str., Tel. 28816028
- HK Convention & Exhibition Centre, Harbour Rd., WanChai, Tel. 28024822
- Wings Building, Central, Tel. 25447011
- ManMan Mansion, 45 Jardine's Bazaar, Causeway Bay, Tel. 28909753

### In KowLoon
- 4 Carnavon Rd., TST, Tel. 23547258
- LeeKar Building, TST, Tel. 23699255
- WooSung House, Jordan, Tel. 27707117
- 15 LaiChiKok Road, New KowLoon, Tel. 23802281
- Nathan Rd., MongKok, Tel. 27806221

### Die wichtigsten Auslandsbanken
- **American Express,** 35. St., One Pacific Place, 88 Queensway, Central, Tel. 28440688
- **Citibank,** Citibank Tower, 3 Garden Rd., Central, Tel. 28688888
- **Credit Suisse,** 23. St., Three Exchange Square, Central, Tel. 28414800
- **Creditanstalt** (Österreich), 28. St., Three Exchange Square, Central, Tel. 28683111
- **Deutsche Bank,** New World Tower, 9 Queens Rd., Central, Tel. 2843040

# Gepäckaufbewahrung

Es kann sinnvoll sein, vor Ausflügen nach Südchina und Macau oder für den Fall, dass ein Hotel in HongKong keine Gepäckaufbewahrung anbietet (vor Nachtflügen aber um 12:00 Uhr ausgecheckt werden muss), das Gepäck zu deponieren. Hierfür bietet HongKong mehrere Möglichkeiten:

- **Am Flughafen:** in der Ankunftshalle (neben Mc Donald's) können Gepäckstücke gleich nach der Ankunft aufbewahrt werden – jedoch für 200 HK$ pro Gepäckstück für 72 Std.
- **Schließfächer in der Stadt:** Im China Ferry Terminal, im Macau Ferry Terminal sowie in der HungHom-KCR Station befinden sich elektronische Schließfächer (groß genug auch für Rucksäcke und Koffer). Diese kosten 20 HK$ für die ersten 2 Stunden, danach 20 HK$ für jeweils 12 Stunden.
- Viele (aber längst nicht alle – bei Bedarf vorher danach fragen!) **Hotels und Guesthouses** bieten ebenfalls eine (für Gäste kostenlosen) Aufbewahrungsservice an. Dies soll denjenigen zugute kommen, die am Spätabend ihren Flug antreten, das Zimmer aber bis 12:00 Uhr räumen müssen.

# Gesundheit und Hygiene

♪ ausführliches Kapitel **Reise-Gesundheits-Informationen** im Anhang.

Zur Einreise nach HongKong sind keinerlei **Impfungen** vorgeschrieben, zu empfehlen sind Tetanus-, Diphtherie und Hepatitis-Schutzimpfungen.

Der **Gesundheits- und Hygienestandard** in HongKong ist ausgesprochen hoch, was sich durch den zunehmenden Wohlstand und die Schwerpunktverlagerung vom Produktions- auf den Dienstleistungsbereich erklärt. Auch das Leitungswasser ist völlig in Ordnung, sollte aber dennoch sicherheitshalber nur abgekocht getrunken werden. Speisen und Getränke von Garküchen und Straßenständen können ebenfalls gefahrlos genossen werden, gleiches gilt für Obst oder Gemüse von den Märkten.

Die so genannte **Vogelgrippe** „importierte" HK aus China, bekam das Problem zwar durch radikale Zwangsschlachtungen vorübergehend in den Griff, doch 2007 trat das H5N1-Virus erneut auf (♪ Anhang).

Unangenehm können in den heißen Monaten die **Stechmücken** werden, und auch wenn HongKong kein Malariagebiet ist, empfiehlt sich die Mitnahme von Mückenschutzmitteln.

Wer ernsthaft erkrankt, ist in den Hospitälern der Stadt gut aufgehoben, es empfiehlt sich vor Reiseantritt der Abschluss einer Auslandskrankenversicherung (♪ Versicherungen), da alle Leistungen vor Ort in bar zu entrichten sind. Die öffentlichen Spitäler sind deutlich günstiger als Privatkliniken, doch ehe man im Krankheitsfall ein Krankenhaus aufsucht, sollte man entweder mit dem Hotelarzt (in den meisten großen Hotels vorhanden) oder mit der **kostenlosen ambulanten Krankenbehandlung** des St. John's Hospital (Tel. HK-Island 25766555, KowLoon 27135555, New Territories und Inseln 26392555) Kontakt aufnehmen.

### Öffentliche Krankenhäuser
- **Queen Mary Hospital,** PokFuLam Rd., HK-Island, Tel. 28554111
- **Queen Elisabeth Hospital,** Wylie Rd., YauMaTei, KowLoon, Tel. 27102111

- **Princess Margaret Hospital LaiChiKok,** New KowLoon, Tel. 23103111
- **Prince of Wales Hospital,** 30 NganShing St., ShaTin, New Territories, Tel. 26362211

### Gute Privatkliniken

- **HongKong Central Hospital,** 1 B Lower Albert Rd., Central, Tel. 25223141
- **St. Paul's Hospital,** 2 Eastern Hospital Rd., Causeway Bay, Tel. 28906008

# Informationsstellen

**HongKong Tourism Board (HKTB),** www.discoverhongkong.com, ist vor Ort mit vier Büros vertreten, die zwischen 08:00 und 18.00 Uhr geöffnet sind. Zur gleichen Zeit gibt es unter Tel. 25081234 eine mehrsprachige **Informations-Hotline.** Die Büros sind nützlich bei Fragen aller Art, auch als Buchungsbüro für Stadtrundfahrten. Neben einer Fülle von kostenlosen Prospekten und einfachen Stadtplänen werden Detailkarten und Souvenirs verkauft. Ein Touchscreen mit Zugang zur Website steht bei allen Büros (außer Fährterminal) 24-Std. zur Verfügung.

- **Hong Kong International Airport,** längere Öffnungszeit 07:00–23:00 Uhr
- **Lo Wu Bahnhof,** Grenze zu Shenzhen (tgl. 08:00–18:00 Uhr)
- **KowLoon Star Ferry,** Tsim Sha Tsui (tgl. 08:00–20:00 Uhr)
- **Hong Kong Island,** Causeway Bay MTR Station Ausg. F (tgl. 08:00–20:00 Uhr)
- **Convention & Exhibition Centre** (EG)

Das Büro des **Hong Kong Tourism Board** für den deutschsprachigen Raum befindet sich in der:

- Humboldtstr. 94, D-60318 Frankfurt, Tel. (069) 9591290, Fax 5978050, frawwo@hktb.com.

### Reiseinformationen via Internet

Im Zeitalter der weltweiten Vernetzung findet der Reiselustige auch im Internet ein recht umfassendes Angebot an Informationen aller Art zu Billigflügen, kompletten Reisearrangements, Reportagen und Berichten über das Zielland, Last-minute-Offerten und, und, und ...

- Das elektronische Magazin *China News Digest* (Zugang per E-Mail an: HongKong Internet Gateway Services, aaron@hk.net) liefert ständig aktualisierte Nachrichten und Neuigkeiten aller Art über China und HongKong.
- Wer schon vor der Abreise eine günstige **Unterkunft** auskundschaften möchte, kann dies unter: http://rentaroomhk.com, thomas@rentaroomhk.com.
- Die beiden recht informativ aufgemachten **HongKong-pages** www.hkta.org und www.info.gov.hk bieten umfangreiche Hintergrundinformationen, Geschichten, Tipps und Anekdoten für eine gelungene HongKong-Tour – übrigens auch mit Hinweisen für Ausflüge nach China. Die offizielle Seite (englisch) des **HongKong Tourism Board** findet man unter www.discoverhongkong.com und www.fac. de als speziell deutschsprachige Fassung.
- Die renommierte lokale Tageszeitung *South China Morning Post* stellt eine interessante Homepage mit aktuellen lokalpolitischen und kulturellen Informationen zur Verfügung: **www.scmp.com.**
- Wer mehr das **Komplettangebot** sucht, sollte sich der Web-Site www.travelchannel.de anvertrauen: hier wird ein weltweites veranstalterübergreifendes Angebot insbesondere an **Pauschalreisen** vorgestellt; online Buchung möglich.
- Wichtig für Unterkunftssuchende dürfte die Seite **http://chinatour.net** sein, wo sehr gute Schnäppchen zu machen sind!

- Für den **Mailabruf/Internetzugang vor Ort** scheint derzeit die Kette *Pacific Coffee Company* die optimale zu sein: sie verfügt über etliche Filialen mit einem oder mehreren Terminals. Für den Zugriff wird lediglich erwünscht, dass man eine Tasse Kaffee bestellt. Günstig gelegene Cafés findet man in Admiralty (Queensway Plaza), Causeway Bay (Times Square L2), Central (IFC / X2, Bank of America, Citibank Plaza), Peak, Kowloon Tong (Festival Walk), Lantau (Discovery Bay), Quarry Bay (Dorset House, Devon House), Taikoo Shing und Wan Chai (nahe der Fähre).

- **Buchtipp:** Wissenswertes rund ums Surfen im Netz findet sich im REISE KNOW-HOW „Praxis"-Titel **Internet für die Reise**.

Wer in HongKong **studieren** möchte, erhält über folgende Organisationen allgemeine studentische Informationen und Beratung bei Studienproblemen:

- **HongKong Student Aid Society,** 485 KwunTong Rd., KowLoon, Tel. 23416249
- **HongKong Federation of Catholic Students,** 6. St., Caritas Social Centre, 134 Boundary St., New KowLoon, Tel. 23364503
- Das **HongKong Information Services Department,** 14. St., Murray Bldg., Garden Rd. (schräg gegenüber St. John's Cathedral), hat alle erdenklichen Karten bis zum Maßstab 1:25.000 über HongKong (50 HK$/St.).
- Das **Gouvernment Publications Centre,** Gouvernment Offices Bldg., Supreme Court Rd. (Eingang direkt vom Queensway, EG, neben Pacific Place Richtung BoC), vertreibt alle offiziellen Publikationen zu Wirtschaft, Natur, Landkarten, Kursbücher usw.

### Sicherheit

Aktuelle Reisehinweise und Hinweise zur Sicherheitslage erteilen:

- **Deutschland:** www.auswaertiges-amt.de und www.diplo.de/sicherreisen (Länder- und Reiseinformationen), Tel. 030-5000-0, Fax 5000-3402.
- **Österreich:** www.bmaa.gv.at (Bürgerservice), Tel. 05-01150-4411, Fax 05-01159-0.
- **Schweiz:** www.eda.admin.ch (Reisehinweise), Tel. 031-3238484.

### Polizei und Einwanderung

- **Immigration Department,** 2. St., 95 Queensway, HongKong, Tel. 25299229, geöffnet 09:00–13:00 und 14:00–17:00 Uhr, samstags nur Vormittag
- **Central Police Station,** 10 Hollywood Rd., Central, Tel. 25277177. Hier werden auch (ernste) touristische Beschwerden wie falsche Abrechnungen, überzogene Taxirechnungen usw. entgegengenommen.

### Notruf

- Nicht für Beschwerden, sondern rein für Notfälle ist die zentrale Notrufnummer **999** (Polizei, Feuerwehr, Krankenwagen) gedacht.

### Wirtschafts- und Kulturinstitute

- **HongKong Trade Development Council,** 38. St., Convention Plaza, 1 Harbour Rd., WanChai, Tel. 25844333
- **HongKong General Chamber of Commerce,** 22 St., 95 Queensway, Central, Tel. 25299229
- **German Business Association HongKong,** 2207 Worldwide House, 19 DeVoeux Rd., Central, Tel. 25265481
- **Goethe-Institut HongKong,** 14. St., HongKong Arts Centre, 2 Harbour Rd., WanChai, Tel. 28020088

# Kinder auf der Reise

Lange Zeit galt HongKong als reines Einkaufsparadies, in dem sich Kinder während ausgedehnter Einkaufsbummel der Eltern eher langweilten. Die ehemalige Kronkolonie bemüht sich seit längerem, von diesem Image loszukommen, und stellt sich vermehrt als kinderfreundliches Urlaubsziel dar. In der Tat bietet HongKong nicht nur mit vielen hochinteressanten Museen zum Anfassen oder den zahlreichen gigantischen Vergnügungsparks (z.B. Ocean-Park, Disneyland) gerade den jüngeren Besuchern unvergessliche Spiel- und Freizeitmöglichkeiten. Allein die Fahrten durch die Stadt mit der klassischen Tram (Straßenbahn) oder der Star Ferry sind ein bleibendes Erlebnis. Familienfreundliche Pauschalarrangements, Kinderbetreuungsmöglichkeiten in größeren Hotels und vor allem die generelle Kinderfreundlichkeit der Chinesen machen HongKong zunehmend zu einem empfehlenswerten Städteziel für Familienreisen in Fernost. Hinzu kommt der hohe Hygiene- und Versorgungsstandard, sodass etwaige Befürchtungen über Erkrankungen oder nicht erhältliche Kindernahrung unbegründet sind.

Der Tourismusverband legt seit kurzem die englischsprachige Broschüre **„HongKong Family Fun Guide"** auf, in dem die wichtigsten kinderfreundlichen Sehenswürdigkeiten und Attraktionen, aber auch Einkaufs- und Restauranthinweise aufgeführt werden. Nicht nur für Familien sehr nützlich, erhältlich in den o.g. Informationsstellen in HongKong.

# Kosten

Die Tatsache, dass das **Pro-Kopf-Einkommen** in HongKong längst das **westeuropäische Niveau** erreicht hat, schlägt sich auch auf die Reisekosten nieder. Längst vorbei sind jene kronkolonialen Zeiten, während derer man sich mit ein paar US$ pro Tag durchschlagen konnte! HongKong ist beileibe kein Billigziel!

*Die teuersten Städte (Kosten/Tag in US$)*

|  | Gesamt | Bewirtung | Hotel |
|---|---|---|---|
| HongKong | 644 | 158 | 451 |
| Tokyo | 609 | 151 | 417 |
| Monaco | 588 | 172 | 366 |
| Paris | 553 | 138 | 379 |
| London | 540 | 107 | 361 |

Aus: „Business-Week", Aug. 2006

Der größte Brocken (vom Flugpreis abgesehen) ist die Unterkunft, Verpflegung und öffentliche Verkehrsmittel sind dagegen preiswert. Der alleinreisende Individualtourist muss – bei einfachster Übernachtung in Schlafsälen und einfacher Verpflegung – mit mind. 300 HK$ pro Tag rechnen. Zu zweit und bei Übernachtung im einfachen Doppelzimmer sind rund 275 HK$ pro Person anzusetzen. Wer will, kann aber auch 5000 € und mehr pro Tag in HongKong lassen.

## Ermäßigungen

Bei bestimmten Unterkünften, Veranstaltungsorten, Museen, Tourveranstaltern etc. kann man auch in HongKong und Macau Rabatt bekommen, wenn man im Besitz eines **internationalen Studentenausweises** (ISIC) ist (siehe „Discounts" unter www.isic.de). Dies gilt mit Einschränkungen auch für den Lehrerausweis (ITIC) oder Schülerausweis (IYTC). Den Ausweis muss man allerdings schon zu Hause bei STA Travel oder beim Studentenwerk u.Ä. erworben haben (10 € bzw. 20 SFr).

Mit dem internationalen **Jugendherbergsausweis** kann man in HongKong, Macau und teilweise im restlichen China einige Ermäßigungen bei der Buchung von Unterkunft, Sightseeing-Touren etc. bekommen. **Tipp:** Den Ausweis kann man auch als Familie beantragen.

- **D:** www.jugendherberge.de, 12–20 Euro.
- **A:** www.oejhv.or.at, 10–20 Euro.
- **CH:** www.youthhostel.ch, 22–55 SFr.

Welche Unterkünfte vergünstig gebucht werden können, erfährt man auf der Website der **Youth Hostel Association (YHA) China:** www.yhachina.com.

# Maße und Gewichte

In HongKong wird wie in der Volksrepublik China das **internationale metrische System** bei allen Maß- und Gewichtseinheiten verwendet.

Auf einigen Straßenmärkten, in alten chinesischen Geschäften (Gewürz- und Medizinläden) sowie in Juwelierläden werden **alte chinesische Gewichtseinheiten** verwendet. Gold wird in **Tael** (37,5 g), Gewürze und Medikamente in **Loong** (ebenfalls 37,5 g), Obst und Gemüse schließlich in (600 g) abgewogen.

Die Angabe von **Etagen** erfolgt überwiegend nach der englischen Zählweise (ground floor = EG, 1st floor = 1. Stock usw.).

# Medien

## Zeitungen

Eine der Hauptveränderungen, die HongKong nach der Rückgabe an China am 1.7.1997 traf, war die tatsächliche Einschränkung der bis dahin geltenden **Pressefreiheit.** Tatsächlich gibt es zwar in HongHong keine offizielle Nachrichtenagentur, welche den einzelnen Zeitungen die zu berichtenden Meldungen vorschreiben würde. Vielmehr konnte man schon lange vor dem eigentlichen Übergabetermin beobachten, wie sich die einzelnen Zeitungen eine freiwillige Zurückhaltung auferlegten. Dies weniger, weil sie etwa mit der Pekinger Politik im Einklang standen, sondern aus dem ganz banalen Kalkül heraus, dass sie als Zeitung wirtschaftlich überleben und Peking gar nicht erst herausfordern wollten. Politische Karikaturen und Kritik an der Zentralregierung oder der KPC sind heute jedenfalls aus dem Blätterwald verschwunden. Ob dies ein vorübergehender Zustand ist oder ob sich die HongKonger Presse jenem Medieneintopf der Volksrepublik annähert – oder umgekehrt –, muss die Zukunft erst noch zeigen.

Die mittlerweile verwurzelten Freiheiten HongKongs lassen sich nicht mehr umkehren, auch wenn die politische Opposition nun nicht mehr primär die lokalen, sondern vermehrt ausländische Medien als Sprachrohr wählt (wie *Martin Lee*, ehemaliger Führer der peking-kritischen Democratic Party das *Wall Street Journal*).

Die für den Touristen wichtigsten **englischsprachigen Tageszeitungen,** die über Weltgeschehen, lokale Veranstaltungen, TV-Programme und Wetter informieren, sind die *South China Morning Post* und *HongKong i-mail*, ehemalig *HK-Standard*. Hinzu kommen verschiedene internationale Zeitungen wie die *International Herald Tribune* oder *das Asian Wall Street Journal*. Zu den bekanntesten **Wochenzeitschriften,** die in HongKong erhältlich sind, zählen *Asiaweek, Newsweek, Far Eastern Economic Review* sowie das 14-tägig erscheinende kostenlose *HongKong Magazine* mit etlichen Hinweisen zu kulturellen Veranstaltungen, Konzerten, Shows, Sport usw. Insgesamt werden in HongKong 59 Tageszeitungen und 675 Periodika verlegt.

## Fernsehen

HongKong war bislang das größte Informationszentrum Ostasiens, damit einher gingen natürlich auch erhebliche wirtschaftliche Interessen – und diese zu gefährden liegt Peking fern. Pikanterweise wurde nämlich im April 1990 mit einer „rotchinesischen" Rakete der erste asiatische TV-Satellit „ASIASAT 1" im Auftrag der Hutchison Whampoa Group HongKong ins All geschossen. Als **STAR TV** sendet HongKong auf fünf Kanälen *(BBC, Sports, Star Plus, NTV, Chinese)* non stop in alle Teile Asiens mit potentiell 2,7 Milliarden Zuschauern, und natürlich können auch die HongKonger *Star TV* empfangen. Sind die Medien auf dem *Chinese*-Kanal schon immer vorsichtig im Umgang mit Peking gewesen, verschiebt sich der Blickwinkel seit 1997 mit der Rückgabe HongKongs an China noch deutlicher. Sollte *Star TV* jedoch ein „Sprachrohr" Pekings werden, könnten etliche Medienkonzerne ihre Investitionen zurückziehen.

Gleiches gilt für den japanischen Sender **NHK,** der auf einem englisch- und einem japanischsprachigem Kanal über einen eigenen Satelliten kommerziell sendet. Die Durchdringung des HongKong-Marktes ist für die japanischen Betreiber von *NHK* natürlich wichtig, sodass eine offizielle Zensur auch aus internationalen Gründen nicht durchsetzbar wäre.

Die über normale Hausantenne zu empfangenden englischsprachigen Programme der lokalen **RTHK (Radio Television HongKong)** *ATV World* und *TVB Pearl* werden von chinesischsprachigen (kantonesischen) Sendern *(ATV Home, TVB Jade)* sowie die via Satellit oder über Kabel zu empfangenden englischsprachigen Sendern *Star TV*, *HBO* (reiner Filmkanal) und etlichen anderen ergänzt. Pro Haushalt stehen in HongKong 1,4 TV-Empfänger, und es gibt kaum Hotelzimmer ohne Fernsehgerät (gilt auch für Billigunterkünfte).

## Radio

**RTHK** sendet sieben Hörfunkprogramme, von denen das englischsprachige *Radio 3* (1584 KHz, 97,9 MHz) mit sehr guten Programmen zu Wirtschaft, Politik und Alltag das für den Kurzzeitbesucher wichtigste sein dürfte.

# Notfälle

### Verlust von Geldkarten

Bei Verlust oder Diebstahl der Kredit- oder Maestro-(EC-)Karte sollte man diese umgehend sperren lassen. Für deutsche Maestro-(EC-) und Kreditkarten gibt es die einheitliche **Sperrnummer 0049 116116,** im Ausland 0049 30 40504050. Für österreicherische und schweizerische Karten gelten:

- **Maestro-(EC-)Karte,** (A)-Tel. (0043) 1 204 8800; (CH)-Tel. (0041) 44 2712230, UBS: (0041) 800 888601, Credit Suisse: (0041) 800 800488.
- **MasterCard/VISA,** (A)-Tel. (0043) 1 71701 4500 (MasterCard) bzw. Tel. (0043) 1 7111 1770 (VISA); (CH)-Tel. (0041) 58 9588383 für alle Banken außer Credit Suisse, Corner Bank Lugano und UBS.
- **American Express,** (A)-Tel. (0049) 69 9797 1000; (CH)-Tel. (0041) 44 6596333.
- **Diners Club,** (A)-Tel. (0043) 1 5013514; (CH)-Tel. (0041) 44 8354545.

### Verlust von Reiseschecks

Nur wenn man den Kaufbeleg mit den Seriennummern der Reiseschecks sowie den Polizeibericht vorlegen kann, wird der Geldbetrag von einer größeren Bank vor Ort binnen 24 Stunden zurückerstattet. Also muss der Verlust oder Diebstahl bei der örtlichen Polizei und auch bei American Express bzw. Travelex/Thomas Cook gemeldet werden. Die Rufnummer Ihres Reiselandes steht auf der Notrufkarte, die den Reiseschecks beilag.

## Geldnot

Wer dringend eine größere Summe aus dem Ausland überweisen lassen muss, kann sich weltweit über **Western Union** Geld schicken lassen. Man braucht dazu lediglich vorab die Person, die das Geld überweisen soll, zu benachrichtigen. Diese muss bei einer Western Union Vertretung (in Deutschland u.a. bei der Postbank) ein Formular ausfüllen und den Code der Transaktion (z.B. telefonisch) übermitteln. Mit diesem Code und dem Reisepass geht man zu einer beliebigen Vertretung von Western Union im Urlaubsgebiet. Nach Ausfüllen eines Formulares wird das Geld binnen Minuten ausgezahlt.

Die nächstgelegene Repräsentanz steht im örtlichen Telefonbuch oder unter **www.westernunion.com.**

### Ausweisverlust / dringender Notfall

Wird der Reisepass oder Personalausweis im Ausland gestohlen, muss man diesen bei der örtlichen Polizei melden. Darüber hinaus sollte man sich an die nächste diplomatische Auslandsvertretung seines Landes wenden, damit man einen Ersatz-Reiseausweis zur Rückkehr ausgestellt bekommt (ohne kommt man nicht an Bord eines Flugzeuges!).

Auch in **dringenden Notfällen,** z.B. medizinischer oder rechtlicher Art, Vermisstensuche, Hilfe bei Todesfällen, Häftlingsbetreuung o.Ä. sind die folgenden **Konsulate** bemüht, vermittelnd zu helfen:

- **Consulate General of Germany – Hong-Kong:** 21st Floor, United Centre, 95 Queensway, Central, Tel: 21058777 oder 21058788.
- **Consulate General of Austria – Hong-Kong:** 2201 Chinachem Tower, 34-37 Connaught Road, Central, Tel: 252280-86, -87, -88 oder -89.

# ÖFFNUNGSZEITEN, ORIENTIERUNG, POST UND TELEFON

•*Consulate General of Switzerland – Hong-Kong:* Suite 6206-07, Central Plaza, 18 Harbour Road, Wanchai, Tel: 252271-47 oder -48.

## Öffnungszeiten

*Banken* und *Behörden* sind Montag bis Freitag von 09:00 bis 16:30 Uhr, Banken auch an Samstagen von 9:00–12:30 Uhr geöffnet. Für *Kaufhäuser* und *Geschäfte* gelten keine festgesetzten Öffnungszeiten ( ⌕ Einkäufe).

## Orientierung

Es ist sehr leicht, sich in HongKong zurechtzufinden, alle Straßen sind in *Englisch und Chinesisch beschildert.* Die Hauptverkehrsader in KowLoon erstreckt sich entlang der Nathan Road, auf HongKong-Island sind die Connaught Road und De Voeux Road im Stadtteil Central die wichtigsten Hauptstraßen.

Sehr nützlich sind die kostenlosen Informationsbroschüren und *Stadtpläne* der HKTA, die in praktischen Tragebeuteln in der Ankunftshalle am Flughafen bereitstehen.

## Postwesen und Telefon

### Post

Das *Porto* für Aerogramme und Postkarten nach Europa beträgt 3,20 HK$, für Briefe 5,50 HK$ (Luftpost, bis 30 g), für Päckchen (Seeweg, 2 kg) 58 HK$. Die HongKonger Post arbeitet effektiv und schnell.

Post kann von allen Postämtern HongKongs (geöffnet Mo–Sa von 08:00 bis 18:00 Uhr) abgeschickt werden, die *Hauptpost* liegt auf Hong-Kong-Island neben der Star-Ferry.

Hier befindet sich auch ein „poste restante"- *(postlagernd)* Schalter, ein Reisepass oder Ausweis ist bei der Abholung vorzulegen. (NAME), POSTE RESTANTE, GPO, HongKong-Island genügt als Anschrift.

### Telefon

*Innerhalb HongKongs* sind Telefonate kostenlos, außer von öffentlichen Telefonzellen (1 HK$, ganz gleich wie lange) und Mobiltelefonen.

*Nach Europa* kann auch von öffentlichen Fernsprechern direkt telefoniert werden. Die Minute kostet etwa 15 HK$, öffentliche Fernsprecher können mit Münzen oder Telefonkarten zu 50, 100 und 250 HK$ (erhältlich in 7/11-Supermärkten oder „HK-Telecom"-Filialen) betrieben werden.

Die *Vorwahlnummern* nach Europa lauten für Österreich 00143, für Deutschland 00149 und für die Schweiz 00141. Die Null vor der Ortsvorwahl muss danach weggelassen werden.

### Wichtige Rufnummern

| | |
|---|---|
| •*Notruf* | 999 |
| •Diebstahl, Betrug | 25277177 |
| •Verbraucherschutz | 29292222 |
| •Telefonauskunft | 1081 |
| •HKTA | 25081234 |
| •Wetterdienst | 18501 |
| •China-Fähren | 28511700 |
| •HK-Fähren | 25251108 |

- Deutsches Konsulat  21058788
- Österr. Konsulat  25228086
- Schweizer Konsulat  25227147

HongKong gehört zwar zu China, hat aber seine eigene **Ländervorwahl**. Bei Anrufen vom Ausland (auch VR China und Macau) nach HongKong ist an 00852 die achtstellige Teilnehmernummer direkt anzuhängen.

#### Mobiltelefon

In HongKong nutzt man üblicherweise **900 MHz GSM** und **3G 2100** wie in Europa und auch 1800 MHz GSM.

Wegen hoher Gebühren sollte man bei seinem Anbieter nachfragen oder auf dessen Website nachschauen, welcher der Roamingpartner günstig ist und diesen per **manueller Netzauswahl** voreinstellen. Nicht zu vergessen sind die **passiven Kosten,** wenn man von zu Hause angerufen wird (Mailbox abstellen!). Der Anrufer zahlt nur die Gebühr ins heimische Mobilnetz, die teure Rufweiterleitung ins Ausland zahlt der Empfänger.

Wesentlich preiswerter ist es sich von vornherein auf **SMS** zu beschränken, der Empfang ist dabei in der Regel kostenfrei.

*Achtung:* Die Einwahl in mitteleuropäische Netze funktioniert nicht immer! Teils gelingt es (z.B. für CH) mit „0041" statt „00141", wie beim Festnetz aus HongKong heraus erforderlich.

Falls das Mobiltelefon SIM-Lock-free ist und man viele Telefonate innerhalb HongKongs führen möchte, kann man sich eine HongKonger **Prepaid-SIM-Karte** besorgen. Diese gibt es für 70 bis 100 HK$ in 7/11-Läden. Damit kann man in HongKong einige Stunden mobile Stadtgespräche oder 2 bis 3 kürzere Gespräche nach Europa führen.

- *Buchtipp: Handy global.* Alles Wissenswerte über den Handygebrauch im Ausland. Praxis-Reihe, REISE KNOW-HOW Verlag

## Sicherheit

Wie China erweist sich auch HongKong als ein verhältnismäßig sicheres Reiseziel. In einer Metropole wie HongKong gibt es natürlich auch Kriminalität, und es versteht sich von selbst, dass am Flughafen und an den Häfen das Gepäck nie aus den Augen gelassen werden darf.

Ein Brustbeutel oder Geldgurt für Dokumente und Geld verringert das Risiko des **Taschendiebstahls;** wer im Schlafsaal wohnt, wird eher von abgebrannten westlichen Reisenden denn von einheimischen Chinesen bestohlen. Offener Straßenraub kommt dagegen sehr selten vor.

Erfreulicherweise kommt es höchst selten vor, dass **alleinreisende Frauen** belästigt werden.

Die **HongKong Police,** die in nahezu unveränderter Besetzung seit der Übergabe ihren Dienst fortsetzt, ist äußerst zuverlässig und effektiv. Einst von Korruption verfilzt (Godber-Skandal 1973: Der hohe Polizeioffizier setzte sich mit knapp 5 Millionen HK$ Schmiergeldern ab, womit die Spitze

# Sprache, Sprachaufenthalt und Studium

des Eisberges aufgedeckt wurde), kehrte man die HongKong-Police mit eisernem Besen aus. Sie ist auch nach der Rückgabe der ehemaligen Kronkolonie an China weiterhin für alle inneren Angelegenheiten innerhalb der SAR HongKong zuständig und darf nicht mit den Angehörigen der Volksbefreiungsarmee verwechselt werden, die seit 1997 den Platz der Briten einnehmen und sich ausnahmslos aus Elitetruppen der Volksrepublik rekrutieren.

●**Buchtipp:** Empfehlenswert sind die Sprechführer aus der Reihe **Kauderwelsch – Wort für Wort** von REISE KNOW-HOW, z.B. Hochchinesisch, Bd. 14 und Englisch, Bd. 64. Ergänzendes Tonmaterial erhältlich.

## Sprache

Kantonesisch, Mandarin und Englisch sind die drei offiziellen Sprachen der ehemaligen Kronkolonie. Mit **Englisch** kommt der Tourist ausgezeichnet über die Runden, die HongKong-Chinesen, von älteren Bewohnern der New Territories und der Inseln einmal abgesehen, sprechen besser Englisch als die meisten Europäer.

Seit dem 1.7.1997 nimmt **Mandarin**, die Amtssprache der Volksrepublik, einen erhöhten Stellenwert ein. Dies wird langfristig auf Kosten der Englischausbildung gehen, schon vor der Übergabe der ehemaligen Kronkolonie wurde Englisch als Schulsprache stark eingeschränkt. Dies bedeutet, dass die zukünftige Generation weit schlechter Englisch sprechen wird und HongKong sich selbst in touristischer und wirtschaftlicher Hinsicht eines großen Vorteils beraubt. Spürbar dürfte diese Entwicklung allerdings erst in 10 Jahren werden ( ↗ Sprachhilfe im Anhang).

## Sprachaufenthalt und Studium

Bei einer detaillierten Analyse der Universitäten Asiens stellte sich heraus, dass HongKong gleich drei Hochschulen unter den „Top 10" plazieren konnte:

●**University of HongKong,** PokFuLam Rd. HongKong. Tel. 28592111, Fax: 28584986. Die 1911 gegründete Elitehochschule behält Englisch als Unterrichtssprache bei, Maschinenbau und Architektur genießen einen ausgezeichneten Ruf.

●**Chinese University of HongKong,** ShaTin, New Territories, Tel. 26097000, Fax: 26036197, legt einen Schwerpunkt auf die Vermittlung traditioneller chinesischer Kultur (Literatur, Kalligrafie, Philosophie), weshalb einige Lehrveranstaltungen ausschließlich in chinesischer Sprache angeboten werden, viele allerdings wahlweise zweisprachig (englisch). Breitestes Angebot in HongKong, großer Campus mit Unterbringungsmöglichkeiten.

●**HongKong University of Science and Technology,** Clearwater Bay, New KowLoon, HongKong, Tel. 23586000, Fax: 23580029. Erste Adresse für Biotechnologie, Kybernetik, Informatik. Erst 1988 gegründet, gilt die HKUST als Talentschmiede und Nervenzentrum HongKongs für moderne Technologien.

Die beiden erstgenannten bieten auf insgesamt zwei Jahre angelegte **Sprachkurse** für Mandarin und Kantonesisch an; die Kosten für die Studiengebühren belaufen sich insgesamt auf rund

100.000 HK$ (ohne Unterkunft). Wer **Kantonesisch** lernen möchte oder ein reguläres Studium anstrebt, trifft mit HongKong keine schlechte Wahl.

Für **Mandarin-Sprachkurse,** die chinesische Hochsprache also, ist dagegen unbedingt ein Sprachkurs im Norden der Volksrepublik oder in TaiWan zu empfehlen, da man im kantonesischen HongKong wesentlich weniger Mandarin-Sprachpraxis erfährt.

Informationen zum **Studium** erteilen die Studentenorganisationen ( ♪ Informationsstellen).

> ●**Buchtipp:** Ein praktischer Leitfaden durch den Dschungel der Kursangebote ist der Praxis-Titel **Sprachen lernen im Ausland,** REISE KNOW-HOW Verlag

# Sport

### Aktivsport-Möglichkeiten

Trotz des beengten Platzes bietet HongKong eine umfangreiche Palette an Sportmöglichkeiten. Wer ein vielfältiges Angebot ohne komplizierte Mitgliedschaft in einem der zahlreichen Verein sucht, dem bietet die **South China Athletic Association** (SCAA), 88 Caroline Hill Road, Causeway Bay, Tel. 25776932) eine Reihe von Hallen- und Freiluftsportarten von Leichtathletik über Badminton bis zu Kegeln für eine geringe Kurzzeit-Mitgliedsgebühr an.

### Bademöglichkeiten

Aufgrund der Insel-/Meereslage HongKongs und der geringen Landfläche gibt es nur sehr wenige öffentliche **Schwimmbäder.** Unvergleichlich schön ist die *Water World* am Ocean Park auf HongKong-Island ( ♪ ), ebenfalls ausgezeichnet und äußerst zentral liegt das Hallenbad im KowLoon-Park. Ansonsten haben viele Oberklassehotels ihr eigenes Hallenbad, freilich meist nur für Hotelgäste.

Die vielen Inseln mit ihren teilweise hervorragenden und wochentags kaum besuchten **Stränden** laden ohnehin weit mehr zum Baden ein. Die Strände sind in den Ortsbeschreibungen jeweils gesondert aufgeführt. Während des Badehalbjahres (April–Oktober) werden die meisten Strände vom Rettungsdienst überwacht, außerhalb dieser Saison sind die Strände wie leergefegt.

Touristen sollten die Bedeutung der beiden eventuell am Strand aufgehängten **Warnflaggen** unbedingt kennen: Rot bedeutet zu starke Strömung oder Brandung, blau heißt schwimmen möglich, aber nur für gute Schwimmer.

### Bootssport

HongKong bietet sich auch für private Bootstouren an, an ein Leihboot zu kommen, ist kein allzu schwieriges Unterfangen.

●**Far East Yacht Specialists Ltd.,** 2. St., Tinta House, 44 Wellington Street, Central, Tel. 25229394, 25257015 bieten Dschunken zum Verleih an (etwa 3500 HK$/Tag).
●Gleiches bieten **Charterboats Ltd.,** EG, Aberdeen Marina Tower, 8 ShumWan Rd., Tel. 15559355, sowie dessen Nachbar **Simpson Marine,** Unit 6, Aberdeen Marine Tower, 9 ShumWan Road, Aberdeen, Tel. 25558377 und 25557349) an.

**Praktische Reisetipps — SPORT**

- Eine weitere Quelle liegt in den **Tageszeitungen,** in denen privat Boote zum Verleih angeboten werden.
- Wer Mitglied in einem **Club** werden möchte, ist beim *Royal HongKong Yacht Club* (der einzige Club, der bislang das „Royal" nicht streichen musste), Kellett Island, Causeway Bay, Tel. 28322817, in allerbester Gesellschaft. Viele Ausländer, die in Discovery Bay (♪ LanTau) wohnen, treten dem *Discovery Bay Marina Club*, Discovery Bay, LanTau, Tel. 29879591 bei.

## Kanufahrten

Der Kanusport führt in HongKong ein eher stiefmütterliches Dasein, was auf den Mangel an geeigneten Flüssen zurückzuführen ist. Dennoch sind in Reservoir- und Marschgebieten teilweise sehr nette und gemütliche Kanutouren möglich. Buchungen und Anfragen in den New Territories unter:

- **ChongHing Water Sports Centre,** West Sea Coffer Dam, High Island Reservoir, Sai-Kung, NT, Tel. 27926810
- **TaiMeiTuk Water Sports Centre,** Regional Council, TaiMeiTuk, TaiPo, NT, Tel. 26653591
- **WongShek Water Sports Centre,** WongShek Pier, SaiKung, NT, Tel. 23282370

## Segeln

Der **Royal Hong Kong Yacht Club** (♪ Bootssport) gibt Auskünfte zu Segeltörns und Aufnahmebedingungen. In der Hauptsaison (Frühsommer) sind tolle Trips durch die HongKonger Inselwelt möglich. Die Kosten für ein Leihboot betragen zwischen 3500 und 4000 HK$ pro Tag.

## Angeln

Das Angeln in den Reservoirs der SAR ist zwar von September bis März möglich, bedarf aber einer Genehmigung. Diese kann bei der *Water Authority*, Causeway Bay, Tel. 28245000, beantragt werden. Das Seefischen unterliegt keinen Beschränkungen, die meisten (♪) Bootsverleiher verleihen auch Angelausrüstungen. Angeltrips können organisiert werden bei:

- **HongKong Amateur Fishing Society,** Raum D, 15. St., Lucky House, 18 Jordan Rd., YauMaTei, Tel. 27300442.

## Surfen

An einigen Stränden gibt es im Sommer **Leihmöglichkeiten** für Surfbretter:

- ShaHa Beach hinter Sai Kung: **New Territories Windsurfing Centre,** Tel. 27925605
- Silvermine Beach (LanTau), Stanley Main Beach: **Wind Surf Pro Motion,** Tel. 28132372
- TungWan Beach, CheungChau: **Outdoor Café,** TungWan, Tel. 29818316.

In den Sommermonaten werden auch **Kurse** und/oder Einzelstunden angeboten, Auskunft und allgemeine Informationen erteilt der Dachverband:

- **Windsurfing Association of HongKong,** Zi. 801, Fortune Bldg., 13–15 Thomson Rd, WanChai, Tel. 28663232.

## Wasserski

... ist an den Stränden HongKongs zunehmend „in". Ski und Boot nebst Fahrer können ab 400 HK$ pro Stunde an den Anlegestellen in der Deep Water Bay (z.B. *Deep Water Bay Speedboat Company*, Tel. 28120391), auf LamMa oder auf TsingYi gemietet werden.

## Sporttauchen

HongKong gehört wegen teilweise schlechter Sicht und registrierten Haiangriffen nicht zu den ganz großen Tauchrevieren auf dem Globus, dennoch gibt es einige schöne Tauchplätze wie *Breaker Reef*, *SaiKung*, *Crooked Island*, *Mirs Bay* und *Pedro Blanco* (ein kleines Felsriff 80 km östlich von HongKong-Island). Von April bis Oktober (Tauchsaison) sind hier seltene Begegnungen mit u.a. Clownfischen, Barrakudas, Haien, Kraken, Nacktschnecken und Anemonen möglich.

- **Pro Dive,** A1 Great George Building, 27 Paterson Street, Causeway Bay, Tel. 28904889
- **Bunn's Diving Shop,** 188 WanChai Road, Wanchai, Tel. 28937899
- **YoYo Marine & Scuba Centre,** EG, 110 ApLeiChau Main Street, Aberdeen, Tel. 25524185
- **Sea Dragon Skindiving Club Ltd.,** GPO, Box 10014, HongKong, Tel. 25432226

Besonders zu empfehlen sind:
- **Tauchbasis Scuba Centre Kitchell,** 27 Whitfield Rd., North Point, Tel. 28877922, Fax: 28878680 (PADI und CMAS) sowie für SSI-Brevets die
- **Nautilus Divers,** 7 WangTai Rd., KowLoon, Tel. 23369778, Fax: 23369711.

Die Kosten für Kurse und Tauchgänge sind überdurchschnittlich hoch, da fast alle Tauchgänge per Boot durchgeführt werden.

Vorab empfiehlt es sich für Interessierte, den Dachverband zu kontaktieren:

- **Underwater Association,** Zi. 910, Queen Elisabeth Stadium, 18 OiKwan Rd., WanChai, Tel. 25723792, Fax: 28496499

### Squash

Bei den Hotels noch nicht in Mode, wird noch meist in den verschiedenen Privatklubs betrieben.

- Der **Victoria Park** in Causeway Bay hat einige öffentliche Plätze, die täglich von 07:00 bis 21:00 Uhr geöffnet sind (ca. 50 HK$ pro Stunde); Buchungen unter Tel. 25706186.
- Weitere Plätze gibt es im **KowLoon Tsai Park** (Inverness Road, ShekKipMei, KowLoon, Tel. 2336-7878), **Central Squash Centre** (Tel. 25215072), im **Hong Kong Squash Centre** (Cotton Tree Drive, Central, Tel. 25215072) sowie im **Jubilee Sports Centre** (KCR-Station FoTan, ShaTin, New Territories, Tel. 26051212).

### Tennis

Die Reservierung eines Platzes scheint Glücks- oder Beziehungssache zu sein. Die Kosten betragen je nach Anlage 40–60 HK$ die Stunde. Probieren kann man es beim:

- **Victoria Park,** Causeway Road, Causeway Bay, Tel. 25706186 (geöffnet 07:00–23:00 Uhr).
- Die neuesten Plätze findet man an der **WongNaiChung Gap Rd.** zwischen Happy Valley und Repulse Bay (Tel. 25749122, geöffnet 07:00–23:00 Uhr).
- Auch im **KowLoon Tsai Park** an der Inverness Road im Norden KowLoons gibt es ein paar öffentliche Tennisplätze (Tel. 23367878, geöffnet 07:00–19:00 Uhr).

Auch als **Zuschauersport** hat Tennis hier einiges zu bieten. HongKong ist zwar kein Platz für Grand-Slam-Wettkämpfe, größere Turniere mit Spitzenspielern und -innen finden dagegen alljährlich (HongKong Open) statt. Da diese Turniere auch ein großes gesellschaftliches Ereignis sind, empfiehlt es sich, Karten über die HKTA oder (besser) direkt bei der *HongKong Tennis Association* im Victoria Park, Causeway Bay, Tel. 28901132) frühzeitig zu reservieren.

## Tischtennis

Zwar gehört HongKong zu China, der Supermacht des Tischtennis, das Niveau und die Verbreitung hinken hier aber doch ein Stück hinterher. Öffentliche Tische gibt es bislang nur wenige, z.B. in der **Morse Park Indoor Games Hall** in HongKong (20 HK$/Stunde).

## Badminton

Seltsamerweise wird Badminton weit häufiger gespielt als das platzsparendere Tischtennis. Hier einige öffentliche Plätze:

- **HongKong Park,** 1. Stock, Rawlinson House, Cotton Tree Drive, Central, Tel. 25215072
- **Queen Elizabeth Stadium,** 18 OiKwan Rd., WanChai, Tel. 25911331
- **HongKong Squash Centre,** Cotton Tree Drive, Central, Tel. 25215072
- **Aberdeen Indoor Games Mall,** 168 WongChukHang Road, Aberdeen, Tel. 25536663
- Weitergehende Auskünfte erteilt der Dachverband **HongKong Badminton Association,** QE Stadium, 18 OiKwan Rd., WanChai, Tel. 28384066.

## Kampfsport

Nicht zuletzt durch zahlreiche HongKong-Actionfilme entstand das Bild von den hier gedrillten Fernost-Kampfmaschinen. Die ernsthaften Anhänger der fernöstlichen Kampfsportarten wehren sich zu Recht gegen derartige Pauschalisierungen (♪ Mentalität und Brauchtum), finden aber vor Ort eine Vielzahl von Trainingsmöglichkeiten. Eine Reihe von Kampfsportschulen lassen jedermann an ihrem Trainingsprogramm teilnehmen, egal, ob es sich nun um Neulinge oder geübte Faustkämpfer handelt.

- Die **South China Athletic Association,** 88 Caroline Hill Road, Causeway Bay, Tel. 25776932, ist bei Anhängern von TaiJiQuan, Judo und Yoga sehr beliebt.
- **YMCA International House,** Salisbury Road, TsimShaTsui, KowLoon, Tel. 23692211 bietet unter anderem HakKeiDo, JuDo und TaeKwonDo an.
- Internationalen Ruf als Kung-Fu-Schule hat auch **Luk Chi Fu,** 3. Stock, 446 Hennessy Road, Causeway Bay, Tel. 28911044.

Anfragen und Anmeldungen sind zweckmäßigerweise generell vorab zu richten an:

- **HongKong Chinese Martial Arts Association,** 9. St., 687 Nathan Road, MongKok, KowLoon, Tel. 23944803

## Reiten

Reitmöglichkeiten, die sich meist auf Dressur und Springen, weniger auf Ausritte konzentrieren, werden bei der **HongKong Riding Union,** ShaTin (Tel. 24886886) und der **PokFuLam Riding School,** 75 PokFuLam Rd., HK-Island (Tel. 25501359) angeboten. Die Kosten liegen zwischen 400 und 550 HK$ pro Stunde.

## Golf

Der **HongKong Golf Club** unterhält drei 18-Loch-Plätze in FanLing, New Territories (1500 HK$ pro Tag, Tel. 26701211) sowie einen 9-Loch Platz an der Deep Water Bay (450 HK$ je Runde, Tel. 28127070), wo auch Gäste von Montag–Freitag spielen können. Der **Discovery Bay Golf Club** auf LanTau (Tel. 29877273) kostet für Nichtmitglieder an Werktagen 780 HK$ für eine 18er-Runde (sonn- und feiertags für Nichtmitglieder geschlossen).

Schließlich gibt es den **Clearwater Bay Golf & Country Club** in SaiKung (Tel. 27191595), wo von Gästen 1330 HK$ für eine Runde von 18 Löchern zu zahlen sind.

Viele Geschäfte werden in HongKong am Golfplatz gemacht, eine Clubmitgliedschaft ist daher **für Geschäftsleute** vor Ort sehr zu empfehlen. Wer als Tourist einmal den Duft des großen Geldes schnuppern möchte, kann sich einer Golf-Tour der HKTA anschließen (♪ Ausflüge, organisierte Touren).

### Bowling

Dieser Freizeitsport ist in HongKong trotz des langen englischen Einflusses längst nicht so weit verbreitet wie in Mitteleuropa. In HongKong gibt es einige moderne Bahnen:

- *Brunswick Bowling Centre* in KowLoon
- *Energy Plaza,* Mody Road, KowLoon
- *South China Athletic Association,* 88 Caroline Hill Road, Causeway Bay (Tel. 25776932)
- *Top Bowling,* Site II, Whampoa Gardens, HungHom (Tel. 23345022)
- *Chuen Bowling Centre,* 1. St., 95C Broadway St., LaiChiKok (Tel. 27425911)

Eine **Rasenbahn** liegt im Victoria Park, Causeway Bay und ist an Wochenenden ganztägig, werktags nur an Nachmittagen geöffnet.

### Wandern und Joggen

Eine der preiswertesten und gleichzeitig doch interessantesten Möglichkeiten, insbesondere die rückwärtigen Gebiete HongKongs kennen zu lernen bieten Wanderungen aller Art.

Über 40 % der Landfläche HongKongs wurden zu Naturparks erklärt, viele **Wanderwege** in den unterschiedlichsten Längen und Schwierigkeitsgraden angelegt. Es müssen ja nicht unbedingt die *big three* (MacLehose-Trail, 100 km, LanTau-Trail, 70 km und HongKong-Trail, 50 km) sein, doch selbst wer nur wenige Tage Zeit hat, sollte doch zumindest einmal am **Plover Cove Reservoir** in den New Territories eine Halbtagswanderung unternehmen. Und wer sogar einen ganzen Tag übrig hat, sollte sich an den (♪) **HongKong-Trail** wagen – es lohnt sich!

Bei Wanderungen sind einige Dinge zu beachten: Gute Schuhe, Getränke und (im Hochsommer) ein Kopfschutz sind unverzichtbar. Bei Regen – auch leichtem Nieselregen – sollte man eher einen Museumstag einlegen. HongKongs Berge steigen sehr steil an, vom Meeresspiegel bis auf knapp 1000 m, weshalb viele Wanderwege über **Steilstücke** führen, die bei Regen zu wahren Rutschbahnen werden können. Bei extremer Hitze (Juli, August) sind die Steigungen ebenfalls äußerst anstrengend, ein zusätzlicher Zeitbedarf für Pausen sollte eingeplant werden. Am schönsten sind die Wanderungen unter der Woche, wenn man häufig alleine unterwegs ist.

In Europa ist das **Joggen** fast schon wieder out, in HongKong war es nie in – nur Arme gehen zu Fuß. Eine der wenigen guten Joggingstrecken führt rund um den Peak, mehrere Strecken von 3 bis 8 km Länge inklusive Trimm-Dich-Pfad stehen zur Auswahl. Nur muss man dazu jedesmal hinauf zum Peak fahren, ein eher umständliches

# UHRZEIT, UNTERHALTUNG

Unterfangen. In den New Territories und auf den Inseln gibt es weniger Probleme, einen geeigneten Parcours zu finden.

Für **Frauen,** die ungern alleine joggen, sei der *Ladies Road Runners Club*, PO Box 20613, Hennessy Rd. Post Office, WanChai, Tel. 23175933, für die Anfrage nach Laufpartnerinnen empfohlen.

### Schlittschuh- und Rollschuhbahnen

- *Rollschuhbahnen* gibt es in den *Telford Gardens*, KowLoon (Sportsworld Association. Tel. 2757 2211) und im *Cityplaza*, 18 TaiKoo-Shing Rd., Quarry Bay (Tel. 28854697). In letzterem liegt auch eine **Eislaufbahn,** geöffnet 07:00–22:00 Uhr.
- Ein weiterer **Kunsteisplatz** befindet sich im *LaiChiKok-Vergnügungspark* (nahe Song-Dynasty Village, MTR Station MeiFoo), New KowLoon (Öffnungszeiten unter Tel. 2741 4281). Ferner gibt es Eislaufbahnen im *Riviera Ice Chalet* (Riviera Gardens, TsuenWan, New Territories. Tel. 24071100), im Festival Walk (MTR/KCR Kowloon Tong) und *Whampoa Super Ice* (UG II, Whampoa Gardens, Hung Hom, KowLoon, Tel. 27744899).

Die **Eintritte** variieren werktags zwischen 25 und 50 HK$, sonn- und feiertags zwischen 30 und 60 HK$.

## Uhrzeit

Der **Zeitunterschied** zu Europa beträgt MEZ + 7 Stunden (bzw. MESZ + 6 Stunden), eine **Sommerzeit** gibt es in HongKong und in Macau nicht.

## Unterhaltung

In HongKong scheint immer etwas los zu sein, 24 Stunden am Tag. Amüsierlustige werden voll auf ihre Kosten kommen und selbst spät in der Nacht immer noch Kneipen oder Snackbars finden, die noch lange nicht schließen wollen. Es sei daran erinnert, dass HongKong eine Weltstadt ist und die Preise dementsprechend hoch liegen.

Die Möglichkeiten der abendlichen Unterhaltung sind außerordentlich vielfältig und reichen von Pferderennen über Live-Konzerte bis hin zu gemütlichen Kneipen und Nachtbars. Nicht zu vergessen die romantischatemberaubenden Spaziergänge an der Uferpromenade/KowLoon oder am Peak/HK-Island, immer wieder ein günstiges Vergnügen!

### Nachtmärkte

Einmal über einen Nachtmarkt in HongKong zu schlendern, ist beinahe obligatorisch. Vieles Merkwürdige und Exotische kann dort bestaunt, erworben und verzehrt werden. Der bekannteste und größte Nachtmärkt liegt in der **Temple Street/ ShangHai Street** im Bezirk YauMaTei. Ab 20:00 Uhr beginnt hier das bunte Treiben und endet nicht vor Mitternacht.

### Kinos

Kinos mit englischsprachigen Filmen gibt es etliche, die Tageszeitungen geben einen Überblick über die aktuellen Programme und Anschriften. In KowLoon sitzen die meisten Lichtspielhäuser in YauMaTei, auf HongKong-

# Film

Bei uns weiß man in aller Regel recht wenig über das Filmwesen in Fernost, gehört hat man allenfalls von **KungFu-Filmen** von Direktoren wie *Jackie Chan* oder Kampfmaschinen à la *Bruce Lee*. In der Tat waren derartige, in kürzester Zeit und vergleichsweise billig produzierte Actionstreifen bis in die 1980er Jahre nahezu ein Wahrzeichen des HongKonger Films. Diese Streifen wurden allerdings für den heimischen Markt gedreht, echte internationale Erfolge gab es praktisch nicht. In den 90ern änderte sich dies insofern, als einige Hollywood-Streifen mit HongKonger Schauspielern mehr oder minder erfolgreich wurden (z.B. „Lethal Weapon 4" mit *JetLi* und *ChowYunFat*). Mitte der 90er Jahre änderte sich – vielleicht auch angesichts der Rückkehr HongKongs nach China – die Thematik, der HongKonger Film bietet heute weit mehr als billige „Eastern".

Für den Film in der **Volksrepublik China** auf der internationalen Bühne war zunächst die Hongkong-volksrepublikanisch-taiwanesische Gemeinschaftsproduktion „Leb wohl, meine Konkubine" *(PaWang PiehChi)*, 1995 im deutschen Fernsehen zu sehen, ein auch in Europa bekannter Meilenstein. Ein geniales Meisterwerk gelang *Zhang Yuan* 1999 mit der politisch brisanten Utopie „Crazy English", in welcher der Chinese *LiYang*, Freund der englischen Sprache und Besitzer der Firma *Crazy*, die Massen – auch in der verbotenen Stadt – in Englisch mit dem Motto „make your tongue muscle international" zu kommerziellen Zwecken mobilisiert.

Zunehmend werden auch bei uns Gemeinschaftsproduktionen HongKongs mit der Volksrepublik wie „Verführerischer Mond" (von *Chen KaiGe*, der auch „Lebewohl meine Konkubine" drehte) oder „Blinder Schacht" des in Berlin zum Germanisten ausgebildeten *Li Yang* im Free-TV gezeigt. Li gewann mit seinem 2003 gedrehten Debütfilm übrigens den **Silbernen Bären** auf der **Berlinale,** sein Kollege *Jia ZhangKe* mit „Still Life" über das Schicksal einfacher Menschen beim Drei-Schluchten-Staudamm-Projekt am JangTse den **Goldenen Löwen in Venedig** (2006).

Für Filmfreunde sollte das **HongKong International Film Festival** (Ende März bis Mitte April) mit einer ausgezeichneten Auswahl regionaler und internationaler Spitzenproduktionen obligatorisch sein. Nähere **Informationen und Programmhefte** gibt es beim **Festivals Office,** Urban Services Department, Level 7, HK Cultural Centre, 10 Salisbury Rd., Tel. 27342903, Fax: 23665206.

Island in Causeway Bay. Eine der neuesten und größten Kinowelten findet man im *Festival Walk* (MTR/KCR Kowloon Tong).

Wer gerne einen deutschsprachigen Film sehen möchte, sollte einmal beim **Goethe-Institut,** 14. Stock, HongKong Arts Centre, 2 Harbour Rd., WanChai (Tel. 28020088) vorbeischauen.

## Pubs und Bars

HongKongs Bars und Kneipen sind allemal einen Besuch wert; die Auswahl ist reichhaltig, sodass für jeden Geschmack etwas dabei sein sollte. Die Preise sind in den hier genannten Bars für eine Weltstadt in Ordnung, und wenn man zur *Happy Hour* aufkreuzt, während derer die Getränke

## UNTERHALTUNG

entweder zum halben Preis oder als *2-4-1* (two drinks for one payment, zwei zum Preis von einen) angeboten werden, wird man gewiss nicht arm. Und noch ein Tipp: Manche Bars und Discos bieten Frauen kostenlosen Eintritt und Freigetränke an bestimmten Tagen, Männer zahlen dann jedoch durchweg doppelt!

●Wer ein gemischtes Kneipenviertel mit über 100 guten Pubs und Snackbars sucht, ist mit dem Viertel **LanKwaiFong** in Central, welches man leicht in 5 Gehminuten durchstreifen kann, gut beraten. Hier liegen dicht gedrängt auf engem Raum in und auf den Parallelgassen der D'Aguilar Street Dutzende von Kneipen, Restaurants und Snackbars in allen Preisklassen. Von den Kneipen genießt hier seit Jahren **Club 64** (12 WingWah Lane, Tel. 25232801) den besten Ruf für günstige Drinks in netter Atmosphäre. Von den hier ansässigen Discos sind das **Berlin** (19 LanKwaiFong, Tel. 28778233) sowie das **Acropolis** (21 D'Aguilar St., Tel. 28773668) besonders hervorzuheben. Etliche Lokale und Snackbars laden im Viertel LangKwaiFong zu einer Tanzpause ein. Besonders günstig ist hier **Midnight Express** (3 LanKwaiFong, Tel. 25255010) mit guten indischen und griechischen Snacks, auch auf die Hand.

●Ebenso beliebt für ein Bier nach Dienstschluss, aber auch zum Essengehen bis in die späten Abendstunden, ist das Viertel **Soho** südlich der Hollywood Rd. (SOuth of HOllywood = SOHO). Gemeint ist damit der Distrikt zwischen Hollywood Rd. und bergseitig Elgin St. bzw. den Central Escalators. Letztere fährt man am besten einfach einmal nach Einbruch der Dämmerung hinauf, dann sieht man schon, wo etwas los ist. Besonders empfehlenswert sind hier von den 125 registrierten Pubs und Restaurants derzeit das **Taco Loco** (Shelly St., direkt an den Escalators) mit guter Musik und rustikaler „englischer" Theke zum Abhängen, das Bistro **Rendez-Vous** (Salate, Sandwiches, Pasta zwischen 40 und 60 HK$) sowie die **Empire Bar** (in der Gasse neben dem Taco Loco) mit sehr guten Longdrinks ab 60 HK$.

Beide Kneipenviertel erreicht man gut zu Fuß ab Star Ferry/Central oder per MTR Ausgang D-2.

Außerhalb dieser beiden absoluten Kneipenzentren HongKongs gibt es noch Hunderte weiterer guter Bars und Music-Halls, wobei sich neben dem weltweit bekannten **Hard-Rock Café** (am Peak und im Ocean Terminal TsimShaTsui) die folgenden besonderer Beliebtheit erfreuen:

●**Bahama Mama's**, 4–5 Knutsford Terrace, TST, (Tel. 23682121). Bar mit Terrasse im tropischen Flair; Samstag Gast-DJs, Happy Hour täglich 17:00–21:00 sowie Dienstag, Mittwoch und Donnerstag von Mitternacht bis 02:00 Uhr. Sonntag und Montag „2-4-1"-Tage (2 Drinks zum Preis von einem).

●**The Bar** (im Peninsula), 1. St., Peninsula Hotel, Salisbury Rd., (TST, Tel. 23666251). HongKongs Jazz-Koriphäe *Tony Payne* spielt ab 18:00 Uhr Stücke von *Earl Grant* und *Nat King Cole*. Kein Eintritt, Getränkepreise dafür höher.

●**BB's**, 114 Lockhart Rd., WanChai (Tel. 25297702). Gut besuchte Bar mit gemischter Musik von Oldies über Soul bis Funk. Kein Eintritt, Happy Hour täglich 16:30–20:30 Uhr.

●**The Bostonian American Bar** (Rennaissance Hotel), 8 Peking Rd., TST (Tel. 23751133). Ab 18:30 Uhr täglich außer sonntags gediegene Live-Musik. 2-4-1 Happy Hour 17:00–20:00 Uhr.

●**BT 3**, 2–4 Kingston St., Causeway Bay (Tel. 29150133). Der Dance-Club in HongKong schlechthin. Internationale DJ-Größen *(Stacey Pullen, Franky Foncett)* spielen hier auf, Eintrittspreise dann bei ca. 250 HK$. Vorwiegend Techno.

●**Bull & Bear**, EG Hutchison House, Central (Tel. 25257436). Britische Bierbar mit Happy Hour von 17:00–20:00 Uhr und Werbepreisen für britische Biere an Samstagen.

●**Cafe Deco**, Peak Galleria, 118 Peak Rd., The Peak (Tel. 28495111). Nachtcafé mit überragendem Blick auf HongKong. Täglich außer Montag guter Live-Jazz, kein Eintritt, aber hohe Getränkepreise (Bier 100 HK$), keine Happy Hour.

## UNTERHALTUNG

- **Carnegies,** 53–55 Lockhart Rd., WanChai (Tel. 28666289). Eine Institution in Hong-Kong mit guter Musik, Überraschungsshow jeden Donnerstag und specials wie „ladies' night" (mittwochs), wo Frauen „2-4-1" bis 22:00 Uhr bekommen, dann bis 23:00 Uhr 10 HK$/Getränk zahlen und ab 23:00 Uhr nichts mehr, wobei die Getränke dann sogar von (männlichen) Oben-ohne-Kellnern gebracht werden. Sehr beliebt sind auch die „Smorgasbooze"-Abende (sonntags von 19:00 bis 22:00 Uhr) mit Bier bis zum Abwinken für pauschal 119 HK$.
- **Catwalk,** 22 Salisbury Rd. (New World Hotel), TST (Tel. 23694111). Lateinamerikanische Tanzabende täglich außer sonntags ab 21:00 Uhr; Eintritt (nur an Wochenenden und Feiertagen) 170 HK$ (incl. 2 Getränke), Frauen 115 HK$.
- **CE-Top,** 9. St., 37 Cochrane St., Central (Tel. 25443581). Angenehmer Nachtklub für Gleichgeschlechtliche, in dem aber jeder willkommen ist.
- **Chasers,** 2–3 Knutsford Terrace, TST (Tel. 23679487). Täglich Live-Musik mit hauseigener Band *Square Eyes* (klasse), Happy Hour 16:00–22:00 Uhr.
- **ChinChin Bar,** Lobby Level, Hyatt Regency Hotel, 67 Nathan Rd., TST (Tel. 23111234). Klassisch traditionelle Bar mit Live-Musik (Jazz bis Pop). Happy Hour Montag–Samstag 17:00–20:00 Uhr.
- **Club ShangHai,** The Regent Hotel, 18 Salisbury Rd., TST (Tel. 27211211). Montag bis Samstag Live-Musik mit Bands aus den USA (Soul, Pop, Funk). Eintritt 150 HK$ (inkl. ein Getränk).
- **Cyrano's,** Island Shangri La, Pacific Place, Supreme Court Rd., Admiralty (Tel. 28773838). Täglich außer Sonntag von 21:00 bis 02:00 Uhr, Blues- und Jazz-Live-Musik.
- **Dali's,** EG, 78 Jaffe Rd., WanChai (Tel. 25283113). Neueste und preiswerte Hochburg in WanChai mit guter Musik (Pop, Funk) und Happy Hour täglich 15:00–22:00 Uhr sowie „2-4-1" an Sonntagen.
- **Delaney's** mit zwei Filialen in Capital Place, 18 Luard Rd., WanChai (Tel. 28042880) sowie 7 Pratt Ave, TST (Tel. 23013980). Tolle, stimmungsvolle Kneipe mit irischer Live-Musik und Fußballübertragungen der British Premier League. Happy Hour 15:00–20:00 Uhr, sehr empfehlenswert.
- **Dicken's Bar,** UG, Excelsior Hotel, 281 Gloucester Rd., Causeway Bay (Tel. 28376782). Live-Musik täglich außer Sonntag, Bei sportlichen Großereignissen Übertragungen auf Großleinwand.
- **The Falcon Bar,** B2, Royal Garden Hotel, 69 Mody Rd., TST East (Tel. 27332025). Hauptsächlich Pop und Rock Oldies. Unschlagbar das „beer-buffet" täglich 18:30–20:30 Uhr mit „all you can drink" für 99 HK$. Donnerstag bis Samstag Damenabende mit freiem Eintritt und Freigetränk 21:00–03:00 Uhr. Sonst Eintritt je nach Aktion 100–150 HK$.
- **Gripps American Bar,** 6. St., The HongKong Hotel, Harbour City, TST (Tel. 21133902). Trotz des Namens eher BeeGee-Stil-Live-Musik; Eintritt 100 HK$ bei Live-Bands, inkl. ein Getränk. Durchaus empfehlenswert, da sehr gutes Preis-Leistungs-Verhältnis.
- **Harbour Lounge,** Level 1, Convention Centre, 1 Harbour Rd., WanChai (Tel. 25827241). Absolut gemütlich und mit fantastischem Hafenblick. Live-Band ab 18:30 täglich außer Sonntag, „2-4-1" Happy Hour täglich 17:00–20:30 Uhr. In dieser Zeit kann man sich einmal Großes zum kleinen Preis leisten.
- **The Jazz Club & Bar,** 2. St., California Entertainment Building, 34–36 D'Aguilar St., Central (liegt im Viertel LanKwaiFong, ♫ u.). Mekka für Jazz-Freunde mit Live-Bands täglich ab 20:00 Uhr, Happy Hour 19:00–21:00 Uhr. Eintritt 150 HK$.
- **Jimmy's Sports Bar and Grill,** 55 Eastern Hospital Rd., Happy Valley (Tel. 28822165). Jimmy's ist eine alte englische Institution für Rugbyfreunde. Alle großen Spiele werden live übertragen, der *jug* (Kanne Bier, fasst etwa 2 l) kostet dann 115 HK$. Ansonsten Happy Hour 17:00–21:00 Uhr.
- **JJ's,** Grand Hyatt, 1 Harbour Rd., WanChai (Tel. 25887323). Disco und Bar, Schickeria-Treff, an Wochenenden 200 HK$ Eintritt, sonst 100 HK$ (inkl. ein Getränk).
- **JP Encounter,** 314 Bank of America Tower, Harcourt Rd., Central (Tel. 25210309). Sehr gute Disco/Bar mit gemischtem Publikum. Eintritt an Wochenenden 120 HK$, sonst 90 HK$, Donnerstag „ladies night" mit frei-

em Eintritt und Freigetränken, Männer zahlen dann dafür 150 HK$.
- **The Jump,** 7. St., Causeway Bay Plaza 2, 463 Lockhart Rd., Causeway Bay (Tel. 2832 9007). Spitzen-DJs ab 19:00 Uhr, freitags 16:00–20:00 Uhr „2-4-1 Cocktail-Orgie", Samstag 12:00–16:00 Uhr Bier-Brunch, Sonntag Sektbrunch von 11:00 bis 16:00 Uhr.
- **Le Champagne,** 13. St., Times Square, Food Forum, 1 Matherson St. (Tel. 25060228). Elegante Atmosphäre mit Live-Musik Dienstag bis Donnerstag und Samstag ab 19:00 Uhr. Happy Hour täglich 16:00–20:00 Uhr, die Bar bietet 50 Biere aus Westeuropa.
- **Mad Dogs** mit zwei Filialen: UG, Century Square, 1 D'Aguilar St., Central (Tel. 28101000) und 32 Nathan Rd., TST (Tel. 23012222) – hier ist der Bär los, wenn die Schotten! feiern. Englischer Pub mit gelegentlichen Live-Bands, ansonsten guten DJs. Happy Hour 16:00–20:00 Uhr täglich, unter der Woche verschiedene specials. Eintritt frei auch bei Live-Auftritten.
- **Ned Kelly's Last Stand,** 11a Ashley Rd., TST (Tel. 23760562). Australische Hochburg mit Hausband *Ken Bennet and his KowLoon Honkers*, die täglich von 21:00 bis 02:00 Uhr für Bomben-Stimmung sorgt.
- **O'Brien's,** Theatre Plaza, 99 Percival St., Causeway Bay (Tel. 28908830). Der Name sagt alles – irische Bar mit traditioneller Volksmusik (live) an Montagen ab 20:30 Uhr. Tolle Happy Hour von 12:00 bis 21:00 Uhr, Sonntag ganztägig, wochentags auch Menüs zum Festpreis von 85 HK$.
- **Oscar's,** Podium 3, World Trade Centre, 280 Gloucester Rd., Causeway Bay (Tel. 28611511). Happy hour täglich 19:00–20:00 Uhr, tägliche specials wie Diashow oder Cocktail-Abend (40 HK$/drink).
- **Replays Bar & Grill,** EG, On Hing Bldg., 1–9 Hing Terrace, Central (Tel. 28101162). Donnerstag Freigetränke für Frauen ab 22:00 Uhr, Freitag alle Cocktails „2-4-1", Samstag alle Drinks 30 HK$, ansonsten Happy Hour täglich 17:00–21:00 Uhr. Wer nicht zu laut beschallt werden möchte, liegt hier richtig.
- **Rick's Café** mit zwei Filialen: 78 Jaffe Rd., WanChai (Tel. 25281812) und 4 Hart Ave., TST (Tel. 23672939). In-Café mit gemischtem Publikum und wechselnden Tagesaktionen. An Wochenenden 130 HK$ Eintritt (inkl. zwei Getränke). Früher heimlicher Treffpunkt der Democratic Party um *Martin Lee*.
- **Terrace on the Peak,** Levels 1–3, Peak Galleria, 1–18 Peak Rd., the Peak (Tel. 28497322). Ein Hauch Karibik auf dem Peak durch karibische und lateinamerikanische Musik und Tanz (Live-Band); recht teuer.
- **The Wanch,** 54 Jaffe Rd., WanChai (Tel. 28611621). Live-Bands und Jam-Sessions (Funk bis Pop), kein Eintritt. Happy hour täglich 15:00–21:00 Uhr, Samstag ganztägig und Sonntag bis 18:00 Uhr.
- **Westworld,** 4. St., New World Harbour View Hotel, 1 Harbour Rd., WanChai (Tel. 28363690). Donnerstag ladies' night (freie Getränke), Sonntag und Montag „mens' night" (!) mit freiem Eintritt und „3-4-1" beim Bier, Frauen zahlen 88 HK$ (ein Getränk frei). Samstag und Sonntag Eintritt 150 HK$ – eine der renommiertesten Bars der Stadt, mega-in.

## Hostess-Bars

Zu HongKongs Nachtleben gehören natürlich auch die Amüsierbars, obwohl diese mittlerweile überwiegend Geschäftsleuten und Fahrern von Oberklasselimousinen vorbehalten sind, Normalsterbliche können sich diese Etablissements ohnehin kaum leisten. Die Preise für ein kleines Bier nebst leichter Bühnenunterhaltung liegen bei 500 HK$. In anderen kann auf Wunsch mit charmanten Hostessen am Tisch geplaudert werden – ab 1000 HK$ für eine Stunde harmloser Tischgespräche. Noch immer kennen viele Touristen das Prinzip dieser Bars nicht, trinken ein Bier, plaudern mit einer Hostess ohne zu wissen, dass diese für die Bar arbeitet und wundern sich über die gigantische Rechnung. Schon mancher Urlaub wurde so durch „irrtümliche Ausgaben" drastisch kürzer als geplant.

### Theater und Konzerte

In HongKong finden fortlaufend Musik- und Theateraufführungen statt. Während Rock-Konzerte oft in Sportstadien stattfinden, werden Shows, Oper- und Theateraufführungen meist in den großen Hallen in TsimShaTsui/KowLoon wie dem HongKong Cultural Centre, HongKong Arts Centre oder City Hall angeboten. Die Spannweite reicht von Broadway Musicals über klassische Konzerte bis zur Peking Oper.

Im *HongKong Convention and Exhibition Centre* werden nicht nur zahlreiche Ausstellungen und Messen abgehalten, sondern auch Theater- und Konzertaufführungen geboten. Im EG befindet sich ein **Kartenvorverkauf** (tgl. 11:00–19:00 Uhr) für alle Veranstaltungen HongKongs, also auch für jene Events, die an anderen Orten stattfinden sowie für Rockkonzerte.

Die **Tageszeitungen** informieren über das aktuelle Programm, auch die **HKTA** ist bei der Auswahl und der Kartenbeschaffung behilflich. Bei Rock-Großereignissen werden die telefonischen Vorverkaufsstellen auch in TV-Spots bekanntgegeben.

### Pferderennen

Anders als in Macau wird die Spielleidenschaft der Chinesen in Hong-Kong ziemlich eingeengt, die Pferdewetten gehören zu den großen Ereignissen (↗ ShaTin und Happy Valley). Auch für Touristen ist es sehr zu empfehlen, einmal einen Renntag in Happy Valley mitzuerleben, die Stimmung ist wirklich ein Ereignis. Die Rennsaison geht in HongKong von September bis Juni, die Rennen finden meist mittwochs in ShaTin und samstags in Happy Valley statt. Der Eintritt kostet je nach Tribüne 10–50 HK$, eine Möglichkeit, einen Pferderenntag in der Ehrenloge zu verbringen, bietet die „Come Horseracing Tour" der HKTA (↗ Ausflüge & Touren).

Neben Sieg oder Platz sind die wichtigsten **Turfbegriffe** bei Wetten *Quinella* (1. und 2. Platz), *Six Up* (auf Sieger oder Zweiten in sechs Rennen) und *Triple* (auf drei Erstplazierte in drei Rennen).

## Unterkunft

*„Wer auf der Matte schläft, kann nicht tief fallen"* (laotische Volksweisheit)

Während Pauschaltouristen ihr Zimmer bereits vorab gebucht haben, stellt sich für den Individualtouristen die entscheidende Frage: Wo bette ich mein Haupt am preiswertesten? Dies ist in HongKong ein keineswegs einfaches Unterfangen, da einerseits Schlafsäle rar sind, andererseits selbst winzige Einzel- und Doppelzimmerchen kaum unter 250–300 HK$ zu haben sind. Echte Einzelzimmer sind selten, fast alle Zimmer sind mit einem Doppelbett ausgestattet, sodass Einzelreisende entweder den vollen Preis zahlen oder auf ein Schlafsaalbett (engl.: *dormitory-bed*) zurückgreifen müssen. Um während eines mehrtägigen HongKong-Aufenthaltes möglichst viel sehen zu können, empfiehlt es sich natürlich, möglichst zentral (TsimSha-

Tsui/KowLoon oder Central/HK-Island) zu wohnen und nicht lange **Anfahrtzeiten** von der Unterkunft zum Zentrum in Kauf zu nehmen. TsimShaTsui bietet sowohl Hotels wie auch Guesthouses, auf HongKong-Island dagegen liegen die meisten Hotels in Central, WanChai und Causeway Bay, einige günstigere Unterkünfte sind hier in WanChai konzentriert.

Da die **Unterkünfte auf LanTau** weniger für den Stadtbesucher als vielmehr für den Wanderer und Erholungssuchenden geeignet sind, wurden sie hier nicht mit aufgenommen, sondern im Kapitel LanTau.

Grundsätzlich gilt: Eingecheckt wird, unabhängig von der Unterkunftsart/Preisklasse (Ausnahme: Jugendherbergen), ab 12:00 Uhr, ausgecheckt bis 12:00 Uhr. Alle im Folgenden genannten Preise beziehen sich auf diese Hochpreisphasen (Weihnachten bis Chinesisch-Neujahr, aber auch Ostern und Pfingsten), außerhalb derer in den mittleren und oberen Kategorien Abschläge von 50 % die Regel sind. Wer nicht vorab gebucht hat, sollte für diese Preisklassen unbedingt den **Hotelreservierungsschalter am Flughafen** aufsuchen, wo das täglich aktualisierte Angebot vorliegt und unnötige eigene Anfragen abgenommen werden. Außerdem zeigt die Erfahrung, dass hier die besseren Preise erzielbar sind, als bei eigener Anfrage direkt im Hotel. Auch im **Macau Ferry Pier** (ShunTak Centre) haben die Reiseagenturen nicht nur zu Macau, sondern auch zu HongKong sehr interessante Hotelangebote der 300–400-HK$-Kategorie im Angebot. Preislich am kritischsten – wenn man überhaupt noch eine Unterkunft bekommen kann – ist die Zeit um das **chinesische Neujahrsfest.**

Noch ein **Hinweis** für preisbewusste Individualreisende zur Vorgehensweise: Man kann durchaus schon **vor der Reise** etwas arrangieren, auch Jugendherbergs- oder Billigunterkunft (siehe entsprechende Internetseiten unten). Dabei empfiehlt sich durchaus die jedermann zugängliche Jugendherberge (vor allem Mt. Davis) – da hat man deutlich mehr Platz als in den Kammern/Parzellen in den Wohnblöcken. Letztere verfügen dagegen häufig über ein eigenes kleines Duschbad, und wer darauf ungern verzichtet, findet in den *Chunking Mansions* (s.u.) auch ohne Vaborganisation garantiert etwas.

## Jugendherbergen und Schlafsaal-Unterkünfte

Wer etwas Mühe und Zeit nicht scheut, kann auch in HongKong immer noch preiswert im Schlafsaal unterkommen.

### Jugendherbergen

Die folgenden Jugendherbergen sind in der *HongKong Youth Hostel Association* zusammengeschlossen. Sie bieten sehr gute Koch- und Waschmöglichkeiten wie auch Kühlschrank, Grillplatz und ähnliches. Bettwäsche wird gestellt.

**Anfragen** und **Reservierungen** über die Zentrale (HKYHA) Room 225–226, Block 19, ShekKipMei Estate, ShamShuiPo, New Territories, Tel.

# Unterkunft

27881638, Fax: 27883105, info@yha.org.hk, www.yha.org.hk.

Es empfiehlt sich, für jede Person einen internationalen **Jugendherbergsausweis** vorzulegen, da sonst pro Person und Tag zusätzlich derzeit 20 HK$ Gebühren erhoben werden (Gruppen erhalten auf Antrag eine einjährig gültige Mitgliedschaftskarte).

Mit Ausnahme der Mt. Davis-Herberge kann man nur von 16:00 bis 23:00 Uhr einchecken und muss bis 10:00 Uhr auschecken. Außer Mt. Davis hat nur die Bradbury Lodge täglich geöffnet, die übrigen schließen gelegentlich unter der Woche für einen Tag. Aufgrund der jeweils recht isolierten Lage empfiehlt es sich, vorher per Mail oder nach der Ankunft telefonisch zu **reservieren,** um nicht auf ein volles Haus zu treffen.

Achtung: Die Transportmöglichkeiten zu den entlegenen Herbergen sind begrenzt. Gruppen können per E-Mail in der Zentrale anfragen, ob ein (kostenpflichtiger) **Shuttle-Bus** sie am Flughafen abholen kann. Bei Verfügbarkeit der Busse wird dies gerne getan.

● *Bradbury Lodge,* TingKok Rd., TaiMeiTuk, New Territories, Tel. 26625123. Dorm 45 HK$ (30 HK$ bis 17 Jahre), DZ 220 HK$, 4er-Zimmer 280 HK$.

Bis TaiPo Market mit der KCR fahren, von hier den Bus 75K (letzter Bussteig unter der Station, 4,80 HK$) zur Endstation, dort an der Promenade 150 m nach Süden (Meer rechts). Vom Flughafen fährt Bus E-41 direkt zu TaiPo Market, von dort wie beschrieben weiter.

Bradbury Lodge liegt absolut ruhig und eignet sich hervorragend für Wassersport- und Wanderfreunde. Fahrtzeit bis KowLoon inklusive Umsteigen etwa 45 Minuten.

● *Bradbury Hall,* ChekKeng, SaiKung East Peninsula, New Territories, Tel. 23282458. Dorm 70 HK$ (40 HK$ bis 17 J.), Zeltplatz 30 HK$. Die Herberge verfügt über 100 Betten und 150 Zeltplätze an mehreren Plätzen. Mit dem Airport-Schnellzug bis KowLoon, dort 300 Meter die Jordan Rd. zur MTR-Station Jordan laufen. Bis zur MTR Station Choi-Hung fahren und von dort (Ausgang B: Clearwater Bay North Rd.) mit Bus 92 (ca. 20 Min. Fahrt) zur Endstation SaiKung. Von hier mit der 94 (Sonn- und Feiertags auch 96R) nach PakTamChung-Country Park (♪ SaiKung). Schräg gegenüber der Parkverwaltung führt eine kleine Straße zur 300 Meter entfernten Herberge. Fahrtzeit bis KowLoon etwa 75 Minuten.

Die Bradbury Hall hat noch eine nahegelegene **Außenstelle,** die auf zweierlei Art erreichbar ist: mit Bus 94 ab PakTamChung weiterfahren bis zur Haltestelle PakTamAu, dort dem teilweise asphaltierten Pfad 3 km folgen (=Mc Lehose-Trail). Oder ab KowLoon Tong (Bus XX) mit der KCR bis University, dort den Schildern zur „Ferry" folgen (10 Minuten) und Boot (nur 8:30 und 15:15) nach ChekKeng nehmen – die Herberge liegt gleich oberhalb vom Pier. Da nicht immer beide Filialen gleichzeitig geöffnet sind, unbedingt vorher anrufen.

● *Tipp: Jockey Club Mt. Davis* (ehem. *MuiWo Hall*), Mount Davis Path, HongKong-Island, Tel. 28175715, Dorm 70 HK$ (50 HK$ bis 17 J.), DZ 220 HK$, 3er-Zi. 280 HK$, 4er-Zi. 340 HK$. Geöffnet tgl. 07:00–24:00 Uhr.

Vom Flughafen Expresszug oder Bus bis Central, dort Bus 5A bis Felix Villas in der Victoria Rd./Abzweig Mt. Davis Path nehmen und ca. 20 Minuten aufwärts gehen (beschildert). Besser ist der herbergseigene Zubringerbus vom Macau-Ferry Pier (ShunTak-Centre unten seeseits vom 7/11 Laden, fährt 7x tgl. in beide Richtungen).

Die famos gelegene Jugendherberge unterhalb des Mount Davis wird von Reisenden am häufigsten von allen Jugendherbergen frequentiert, wenngleich sie nicht im Zentrum liegt (abwärts 15 Minuten Bergpfad zur Tram). Zwei Internetrechner (Münzautomaten), Grillplatz, famose Aussicht, Fernsehraum.

● **HongKong Bank Foundation Hostel** (ehem. *S.G. Davis Hostel*), NgongPing, LanTau, Outlying Islands, Tel. 29855610, DZ 160 HK$, Dorm 70 HK$ (bis 17 J. 50 HK$), Zeltplatz 40 HK$.

Da der Flughafen recht günstig vor der Nordküste LanTaus liegt, ist das Hostel eine brauchbare Alternative zu KowLoon oder Central, wenn man ohnehin vorhat, auch auf LanTau Station zu machen – allerdings ist man dann vom eigentlichen HongKong ziemlich weit ab. Vom Flughafen nimmt man einen Bus nach TungChung und geht dort 300 Meter zur alten Straße (Richtung Fort), wo man den Bus 23 direkt nach NgongPing nimmt. Dort folgt man dem Pfad neben der großen Buddha-Statue gut 5 Minuten zum Hostel.

Es gibt noch zwei weitere Jugendherbergen, die allerdings sehr weit außerhalb liegen, nur mit mehrfachem Umsteigen und zusätzlichen einstündigen Fußmärschen erreichbar sind. Hier verbringen meist Schulgruppen ihre Schullandheim- und Wochenendausflüge. Für den, der länger bleibt und einmal eine Zeit in der Natur leben möchte. Anfragen über die HKYHA oder direkt bei:

● **PakShaO-Hostel**, HoiHa Rd., SaiKung/New Territories, Tel. 23282327, Dorm 50 HK$, Zeltplatz 18 HK$, ab SaiKung (♫ New Territories) Bus 94 bis KoTong, von der Haltestelle 100 Meter die PakTam Rd. entlang, dann links in die HoiHa Rd., knapp 1 Std. Gehzeit.

● **SzeLokYuan**, TaiMoShan, TsuenWan, NT, Tel. 24888188, Dorm 70 HK$, Zeltplatz 30 HK$, MTR TsuenWan (Ausgang A, TaiHo Rd.), Bus 51 Richtung KamTin bis zur Parkverwaltung an der Kreuzung TaiMoShan Rd./Route Twisk; dort ca. ¾ Std. die TaiMoShan Rd. hinauf bis zum Parkplatz kurz vor dem Gipfel, dann rechts auf dem befestigten Fußweg zum Hostel.

● Eine weitere JH, die nicht offiziell über die HKYHA angeboten wird, liegt auf *LamMa* (♫); Anfragen sind dennoch möglich.

## Andere Schlafsaal-Unterkünfte

Einige weitere Schlafsaalunterkünfte liegen meist sehr zentral in TsimShaTsui (KowLoon), sind dafür aber auch teurer und meist nicht so angenehm wie die Jugendherbergen. Sowohl für Schlafsaalunterkünfte (dormitories) als auch für Zimmerchen in Hostels und Guesthouses empfiehlt sich eine Vraborganisation, etwa unter www.passplanet.com/HK bzw. www.passplanet.com/HK/tst_whe re_stay.htm, einer französischen (englischsprachigen) Spezialseite für Billigunterkünfte (aber auch Hotels) aller Art in HongKong.

● **Victoria Hostel**, 1. St., 33 HanKow Rd., TsimShaTsui, Tel. 23760621. Betten kosten je nach Raumgröße 135–190 HK$, wobei die teureren Dreibettzimmer sind. Hat auch einige wenige DZ ab 340 HK$. Man darf sich nicht von dem obskurem Aufgang an der kleinen Treppe abschrecken lassen; mehrere Schilder weisen zum Eingang, den man leicht übersehen kann.

● **Travellers' Hostel**, Block A, 16. St., ChungKing Mansions, Nathan Rd., TsimShaTsui, Tel. 23687710. Nimmt 80 HK$ für ein Bett im (gemischten) Schlafsaal.

● **Super Guesthouse**, Block A, 12. St., ChungKing Mansions, Nathan Rd., TsimShaTsui, kostet 90 HK$.

● **Friendship Travellers' Hostel**, Block B, 6. St., ChungKing Mansions, Nathan Rd., TsimShaTsui, Tel. 23112523. Mit 100 HK$ für den gemischten Schlafsaal zunächst etwas teurer, die Folgenächte werden dann aber günstiger.

● **Golden Crown Guesthouse**, 5. St., 66–70 Nathan Rd., Golden Crown Mansion, TsimShaTsui, Tel. 23691782. Dorm 120 HK$.

● **Garden Hostel**, 3. St., 58 Nathan Rd., Mirador Arcade, TsimShaTsui, Tel. 27218567. Dorm 100 HK$ mit deutlichem Rabatt bei Wochenmiete.

● **KowLoon Hotel**, 13. St., 58 Nathan Rd., Mirador Arcade, TsimShaTsui, Tel. 23112523. Dorm 80 HK$. Sauber und durchaus empfehlenswert, insbesondere wenn man dem „Flair" der ChungKing-Mansions entgehen möchte.

● **STB Hostel**, 2. St., 255–261 Reclamation St., Great Eastern Mansion, YauMaTei, Tel. 27099199, Fax: 23850153. Dorm ab 120 HK$; das vom HongKong Student Travel Bureau geführte Hostel wird von Travellern wegen des angeblich sehr unfreundlichen Personals nicht sehr geschätzt.

# UNTERKUNFT

Innenhof der ChungKing Mansions

- **YMCA of HongKong,** 41 Salisbury Rd., TsimShaTsui, Tel. 23692211, Fax: 27399315, Dorm 250 HK$ – die Top-Lage neben dem Peninsula im Zentrum hat eben ihren Preis!
- **Benjamin's,** 1. St., 13 Graham St., Central, HongKong-Island, Tel. 28519594, Fax: 28519501. Einzige private Schlafsaalunterkunft auf HongKong-Island mit Dorm-Betten zu 560 HK$ pro Woche – unter dem wird nicht vermietet; bei Monatsmiete 20 % Rabatt. Der Eingang liegt an der Ecke Graham St./Wellington St.

## Guesthouses und Hostels in KowLoon

Während sich die Gäste der größeren Hotels oft darüber uneinig sind, ob man besser auf HongKong-Island oder in KowLoon absteigen solle, landen die meisten Individualtouristen sowieso in *TsimShaTsui.* Hier findet man die größere Auswahl an preisgünstigeren Zimmern als auf der Insel.

Etliche Guesthouses verfügen über Zimmer mit eigenem oder Gemeinschaftsbad. Darüber hinaus ist auch die Größe des Raumes und die Frage, ob es ein Fenster gibt oder nicht, preisrelevant. Bei den unten angegebenen Zimmerpreisen bezieht sich, soweit vorhanden, die erste Zahl auf ein Zimmer ohne Fenster und Bad, die zweite Zahl auf Zimmer mit eigenem Bad und (nicht immer vorhanden) Fenster.

Trotz der geradezu Klaustrophobieanfälle auslösenden Enge der Zimmer sind fast alle mit dem obligatorischen Farbfernseher und Air-con ausgestattet, manche Guesthouses bieten zusätzlich auch einen Wäschereiservice an. Bis 12:00 Uhr spätestens muss man ausgecheckt haben, sonst wird der halbe (bis 18:00) bzw. volle Übernachtungspreis erhoben. In vielen Guesthouses kann man bei Abflug am Abend sein Gepäck kostenlos aufbewahren lassen.

### ChungKing Mansions („The Mansions"), 30 Nathan Rd., TsimShaTsui

Dieses Sammelsurium von Hostels und Schenken im absoluten Zentrum TsimShaTsuis sucht auf dem Globus vergeblich seinesgleichen. Eine perfekte **Mischung aus Bombay und ShangHai** – besser kann man *The Mansions*, wie sie von Travellern ehrfürchtig genannt werden, kaum beschreiben. Verwinkelt, düster, schmutzig, bedrohlich, auf der anderen Seite seltsam attraktiv als Hochburg der Individualtouristen. Von weitem ein dunkler, 17 Stockwerke hoher und 150 Meter breiter Block an der Nathan Road, dem Herzen KowLoons. Der normale Pauschaltourist denkt nicht im Traum daran, dass hier, oberhalb der indischen Garküchen und chinesischen Händler die größte Ansammlung von Unterkünften auf kleinem Raum weltweit liegt! Schätzungen zufolge liegen in den ChungKing Mansions nicht weniger als 150 (einhundertfünfzig) offizielle oder private Guesthouses.

Ob des Publikums hier – die Mansions werden zu einem Großteil von Indern, Pakistani und Afrikanern bewohnt – meint man ohnehin, sich in einem anderen Land zu befinden. Seit Jahrzehnten schon wird diskutiert, ob die ChungKing Mansions abgerissen werden und einem modernen Hotelkomplex weichen sollen; hoffentlich nicht, die Mansions sind eine der letzten großen, originellen Erfahrungen für Traveller – zumindest in Bezug auf die Unterkunft.

Der labyrinthische Komplex ist in fünf Blöcke gegliedert, vom Erdgeschoss aus per Lift, vom offenen „Basar" des ersten Stockes (eine zentrale Treppe führt vom EG hinauf) aus auch durch fünf düstere Treppenaufgänge erreichbar sind. Zu den Stoßzeiten (8:00–9:00 und 16:00–19:00 Uhr) muss man mitunter 15 Minuten Wartezeit an den Liften in Kauf nehmen.

Vor dem Zugang und an den Liften (insbesondere A und B) halten sich häufig „Schlepper" auf, die den bepackten Touristen in „ihr" Guesthouse ziehen wollen. Sicherlich eine einfache Möglichkeit, rasch eine freie Unterkunft zu finden, allerdings steigt dadurch auch der Preis, da die Schlepper keineswegs die Besitzer des Guesthouses sind, sondern lediglich eine Provision für das Beschaffen eines neuen Kunden kassieren – die natürlich an den Gast weitergegeben wird.

Aufgrund der Vielzahl der Unterkünfte in den Mansions braucht niemand die Hilfe der Schlepper in Anspruch zu nehmen, man fährt am besten in den obersten Stock und arbeitet sich dann allmählich hinunter, bis man ein passendes Zimmer gefunden hat. Die Blöcke A und B waren immer die schmutzigsten (wohlgemerkt: die Blöcke und deren Treppenhäuser, nicht die Guesthouses), dafür sind hier die meisten Unterkünfte zu finden. Die Blöcke D und E liegen hinten, werden überwiegend von Privatleuten bewohnt und sind deutlich besser in Schuss. Nach etlichen erhobenen Zeigefingern des ehemaligen *Urban Council* sind die meisten Guesthouses heute, von wenigen Ausnahmen abgesehen, recht sauber und ordentlich, vor allem verglichen mit Restchina und der eigenen Vergangenheit. Jüngst wurden sogar die Treppenhäuser gefegt und vom Unrat, der vermutlich noch aus den Erbauerzeiten des Gebäudes stammte, befreit. Noch Ende der 1980er Jahre sah ich mit eigenen Augen im 15. Stock außen auf den Balustraden zum Innenhof Ratten auf der Jagd nach Kakerlaken entlang huschen!

Im Erdgeschoss liegen zwischen den Geschäften und Ständen hintereinander auf der linken Seite die Aufzüge zu den Blöcken A, B und C, im Mittelgang der linken Seite die Lifte zu den Blöcken D und E.

### Block A:
### 17. Stock
- **Super Guesthouse**, Tel. 23683767, sehr ordentlich und ziemlich geräumig mit DZ ab 280 HK$.

### 16. Stock
- **Travellers' Hostel** (mit Time Travel-Reisebüro), Tel. 23687710. DZ ab 220 HK$. Sehr beliebt und oft voll, da viele ihre Suche in den obersten Stockwerken beginnen.

### 15. Stock
- **Park Guest House**, (A1/2), Tel. 23681689, hat überwiegend EZ zu 180–200 HK$.
- **Ocean Guest House**, (A4), Tel. 27213255 mit DZ ab 230 HK$
- Außerdem liegen im 15. Stock das **Spring Guest House** (A5) mit gleichen Preisen sowie **das Happy Guest House** (A8) mit Zimmern ab 225 HK$.

### 14. Stock
- **New Hawaii Guesthouse** A6, Tel. 2366 6127, EZ ab 200 HK$
- **New Grand Guesthouse**, Tel. 23686520, Zimmerpreise von 200 bis 290 HK$.

### 13. Stock
- **Ashoka Guest House** (A4), Tel. 27244646, nicht schön, aber billig mit Zi. ab 180 HK$. Besser scheinen das **Capital Guest House** (A6), Tel. 23663455 mit DZ ab 240 HK$ sowie das **Brian Guest House** (A1) mit ähnlichen Preisen.

### 12. Stock
- **Peking Guesthouse** (A2), Tel. 27238320, DZ ab 250 HK$. Sehr beliebt. Nicht ganz so toll bei ähnlichen Preisen sind das **Super Guesthouse** (A5) sowie das **Double Star Guesthouse** (A6).

### 11. Stock
- **New International Guesthouse** (A6), Tel. 23692613. Sollte man sich unbedingt ansehen, DZ in verschiedenen Ausführungen (mit Kühlschrank) von 260 bis 470 HK$. Das **Rhine-Guesthouse** zielt auf den mitteleuropäischen Touristen ab, doch außer dem Namen ist es weniger attraktiv (DZ ab 300 HK$).

### 8. Stock
- **Tom's Guesthouse** (A5), Tel. 27224956, DZ ab 250 HK$.
- **New Asia Guesthouse** (A6), Tel. 27240426, DZ ab 240 HK$, wird nicht zuletzt wegen des schnellen Waschservices und den preiswerten Snack-Angeboten sehr empfohlen.
- **New Mandarin Guesthouse** (A9), Tel. 2366 1070, DZ 200–250 HK$, EZ ab 180 HK$.
- **SunYing Guesthouse** (A1), Tel. 23688094, mit Zimmern zwischen 230 und 280 HK$.

### 7. Stock
- **Welcome Guesthouse** (A5), Tel. 27217793, mit Zimmern von 200 bis 350 HK$ sowie China-Visaservice.
- **Double Seven Guesthouse** (A7), Tel. 27230148, EZ beginnen bei 200 HK$, DZ bis 309 HK$. Sehr empfehlenswert, allerdings wissen die Eigentümer noch nicht, ob sie weitermachen. Unwesentlich günstiger sind das beliebte **First Guest House** (A1, DZ ab 250 HK$) sowie das vom Namen her vielversprechende **Pay Less Guesthouse** (A2).

### 6. Stock
- **London Comfort Guesthouse** (A1/2), Tel. 27245000, hat schöne EZ ab 230 HK$, DZ sind im Entstehen (sprich: Doppelbetten statt Einzelbetten werden angeschafft). Auf der gleichen Etage befindet sich auch das
- **New World Hostel** (A4).

### 4. & 5. Stock
- **ChungKing House Deluxe Hotel**, Tel. 23665362. Eines der ältesten Guesthouses von HongKong auf zwei Etagen mit exzellenten Zimmern zwischen 340 und 500 HK$.

### Block B:
### 17. Stock
- **Travellers' Friendship Hostel**, Tel. 23112523 mit sehr kleinen Zimmern, 170–220 HK$.
- **Asia Guesthouse**, Tel. 23668879, stand mehrfach kurz vor der Schließung, hat sich aber halten können. Zimmer zwischen 170 und 240 HK$. Zu ähnlichen Preisen scheinen **Amar Guesthouse** (B1), Tel. 23684869 und **Mr. Lee Guesthouse** (B2).

### 16 Stock
- **Tom's Guesthouse** (B7), Tel. 27224956, ist ein Ableger des Hostels in Block A (DZ ab

200 HK$), einige Türen weiter liegt noch das **New Carlton Guesthouse** mit ähnlichen Preisen (B3).
### 15. Stock
• **Carlton Guesthouse** (B7), Tel. 27210720, gute EZ ab 250 HK$, DZ ab 300 HK$
• Die benachbarten **China Guesthouse** (B5) und **O.K. Guesthouse** (B6) bekommen viele schlechte Kritiken, obgleich ich dort nie Probleme hatte. Gleiche Preise. Auf derselben Etage auch das **Shangri La Guesthouse** (B1).
### 13. Stock
• **New Washington Guesthouse** (B1/2), Tel. 23665798. Sehr ordentliche DZ ab 210 HK$.
### 12. Stock
• **HongKong Guesthouse** (B1/3), Tel. 272 37842, bietet im 12. und 11. Stock EZ ab 220, DZ ab 270 HK$. Auf dieser Etage sind noch das **Columbia Guesthouse** (B2, gleiche Preise) sowie das **Grandway Guesthouse**, Tel. 23675565, mit DZ ab 250 HK$ zu nennen.
### 11. Stock
• Neben dem **HongKong Guesthouse** (B1/2/3/5, ↗ 12. St.), Tel. 27243842, mit Einzel- und Doppelzimmern zwischen 220 und 300 HK$ ist hier das **KowLoon Guesthouse** (B4/7, ↗ 10. St.) erwähnenswert.
### 10. Stock
• **KowLoon Guesthouse** (B8/7/4), Tel. 23699802, überwiegend EZ ab 210 HK$. Traditionelle Hochburg schwarzafrikanischer Traveller und Geschäftsleute.
### 9. Stock
• **Grand Guesthouse** (B1/2), Tel. 23686520, DZ 320 HK$, zu teuer für das Gebotene. Besser, bei günstigeren Preisen ist das oft volle **Happy Guesthouse** (B3) nebenan (EZ 220, DZ 260 HK$).
### 8. Stock
• **Taj Tourist Lodge** (B7) und **Lumbini Guesthouse** bleiben fast ausschließlich Reisenden vom indischen Subkontinent vorbehalten; DZ um 300 HK$.
### 7. Stock
• **New York Guesthouse** (B3), Tel. 23395986, sehr zu empfehlen und mit 240 HK$ für ein DZ nicht teuer.
• **Jinn's Tea Guesthouse** (B7), Tel. 23670203 ist recht teuer mit 300 HK$/DZ. Das **Himalaya Guesthouse** (B8) wird wie der 8. Stock oft von indischen Gästen bewohnt.

### 6. Stock
• Hier liegen das **Kamal Guesthouse** (B6) und das **Traveller's Friendship Hostel** (B8), beide haben eher einfache Zimmer ab 150 bis zu 310 HK$.
### 5. Stock
• **ChungKing Lodge** (B1), eines der besseren Häuser der Mansions, dafür aber auch kaum unter 300 HK$/DZ.
• **TinTin Guesthouse**, Tel. 27392271, sehr einfache Unterkunft ab 200 HK$.
### 4. Stock
• **Harbour Guesthouse** (B8), Tel. 27212207, sehr sauber, DZ ab 300 HK$.
### 3. Stock
• **New Dehli Guesthouse** (B2), Tel. 27236985, 23680738, mit einer Filiale im 5. Stock. DZ ab 250 HK$. Neben dem etwas teureren **Dragon Inn Guesthouse** (B5, DZ 270 HK$) liegen auf der dritten Etage einige hervorragende indische Restaurants (↗ Verpflegung).

### Block C:
### 16. Stock
• **Tom's Guesthouse** (C1), Tel. 23679258, Zi. ab 230 HK$ wie auch **Garden Guesthouse** (C5), Tel. 23680981, ab EZ 250, DZ ab 350 HK$ sind sehr empfehlenswert.
### 15. Stock
• Das **Carlton Guesthouse** (C1) ist derzeit das einzige Hostel im 15. Stock; akzeptabel bei Preisen zwischen 250 und 350 HK$.
### 14. Stock
• **Berlin Guesthouse**, Tel. 23691944, nur wenige kleine Zimmer von 160 bis 240 HK$.
### 13. Stock
• **New Grand** (C5), Tel. 23111702, Zi. von 240–300 HK$; gleich daneben das mit dem New Grand assoziierte **Osaka Guesthouse** (C3), Tel. 23111702, DZ 260 HK$.
### 11. Stock
• **Marria Guesthouse** (C5), sehr kleines GH unter indischer Leitung, Zi. ab 200 HK$.
### 10. Stock
• **KowLoon Guesthouse** (C1), Zi. 200–250 HK$.
### 9. Stock
• **New Harbour Guesthouse** (C1), ein Methusalix unter den Mansion-Unterkünften;

soll renoviert und somit teurer (ca. 300 HK$/DZ) werden.
*7. Stock*
● **Garden Guesthouse**, Tel. 23687414, DZ ab 260 HK$, sehr preiswert. Auf dieser Etage sind noch **Jinn's Ti Guesthouse** (C1) und **New ChungKing Guesthouse** (C5), Tel. 23680981, zu finden, beide im Schnitt etwas teurer (ab 250 HK$).
*6. Stock*
● **New Brother's Guesthouse** C5, Tel. 27240135, DZ mit Gemeinschaftsbad ab 230 HK$.
*4. Stock*
● Hier liegen zwei indische Unterkünfte, das **Ranjit Guesthouse** (C1) sowie das **Maharaja Guesthouse** (C6), beide im Preis-Leistungs-Verhältnis eher unteres Drittel (ca. 180 HK$). Hauptvorteil: Man ist schnell unten.
*3. Stock*
● **Centre Point Inn**, Tel. 23685974, hat etliche verschiedene Zimmer von 220 bis 450 HK$ und ist oft voll, weil man schnell zu Fuß in den dritten Stock laufen kann.

*Block D:*
*17. Stock*
● **Dragon Garden Guesthouse** (D7), bietet DZ ab 280 HK$, ist aber nicht sehr beliebt, da ganz offensichtlich nur am schnellen Geld interessiert.
*16. Stock*
● **New ShangHai Guesthouse** (D2), gleicher Besitzer wie das New ShangHai im achten Stock ( ⌂ ). Gerüchten zufolge soll diese Filiale geschlossen werden (DZ ab 220 HK$).
*15. Stock*
● **Four Seas Guesthouse**, Tel. 23687469, EZ ab 200, DZ ab 270 HK$. Recht günstig und oft voll.
*13. Stock*
● **New GuangZhou Guesthouse** (D6), Tel. 27241555, EZ ab 210, DZ zu 325 HK$.
*10. Stock*
● **Broadway Inn**, Tel. 23680081, Zi. zwischen 210 und 320 HK$. Hier befinden sich auch das **Simla Appartement** (D7) mit niedrigeren Preisen (nimmt in der Hauptsaison allerdings nur Inder auf) sowie das **China Town Guesthouse**, Tel. 27213723, mit 350 HK$/DZ.
*8. Stock*
● **Fortuna Guesthouse** (D2), Tel. 23664524, Übernachtung für gesalzene 320 HK$/DZ.
● Etwas günstiger ist da schon das **New ShangHai Guesthouse,** EZ ab 200, DZ ab 300 HK$.
*5. Stock*
● **Dragon Garden Guesthouse,** Tel. 23116644, DZ 300 HK$.
● **Royal Inn Guesthouse** (D7), Tel. 23671424, bestes Billighotel im D-Block, allerdings auch mit entsprechenden Preisen: EZ ab 250 HK$, DZ 240-500 HK$.
*4. Stock*
● Hier liegen drei erwähnenswerte Unterkünfte, als deren bestes sich das **Mt. Everest Guesthouse** (D7) erweist. DZ kosten um die 320 HK$; nicht ganz so gut bei gleichen Preisen **sind Head Sun Guesthouse** (D2) sowie **LaiWei Guesthouse** (D6).
*3. Stock*
● **Princess Guesthouse** (D3), recht klein, aber angenehm mit DZ von 200 bis 250 HK$, wenige EZ ab 130 HK$.
● **China Town Guesthouse,** Tel. 27213546, sehr gut, steht in direkter Konkurrenz zum Royal Inn mit DZ zu rund 300 HK$.

*Block E:*
*17. Stock*
● **Shan E Punjab Guesthouse**, Tel. 27233138, DZ ab 280 HK$, überwiegend indische Gäste.
*14. Stock*
● **Far East Guesthouse** (E5), Tel. 23681724, hat gute DZ schon ab 250 HK$.
*13. Stock*
● **Mandarin Guesthouse** (E5), hübsch renoviert und mit Preisen ab 230 HK$/DZ nicht zu teuer.
*10. Stock*
● **Home Town Guesthouse,** Tel. 27238229, bestes Hotel aller Blocks mit DZ ab 400 HK$. Nach der Übergabe HongKongs 1997 dachte der Manager an Emigration, die Zukunft des Hotels ist somit etwas ungewiss.
*6. Stock*
● **Regent Inn Guesthouse** (E1), Tel. 2722 0833, EZ ab 235, DZ ab 280 HK$.
*3. Stock*
● **Sheraton Guesthouse**, Tel. 23687981, kleine Zimmer ab 200 HK$.

## Mirador Arcade,
## 58 Nathan Rd., TsimShaTsui

Zwischen Mody Rd. und Carnavon Rd., nur wenige Meter nördlich der ChungKing Mansions, liegt – eher unscheinbar und etliche Nummern kleiner – der „kleine Bruder", die Mirador Arcade mit etlichen preiswerten und guten Guesthouses. Im Gegensatz zu den Mansions gibt es hier nur einen großen Block mit Zugang von drei Seiten, Bristol Ave (rotes Schild „Money Exchange"), Carnavon Rd. (Schilder „Bobby's Taylor") und Nathan Rd. (kleines Schild „Mirador Mansion Arcade"). Die Mirador Arcade ist längst nicht so verwinkelt und wirkt ruhiger und sauberer. Wer eine große Auswahl an Unterkünften auf engem Raum finden möchte, ist hier sicherlich gut beraten.

*16. Stock*
- **First Class Guesthouse** (D1), Tel. 2722 4935, mit angenehmen Zimmern von 230 bis 380 HK$. Unweit auf der gleichen Etage liegt noch das **Vincent Guesthouse** (D3) zu ähnlichen Preisen.

*15. Stock*
- **Mickey Garden Guesthouse** (E1) will angeblich schließen.

*14. Stock*
- **ManHingLung Guesthouse** (F2), Tel. 27220678, Fax: 23118807. Ausgezeichnetes und daher oft volles Hostel mit nur wenigen Zimmern; EZ ab 280, DZ ab 350 HK$. Weniger bekannt ist das **Wide Sky Hotel** (F3), Tel. 23121880, welches bei ähnlichen Preisen auch nicht schlecht ist.

*13. Stock*
- **KowLoon Hotel** (E1), Tel. 23112523, EZ ab 220, DZ ab 265 HK$, empfehlenswert; der Familie gehört auch das **New Garden Guesthouse** (D1; Tel. 23112523, Zi von 200 bis 400 HK$, Dorm 90 HK$). Auf der gleichen Etage liegen noch **Merry Land Guesthouse** (D2), **London Hostel** (F2), Tel. 23690919, **Deluxe Garden Guesthouse** (A10), Tel. 23112523, und **LuenOn Guesthouse** (E3), letzteres bietet am ehesten familiäre Atmosphäre.

*12. Stock*
- **Cosmic Guesthouse** (A1/2), Tel. 27213077 und **Apollo Guesthouse** (A2), Zi. ab 200 HK$, gehören den gleichen Eigentümern, sind aber im Vergleich nicht ganz so beliebt wie das **Ajit Guesthouse** (F3), Tel. 23691201, EZ ab 210 HK$.

*10. Stock*
- **KowLoon Hotel**, Tel. 23112523, DZ ab 240 HK$.

*9. Stock*
- **Tristar Guesthouse** (E3) und **City Guesthouse** (F2) scheinen sich preislich aufeinander abzustimmen, Zimmer unisono zwischen 200 und 300 HK$.

*7. Stock*
- **Mini Hotel Hong Kong** (F2), Tel. 23672551, hat eine Renovierung hinter sich und verlangt 250(EZ)–320(DZ) HK$, Dorm 80 HK$.

*5. Stock*
- Auf dieser Etage sind nicht nur **LaiWei Guesthouse** (F1), **MeiLam Guesthouse** (D1) und **LoiLoi Guesthouse** (A2) miteinander verflochten, auch einige Privatleute stellen ein Zimmer zur Verfügung, man wird dementsprechend provisionsfrei untereinander herumgereicht. Preise ab 250 HK$.

*3. Stock*
- **Garden Guesthouse** (C4/F4), Tel. 2721 8567. Dorm 100 HK$ mit deutlichem Rabatt bei Wochenmiete.

## Golden Crown Mansion,
## 66–70 Nathan Rd., TsimShaTsui

Einen Block nördlich der Mirador Arcade liegt ein dritter Unterkunftsblock im Herzen TimShaTsuis. Die Golden Crown Mansions werden nicht so oft von Touristen aufgesucht, da die meisten in den Mansions oder im Mirador Arcade fündig werden. Auch kann man die Hostels hier eher mit kleinen Hotels der einfachen Kategorie vergleichen. Es ist daher keine schlechte Idee, hier einmal mit der Unterkunftssuche zu beginnen, wenn man etwas mehr Platz und Komfort sucht. Bis Mitte der 1990er Jahre waren die Guesthouses hier vor allem eine Hochburg englischer Gäste.

- Die größte Konzentration von Unterkünften liegt hier im fünften Stock mit **Copper Crown Guesthouse** (Zi. ab 280 HK$), **Golden Crown Guesthouse**, Tel. 23691782 (ab 300 HK$), **London Guesthouse**, Tel. 23681740 (Dreibettzimmer 400 HK$) und **WahTat Guesthouse**, Tel. 23666121 (300–400 HK$). Zu erwähnen ist ferner das **Fut-**

*Lam Guesthouse* im 10. Stock, dessen Preise um rund 20 HK$ niedriger liegen.

## Lyton Building,
## 32–40 Mody Rd., TsimShaTsui

Ebenfalls sehr zentral, aber ein wenig zurückgezogen von den Travellerhochburgen an der Nathan Rd. liegt das Lyton Building mit mehreren guten Guesthouses.
- Das *Palace Guesthouse* (8. St.), verlangt bis zu 600 HK$ für vergleichsweise kleine Zimmer ohne Besonderheiten.
- *Frank's Mody Guesthouse* (7. St.), Tel. 27244113, mit 400–570 HK$ schon fast ein Hotel und empfehlenswert.
- *Tourist Rooms Guesthouse* (6. St.), Tel. 27218309, DZ ab 370 HK$. Auf der selben Etage liegt auch das luxuriöse *Lyton House Inn*, Tel. 23673791, DZ ab 450 HK$ mit a/c, Badewannen, TV sowie Faxservice.
- Auf der dritten Etage liegen das *Hometown*, Tel. 27396877 mit DZ von 360–450 HK$ sowie das *Holdrich Guesthouse.*

## New Lucky House,
## 300 Nathan Rd., YauMaTei

Eines gutes Stück nördlich, Ecke Jordan Rd./Nathan Rd. und heute mit dem Bau der KowLoon Station für den Airport-Express beinahe schon wieder sehr günstig gelegen, findet der Unterkunftssuchende einen weiteren Block mit mehreren hotelartigen Hostels. Hier eine Auswahl:

*14. Stock*
- *Great Wall Hotel* (A), Tel. 23887645, erstes Haus am Platz mit Top-DZ zu rund 500 HK$. Absolut empfehlenswerte Alternative zu Hotels.

*11. Stock*
- *Ocean Guesthouse* (G), Tel. 23850125, rivalisiert mit dem Great Wall um den Titel des besten Hostels der New Lucky Mansions; feine Zimmer von 350 bis 420 HK$.

*10. Stock*
- *Nathan House* (G), Tel. 27801302, 380–450 HK$, sehr sauber und gut.

*9. Stock*
- *TungWo Guesthouse* (D), Tel. 23856152, Zi. ab 220 HK$, günstigste Unterkunft der Lucky Mansions. Wesentlich besser ist das *Overseas House* (G), DZ ab 260 HK$.

*5. Stock*
- *HoiPunUk LüShe,* Tel. 27807317, gute DZ 350 HK$, allerdings wird hier nur Kantonesisch oder Mandarin verstanden.

*4. Stock*
- *ToHou-Hotel,* Tel. 27709223, gehört zu den neueren im Lucky House, DZ ca. 350 HK$

*3. Stock*
- *Hitton Inn Guesthouse* (G), Tel. 27704231, 27704880; DZ ab 300 HK$, empfehlenswert. Etagenkonkurrent.
- *Hakka Guesthouse* (F), Tel. 27701470, verlangt 320 HK$/DZ.

## Hotels in KowLoon

KowLoon ist nicht nur für Individualtouristen der beliebteste Anlaufpunkt für Unterkünfte. Traditionsreiche wie hypermoderne Mittelklasse- und Nobelhotels stehen dicht beieinander – es gilt zu beachten, dass zu den genannten Preisen zusätzlich 10 % *Service Charge* plus 3 % *Steuern* erhoben werden. Man sollte meinen, dass bei den gesalzenen Preisen der Service hinreichend bezahlt sei, doch mitnichten. Immerhin sind in KowLoon eher

als auf HongKong-Island noch einige Doppelzimmer zu unter 1000 HK$ zu finden; bei den unten angegebenen Preisen beginnen (!) die Zimmerpreise.

Ein Hinweis für **Pauschalreisende:** Viele europäische Reisebüros preisen ihre Hotels als „downtown KowLoon" an, doch nur Hotels in TsimShaTsui oder TsimShaTsui-East liegen wirklich zentral. Anschriften wie „Nathan Rd., KowLoon" können einige Kilometer nördlich von TsimShaTsui liegen.

Wer bei der Ankunft in HongKong kein Hotel vorab gebucht hat sollte unbedingt den **Hotelreservierungsschalter am Flughafen** kontaktieren, wo man meist bessere Preise erhält als bei persönlicher Anfrage vor Ort.

- **Eaton-Astor,** 380 Nathan Rd., KowLoon, ehhk04@asiaonline.net, Tel. 27821818, Fax: 27825563, DZ ab 900 HK$. Günstigstes Oberklassehotel mit Shopping-Plaza, Hotelarzt, Babysitter usw.
- **Evergreen Hotel,** 42–52 WooSung Street (Nähe MTR Jordan), Tel. 27804222. DZ 620 HK$ inkl. Waschmaschinen, Trocknern, Bügeleisen und Internet PC-Nutzung.
- **Gold Coast,** 1 Castle Peak Rd., Castle Peak Bay, KowLoon, Tel. 24528888, Fax: 24407368, resort@goldcoasthotel.com.hk, DZ ab 1700 HK$. Hier den Zusatz „KowLoon" in der Anschrift zu tragen, ist, mit Verlaub, eine Zumutung für die Touristen. Das – ansonsten sehr empfehlenswerte – Hotel liegt kurz vor TuenMun in den New Territories. Nach KowLoon sind es rund 45 Minuten per Bus, nach Central 30 Minuten per Fähre („Gold Coast – Central" ab der Trabantensiedlung HongKong Gold Coast).
- **Grand Stanford Harbour View,** 70 Mody Rd., TsimShaTsui East, Tel. 27215161, Fax: 27322233, gshv@netvigator.com, DZ ab 2200 HK$, Suiten bis 11.500 HK$. Nahe der KCR-Station KowLoon an der Uferpromenade.
- **Grand Tower,** 627 Nathan Rd., „KowLoon" (liegt tatsächlich aber in MongKok), Tel. 27890011, Fax: 27890945, DZ ab 1400 HK$. Liegt direkt an der MTR-Station MongKok. Sehr beliebt ist das Restaurant mit kantonesischer Küche.
- **GuangDong,** 18 Prat Avenue, TsimShaTsui, www.booking.com/hotel/hk/guangdong.de.html, Tel. 27393311, Fax: 27211137, DZ ab 970 HK$. Für seine zentrale Lage mitten in TsimShaTsui ist das GuangDong günstig, allerdings nicht ganz so feudal wie das Eaton.
- **Harbour Plaza,** 20 TakFung St., HungHom, Tel. 26213188, Fax: 26213311, DZ ab 2100, Suiten bis 18.000 HK$. Eines der schönsten Hotels in HongKong (Marmorbäder!), jedoch etwas weit ab vom Zentrum.
- **HongKong Renaissance,** 8 Peking Rd., TsimShaTsui, renhotel@hk.linkage.net, Tel. 23751133, Fax: 23756611, DZ ab 2300 HK$.
- **Hyatt Regency HongKong,** 67 Nathan Rd., TsimShaTsui, Tel. 23111234, Fax: 27398701, DZ ab 2400 HK$, absolut zentral, bietet auch besonders behindertenfreundlich eingerichtete Zimmer.
- **Imperial,** 30–34 Nathan Rd., TsimShaTsui, www.imperialhotel.com.hk, Tel. 23662201, Fax: 23112360, DZ ab 950, 3er-Zimmer ab 1300 HK$. Stillos, aber günstig für die zentrale Lage.
- **International,** 33 Cameron Rd., TsimShaTsui, Tel. 23663381, Fax: 23695381, DZ ab 720 HK$; trotz der ausgezeichneten Lage ein Schnäppchen, wenn nicht gerade durch Gruppenreisen belegt.
- **King's,** 473–473A Nathan Rd., YauMaTei, Tel. 27801281, Fax: 27821833, DZ ab 600 HK$. Einfaches, aber gutes und preiswertes Mittelklassehotel.
- **KowLoon,** 19–21 Nathan Rd. TsimShaTsui, www.peninsula.com/khh.htm, Tel. 23698698, Fax: 27399811, DZ ab 1400 HK$. Beliebtes Gruppenreisenhotel mit allen Annehmlichkeiten wie elektronischem Informationssystem auf jedem Zimmer, Sanitätsstation usw.
- **KowLoon Panda,** 3 Tsuen Wah St., Tsuen-Wan, www.pandahotel.com.hk, „KowLoon" (liegt in den New Territories, es gilt ähnliches wie beim Gold Coast), DZ ab 1100 HK$. Top-Hotel mit günstigen Preisen wegen der großen Entfernung zum Zentrum.
- **KowLoon Shangri-La,** 64 Mody Rd., TsimShaTsui East, Tel. 27212111, Fax: 27238686,

## UNTERKUNFT

www.Shangri-La.com, DZ ab 2400 HK$; exzellentes, behindertenfreundliches Tophotel an der Promenade. Anfragen und Buchungen können telefonisch in der Schweiz (155-6333) und Deutschland (0130-856649) gebührenfrei vorgenommen werden.

- **Majestic,** 348 Nathan Rd., nördliches Ende von TsimShaTsui (200 Meter nördlich der Jordan MTR-Station), Tel. 27811333, Fax: 27811773, DZ ab 950 HK$, 3er Zimmer ab 1350 HK$. Ausgezeichnetes Mittelklassehotel.
- **New World,** 22 Salisbury Rd., TsimShaTsui, nwhtlbc@netvigator.com, Tel. 23694111, Fax: 23699387, DZ ab 2100 HK$. Neben dem berühmten Peninsula bestes Hotel in TsimShaTsui. Wirkt aber trotz der Traumlage an der Promenade etwas stillos.
- **Nikko HongKong,** 72 Mody Rd., TsimShaTsui East, www.hotelnikko.com.hk, Tel. 27391111, Fax: 23113122, DZ ab 2100 HK$. Steht von seinen Annehmlichkeiten dem New World in nichts nach, liegt aber nicht ganz so perfekt.
- **Omni HongKong,** Harbour City, TsimShaTsui, Tel. 27360088, Fax: 27360011, DZ ab 2400 HK$.
- **Omni Marco Polo,** Harbour City, TsimShaTsui, Tel. 27360888, Fax: 27360022, DZ ab 2000 HK$.
- **Omni Prince,** Harbour City, TsimShaTsui, Tel. 27361888, Fax: 27360066, DZ ab 2000 HK$.

Die Omni-Hotels in den Harbour City Malls gehören zu den neuesten und besten Tophotels der Stadt.

- **Peninsula,** Salisbury Rd. TsimShaTsui, www.peninsula.com/phk.htm, Tel. 23666251, Fax: 27224170, DZ ab 2850 HK$, Suiten bis 42.000 HK$. Eines der ältesten, **besten und stilvollsten Hotels HongKongs** in unmittelbarer Nähe zur Star Ferry und der Uferpromenade. Nach den Geschichten der Conciergen und Pagen zu urteilen, müsste längst ein historischer Roman zum legendären Peninsula geschrieben werden. Alle Angestellten werden seit Urzeiten in einem knochenharten Auswahlverfahren handverlesen, mit dem Ergebnis, dass im Peninsula **jeder Handgriff hundertprozentig sitzt.** Ein Job hier zählt zu den großen Glückslosen – wo Unsummen für Suiten bezahlt werden, sind natürlich auch dementsprechende Trinkgelder zu erwarten. Ein normaler Page verdient hier knapp 10.000 HK$, streicht aber in der Regel ebensoviel durch „Tipps" ein. Alles, was Rang und Namen hat, steigt im Peninsula ab, von **Rock-Stars** bis zur **Queen** persönlich. Nicht von Ungefähr verfügt das Peninsula über einen eigenen Fuhrpark, Rolls Royce versteht sich (der Transfer im Rolls vom und zum Flughafen KaiTak wird mit 400 HK$ berechnet, einfach). Es lohnt sich unbedingt, einen Drink in der Felix-Bar zu nehmen – die unter anderem für **die schönsten Toiletten der Welt** gerühmt wird!

- **Prudential,** 222 Nathan Rd., TsimShaTsui, Tel. 23118222, Fax: 23114760, DZ ab 1050, 3er-Zimmer ab 1500 HK$. Gutes Oberklassehotel, liegt nördlich des KowLoon Park und verfügt über einen eigenen Zugang zur MTR-Station Jordan.
- **Regent,** Salisbury Rd., TsimShaTsui, Tel. 27211211, Fax: 27394546, DZ 2450 HK$, Suiten bis 27.000 HK$. Nachdem dem Peninsula durch den Bau des Space-Museum und Museum of Art das Panorama verbaut wurde, darf sich mittlerweile das Regent der absoluten Top-Lage in KowLoon an der Uferpromenade rühmen. Ein Hotel der Spitzenklasse.
- **Shamrock,** 223 Nathan Rd., YauMaTei, shamrock@iohk.com, Tel. 27352271, Fax: 27367354, DZ ab 900 HK$ (Nebensaison 400 HK$ !). An der MTR-Station Jordan gegenüber vom Prudential gelegenes preiswertes Mittelklassehotel. Bei 1100 HK$ für ein 3er-Zimmer eine echte Alternative für drei Personen zu den engen Guesthouses.
- **Sheraton HongKong,** 20 Nathan Rd., TsimShaTsui, www.sheraton.com/hongkong, Tel. 23691111, Fax: 27398707, DZ 2850–8250 HK$. Absolut zentrales Tophotel, dem aber das Flair des benachbarten Peninsula fehlt.
- **Stanford Hillview,** 13–17 Observatory Rd., TsimShaTsui, sfhvhkg@netvigator.com, Tel. 27228722, Fax: 27233781, DZ 850, 3er-Zimmer 1225 HK$. Einfaches, gerade noch zum Zentrum zählendes Oberklassehotel.
- **YMCA,** 41 Salisbury Rd., TsimShaTsui, ymcares1@netvigator.com, Tel. 23692211, Fax: 27399315. Wie das benachbarte Penin-

sula wurde auch das YMCA zu einer Institution, allerdings ein paar Preisklassen niedriger. Ein Bett im Schlafsaal kostet 230 HK$, bedingt durch die Toplage beginnen DZ auch hier erst bei 1200 HK$, ohne Seeblick. Dreibettzimmer mit Blick auf Hafen und Promenade kosten 1600 HK$, Suiten zu 2200 HK$ lassen die ursprüngliche Intention der YMCA-Gründer allerdings fraglich erscheinen.

- ●*YMCA International House,* 23 Waterloo Rd., YauMaTei (MTR YauMaTei), Tel. 2771 9111, Fax: 23885926. DZ 530–750 HK$.
- ●*YWCA,* 5 ManFuk Rd., Tel. 27139211, Fax: 27611269. EZ ab 300 HK$, DZ ab 600 HK$, nur für Frauen. Liegt nicht besonders günstig; Stadtbus 8 (Star Ferry – Jordan Rd. Ferry; in der PuiChing aussteigen, wenn links die Schule, rechts ein kleiner Sportplatz und eine Tankstelle auftauchen. Vor dem Sportplatz rechts 200 Meter in die ManFuk Rd. gehen).

## Guesthouses und Hostels auf HongKong-Island

### Noble-Hostel

Zu einer festen Institution unter Travellern auf HongKong-Island hat sich mittlerweile das Noble Hostel mit nicht weniger als fünf Filialen und etlichen „befreundeten" Privathäusern entwickelt (Tel. 25766148). Die Zentrale liegt in der 27 Paterson Street, Tor 3A, 17. Stock – es gibt keine Hinweisschilder. Der Besitzer kümmert sich persönlich um die Unterbringung und versucht, auch wenn nichts mehr frei ist, irgendeinen „Bekannten" aus dem Hut zu zaubern. Die absolut makellosen Zimmer kosten 275 (EZ) bis 370 HK$ (DZ) ohne, 380 (EZ) bis 480 HK$ (DZ) mit Bad.

### Kingston Building

Nur einen Steinwurf vom Noble Hostel entfernt liegt das Kingston Building, 2–4 Kingston St., Causeway Bay, oberhalb der Geschäfte eigentlich ein reines Wohngebäude. Hier sind saubere und preiswerte Zimmer von privat oder in Guesthouses zu haben.

- ●*Ms. Chan Guestroom* (privat), monatl. ab 5000 HK$, tgl. ab 300 HK$, Tel. 25781775, 5. St, B4.

Im gleichen Gebäude liegen auch das **CheungKar Guesthouse,** Tel. 28955487, sowie das *Kingston Tourist Guesthouse,* Tel. 28817077 mit DZ zu 330 HK$. Diese beiden sind oft mit japanischen und koreanischen Touristen ausgebucht, sodass eine telefonische Anfrage vorab dringend ratsam scheint.

### Phoenix Centre

Die Phoenix Apartments, 70 Lee Garden Hill Rd., Causeway Bay sind so eine Art Miniaturausgabe der ChungKing-Mansions auf KowLoon – allerdings sehr sauber und sicher:

- ●*FuLai Hotel,* 5. St., Tel. 25776352, bietet sehr gute DZ ab 420 HK$ an.
- ●*WahLai Villa & PikYiu Guesthouse,* 4. St., Tel. 25761533, DZ ab 375 HK$.
- ●*Wonderful Garden Guest House,* 2. St., Tel. 25577391, mit einfachen Zimmern ab 220 HK$.
- ●*Baguio Hotel,* 2. St., Tel. 25761533 mit luxuriösen DZ ab 450 HK$.
- ●*YungLung House,* 2. St. und *Sunrise Inn,* 1. St. verlangen zwar unter 220 HK$, haben allerdings den Pferdefuß, dass hier Zimmer überwiegend stundenweise vermietet werden.

### Emerald House

Diagonal über die Kreuzung hinweg vom Phoenix-Centre liegt mit dem Emerald House, 44 Leighton Rd., Causeway Bay, eine weitere günstigere Unterkunftsmöglichkeit.

- ●*HsiLaiYuan,* 1. St. (im Aufgang Leighton Lane links, blauem chinesischen Schild folgen), Tel. 28952065 mit DZ ab 320 HK$.
- ●*Emerald Guesthouse* (im Aufgang rechts), 1. St., Tel. 25779406, sehr gute DZ 440 HK$.
- ●Gleich rechts nebenan vom Eingang zum Emerald House liegt das **Causeway Bay Guesthouse,** Tel. 28952013, Apt. B, LaiYi Bldg., 1. St., 44 Leighton Lane, Causeway Bay. DZ 375 HK$.

### TakSha Rd.

In unmittelbarer Nähe liegt die kleine TakSha Rd., wo sich in No. 14–16 einige Guesthouses befinden, z.B.:

- ●*HsiLeYuan Guesthouse,* 2. St., (gleicher Besitzer wie HsiLaiYuan im Emerald House), DZ 320 HK$.

- **Famous Villa,** 3. St., gleicher Preis.
- **SzeShuen Villa Guesthouse,** 3. St., DZ ab 320 HK$.
- **Voilet Villa,** 3. St., DZ 280 HK$.

### LeiShun Court

Ebenfalls in Causeway Bay liegt in der 116 Leighton Rd. der LeiShun Court mit mehreren mehr oder weniger privaten Guesthouses. Die Preise sind bei 300 HK$ für sehr saubere DZ vergleichsweise günstig. Hier ist es allerdings unumgänglich, vorher anzurufen, da die Lifte nur per Zahlencode zugänglich sind und auch keine Hinweisschilder zu den einzelnen Unterkünften aushängen. Im Erdgeschoss findet man etliche gute chinesische Garküchen.

- **YeeWoo Guest Hotel,** 2. St., Tel. 28878025.
- **Fuji House,** 1. St., Tel. 25779406.
- **Dream Guest House,** 2. St., Tel. 28818887.

### Weitere Guesthouses

- **YeeWoo Guesthouse,** 53 Paterson St. Causeway Bay, 3A, Tel. 28950665, monatl. Zi. zu 5000–15.000 HK$, tägl. 240– 1100 HK$.
- **FuKong Guesthouse,** DZ 500–600 HK$, EZ 400 HK$, monatl. 8800 HK$, 18. St., Block A, 3 Keswick St., Causeway Bay. Tel. 28905506.

## Hotels auf HongKong-Island

Auf HongKong-Island – und hier konzentriert im Bezirk WanChai – liegt eine breite Auswahl hervorragender Mittel- und Oberklassehotels, die alle internationalen Standards entsprechen – alle Hotelketten der Welt von Rang und Namen sind auch in HongKong vertreten. Preislich beginnen die DZ bei etwa 1000 HK$, nach oben sind keine Grenzen gesetzt. Wenn man nicht auf die günstigeren Guesthouses zurückgreifen möchte, empfiehlt es sich, entweder eine Pauschalreise über ein heimisches Reisebüro zu buchen, über die genannte Spezialhomepage http://www.passplanet.com/HK/tst_where_stay.htm oder direkt bei einigen der Hotels ein Angebot einzuholen.

Außerhalb der Hauptreisezeiten (Weihnachten bis zum chinesischen Neujahr sowie Juli/August) kann man bei dem einen oder anderen Hotel auf schriftliche Anfrage durchaus erhebliche **Rabatte** bekommen. Die angegebenen DZ-Preise gelten für zwei Personen, eine Person zahlt nur unwesentlich weniger.

**Achtung:** Alle Hotels verlangen zusätzlich 10 % **Service Charge** sowie 5 % **Steuern.**

- **Century,** 238 Jaffe Rd., WanChai, bcentre@century.com.hk, Tel. 25988888, Fax: 25988866, DZ ab 2000 HK$.
- **City Garden,** 9 City Garden Rd., North Point, Tel. 28872888, Fax: 28871111, DZ ab 1000 HK$, 250 HK$ extra für eine dritte Person – zu dritt daher sogar beinahe ein Schnäppchen, aber etwas weit ab.
- **Empire,** 33 Hennessy Rd., WanChai, www.empire-hotel.com, Tel. 28669111, Fax: 28613121, DZ ab 1250 HK$.
- **Furama Kempinski HongKong,** 1 Connaught Rd., Central, www.hkta.org/adverts/furama.html, Tel. 25255111, Fax: 28459339, DZ ab 2000 HK$.
- **Grand Plaza,** 2 Kornhill Rd., Quarry Bay, Tel. 28860011, Fax: 28861738, DZ ab 1450 HK$.
- **Island Shangri-La HongKong,** Pacific Place, Supreme Court Rd., Central, Tel. 28773838, Fax: 25218742, www.shangri-la.com, 2850–28.000 HK$.
- **LukKwok,** 72 Gloucester Rd., WanChai, www.lukkwokhotel.com, Tel. 28662166, Fax: 28662622, DZ ab 1550 HK$.
- **Mandarin Oriental,** 5 Connaught Rd., Central, Tel. 25220111, Fax: 28106190, DZ ab 2575 HK$.

- **JW Mariott HongKong,** One Pacific Place, 88 Queensway, Central, Tel. 28108366, Fax: 28450737, www.mariott.com, 2650–16.000 HK$.
- **New Cathay,** 17 TungLoWan Rd., Causeway Bay, Tel. 25778211, Fax: 25769365, EZ 750 HK$, DZ 1050 HK$ und Dreier-Zimmer 1400 HK$.
- **New Harbour,** 41–49 Hennessy Rd., WanChai, www.great-china.net/hkhnh, Tel. 2861 1166, Fax: 28656111, DZ ab 1200 HK$.
- **New World Harbour View,** 1 Harbour Rd., WanChai, www.newworld-intl.com, Tel. 2802 8888, Fax: 28028833, 2400–16.000 HK$.
- **Newton HongKong,** 218 Electric Rd., North Point, www.newtoninn.com, Tel. 28072333, Fax: 28071221, DZ ab 1650 HK$. Tram, MTR, Busanbindung.
- **Ritz-Carlton HongKong,** 3 Connaught Rd., Central, www.ritzcarlton.com/en/Properties/HongKong/Default.htm, Tel. 2877 6666, Fax: 28776778, 3000–18.500 HK$.
- **South China,** 67–75 Java Rd. North Point, www.southchinahotel.com.hk, Tel. 2503 1168, Fax: 25128698, DZ 800, 3er-Zimmer 1200 HK$.
- **South Pacific,** 23 Morrison Hill Rd., WanChai, Tel. 25723838, Fax: 28937773, www.southpacifichotel.com.hk, DZ ab 1200 HK$, bietet das beste Preis-Leistungs-Verhältnis der Mittelklasse, z.B. Eiswürfelmaschinen auf jeder Etage oder Babysitter-Service, und ist zudem auch noch behindertenfreundlich gebaut; Shuttle-Bus ins Zentrum.
- **Wharney,** 57–73 Lockhart Rd., WanChai, wharney@wlink.net, Tel. 28611000, Fax: 28656023, DZ ab 1400 HK$.

# Verkehrsmittel

HongKongs öffentliches Verkehrsnetz ist so gut ausgebaut und seine Benutzung derart preiswert, dass es absolut sinnlos scheint, ein eigenes Fahrzeug zu besitzen. Dennoch gibt es in HongKong die weltweit meisten Rolls Royce (gerechnet pro Einwohner), deutsche und britische Nobelkarossen sind als Statussymbol so gefragt wie sonst kaum anderswo.

Selbst hochrangige Auslandsdelegierte verzichten in HongKong oft auf einen eigenen Wagen, da alles mit den öffentlichen Verkehrsmitteln bestens erledigt werden kann, Einkäufe ins Haus angeliefert werden usw. Für Touristen empfiehlt es sich, die öffentlichen Verkehrsmittel intensiv zu nutzen, um letztlich viel Zeit zu sparen.

## Unverzichtbar: die Octopus-Karte

Angenehmer als die lästige Kleingeldsuche ist das Reisen mit dem „Octopus": der Octopus ist kein Verkehrsmittel, sondern eine **vollautomatisierte Kredit-Fahrkarte,** die sich bereits bei Aufenthalten ab drei Tagen unbedingt lohnt – wird der Airport Express mit Octopus genutzt (AE kostet dann nur 50 %!), dann sogar bei jeder Aufenthaltsdauer.

Am Flughafen (runder Schalter in der Ankunftshalle), KCR-, AE- und großen Fährstationen sowie an allen größeren MTR-Stationen ist diese Karte für 150 HK$ erhältlich (Studenten 100 HK$, Kinder 70 HK$). Diese umfasst ein **elektronisches Guthaben** von 100 HK$, 50 HK$ sind eine Art **Kaution,** die bei Rückgabe der Karte rückerstattet wird und das einmalige „Überziehen" des Kartenkontos bis zu 35 HK$ erlaubt.

Mit dieser 100 HK$ Guthabenkarte (plus 50 HK$ Pfand) können Airport Express, Peak-Tram, MTR, KCR, LRT,

FF-Fähren (wichtig für Inseln), Tram, Star-Ferry, LanTau-Busse sowie die meisten Stadtbusse genutzt werden (Minibussen). Die Karte wird bei den genannten Verkehrsmitteln beim Einstieg (MTR auch vor dem Verlassen) kurz auf eine **Lichtfläche** gelegt – fertig. Man benötigt kein Kleingeld mehr, alles wird vollautomatisch registriert und „abgebucht". Der Octopus kann an Automaten (in MTR-Stationen) in 50er- oder 100er-Schritten jederzeit aufgeladen/aufgestockt werden, an den „Service-Counters" sogar beliebig.

Es empfiehlt sich, die Octopus-Card gleich am Flughafen mit 300 HK$ aufzuladen; sie bietet nämlich außerdem den Vorteil, dass damit auch u.a. in 7/11-Läden, bei Mc Donald's, Starbucks usw. gezahlt werden und die Karte dort auch aufgeladen werden kann. Diese Octopus-Manie geht inzwischen so weit, dass es den Octopus-Chip schon als Uhr zu kaufen gibt oder einige HongKonger sich diesen Chip sogar schon unter die Haut transplantieren ließen.

Möglich ist auch der Erwerb des so genannten **„Tourist-Octopus"** für 220 HK$, der eine einfache AE-Fahrt und 3 Tage unbegrenzte MTR-Fahrten beinhaltet (Rückfahrt per AE zusätzlich 80 HK$); die Karte selbst verbleibt als Souvenir beim Käufer. Viele Leser schwören darauf, ich meine jedoch, dass derjenige, der viel mit Fähre, KCR und Bus (Inseln, New Territories) unterwegs sein möchte – in der MTR sieht man recht wenig – mit einer Octopus-Karte weit besser fährt.

# Helikopter

● „Zeit ist Geld" dachte sich *Heliservices* und begann, **Hubschrauberrundflüge** (z.B. 30 Minuten über HongKong 7500 HK$, LanTau 45 Minuten für 11.200 HK$, New Territories 11.200 HK$/Stunde) anzubieten. Buchungen und Anfragen unter Tel. 28020200.
● Ferner besteht eine reguläre **Hubschrauberverbindung zwischen HongKong und Macau** in Maschinen der *East Asia Airlines* (Tel. 28593359); Tickets (1250 HK$ an Werktagen, 1375 HK$ an Sonn- und Feiertagen) und Abflug ab Macau Ferry Terminal, HK-Island.

# Fähren

Die **Schiffe** sind ein alltägliches Verkehrsmittel; man braucht keine Hemmungen vor der Benutzung zu haben, alles läuft rasch und formlos. Ehe man in Deutschland eine Bahnfahrkarte auch nur gekauft hat, ist man in HongKong schon längst am Ziel angekommen.

## Star-Ferry

Diese seit 1898 operierende Stadtfähre verbindet TsimShaTsui/KowLoon mit Central und ist mittlerweile ein **Wahrzeichen HongKongs** geworden. Für 2,20 HK$ (Oberdeck) oder 2 HK$ (Unterdeck) genießt man nebenbei das fantastische Panorama an Bord eines der Fährschiffe, die allesamt *Star* im Namen tragen (z.B. *Morning Star, Twinkling Star* usw.). Von 06:30 bis 23:30 Uhr täglich verkehrt die Star-Ferry etwa alle 10 Minuten, die Benutzung ist spielend einfach: Am Eingang zum Pier werden Münzen (immer Kleingeld parat halten, der kleine Wechselschalter ist nicht immer geöffnet) in einen Drehkreuzautomaten eingeworfen – und los geht's! Alle Pläne, die Star-Ferry durch eine Brücke zu ersetzen, sind bislang gottlob gescheitert, die grün-weißen Boote bleiben vorerst eine der großen Attraktionen der Stadt.

Neben der Strecke **TsimShaTsui/KowLoon – Central** werden **TsimShaTsui/KowLoon**

Star-Ferry: traditionelle Fähre zwischen KowLoon und HongKong-Island

**WanChai,** (2,50 HK$), **WanChai – HungHom,** (5,50 HK$) und **Central – HungHom,** (5,50 HK$) bedient.

Und wer noch einen bezahlbaren besonderen Ort für seine Hochzeit sucht: Star Ferries werden für 1300 HK$ die Stunde vermietet, und der Kapitän darf bekanntlich auf See trauen ... (Tel. 21186241/42).

### First-Ferries

Ähnlich wie die Star-Ferry operieren auch die orange-weißen First-Ferries (FF) als normales Verkehrsmittel des Inselstaates.

Neben den „Innenstadtlinien" **Central – Jordan** (am Outlying Islands Pier, 4,70 HK$) und **WanChai – HungHom** (am Star-Ferry-Pier, 2,20 HK$) fährt die FF-Linie vor allem die **vorgelagerten Inseln** der SAR HongKong an. Die Piers hierfür liegen neben der Star-Ferry/Central (3 Gehminuten), die Benutzung ist sehr einfach: An den Piers wird per Digitalanzeige (englisch) angeschrieben, welche Insel gerade angefahren wird. Tickets werden am Eingang (manuell) verkauft, die Fahrpreise betragen je nach Insel 15–30 HK$ einfach. FF verfügt über eine englischsprachige Informations-Hotline unter Tel. 25251108.

Anders als bei der Star Ferry kann man Fahrräder (10 HK$) und Mopeds (15 HK$) bei FF mitnehmen (nicht auf Schnellbooten).

## Bus

### Stadtbusse

Eine Fahrt mit den stilvollen englischen Doppeldecker-Bussen durch die Straßen HongKongs ist faszinierend, schnell und preiswert – je nach Strecke zahlt man zwischen 2 und 18 HK$ (Zentrum) bzw. bis 42 HK$ (Flughafenbusse). Alle Busse funktionieren nach dem „OMO"-Prinzip *(one man operated),* man zahlt den durch ein kleines Schild beim Fahrer angezeigten **passenden Betrag** beim Einstieg vorn per Einwurf in einen Kasten (kein Wechselgeld ♪ Oktopus).

Von der **oberen Etage** aus genießt man dann herrliche Ausblicke und kann außerdem dem Routenverlauf gut folgen. Es gibt allerdings keine Hinweise im Bus zu den Haltestellen, sodass man in etwa wissen muss, wo man aussteigen möchte.

Im Bus sind etliche **Stopp-Knöpfe** angebracht, die man drücken muss, um den Fahrer auf den beabsichtigten Ausstieg aufmerksam zu machen (Ausstieg nur hinten).

Viele Busse, insbesondere auf HK-Island, sind klimatisiert und sehr neu, in KowLoon und den New Territories fahren noch viele ältere und nicht klimatisierte Busse, die dafür etwas billiger sind. Da mehrere Gesellschaften in HongKong operieren und die Karosserie oft als Werbefläche genutzt wird, gibt es **keine einheitliche Farbe** der Busse. Rot und beige sind häufige Grundfarben in KowLoon, rot-gelb-blau gestreift auf HK-Island. Meist aber gleichen die Doppeldecker fahrenden Litfasssäulen.

Die **Linien** sind durch Ziffern gekennzeichnet, manche tragen zusätzlich einen Buchstaben. Dabei bedeutet „X" Express (hält nur an großen Haltestellen), „R" Recreation (fährt nur an Sonn- und Feiertagen), „K" hält an KCR-Stationen und „M" hält an MTR-Stationen.

Die Benutzung des Bussystems ist denkbar einfach, da an den Haltestellen selbst die Routen mit allen Haltestellen auch in Englisch angeschrieben stehen. In den Beschreibungen der Sehenswürdigkeiten weiter unten in diesem Handbuch wird die jeweils einfachste Verbindung angegeben; natürlich sind manchmal auch andere als die genannten Linien brauchbar, wer einen kompletten **Busplan** der Buslinien HongKongs benötigt, kann sich eine Liste bei der HKTA aushändigen lassen (kostenlos) oder im Internet: http://en.wikipedia.org/wiki/List_of_bus_routes_in_Hong_Kong ausdrucken.

### Privatbusse

Neben den großen Stadtbussen bieten Privatfirmen einen **Minibus** und **Maxicab** genannten Linienservice an. Diese beige-roten (Bezahlen beim Ausstieg) bzw. beige-grünen Kleinbusse (Einwurf des angezeigten Preises beim Einstieg) fahren schneller, sind dafür allerdings auch teurer. Leider sind die Fahrtziele nicht immer in Englisch angeschrieben, und die Routen auch nicht an den Haltestellen (anders als bei den Stadtbussen rund mit rotem oder grünem Rand) ersichtlich. Die Kleinbusse halten nicht an den „normalen" Bushaltestellen. Sofern notwendig oder praktisch, wird in den Ortsbeschreibungen genauer auf die Kleinbusse eingegangen.

Zusätzlich fahren **Sonderbusse vom/zum neuen Flughafen** ChekLapKok, die sich farblich als auch von der Bezeichnung von den Stadtbussen unterscheiden ( ⌲ Anreise, die Flughäfen).

## Straßenbahn

### Tram und Peak-Tram

Eines jener unnachahmlichen öffentlichen Verkehrsmitttel HongKongs verkehrt ausschließlich auf der Nordseite

## VERKEHRSMITTEL

Eine Tram in den Straßenschluchten von Central, HongKong-Island

von HongKong-Island: die alte Tram. Seit 1904 pendelt – besser zuckelt – die **Doppeldecker-Straßenbahn** im gemütlichen Tempo durch die Prachtstraßen der Stadt.

Man steigt in die Tram generell hinten ein, **bezahlt** dann **beim Ausstieg vorn** (2 HK$, passend in den Kasten werfen).

Sich zu verfahren ist nahezu unmöglich, man muss nur wissen, ob man nach Ost oder West möchte. Einzige Ausnahme ist **Happy Valley,** deren Linie zwischen Causeway Bay und Central nach Süden abzweigt und nur von Happy-Valley-Trams angefahren wird.

An den Trams stehen die jeweiligen Endstationen angeschrieben; von West nach Ost sind dies:

Kennedy Town – Western Market (SheungWan) – (Central) – Happy Valley – Causeway Bay – North Point – ShauKeiWan

Einfach einsteigen und herumfahren, die Tram ist eines der **billigsten und schönsten Vergnügen** in HongKong!

Die Tram in Sonderanfertigung mit offenem Dach kann übrigens auch für Parties, Hochzeiten u.Ä. ab 600 HK$/Stunde gemietet werden (Tel. 23113621, 23113509).

Ähnlich klassisch, aber noch spektakulärer ist die Anfahrt zum Peak mit der legendären **Peak-Tram** (siehe hierzu HongKong-Peak bei den Sehenswürdigkeiten).

### LRT

Mit der Entstehung der modernen neuen Wohngebiete in den New Territories wurde zwischen den Stadtteilen TuenMun und YuenLong ein äußerst schnelles und effektives Straßenbahnnetz gebaut. Diese LRT *(Light Rail Transit)* genannte Straßenbahn dient vor allem den Berufspendlern für die Anfahrt zum Fährpier von TuenMun. Da einige interessante Tempel an der Strecke liegen, kann auch der Tourist auf die preiswerte LRT zurückgreifen ( ↗ New Territories).

Fahrten kosten zwischen 3,50 und 8 HK$, Tickets müssen am Automaten an den Haltestellen gekauft werden, wozu man einfach die Zielhaltestelle drückt, der Betrag leuchtet dann auf. Eine Entwertung des Fahrscheines wird in der Bahn nicht vorgenommen. Wochenkarten kosten 65, Monatskarten 245 HK$ und können an den Stationen Ferry Terminus, Town Centre und SiuHong gekauft werden.

## Bahn

### Airport Express Railway

HongKongs Paradezug verkehrt im Intervall von 10 Minuten **zwischen HongKong und Flughafen,** bietet ein umfassendes Informationsdisplay an jedem Sitz zu Flugdaten, Wetter usw. und vor allem den **schnellstmöglichen Transfer** zwischen Innenstadt und Flughafen (20 Minuten Fahrtzeit). Gehalten wird lediglich in TsingYi, KowLoon-Station und HongKong-Station, von wo aus Taxis oder kostenlose Zubringerbusse den Reisenden zum Ziel bringen. Für viele Reisende wird dieser Zug der erste Eindruck von HongKong sein – und der ist wahrlich nicht schlecht. Die einfache Strecke kostet 90 HK$ bis KowLoon-Station und 100 HK$ bis HongKong-Station, Rückfahrkarten mit 4-wöchiger Gültigkeitsdauer kosten 160 bzw. 180 HK$ (weitere Details siehe Ankunft am Flughafen, Tickets am runden Schalter in der Ankunftshalle). Günstiger ist die Nutzung des Octopus, da hier jeweils 50 % Rabatt auf die Einzelfahrt gewährt werden.

### MTR

HongKongs MTR *(Mass Transit Railway)* zählt zu den effektivsten und dabei günstigsten weltweit. Mit keinem anderen öffentlichen Verkehrsmittel kommt man so zügig durch die Stadt, einschließlich der Unterquerung des Meeres zwischen KowLoon und Hong-Kong-Island oder der Fahrt nach Nord-LanTau. Züge fahren alle 2–4 Minuten von ca. 06:00 bis 0:30 Uhr für – je nach Entfernung – 4–15 HK$, bei Fahrten mit der LanTau-Line bis zu maximal 40 HK$. In den Zügen sind vorbildliche elektronische Tafeln angebracht, welche den gesamten MTR-Plan, die Fahrtrichtung, die nächste Station sowie die Ausstiegsseite für die nächste Station anzeigen. Die Nutzung der HongKonger U-Bahn ist damit absolut narrensicher. Es verkehren fünf Linien:

- von SheungWan nach ChaiWan auf HK-Island,
- Central nach TsuenWan in den New Territories,
- von YauMaTei (KowLoon) bis TiuKengLeng,
- von North Point nach PoLam (östliche New Territories),
- von HongKong nach TungChung auf LanTau.

Die MTR ist vollständig automatisiert, hier gibt es allerdings Kartenautomaten, die 20 HKD annehmen und auch Wechselgeld herausgeben (Münzwechsler stehen bei den Kartenautomaten, aber keine Scheinwechsler); Am Automaten wird einfach die Zielstation gedrückt, der Preis leuchtet auf, das Ticket wird nach Münzeinwurf ausgeworfen. Hiermit passiert man dann die Drehkreuze zu den Gleisen, das Magnetstreifen-Ticket muss beim Verlassen der Zielstation ebenfalls an einem Drehkreuz wieder eingesteckt werden. Auch mit Umsteigen dauert keine Fahrt länger als etwa 20–25 Minuten (nach LanTau je nach Abfahrtsort bis zu maximal 1 Stunde), die Karten sind 90 Minuten gültig, anschließend verfallen sie. Praktischer ist die Nutzung des Octopus (s.o.).

## KCR

Ursprünglich fungierte die KowLoon – Canton Railway (KCR) als „echte" Eisenbahnverbindung zwischen HongKong und China (⇗ Eisenbahnmuseum TaiPo/New Territories), heute dient die **KCR East Line** als **S-Bahn** zwischen KowLoon (KowLoon Railway Station) und der Grenzstation LoWu (LuoHu). Die Benutzung ist einfach, automatisiert und identisch mit der MTR, an welche die KCR an der gemeinsamen Station KowLoonTong (nicht KowLoon Railway Station!) mit der MTR angebunden ist. Zwar gelten die Store Value Tickets auf beiden Linien (nicht aber bei der Fahrt zur Grenzstation), Einzelfahrscheine sind jedoch gesondert zu lösen. Je nach Entfernung kostet die Einzelfahrt 5–14 HK$ mit Ausnahme der Grenzstation LoWu, wo der Preis von 35 HK$ eine Ausreisesteuer beinhaltet. Der erste Zug fährt ab KowLoon täglich um 6:08 (LoWu 6:01), der letzte um 0:25 bis SheungShui (nach LoWu 21:48, von LoWu 0:08 Uhr). Die S-Bahn-Züge fahren alle 5–10 Minuten, die Direktzüge nach Kanton nur wenige Male am Tag (⇗ Weiterreise).

Die **KCR West Rail** führt von NamCheong (an der Lantau-MTR-Linie) über MeiFoo bis nach TuenMun (LRT-Anschluss) in den westlichen New Territories.

## Taxi

Die preiswerten Taxis sind ein weiteres Argument, warum viele Einheimische auf ein eigenes Fahrzeug verzichten. Auf HongKong-Island und in KowLoon sind die Taxis rot, in den New Territories grün und auf LanTau blau, jeweils mit hellem Dach. Der Fahrtpreis der „roten" beträgt 15 HK$ für die ersten 2 km (New Territories 12,50 HK$, LanTau 11 HK$) plus 1,40 HK$ für alle weiteren angefangenen 200 Meter (New Territories 1,20 HK$, LanTau 1,10 HK$). Die Mitnahme von Gepäckstücke kostet 5 HK$ extra, bei Tunnelfahrten von KowLoon nach HK-Island und umgekehrt sind 20–50 HK$ (je nach Tunnel) extra zu entrichten. Fahrzeuge der drei genannten Bereiche dürfen nicht in anderen Abschnitten „wildern", außer beim Transport von Kunden von einem Distrikt in einen anderen (z.B. von KowLoon in die New Territories).

Alle Fahrzeuge sollten mit **Taxameter** ausgerüstet sein, immer auf Einschalten bestehen!

Taxis werden einfach per Handzeichen herbeigewunken, gezahlt wird jeweils bei Fahrtende. Nicht alle Fahrer sprechen Englisch, führen aber eine mehrsprachige Liste mit den wichtigsten touristischen Zielen HongKongs stets mit sich. Es ist sehr schwer, eine

## VERKEHRSMITTEL

Lizenz als Taxifahrer zu bekommen, nicht selten werden diese versteigert, wobei Preise in Millionenhöhe erzielt werden!

**Mogeleien** gegenüber Fahrgästen wurden daher in den vergangenen Jahren zunehmend verdrängt. Sollte es allerdings zu berechtigten Klagen kommen, kann man sich unter Tel. 25277177 beschweren – Taxinummer notieren!

## Zu Fuß

In den Zentren TsimShaTsui (KowLoon) und Central (HK-Island) kommt man prima zu Fuß zurecht, auf den kleineren Inseln oder Wanderwegen in den New Territories bleibt einem allerdings auch nichts anderes übrig, als sich auf Schusters Rappen zu verlassen.

Es ist sehr sicher, sich **als Fußgänger in HongKong** zu bewegen, Ampeln und eingehaltene Verkehrsregeln erleichtern das Gehen im Vergleich zu anderen Großstädten Asiens sehr.

Als Fußgänger kommt man „downtown" schnell voran, wenn man die teilweise kilometerlang oberhalb der Straßen miteinander verbundenen **Galerien** der Kaufhäuser nutzt. In TsimShaTsui kann man so von der Star-Ferry via Ocean Terminal, Harbour City und China Ferry Terminal bis zur Fußgängerbrücke zum KowLoon Park gehen.

*Achtung:* Zwischen Gateway und Royal Towers/CFT besteht keine Innenverbindung; vom Gateway zum CFT bzw. zur Fußgängerbrücke wie folgt gehen: aus dem Gateway auf die Canton Rd., die Tiefgarage passieren (Ampel), dann links in das Royal Towers Hotel zum Lift (hier im ground floor sind nur Lifte, keinerlei Hotelbetrieb), dann zum 1. OG (CFT) oder 2. OG (Brücke zum KowLoon Park) – es gibt keine andere Verbindung zwischen Park/CFT und Gateway!

In Central kann man vom Star-Ferry Pier bis zum Macau Ferry Pier oder zum Pacific Place/Admiralty laufen, ohne auf die Straße zu müssen.

### Mid-Level Escalators

Wer mit der Star-Ferry nach HongKong-Island übersetzt, sieht sofort, dass hinter der ersten Reihe gläserner Riesen und Wolkenkratzer zahlreiche Wohnhäuser in die Hügel dahinter gebaut sind. Es gibt nur wenige enge Straßen, die sich dort hinauf winden, daher gestaltet sich für die etwa 35.000 täglichen Pendler aus diesen „Mid-Level" genannten Wohngebieten der Weg zur Arbeit oft als umständlich und lang. Dass die kürzeste Verbindung zwischen zwei Punkten die Gerade ist, weiß man auch in HongKong und baute 1993 die Mid-Level Escalators, eine knapp einen Kilometer lange **Kombination aus Treppe und Rolltreppe,** welche von der Conduit Rd. zum Central Market/DeVeux Rd., Central führt. Die Benutzung ist kostenlos; für den Touristen dürfte dieser Fußgänger-Highway vor allem für das Kneipenviertel Soho (siehe Unterhaltung) von Interesse sein. Die Escalators fahren bis 10:00 Uhr abwärts, ab ca. 10:30 Uhr bis Mitternacht aufwärts!

## Rikscha und Fahrrad

Viele Filme, die in HongKong spielen, vermitteln den Eindruck, man könne sich gemütlich in einer Fahrradriksha an der Star-Ferry/Central durch die Stadt strampeln lassen. Zwar gibt es eine Handvoll **Rikschafahrer** vor dem Pier in Central, doch die stehen hier lediglich, um den Touristen gegen Entgelt als Fotomotiv zur Verfügung zu stehen.

Vom **Radfahren** an sich ist eher abzuraten. In der Innenstadt ist es Unsinn, da viel zu hektisch, in den weniger besiedelten Gebieten zu steil (sonst wären sie besiedelt), auf den Inseln unnötig. Auf die wenigen **Verleihmöglichkeiten** wird gesondert hingewiesen (↗ Inseln).

## Auto und Motorrad

Vor Ort besteht die Möglichkeit, bei international bekannten Verleihfirmen ein Motorrad oder einen Leihwagen (auf Wunsch auch mit Fahrer) zu **mieten.** Hiervon sei jedoch, außer zu wichtigen repräsentativen Zwecken, abgeraten. Freie Parkplätze sind so selten wie die blaue Mauritius, der Verkehr in der Innenstadt entnervend, das öffentliche Nahverkehrsnetz hingegen exzellent und preiswert, und schließlich gibt es auch noch die kostengünstigen Taxis für die wenigen Fälle, in denen man auf ein Fahrzeug nicht verzichten kann.

- ●*AVIS Rent a Car,* 85 Leighton Rd., Causeway Bay, Tel. 28906988
- ●*Hertz Car Rental,* Peregrine Tower, Tel. 8002321 (gebührenfrei)

Es herrscht nach wie vor wie in England – im Gegensatz zur Volksrepublik China – **Linksverkehr.** Die Polizei achtet strikt auf die Einhaltung der Verkehrsregeln, Fußgänger haben bei grüner Fußgängerampel tatsächlich auch das Gehrecht. Gerade die Disziplin im Straßenverkehr ist ein augenfälliger Unterschied zur Volksrepublik.

# Versicherungen

Egal welche Versicherungen man abschließt, hier ein Tipp: Für alle abgeschlossenen Versicherungen sollte man die **Notfallnummern** notieren und mit der **Policenummer** gut aufheben! Bei Eintreten eines Notfalles sollte die Versicherungsgesellschaft sofort telefonisch verständigt werden!

## Auslandskrankenversicherung

Die Kosten für eine Behandlung in HongKong, Macau oder China werden von den gesetzlichen Krankenversicherungen in Deutschland und Österreich nicht übernommen, daher ist der Abschluss einer privaten **Auslandskrankenversicherung unverzichtbar.** Diese sind z.B. in Deutschland ab 5–10 € pro Jahr auch sehr günstig. Bei Abschluss der Versicherung – die es mit bis zu einem Jahr Gültigkeit gibt – sollte auf einige Punkte geachtet werden. Zunächst sollte ein **Vollschutz ohne Summenbeschränkung** bestehen, im Falle einer schweren Krankheit oder eines Unfalls sollte auch der **Rücktransport** übernommen werden. Wichtig ist, dass im

Krankheitsfall der **Versicherungsschutz über die vorher festgelegte Zeit hinaus** automatisch verlängert wird, wenn die Rückreise nicht möglich ist.

**Schweizer** sollten bei ihrer Krankenversicherungsgesellschaft nachfragen, ob die Auslandsdeckung auch für HongKong, Macau oder China inbegriffen ist. Sofern man keine Auslandsdeckung hat, kann man sich kostenlos bei Soliswiss (Gutenbergstr. 6, 3011 Bern, Tel. 031-3810 494, info@soliswiss.ch, www.soliswiss.ch) über mögliche Krankenversicherer informieren.

**Zur Erstattung** der Kosten benötigt man ausführliche **Quittungen** (mit Datum, Namen, Bericht über Art und Umfang der Behandlung, Kosten der Behandlung und Medikamente).

Der Abschluss einer **Jahresversicherung** ist in der Regel kostengünstiger als mehrere Einzelversicherungen. Günstiger ist auch die **Versicherung als Familie** statt als Einzelpersonen. Hier sollte man nur die Definition von „Familie" genau prüfen.

### Andere Versicherungen

Ob es sich lohnt, weitere Versicherungen abzuschließen wie eine Reiserücktrittsversicherung, Reisegepäckversicherung, Reisehaftpflichtversicherung oder Reiseunfallversicherung, ist individuell abzuklären. Gerade diese Versicherungen enthalten viele **Ausschlussklauseln,** sodass sie nicht immer Sinn machen.

Die **Reiserücktrittsversicherung** für 35–80 € lohnt sich nur für teure Reisen und für den Fall, dass man vor der Abreise einen schweren Unfall hat, schwer erkrankt, schwanger wird, gekündigt wird oder nach Arbeitslosigkeit einen neuen Arbeitsplatz bekommt, die Wohnung abgebrannt ist u.Ä. Nicht gelten hingegen: Terroranschlag, Streik, Naturkatastrophe etc.

Die **Reisegepäckversicherung** lohnt sich seltener, da z.B. bei Flugreisen verlorenes Gepäck oft nur nach Kilopreis und auch sonst nur der Zeitwert nach Vorlage der Rechnung ersetzt wird. Wurde eine Wertsache nicht im Safe aufbewahrt, gibt es bei Diebstahl auch keinen Ersatz. Kameraausrüstung und Laptop dürfen beim Flug nicht als Gepäck aufgegeben worden sein. Gepäck im unbeaufsichtigt abgestellten Fahrzeug ist ebenfalls nicht versichert. Die Liste der Ausschlussgründe ist endlos … Überdies deckt häufig die Hausratsversicherung schon Einbruch, Raub und Beschädigung von Eigentum auch im Ausland. Für den Fall, dass etwas passiert ist, muss der Versicherung als Schadensnachweis ein Polizeiprotokoll vorgelegt werden.

Eine **Privathaftpflichtversicherung** hat man in der Regel schon. Hat man eine **Unfallversicherung,** sollte man prüfen, ob diese im Falle plötzlicher Arbeitsunfähigkeit aufgrund eines Unfalls im Urlaub zahlt.

# Land und Natur Geografie

HongKong, Sonderverwaltungsgebiet der Volksrepublik China (*Special Administrative Region*, SAR), liegt an der südchinesischen Küste am Delta des Perlflusses, der hier in das südchinesische Meer mündet. Die einzige Landgrenze verbindet HongKong mit der chinesischen Provinz GuangDong (Kanton). Traditionell ist HongKong kulturell, sprachlich und auch wirtschaftlich eng mit dieser Provinz verbunden.

Die (man muss wegen der Landaufschüttungen im Meer sagen: *derzeit*) 1103 km² **Landfläche** verteilen sich auf vier Regionen: KowLoon (20 km²) und die New Territories (753 km²) an der Südspitze der Provinz GuangDong, HongKong-Island (82 km²) sowie 234 weitere vorgelagerte Inseln (248 km²). Die vier Hauptteile HongKongs setzen sich aus jeweils mehreren Stadtteilen oder Bezirken zusammen.

Höchste **Erhebungen** sind der TaiMoShan (957 m) in den New Territories, FungWongShan (LanTau-Peak) auf LanTau (934 m) sowie der ebenfalls auf LanTau gelegene Sunset Peak (869 m). Nennenswerte **Flüsse** gibt es keine, die Trinkwasserversorgung wird durch große Reservoirs sichergestellt.

Gut sieben Millionen Menschen leben in HongKong, was einer **Bevölkerungsdichte** von 6355 pro km² entspricht. Allerdings konzentriert sich die Besiedlung besonders auf die Stadtteile KowLoon und die Nordseite von HongKong-Island. Teile der New Territories wie auch etliche Inseln sind sehr dünn oder gar nicht besiedelt.

# KLIMA UND REISEZEIT

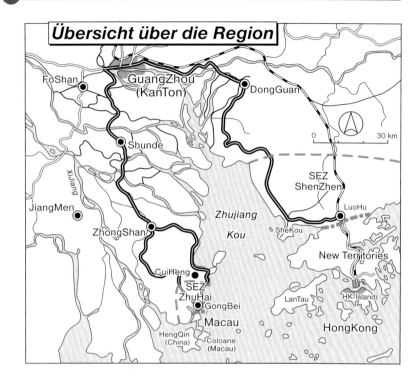

Das administrative und **wirtschaftliche Herz** liegt im Central-District (früher auch Victoria, Hauptstadt Hong-Kongs genannt) auf HongKong-Island, wo sich, gleichauf mit Kow-Loon, die meisten Läden, Kaufhäuser, Restaurants und Sehenswürdigkeiten befinden.

Unter HongKong stellt man sich häufig nur die dicht besiedelte Innenstadt vor. Mit den vielen **Inseln** und den eher ländlichen New Territories zeigt HongKong auch ein ganz anderes Gesicht, welches Pauschaltouristen aber, die sich nur im Zentrum und vielleicht auf ein oder zwei Hauptinseln aufhalten, nie erfahren.

## Klima und Reisezeit

HongKong liegt im **subtropischen Klimagürtel** und ist geprägt von heißen, feuchten Sommern und trockenen, sonnigen, aber kühlen Wintern.

Extrem ungewohnt sind für Mitteleuropäer die **feucht-heißen Sommermonate,** in denen an Nachmittagen Spitzenwerte von bis zu 97 % Luftfeuchtigkeit nicht selten sind.

## KLIMA UND REISEZEIT

HongKong (wie auch Macau und die Provinz GuangDong) liegt im Einflussgebiet zweier höchst unterschiedlicher Monsunströmungen. Der **Nordwestmonsun** (Oktober–März) entsteht durch Luftströmungen über dem zentralasiatischen Festland (überwiegend der chinesischen Wüstenregion), ist zunächst eher trocken und nimmt erst auf seinem Weg nach Süden Feuchtigkeit auf, die er über Südchina abregnet, und im Norden bringt er oft rapide Temperaturschwankungen binnen weniger Stunden mit sich; er beeinflusst hauptsächlich die Monate November bis Februar. Der subtropische „Nordregen" ist gemäßigt, kann aber ganztägige Schauer bedeuten.

Anders der **Südostmonsun** (April–September), der aus dem tropischen Süden heraufzieht und große Regenmengen mitbringt. Es regnet dann meist nachmittags für rund eine Stunde wolkenbruchartig, anschließend herrscht strahlender Sonnenschein. Das dann verdampfende Wasser verursacht insbesondere in den Bergen den tückischen Nachmittagsnebel. Die größten Niederschlagsmengen gehen in den Monaten Juni bis August nieder.

Mit der Strömung des SO-Monsuns kann aber noch eine weitere Wettererscheinung entstehen, der **Taifun** (chin: TaiFeng, großer Wind, ein Begriff, der in die deutsche Sprache übernommen wurde). Diese unberechenbaren, orkanartigen Regenstürme entstehen im Südwestpazifik und ziehen regelmäßig in den Sommermonaten mit der Monsunströmung zum asiatischen Fest-

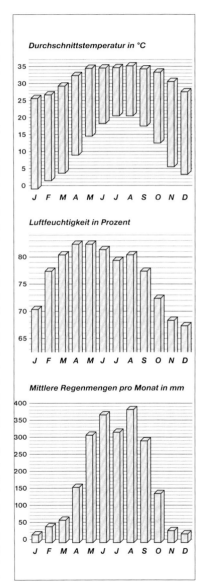

land. Besonders betroffen sind während der Monate Juli bis September immer wieder die Philippinen, TaiWan, Japan und Südchina.

Als Reisender darf man einen Taifun keinesfalls unterschätzen, auch wenn i.d.R. bei entsprechendem Verhalten keine Gefahr für Leib und Leben besteht. Der Wetterdienst gibt frühzeitig voraussichtliche Ankunft und Zielregion in Funk, Fernsehen und Presse (auch den englischsprachigen) bekannt, die jeweilige Taifunstufe wird auch in der Innenstadt (vor Kaufhäusern usw.) ausgehängt. Bei Taifunwarnung können vor allem Verkehrsmittel kurzfristig storniert werden; Berufs- und Schulverkehr sind oft besonders betroffen, auch wenn sich die Kinder und Jugendlichen über „taifunfrei" natürlich genauso freuen wie bei uns über hitzefrei. Jeder Aufenthalt im Freien während eines Taifuns ist unbedingt zu vermeiden. Interessant am Rande: Nach der Übergabe HongKongs am 1.7.97 ging einen Tag später (!) ein verheerendes Unwetter einhergehend mit sintflutartigen Überschwemmungen über HongKong nieder – nach chinesischer Interpretation ein unheilschwangeres Vorzeichen für die neue Ära.

HongKong ist prinzipiell ganzjährig eine Reise wert, am ungewohntesten sind klimatisch die Monate Juni bis August, während des chinesischen Neujahrsfestes (Januar/Februar) sind Tickets und Unterkünfte mitunter schwer zu bekommen.

# Flora und Fauna

Im Zuge der Besiedlung und Modernisierung HongKongs wurde der ursprünglich üppige Monsunwald nahezu völlig abgeholzt oder niedergebrannt. Erosionen trugen außerdem dazu bei, dass heute rund zwei Drittel der Gesamtfläche von kargem, steilem Hügelland sowie Mangrovensümpfen bedeckt werden. Die Bergregionen sind überwiegend grasbewachsen, bekannteste Gewächse sind hier die **rosa Azalee** und die **Bauhinia** („Hong-Kong-Orchidee"), die sich auch in der SAR-Landesflagge wiederfindet.

Bedingt durch die eher karge Vegetation sind wildlebende **Säugetiere** nur in den entlegenen Regionen der New Territories sowie der Inseln zu finden. Wer viel wandert (und Glück hat), kann auf Wildkatze, Otter, Affe oder Stachelschwein treffen.

# Staat und Politik  Geschichte

Archäologische Grabungen zeigen, dass die Region des heutigen HongKong schon vor 8000 Jahren besiedelt wurde. Im Gegensatz zu der Region um GuangZhou (Kanton) spielten die überwiegend **von Fischern bewohnten Siedlungen** in der ereignisreichen Geschichte Chinas nur eine untergeordnete Rolle. Die „Geburtsstunde" HongKongs schlug erst, als die europäischen Handelsnationen feste Stützpunkte in Fernost errichteten.

Mitte des 16. Jh. hatten nur die Portugiesen die Erlaubnis vom Kaiserhof erhalten, eine feste Basis auf chinesischem Gebiet zu errichten, namentlich Macau. Von einigen für ihre wissenschaftlichen Kenntnisse berühmten Jesuitenpriestern abgesehen durfte kein Ausländer in China wohnen. Da sich der wechselseitige Handel aber auch für das Kaiserreich als lukrativ erwies, wurde 1685 die Stadt GuangZhou (Kanton) dem Freihandel geöffnet. Die **British East India Company** errichtete als erste Lagerhäuser und Faktoreien in Kanton und begründete so den schwunghaften Handel mit Tee und Seide. Dennoch durften Ausländer nur während der Handelssaison in Kanton wohnen, ihre Familien mussten in Macau bleiben, auch durften die Ausländer kein Chinesisch lernen. Zu jener Zeit glaubte China fest daran, dass Einflüsse von außen nur schaden könnten. Dennoch wurden europäische und amerikanische Händler von den immensen Gewinnaussichten in Kanton zunehmend angelockt, um so mehr, als Anfang des 19. Jh. der Handel mit jenem Stoff aufkam, der China um 100 Jahre zurückwerfen und die Geburt HongKongs bedingen sollte – Opium.

Nach etwa 200 Jahren mehr oder weniger partnerschaftlicher Handelsbeziehungen wurde der mandschurische Kaiserhof Mitte des 19. Jh. von den europäischen Kolonialmächten, vor allem England, immer stärker bedrängt, der Errichtung von Freihäfen und Handelsstützpunkten auf chinesischem Territorium zuzustimmen. Während Holland vorwiegend mit Gewürzen handelte und daher die tropischen Regionen (Indonesien) bevorzugte, spezialisierten sich die Engländer auf den Verkauf indischer Textilien sowie Wolle,

Zinn und Blei aus England nach China. Da dies nicht ausreichte, um den importierten Tee zu bezahlen, war die britische Handelsbilanz in China negativ. Silber floss ins Kaiserreich, und England brauchte eine Ersatzware, um die Bilanz auszugleichen. So wurde **Opium** aus Bengalen (Hinterindien, heute Bangla-Desh) eingeführt, dieser lukrative Handel von privaten Handelshäusern, allen voran der British East India Company betrieben. Das Kaiserreich wurde durch den Opiumhandel gleich dreifach getroffen: einmal flossen erhebliche Silbermengen aus dem Land, zum zweiten führte die Opiumabhängigkeit vieler Chinesen – Schätzungen zufolge gab es 1835 bereits 2 Millionen Abhängige in China – zu erheblichen Arbeits- und Ernteausfällen, und schließlich führten die damit einhergehenden lockenden Gewinnaussichten in China selbst zu erheblicher Korruption in der Beamtenschaft. Gerade diese Korruption sollte ausschlaggebend dafür sein, dass China den Engländern im Opiumkrieg keinen Widerstand leistete: Viele hohe Beamte wollten die Engländer als „Geschäftspartner" nicht verlieren.

Vorerst wehrte sich das Kaiserreich jedoch. Chinas Mandarin von Kanton, *LinZeXu*, belagerte 1839 sechs Wochen lang die ausländischen Lagerhäuser und zwang die Europäer zur Herausgabe allen Opiums sowie zur Unterzeichnung einer Erklärung, dass in Zukunft nicht mehr mit Opium gehandelt werde.

Der britische Außenminister *Lord Palmerston* nahm dies zum Anlass, ein Expeditionsheer nach China zu entsenden und den **Ersten Opiumkrieg** (1840–42) zu beginnen. Englands Forderung war es, entweder einen umfassenden Freihandelsvertrag oder eine Insel als Kolonie zu erhalten. *LinZeXu* trat die Insel HongKong an England ab, die *Captain Charles Elliot* am 26. Januar 1841 offiziell für Ihre Majestät in Besitz nahm.

Doch die jeweiligen Machthaber waren unzufrieden: sowohl *Lin* als auch *Elliot* wurden abgelöst – der eine hatte China Schande bereitet, der andere England einen **„wertlosen Steinhaufen im chinesischen Meer"** *(Palmerston)* eingehandelt. *Elliots* Nachfolger, *Sir Henry Pottinger*, erhielt den Auftrag, einen guten Handelsvertrag anstelle des „nutzlosen" HongKong herauszuholen. *Pottinger* war 1842 vor Ort von den Fortschritten der neuen Siedlung so beeindruckt, dass er seine Anweisungen umging, bis NanJing (NanKing) vorstieß und so den ersten Opiumkrieg mit dem Frieden von NanJing beendete. England erhielt sowohl „Steinhaufen" als auch Handelsrechte (Öffnung von fünf Freihäfen für ausländische Händler). Von „Krieg" im engeren Sinne kann dabei allerdings kaum die Rede sein. Das aus 80 Schiffen bestehende Expeditionsheer besetzte vier Städte an der Südküste, fuhr den ChangJiang (YangTse-Kiang) hinauf und hätte durchaus geschlagen werden können. Hohe Beamte aber bewegten Kaiser *DaoGuang* aus den genannten Gründen zum Nachgeben, sodass es lediglich zu ein paar Scharmützeln kam.

Dispute über die ausgehandelten Verträge gipfelten im **Zweiten Opiumkrieg,** 1856–58, der mit einem erneuten Erfolg Englands im Frieden von TianJin (TienTsin) endete. England erhielt nun die Halbinsel **KowLoon** auf dem Festland (bis zur heutigen Boundary Street im Norden MongKoks) hinzu.

Nachdem China Ende des 19. Jh. zunehmend innerlich zerfiel und zahlreiche Großmächte Fetzen aus dem wankenden Giganten rissen – selbst Deutschland sicherte sich das Überseegebiet QingDao (TsingTau, Nordost-China) – erzwang England einen weiteren Landgewinn. Im **Pachtvertrag** von Peking im Juni 1898 wurden die **New Territories** und 234 Inseln rund um HongKong für 99 Jahre von China für die bescheidene Summe von jährlich 5000 HK$ dazugepachtet. Während also HongKong-Island und KowLoon ewige britische Kolonie geworden waren, war die Masse der Fläche HongKongs, die New Territories sowie die Outlying Islands, von Anfang an nur bis 1997 gepachtet. Dieser letzte Vertrag von 1898 sollte schließlich die Ursache dafür werden, dass ganz HongKong 1997 an China zurückfiel.

Von Anfang an war es auch Chinesen gestattet, in der neuen britischen Besitzung Handel zu treiben, im Laufe der Zeit nahmen sie auch Verwaltungsfunktionen ein. Die gegenseitigen Abhängigkeiten – die Chinesen mussten ihre nominellen Herren akzeptieren und in ihre Geschäfte einbeziehen, die

Engländer wussten, dass höchste Gewinne im Chinahandel nur mit Hilfe der Chinesen HongKongs möglich waren – führten bald zu einer Art „multikulturellen Handelsharmonie" in der **Kronkolonie**. Handel und Wirtschaft boomten, die Bevölkerung wuchs von 33.000 (1851) auf 880.000 (1930) an, wobei jeweils etwa 97 % Chinesen waren. Große Binnenprojekte waren die Gründung der China Gas Company (1861), Peak Tram (1885), China Light and Power (1903), die Electric Tram (1904) sowie die KowLoon – Kanton Railways (1910). Der natürliche Hafen zwischen HongKong-Island und KowLoon erwies sich als derart vorteilhaft, dass der Umschlag von Chinawaren nicht nur von Engländern, sondern auch von chinesischen Händlern der Provinz GuangDong (Kanton) zunehmend über HongKong ablief. Die Anzahl der abgefertigten Schiffe stieg von 2900 (1860) auf 24.000 (1939) jährlich.

Mit dem Beginn des *Zweiten Weltkrieges* in Fernost (1937) und der Besetzung Südchinas durch Japan (1938) strömten Flüchtlinge in die Kronkolonie, wo Schätzungen zufolge eine halbe Million Menschen in den Straßen nächtigten.

Als Japan am 7.12.1941 Pearl Harbour bombardierte und den Krieg gegen die westlichen Alliierten aufnahm, wurde auch das britische HongKong nur einen Tag später von japanischen Truppen überrannt und für knapp vier Jahre besetzt. Die Bevölkerungszahl sank während der *japanischen Besetzung* auf 500.000.

Nach Ende des Krieges (August 1945) verfünffachte sie sich binnen drei Jahren wegen einer erneuten Flüchtlingswelle im Zuge des **Bürgerkrieges in China** (1945–49) zwischen Nationalisten (*ChiangKaiShek*) und Kommunisten (*MaoZiDong*). Noch heute gibt es zahllose Spekulationen, warum das kommunistische China 1949 HongKong nicht einfach mit „übernahm" – militärisch eine lösbare Aufgabe. Eine Erklärung scheint die Tatsache zu sein, dass das kommunistische China so kurz nach 12 Jahren Welt- und Bürgerkrieg kein Interesse an einem sofortigen Konflikt mit den ehemaligen westlichen Alliierten hatte. Vielmehr musste die erfolgreiche Revolution im Inneren gefestigt werden.

In den **Nachkriegsjahren** begann in der Kronkolonie ein allmählicher Wiederaufbau, unterbrochen vom amerikanischen Handelsembargo gegen China im Koreakrieg (1950–53), welches auch HongKong empfindlich traf. Die Tatsache, dass der Hafen blockiert wurde und HongKong somit Alternativen im Handel brauchte, führte zu einer massiven Industrialisierung der 1960er Jahre in den Bereichen Textil, Fasern und Uhren, die bald 40 % des Handelsvolumens ausmachten.

Direkte politische Bedrohung erfuhr HongKong noch einmal am 8. Juli 1967, als die **Kulturrevolution** von China in die Kronkolonie überzuschwappen drohte, Bomben explodierten und pro-kommunistische Aufstände eskalierten. Bewaffnete Rotarmisten überquerten sogar die Grenze, nahmen einen 3 km breiten Streifen ein, zogen sich aber wieder zurück. Am Jahresende war der Spuk vorüber, HongKong setzte seinen friedlichen Entwicklungsprozess fort.

Während die 1970er von zunehmender **Industrialisierung** geprägt waren, setzte in den 80er Jahren eine Hinwendung zum **Dienstleistungssektor** (Bank, Versicherung, Fracht) und eine Verlagerung der Industrie in grenznahe Städte auf chinesischer Seite ein, und HongKong wurde wichtigstes Börsen- und Finanzzentrum in Fernost. Der Tourismus wurde neben dem Dienstleistungsgewerbe die wichtigste Einnahmequelle der Kolonie, die Stadt zur **verkehrstechnischen Drehscheibe** zwischen Ost- und Südostasien. Die enge Bindung an das chinesische Mutterland führte besonders in den 80er Jahren zu erheblichen Kapitalflüssen in beide Richtungen und zu starken Verflechtungen.

In den frühen 1980er Jahren gab es nur noch ein Hauptthema: den **1.7.1997.** Zwar sahen Menschen in HongKong ihre Hauptbetätigung traditionell im *making money*, weniger in politischen Freiheiten oder Aktivitäten; eine gewisse Furcht aber vor dem unbekannten Mutterland, dessen Einheitspartei und der stets unberechenbaren Führung (Stichwort: TianAnMen 1989) ließen die Menschen unsicherer werden, je näher der Tag X rückte. Überhaupt, sagten sich viele, warum konnte es denn nicht so bleiben, wie es sich bewährt hatte? Beide Seiten machten gute Geschäfte, außerdem sei HongKong doch „auf ewig" britisch, warum also die vollständige Rückgabe?

Der Grund dafür lag in den Verträgen von 1898, in denen England die New Territories ab Boundary Street sowie die 234 Inseln für 99 Jahre lediglich pachtete. Zwar waren HongKong-Island und KowLoon eigentlich ewig britisches Territorium, auf Grund des Zusammenwachsens wären die Gebiete HongKongs logistisch jedoch nicht teilbar. Strom, Wasser, Kanalisation usw., alles war miteinander verflochten, ferner hätten auf „britischem" Gebiet die Verwaltung, auf „chinesischem" die Wohngebiete gelegen – ein unlösbarer Zustand. Und so wusste auch Großbritannien, dass HongKong-Island mit KowLoon alleine nicht lebensfähig gewesen wäre.

Die Regierung Thatcher willigte daher im September 1984 in die so genannte **Sino-British Joint Declaration** (gemeinsame chinesisch-britische Erklärung) ein, in der nach zähen Verhandlungen die Übergabemodalitäten festgelegt wurden. Die Rückgabe auch der eigentlich ewig britischen Teile ermöglichte es den britischen Parlamentären immerhin, einen erheblichen Einfluss auf die Zeit nach 1997 zu nehmen. Anstatt einer einfachen Rückgabe wurde daher in der Joint Declaration im Wesentlichen Folgendes festgelegt:

- HongKong fällt als Ganzes und vollständig am 1.7.97 an China.
- HongKong wird nominell für 50 Jahre Sonderverwaltungsgebiet (Special Administrative Region, SAR).
- Wirtschafts-, Verwaltungs-, und Rechtssystem bleiben für 50 Jahre unverändert.
- Die Währung (HK$) bleibt einzig gültige Währung in HongKong (für weitere 50 Jahre).
- Die Sozialgesetzgebung bleibt 50 Jahre unangetastet.
- HongKong hält seine Grenze zu China aufrecht, alle Einreisebestimmungen bleiben unverändert.
- Außen- und Sicherheitspolitik werden von der VR China wahrgenommen.

- HongKong darf eine eigene Flagge neben der chinesischen hissen, eigene Sportteams unter dem Namen „HongKong, China" sind erlaubt.
- Verträge behalten umfassende Gültigkeit auch über 1997 hinaus.
- Grundrechte wie Versammlungs-, Rede-, Presse-, Streik-, Reise- oder Berufsfreiheit bleiben erhalten.
- Peking darf nur bei Gefährdung der öffentlichen Ordnung oder der nationalen Sicherheit eingreifen.

Diese von *DengXiaoPing* und *Margaret Thatcher* eingefädelte Vereinbarung ließ von Anfang an zumindest auf dem Papier keinen Zweifel daran, dass China in keiner Weise an wesentlichen Änderungen interessiert war. Dass ein kommunistisches System ein kapitalistisches Geschwür im eigenen Leib duldet, ist für China nichts neues. Die einfache Formel *DengXiaoPings* für dieses Kunststück lautete schlicht und ergreifend **„ein Land, zwei Systeme"** und wurde bereits auf TaiWan (zumindest in Verhandlungen), Macau und auch die Sonderwirtschaftszonen (Special Economic Zone, SEZ) wie ShenZhen oder ZhuHai angewandt.

Die Frage, ob Präsident **JiangZiMin** nach *Dengs* Tod weiter der starke Mann in China blieb, war schnell geklärt. Das Militär stärkte ihm den Rücken, und er entwickelte in Anlehnung an Deng die „Ein Land, zwei Systeme, drei Stufen"-Theorie. Die dritte Stufe bezieht sich dabei indirekt auf TaiWan, welches *Jiangs* (bislang unerreichtes) Lebensziel wurde. Immerhin bot er dem dortigen damaligen Präsidenten *LiDengHui* den Vizepräsidentenstuhl im Nationalen Volkskongress an (was etwa einer Vizepräsidentschaft *Angela Merkels* in den USA gleich-käme)!

Dennoch trauten zahlreiche HongKonger – insbesondere die Wohlhabenderen – dem Frieden nicht und verließen die Kronkolonie noch vor dem Stichtag 1. Juli. Kanada, USA und England nahmen bereitwillig die fleißigen, teilweise millionenschweren Antragsteller auf – doch was passierte mit den Durchschnittsbürgern? Viele rümpften die Nase bei dem Gedanken, Horden ärmlicher Chinesen kämen über die Grenze und könnten den Wohlstand quasi plündern. Diese dramatisie-

## DengXiaoPing

Deng (22.8.1904-19.2.1997) stammt aus einer gutbürgerlichen Familie der oberen Mittelschicht der Provinz SiChuan. Von 1920 an studierte Deng in Frankreich, hatte hier enge Kontakte mit dem späteren Premier ZhouEnLai und schloss sich der kommunistischen Bewegung an. Croissants und Bridge sollten seine lebenslangen, in Frankreich erworbenen Leidenschaften sein. Nach kurzem Besuch in Moskau (1926) kehrte er nach China zurück, führte während des langen Marsches (1934-35) die 1. Armee und hatte später durchschlagende militärische Erfolge gegen die Nationalisten im Bürgerkrieg (1945-49). An der Seite MaoZiDongs baute Deng (1952 Vizepremier) das kommunistische Nachkriegschina auf, erlebte mehrere Höhen und Tiefen und entwickelte im Laufe der Jahrzehnte einen wesentlichen Unterschied zu Mao in der Politik: Die Wirtschaft kommt vor allem anderen. Für seine geradezu konterrevolutionären Ideen wurde er von Mao mehrfach abgesetzt, konnte sich aber am Ende des zu verheerenden Hungersnöten führenden „großen Sprungs nach vorn" (1960, katastrophale wirtschaftliche Fehlentscheidungen Maos) durchsetzen und durch seine raschen Maßnahmen Millionen von Menschenleben retten. Auch die große politische Säuberungswelle Maos unter dem Deckmantel „Kulturrevolution" (1966/67) überlebte Deng mit einer Mischung aus Glück und Geschick. Der Mann, der mit Weisheiten wie „egal ob die Katze weiß oder schwarz ist, Hauptsache sie fängt Mäuse" oder „reich werden ist ruhmreich" über Chinas Grenzen hinaus bekannt wurde und mit starren sozialistischen Dogmen à la Mao brach, war in den 1970er und frühen -80er Jahren die Schlüsselfigur für wirtschaftliche Erfolge. Stellvertretend für seine Ideen steht die Sonderwirtschaftszone ShenZhen bei HongKong, Dengs Lieblingskind. Nirgends werden noch heute so hohe Wachstumsraten erzielt wie gerade dort - das ShenZhen der 1990er Jahre wirkt beinahe moderner als HongKong.

Deng kennt man im Westen aber weniger als Retter von Millionen vor dem Hunger oder als Architekten des Wirtschaftswunders, DengXiaoPing erlangte unrühmliche Ehre als Verantwortlicher bei der Niederschlagung der Studentenunruhen auf dem TianAnMen 1989, wo Deng als Vorsitzender der zentralen Militärkommission maßgeblich an der gewaltsamen Eskalation beteiligt war.

Es war Deng nicht vergönnt, die Rückgabe HongKongs noch mitzuerleben. Er starb am 19.2.97 im Alter von 92 Jahren in BeiJing (Peking).

---

rende Grundhaltung zeigte sich noch **kurz vor der Übergabe,** als HongKonger Professoren, angesprochen auf mögliche „illegale Einwanderer vom Festland", öffentlich die Formulierung „Flüchtlinge" wählten.

Der Alltag vor der Übergabe änderte sich kaum, jeder ging seiner gewohnten Tätigkeit nach und harrte der Dinge, die da kommen sollten. Lediglich einigen Peking gegenüber sehr kritisch eingestellten Journalisten und Karikaturisten war klar, dass ihre Tage (beruflich) gezählt waren.

Die Tageszeitungen druckten den **Countdown** der letzten 100 Tage auf der Titelseite, in Peking wurde schon 1996 eine große Uhr aufgestellt, die sogar die verbleibenden Sekunden anzeige. Einig war man sich allenthalben: ein großer Tag für China sollte es werden, Änderungen im System seien unnötig.

Allen Unkenrufen zum Trotz war die eigentliche **Übergabe** genau das; ein großer Tag für China, als der Union Jack vor dem zu Tränen gerührten Prinz Charles am 30. Juni

1997 um 23:59 Uhr eingerollt und die chinesische Flagge im neuen Convention Centre gehisst wurde. Ein großer Tag für die Volksbefreiungsarmee, die ruhig und leise wie eine Geisterarmee in der gleichen Nacht in HongKong einrückte – diszipliniert und unbewaffnet als positives Zeichen an die Bürger. Ein großer Tag für die (nun eigentlich verbotene) Opposition um *Martin Lee*, die entgegen aller Warnungen bereits um 01:00 Uhr des 1. Juli an alten Legislative Council eine ungehinderte Demonstration abhielt. Und natürlich auch ein großer Tag für *Jiang-ZeMin*, Chinas damaligen Präsidenten, der nicht nur seinen Namen mit der „Heimholung" HongKongs verbinden durfte, sondern auch die innere Eigenentwicklung Hong-Kongs in seiner Rede während der Zeremonie bestätigte.

Fast wie ein modernes Märchen, möchte man meinen – doch eben nur fast, wie die folgenden Ereignisse zeigen sollten. In der chinesischen Geschichte deuteten sich einschneidende Ereignisse durch Naturkatastrophen an, so geschehen beispielsweise vor dem Tod *Maos*. Viele Chinesen, sehr viele, glauben fest an einen Zusammenhang zwischen Naturkatastrophen und darauf folgende politische Umwälzungen. Nur wenige Stunden nach den Zeremonien brach ein **verheerender Taifun** über HongKong herein, der zahlreiche Überflutungen und sogar Todesopfer mit sich brachte. HongKong war wie gelähmt, nicht wegen der Flutschäden, sondern weil dies als schlechtes Omen für die neue Ära gehalten wurde.

Und tatsächlich: nach 1997 brach der Tourismus – einer der wichtigsten Wirtschaftszweige der SAR – geradezu ein. Noch schlimmer traf es die Börsianer, die bei der **Asienkrise** 1997 spektakuläre Kursverluste von über 50 % hinnehmen mussten.

Auch die ersten Jahre des neuen Jahrtausends waren von ebenso brisanten wie höchst unterschiedlichen Animositäten zwischen der SAR und Peking geprägt: Zunächst machte die **Sekte FaLunGong** (eigentlich: FaLun DaFa) – eine Meditationsbewegung mit mehr Anhängern als die KPC – mit mehreren friedlichen Versammlungen in Peking und anderen Großstädten auf sich aufmerksam. Den Konservativen missfielen diese liberalen Versammlungen, die Sekte wurde verboten und ihre Mitglieder drastisch verfolgt. HongKong, das eine friedliche Versammlungsfreiheit gewährt, wurde somit zur Fluchtburg vieler FaLunGong-Anhänger und erweckte in der SAR zahllose Proteste gegen den Pekinger Verfolgungswahn. Man achte einmal auf Bildtafeln vor den Star-Ferry Eingängen. An Wochenenden werden dort von FaLun-Anhängern Folterungen angeprangert und Broschüren ausgeteilt. Mit dieser Tolerierung steht HongKong natürlich im Konflikt zu Peking.

Dann begannen Alltagsprobleme, die das skurrile „ein Land zwei Systeme"-Gebilde am Perlfluss vor ernste Zerreißproben stellten: die HongKonger höchstrichterliche Instanz des *Court of Final Appeal* (CFA) entschied, dass volksrepublikanische Verwandte von Hong-Kongern das Recht hätten, zu ihren Verwandten nach HongKong zu ziehen (permanentes Aufenthaltsrecht). Das **Problem** war, dass man dabei mit rund **zwei Millionen Neubürgern** zu rechnen hatte, was weder logistisch noch sozial verträglich sein dürfte. Nun suchte man händeringend nach einem Ausweg aus dem Dilemma, dass man einerseits diese Zahl auch beim besten Willen nicht aufnehmen konnte, andererseits aber auch nur höchst ungern – man will schließlich größtmögliche Unabhängigkeit bewahren – den Nationalen Volkskongress in Peking anrufen wollte, der als letzte Instanz ein Änderungsrecht hätte, wenn HongKong darum bitten würde. Doch das war eben genau die Crux: wieviel wäre die innere Autonomie noch wert, wenn man bei unliebsamen (HongKonger) höchstrichterlichen Entscheidungen Peking um Änderung aus „überregionalem Interesse" bittet? So biss *Tung* in den höchstsäuerlichen Apfel, bat den Nationalen Volkskongress um eine „Reinterpretation aus Gründen der nationalen Sicherheit" (was dieser auch tat) und handelte sich einen lupenreinen Präzedenzfall für nachfolgende Problematiken im Reich des gelben Drachen mit zwei Köpfen ein.

Wenig später verbot der Nationale Volkskongress – wieder aus übergeordneten Gründen – die eigentlich im SAR-Vertrag/Basic Law vereinbarten freien Wahlen für 2007, da HongKong „für Demokratie noch nicht reif sei"! Die SAR HongKong und damit auch die Formel „ein Land zwei Systeme" hatte damit einen verhängnisvollen **politischen Rückschlag** erlitten, von dem sie sich nur schwer erholen wird.

Der zunehmend von allen Seiten unter Druck geratene pekingtreue *Tung* trat 2005 offiziell aus gesundheitlichen Gründen zurück. *Donald Tsang*, ein echter HongKonger Musterknabe aus der britischen Verwaltung, übernahm das Amt des *Chief Executive* zunächst bis zum Ende der regulären Amtszeit *Tungs* und wurde im März 2007 für eine zweite und letzte Amtszeit (bis 2012) wiedergewählt. Der in HongKong vergleichsweise beliebte *Tsang* gilt als exzellenter Wirtschaftsfachmann und ist **demokratischen Prozessen weniger abgeneigt** als sein Vorgänger. Um Kürzel und Karikaturen der Lokalpresse besser zu verstehen, muss man wissen, dass *Tsangs* Spitzname „B.T." lautet, eine Anspielung darauf, dass er in der Öffentlichkeit nie mit Krawatte, sondern stets mit Fliege (engl. bow tie = b.t.) auftritt.

# Politik

## Name und Symbole

Offiziell heißt HongKong seit dem 1.7.1997 „HongKong, China – Special Administrative Region" (Sonderverwaltungsgebiet), doch mit einfach nur „HongKong" weiß jeder, was gemeint ist. Neben der chinesischen Flagge darf HongKong die Bauhinia-Flagge gleichberechtigt hissen. Die Bauhinia, eine Orchideenart und gleichzeitig Nationalblüte HongKongs, löste die vormalige Kolonialflagge (britische Flagge im oberen linken Viertel auf blauem Grund) ab. Prinzipiell blieben alle Namen und Bezeichnungen auch nach der Übergabe erhalten, nur allzu koloniale Reminiszenzen mussten entfernt werden. So wurden schon seit einigen Jahren keine Münzen mehr mit dem Porträt *Elisabeths* geprägt, aus dem vornehmen „Royal Jockey Club" musste das „Royal" verschwinden und Ähnliches mehr.

## Verwaltung und Innenpolitik

Nach dem Abtritt *Chris Pattens*, dem letzten britischen Gouverneur HongKongs, traten die neuen Machtverhältnisse des nunmehr chinesischen Sonderverwaltungsgebietes in Kraft. *Patten* führte 1995 gegen heftigen Einspruch Pekings noch rasch demokratische Wahlen des **Legislative Council** (LegCo, gesetzgebendes Organ) durch. Nachdem sich die Briten 140 Jahre Zeit ließen, um eine Wahl zuzulassen, wäre Peking moralisch durchaus berechtigt gewesen, nach dem 1. Juli 1997 diese Änderungen vollständig rückgängig zu machen. So wurde der gewählte LegCo von Peking nie anerkannt, ein „Gegen-LegCo" aus den heute aktiven Mitgliedern vorab in ShenZhen zusammengestellt, wo schon seit Januar 1997 Gesetze für die Zeit nach der Übergabe ausgearbeitet wurden.

Dennoch blieb die gewohnte innere Eigenständigkeit im Wesentlichen erhalten. Liefen die Fäden bisher beim Gouverneur zusammen, so steht nun der **Chief Executive** (CE, oberster Beamter) an der Spitze. Der Gouverneur wurde von der Queen entsandt, der Chief Executive von einem Wahlkomitee, in dem 800 vom Nationalen Volkskongress (Peking) ausgewählte HongKonger Bürger sitzen. Dies bedeutet, dass der CE indirekt ein von Peking bestimmter Gouverneur ist.

Auch im LegCo werden 40 der 60 Sitze von jenem Wahlkomitee bestimmt und nur 20 in freier Wahl gewählt. Selbstredend gelten dessen Gesetze nur für innere Angelegenheiten, die Außen- und Sicherheitspolitik obliegt nun Peking.

Der CE ernennt auch die **Ressortleiter** (quasi Minister) für Zentralbereiche wie Sozialwesen, Finanzen, Wohnungsbau oder Erziehungswesen.

Zusätzlich werden in den einzelnen Stadtteilen **Verwaltungsleitungen** gewählt bzw. ernannt. Sie entsprechen etwa einem Gemeinderat.

Die wesentliche Änderung war also jenes von Peking zusammengestellte **Wahlkomitee** der 800 HongKonger. Dieses – nicht Peking – wählt und ernennt den CE wie auch 2/3 des LegCo; ein erheblicher indirekter Einfluss Pekings auf die zu wählenden/ernennenden Personen ist dabei aber unübersehbar.

**TungCheeHwa** *(DongJiHua)*, erster Chief Executive des neuen HongKong, wurde schon vor seinem Amtsantritt als „Marionette Pekings" bezeichnet. *Tung*, Reeder von Beruf, geriet vor etwa 10 Jahren in die Schlagzeilen, als seine Reederei vor dem Ruin stand und er sein Unternehmen nur durch Aufnahme eines Großkredites retten konnte. Eine der schillerndsten Persönlichkeiten HongKongs, der Milliardär *Henry Fok*, der sich exzellenter Kontakte zu höchsten Stellen in Peking rühmen konnte, arrangierte ein Darlehen – die Geldgeber kamen nicht etwa aus HongKong, sondern aus Peking! Die Tatsache, dass *Tung* damit sein wirtschaftliches Überleben der Volksrepublik zu verdanken hat, legte den Verdacht nahe, er sei Peking nunmehr verpflichtet.

Eine in HongKong sehr medienwirksame innenpolitische Angelegenheit war der **spektakuläre Rücktritt** von *Anson Chang*, der stellvertretenden „Chief Executive" und bis dato zweiten Kraft nach *Tung CheeHua* (den sie intern gern als „Dong JiWa = Hühnerfroschsülze" bezeichnete). Sie vertrat deutlich liberalere Positionen als ihr Chef und schreckte auch vor offener Kritik an Peking nicht zurück. Tung, der alles tat, um in keinen Zwist mit dem Mutterland zu geraten, legte ihr den Rücktritt nahe, was diese im Februar 2001 auch mit einer aufsehenerregenden Rede im LegCo tat. Sie nahm dabei kein Blatt vor den Mund und sprach von **Marionettenregime,** dem **Ausverkauf der Freiheit** und der klaren Gefahr der dauerhaften **politischen Bevormundung** durch Peking. Als Nachfolger *Changs* wurde *D. Tsang* benannt, der dann ab 2005 (bis 2012) auch der amtierende Chief Executive wurde.

Die SAR versucht also eine **politische Gratwanderung** zwischen Bekenntnis zum chinesischen Mutterland und einer eigenständigen, historisch gewachsenen gesellschaftspolitischen Entwicklung. Obwohl Peking Hong-Kong mit einem funktionierenden „ein Land – zwei Systeme"-Modell locken möchte und innenpolitisches Aufsehen am Vorabend internationaler Großereignisse (Olympische Spiele 2008/Peking) eigentlich vermeiden wollte, griff es zusehends in das innere Gefüge der ehemaligen Kronkolonie ein: Mandarin wurde forciert, die demokratische Bewegung um *Martin Lee* heftigst (politisch!) angegriffen und nicht zuletzt die im *Basic Law* festgelegten freien Wahlen in HongKong 2007 durch den Ständigen Ausschuss in Peking verboten; die politische Schraube wird spürbar angezogen.

Ein kleines Land der Region beobachtet die Vorgänge in HongKong mit ganz besonderem Interesse: TaiWan. Nach chinesischer Definition ist TaiWan eine abtrünnige Provinz Chinas, die irgendwann ähnlich wie Hong-Kong einmal wieder vom Mutterland kontrolliert werden soll. HongKong soll **Modellcharakter** für TaiWan haben und beispielhaft beweisen, dass China auch mit vorangeschrittenem Kapitalismus problemlos umgehen kann – ein Unterfangen, dem die TaiWaner bis heute wenig Vertrauen entgegenbringen.

# Wirtschaft und Handel

HongKong hat sich vom reinen Warenumschlagplatz des 19. Jh. zum Wirtschafts- und Handelszentrum Ostasiens entwickelt. Heute nutzen Banken und Handelshäuser den Standort HongKong weniger auf Grund etwaiger geringerer Lohnkosten, sondern vielmehr als Basis für den gesamten

# Wirtschaft und Handel

## Makroökonomische Eckdaten HongKongs

|  | 2004 | 2005 | 2006 | 2007 |
|---|---|---|---|---|
| Arbeitslosigkeit | 6,9 % | 5,2 % | 4,8 % | 4,3 % |
| Inflation | -0,4 % | 1,0 % | 2,1 % | 1,7 % |
| Wirtschaftswachstum | 7,9 % | 6,5 % | 6,1 % | 5,1 % |

Chinahandel. Niedrigere Steuern, eine hochmoderne Infrastruktur, freier Kapitalverkehr und keinerlei Ein- oder Ausfuhrbeschränkungen machen HongKongs Attraktivität als **Wirtschaftsstandort** aus. Das Pro-Kopf-Bruttoinlandsprodukt lag in der jüngeren Vergangenheit weltweit an dritter Stelle. Die großen europäischen Flächenstaaten sind längst kein Vorbild mehr in Sachen Wohlstand und Wachstum.

Die armen EU-Chaoten, die sich mit überladener Bürokratie selbst behindern und durch Tonnen von Regelwerken einem wirtschaftlichen Vorankommen kontraproduktiv entgegenstehen, werden in HongKong geradezu belächelt. *Klaus Krüger*, deutscher Unternehmensberater vor Ort zur **Flexibilität** wörtlich: „Morgens hat man die Idee, mittags die Firma gegründet und am Abend bereits die ersten Kunden".

Daran änderte sich auch nichts Wesentliches durch die Rückgabe am 1.7.97. Langfristige Verträge behielten Gültigkeit, der HongKong-Dollar blieb erhalten, selbst die Pferderennbahnen mit ihren Wettbetrieben (eigentlich ein Grundübel in China) blieben. Auch in Zukunft kann weiter munter investiert und verdient werden.

## HongKong im wirtschaftlichen Vergleich

HongKong hat den Wandel von der Industrie- zur **Dienstleistungsgesellschaft** längst vollzogen. Lediglich Bauwirtschaft, Fischerei und Landwirtschaft florieren noch im Primärsektor. Textilien, Elektrotechnik, Kunststoffe, Metallerzeugnisse – alles ist zu haben, wird aber häufig von Partner- oder Tochterfirmen in der Volksrepublik produziert. In HongKong selbst liegen heute vor allem Schlüsselbereiche wie Telekommunikation, Warenumschlag, Versicherung und Bankwesen. Auch der Tourismus spielt als zweitwichtigster Devisenbringer eine zentrale Rolle. Über 75 % der insgesamt 2,5 Mio. Beschäftigten sind in Dienstleistungsbranchen tätig, lediglich rund 5 % in Landwirtschaft und Fischerei. Vergleichsweise abhängig ist HongKong vom Mutterland in den Bereichen Energie, Maschinen, Nahrungsmittel und Rohstoffe, da HongKong über wenig eigene Ressourcen verfügt.

HongKong bezieht weit mehr Waren aus China als umgekehrt nach China geliefert wird. Die Abrechnung unter den Handelspartnern erfolgt im-

# WIRTSCHAFT UND HANDEL

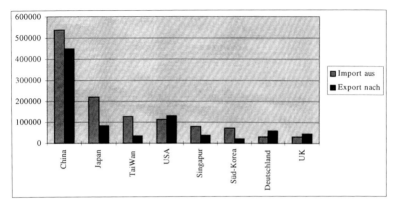

mer noch in **Devisen** (erst seit 2006 ist die bargeldlose Zahlung zwischen HongKonger und chinesischen Unternehmen überhaupt möglich), und so erklärt sich, warum China rund ein Drittel der Devisen über HongKong verdient – und den goldenen Vogel nicht rupfen wird.

Die ehemalige Kronkolonie wurde am 1.7.97 als ökonomische Schatzkiste an China übergeben. Trotz des von China aus Angst vor Überschuldung heftig kritisierten Flughafenprojektes wurden im Haushaltsjahr 1996/97 15 Mrd. HK$, ein Jahr später 32 Mrd. HK$ **Überschuss** erwirtschaftet. Auch die Bevölkerung sah nach *Dengs* Tod und nach der Rückgabe optimistisch in die Zukunft: 80 % erwarteten eine durchaus positive Weiterentwicklung.

Die wirtschaftlichen Hoffnungen der Bürger wurden zunächst enttäuscht, nicht von China, sondern bedingt durch die **Asienkrise.** Der HangSeng-Index rutschte Ende der 1990er Jahre erschreckend in den Keller, das Wachstum war mit -5 % rezessiv und die Arbeitslosigkeit betrug schwindelerregende 5,5 %. *Donald Tsang*, damals Finanzminister der SAR und heute Chief Executive, stoppte die heimische Talfahrt mit einer spektakulären Aktion: er kaufte mit 15 Mrd. US$ der Devisenreserven fallende Aktien des HangSeng – und stoppte so den Kursverfall, das Vertrauen kehrte zurück.

Nach einem Zwischenhoch um die Jahrtausendwende herum gingen in den Folgejahren Verbraucher- und Grundstückspreise sogar zurück (im Durchschnitt um 1,3 %), was sich auch aus den deutlich gestiegenen **Direktinvestitionen** HongKonger Unternehmen in der Volksrepublik erklärt: Die Grundstückspreise jenseits der Grenze sind einfach viel günstiger. Wandern die Unternehmen ab, werden

Grundstücke in HongKong frei, die Preise sinken.

**Problempunkte** bleiben die hohen Wohnraumkosten sowie die zu geringe soziale Grundabsicherung. Das sind die Folgen einer rein kapitalistischen „Spielwiese" mit einer maximalen Einkommenssteuer von 15 % und einer Gewinnsteuer von höchstens 16,5 %.

In HongKong werden Waren hauptsächlich umgeschlagen, nicht produziert; rund 80 % der exportierten Güter sind Re-Exporte. Wichtigste Abnehmer sind die VR China und die USA, wichtigste Lieferländer die VR China und Japan.

Wer sich speziell für wirtschaftliche Zusammenhänge HongKongs interessiert, sei auch auf die Homepage des HongKonger Finanzministeriums, www.info.gov.hk/hkecon/, verwiesen.

# Tourismus

Der Tourismus ist nach dem Export der zweitwichtigste **Wirtschaftsfaktor** HongKongs, der Anteil des Tourismus am Bruttoinlandsprodukt beträgt immerhin rund 7 %. Die größten Besucherströme kommen aus TaiWan (2.000.000 pro Jahr), Japan (1.800.000), Westeuropa (1.200.000), Südostasien (1.350.000) und Nordamerika (1.000.000) sowie 7.000.000 Touristen aus der Volksrepublik. Im Durchschnitt bleibt jeder Besucher

# Verkehr und Umwelt

drei Tage in HongKong und gibt dabei die stattliche Summe von etwa 8000 HK$ aus.

## Verkehr und Umwelt

Nach einer Erhebung zum **Umweltverhalten** unter 49 Städten lag HongKong noch in den 1990er Jahren an letzter Stelle. Es wurde rasch reagiert und eine sehr umfangreiche Kampagne à la Singapur gestartet. So ist das Essen und Trinken in öffentlichen Verkehrsmitteln nun bei hohen Geldstrafen verboten, Zigarettenpreise wurden verdreifacht, in Fernsehspots wird die Bevölkerung zu bewusstem Umweltverhalten aufgerufen, die Industrie – selbst jene in China, die nur mittelbaren Einfluss auf die Umwelt in der SAR hat – wird kritisch begutachtet.

Gerade das „Essverbot" hat durchaus seinen Sinn, wenn man bedenkt, dass nirgendwo sonst auf der Welt so viel Fast-Food verzehrt wird wie in HongKong. Ein spürbares Umweltbewusstsein konnte so geweckt werden, und die Stadt wirkt im Vergleich zu früheren Jahrzehnten sehr sauber.

Mit 275 Fahrzeugen pro Straßenkilometer weist HongKong die weltweit höchste **Fahrzeugdichte** auf. Zwar wird das Autofahren künstlich teuer gehalten (hohe Importzölle, hohe Steuern, Benzinpreis 18 HK$/L.), der PKW gilt aber noch heute als unbedingtes Statussymbol. Immerhin ist HongKong die einzige Stadt Chinas, in der ausschließlich bleifrei getankt werden kann.

Bei diesem hohen Verkehrsaufkommen überrascht es, dass etwa 40 % der Landfläche HongKongs **Naturschutzgebiet,** verteilt auf 20 Parks sind. Hier liegen die Wasserreservoirs der SAR, Erholungssuchende werden nicht durch Verkehrslärm belästigt, eine beginnende Wiederaufforstung lässt die arg ausgebeutete Natur allmählich wieder zur Erholung kommen. Die meisten dieser „Country Parks" liegen in den New Territories sowie den Outlying Islands und erfreuen sich bei Einheimischen wie Touristen zunehmender Beliebtheit.

---

Touristenattraktion ersten Ranges:
das Disneyland-Resort, LanTau Island

# Mensch und Gesellschaft

## Bevölkerung

Rein rechnerisch ergeben 7 Mio. Menschen auf 1103 km$^2$ eine **Bevölkerungsdichte** von rund 6355 Einwohnern pro km$^2$ (zum Vergleich: Deutschland 229 Ew./km$^2$). Diese Zahl ist allerdings wenig aussagekräftig, da 34 % der Menschen im nur 20 km$^2$ großen KowLoon, 20 % auf HongKong Island (82 km$^2$), 44 % in den New Territories (753 km$^2$) und nur 2 % auf den Outlying Islands mit 248 km$^2$ leben.

98 % der Bevölkerung HongKongs sind ethnische **Chinesen,** deren Vorfahren bis in die Elterngeneration überwiegend aus der Provinz GuangDong (Kanton) stammen. Die übrigen sind Chinesen anderer Herkunft, Eurasier sowie etwa 1 % Weiße.

In HongKong leben über 300.000 **Ausländer,** nicht gezählt die vielen Tausend illegalen Einwanderer vom Festland – so noch immer die offizielle Bezeichnung. Innerhalb der ausländischen Gemeinde nehmen die Filipinos, überwiegend weibliche Hausangestellte (maids), den größten Anteil ein.

### Die wichtigsten Ausländergruppen:

| | |
|---|---|
| Filipinos | 120.000 |
| US-Bürger | 25.000 |
| Thai | 21.000 |
| Inder | 20.000 |
| Kanadier | 18.000 |
| Australier | 18.000 |
| Briten | 17.000 |
| Japaner | 14.000 |

# Glaubensrichtungen

## Konfuzianismus

*KungFuTzu* (*KongFuZi*) wurde am 28. September 551 v. Chr. im Fürstentum Lu (Provinz ShanDong) geboren und wirkte mit seinen Lehren als Berater an verschiedenen Fürstenhöfen. Seine fundamentalen Begriffe waren u.a. Harmonie, Tao (♪Taoismus), Himmel, Humanismus, Kindesgehorsam, Weisheit, Liebe, Pflichterfüllung, Respekt. *Konfuzius* – so die Latinisierung – machte den Humanismus zum wichtigsten Element seiner Philosophie. Güte, Mitmenschlichkeit, Mildtätigkeit und Liebe waren Elemente des Individuums seiner Lehre. Wer diese Attribute verinnerliche und umsetze, sei ein weiser und gütiger „Edler" *(Chün-Zi)*, der auch zum Regieren geeignet sei und nehme Vorbildfunktion ein. Ein Regent könne nicht lange an der Macht bleiben, wenn er dem Volk kein geeignetes Vorbild sei. Ein guter Herrscher müsse für Nahrung sorgen, angemessen für Verteidigung sorgen und stets um das Vertrauen im Volk bemüht sein. Auf Verteidigung könne eher verzichtet werden als auf Vertrauen. *Konfuzius* erkannte durchaus, dass die politische Praxis anders verlief, mühte sich dennoch unerlässlich um Verbreitung seiner **Grundsätze.** Einige seiner Prinzipien fanden auch im Westen Anklang, so sein Ausspruch „Was du selbst nicht willst, dass es dir angetan werde, das füge auch niemandem anderen zu" oder „Was du an den Oberen hassest, dass biete auch keinem Unteren." *Konfuzius* war einer der herausragenden chinesischen Denker mit nachhaltiger Wirkung bis in die Gegenwart.

Dennoch sah er sich selbst weder als unfehlbar („dass manches keimt und nicht blüht, ach, das kommt vor") noch war er ein überirdischer Heiliger. So rechtfertigte er den „Besuch bei einer Frau" vor seinen Schülern mit dem Hinweis auf „himmlische Zwänge", einen gebrochenen Eid entschuldigte er mit dem Hinweis, dass dieser unter Zwang abgegeben worden sei.

Für die weitere Verbreitung der Lehren sorgten nach dem Tod des *Konfuzius* (479 v. Chr.) viele seiner **Schüler,** die bekanntesten *MengZi* (*Mencius*, 372–289 v. Chr.) und *XunZi* (313–238 v. Chr.). Im elften nachchristlichen Jahrhundert griffen die so genannten „Neo-Konfuzianer" die Lehren des Konfuzianismus auf und erweiterten sie. *ChouDunYi* (1017–1073) integrierte Elemente der Yin-Yang Schule (die beiden Gegenpole Yin und Yang sowie die Grundelemente Feuer, Wasser, Erde, Holz und Metall). *ChuXi* (1130–1200) erweiterte die Lehre um den Gedanken des Naturprinzips (es gebe unendlich viele Naturgesetze, sobald eine Erscheinung auftrete, sei sie als Naturprinzip erkannt). Seit *WangYang-Ming* (der YangMingShan bei TaiBei wurde nach ihm benannt) setzen sich auch buddhistische Tendenzen im Konfuzianismus fest, wie die Meditation als Mittel zur Erkenntnis oder die bestehende Einheit zwischen Erkenntnis und Handeln.

## GLAUBENSRICHTUNGEN

Zahllose **Umgangsformen** und Riten für das Miteinander im Alltag basieren auf dem Konfuzianismus, wie auch die teilweise bis in unsere Tage gültige Beamtenprüfung. Was dem Europäer oft als übertriebene Höflichkeit oder Ritual vorkommt, ist nichts anderes als eine Befolgung der Lehren des *Konfuzius*. Auch bei uns gibt es ähnliche Rituale, wie etwa das Tabu des Wäschewaschens am Sonntag („am siebenten Tage..."). Dabei weist der Konfuzianismus **jedem einen konkret definierten Platz** zu (daraus resultieren auch die exakten Verwandtschaftsbezeichnungen in China für den dritten Schwager mütterlicherseits, den vierten Onkel väterlicherseits etc.). Um dieses große Netz harmonisch zusammenhalten zu können, gelten Basisregeln wie *Li* (Rituale), *Ren* (Menschlichkeit), *Yi* (Gerechtigkeit), *He* (Harmonie), *Te* (Tugend) usw.

Interessant ist, dass diese auf Grund ihres **Vorschlagscharakters** größere Wirkung hinterlassen als die christlichen oder islamischen „du sollst – sonst"-Anweisungen. *Konfuzius* hätte, wenn er das christliche Gebot „du sollst nicht töten" hätte darlegen müssen, wohl gesagt „der wahrhaft Weise vermeidet, wo immer es ihm möglich ist und die Umstände es erlauben, das Töten". Auf den ersten Blick meint man, hier würden zahlreiche Hintertürchen offengelassen, aber genau das ist der zentrale Unterschied zwischen Ost und West: Es wird nicht Klartext gesprochen, man „wurschtelt" sich irgendwie heraus, man vermeidet klare, unzweideutige Formulierungen etc. Im Alltag wird dies spürbar und bereitet vor allem Geschäftsleuten große Probleme.

Der Geburtstag des *Konfuzius* (28. September) wird in Macau, HongKong und TaiWan als **Teacher's day** zelebriert, weniger dagegen in GuangZhou. Voller Respekt vor der Institution des Lehrers bringen die Schüler ihren Lehrer Geschenke und Glückwunschkarten mit.

## Taoismus

Der geistige Vater des Taoismus ist **LaoTzu** (*LaoZi*, das alte Kind), der um 604 v. Chr. im Staate Chu/Provinz HeNan geboren wurde. Enttäuscht von der Menschheit und dem Leben, zog er im hohen Alter nach Westen und hat auf der Reise das **TaoTeChing** (*DaoDeJing*, etwa: Der Weg zur höchsten Erkenntnis) verfasst.

Zentrales Thema ist der **Einklang mit der Gesamtheit des Kosmos** und der Natur und das umfassende Erkennen des Ganzen. Dabei lernen einfacher Mensch wie auch Fürst nicht durch aktive Verbesserung und Einmischung in weltliches Geschehen, sondern durch einen völligen Rückzug von jedem Handeln (*WuWei* = nicht Handeln, zentraler Begriff in der Lehre des *LaoZi*) und passives Beobachten und Erkennen. Zu erkennen galt es jenes Tao, welches mal Ruhe, Vernunft, Gott, Leben, Prinzip und anderes bedeuten kann.

Der edle Menschen (der nach *Konfuzius* aktiv Menschlichkeit walten lassen muss) wird im Taoismus durch das **„nicht tun, aber dabei nicht untätig**

## Die Orakelknochen (GuWen)

Wie in vielen Kulturen war es auch in China zunächst den Glaubensführern vorbehalten, schriftliche Dokumente der Nachwelt zu hinterlassen. So waren es schamanistische Priester, die schon vor mehr als 5000 Jahren in Tierknochen Symbole und Schriftzeichen einritzten, um diese vor sich zu werfen und anschließend das Schicksal oder die Zukunft zu deuten. Die Tradition der Orakelstäbchenschüttelns vieler taoistischer und gemischt taoistisch-buddhistischer Tempel geht auf diese frühe Form der Wahrsagerei zurück. Aus Gründen der Handlichkeit wurden die Schriftzeichen im Laufe der Zeit nicht mehr auf Knochen, sondern auf schmale Bambusstäbe geschrieben. Diese Stäbchen werden in einem blumenvasenähnlichen Bambus- oder Holzbehälter aufbewahrt, vom Tempelbesucher wird das Behältnis geschüttelt, bis ein Stäbchen allmählich herausfällt. Dieses reicht man dann einem Tempeldiener, der sich meist hinter einer kleinen Theke nahe des Eingangsbereiches der Tempel aufhält. Anhand traditioneller Schriften deutet er dann das Stäbchen für den Gläubigen gegen eine geringe Gebühr. Die Zeichen auf dem Stäbchen selbst stellen noch keine Botschaft dar, erst im Zusammenhang mit dem aktuellen Datum, dem Alter oder dem Geschlecht des Tempelbesuchers kann das vom Zufall gewählte Schicksal dann bestimmt werden. Neben dieser traditionellen Form der Zukunftsdeutung hat sich vor allem in den taoistischen Tempeln Südchinas (einschließlich HongKong, Macau und TaiWan) eine vereinfachte Form der Schicksalsbestimmung entwickelt. So findet man neben den Orakelstäbchenbehältern auch zwei nierenförmige Holzstücke, die einer kleinen, in Längsrichtung zerschnittenen Banane oder Cashew ähneln. Diese werden vom Tempelbesucher aufgenommen und vor dem Hauptgott kniend vor sich geworfen. Je nach Auftreffen auf den Boden werden dazu bestimmte Gebete gesprochen. Dieses Ritual dient nicht der Vorhersage des eigenen Schicksals, sondern soll helfen, ein Anliegen mit den rituell korrekten Gebeten den Gottheiten vorzutragen.

*sein"* definiert. Gemeint sind damit gleichmütiges und freiwilliges Zurücktreten vor dem Willen anderer. „Wer andere überwindet, ist zwar stark, doch wer sich selbst überwindet (andere nicht zu besiegen), zeigt wahre Tapferkeit", oder „wer andere kennt, ist klug, wer sich selbst kennt, ist erleuchtet" sind zentrale Lehren des Taoismus. In der Praxis bedeutete dies, dass sich der Taoist schon im Diesseits von allem Irdischen verabschiedete und ein meditatives Leben als Eremit oder Wandermönch führte, um irgendwann das Tao zu erkennen.

Der eher spirituelle Taoismus hatte es stets schwer, neben dem leichter verständlichen und praxisnäheren Konfuzianismus zu bestehen. Er spaltete sich ab dem dritten Jahrhundert nach Christus in zahlreiche Untergruppierungen auf, die alle **meditativen und spirituellen Charakter** hatten. Einige verschmolzen mit dem Buddhismus und bereicherten dessen Lehren.

Im heutigen China ist der **taoistische Tempel** mit seinen farbenfrohen Ritualen weit von der ursprünglichen theoretischen Ausrichtung entfernt. Zahlreiche Götterstatuen wurden aufgenommen und toleriert, der Tempel dient auch nicht als Stätte zur Suche nach dem Tao, sondern vielmehr als Mischform schamanistischer Götterverehrung und taoistischer Philosophie. Der Besucher wird daher stets den „taoistischen" Tempel besuchen, der tatsächlich aber bestimmten Gottheiten gewidmet ist und meist von Taoisten, aber auch von Konfuzianern und gelegentlich sogar von Buddhisten aufgesucht wird. Umgekehrt sind buddhistische oder Konfuziustempel fast ausnahmslos auf die eigene Richtung beschränkt.

Eine der bedeutendsten Gottheiten dieser Richtung ist **TinHau** (auch: *Tien-Hou* oder *MaZi/MaTzu*), die **Göttin des Meeres,** die auf Grund der Küstenlage der südchinesischen Metropolen für Fischer und Seefahrer eine herausragende Bedeutung hat.

Wichtigste **Symboltiere** an und vor taoistischen Tempeln sind Drache und Tiger.

## Buddhismus

Eine der großen drei Weltreligionen neben Islam und Christentum, der Buddhismus, nimmt wie überall in Ost- und Südostasien auch in China eine wichtige soziale und teilweise sogar politische Stellung ein. Der Buddhismus entstand in Indien durch den historischen Buddha, Prinz **Siddharta Gautama.** Er wurde 563 v. Chr. in Lumbini (heute im südlichen Nepal) geboren. Ein Hofastrologe am Hofe des Vaters sagte ihm ein großes Schicksal bevor, weshalb er vom Vater besonders geschützt und von Leid und Elend ferngehalten wurde. Im jugendlichen Alter wurde er mit einer Prinzessin verheiratet und wurde Vater eines Sohnes. Als er einmal außerhalb der Palastmauern einen kranken, alten Mann erblickte, war er so vom Elend auf der Welt erschüttert, dass er beschloss, heimlich den Hof mit all seinen Reichtümern wie auch seine eigene Familie zu verlassen und als Asket die wesentlichen Dinge des Lebens meditativ zu erfahren. Unter einem Feigenbaum sitzend wurde er schließlich erleuchtet, erkannte also das Wesentliche, und verkündete dies in den so genannten **Heiligen vier Wahrheiten** (Leben = Leiden, Ursache = menschliche Gier, Lösung = Überwindung der Gier, Mittel dazu = der heilige achtgliedrige Pfad).

Zentrale Themen bei der Umsetzung sind die Gleichheit aller sowie der **Zyklus der Wiedergeburt.** Demzufolge ist jeder Mensch mit jedem irgendwie verwandt und muss allen gegenüber tolerant, mitfühlend und mildtätig sein. Um aus dem ewigen Kreislauf der Wiedergeburt herauszutreten, muss man während der irdischen Lebenszeit gute Taten realisieren. Hierzu zählen Opfergaben, das Errichten von Tempeln oder das Beachten der fünf Grundregeln (Schonung aller Lebewesen, Aufrichtigkeit, nichts erschleichen, kein Alkohol, kein Ehebruch). Die Pflicht zur „Schonung allen Lebens" ist Ursache dafür, dass strenge Buddhisten ausschließlich vegetarische Nahrung zu sich nehmen. Das ständige gute Handeln (Karma) beeinflusst die Art der Wiedergeburt (ob als Mensch oder z.B. Insekt) oder ob der ewige Kreislauf (Samsara) beendet wird und man ins Nirwana (Paradies der Erleuchteten) einzieht.

Nach dem Tode *Gautamas* 483 v. Chr. breiteten sich seine Ideen quer durch Indien aus. Streng dem Ideal des *Arhat* (asketischen Weisen) folgend, entwickelte sich im Süden die Theravada- oder **Hinayana-Richtung,** während sich im Laufe der Zeit im Norden (also dem Ursprungsgebiet) die **Mahayana-Richtung** durchsetzte, die den Boddhisatva (eine Art Halbgott, der für Menschen als Schützer zur Verfügung steht) als Ideal anerkennt und sich in liturgischen und rituellen Details von der alten Schule unterscheidet. Die südliche Hinayana-Richtung verwendet die Pali-Schrift und breitete sich überall in Südindien, Sri Lanka und Südostasien (Hinterindien bis Bali) aus. Die Mahayana-Schulen schrieben im altindischen Sanskrit und verbreiteten sich nach Norden (Tibet, China, Japan).

Der **Buddhismus** war **in China** vermutlich schon in der frühen Han-Dynastie (zweites vorchristliches Jahrhundert) bekannt, kam aber offiziell erst unter Han-Kaiser MingDi um 65 n. Chr. ins Land. Da die Lage der einfachen Bauern sehr schwer war und sie andere, existenziellere Probleme hatten als den philosophischen Disput zwischen Konfuzianern und Taoisten, fand der Mildtätigkeit verheißende und zumindest für das Jenseits vielversprechende Buddhismus leicht Anklang. Vieles in seinem Gedankengut fand sich ferner auch im Konfuzianismus oder Taoismus, sodass die Buddhisten nicht als störende Fremdkörper empfunden wurden.

Regionale Strömungen und Einflüsse der chinesischen Philosophien führten zu nicht weniger als 13 buddhistischen Richtungen in China, deren bekannteste die **Chan-Schule** (in Japan: Zen-Buddhismus) wurde. Sie stellt eine vollkommene Vermischung taoistischer und buddhistischer Gedanken dar. Wie auch der Islam kam der Buddhismus erst am Ende der Ming-Zeit (1642) mit den Flüchtenden nach Südchina, wo er sich zur führenden religiösen Strömung entwickelte.

Buddhistische Einrichtungen nehmen auch unterschwellig Anteil an **politischen Entscheidungen.** So lassen sich taiwanesische Politiker regelmäßig vor Wahlen in buddhistischen Tempeln beim Gebet oder beim Spenden pressewirksam filmen oder fotografieren. Das Wohlwollen der buddhistischen Kirche ist diesem Personenkreis sehr wichtig, da die Meinung der buddhistischen Führer sehr viel zählt (vergleichbar dem Einfluss der katholischen Kirche in Polen).

Neben den **Statuen** des historischen Buddha (meist entweder auf Lotusblüte im Schneidersitz oder liegend in der Nirwana-Position) sind noch zwei weitere buddhistische Figuren sehr oft zu sehen. *KwanYum (KuanYin/GuanYin)*, die Gottheit der Barmherzigkeit, existiert entweder hundertarmig oder zweiarmig stehend mit einer Vase in der Hand. *KuanYin* war ursprünglich ein Zwitterwesen, wird aber heute nahezu ausschließlich als weibliche Gottheit verstanden. Anders der *Maitreya Boddhisatva*, die zweithöchste Halbgottheit nach Buddha. Er wird als dickbäuchig, freundlich, gemütlich und stets lächelnd dargestellt und ist in den Eingangsbereichen vieler buddhistischer Anlagen zu sehen. Symboltiere der Buddhisten sind der Löwe und der weiße Elefant.

## Andere

Das **Christentum** hielt mit der Gründung HongKongs Einzug. Der anglikanisch-protestantischen Gemeinde (begründet von den Engländern) gehören heute 290.000 Menschen an, die von Macau aus ebenfalls seit 1842 in der damaligen Kronkolonie missionierende katholische Kirche hat heute 240.000 Mitglieder. Auch wenn die christliche Gemeinde insgesamt immerhin etwa 8 % der Bevölkerung umfasst, erlangte das Christentum in HongKong nie jene hohe Bedeutung wie im portugiesisch-katholischen Macau.

Der **Islam** spielt nur eine untergeordnete Rolle. Ende der Ming-Dynastie (ab 1640) kamen mit den Flüchtlingen auch einige Moslems, während der britischen Epoche kamen weitere aus dem westlichen Britisch-Indien (heute Pakistan). Die moslemische Gemeinde mit ihren fünf Moscheen beläuft sich heute auf rund 52.000 Mitglieder.

Anders verhält es sich mit anderen chinesischen Philosophien, die sich noch heute großer Beliebtheit erfreuen, wie der Yin-Yang Schule, welche die ( ♪ ) tradit. Medizin beeinflusst hat.

Die **Yin-Yang-Schule** und ihre Idee der zwei Gegenpole sowie der Tendenz zum Einklang des Menschen mit der Natur wurde von vielen anderen Philosophen (u.a. *LaoZi*) aufgegriffen und verarbeitet. Yin steht für das Dunkle, Weibliche, Passive, Yang für das Männliche, Helle, Aktive. Alle Dinge sind entweder Yin oder Yang zuzuordnen. Sind beide Elemente ausgewogen vertreten, herrscht das angestrebte Gleichgewicht. Gemeinsam mit den fünf Grundelementen (Holz, Metall, Wasser, Erde, Feuer) und den fünf Himmelsrichtungen (N, O, S, W, Mitte) wurden alle Zusammenhänge der Welt und des Kosmos erklärt. Dabei wurden die Elemente nicht als Material betrachtet, sondern als Kräfte oder Prinzipien mit jeweils unterschiedlicher Wirkung. Diese Idee entnahm man dem berühmten *YiJing* (*I Ching* oder *I-Ging*, Buch der Wandlungen), einer etwa 3000 Jahre alten Anweisung für die Interpretation von Trigrammen oder Hexagrammen (zusammengesetzte Blöcke aus geschlossenen oder unterbrochenen Linien).

# Mentalität, Brauchtum und Verhaltenshinweise

An erster Stelle muss auf eine (auch für den Besucher wichtige) Umgangsform der Chinesen (wie der meisten ostasiatischen Völker auch) hingewiesen werden: *loosing face*. Der **Gesichtsverlust** ist das Schlimmste, was einem Chinesen passieren kann. Also tut er in je-

## Mentalität, Brauchtum und Verhaltenshinweise

dem Bereich alles, um dies zu verhindern. Dies wird der Tourist ebenso feststellen können wie der Geschäftsmann oder der Politiker. Welche Unannehmlichkeiten auch immer passieren – wer seinen Ärger zeigt, eventuell sogar lautstark wird, hat sein Gesicht und Respekt verloren und erreicht dann noch weniger. Richtig ist es, immer höflich und leicht lächelnd (nicht auslachend), aber unbedingt beharrlich zu sein.

### Visitenkarten

Die bei uns sprichwörtliche „Visitenkarte" wird in HongKong sehr wörtlich genommen. Jeder Berufstätige, selbst Studenten oder Garküchenbesitzer, zieren sich damit. Für die Geschäftswelt ist sie unverzichtbar, auch als Tourist ist es durchaus ratsam, sich mit genügend Visitenkarten auszustatten. Die Präsentation einer Karte, die traditionell – wie alle Gegenstände – mit zwei Händen überreicht und entgegengenommen wird (Höflichkeitsbezeugung), ist unbedingt notwendig, da sie den Menschen nach außen repräsentiert. Keine Visitenkarte zu besitzen, hieße, das Gesicht zu verlieren!

### Telefonieren

Das mobile Telefon ist auch in HongKong des aufstrebenden, dynamischen, jungen chinesischen Managers liebstes Spielzeug. Überall sieht man hier beinahe jeden, vom Banker bis zum Straßenkehrer, das Handy eng an die Wange gepresst, durch die Straßen eilen. Der Hauptzweck der Handys besteht in HongKong noch weit mehr als bei uns darin, dass fast alle Werktätigen rund um die Uhr und überall erreichbar sind und ein Unternehmer im Bedarfsfall unverzüglich sein Personal disponieren kann. Ein mittlerweile typisches Merkmal der modernen asiatischen Wirtschaftskultur, über welches Touristen bisweilen schmunzeln.

### Lebhaftigkeit (RiNao)

Die Menschen in den Lokalen HongKongs unterhalten sich lautstark, selbst kleine Geschäfte werben mit Leuchtreklame und lauter Musik. In den Stadtparks sieht man selten jemanden einmal alleine sitzen, fast immer sitzen die Einheimischen in kleineren oder größeren Gruppen zusammen. All dies erzeugt ein Gefühl der Geborgenheit, welches aus dem Bedürfnis heraus entstand, nicht allein und einsam, sondern bevorzugt im Schutz einer Gruppe zu leben. Reisen, essen, einkaufen, lernen – alles geschieht in Gruppen, Einzelgängern steht man eher misstrauisch gegenüber. Daraus resultiert für den Besucher ein Bild der Lebhaftigkeit und eine Geräuschkulisse, die selbst europäische Städte in Erstaunen versetzt.

### Alterszählung und chinesischer Kalender

Die chinesische **Astrologie** teilt in einen Zwölfjahresrythmus ein, wobei jedem Jahr ein bestimmtes Tierkreiszeichen zugeordnet wird. Einem bestimmten Tierkreiszeichen-Jahrgang werden dann entsprechende Eigenschaften zugeordnet und das ideale Partner-Tierkreiszeichen ermittelt. Da-

# MENTALITÄT, BRAUCHTUM UND VERHALTENSHINWEISE

**Der Chinesische Tierkreis**

| Ratte    | 1912 | 1924 | 1936 | 1948 | 1960 | 1972 | 1984 | 1996 |
|----------|------|------|------|------|------|------|------|------|
| Ochse    | 1913 | 1925 | 1937 | 1949 | 1961 | 1973 | 1985 | 1997 |
| Tiger    | 1914 | 1926 | 1938 | 1950 | 1962 | 1974 | 1986 | 1998 |
| Hase     | 1915 | 1927 | 1939 | 1951 | 1963 | 1975 | 1987 | 1999 |
| Drache   | 1916 | 1928 | 1940 | 1952 | 1964 | 1976 | 1988 | 2000 |
| Schlange | 1917 | 1929 | 1941 | 1953 | 1965 | 1977 | 1989 | 2001 |
| Pferd    | 1918 | 1930 | 1942 | 1954 | 1966 | 1978 | 1990 | 2002 |
| Schaf    | 1919 | 1931 | 1943 | 1955 | 1967 | 1979 | 1991 | 2003 |
| Affe     | 1920 | 1932 | 1944 | 1956 | 1968 | 1980 | 1992 | 2004 |
| Hahn     | 1921 | 1933 | 1945 | 1957 | 1969 | 1981 | 1993 | 2005 |
| Hund     | 1922 | 1934 | 1946 | 1958 | 1970 | 1982 | 1994 | 2006 |
| Schwein  | 1923 | 1935 | 1947 | 1959 | 1971 | 1983 | 1995 | 2007 |

**Bitte beachten:**
Bis Ende Februar Geborene fallen möglicherweise in das Tierkreiszeichen des Vorjahrs.

bei kommt es allerdings nicht nur auf das Geburtsjahr an sich, sondern im weiteren Detail auf die genaue Geburtsstunde an. Dieser chinesische astrologische Kalender spielt bei der weitverbreiteten Wahrsagerei und Handleserei eine wichtige Rolle.

Auch das berühmte chinesische *Neujahrsfest* richtet sich nach dieser auf dem Mondkalender basierenden Zählweise, die Umstellung von einem Tierkreiszeichenjahr auf das nachfolgende findet im Zeitraum vom 21. Januar bis 28. Februar statt.

In der *Alterszählweise* zählt das Tierkreiszeichenjahr der Geburt bereits als „eins", der erste Geburtstag (westlicher Rechnung ) als „zwei", sodass bei einer Altersangabe ein Jahr im Vergleich zu unserer Zählweise abzuziehen ist.

Vor Eheschließungen wird stets das auf den Tierkreiszeichen basierende *chinesische Horoskop* befragt, ferner übrigens auch die Blutgruppe, an der Temperament, Zuverlässigkeit, Treue usw. abgelesen werden.

## Farben und Zahlen

*Rot* ist eine der wichtigen Glücksfarben der chinesischen Kultur. Glückssprüche an den Haustüren zum chinesischen Neujahrsfest, Einladungen zu großen Festen wie einer Hochzeit oder Jubiläen werden auf roten Karten geschrieben. Einzige wichtige Ausnahme ist, dass es nur Lehrern gestattet ist, mit rotem Stift zu schreiben. Nachrichten, Briefe und Mitteilungen dürfen nicht mit roter Tinte/Kugelschreiber geschrieben werden, da dies als Akt der Unhöflichkeit gewertet wird.

Falls man zu einer Beerdigung eines wichtigen Bekannten oder Freundes eingeladen wird, erwartet die Familie des Gestorbenen ein Geldgeschenk in einem weißen Umschlag, denn *Weiß* ist die Farbe der Trauer in weiten Teilen Asiens. Einer Chinesin, die nicht mit der westlichen Kultur vertraut ist, sollte man daher auch auf keinen Fall weiße Blumen schenken.

*Orange* spielt nicht nur als Farbe des Buddhismus, auch als Symbolfarbe

## MENTALITÄT, BRAUCHTUM UND VERHALTENSHINWEISE

des Goldes (=Wohlstand) eine große Rolle. So ist der Goldfisch der wichtigste (unverzehrbare!) Zierfisch, Karotten und Orangen ein geeignetes Mitbringsel, um symbolisch „Wohlstand" zu wünschen.

Auch die **Zahlensymbolik** spielt in HongKong eine wesentliche Rolle. Gute Zahlen sind drei (z.B. im Buddha-Dreigestirn) oder acht (acht Unsterbliche), unangenehm dagegen die vier (*si*, lautgleich mit „sterben"). Für den chinesischen Markt ist daher eine Tafel Schokolade mit 3 x 8 Stücken am besten geeignet, *Ritter Sport* (4 x 4 Rippen) dagegen nicht verkaufbar!

Für glücksbringende Telefonnummern oder Autokennzeichen werden Unsummen bezahlt, im Grunde kann man die Preisklasse eines Hotels schon an der Telefonnummer erkennen – Tophotels haben viele 8er oder 3er in ihren Nummern.

### Geschenke und Ablehnung

Unverzichtbarer Bestandteil chinesischer Höflichkeit ist das Mitbringen von Geschenken zu Einladungen aller Art. Dabei müssen sowohl die Stellung zwischen Schenkendem und Beschenktem, der Symbolgehalt des Geschenkes wie auch der Anlass berücksichtigt werden.

Wird man als Tourist zu einem **zwanglosen Besuch** eingeladen, ist eine Schachtel Tee oder Süßigkeiten völlig in Ordnung.

Ist man **zum Essen** eingeladen, bietet sich eine Flasche westlichen Cognacs oder Pralinen für die Dame des Hauses an.

Die Orange nimmt wegen ihrer positiven symbolischen Farbe (sowohl goldfarben für Wohlstand als auch leuchtorange für buddhistisch) einen ohnehin sehr hohen Stellenwert ein, generell kann man mit **Obst als Geschenk** keinen Fehler begehen. Mit Blumen sollte man vorsichtig sein, insbesondere Schnittblumen sind den Ahnen – am Grab – vorbehalten, auch wenn die Jüngeren dies nicht mehr so streng sehen.

Es gehört zu den Spielregeln, dass der Wert des Geschenks je nach Beziehung und Anlass erheblich zunimmt. Zu einer **Hochzeitsfeier** muss der Eingeladene damit rechnen, mindestens 1000 HK$/M$, bzw. 500 Y in GuangZhou in verschlossenem roten Umschlag zu überreichen, Sachgegenstände nur mit Rücksprache der Eltern des Brautpaares – überflüssige oder doppelte Geschenke würden Gesichtsverlust bedeuten!

Außerhalb solch ernster Anlässe werden Geschenke meist **rituell abgelehnt,** der Schenkende muss dann ebenso rituell auf der Annahme bestehen, oft mit dem Hinweis, das Gegenüber möge es doch bei Nichtgefallen weiterverschenken.

Geschenke können verpackt oder unverpackt überreicht werden, dürfen aber in verpacktem Zustand vom Beschenkten **nicht sofort geöffnet** werden, da dies gierig wäre.

### Geselligkeit

Einladungen, Geschäftsessen oder Feierlichkeiten können leicht und übergangslos zu heftigen **Trinkgelagen** ausarten. Alkohol fließt dann reichlich, dem Gastgeber oder Ehrengast – und zu einem solchen kann auch der Tourist leicht werden – kommt dann die schwierige Aufgabe zu, mit nahezu jedem am Tisch ein Glas „auf die Freundschaft", „auf die Gesundheit" oder ähnlichem auf ex, *GanBei*, zu leeren. Trinkfestigkeit, Durchhaltevermögen und hohe Disziplin auch zu fortgeschrittener Stunde sind unerlässliche Voraussetzungen nicht nur für Geschäftsleute, auch für den normalen Menschen heißt Schwäche zu zeigen Gesichtsverlust und kann zum baldigen Abbruch der Beziehungen führen. Dies ist auch ein Grund, warum Frauen selten in repräsentative Funktionen aufsteigen – es ziemt sich nicht für die chinesische Frau zu rauchen oder Alkohol zu trinken. Immerhin entwickelt HongKong den Trend, das sonst in China weitverbreitete Kettenrauchen einzudämmen.

Wenn es schließlich ans **Bezahlen** geht, wird jeder am Tisch geradezu vehement auf den Kellner einstürmen und darauf bestehen, die Rechnung für alle zu begleichen. Dies ist ein offen zur Schau gestelltes Zeichen des persönlichen Wohlstandes und der Wertschätzung allen Anwesenden gegenüber. Als Ausländer kann man getrost ein wenig mittun, die Gastfreundschaft der Chinesen gestattet es schlichtweg nicht, dass man tatsächlich einmal die Rechnung einer solchen Veranstaltung übernehmen müsste. Man beachte aber, dass im Falle eines Gegenbesuches in Europa ähnliches erwartet wird, was oft ein Problem des kulturellen Missverständnisses mit sich bringt, wenn sich eine Firma in Europa „ungenügend" um ihre Geschäftspartner kümmert!

## Lächeln

Es wurde bereits darauf hingewiesen, dass ein Chinese sein Gegenüber nicht in Verlegenheit bringt oder ihn das Gesicht verlieren lässt. Unbekannten gegenüber muss stets der Schein gewahrt sein, wozu auch eine optische Höflichkeit in Form eines schier immerwährenden Lächelns gehört. Der Tourist ist gut beraten, gleiches zu tun und eine für unsere Begriffe vielleicht übertriebene Freundlichkeit und Höflichkeit an den Tag zu legen. Selbst in weniger angenehmen Situationen zeugt ein solches Verhalten von Respekt und Akzeptanz und kann oft Wunder wirken.

## Geomantik

Die traditionelle Wissenschaft vom Finden des idealen Platzes und der Ausrichtung beim Bau eines Hauses oder Gebäudes (**FengShui,** Wind und Wasser), die Geomantik, spielt im chinesischen Kulturkreis nach wie vor eine große Rolle. Selbst im hochmodernen HongKong sieht man gelegentlich Wolkenkratzer mit Löchern in der Mitte – nicht als architektonischer Gag, sondern weil das FengShui verlangt, den Geistern dürfe Blick und Durchgang nicht verstellt werden! Der Geomantiker ist ein immer noch wichtiger Beruf, beim Bau von Häusern und Ahnenschreinen ist er mindestens so wichtig wie der Architekt. Selbst moderne Großunternehmen wählen ihren Standort nach den Vorgaben eines Geomantikers, gehen die Geschäfte schlecht, wird er ebenso häufig wie ein Wirtschaftsberater gerufen. Selbst die Bezeichnung eines Ortes oder einer Stadt ist von großer Bedeutung und symbolhaftem Charakter. So wird man feststellen, dass es keine Ortsnamen gibt, die irgendwelche extrem negativen Bezeichnungen wie „Teufelshöhle", „Galgenberg" oder ähnliches tragen.

*TungCheeHwa*, erster Chief Executive nach dem 1.7.97, weigerte sich übrigens, in den ehemaligen Gouverneurssitz umzuziehen – schlechtes FengShui, wie man damals mutmaßte, und tatsächlich wurde er ja auch 2005 vorzeitig in Rente geschickt.

**Persönliche Fragen**

Während einer Bahnfahrt in Europa beschränken sich die Gespräche der (miteinander nicht bekannten) Reisenden meist auf das Reiseziel, die Krankheitsgeschichte der besuchten Person, die letzten Ligaergebnisse und die politische Allwetterlage. In China werden auch dem Touristen in öffentlichen Verkehrsmitteln oder auf der Parkbank kurz nach dem Vorstellen sehr schnell eine ganze Reihe aus unserer Sicht recht persönlicher Fragen gestellt. So sind Fragen nach Beruf, Verdienst, Ehe und Kindern, wieviel man während der Reise so ausgebe und ähnliches völlig normale Gesprächsthemen, die in aller Offenheit besprochen werden. Man sollte auf Fragen dieser Art einigermaßen vorbereitet und keinesfalls brüskiert sein. Auf keinen Fall darf man erwidern, dieses oder jenes gehe den Fragenden nichts an, vielmehr sollte man sich, wenn man die Fragen nicht beantworten will, bereits im Voraus eine gute Geschichte einfallen lassen.

Es macht sich übrigens immer gut, so zu tun, als sei man verheiratet und habe Kinder, da man anderenfalls mitleidig angesehen würde.

# Bildung und Soziales

Aufgrund des von den Briten übernommenen Bildungssystems, welches eine allgemeine (kostenlose) Grundschulpflicht vorsieht, ist die **Analphabetenquote** in HongKong so gering wie in Westeuropa.

Höhere Schulen und **Universitäten** sind kostenpflichtig. Trotz hoher Studiengebühren ist der Andrang immens, nicht einmal 10 % der Bewerber werden letztlich leistungsbedingt zum Studium zugelassen. Nicht zuletzt deswegen studiert jeder 500. HongKonger im Ausland, bevorzugt in Nordamerika und Großbritannien.

Im Bildungswesen fand – etwas zeitversetzt, aber in direktem Zusammenhang mit der Rückgabe HongKongs an China – eine drastische Änderung mit weitreichenden Konsequenzen statt. Bislang fand der Unterricht zweisprachig in Kantonesisch und Englisch statt. Chinesischsprachiger Unterricht machte zwar 2/3 des Angebotes aus, doch wurde durch die verpflichtende Kurszuordnung immer Zweisprachigkeit gewährleistet.

Dieses große, vor allem in Handel, Gewerbe und Tourismus einmalige Plus HongKongs wurde 1997 geradezu konterkariert, als im Zusammenhang mit dem 1.7.97 die *Verpflichtung zu englischsprachigem Unterricht aufgehoben* wurde. Den Bildungsstätten bleibt es nun selbst überlassen, ob sie ihren Unterricht in Englisch anbieten oder nicht, und da das hochchinesische Mandarin in Zukunft einen höheren Stellenwert erlangen wird, dürfte die Zweisprachigkeit HongKongs (Kantonesisch, Englisch) langfristig dem System Muttersprache Kantonesisch plus *Fremdsprachen Englisch und Mandarin* weichen.

Die *soziale Absicherung* der Bevölkerung ist nach wie vor als verbesserungswürdig zu bezeichnen. Stadtverwaltung und soziale Institutionen gewähren zwar Unterstützungen für Bedürftige, Versehrte und Kinder, eine allumfassende Krankheits- und Altersversorgung ist jedoch erst in den Anfängen begriffen. Die Grundrente beträgt derzeit umgerechnet rund 300 Euro im Monat, nicht viel, wenn man von einem monatlichen Durchschnittseinkommen von rund 1500 Euro ausgeht.

Dieses *Durchschnittseinkommen* reicht angesichts der horrenden Miet- und Grundstückspreise nicht aus, eine Familie zu ernähren. Eine kleine 2-Zimmer-Wohnung in schlechter Lage kostet mindestens 6000–8000 HK$ (ca. 700 Euro) in KowLoon oder HongKong-Island, selbst in den New Territories muss man mit 5000–7000 HK$ (ca. 600 Euro) rechnen.

Nur Doppelverdiener können da mithalten, viele einfache Schichten wohnen auf Hausbooten (Aberdeen), leben mit drei Generationen auf engstem Raum, Tagelöhner hausen in privaten, schäbigen Schlafsälen auf einer kleinen Pritsche ohne Privatsphäre *(cage-people)* oder werden „*Wohnraumflüchtlinge*". Tatsächlich können viele den Mietpreis nicht mehr aufbringen und verlegen den Wohnsitz nach Macau oder ShenZhen, von wo aus sie zur Arbeit nach HongKong pendeln.

So sehr man das Musterhaus des Kapitalismus für sein freies Unternehmertum auch bewundern kann, die weitgeöffnete Schere zwischen Arm und Reich in HongKong ist nicht zu übersehen.

# Traditionelle Künste

## Chinesische Heilkunst

Die traditionelle chinesische Medizin basiert auf den Erkenntnissen zweier Jahrtausende. Bereits unter *QinShi HuangDi* (Qin-Dynastie, 221 v. Chr.– 207 v. Chr.) wurden im **Buch NeiJiang** (innerer Fluss) alle Behandlungsmethoden schriftlich festgehalten. Während der Han-Dynastie (206 v. Chr.– 220 n. Chr.) wurde dieses Werk erweitert und bildet seitdem die Grundlage für alle traditionellen Heilmethoden bis in unsere Zeit.

Der Kerngedanke der chinesischen Medizin besagt, dass der Mensch sich in einem **Gleichgewichtssystem** innerhalb der Natur (Yin-Yang) befindet; ist das Gleichgewicht gestört, zeigt sich dies in Form von Krankheiten. Ursache für derartige Störungen können die „sechs äußeren" (Kälte, Hitze, Feuchtigkeit, Wind, Feuer, Trockenheit) oder die „sieben inneren Faktoren" (Ärger, Sorge, Schwermut, Trauer, Angst, Überraschung) sein. Ist die Ursache der Störung erkannt, wird sie durch Akupunktur oder Medikament behandelt.

Die **Akupunktur** basiert auf der Theorie, der Körper sei von selbstheilender Lebensenergie *(Qi)* erfüllt. Bei Krankheit sei dieser Fluss unterbrochen, durch Reizung bestimmter Körperpunkte könne diese Unterbrechung beseitigt und der Selbstheilungsprozess eingeleitet werden.

Chinesische Medikamente nützen die **natürlichen Wirkstoffe** von Pflanzen oder Knochen aus, diese sollen die eigene Körperabwehrfunktion stärken oder ein Ungleichgewicht bekämpfen. Ein interessantes Beispiel ist das chinesische Ephedrim *(MaHuang)*, eine Pflanze, deren Stengel die Schweißbildung fördern, deren Wurzeln dagegen kühlend (schweißregulierend) wirken.

## Malerei

Als goldenes Zeitalter der **traditionellen chinesischen Malerei** gilt die Ära der Tang-Dynastie (618–907 n. Chr.). Beamte und Oberschicht förderten die typische Landschaftsmalerei in Wasserfarben.

Während der Sung-Dynastie (1036–1101 n. Chr.) kamen dann kleine Gedichte und Texte sowie rote Namenssiegel des Künstlers und des Empfängers zum Bild hinzu. Diese **Literaten-***Malerei* genannte Form blieb die vorherrschende Variante der chinesischen Malerei bis ins 20. Jh. Auffallende Unterschiede zur westlichen Malerei sind die nahezu ausschließliche Verwendung von Wasserfarben, die stets subjektiv-realistische Darstellung der Landschaft oder Szene aus der Sicht des Künstlers (im Westen objektiv-realistisch), die aus der Kalligrafie abgeleitete Pinseltechnik sowie das lange Fehlen der abstrakten Malerei.

## Porzellan

Schon die frühen Kulturen Chinas vor 5000 Jahren verstanden sich auf das Brennen und Verzieren von tönernen Nutzgefäßen. Seit der Han-Dynastie (206 v. Chr.–220 n. Chr.) wurden Porzellanstücke und Keramiken bis nach Indien und Japan geliefert. Weltbekannt wurde bei späteren Kontakten mit Europa das berühmte „chinesische Porzellan", dessen Material aus JingDeChen (Provinz JiangSu) stammt. Die eigentliche Kunst lag in der Verarbeitung des Rohmaterials: Die Porzellanerde (Kaolin) wurde zunächst sehr fein gemahlen und anschließend mehrere Jahre lang in Wasser gelagert, wodurch sie klebrig und formbar wurde. Erst dann konnten auf der Töpferscheibe jene weltberühmten filigranen Porzellanservices geschaffen werden.

## Bronzen

Gefäße aus Bronze wird der Besucher in nahezu allen Museen antreffen. Wegen ihrer Haltbarkeit sind sie ein ausgezeichnetes Zeugnis der Kulturen. In China sind Bronzegefäße schon aus dem zweiten vorchristlichen Jahrtausend bekannt, die ursprünglich vier Zwecken dienten: als Kochgefäß, als Trinkgefäß, als Behälter bei der Ausübung ritueller Bräuche sowie als Musikinstrumente. Chinesische Bronzen gelten als besonders fein und symmetrisch gearbeitet. Hauptmotive und Randmuster wurden stets sorgsam aufeinander abgestimmt und verleihen auch der filigranen Musterung oft einen dreidimensionalen Charakter. Noch heute finden große dreibeinige Bronzekessel zum Beispiel für Räucherstäbchen vor Tempeln Anwendung.

### Jade

Für wohl keine andere Kultur spielt die Jade in der Symbolik und im Kunsthandwerk eine so große Rolle wie für die chinesische. Als flache, eckige Scheibe poliert und mit einem runden Loch versehen galt sie schon den chinesischen Frühkulturen als Ausdruck der Kosmologie zu Ehren der Himmels- und Erdgeister. Noch heute besagt ein Sprichwort, dass die „Moral eines Herren wie Jade" ist.

Aufgrund ihrer Seltenheit und Kostbarkeit wurden Ziergegenstände aus Jade nur von Reichen oder hohen Würdenträgern getragen. Auch zu **rituellen Zwecken** fand die Jade Verwendung, so als symbolische Befehlstafel des Kaisers an ins Ausland Gesandte.

Die Entwicklung zum reinen **Kunsthandwerk** für Schmuckgegenstände setzte unter der Sung-Dynastie (960–1276 n. Chr.) ein, nur am Kaiserhof wurden fortan Jadegegenstände in Zeremonien eingesetzt.

Jade gilt heute als bevorzugtes Geschenk für Ehepartner untereinander und zur Hochzeit, sie gilt als Symbol des Wohlstandes und als Schutz vor Unglück. Jade nimmt neben Gold die wichtigste Stellung auf dem **Schmuckmarkt** des heutigen Südchina ein.

### Volkskünste

An Festtagen werden in den Städten Südchinas die sehr populären und durch das Fernsehen auch bei uns bekannten **Drachen- und Löwentänze** augeführt. Der Drachentanz, seit der Sung-Dynastie (960–1279 n. Chr.) weit verbreitet, wird von Laientänzern mit einem Pappmachédrachen aus 9 bis 24 je etwa 2 m langen Teilen an nationalen Feiertagen aufgeführt. Die größten Drachen erreichen in HongKong bis zu 120 m Länge. Nahezu an jedem Festtag sind Löwentänze beteiligt, die weniger Personen benötigen und daher einfacher zu koordinieren sind. Ursprünglich soll der Löwe als Symbol der Stärke am chinesischen Neujahrsfest böse Einflüsse vom neuen Jahr fernhalten.

So beliebt wie etwa bei uns das Jojo ist im chinesischen Kulturkreis das von einer Person zu spielende **Diabolo**. Der Spieler hält ein an zwei Handgriffen befestigtes dünnes Seil in beiden Händen (ähnlich einem Hüpfseil) und bewegt einen hantelförmigen Gegenstand damit artistisch hin und her oder schleudert ihn hoch und fängt ihn nur am gespannten Seil auf. Das Diabolospiel soll die geistige Disziplin trainieren und ist bei Jung und Alt sehr beliebt.

## TRADITIONELLE KÜNSTE

Ein beliebter Sport für zwei Spieler auf Pausenhöfen oder in Parks ist das **Federballkicken.** Ein absolutes Muss für jedes chinesische Kind (und sehr oft auch für Erwachsene) ist das **Kreiseldrehen,** wobei Größe und Gewicht des Drehkreisels zwischen Miniatur- und 50-kg-Kreiseln variieren.

### Namensstempel

Viel wichtiger als die Unterschrift war und ist in China der Namensstempel. Gleichgültig, ob auf offiziellen Dokumenten, auf privaten Briefen oder auch Gemälden – überall prangt ein rotes Quadrat mit kunstvollen Schriftzeichen. Jeder Chinese nennt einen Namensstempel sein eigen, Stempelmacher ist ein hochangesehener und weitverbreiteter Beruf.

Als Ausgangsmaterial diente früher Kupfer oder Jade, heute wird meist Speckstein genommen, ein sehr häufiger und (sofern grün) der Jade ähnlicher Stein. Hat der Kunde dem **Stempelgraveur** seinen Namen genannt, entwirft dieser zunächst eine einmalige Komposition auf dem Papier in traditioneller Siegelschrift. Anschließend graviert er dem polierten, manchmal am oberen Ende mit einer Figur verzierten Rohling als Skulptur (die Zeichen treten von der Oberfläche hervor, alles übrige ist weggraviert) oder als Freske (die Zeichen sind vertieft, erscheinen also weiß im Druck) den Namenszug ein.

Der **Namensstempeldruck** wird noch heute bei Behörden oder der Bank hinterlegt, als Beweis der Authentizität bei späteren „Unterschriften".

Gedruckt wird mit einer sehr festen, in kleinen Porzellandöschen gelagerten roten Tintenpaste. Auch wenn es unzeitgemäß erscheinen mag – für Chinesen ist es auch heute noch üblich, seltener in HongKong, neben die Unterschrift auf Verträgen oder bei Geldgeschäften den Namensstempel hinzuzufügen. Die Kunst des Stempelgravierens wird auf allen Kunsthochschulen gelehrt und gilt als außerordentlich schwierig. Der Namensstempel war ein Vorläufer des Buchdrucks in China.

### Lackwaren

Die Kunst der Lackverzierung bei Möbeln, Figuren, Geschirr und Zierrat ist eine rein chinesische Kunstform mit einer jahrtausendealten Geschichte.

Vor rund 7000 Jahren entdeckten die Bewohner des gelben Flusses, dass der **Saft des Lacksumach-Baumes** nach dem Trocknen sehr fest und glänzend wird. So überzog man Alltagsgegenstände wie Töpfe und Krüge aus Ton oder Metall damit, um sie sowohl haltbarer als auch schöner zu machen. Bis zum ersten Jahrtausend vor unserer Zeitrechnung verwendete man den Lacksumach-Saft dann auch zum Lackieren von Waffen, Ritualgeräten, Dosen, Götterbildern und anderem.

Die **Lackkunst** erlebte zu dieser Zeit in China eine Blüte, und sogar in andere Regionen Asiens wurden Stücke geliefert. Bis ins 19. Jh. hinein erreichte dieses Kunsthandwerk in China immer größere Vollendung, ehe schließlich billigere und leichter zu verarbeitende Öllacke aus Europa nach China kamen. Nach dem Zweiten Weltkrieg wurden auch diese von den immer günstigeren chemischen Kunstfarben verdrängt. Die traditionelle Methode, das Übereinanderlegen von bis zu 20 verschiedenfarbigen Lackschichten und anschließendem Herausschnitzen der Motive, hat sich dennoch als optisch schönste und auch haltbarste Form erwiesen.

Heute werden Lackarbeiten überwiegend als **Zierstücke** (Schmuckschatullen, traditionelle Möbel) oder besondere Geschirrformen (große, flache Dose mit mehreren Einsätzen) in China verwendet.

### Knoten

Eine der ersten Erfindungen der Menschheit war der Knoten, der das Alltagsleben erheblich erleichterte. Tierfelle konnten mit Lederriemen am Körper befestigt werden, Kleingegenstände aufgereiht werden und vieles andere mehr.

Im Laufe der Zeit entwickelte sich in China der Knoten auch zum **Schmuck- und Ziergegenstand,** der es vor allem den einfacheren Menschen erlaubte, Alltagsgegenstände wie Spiegel, Götterstatuen, Amulette, Fächer und anderes ohne Kosten zu verzieren. Selbst Figuren, Blumen oder symbolisches Geld wurden gänzlich aus Hanf-, Baumwoll-, Seiden- oder Lederbändern geknotet. Noch heute spielt die Symbolik des Knotens eine große Rolle bei Glücksanhängern, Geschenkverpackungen und selbst an Gürteln.

Fünf **Merkmale** unterscheiden den chinesischen Knoten von westlichen oder japanischen: Sie sind stets sehr fest geknüpft, sind symmetrisch aufgebaut, sehr kompliziert, dreidimensional und entstehen in den drei Arbeitsgängen Knüpfen, Ziehen, Vollenden. Oft werden für Schmuckanhänger oder Tempelglücksbänder Perlen und Jadefiguren eingearbeitet, beides beliebte Mitbringsel für Touristen.

### TaiJiQuan

Wenn der Besucher in den frühen Morgenstunden durch die Parks chinesischer Innenstädte spaziert, wird er viele jüngere und ältere Menschen bei seltsam ruhigen und im Zeitlupentempo vorgetragenen Leibesübungen beobachten können. Dies ist das in ganz China weitverbreitete traditionelle *TaiJiQuan* **(Schattenboxen),** eine Sonderform der *GuoShu* (Nationalkunst). Der Grundgedanke basiert auf dem auch in Medizin und Glauben enthaltenen System der Ausgewogenheit von Yin und Yang. Sind diese Elemente im Körper harmonisch und ausgewogen, kann die nicht physisch existente Lebensenergie *(Qi)* fließen und Gesundheit wie auch ein langes Leben fördern. Die Übungen verlangen äußerste Körperbeherrschung und Disziplin, entscheidend ist, dass alle Bewegungsabläufe rund und sanft ablaufen.

Anders als das koreanische Taek-Won-Do und das japanischen Karate basieren die chinesischen Kampfsportarten auf buddhistischen Yogaübungen. Der indische Pilger *TaMo* (4. Jh.) lehrte derartige Techniken in China zur Stärkung des Geistes und zur Aufnahme des *Qi*, nicht als Kampftechnik.

Dies kam auch den Ideen von Yin-Yang-Schule und Taoismus (↗ Glaubensrichtungen) entgegen, so konnten sich die Übungen rasch weit verbreiten. Regelrechte Schulen entstanden in den Klöstern, wobei schon in der Tang-Dynastie (618–907 n. Chr.) die Körperbeherrschung auch für den Kampf zur Verteidigung von Leben und Gesundheit gegen Banditen und Tyrannen eingesetzt wurde. Dies ist die chinesische Schule TangShouTao, deren Hauptidee aber immer noch auf dem Fluss des eigenen Qi besteht. Die Grundidee im Kampf besteht darin, kurze, zackige Bewegungen zu vermeiden und jede Bewegung rund und weich bis zu Ende durchzuführen. Dies spart Energie und ist am Ende ausschlaggebend.

Selbstverständlich entwickelten sich auch „harte" Schulen, wie die berühmte ShaoLin Schule, die überwiegend aggressive Techniken lehrt, welche weniger auf der Grundidee des Qi-Flusses basieren.

# Musik und chinesische Oper

Die traditionelle Musik ist für den westlichen Besucher sicherlich gewöhnungsbedürftig. Bei Beerdigungen, in den Tempeln, in der chinesischen Oper oder auch in Parks begegnen dem Besucher Klänge, die wenig mit Musik westlicher Prägung zu tun zu haben. Die Ursprünge der klassischen chinesischen Musik reichen einige tausend Jahre zurück, und schon damals traten in China eine umfassende Musiktheorie und hochentwickelte Instrumente auf, welche hauptsächlich von ritueller Bedeutung waren.

Bis heute besteht ein **klassisches Orchester** meist aus etwa sieben Musikern mit Laute *(BiBa)*, Bambusflöte *(Ti-Zi)*, Wölbbrettzither *(GuCheng)*, Kniegeige *(ErHu)*, Schalmei *(SoNa)* und verschiedenen Rythmusinstrumenten. In ländlichen Regionen auf den Reisfeldern und Teeplantagen wurde gesungen oder erzählte Liedertexte wurden musikalisch begleitet. Durch Kontakte mit anderen Kulturen wurde die traditionelle chinesische Musik mit klassischen und modernen Elementen angereichert. Trotzdem stellt sie immer noch eine der ursprünglichsten Musikrichtungen dar.

Eine Sonderform in der Musik nimmt die berühmte chinesische Oper *(GuoJu,* auch **Peking-Oper** genannt) ein. Tang-Kaiser *TaiZong* gründete 626 n. Chr. die erste kaiserliche Schule für Hofmusik. Gesang, Musik, Akrobatik, Pantomime und Rezitation vereinigten sich hier zu einer vollkommen neuen Kunstform. Mythen, Legenden und historische Ereignisse bildeten den Themenkern für Darbietungen dieser Opernkunst, die sich im Laufe der Zeit regional weiter- und auseinanderentwickelte.

Die **Ausbildung** der Darsteller gehört bis heute zu den schwierigsten und langwierigsten überhaupt, da jede Geste und Bewegung bis ins kleinste Detail einschließlich Maske und Garderobe ausgefeilt ist. Alle Rollen, auch

Frauenrollen, wurden ausschließlich von Männern gespielt. Der bekannte Film „Lebewohl meine Konkubine" gibt zu diesem Thema einen ausgezeichneten Einblick.

Der Schauspieler der Peking-Oper spielt weniger eine Rolle als einen **Charakter,** der durch die farbige Maske und das Kostüm festlegt und für den Zuschauer sofort erkennbar ist (vergleichbar mit dem europäischen Puppentheater). Die wichtigsten Charaktere sind der alte (weise) und der junge (kämpferische) Sheng, die ältere und die schöne Tan, der je nach Schminke gute oder böse Ching sowie der Spaßmacher und Kommentator Chou.

# Architektur

Der Besucher des Fernen Ostens wird neben einer Vielzahl moderner Gebäude zahlreiche Tempel, Paläste und ältere Privathäuser (in ländlichen Gebieten) sehen, deren Architektur typisch chinesische Elemente aufweisen.

Oft sind es gerade die **klassischen Bauwerke,** die dem Besucher die chinesische Geschichte und Kultur näherbringen. Ein markanter Unterschied besteht bei den älteren Privathäusern, Tempeln, Herrscherpalästen und Schreinen in der symmetrischen und ausgewogenen Achse, der nachgeordnete Flügel rechts und links angefügt sind. Dieses Prinzip liegt nahezu allen Bauwerken zugrunde, wobei in den Wohnhäusern die Familienmitglieder entsprechend ihrer Stellung innerhalb der Familie untergebracht werden. Der Hausherr erhält den Hauptraum, die älteren Mitglieder den hinteren Abschnitt des Hauptraumes, die jüngeren Angehörigen schließlich die Seitenflügel. Grundbestandteil eines solchen Gebäudes ist ein Holzgerüst mit querliegenden, ineinandergesteckten (nicht genagelten) Balken und mehreren freistehenden, verzierten Tragsäulen. Die Wände wurden mit Lehm aufgefüllt (später auch mit Ziegeln). Dieses klassische Baumuster wurde auch in TaiWan, Korea, Japan und Vietnam angewandt. Die wichtige Bausubstanz Holz, die in der chinesischen Symbolik auch Leben bedeutet, musste gegen Verfall geschützt werden, weshalb die hölzernen Bestandteile in leuchtenden Farben (oft rot als Glücksfarbe) lackiert wurden. Oft wurden Teile des inneren Holzgerüstes mit Schnitzereien verziert und lackiert. Außerdem wurden auch die Innenwände mit Abbildungen religiöser oder philosophischer Themen, gelegentlich auch reinen Landschaftsmalereien verziert. Ein weiteres auffallendes Merkmal ist das meist nach innen gebogene Dach mit farbigen, röhrenförmigen Ziegeln. Dessen äußere Enden sind zudem mit Tierkreiszeichen (bei konfuzianischen Tempeln) oder grellbunten Drachen- und Phoenixfiguren (taoistische Tempel) geschmückt.

Wohlhabende Kaufleute und Würdenträger konnten es sich zudem leisten, einen **chinesischen Garten** mit Teichen, Spazierwegen und Pavillons zwischen den Wohngebäuden anzulegen.

# HongKong-Island Überblick

香港島

Das eigentliche HongKong, jener „wertlose Felsbrocken im südchinesischen Meer", den die Briten 1841 als Kolonie erwarben, wurde im Zuge der ausgelaufenen Pachtverträge über die New Territories 1997 an China zurückgegeben. In HongKong liegt das ökonomische Nervenzentrum der SAR, sitzen Banken, Dienstleister, Kaufhäuser und ausländische Repräsentanzen, hat die reiche Oberschicht die höhergelegenen Hügel zum exklusiven Nobelwohngebiet ausgebaut.

Die **Skyline** und die Straßenschluchten sind auch der erste und sicherlich unvergessliche Eindruck, den der Reisende beim Übersetzen mit der berühmten Star-Ferry gewinnt – und so sollte man unbedingt nach HongKong-Island übersetzen! Die Skyline von HongKong Island ist eine der beeindruckendsten auf dem Globus. (Panorama der Skyline inkl. Beschreibung der wichtigsten Gebäude s. S. 16/17!) Unübersehbar werden neue Hochhäuser zur Meeresseite hin gebaut, nicht weil man vorher vergessen hätte, diese bevorzugten Grundstücke zu bebauen, sondern weil laufend durch Aufschüttung neues Land gewonnen wird *(Land Reclamation)*.

Bei klarem Wetter erkennt man deutlich den sagenhaften, 552 m hohen **HongKong-Peak** (früher Victoria Peak), dessen Besuch wohl für jeden einen Höhepunkt eines HongKong-Aufenthaltes darstellt.

Hinter den Bergen, an der Südseite, liegen **Strände,** günstige Einkaufsmög-

# ÜBERBLICK Hongkong-Island

# HongKong-Island ÜBERBLICK 143

# CENTRAL, WESTERN UND SHEUNGWAN

lichkeiten sowie der schönste Freizeitpark Asiens, der **Ocean Park/WaterWorld.**

Die nicht bebauten, dicht bewachsenen **Berge** der Insel sind nur zu Fuß zu durchqueren: entweder auf dem 15 km langen Wilson Trail oder dem faszinierenden, 50 km langen HongKong-Trail.

HongKong-Island ist gerade einmal 82 km² groß, alle wichtigen Punkte rund um die Insel sind ausgezeichnet **mit öffentlichen Verkehrsmitteln** oder sogar zu Fuß (Nordseite) zu erreichen. Hier verkehren vier traditionelle Verkehrsmittel der SAR: die alte Tram (Straßenbahn), die Peak-Tram (Bergbahn zum Peak), die Doppeldecker-Busse englischen Vorbildes sowie die Star-Ferry, welche HongKong-Island mit KowLoon verbindet.

## Central, Western und SheungWan

中區，西區，上灣

Diese drei Bezirke wurden von den Briten ab 1842 als erste besiedelt. Heute erinnern nur noch wenige Zeugnisse an diese Epoche. Die alten Kolonialbauten wichen modernen Kaufhallen und Bürogebäuden, überhaupt scheint auf den ersten Blick jegliche chinesische Tradition vom schnöden Geschäftsglamour verschluckt worden zu sein.

Die folgenden Punkte bilden einen etwa **halbtägigen Rundgang** und berücksichtigen besonders das traditionelle Erbe der Briten und Chinesen in HongKong. Einige der genannten Straßenmärkte befinden sich in scheinbar zwielichtigen Gassen, außer gelegentlichen Langfingern hat man aber nichts zu befürchten.

Von der neuen, erst Ende 2006 gebauten Star-Ferry (Central) aus geht man direkt auf die „Rasierapparate" **One-IFC** und **Two-IFC** zu. Das International Finance Center Two sieht in der Skyline recht harmlos aus, ist aber mit 415,8 m das zweithöchste Gebäude HongKongs (siebthöchstes weltweit,

Tradition und Moderne – der alte LegCo vor der Skyline

# CENTRAL, WESTERN UND SHEUNGWAN

HongKongs höchstes ist derzeit das ICC/Kowloon mit 484 m). Es erlangte bereits während der Bauphase (2003 fertiggestellt) Einzug in die Filmgeschichte, als im Film „Tomb Raider – Wiege des Lebens" die von Angelina Jolie gespielte Titelheldin per Fallschirm aus dem 88. Stock sprang. Eigentlich sind es nur 86 Etagen, der 14. und der 24. Stock wurde ausgelassen, da es sich um besonders negative Zahlen im Chinesischen handelt.

Das gesamte Meeres-Areal zwischen Star Ferry Pier und HK Convention Center wird übrigens derzeit aufgeschüttet und bis 2012 in eine **gigantische Uferpromenade** umgewandelt. An der Hauptpost (GPO) und am Jardine House (ehemals Connaught Centre, erkennbar an den runden Fenstern) vorbei nach links gehend, trifft man am Rathaus (City Hall) auf eine empfehlenswerte (kostenlose) Ausstellung zur Zukunftsplanung ganzer Stadtteile: die **Planning and Infrastructure Exhibition Gallery** mit Modellen einiger Stararchitekten (z.B. *Foster*), Darstellungen zur örtlichen Umweltproblematik sowie Hintergrundinformationen zum HongKong der Zukunft. Geöffnet tgl. außer Di und am chinesischen Neujahr 10:00–18:00 Uhr, Tel. 31016516, www.info.gov.hk/infrastructuregallery. Hier ist man dann gleich an der Chater Rd. und dem **Statue Square** (ehemals Victoria Square), wo 1886 eine Bronzestatue der *Königin Victoria* enthüllt wurde, die hier bis zur japanischen Besetzung stand. Seit dem zweiten Weltkrieg befindet sie sich im (↗) Victoria-Park.

Die heutige Statue im Park zeigt *Sir Thomas Jackson*, einen ehemaligen Leiter der *HongKong & ShangHai Bank.*

Auf der Ostseite steht der **LegCo** (Legislative Council, gesetzgebende Kammer). Das Gebäude im spätviktorianischen Stil stammt aus dem Jahr 1912 und diente bis zum Februar 1997 dem LegCo als Versammlungsort.

Unmittelbar daneben liegt der **Chater Garden,** eine Oase zwischen den Wolkenkratzern. An Sonntagen werden hier oft Versammlungen oder Demonstrationen abgehalten, vorwiegend von Thailänderinnen und Philippinas, die um ihre Zukunft als Billiglohnkräfte bangen – China hat schließlich selbst genug!

An der De Voeux Rd. sieht man etliche, die Skyline prägende Hochhäuser, links jene markante hochkantige „Toblerone-Schachtel", der Hauptsitz der **Bank of China** in HongKong. Das 74 Etagen hohe Gebäude wurde vom chinesisch-amerikanischen Stararchitekten *I. M. Pei* entworfen und war seinerzeit bis zum Bau des Central Plaza (1994) das höchste Gebäude HongKongs. Im 11. Stock ist ein kleines Kunstmuseum untergebracht (geöffnet Mo–Fr 10:00–18:00 Uhr, Sa 10:00–14:00 Uhr, Eintritt 20 HK$), im 47. Stock kann eine Aussichtsebene besucht werden. Wie überall wurde auch hier neben dem Architekten ein FengShui-Experte (↗ Geomantik) zu Rate gezogen. Es heißt bis heute, die Bank verheiße den umliegenden Gebäuden wegen eines schlechten „FengShui" nichts Gutes.

# CENTRAL, WESTERN UND SHEUNG WAN

Hong Kong-Island

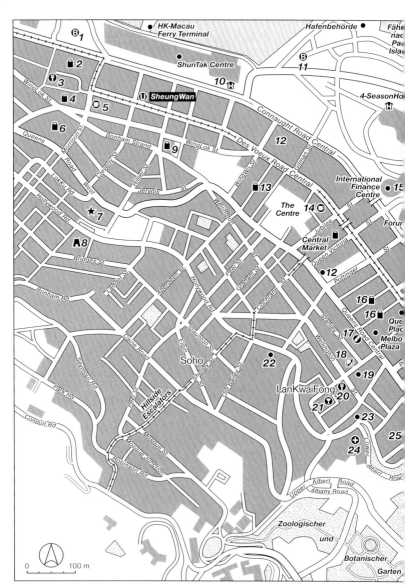

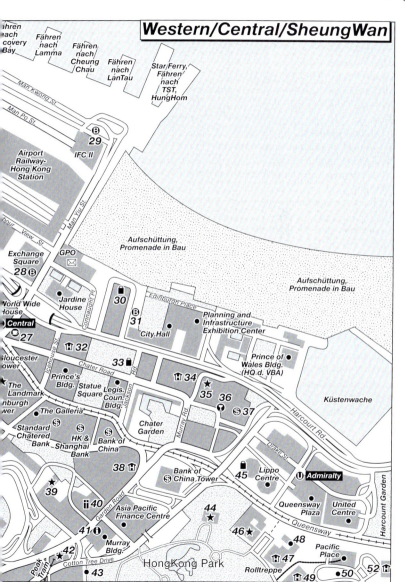

# CENTRAL, WESTERN UND SHEUNGWAN

Halbrechts ragt der durchsichtige, gläserne Riese der **HongKong & ShangHai Bank** hervor, welchen der Brite *Norman Foster* in den 1980er Jahren baute. Der Wolkenkratzer war mit ca. 7.000.000.000 HK$ Baukosten seinerzeit das teuerste Gebäude der Welt.

Die **De Voeux Rd.**, auf der auch die alte Tram fährt, ist die Haupt-Einkaufsstraße auf HongKong-Island.

Nach wenigen Metern in westlicher Richtung liegt linker Hand das prestigeträchtige **Landmark** – hier sind die namhaften Markenboutiquen der Welt versammelt, und die Gäste des *Peninsula* werden im Rolls Royce zur „Schnäppchenjagd" hierher chauffiert.

Am entgegengesetzten Ende der Preisskala kauft man auf dem **LiYuan Kleidermarkt,** der aber erst am Abend richtig interessant wird. Er liegt ein Stückchen weiter westlich zwischen LiYuan-East- und -West-Sträßen.

Im **Central Market** ein kurzes Stück die DeVoeux Rd weiter kaufen die Anwohner Frischfleisch und Gemüse, interessanter aber ist der im 1. Stock des Central Market beginnende **Escalator,** eine Kombination aus Treppe und Rolltreppe zu den 800 m entfernten Wohnhäusern der höher gelegenen Midlands. Rund 30.000 Arbeiter und Angestellte kommen per Escalator in wenigen Minuten von den oberen Straßen der Insel zu ihren Arbeitsplätzen. Der Escalator wurde 1993 in Betrieb genommen und kostete rund 200 Millionen HK$.

Gegenüber vom HongKong Trade Centre geht es nun links in die **WingKut St.,** in der hauptsächlich Silberschmuck und Schmuckimitate preiswert angeboten werden.

Dann folgt man der Queens Rd. nach rechts, bis auf der linken Seite eine Union Bank zu sehen ist. Gegenüber liegt die kleine, dunkle und unscheinbare **ManWa Lane,** scheinbar Heimat aller Siegelmacher Chinas, denn hier gibt es die berühmten (♫) Namensstempel in mannigfaltiger Ausführung zu sehen und zu kaufen.

Am Ende der Gasse, auf der De Voeux Rd. links abbiegend, gelangt man zum **Western Market.** Der rote Ziegelbau mit einem Haupttor aus Granit stammt aus dem Jahre 1912 und wurde bis 1989 als Stadtmarkt genutzt. Heute sind hier kleine Kunsthandwerk-Fachgeschäfte der gehobenen Preisklasse untergebracht. Im Obergeschoss befindet sich ein ebenso hochpreisiges chinesisches Restaurant, unten die Bäckerei „Das Gute".

Der **Urban Council SheungWan Complex** umfasst ein Bürgerzentrum, einen Markt (der früher im Western Market untergebracht war) sowie eine ganze Etage mit chinesischen Garküchen, die auch DimSum anbieten. Hier kann man noch Lebendware wie Schildkröten, Frösche, lebend filetierte halbe Fische usw. sehen und zusehen, wie Geflügel vor dem rupfen „heiß gebadet" wird.

In der **Bonham Strand West** liegen reihenweise kleinere Läden, die chinesische Heilkräuter, Medizin und Gewürze vertreiben.

Auf der De Voeux Rd. hält man sich nun wieder links, passiert dabei zahl-

## CENTRAL, WESTERN UND SHEUNGWAN

- ⓑ 1 Busstation Macau Ferry Terminal
- ▉ 2 Western Market
- ⊙ 3 XinGuan JiuLou Restaurant
- ▉ 4 Western Exchange Market
- ○ 5 Cafés und Bäckereien
- ▉ 6 Urban Council SheungWan Complex (echter Frischmarkt)
- ★ 7 Lascar Row („Cat Street"- Flohmarkt)
- 🅰 8 ManMo Tempel
- ▉ 9 ManWa Lane (Stempelhändler)
- 🏨 10 Victoria Hotel
- ⓑ 11 Busse 1, 3B, 20, 722
- • 12 China Travel Service
- ▉ 13 WingKut Street (Schmuck)
- ○ 14 Maxim´s und Café de Coral
- • 15 International Finance Centre (HK Station AE, MTR Tung Chung Line)
- ▉ 16 LiYuan East and West Streets (Straßenmarkt)
- ⊘ 17 Manning´s Drogerie
- ▢ 18 HK Telecom
- • 19 Source of Hell
- ⊙ 20 TokMoi-Schnellrestaurant
- ⊙ 21 LanKwaiFong-Kneipengasse
- • 22 Central Police HQ
- • 23 Foreign Correspondent´s Club
- ⊕ 24 HK Central Hospital
- • 25 Duddell Street
- ⊛ 26 Deutsche Bank und Am. Express
- ○ 27 Hard Rock Cafe (Swire House)
- ⓑ 28 Alle wichtigen Busse im UG
- ⓑ 29 Busse 3A, 4, 7, 11, 12, 25, 29R, 71, 91, 94, 681
- ▉ 30 Zeitungen und Buchhandlung
- ⓑ 31 Peak Tram Shuttlebus und No.629 nach Ocean-Park
- 🏨 32 Mandarin Hotel
- ▉ 33 Times Buchladen
- 🏨 34 Furama Kempinski Hotel
- ★ 35 Hutchison House
- ⊙ 36 America Pub
- ⊛ 37 Bank of America Tower
- 🏨 38 Hilton
- ★ 39 ehem. Gebäude der frz. Mission
- ⅱ 40 St John´s Cathedral
- ⓘ 41 HK Information Services Dptm.
- ★ 42 Peak Tram
- • 43 HK Squash Centre und Haupteingang HK-Park
- ★ 44 Flagstaff House
- ▉ 45 Delifrance und Aroma Bakery
- ★ 46 Supreme Court
- 🏨 47 Island Shangri La Hotel
- • 48 Gouvernment Publication Centre
- 🏨 49 Conrad Hotel
- • 50 Cathay Pacific (City Check In)
- 🏨 51 Queensway Kino und Marriott Hotel
- ⊢⊢⊢⊢ Tram

reiche kleine Läden mit getrockneten Lebensmitteln wie Fisch, Obst, Wurstscheiben (die getrockneten Salamischeiben aus Schweinefleisch und Leber gelten als kantonesische Spezialität) und anderen Köstlichkeiten. Bei Haus 108 biegt man links in die KoShing St. ein, dann gleich wieder rechts in die LiSing Gasse bis zur Queens Rd. mit etlichen **Glückspapier- und Räucherstäbchenläden.** Folgt man der Queens Rd. nun ein kleines Stück Richtung Zentrum und biegt dann nach rechts in die Hollywood Street ein, so trifft man auf der rechten Seite auf recht seltsam anmutende Holzmöbel. Diese dienen der letzten Ruhe, ihre seltsame Form erklärt sich aus dem chinesischen Sprichwort, Särge würden aus genau viereinhalb gleich langen Brettern gemacht: vier für jede Seite, zwei Viertel je für Kopf- und Fußseite, die daher zur Zierde überstehen.

Auf der linken Straßenseite liegt der hübsche **Hollywood Road Park** mit Pavillons und Teichen im chinesischen Stil.

Wenige Meter weiter liegt die **Possession Street** – genau an dieser Stelle rammte Captain *Charles Elliott* 1841 den „Union Jack" in den Boden und nahm HongKong im Namen Ihrer Majestät in britischen Besitz.

Schräg gegenüber rechts führt die kleine Pound Lane ab. Geradeaus liegen ein öffentliches Badehaus und die kleine Grünanlage Blake Garden, gleich links die Stufen hinauf geht es zum **PakShing-Tempel.** Auf dem Altar sind die Statuen der beiden Gotthei-

# CENTRAL, WESTERN UND SHEUNGWAN

Gaslaterne der Duddell Street

ten *TsuiTsingPak* und *TinHau* zu sehen, die eigentliche Bedeutung des Tempels aber liegt in den rund 3000 hier aufbewahrten Ahnentafeln verstorbener Taoisten.

Die Hollywood Rd. führt weiter entlang etlicher kleiner Möbel-, Kunsthandwerk- und Statuengeschäfte zum **ManMo-Tempel.** Dieser Taoistentempel ist einer der bedeutendsten und sicher einer der belebtesten HongKongs. Überall wird gebetet, Räucherstäbchen entzündet und symbolisches Totengeld für die Ahnen verbrannt. Durch den Qualm erkennt man auf dem ersten Altar *Man* (mit Pinsel in den Händen), Gottheit der Literatur, dahinter auf dem zweiten Altar steht *Mo*, Gott des Krieges, Schutzpatron der Beamten und – Gangster. Rechts daneben wacht der schwarzgesichtige *PaoKung*, Gott der Justiz. Am Eingang sind die 10 Gottheiten der Unterwelt zu sehen. Die Tempelglocke mit der Inschrift „27. Regierungsjahr des Kaisers TaoKuang, Qing-Dynastie" wurde 1847 in Kanton (GuangZhou) gegossen. Unter der Decke hängen zahlreiche riesige Räucherspiralen, in denen Botschaften an die Ahnen und Götter auf rotem Papier hängen und durch den Rauch ins Jenseits aufsteigen sollen.

Gegenüber vom Tempel liegt die **Ladder Street,** keine Straße im eigentlichen Sinne, sondern eine Treppe. Sie ist eines der letzten Beispiele des alten Straßenbildes HongKongs in die Midlands – nach oben führten nur Treppen, keine Wege oder gar Straßen.

Gleich wieder links von der Ladder Street liegt die kleine LokKu Rd., besser bekannt unter dem Namen **Cat Street Flohmarkt.** Hier findet man an Ständen und in Läden Trödel und gebrauchte Waren aller Art – so manches Schnäppchen ist hier möglich.

Auf der **Queens Rd.** geht es nun zurück Richtung Zentrum, vorbei an den Stufen der Aberdeen Street (Obstmarkt) und anderen Seitenstraßenmärkten und dem HongKong Chinese Medicine auf der rechten Seite, dem größten Produzenten traditioneller Medizin, der hier einen großen Laden hat. Der größte Frischmarkt für Obst und Gemüse liegt in der nahen Graham

Street, wo auch zahlreiche Garküchen leckere Kleinigkeiten zubereiten.

An der Ecke Queens Rd./Cochrane Street (unter dem Escalator) liegt das **CRC-Kaufhaus,** welches überwiegend (aber nicht nur) günstige Waren aus der VR China anbietet. Nun wendet man sich wieder zum Landmark-Building und biegt nach rechts in die **Duddell St.** ein. Die Treppe am Ende stammt aus den Jahren 1875–89 und beherbergt die vier letzten originalen Gas-Straßenlampen HongKongs.

Oben rechts liegt in der Ice House St. der **Foreign Correspondents Club,** ein 1943 gegründeter, exklusiver Klub für ausländische Reporter in einem der wenigen verbliebenen kolonialen Bauwerke.

Exakt einhundert Jahre älter ist die alte so genannte *französische Gesandschaft* am Battery Path (auf der Ice House Street zurück bis zur Queens Rd.), die vom ersten britischen Gouverneur HongKongs, Sir *Henry Pottinger*, 1843 bezogen wurde. Sie wurde 1915 an Frankreich abgetreten und 1953 zurückgekauft.

Gegenüber liegt **St. John's Cathedral,** die 1847 unter Verschmelzung gotischer und britischer Baustile des 13. Jh. errichtet wurde. Während der japanischen Besatzung diente die Kathedrale als Offiziersklub.

Hinter der Kathedrale führt die Garden Rd. zur Peak Tram Station ( ↗ Peak) und links daneben (unter der Brücke hindurch) zum **HongKong Park.** Der größte und empfehlenswerte Stadtpark HongKongs bietet neben einem TaiJiQuan-Garten, einem Pflanzenkon-

---

Flagstaff House und Museum

servatorium, Teichen und Spielplätzen auch ein begehbares Aviarium (großes Vogelzelt mit einem kleinen tropischen Regenwald) sowie das *Flagstaff House.* Dieses war das erste britische Gebäude in HongKong überhaupt und stammt aus dem Jahre 1844 mit *General Georges Charles d'Aguillar* als erstem Kommandeur der britischen Truppen vor Ort. Bis 1932 hieß das Gebäude Headquarters House, wurde aber mit Beginn des Zweiten Weltkrieges umbenannt. Heute ist hier ein *Teemuseum* (tgl. außer Di 10:00–17:00 Uhr) untergebracht, um 11:30, 13:30 und 15:30 Uhr finden Videovorführungen zum Thema Tee statt. Der Park ist von 09:00–20:00 Uhr geöffnet, alle Besichtigungen sind kostenlos.

In der Nähe des Flagstaff House befindet sich eine Überführung über die Cotton Street zum Asia Pacific Finance Centre. Nach dessen Durchquerung gelangt man entlang der Garden Street wieder zum Statue Square und der Star-Ferry. Eine bequemere Transportmöglichkeit besteht mit dem kostenlosen *Peak Tram Shuttlebus,* einem oben offenen Doppeldeckerbus, der regelmäßig zwischen City Hall (Rathaus) und Peak Tram Station verkehrt (etwa alle 20 Minuten täglich 10:00–20:00 Uhr).

Etwa 100 Meter weiter die Garden Rd. hinauf liegt der sehenswerte *Zoologische & Botanische Garten* (geöffnet tgl. 06:00–22:00 Uhr, Eintritt frei), in dem neben zahlreichen subtropischen Pflanzen ca. 300 Vogelarten sowie ein Affenhaus, ein Jaguargehege und sogar Zwerghirsche zu sehen sind.

# CheKeiShan – HongKong Peak
山頂

Wenn man die fünf schönsten Panoramaansichten von Großstädten der Erde auswählen sollte – die Aussicht auf HongKong vom Hongkong-, oder *Victoria Peak* wäre garantiert dabei. (Panorama der Skyline incl. Beschreibung der wichtigsten Gebäude s. S. 16/17!) Nur wer hier oben stand, hat HongKong wirklich gesehen. Seit die Engländer den Fuß auf die Insel setzten, galt der Peak als die Nobeladresse der oberen Zehntausend – die Mietpreise von bis zu 12.000 HK$, pro Tag wohlgemerkt, sprechen für sich. Schon 40 Jahre nach dem Hissen der englischen Fahne in HongKong war der Peak so beliebt, dass die schmalen Wege für den Transport der Kolonialherren in den von chinesischen Kulis getragenen Sedanstühlen nicht mehr ausreichten.

1885 wurde die weltberühmte *Peak-Tram,* eine steile Bergschienenbahn, von der Garden Rd. in Central bis kurz vor den Gipfel erbaut. Die Fahrt mit der Tram lohnt sich unbedingt, wobei die Hinfahrt (rechts sitzen!) weitaus interessanter ist als die Rückfahrt.

Als neue Endstation wurde 1997 der *Peak-Tower* fertiggestellt, ein futuristisches Gebäude mit einem Mövenpick-Restaurant im raumschiffähnlichen oberen Teil sowie zahlreichen Geschäften und Multimedia-Attraktionen im Hauptgebäude. Hierzu gehören das berühmte *Wachsfiguren-Kabinett Madame Tussaud's*, der *Peak-Explorer*, eine futuristische Leinwandreise durch Zeit und Raum, *Ripley's Believe it or not*, ein Museum des Unwahrscheinlichen oder *The Rise of the Dragon*, eine Reise in die Gründertage HongKongs. Hier wie auch im gegenüberliegenden Gebäude mit der Bushaltestelle im Untergeschoss locken Duty Free Shops, doch stellt sich die Frage, ob es nicht günstiger wäre, den regulären Zoll zu zahlen statt der Aufpreise für das Prädikat „gekauft am Peak".

Die meisten Besucher verweilen hier rund um die – zugegeben faszinierende – Bergstation, tatsächlich aber liegt der eigentliche **Gipfel** noch eine halbe Stunde Fußweg (1,6 km) entfernt die Mt. Austin Rd. aufwärts. Der Victoria Peak Garden, alleine schon wegen der Aussicht einer der schönsten Gärten Asiens, lädt zum Spaziergang am Gipfel oder einfach nur zum Genießen der Umgebung ein. Hier stand bis zum Zweiten Weltkrieg eine Residenz des Gouverneurs, von der aber außer den Gärten nichts mehr zu sehen ist.

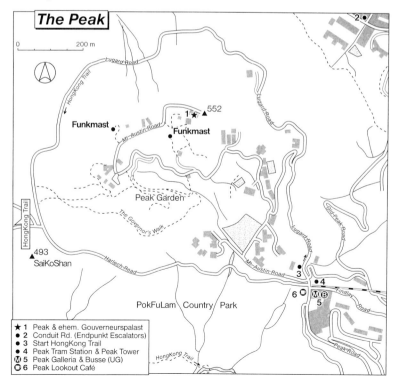

Von der Star Ferry/Central und Exchange Square fährt **Bus No. 15** (10,50 HK$, 40 Minuten) hinauf zur Bergstation der Peak-Tram, und man sollte durchaus auch einmal eine Strecke per Bus zurücklegen, da man hier einige fantastische Ausblicke, vor allem auf Happy Valley hat.

**Tipp:** bereits am Nachmittag mit der Peak-Tram hinauffahren und am Gipfel spazierengehen, nach Sonnenuntergang per Bus hinunter – die Schlangen an der Tram erreichen ab 17:00 Uhr 100 Meter und mehr.

## WanChai
灣仔

Im früher wildesten Nachtclub-Viertel HongKongs, WanChai, liegen heute Büro- und Verwaltungsräume der Stadt, sodass ein Besuch hier vorwiegend für Chinareisende, die ein Visum für die VR China benötigen, interessant ist. Die Visaabteilung liegt im **China Resources Building** (↗ Visa für die VRC im Kanton-Kapitel).

Gegenüber liegt das – schon von der Star-Ferry aus imposante – **Central Plaza,** mit 78 Stockwerken HongKongs zweithöchstes Bauwerk – auch hier sitzt die Bank of China.

### Anfahrt zum Peak

Die Hinfahrt ist der halbe Spaß – mit der **Peak Tram** (36 HK$ hin und zurück; 22 HK$ einfach; alle 10–15 Minuten von 07:00 bis 24:00 Uhr). Von 09:00 bis 19:00 Uhr pendelt alle 20 Minuten ein Doppeldecker-Shuttlebus (3 HK$, nennt sich „15c", oben offen) zwischen Star Ferry und Peak Tram.

Auf der anderen Seite der Fleming Rd. liegt das **HongKong Arts & Exhibition Centre,** in dem temporäre wie auch einige Dauerausstellungen nationaler und internationaler Künstler besichtigt werden können (geöffnet tgl. 10:00–20:00 Uhr). Die Museums-Hotline unter Tel. 28230200 informiert über die aktuellen Ausstellungsthemen.

Von hier aus über die Überführung seewärts erreicht man das **HongKong**

Nostalgisches Highlight: die Peak-Tram

# Causeway Bay

Der Peak um 1890

**Convention & Exhibition Centre,** in dem internationale Tagungen und Konferenzen abgehalten werden und einige der Tophotels HongKongs liegen (Grand Hyatt, New World Harbour View).

Einen Block östlich des China Resources Building ist das **Museum of Classical Chinese Relics** untergebracht, welches die archäologischen Ausgrabungsstücke der Region in wechselnden Ausstellungen der Öffentlichkeit zugänglich macht. Geöffnet 10:00–18:00 bzw. 13:00–18:00 Uhr (So/Fe). Davor liegt ein CRC-Supermarkt mit zahlreichen Produkten der Volksrepublik.

●WanChai erreicht man mit der MTR (Station WanChai) oder auch direkt mit der Star-Ferry ab KowLoon/TST.

## Causeway Bay
銅鑼灣

### Noon Day Gun    午炮

Die Geschichte der ehemaligen Jardines Gun geht zurück auf die Gründertage HongKongs, als das Handelshaus *Jardines* das Hauptkontor von Kanton (GuangZhou) und Macau nach HongKong verlegte. Es war damals Brauch, den jeweiligen *TaiPan* (etwa: Inhaber, Vorstandsvorsitzender) des Handelshauses bei Abfahrt und Ankunft zu See mit Salutschüssen zu be-

# WanChai/Causeway Bay

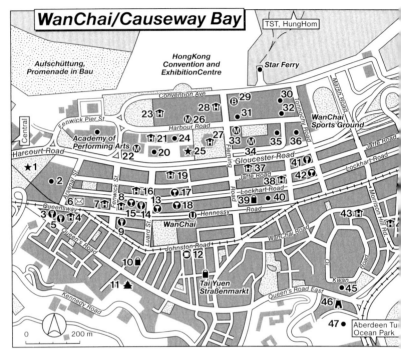

- ★ 1 Harcourt Garden
- • 2 Polizei
- ❶ 3 Yoshinoya & Bacchus Restaurants
- 🏨 4 Wesley Hotel
- ❶ 5 Shinta Indonesian Restaurant
- ✉ 6 Post
- 🏨 7 Empire Hotel
- 🏨 8 New Harbour Hotel
- ❶ 9 Thai Delicacy Restaurant
- ■ 10 Buchladen
- ▲ 11 HongSheng Tempel
- ○ 12 SheungHai Teahouse; Johnston Mess
- ❶ 13 Country Club 88
- ❶ 14 Saigon Beach Rest;
- ❶ 15 Brett's Seafood Rest. Neptune Disco; Royal Arms Bar
- 🏨 16 Wharney Hotel; Carnegie's Bar
- ❶ 17 Horse & Carriage Pub
- ❶ 18 Old China Hand; New Makati; BB's Bars
- 🏨 19 LukKwok Hotel
- • 20 Revenue Tower
- 🏨 21 Harbour View Int. Hotel
- Ⓜ 22 HongKong Arts Centre
- 🏨 23 Grand Hyatt Hotel
- • 24 Shui On Centre
- ★ 25 Immigration Tower
- Ⓜ 26 HK Convention and Exhibition Centre
- 🏨 27 Central Plaza
- 🏨 28 New World Harbour View Hotel
- Ⓑ 29 Bbhf WanChai
- • 30 Harbour Rd. Indoor Games Hall & Swimming Pool
- • 31 Great Eagle Centre & Kino
- • 32 Harbour Centre
- Ⓜ 33 WanChai Exhibition Centre; Lifte f.China-
- Ⓜ 34 China Resources Bld Museum of Chinese Historical Relics
- • 35 Causeway Centre
- • 36 SunHungKai Centre
- 🏨 37 Harbour Hotel; Polize
- 🏨 38 Century Hotel
- ■ 39 Straßenmarkt
- • 40 British Council
- ❶ 41 ChiuChow Restauran
- ❶ 42 New Tonnochy Night (
- 🏨 43 Charterhouse Hotel
- 🏨 44 South Pacific Hotel
- • 45 Queen Elisabeth Sta
- ⚑ 46 Thalsa Diwan Sikh-Ter
- • 47 moslemischer und christlicher Friedhof
- ❶ 48 günstige Nudel- und Suppenlokale
- • 49 Causeway Bay Plaza

# WanChai/Causeway Bay

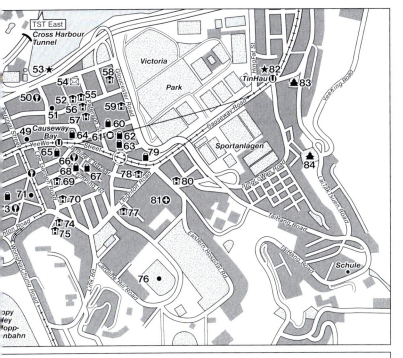

- 50 Royal's Pub; Fairwood; YuetHingYuen Rest.
- 51 Central Bldg.
- 52 Excelsior Hotel
- 53 Noon Day Gun
- 54 Post; KingHeung Peking Rest.
- 55 Pay Less & Jetvan Traveller's Guesthouse
- 56 WangFat Hostel
- 57 Noble Hostel
- 58 Daimaru Plaza
- 59 Park Lane Hotel
- 60 Wellcome Supermarkt
- 61 Café de Coral
- 62 Matzukaya Kaufhaus
- 63 Buchladen
- 64 Sogo Kaufhaus
- 65 Mitsukoshi Kaufhaus
- 66 Vegetarisches Rest.; Jardines's Crescent
- 67 Jardine's Bazaar Nachtmarkt und Straßenlokale/Garküchen m.Oliver's
- 68 Caroline Centre Kaufhaus
- 69 PakSha Guesthouses
- 70 Phoenix Apartments Hostels
- 71 The Lee Gardens (Plaza)
- 72 Times Square Plaza (Kaufhaus & Kino)
- 73 Sushi Lokal (japanisch)
- 74 Emerald House Guesthouses
- 75 Causeway Bay Guesthouse
- 76 South China Athletic Association
- 77 LeiShun Hostels
- 78 Regal HongKong Hotel
- 79 CRC Kaufhaus & ShangHai Rest.
- 80 New Cathay Hotel
- 81 St Paul´s Hospital
- 82 Park Towers
- 83 TinHau Tempel
- 84 LianHua Garten & -tempel

— Ⓤ — U-Bahn
⊢⊣⊢⊣ Tram

grüßen bzw. zu verabschieden. Wie es dann zu einem täglichen Mittagssalut kam, ist unklar, man vermutet aber, dass es zum Streit zwischen den Gouverneuren Ihrer Majestät und dem Hause *Jardines* kam, ob einem einfachen Händler diese Ehre zuteil werden darf – dem Gouverneur dagegen nicht. So scheint man sich auf einen symbolischen **Salutschuss täglich um 12:00 Uhr Mittags** für alle geeinigt zu haben. Das Grundstück auf der anderen Straßenseite war das erste, welches auf der von den Briten 1842 in Macau durchgeführten Grundstücksauktion verkauft wurde – es wird noch heute als Grundstück No. 1 im Grundbuchamt von HongKong geführt.

Die Noon Day Gun liegt in Sichtweite zum Victoria-Park, ist aber wegen der für Fußgänger hier nicht zugänglichen Gloucester Rd. schwer erreichbar. Eine Unterführung führt unterhalb des Excelsior Hotels von der anderen Straßenseite herüber.

## Victoria Park 維多利亞公園

Anders als der HongKong Park ist der Victoria Park sehr schlicht und eher im Stil der Parks der VR China gehalten. Allmorgendlich exerzieren vor allem ältere Anwohner der umliegenden Wohnblocks TaiJiQuan-Übungen, an Sonntagen spielt auch der eine oder andere Pensionär auf der *ErHu* (einseitiges Streichinstrument) auf. Sehr beliebt sind hier auch eigens angelegte Joggingpfade und das öffentliche Schwimmbad am Ostrand. Im Park liegt auch der **Urban Council Victoria Park Centre Court,** bekannt durch internationale Tennisturniere (HongKong-Open).

● Täglich von 07:00 bis 23:00 Uhr geöffnet.

## TinHau-Tempel 天后廟

Von der MTR Station TinHau südöstlich des Victoria Park zweigt auf der anderen Straßenseite der Causeway Rd. nach einigen Metern die TinHau Temple Street ab – hier liegt der Tempel nach ca. 50 Metern auf der rechten Seite. Er besteht aus drei Flügeln, im linken ist an der Wand der Tiger, ein wichtiges taoistisches Symboltier, sowie ein kleiner Schrein mit vielen kleinen Porzellanfiguren des buddhistischen Boddhisatva *GuanYin* (Gottheit der Barmherzigkeit) zu sehen. Der Hauptflügel mit dem Hauptaltar ist *TinHau (TianHou* oder *MaZi,* Meeresgöttin, ↗ Geschichte Macau) gewidmet, hier geschmückt mit einer Kopfbedeckung aus zahlreichen farbigen Kugeln. Diese Darstellungsart ist bei traditionellen taoistischen Tempeln in Südchina und an der Südwestküste TaiWans sehr häufig vertreten. In der Tempelmitte ragen zwei spitz zulaufende Kegel mit zahlreichen leuchtenden Buddha-Figuren empor. Hier im TinHau-Tempel wird deutlich, dass Anhänger verschiedener Glaubensrichtungen (Taoisten, Buddhisten) durchaus gemeinsam in einem Tempel friedlich koexistieren können. Im kleinen rechten Tempelflügel ist an der Wand ein weiteres Symboltier des Taoismus, der Drache, angebracht und steht ein

# Aufstieg und Fall des Hauses Aw

In den 20er Jahren des 20. Jh. entwickelten die burmesischen Brüder **Aw Boon Haw** (kleiner Tiger) und **Aw Boon Par** (kleiner Panther) die Formel für das Universalheilmittel *„Tiger Balm"* (Tiger-Balsam), welches sie erfolgreich in ihrer Heimat Burma vertrieben. Die Formel für Tiger-Balm wahrten die Brüder ihr Leben lang als wohlbehütetes Geheimnis, betrieben umfangreiche Werbung in Zeitungen überall im chinesischen Kulturkreis und fuhren als Markenzeichen einen Oldtimer mit Tigerkopf. Nachdem die Kosten für Zeitungsanzeigen immens angestiegen waren, beschlossen die Brüder, überall dort, wo sie ihr Heilmittel vertrieben, Zeitungsverlage zu gründen, da dies billiger sei als die permanente Schaltung von Anzeigen. Das Unternehmen wurde 1929 geteilt: Aw Boon Par kontrollierte die nach Singapur verlagerte Tiger-Balm Produktion, Haw die Zeitungsverlage von HongKong aus. 1935 eröffnet er den HongKonger *„Tiger Balm Garden"*, adoptiert die spätere Unternehmenserbin **Sally Aw** (*1931) und gründet die noch heute erhältliche englischsprachige Tageszeitung *„HongKong Standard"* sowie die chinesische *„SingTao"* (Sterneninsel). Das Medienetz wurde sukzessive erweitert, umfasste Anfang der 1950er Jahre Ableger unter anderem in Kanada und Australien, womit das Aw-Imperium zum damaligen Zeitpunkt zum asiatischen Medienzaren avancierte.

Mit dem Tod Aw Boon Hars 1954 übernahm Sally Aw das Medienimperium, die Tiger Balm Produktion fiel an die Erben ihres Onkels *Aw Boon Par*, die 1971 diesen traditionellen Bereich wegen Fehlinvestitionen an singapurer Firmen verkaufen mussten.

Auch Sally Aw erwies sich in geschäftlichen Dingen als eher unbedarft und von schlechten Beratern umgeben, sodass sich bis 1991 Verbindlichkeiten in Höhe von zig-Millionen anhäuften und den Verkauf fast aller Ländereien der Familie erzwangen. Eine Genesung des Restbereiches Tageszeitungen wurde 1997 abrupt unterbrochen, als der *„HongKong Standard-Skandal"* die damalige (noch) Kronkolonie erschütterte: um höhere Anzeigenpreise zu erzielen, wurden wesentlich höhere Auflagenzahlen öffentlich benannt als tatsächlich vorhanden. Sally Aw konnte eine direkte Mittäterschaft nicht nachgewiesen werden, die finanziellen Einbrüche zwangen jedoch Anfang 1999 zum Verkauf weiter Anteile ihrer Zeitungen und des Familienbesitzes Tiger Balm Garden in HongKong an ein Immobilienkonsortium, sie behielt aber noch das Wohnrecht im dort von ihrem Adoptivvater errichteten Familienhaus. Es ist ein offenes Geheimnis, dass der Tiger Balm Garden mittelfristig eingeebnet und einer neuen Wohnsiedlung weichen soll. Mitte 1999 wurde Sally Aw wegen bevorstehenden Bankrottes der Verkauf ihrer letzten Anteile (Sing Tao) gerichtlich untersagt. Sie lebt seither zurückgezogen im Aw-Familienhaus im HongKonger Tiger Balm Garden, der für die Öffentlichkeit nicht mehr zugänglich ist.

kleiner Ofen, in dem Totengeld und Briefe an die Ahnen symbolisch verbrannt werden.

## TaiYuen-Straßenmarkt

Auf dem Weg mit dem Bus zum Peak oder per MTR (WanChai) lohnt ein Gang über den TaiYuen-Straßenmarkt zwischen Queens Rd. und Johnston Rd. Neben Gewürzen, getrockneten Spezialitäten und Kleinkram aller Art kann man dort Textilien, Souvenirs und Gebrauchsgegenstände erwerben. Der vergleichsweise kleine Straßenmarkt ist insbesondere bei Einhei-

## Happy Valley 跑馬場

Happy Valley ist das gesellschaftliche Ereignis der Schickeria HongKongs schlechthin – das berühmte Turf-El-Dorado. Beim **Pferderennen** haben sich britische Wett- und chinesische Spielleidenschaft gesucht und gefunden. Während der Rennsaison (September bis April) werden ganze Tageszeitungen mit genauem Rennverlauf und Kommentaren von jedem Zucken der armen Gäule gedruckt. An den Renntagen (meist Mittwochabend und einmal am Wochenende) kann man morgens beobachten, wie in den Cafés und Schnellimbiss-Restaurants Chinesen eifrig diese Zeitungen studieren und Wettscheine dutzendweise ausfüllen – mit den Tischnachbarn wird dann schon einmal heftig über Stärken und Schwächen der Wettfavoriten diskutiert. Die Mindesteinsätze sind recht gering, sodass man auch vielen einfachen Menschen in Happy Valley begegnet, die ihre Hoffnung auf eine bessere Zukunft in ihren Wettschein stecken – schon so mancher hat sein ganzes Hab und Gut verwettet. Auch hat schon mancher Turfschwindel-Skandal die Stadt empört, die berüchtigsten Wettbetrügereien wurden 1989 („ShangHai-Konsortium") und 1997 (Verhaftung von zwei Dutzend Jockeys, Trainern und Wettbüroangestellten des Jockey-Clubs) aufgedeckt.

An der Haupttribüne befindet sich auch der **HK Jockey Club** sowie ein **Racing Museum,** welches aber nur unregelmäßig (meist in Anlehnung an Renntage) geöffnet ist.

● Die Renntage sind in den englischsprachigen Tageszeitungen abgedruckt, Happy Valley ist am besten per Tram (Happy Valley) von Central aus zu erreichen. Eintritt 10 HK$.

# North Point / ShauKeiWan

Der Nordosten HongKong-Islands war bislang ein ruhiges und untouristisches, wenngleich dicht besiedeltes Gebiet. Mittlerweile schwören einige Reisende auf North Point als alternativen **Unterkunftsort** (Hotels der mittleren bis gehobenen Preisklasse sind hier etwas günstiger als im Zentrum, z.B. South China Hotel, 67 Java Rd., Tel. 25031168, www.southchinahotel.com.hk). Mit der neuen MTR Linie North Point – Quarry Bay – Ost-KowLoon kommt man zudem fast genau so schnell nach Nord-KowLoon und in die New Territories wie von Central aus.

In der Quarry Bay (MTR TaiKoo, Ausgang „Cityplaza") kann man eine der größten **Einkaufspassagen** außerhalb von KowLoon bewundern. Neben einer offenen Kunsteisbahn in der Mitte lockt eine komplette Etage mit günstigen Schnellgerichten diverser asiatischer Küchen.

In ShauKeiWan (Tram und MTR) wurde unlängst das **Coastal Defence Museum** eröffnet. Es zeigt die Geschichte der militanten Verteidigungskämpfe des Territoriums seit der Ming-

Dynastie (14. Jh.) mit zahlreichen Ausrüstungsgegenständen.

● MTR Ausgang B-2, der Beschilderung Main Str. / East gut 10 Min. folgen. Geöffnet tgl. außer Do 10:00–17:00 Uhr, Eintritt 10 HK$ (Kinder 5 HK$, ♪ Museum Pass).

# ShekO
石澳

Die Siedlung ShekO im Osten HongKong-Islands liegt nicht an den Hauptverbindungswegen rund um die Insel, vielleicht kommen daher nur wenige Touristen in diese schöne Ecke.

Direkt vor der Siedlung liegen zwei nette Badestrände; die abgelegenere **Big Wave Bay,** Endpunkt des berühmten (♪) HongKong-Trails wird dagegen seltener besucht. Zur Big Wave Bay fahren keine Busse, man muss an der Spitzkehre vor dem Golfplatz aussteigen und 400 Meter zu Fuß gehen. Die Küste von ShekO, früher eine kleine Fischersiedlung, präsentiert sich heute als ein Nobelviertel mit verstreut liegenden, millionenschweren Anwesen.

Empfehlenswert ist auch ein kurzer Spaziergang zum Inselchen **TaiTau-Chau,** welches mit dem Festland durch eine Fußgängerbrücke verbunden ist.

● *An-/Abfahrt:* MTR-Station ShauKeiWan, vom Vorplatz Bus No. 9 zur Endstation. Anstatt MTR kann man auch die Tram (ShauKeiWan) nehmen; kurz vor deren Endstation unterquert sie eine Schnellstraße; hier links in die Aldrich Street zu Bus 9.

# Stanley
赤柱

In keinem Bezirk HongKongs wird man so vielen Europäern und Amerikanern begegnen wie in Stanley.

Schnäppchen, vor allem Textilien, macht man auf dem teilweise sensationell günstigen **Straßenmarkt** (täglich 10:00–19:00 Uhr), der nur noch von (♪) MongKok übertroffen wird.

An der Uferstraße liegen einige kleine gemütliche **Kneipen** und **Restaurants.** Am Ende der Bucht steht das kolonialistische Murray-House mit der berühmten bayerischen Bierkneipe *King Ludwig*, wo Weißwurst, dunkles Brot und Haxe kredenzt werden, sehr beliebt ist bei der ausländischen Gemeinde auch *Lucy's* (Tel. 28139055).

Ein Stück weiter liegt der interessante **TinHau-Tempel,** gewidmet der Meeresgöttin *MaZi*. Der Hauptaltar dieses 1767 errichteten taoistischen Tempels erstreckt sich entlang der gesamten Tempelwand, an der rechten Seite ist ein größerer *GuanYin* (Boddhisatva der Barmherzigkeit) zu sehen. An der linken Tempelwand hängt das Fell eines Tigers, den ein britisch-indischer Kolonialbeamter 1942 hier in Stanley erlegte. Das Fell wird aufbewahrt, da der Tiger als ein heiliges Symboltier der Taoisten gilt.

Vom Tempel aus erkennt man den im Hügel vor der heutigen Wohnsiedlung errichteten **GuanYin-Pavillon** mit einer sechs Meter hohen Statue des Boddhisatva. Während der schweren Taifun-Regenfälle von 1977 wurde der Sockel

# REPULSE BAY UND DEEP WATER BAY

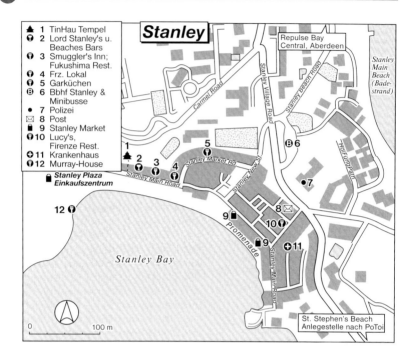

der Statue so unterspült, dass sie zu kippen drohte, daher wurde um die Statue herum der Pavillon als Schutz gebaut.

Stanley verfügt auch über zwei **Badestrände,** einen Stadtstrand 100 Meter östlich der Bushaltestelle sowie den St. Stephens Beach mit Grill- und Rastplatz rund 500 Meter südlich.

●Busse 6, 6A von/nach Central/Exchange Square, 23:00 Uhr letzter Bus zurück (8,30 HK$). 973 von/nach Aberdeen (5,20 HK$).

## Repulse Bay und Deep Water Bay

淺水灣，深水

Diese beiden Buchten im Süden von HongKong eignen sich hervorragend zum **Schwimmen und Sonnenbaden,** beide sind von den besseren Wohngegenden der Insel umgeben. Deep Water Bay ist etwas attraktiver, da ein Fußweg auf beiden Seiten der Bucht einige Hundert Meter die Steilküste entlang führt.

●Busse 6, 6A und 61 verkehren zwischen Central (Ex. Square) und Repulse Bay, Bus 6X zwischen Stanley und Deep Water Bay. Auch der grüne Minibus No. 40 (8,40 HK$) fährt von der TangLung St. (Canal Rd./Henessy Rd., Causeway Bay) via Repulse Bay und Deep Water Bay bis Stanley.

# Ocean Park und Water World

## Ocean Park 海洋公園

HongKong rühmt sich des spektakulärsten Vergnügungsparks der Welt. Nicht so sehr wegen der Bahnen und Karussells – was den Ocean Park auszeichnet, ist seine Vielseitigkeit und auch seine Lage rund um den Brick Hill an der Südküste HongKong-Islands; eine attraktivere Lage kann es für einen Vergnügungspark nicht geben. Der Park gliedert sich in mehrere weiträumig verstreute Einzelabschnitte, die auf der einen Seite per Seilbahn, auf der rückwärtigen Seite des Berges durch eine besonders lange Rolltreppe miteinander verbunden sind.

Der erste Abschnitt nennt sich **Kids World,** ein Mini-Rummelplatz mit Karussells und kleinen Bühnenshows.

Daran schließen sich die **Lowland Gardens** an, deren Schmetterlingshaus wie auch der Dinosaurier-Trail aber eher enttäuschen. Sehr hübsch angelegt wurde dagegen der **Gold-**

Chinas größter Vergnügungspark

# OCEAN PARK UND WATER WORLD

*fisch-Garten,* in dem zahlreiche sehr seltene Goldfischaquarien mit Prachtexemplaren der Blasenaugengoldfische oder Froschköpfe zu sehen sind.

Ein erster Höhepunkt wird in der **Film Fantasia** geboten, einer Art Flugsimulator-Kino, dessen Sitze synchron zum Film hin- und hergerissen werden, was eine realistische Wirkung erzeugt.

Mit der 1,5 km langen Seilbahn kommt man hinauf zum Hauptteil des Ocean-Parks, den **Headland Rides** mit Riesenrad und Dreifach-Looping-Achterbahn sowie dem großen Höhepunkt des Parks, dem **Marine Land.** Auf keinen Fall darf man die Show mit Killerwal, Delfinen und Seehunden verpassen. Die Chinesen sind wahrlich Meister der Akrobatik, aber Seehunden beizubringen, auf einer Vorderflosse balancierend einen Ball zu jonglieren, ist eine Klasse für sich. Hier befindet sich ferner ein Haifischaquarium, das durch eine durchsichtige Unterwasserröhre begehbar ist. Ein künstliches Atoll mit riesigen Schnappern und Napoleonfischen kann auf drei gläsernen Ebenen unterirdisch betrachtet werden und gewährt sehr gute Einblicke in die verschieden Tiefen der einzelnen Fische im Atoll.

*Adventure Land* mit Wasserbahn und Turbo-Western-Achterbahn bilden den nächsten Höhepunkt, ehe man auf der rückwärtigen Parkseite das Bird Paradise und Middle Kingdom erreicht.

Die Vorführungen im **Bird Paradise** mit purzelbaumschlagenden und Rad fahrenden Papageien ist ebenso sehenswert wie die musikalischen Akrobatikshows im **Middle Kingdom.** Letzteres ist ferner eine Art Freilichtmuseum zu den verschiedenen chinesischen Dynastien; mit einer eigens gedruckten Währung (hier zum Kurs 1:1 erhältlich) können Souvenirs und Snacks an den zahlreichen Ständen im traditionellen Baustil gekauft werden.

●*Eintritt* 185 HK$, Kinder bis 11 Jahre 93 HK$, im Eintritt sind alle Fahrten und Shows enthalten; ein Faltblatt mit Plan und Showzeiten liegt am Eingang aus; der Park ist tgl. von 09:00–18:30 Uhr geöffnet.

●*Verpflegung:* Im Park gibt es neben zwei *Mc Donald's* eine Vielzahl von Imbissständen zu etwas höheren Preisen als außerhalb. Sehr zu empfehlen sind die chinesischen Snackstände im Middle Kingdom, die thematisch hierher passen *(Mc Donald's* bekam für den unteren Teil des Parks daher keine Genehmigung).

## Water World　　　　水上樂園

Direkt neben dem Haupteingang vom Ocean-Park liegt HongKongs größtes **Freibad** mit zahlreichen Wasserrutschen und Pools.

●Water World ist nur im Sommer in den Monaten Juni bis Oktober von 10:00 bis 18:00 Uhr geöffnet, während der Hochsaison (Juli, August) von 9:00 bis 21:00 Uhr. Der Eintritt beträgt 80 HK$ (Kinder 40 HK$).

●*Anfahrt:* Bus 70 (5 HK$) ab Central, erster Stopp nach dem Aberdeen-Tunnel (man sieht einen Drachen in die Hecke geschnitten am Berg linker Hand), 5 Gehminuten nach links zum Parkplatz (Drahtzaun), dort Haupteingang. Wenn man vom Parkausgang am anderen Ende zurück will, muss man einen Shuttle Bus (3,20 HK$) zum Haupteingang zurück nehmen, von dort zurück nach Central (City Hall)/Admiralty. Von/nach diesen beiden Stationen fährt auch ein Non-Stop-Doppeldecker direkt ab/zum Haupteingang, kostet aber 14 HK$.

# Aberdeen
香港仔

Der **Hafen von Aberdeen** mit seinen endlosen **Wohnbooten** dürfte das zweite Wahrzeichen HongKongs neben dem Peak sein. Rund 5000 Familien leben und arbeiten noch heute ausschließlich auf dem Wasser und gehen nur zum Einkaufen oder Ausladen ihres Fanges an Land. Die Hausboote gleichen schwimmenden Bretterhäusern, oft fragt man sich, ob diese überhaupt manövrierfähig sind. Zum Teil leben auf den Schiffen sogar Haustiere wie Hunde, Hühner oder sogar Schweine, oft in Käfigen am Heck hängend – so entfällt das Ausmisten!

Es lohnt sich, hier mit mehreren Personen eine **Sampan-Rundfahrt** im Hafen zu machen. Ein Sampan ist eine kleine motorbetriebene Holzschunke, die früher als Zubringerfähre für größere Schiffe diente, heute aber fast ausschließlich für Touristen 20–30-minütige Hafenrundfahrten (60 HK$/Erwachsener/Kinder 30 HK$) anbietet. Auch wenn man alleine reist – irgendwo kann man sich immer anschließen; Abfahrt laufend von der Promenade oder der Sampan-Anlegestelle, wo man von den Sampan-Schifferinnen angesprochen wird.

In Aberdeen, früher Fischersiedlung, heute wie ganz HongKong modernes Wohngebiet, ist neben dem größten städtischen Bergfriedhof HongKongs der kleine **TinHau-Tempel** sehenswert. Er wurde von den Fischern Aberdeens traditionell der Meeresgöttin *TinHau* (oder *MaZi*) geweiht, geschwärzt durch die vielen Räucherspiralen kann man allerdings kaum etwas erkennen.

Interessant ist ein Bummel durch den **Aberdeen Market** und das kleine Einkaufszentrum Aberdeen Square.

●**An-/Abfahrt:** Busse 70, 7, 43X (5,20 HK$) ab Central oder Admiralty, 973 von/nach Stanley.

# Der HongKong-Trail
港島經

Vom Peak bis nach ShekO an der Ostküste HongKong-Islands erstreckt sich ein 50 (!) km langer Wanderweg, der auf einmalige Weise die Größe der Insel verdeutlicht und von den Höhen einmalige Ausblicke über die gesamte Insel ermöglicht. Auf keine andere Weise kann man die Strände und Gipfel HongKongs gleichzeitig so intensiv kennenlernen.

Als einzige der „big three" (McLehose-, LanTau- und HongKong-Trail) ist diese Tour, wenn auch mit viel Mühe, an einem Tag zu schaffen. Und das auch nur, wenn man früh am Peak startet (am besten mit der ersten Tram um 07:00 Uhr), fit und ausgeruht ist und den Weg von West nach Ost geht – nicht umgekehrt.

Jeder marschiert natürlich unterschiedlich schnell, doch sollte man die ersten Abschnitte sehr zügig angehen, damit man genug **Zeitreserven** für die schwereren Abschnitte im Mittel- und Schlussabschnitt hat. Der große Vorteil des HongKong-Trails besteht in

# DER HONGKONG-TRAIL

den verschiedenen Möglichkeiten zum Ausstieg für den Fall, dass man sich überschätzt hat oder abzusehen ist, dass man nicht mehr vor Einbruch der Dämmerung (gegen 19:00 Uhr) das Ziel ShekO erreicht.

Vom (↗) Peak startet man auf der Lugard Rd., einem befestigten Wanderweg, und folgt dem **Symbol mit den beiden Wanderern,** welches den Trail bis zum Ende kennzeichnet. Leider gibt es ein paar kritische Abzweigungen, auf die im Folgenden hingewiesen wird – weitere **Karten** sind dann nicht zwingend notwendig, können aber beim *Gouvernement Publication Centre,*

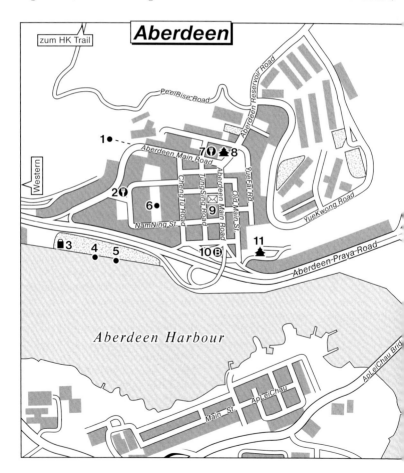

# DER HONGKONG-TRAIL

Pacific Place, HongKong Island für 40 HK$/Stück gekauft werden. Eine weitere Orientierungshilfe sind die alle 500 Meter entlang des Trails aufgestellten **Entfernungspfähle,** welche von 0 bis 100 durchnummeriert sind.

Die erste Etappe – mit herrlicher Aussicht auf die Nordseite Hong-Kongs bis nach KowLoon – zieht sich an der Nordseite um den Peak herum bis zur Harlech Rd., in die man rechts einbiegt. Der befestigte Weg endet nach etwa 500 Metern, kurz darauf überquert man einen kreuzenden Weg und geht nach Süden Richtung **PokFuLam** um den 493 Meter hohen SaiKoShan herum. Hier überblickt man die Westseite HongKongs sowie die nahegelegene Insel LamMa. Nach etwa 3 km ist die PokFuLam Reservoir Rd. (Forststraße) erreicht, der man weiter abwärts zu einem Picknickplatz folgt; hier endet schließlich auch die erste Etappe.

Der Trail setzt sich nun nach links *(ChiFu)* fort und passiert ein kleines Reservoir *(PokFuLam 2)*, ca. 100 Meter dahinter führt linker Hand eine Treppe aufwärts an einem Rastplatz vorbei bis zu einer Abzweigung (links, *Peel Rise*). Der Weg führt südlich des 501 Meter hohen Mount Kellet hinunter bis nach **Aberdeen,** wo man vom Höhenweg aus den Bewohnern der obersten Stockwerke einiger Hochhäuser quasi beim Frühstück zusehen kann.

An der nächsten Abzweigung folgt man dem Schild „WanChai-Gap", dem Zielpunkt der dritten Etappe (wer nicht weiter laufen möchte, kann dem Schild „Aberdeen" folgen und dort einen Bus nehmen). Hier ist bereits ein Viertel des Trails geschafft, die schweren Brocken kommen aber erst noch. Die ersten zwei Etappen führen fast ausschließlich bergab, sodass man hier noch nicht rasten und den Schwung mit auf die dritte und vierte Teilstrecke nehmen sollte.

- 1  Chinesischer Bergfriedhof
- 2  KamTin korean. Restaurant
- 3  Fischgroßmarkt (morgens)
- 4  Sampans zu den schwimmenden Lokalen
- 5  Sampans für Hafenrundfahrten
- 6  Aberdeen Square
- 7  Bangkok Thai Restaurant
- 8  TinHau Tempel
- 9  Post
- 10 Bbhf.
- 11 TaiShing Tempel
- 12 schwimmende Lokale
- 13 Aberdeen Yachtclub

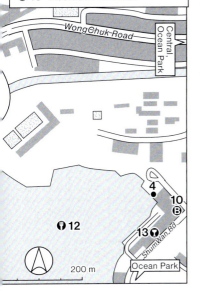

## DER HONGKONG-TRAIL

Nach kurzem, steilen Anstieg ändern sich das Panorama und der Weg völlig: Der bislang überwiegend betonierte Untergrund wird nun zum Lehmpfad, statt überwältigender Rundblicke taucht man hier in zunehmend dichteres Grün ein. An den Abzweigungen führt zunächst das Schild „Aberdeen Reservoir Rd." (nicht Aberdeen Reservoir) auf dem Trail weiter. An dieser befestigten Forststraße angekommen (Ende Sektion 3) wendet man sich nach links, 30 Meter weiter gleich wieder nach rechts in den Wald („Blacks Link" Richtung WongNaiChung Gap). Nach etwa 1500 Metern erreicht man einen Rastplatz mit einem alten japanischen Bunker aus dem zweiten Weltkrieg – frühestens hier empfiehlt sich die erste Rast. Hierauf folgen einige Abzweigungen, bei denen immer den Wegweisern „Blacks Link" und „Middle Gap Rd." zu folgen ist. Der Weg wird zu einem schmalen Betonpfad entlang einer schmalen Wasserrinne bis zu einer Treppe linker Hand – hier oben liegt die Forststraße Middle Gap Rd. Nach einem schweren Anstieg von 500 Metern Länge, auf denen 110 Höhenmeter zu bewältigen sind, führt rechts ein Betonweg weiter (hier nicht geradeaus „WanChai Gap" gehen!). An dessen Ende führt der schmale Blacks-Link-Pfad hoch oberhalb des Aberdeen Tunnels auf dem **Mt. Nicholson** entlang mit Blick zum Ocean Park. Der Untergrund ist hier wieder betoniert, kurz darauf endet Abschnitt 4. Man sollte (bei Start um 07:00 Uhr) nicht nach 12:30 Uhr diese Etappe beendet haben, sonst könnte es am Ende eng werden. Hier in **WongNaiChung** kann man gegebenenfalls aussteigen, am Ende der Blacks Link Rd. fahren Busse.

Man muss nun ein kurzes Stück durch die Siedlung die Straße hinunter, unten an der Hauptstraße links, dann gleich wieder rechts („TaiTam Reservoir Rd.") und folgt der steilen Straße, vorbei am WongNaiChung Reservoir, etwa 500 Meter aufwärts. Kurz vor der weithin sichtbaren Nobelsiedlung HongKong-Parkview zweigt rechts ein Waldweg ab (↗ Wilson-Trail), gegenüber führen HongKong- und Wilson-Trail ein Stück gemeinsam nach links in den Wald hinauf – dies ist der richtige Weg. Ein Schild warnt, dass dieser Abschnitt sehr schwierig sei – ist er auch, wenn man den halben HongKong-Trail zu diesem Zeitpunkt bereits hinter sich hat, oder wenn man per Rolls Royce mit Lackschuhen und Zwergpudel vorfährt. Unbestreitbarer Höhepunkt dieser Etappe ist das so genannte **Jardines Lookout** (432,5 m) mit einem mindestens ebenso interessanten Ausblick auf Nord-HongKong und ganz KowLoon wie vom Peak, aber auch auf Happy Valley und die Südseite der Insel (TaiTam Reservoir, Stanley, Deep Water Bay) – und das hat nicht einmal der Peak zu bieten! Gottlob gibt es keine Tram oder sonstigen Verkehrsmittel hier hinauf – im Gegensatz zum Peak hat man die Höhe hier für sich. Allein dieser Aussichtspunkt ist alle Mühen des Trails wert.

Der schmale Pfad setzt sich weiter durch die karge Hügellandschaft fort und führt vorbei an den ehemaligen

Steinbrüchen von Quarry Bay und über die höchste Erhebung des Trails, den bambusbewachsenen **Mt. Butler** (436 m) mit seinen japanischen Bunkern, ehe diese famose Etappe an der Schutzhütte „Boa Vista" des Quarry Gap endet.

Hier könnte man der Mt. Parker Rd. nach Norden (gleich links) bis zur MTR-Station TaiKoo in Quarry Bay folgen (knapp 3 km bergab), doch durchhalten lohnt sich! Die folgende sechste Etappe dient ausschließlich der „Erholung" – es geht gemächlich abwärts („TaiTam Reservoir") zum Stausee **TaiTam.** Hier überquert man den Damm und folgt dem Schild „TaiTam Rd.". 300 Meter hinter diesem oberen Stausee muss man etwas aufpassen: Der Hauptweg führt geradeaus weiter zum TaiTamTuk Reservoir, an einer Lagekarte führt aber links ein schmaler Waldweg ostwärts Richtung TaiTam Rd. – diesem Weg folgen. Nach einem Kilometer durch nun wieder üppige Vegetation endet der sechste Abschnitt; an der TaiTam Rd. kann man im Notfall einen Bus oder ein Taxi anhalten, es gibt hier allerdings keine offizielle Haltestelle.

Die siebente Etappe von der TaiTam Rd. zur ToTeiWan Bucht erstreckt sich über eine Gesamtlänge von 7,5 km und zieht sich zunächst an einer Wasserrinne entlang. Die kleinen Schleusen werden bei starken Regengüssen in verschiedene Richtungen geöffnet, damit das Wasser möglichst ohne Schaden anzurichten von den Bergen abfließen kann. Der kleine Betonweg steigt unmerklich oberhalb der Küste aufwärts und führt dabei um die kleine, malerische LanNaiWan-Bucht herum. Hier leben noch einige Fischer in Holzhäuschen wie seit Generationen. Die Wasserrinne endet schließlich abrupt, von hier aus geht ein schmaler Pfad abwärts zur noch 500 Meter entfernten **ToTeiWan-Bucht.** Der kleine, sehr hübsche Sandstrand lädt zum Faulenzen ein, doch es ist noch eine Etappe bis zum Ziel zu überwinden.

An der Bucht folgt man nicht der verlockenden Getränkewerbung, sondern der steilen Treppe aufwärts zur ShekO Rd. Hier beginnt die achte und letzte Etappe, die es noch einmal gewaltig in sich hat. Bis zum Ziel sind es noch gut zwei Stunden. Wer glaubt, nicht mehr durchhalten zu können, kann direkt an der ShekO Rd. Bus No. 9 nach ShauKeiWan und von dort einen Bus/MTR/Tram Richtung Central nehmen. Doch nach sieben Etappen möchte man natürlich auch noch die letzte schaffen. Zunächst geht es auf der anderen Straßenseite weiter aufwärts. Der dünne Bambus deutet an, dass wenige Meter höher nur noch karger Pflanzenwuchs herrschen wird. Am Höhenweg geht es links weiter zum ShekO-Peak (284 m) und dann auf **Dragon's Back,** einem etwa 270 m hohen Höhenzug, weiter durch den ShekO Country Park. Der Wind kann hier extrem stark sein, man ist gut beraten, zumindest ein Stirnband mitzuführen. Auf dem gesamten Höhenweg hat man einem fabelhaften Blick hinunter auf ShekO, den Strand, den Golfplatz sowie die kleinere Big Wave Bay – und im Nordwesten erkennt man die Spitzen der Hochhäuser des

HongKong-Parkview-Luxuswohngebietes, das etwa auf halber Strecke des Trails lag. Ca. auf Höhe des Nordendes des Golfplatzes von ShekO passiert man nun einen unbenannten Gipfel von 275 m. Gleich darauf scheint der Pfad verschwunden, gleicht einem Erdrutsch. Darauf folgt eine Abzweigung, der man links folgt. Geradeaus kommt man zwar auch zum Ziel, doch der Pfad ist kaum sichtbar und steigt zudem über den Mount Collinson auf 342 m an. Der reguläre Trail umgeht den Berg dagegen. Nach 1,5 km verlässt man den Bergpfad und erreicht einen betonierten Forstweg (Schild „Big Wave Bay"), dem man bis zum Ende (Rastplatz) folgt. Rechts blickt man dabei auf Mount Collinson, linker Hand kann man ShauKeiWan erspähen.

Am Rastplatz wurde doch tatsächlich eine kleine Falle aufgebaut, und das nach 49 Kilometern! Der Weg verzweigt sich hier in drei Richtungen (zusätzlich zum Betonweg), es gibt aber nur zwei Wegweiser. Der wichtige wird offenbar von Scherzbolden gerne verdreht, auch fehlt hier das HK-Trail-Symbol. Egal wie das Schild („TaiLungWan") gerade weisen mag, man gehe geradeaus und lasse dabei die Rasthütte rechts liegen. Nach 150 Metern führt dann eine Treppe rechts durch den Wald hinunter zur **Big Wave Bay** und dem Ende des HongKong-Trails. Am anderen Ende der kleinen Siedlung beginnt eine asphaltierte Straße, der man 500 Meter bis zu einer Straßengabel folgt. Links sind es noch einmal knapp 500 Meter bis ShekO und dem Bushalteplatz, rechts liegt 30 Meter weiter eine Bushaltestelle. Bus No. 9 fährt nach ShauKeiWan (Endstation NamOn Street, Parallelstraße = Tram/Busstrecke), von wo aus Tram, Busse und MTR den erschöpften, aber garantiert restlos begeisterten Wanderer zur wohlverdienten Dusche bringen.

Bevor sich der Leser auf den Weg macht, noch ein Wort der Warnung: Der HongKong-Trail ist grundsätzlich sehr einfach, die einzige Schwierigkeit besteht in der Länge und dem Zeitdruck, vor der Dämmerung den „Drachensattel" der letzten Etappe zu verlassen, sonst kann man leicht abrutschen oder den Weg verfehlen. 50 Kilometer sind kein Sonntagnachmittags-Spaziergang, nur wer sich fit genug fühlt, zehn Stunden lang stramm zu marschieren, sollte es versuchen. Es bedarf keiner speziellen **Ausrüstung,** aber gute Laufschuhe, nahrhafte Snacks und viel Flüssigkeit (mindestens drei Liter pro Person) sind unabdingbar.

# Der Wilson-Trail
衡茉信經

Gewissermaßen als „kleiner Bruder" zum HongKong-Trail, der nahezu die gesamte Insel zu Fuß erschließt, verläuft der rund 20 Kilometer lange Wilson-Trail **von Nord nach Süd.**

Der Wilson Trail ist von den zu überwindenden Höhenmetern her wesentlich schwieriger als der HongKong-

Trail, dafür aber auch deutlich kürzer. Verlaufen kann man sich kaum, der Weg ist gut ausgeschildert (Symbol: ein Wanderer mit Rucksack), alle 500 Meter sind Entfernungsposten ähnlich wie beim HongKong-Trail aufgestellt. Auch hier ist keine besondere Ausrüstung außer guten Laufschuhen und ausreichend Flüssigkeit notwendig.

Der erste Kilometer verläuft flach in die Ausläufer des TaiTam Country Parks hinein bis zur Mount Parker Rd., einer Forststraße. Dieser folgt man 100 m nach rechts, dann führt links der Pfad leicht ansteigend zur etwa 1500 Meter entfernten Forststraße Sir Cecile's Ride. Hier hält man sich 100 Meter nach links, ehe linker Hand der steile Anstieg zum SiuMaShan (424 m) beginnt. Nur wenig später erreicht man einen Höhenpfad, dem man nach rechts erst abfallend, dann wieder steil hinauf zum 432 m hohen **Jardines Lookout** folgt. Die Aussicht von hier ist mindestens ebenso phänomenal wie die vom Peak ( ↗ HongKong-Trail).

Der Pfad führt nun stetig abwärts zum Parkplatz an der TaiTam Reservoir Rd., wo er sich schräg rechts auf der anderen Straßenseite wieder fortsetzt. Hier geht es beständig aufwärts bis zum TszLoLanShan **(Violet Hill,** 435 m), der wiederum einen famosen Rundblick über die Südseite der Insel ermöglicht.

Der Pfad fällt dann – noch steiler – ab bis auf 150 m, um dem Wanderer beim Anstieg zum MaKongShan (Zwillingsgipfel, 386 und 375 m) noch einmal eine letzte Kraftanstrengung abzuverlangen. Der letzte Kilometer führt nur noch abwärts zum Endpunkt des Wilson-Trails an der **Stanley Gap Rd.,** wo die Busse 6 und 260 zwischen Central und Stanley sowie Bus 73 zwischen Repulse Bay und Stanley verkehren.

●**Anfahrt:** MTR Station TaiKoo (exit B), 200 Meter die Hauptstraße nach links Richtung Central, links in die Greig Rd., an deren Ende der Trail startet. Alternativ fährt Bus 33A (seltener) direkt zur Greig Rd. (Endstation).

# KowLoon (KauLung, JiuLong)

九龍

## Überblick

„Und es begab sich, dass Kublai, Führer der barbarischen Mongolenhorden, PingTi, den Sohn des Himmels und Kaiser von Kathai, im Jahre 1279 zur Flucht zwang. Auf der Suche nach einem Refugium erreichte er mit seinen Getreuen die Südküste der Provinz GuangDong. Der gestürzte Kaiser befragte einen Fischer nach dem Namen der Siedlung, dieser erwiderte, sie habe keinen Namen. Darauf blickte PingTi um sich und zählte acht Hügel, welche er für steinerne Drachen hielt, und wollte die Siedlung PaLung (acht Drachen nennen). Ein Gefolgsmann erinnerte ihn daran, dass auch er, der Kaiser, ein Drache sei - so wurde der Ort KauLung (neun Drachen) genannt." (Legende zur Entstehung des Namens KowLoon)

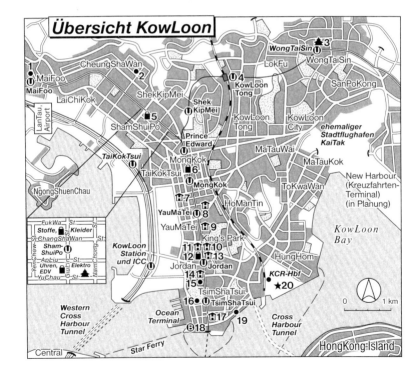

Karte Seite 174

# TsimShaTsui

Die Halbinsel KowLoon (international gängigste Wiedergabe des kantonesischen KauLung), ursprünglich mit Hong-Kong-Island auf ewig britisches Territorium, stellt sich heute für viele Besucher vorwiegend als brodelnde, allgegenwärtige **Freiluft-Kaufhalle** dar.

KowLoon umfasst mehrere **Stadtbezirke** und reicht bis in die New Territories hinein; unter dem eigentlichen Zentrum versteht man die Bezirke **TsimShaTsui** und **TsimShaTsui East,** im erweiterten Sinne auch **HungHom, YauMaTei** und **MongKok.**

Hauptschlagader ist die **Nathan Rd.,** die sich von der Südspitze KowLoons bis zur Boundary St. im Norden MongKoks über etliche Kilometer erstreckt. Jene Boundary St. (Grenzstraße) grenzte früher das eigentlich dauerhaft britische KowLoon von den Pachtgebieten nördlich davon ab. Die zentrale Nathan Rd. diente in vielen Filmen als Hintergrundkulisse und steht mit ihrer glitzernden Neonpracht auch einem Broadway in nichts nach.

## TsimShaTsui
尖沙咀

- 1 Sung Dynasty Village & LaiChiKok Vergnügungspark
- 2 LeiChengUk Han-Gräber
- 3 SikSikYuan-Tempel
- 4 MTR-KCR Umstiegsstation KowLoonTong
- 5 ShamShuiPo Straßenmarkt
- 6 Kleidermarkt MongKok
- 7 STB-Hostel
- 8 YMCA
- 9 Booth Lodge & Caritas Bianchi Lodge
- 10 Nathan Hotel
- 11 Fortuna Hotel
- 12 YueHwa Chinesisches Kaufhaus New Lucky Mansions
- 13 Shamrock & Bangkok Royal
- 14 Hotels KowLoon Police HQ
- 15 (Touristenpolizei) KowLoon Park
- 16 ChunKing Mansions
- 17 Star Ferry & Bbhf
- 18 TST-East Star Ferry Pier
- 19 Coliseum
- ★ 20 Whampoa Gardens

TsimShaTsui ist das Herzstück des alten HongKong, dessen emsige Geschäftigkeit wie auch der Urwald von chinesischen Neonreklameschildern in allen Filmen und Reportagen über HongKong gezeigt wird.

Zu den Hauptreisezeiten sieht man hier mehr Touristen auf den Straßen als Einheimische, meist bei einer einzigen Beschäftigung: **einkaufen** und schleppen. Auch wenn es in den Seitensträßchen durchaus Schnäppchen gibt (Krawatten, T-Shirts u. ä.), scheint das Preisniveau in TsimShaTsui doch erheblich über dem Durchschnitt zu liegen – ansehen ja, kaufen nein.

**Nachtschwärmer** werden in TsimShaTsui immer noch etwas finden, wenn anderswo alle Kneipen bereits geschlossen haben – doch **Achtung:** die Bars hier wissen genau, wie dem unbedarften Touristen das Geld aus der Tasche zu ziehen ist.

# TsimShaTsui

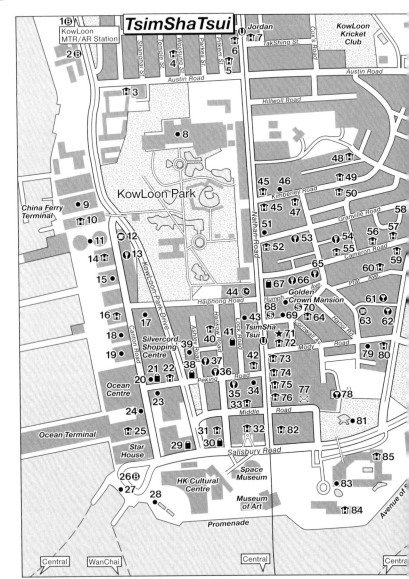

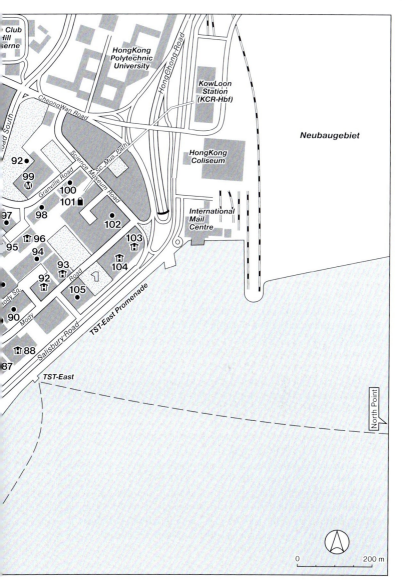

# TsimShaTsui

Alle sehenswerten Punkte liegen in Gehnähe zur Star Ferry.

## KowLoon-Park　　　九龍成匾

Der große Park an der Nathan Rd. gleicht einer Oase der Ruhe. Er beherbergt eine ganze Reihe von Gärten, Spielplätzen, ein Schwimmbad und ein Museum – und eine unvermeidliche Filiale von McDonald's. Der Park ist sehr gut beschildert und von 06:00 bis 24:00 Uhr geöffnet. An einem Sonntagnachmittag monatlich findet ein (kostenloses) Konzert im Park statt.

Optisch überrascht der Zugang zum Park von der Nathan Rd. aus zunächst mit einer großen **Moschee.** Das ursprüngliche Bauwerk wurde 1896 von britischen Truppen für die moslemischen Armeeangehörigen des Empire errichtet, 1986 aber durch die jetzige Moschee mit vier Minaretten ersetzt. Sie dient den rund 70.000 Moslems von HongKong als geistliches Zentrum. Ausführliche Führungen (gegen eine geringe Spende) sind bei Voranmeldung unter Tel. 27240095 möglich.

Zur Abkühlung bietet sich ein Sprung ins (bei Bedarf geheizte) **Schwimmbad** am Nordende des Parks an.

● Geöffnet 09:00–21:00 Uhr, Eintritt 18 HK$ (ermäßigt 9 HK$).

## Promenade, Star Ferry und Clock Tower　　天星碼頭，鍾樓

Die Frage, welcher Panoramablick der schönere sei – vom Peak oder von der KowLoon-Promenade – muss jeder für sich selbst beantworten; unvergesslich sind beide. Vom Star-Ferry Gebäude an der Südspitze KowLoons erstreckt sich die Promenade knapp 2 km am Ufer entlang fast bis zum KCR-Hauptbahnhof in TsimShaTsui East. Der schönste Teil freilich liegt am Clock-Tower, der ehemaligen KCR-Endstation. Hier werden HongKong-Postkartenmotive fotografiert, Brautbilder und touristische Erinnerungsphotos in jährlicher Millionenauflage geknipst.

Die Promenade sollte man auf keinen Fall auslassen, ein mehrfacher Besuch lohnt sich zu jeder Tages- und Nachtzeit mit immer neuen und wechselnden Eindrücken. Aufs Meer blickend immer links 5 Minuten die Promenade entlang kann man HongKongs **Avenue of Stars** bewundern, wo zahllose Filmstars in Anlehnung an

Star Ferry Pier mit Clock Tower

# Legende zur Karte TsimShaTsui

- 🚌 1 Direktbushaltestelle Macau-Busse
- 🚌 2 Direktbushaltestelle GuangZhou-Busse
- 🏨 3 BP International House Hotel
- 🏨 4 San Diego Hotel
- 🏨 5 GuangDong Hotel
- 🏨 6 Shamrock Hotel und HsinLe Restaurant
- 🏨 7 Prudential Hotel
- • 8 KowLoon Park Schwimmbad
- • 9 China Ferry Terminal
- 🏨 10 Royal Pacific Hotel
- • 11 Gateway Towers
- • 12 Hard Rock Café
- 🍴 13 NanJing Kitchen (kl. chin. Rest.)
- 🏨 14 Omni Prince Hotel
- • 15 World Finance Centre
- 🏨 16 Omni Marco Polo Hotel
- • 17 Silvercord Cinema
- • 18 World Commerce Centre
- • 19 World Shipping Centre
- • 20 Sun Plaza
- 🛒 21 Park'n Shop Supermarkt
- 🏨 22 HK Renaissance Hotel
- • 23 Watson's
- • 24 Planet Hollywood
- 🏨 25 Omni HongKong Hotel
- 🚌 26 Busbahnhof
- • 27 HKTA
- • 28 Clock Tower
- 🏨 29 TST Arts & Crafts
- 🛒 30 Zeitschriften (auch deutsche)
- 🏨 31 Salisbury YMCA
- 🏨 32 Peninsula Hotel
- 🏨 33 KowLoon Hotel
- • 34 China Travel Service (CTS)
- 🍴 35 Spaghetti House
- 🍴 36 McDonald's
- 🍴 37 El Toro Steakhouse
- 🛒 38 YueHwa Chinesisches Kaufhaus
- • 39 Ned Kelly's Last Stand
- 🏨 40 Victoria Hostel
- 🛒 41 Swindon Buchladen
- 🏨 42 Hyatt Regency Hotel
- • 43 Oliver's
- 🕌 44 KowLoon Mosque - Moschee
- 🏨 45 Miramar Hotel und Shopping Centre
- • 46 Kimberley Cinema
- 🏨 47 Tourists Home
- 🏨 48 Stanford Hillview Hotel
- 🏨 49 Windsor Hotel
- 🏨 50 Kimberley Hotel
- • 51 HK Consumer Council (Verbraucherverband)
- 🏨 52 Milton Mansion
- 🍴 53 Wendy's
- 🍴 54 Garküchengasse
- 🏨 55 Star GH
- 🏨 56 International Hotel
- 🏨 57 Park Hotel
- 🏨 58 Ramada Hotel KowLoon
- 🏨 59 Lee Garden GH
- 🏨 60 GuangDong Hotel
- 🍴 61 Waltzing Mathilda Pub
- 🍴 62 Jouster-Bar
- 🍴 63 Rick's Café
- 🏨 64 New Astor Hotel
- 🍴 65 McDonald's; Spaghetti House
- 🍴 66 KFC; DimSum Lokal
- 🛒 67 Wellcome Supermarkt
- 💲 68 TaHsing Bank und
- 🛒    Times Bookshop im UG
- • 69 Reinigung (Laundry)
- 💲 70 JinCheng & WingLung Banken
- ★ 71 Mirador Arcade
- 🏨 72 Garden Hostel
- 🏨 73 Holiday Inn
- 🏨 74 ChungKing Mansions
- 🏨 75 Imperial Hotel; Pub Mad Dogs
- 🏨 76 Ambassador Hotel
- ✉ 77 Post & Telecom
- 🍴 78 Mariners Club
- • 79 Lyton Building
- 🏨 80 Empress Hotel
- • 81 Signal Hill Garden
- 🏨 82 Sheraton Hotel
- • 83 New World Centre
- 🏨 84 Regent Hotel
- 🏨 85 New World Hotel
- 🏨 86 New World Hotel Apartments
- 🛒 87 Wing On Plaza
- 🏨 88 Shangri-La Hotel
- • 89 Mirror Tower
- • 90 Houston Centre
- • 91 Auto Plaza
- 🏨 92 Royal Garden Hotel
- 🏨 93 Regal Meridien Hotel
- • 94 Peninsula Centre
- 🛒 95 Intercontinental Plaza
- 🏨 96 Hilton Towers
- • 97 Energy Plaza
- • 98 East Ocean Centre
- 🅜 99 HK Science Museum und Museum of History
- • 100 Harbour Crystal Centre
- 🛒 101 New Mandarin Plaza
- • 102 Chinachem Golden Plaza
- 🏨 103 Nikko Hotel
- 🏨 104 Grand Stanford Harbour View Hotel
- • 105 Empire Centre

## Praxisnaher Englischunterricht
學習英文

Es ist beinahe zum Verzweifeln: das Stativ ist an der Uferpromenade aufgestellt, die neu erworbene japanische Superkamera justiert, die Sonne sinkt unaufhaltsam und taucht die wundersame Skyline von HongKong-Island auf der gegenüberliegenden Seite in ein faszinierendes, funkelnd-rötliches Abendlicht. Nur noch wenige Augenblicke bis zum Erinnerungsfoto des Jahres – da tönt es hinter einem höflich, aber bestimmt: *„Excuse us, Sir, we're English-students and would like to ask you a few questions about your impressions here."* Da man sich gründlich auf die Reise vorbereitet hat, weiß man, dass Höflichkeit und Lächeln die gebotenen Tugenden auf einer Chinareise sind und fügt sich als braver Europäer in sein Schicksal. Nach einem guten Dutzend mehr oder minder spannender Fragen (beispielsweise ob und wo man in HongKong schon einmal chinesisch gegessen habe) wird man als geheilt entlassen und wendet sich wieder dem eigentlichen Grund seines Promenadenbesuches zu – die Sonne ist jetzt verschwunden, Essig ist's für heute mit dem Jahrhundertfoto.

Mit dem ebenso einfachen wie genialen Trick, Englischschüler mit einem Fragebogen bewaffnet auf wehrlose Touristen loszulassen, schlagen HongKongs Fremdsprachenlehrer gleich zwei Fliegen mit einer Klappe: Zum einen erfährt der Nachwuchs einen praxisnahen Sprachunterricht, zum anderen werden die Ergebnisse an die HongKong Tourist Association weitergeleitet und dort ausgewertet. Man kann also als Tourist auch auf diesem Wege Kritik und/oder Verbesserungsvorschläge an kompetente Stellen weiterleiten.

Der Besucher sollte sich also nicht wundern, wenn sich in den Abendstunden an der Promenade plötzlich mit Papier und Stift, möglicherweise sogar mit Recorder bewaffnete Schülergruppen um ihn scharen.

L.A. bleibende Handabdrücke in den Bodenplatten hinterließen (u.a. *Jet Li*, *Jackie Chan*).

HongKongs Gigantomanie zeigt sich nirgends so eindrucksvoll wie in der **„Symphony of Lights"-Show,** die allabendlich 20:00–20:18 Uhr stattfindet und am besten von der Uferpromenade zu beobachten ist. Allenfalls Hollywood-Science Fiction kann da mithalten: Zahlreiche Wolkenkratzer auf der Island-Seite bieten aufeinander abgestimmt eine weltweit einzigartige, futuristische Laser-Lightshow, gelegentlich mit instrumentaler Begleitmusik. Sensationell, kostenlos, unbedingt empfehlenswert!

## HongKong Cultural Centre Complex

### HongKong Cultural Centre 香港文化中心

HongKongs größtes Kulturzentrum direkt neben dem Clock-Tower umfasst Theater-, Kino- und Konzerthallen. Im Nebengebäude befindet sich eine Kunstgalerie (Art Gallery) mit Ausstellungen chinesischer und europäischer Künstler. Die Gebäude umfassen auch allgemein zugängliche Aussichtsgalerien und Restaurants.

●HongKong Cultural Centre Complex, 10 Salisbury Rd.; geöffnet tgl. außer Donnerstag 10:00–18:00 Uhr, an Sonn- und Feiertagen von 13:00 bis 18:00 Uhr. Telefonische Anfragen zu aktuellen Veranstaltungen beantwortet die HKTA-Hotline oder das Cultural Centre unter Tel. 27342009.

## Museum of Art  香港藝術館

Ein Großteil der rund 10.000 qm großen Ausstellungsflächen zeigt Werke der klassischen und modernen **chinesischen Malerei** und **Kalligrafie.** Ferner werden Freunde traditioneller chinesischer Kleinkünste wie **Lackwaren, Stickereien** usw. hier ihre helle Freude haben. In zwei Hallen stellen ausschließlich internationale Künstler aus, während eine komplette Galerie der berühmten so genannten XiuBaiZhai-Sammlung vorbehalten bleibt, die dem Museum von Herrn *LowChuckTiew* als Spende vermacht wurde.

## Der HongKong-Museum-Pass

Sechs städtische Museen, das *HongKong Science Museum, HongKong Space Museum, HongKong Museum of History, Museum of Arts, HongKong Heritage* (⌖ Zentrale New Territories/ShaTin) und *Coastal Defence Museum* (⌖ HongKong-Island/ShauKeiWan) haben sich bislang der „HongKong-Museum-Pass"-Initiative angeschlossen. Der Pass kostet 30 HK$ und gilt eine Woche. Er kann bei den Filialen der HongKong Tourist Association erworben werden. Neben beliebig vielen Besuchen in den genannten Museen werden dem Passinhaber 10 % Rabatt auf Käufe in den Souvenirshops der Museen eingeräumt. Ferner erhält er ebenfalls 10 % Nachlass auf besondere Angebote der Museen wie z.B. EDV-Kurse und andere Weiterbildungsseminare.

● Mittwoch Eintritt frei, sonst 10 HK$. Geöffnet 10:00–18:00 Uhr, an Sonn- und Feiertagen 13:00–18:00 Uhr. Montags geschlossen.

## Space Museum  太空館

Das Museum erleichtert den Einstieg in **Astronomie** und moderne **Luft- und Raumfahrt** durch umfangreiche Informationen, aber auch übersichtlich und einfach nachvollziehbare Modelle und Experimente – insgesamt ein lohnenswertes Museum zum Anschauen und Anfassen.

Ein besonderer Abschnitt des Space Museum ist dem **Space-Theatre** mit Spezialeffekt-Filmen vorbehalten.

● Geöffnet täglich außer Dienstag 13:00–21:00 Uhr, Sonn- und Feiertags 10:00–21:00 Uhr, Eintritt 10 (Kinder und Senioren 5) HK$, Mittwoch Eintritt frei. Die Sondervorführungen des Space-Theatre (Skyshow und Omnimax Show) im Museum kosten 32/16 HK$ und sind nicht im Museums-Pass inbegriffen.

## Museum of Science u. Museum of History  紅石勘 歷史博物館

Das Wissenschaftsmuseum *(HongKong Museum of Science & Technology)* ist eine Ausstellung zum Anfassen und Mitmachen zu den Themen Biologie, Physik, Transport, Kommunikation, Meteorologie, Energie und Computer – nahezu alles kann direkt ausprobiert werden.

Wohl einmalig und alleine schon das Eintrittsgeld wert ist die über vier Etagen quer durch das Gebäude verlaufende, faszinierende **Riesenkugel-Rutschbahn,** deren Kugeln die Größe von Bowlingkugeln haben.

# HungHom

Wechselausstellungen umfassen etwa die Themen **chinesische Raumfahrt** oder **Dinosaurier,** die auch ein bisher sehr seltenes Modell eines erst 1992 in den USA entdeckten Utahraptors, des gefährlichsten Raubsauriers aller Zeiten umfasste.

Das Museum kann als Riesenspaß für Alt und Jung bezeichnet werden.

● 2 Science Museum Rd., TsimShaTsui East; geöffnet Di-Fr 13:00-21:00 Uhr, sonn- und feiertags 10:00-21:00 Uhr, montags geschlossen; Eintritt 25 HK$, 4 Personen 50 HK$, mittwochs frei

Das historische Museum bietet eine gute Einführung in die **Geschichte HongKongs.** Angefangen bei den frühesten Besiedlungen werden der **Alltag der einfachen Menschen,** die **frühe britische Phase** und als lebensgroßer Nachbau einer kleinen Straße das **Stadtbild des frühen 20. Jh.** dargestellt und erläutert. Sehr informativ und lohnenswert, um einen Einblick in die wechselhafte Geschichte der Stadt und des Umlandes zu gewinnen.

● Di-Fr 10:00-18:00 Uhr geöffnet, montags geschlossen, sonntags und feiertags erst ab 13:00 Uhr geöffnet; Eintritt 10 HK$ (ermäßigt 5 HK$), Minigruppe 4 Pers. 20 HK$, mittwochs frei.

Auf der anderen Seite der Granville Rd. liegt eines der neuesten und modernsten **Einkaufsviertel** HongKongs mit einer Vielzahl moderner Plazas rund um den Centenary Garden.

## HungHom
紅石勘

Östlich der Chatham Rd. lag noch vor wenigen Jahrzehnten das Meer, dann wurde schrittweise durch Dämme und Aufschüttungen ein neuer Stadtteil geschaffen - HungHom. Hier liegt heute **HongKongs Bahnhof (Kow Loon-Station,** nicht zu verwechseln mit „KowLoon" der neuen MTR/ Flughafen-Expressbahn in der Jordan Rd.) und das Einkaufsviertel Whampoa Garden.

## Whampoa Garden     萬埔化園

Wenn der Prophet nicht zum Berg kommt ..., müssen sich wohl die Verantwortlichen der einst mächtigen Handelsflotte *Whampoa* gedacht haben. Wenn der Kunde nicht zum Schiff kommt, muss man das Schiff eben zum Kunden bringen. Unmöglich? Nicht in HongKong. Nachdem der Handel immer weniger direkt von den

Whampoa Garden

# HungHom

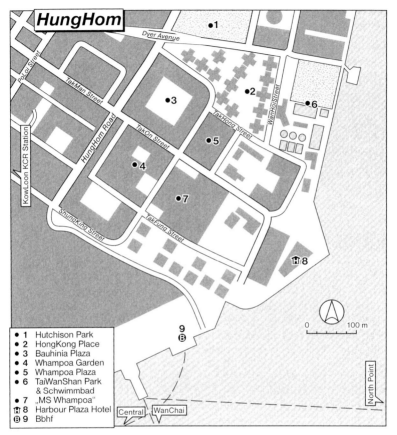

- 1 Hutchison Park
- 2 HongKong Place
- 3 Bauhinia Plaza
- 4 Whampoa Garden
- 5 Whampoa Plaza
- 6 TaiWanShan Park & Schwimmbad
- 7 „MS Whampoa"
- 8 Harbour Plaza Hotel
- 9 Bbhf

Schiffen aus, sondern in den großen Einkaufsarkaden und Märkten ablief, errichtete die *Whampoa-Gruppe* einfach ein über 100 Meter langes Schiff mitten im Stadtteil HungHom. „An Bord" befinden sich zahlreiche Boutiquen, das House-of-Canton-Restaurant, ein Café und sogar ein Schwimmbad. Hinter dem Heck der „Whampoa" liegen zahlreiche Kaufhäuser, insbesondere *Book World* bietet die vielleicht reichhaltigste Auswahl an Büchern, Lexika und EDV-Software in HongKong. Wegweiser für Fußgänger an den Straßenkreuzungen helfen, die Fachkaufhäuser für Brautkleider, Möbel, Mode usw. zu finden. Das öffentliche Schwimmbad, welches allerdings

# YAUMATEI

nur von April bis September geöffnet hat, kostet 20 HK$ Eintritt.

- Nach Whampoa Garden kommt man entweder per Star-Ferry ab Central und WanChai oder per Bus (z.B. Bus 7B zur Waterloo/Boundary Street, MongKok, 15 Prince Edward Rd./Nord-MongKok oder grüner Minibus 13 zur KowLoon-Tong KCR/MTR Station). Vom Pier/Bushaltestelle 150 Meter links gehen.
- Zu Fuß von/nach TsimShaTsui ist es ein wenig umständlich; am besten läuft man vom Science Museum über den Science Museum Path (Überführung) hinter dem gegenüberliegenden Harbour Crystal Centre zum Hauptbahnhof, dort hindurch und via Gilles Ave in die HungHom South St.

## YauMaTei
油麻地

Gleich nördlich der Jordan Rd. und des touristischen Bezirkes TsimShaTsui liegt YauMaTei (gelegentlich auch *YauMaTai* oder *YaoMaTi* geschrieben), eine der ältesten rein chinesischen und ursprünglicheren Siedlungen HongKongs, in der man auf extrem engem Raum ein breites Spektrum des älteren HongKong erleben kann.

- YauMaTei liegt keine 20 Gehminuten von der Star-Ferry entfernt und kann mühelos zu Fuß erkundet werden; von Central nimmt man die MTR (Stationen Jordan, Exit A bzw. YauMaTei, Exit C) oder eine Fähre zur Jordan Rd.

## TinHau Temple 天后廟

Der TinHau- (MaZi-) Tempel von YauMaTei erfreut sich bei den Einheimischen großer Beliebtheit. Der kleine Park am Tempel dient nicht so sehr der Verschönerung der Tempelanlage, sondern vielmehr dem Zusammentreffen zu Spiel und Schwatz insbesondere der älteren Anwohner. Der zentrale Flügel birgt drei Schreine, zentral die Meeresgöttin *MaZi*, in der Provinz GuangDong (Kanton) meist *TinHau* genannt. Links steht der Fürst *PaoKung* (Gottheit des Justizwesens) und rechts *KwanYum (GuanYin)*, die Gottheit der Barmherzigkeit. Der linke Tempelflügel zeigt den Stadtgott *ShingWong* so-

- 1 Indoor Games Hall/MongKok
- 2 MongKok-Stadion
- 3 TungChoi Kleider- und Straßenmarkt
- 4 Hotel Grand Tower
- 5 WingLung Bank und Standard Chartered Bank
- 6 Pizza Hut und McDonald's
- 7 Stanford Hotel
- 8 STB-Hostel
- 9 YMCA International House
- 10 Imbissstände / ManMing Lane
- 11 ShangHai St: traditionelle Läden (Haushalt, Möbel)
- 12 TinHau Tempel
- 13 Jade-Markt
- 14 Schmuckgeschäfte/Canton Rd.
- 15 Obst- u. Fischmkt/Reclamation St.
- 16 Temple Street - Nachtmarkt
- 17 WooSung St.: Hanoi Rest. und chin. Kräuterläden
- 18 YueHwa Chinawaren-Kaufhaus und Jordan MTR-Station
- 19 Lucky House
- 20 K1 AE KowLoon Station Zubringerbus
- 21 Intercity Bus (ShenZhen, GuangZhou)

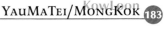
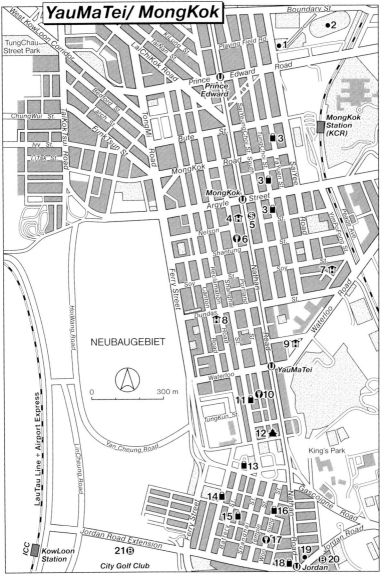

Chinesen spielen überall

wie taoistische „Gerichtsszenen" an den Seitenwänden, während der äußere Flügel ganz links wiederum *KwanYum* und dem Erdgott *ToTei* gewidmet ist. Rechts an den Zentraltempel schließt sich erneut ein KwanYum-Tempel an, die Halle ganz rechts außen ist dem Orakel vorbehalten (♪ Glaubensrichtungen).

## Traditionelle Geschäfte und Märkte

Kurzweilig ist ein Bummel durch die ShangHai St. mit vielen **kleinen Läden** für urige Haushaltsartikel, Möbel, Gewürze und Statuen. Frischobst, Gemüse und Fisch bietet der **Straßenmarkt** der Reclamation St., wohingegen der **Jademarkt** an der KanSu St. (nur 10:00–15:00 Uhr) oder die Schmuckgeschäfte der Canton Rd. für Kenner so manches Schnäppchen bergen können.

In YauMaTei ist HongKongs spektakulärster Nachtmarkt, der **Temple-Street Night Market.** Die Straßen beleben sich erst nach Einbruch der Dämmerung und lassen dann bis Mitternacht keinen PKW-Verkehr mehr zu. Sehr gute Garküchen, Wahrsager, Verkaufsstände mit allen erdenklichen Waren – sogar Straßensänger, die inmitten der Menschenmenge ihre Stücke zum Besten geben. Hier ist noch so manches Schnäppchen möglich, da industrielle Überproduktionen oder Ware mit kleinen Mängeln zu äußerst günstigen Preisen abgestoßen werden. Nichts für Besucher mit Platzangst oder Angst vor Taschendieben!

### West-KowLoon, KowLoon-Station & ICC

Seit dem Bau des Airport Express und der damit einhergehenden Erschließung des durch Landaufschüttung neu gewonnenen Distriktes **West-Kow Loon** (rund um die KowLoon-Station westlich von YauMaTei) ist auch die Ehre des höchsten Gebäudes HongKongs nach vielen Jahrzehnten vorübergehend wieder nach KowLoon gefallen: Direkt über der KowLoon-Station wurden Ende 2007 die Arbeiten am 484 m hohen **ICC** (International Commerce Center) abgeschlossen. Das Gebäudedesign stammt von dem Architekturbüro *Kohn- Pedersen-Fox Associates*, umfasst 118 Etagen, in einer luftigen Höhe von 409 m eine Aussichtsplattform und beherbergt in den obersten 15 Etagen das Nobelhotel **Ritz-Carlton HongKong** (zum Zeitpunkt der Drucklegung noch nicht eröffnet), welches als „höchstes Hotel der Welt" firmiert.

Hinweis zur KowLoon-Station: Hier fahren der Airport-Express und die Lantau-Linie der MTR, es gibt aber (noch) keine „Querverbindung" zur innerstädtischen MTR. Wer in KowLoon wohnt, muss also per Taxi zur Station fahren (Nathan Rd. kostet ca. 30 HK$, zu Fuß fast unmöglich) oder einen der kostenlosen Hotel-Shuttlebusse zur Station nehmen (siehe Flughafen im Kapitel „Reisetipps A–Z").

## MahJong-Karten

Während das klassische MahJong-Spiel überwiegend in den eigenen vier Wänden gespielt wird, gibt es gerade im Bezirk YauMaTei vor dem TinHau-Tempel eine einfache Variante mit schlanken, kleinen Karten zu sehen. Überwiegend Rentner setzen hier 20 HK$ und spielen dann – anders als im echten MahJong – lediglich darum, wer als Erster durch Bildung von Figuren mit allen seinen Karten das Spiel beenden kann. Die Straßen und Figuren werden (im Gegensatz zum „echten" MahJong) hierbei nicht einzeln bewertet, es bekommt also nur der „Beender" von jedem Spieler 20 HK$. Auch wenn ein anderer wesentlich bessere Figuren hat, sie aber nicht beenden kann, nützt dies nichts – im echten Spiel kann dies oft ganz anders in der Abrechnung aussehen.

Auch wenn man vom Spiel selbst nichts versteht, ist die Geschwindigkeit imposant, mit der ein Spiel abläuft und die Scheinchen ihre Besitzer wechseln.

## MongKok
旺角

### Bird Garden 鳥園

In der Yum Po Street liegt der Bird Garden, besser bekannt als sauberer und moderner Nachfolger des legendären *„bird-market"* (Vogelmarkt) aus der HongLok-Gasse. Hier bekommt der Vogelfreund alles, was er und der zwitschernde Hausgenosse benötigen: Bambuskäfige, Heuschrecken, Würmer, Vogelattrappen und selbstredend lebende Exemplare aller Gattungen, vor allem Singvögel. Wegen der geringen Wohnungsgrößen in China sind vor allem die Rentner von Hund und Katze abgerückt und haben sich als Haustier kleine Singvögel zugelegt. In vielen Parks und Gärten kann man in den Morgenstunden insbesondere ältere Männer mit Vogelkäfigen sehen, die ihre Vögel dort gemeinsam singen lassen.

*Anreise:* MTR Prince Edward, dort über die Flower Market Rd (Blumenmarkt) zur YumPo Street.

## TongChoi Street 通菜街

In einer Parallelstraße östlich der Nathan Rd. liegt HongKongs größter **Straßenmarkt** für Damenbekleidung und Textilien vom T-Shirt bis zur Expeditionsweste. Über mehrere Blocks erstreckt sich ein Gewirr von Buden und Ständen, vollgestopft mit Überschussproduktionen, Waren zweiter Wahl, Ramsch, Billigimporten und, und, und. Hier sollte man alle Gegenstände genau unter die Lupe nehmen. Kleine Löcher, Verschnitte, klemmende Reißverschlüsse und Farbfehler sind an der Tagesordnung – dennoch sind tolle Schnäppchen möglich. Die Kleidungsstücke weisen zwar oft westliche Markenlabel auf, sind aber fast ausnahmslos „made in China". Auch für Schuhe und Fotozubehör ist MongKok eine gute, wenn nicht sogar bessere Adresse als KowLoon.

● Zum Viertel MongKok kann man ab Star-Ferry entweder laufen (30 Minuten) oder die Busse 1, 1A, 2, 6, 6A, 6S, 9 die Nathan Rd. bis zur Argyle St. hinauf nehmen (4,20 HK$) sowie die MTR zur Station MongKok.

# New KowLoon
新九龍

## SikSikYuan-(Yuen-)Tempel 嗇色園，黃大仙

Dieser **taoistische Tempelkomplex** ist der bedeutendste und beliebteste in ganz HongKong. Täglich kommen Tausende von Menschen, um in dichten Räucherstäbchenwolken zu opfern und das Orakel zu befragen. Die eigentlichen Schreine sind leider nicht zu sehen – vor lauter Rauch, und weil man nicht allzu nahe an die Altare heran darf. Die heutige Haupthalle ersetzt seit 1973 den ursprünglichen Hauptschrein des taoistischen Stadtteilgottes *WongTaiSin*. Ob die regen Besucherströme etwas mit dem Glauben zu tun haben, dass *WongTaiSin* angeblich Tipps für Pferderennen gibt?

An den Tempelkomplex ist der **Good Wish Garden** angeschlossen, der für eine Spende von 2 HK$ von 09:00 bis 16:00 Uhr jedermann offensteht. Hier tummeln sich Goldfische und Schildkröten, Symboltiere Chinas für Wohlstand bzw. langes Leben.

Ursprünglich wurde der Tempel 1915 in WanChai gebaut und 1921 aus Platzgründen an die heutige Stätte verlegt. Bis in die späten 1950er Jahre durften nur Mitglieder des Tempels, die sich in einer kleinen privaten Sekte organisiert hatten, den Komplex betreten. Seit 1924 bietet die SikSikYuan-Sekte mittellosen Bürgern kostenlose medizinische Hilfe an, 1968 errichtete sie Schulen für die Kinder ärmerer

Karte Seite 172 SIKSIKYUAN/WONGTAISIN

- 1 Mauer der neun Drachen (=JiuLong =KowLoon)
- 2 Good Wish Garden (Garten der guten Wünsche)
- 3 Hauptaltarhalle
- 4 Three Saints Hall (Tempel der drei Heiligen)
- 5 bronzener Pavillon
- 6 Gedächtnishalle
- 7 Bibliothek
- 8 Konfuziustempel
- 9 FungMing-Halle
- 10 Klosterspital
- 11 Schrein des YueHung
- 12 Wahrsager und Handleser

Schichten, und seit 1980 existiert in Clearwater Bay auch ein sekteneigenes Altenheim. 2009 soll neben dem SikSikYuan übrigens HongKongs erster **Konfuzius-Tempel** entstehen.

● MTR Station WongTaiSin. Der Tempel liegt exakt über der MTR, den B-2-Ausgang nehmen und dann die Treppe dazwischen hinaufgehen, links. Der Tempelkomplex liegt nach 30 Metern linker Hand.

## ShamShuiPo Straßenmarkt und SanTaiZi-Tempel 深水埔，太仔廟

Wenig bekannt dürfte der Straßenmarkt von ShamShuiPo sein. Hier findet man nordchinesische Pelzjacken (ab 1000 HK$), einfache Herren- und Damenarmbanduhren aus der Provinz

# NEW KOWLOON

GuangDong (100 HK$ – für 4 Stück!), Cassetten, CDs, Armeeuniformen und massenweise Kleinkram.

Hier liegt auch der interessante taoistische SanTaiZi-Tempel. *TaiZi* war ein taoistischer Prinz, der auf einem Holzrad in Windeseile das Übel mittels eines Feuerringes in der Hand bekämpfte. Hier wird er auf dem Hauptaltar in drei Altersstufen dargestellt. Der rechte Altar ist *PaoKung* (Justizgott), der linke *KwanYum* (GuanYin, Boddhisatva der Barmherzigkeit) gewidmet.

## Han-Gräber 漢朝古墓

1955 entdeckten Arbeiter während der Straßenerweiterung der TonKin Street eine **antike Grabstätte,** welche kurz darauf von Experten der University of HongKong freigelegt und als vollständiges Grab aus der Zeit von 25 bis 220, also der späten Han-Dynastie, datiert wurde. Neben den gut erhaltenen, vollständig aus Ziegeln gebauten Grabkammern des Edelmannes *Xue* wurden etliche Grabbeigaben wie Töpfe, Kochutensilien, Nahrungsbehältnisse und anderes gefunden. Diese Gegenstände gaben Aufschluss über das Alltagsleben während der späten Han-Zeit.

- 41 TonKin St., ShamShuiPo; das Museum ist werktags außer Montag 10:00–13:00 und 14:00–18:00 Uhr, sonn- und feiertags von 13:00 bis 18:00 Uhr geöffnet, Eintritt frei.
- Zu erreichen direkt mit Bus No. 2 ab Star-Ferry in die TonKin-Street, oder per MTR von Station CheungShaWan, Ausgang A, dann dem Schild LeiChengUk folgen (gut 5 Minuten). Vor dem Museum liegt ein kleiner Stadtpark mit zwei Löwen davor, das Museum ist der unscheinbare Bau nebenan.

## Chi Lin Nunnery 吉林尼姑庵

Ein neues Kloster wurde im Stil der Tang Dynasty komplett aus Holz erbaut, angeblich der **größte Holzkomplex der Welt.** Das Kloster besteht aus sieben Hallen, wobei Statuen und Gebrauchsgegenstände aus dem Klosteralltag gut auf Englisch beschildert wurden. In der Anlage sind ein hübscher Garten, ein Altersheim, ein Souvenirshop und eine Pagode zu sehen. Die Anlage ist (noch) sehr untouristisch und besticht als **Ort der Stille** im sonst eher „rauschenden" HongKong.

- *Anreise:* MTR Diamond Hill, von dort (beschildert) durch ein Einkaufszentrum, keine 10 Gehminuten entfernt. Bus 91 von/nach Clearwater Bay, Bus 92 von/nach SaiKung, Bus 11 von/nach Jordan Rd., KowLoon.

## KowLoon Walled City Park 九龍成園

Von den ehemaligen „ummauerten Städten" innerhalb HongKongs, die eine rechtliche Sonderrolle unter britischer Herrschaft spielten, sind zwei erhalten geblieben und stellen sich dem Besucher recht unterschiedlich dar: *KamTin* in den nordwestlichen New Territories (↗) und **KowLoon Walled City** in New KowLoon. Während KamTin bewohnt wird und daher originärer erscheint, wurde KowLoon Walled City zu einem öffentlichen Park umgebaut mit Relikten der Qing-Dynastie, Bonsai-Anlagen, Spazierwegen, aber auch einem Armenhaus. Eintritt frei, geöffnet täglich 06:30–23:00 Uhr; Bus 1 von/nach Star Ferry Pier/TST.

# Die New Territories  Überblick

新界

Kaum ein Tourist macht sich die Mühe, abseits der brodelnden Metropole KowLoon ins direkte Umland HongKongs zu reisen. Wenn überhaupt, dann steht vielleicht eine Insel wie LamMa oder LanTau auf dem Programm, aber die New Territories? Dabei bieten sie mindestens ebenso große Abwechslung vom Rummel im Zentrum wie die Inseln – wenn nicht sogar mehr. Die New Territories sind, wie alle Teile HongKongs, hervorragend mit öffentlichen Verkehrsmitteln zu erreichen, und schon nach gut einer halben Stunde Fahrt ab KowLoon wähnt man sich ob des Kontrastes in einem anderen Land.

England hatte die New Territories mit den Outlying Islands nur für 99 Jahre gepachtet. Ohne diesen Lebensraum und seine wichtige Infrastruktur wäre das eigentlich ewig britische HongKong mit KowLoon nicht lebensfähig gewesen, sodass eine komplette Rückgabe an China erfolgte.

## Die westlichen New Territories
西新界

Die Bezirke westlich der Hauptschlagader KowLoon-Kanton-Railway umfassen eine ganze Reihe sehenswerter Punkte, insbesondere Tempel und Klöster, die einen Einblick in die ältere Kultur HongKongs ermöglichen.

# DIE WESTLICHEN NEW TERRITORIES

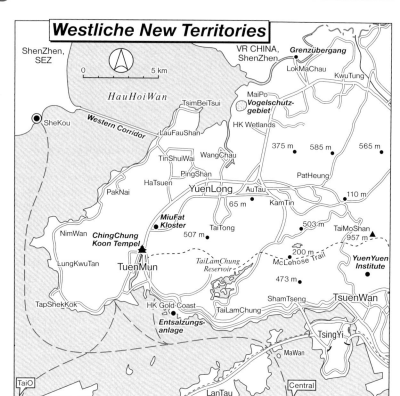

Die hier im Uhrzeigersinn beschriebene Route deckt alle wichtigen Punkte ab, und wer nicht gerade den TaiMoShan besteigen, den 100 km langen McLehose Trail (↗ östl. NT) erwandern oder Beobachtungsposten im MaiPo-Vogelbeobachtungspark beziehen will, kann die kulturellen Sehenswürdigkeiten von TsuenWan bis KamTin an nur einem Tag mit öffentlichen Verkehrsmitteln bewältigen.

## TsuenWan 荃灣

Im Bezirk TsuenWan bemerkt man noch nicht, dass man KowLoon schon verlassen hat. Dieses zukunftsträchtige **Wohngebiet** (immerhin führen von hier aus zwei Brücken zum neuen Flughafen) ist schon heute hervorragend mit Hoverferry (Pier No 6/Central – TsuenWan-Pier), Bussen und MTR (TsuenWan) ans Zentrum ange-

# DIE WESTLICHEN NEW TERRITORIES

bunden. Es ist damit zu rechnen, dass die Bezirke TsuenWan und TuenMun touristisch weiter entwickelt werden, insbesondere was den Bau neuer Hotelanlagen betrifft. Die nächsten Jahre wohnt man aber sicherlich noch bevorzugt in KowLoon oder auf HK-Island, und nicht allzu viele Touristen werden sich auf den Weg hierher machen.

In TsuenWan liegen zwei sehr bemerkenswerte Tempelanlagen, die zudem durch einen angenehmen Fußweg im Grünen (↗ CheungLung-Trail) verbunden sind.

## Klosterschule YuanYuan (YuenYuen) 圓玄學院

Die **Haupthalle,** genannt „Halle der drei Lehrer" in Form einer dreistöckigen Pagode weist eine völlige Vermischung von Elementen der YinYang-Schule, des Taoismus sowie des Buddhismus auf, obwohl es sich rein äußerlich (die Ziegel der Haupthalle sind an den Enden außen rundum mit Svastikas, dem buddhistischen Sonnenrad, verziert) um einen buddhistischen Komplex zu handeln scheint.

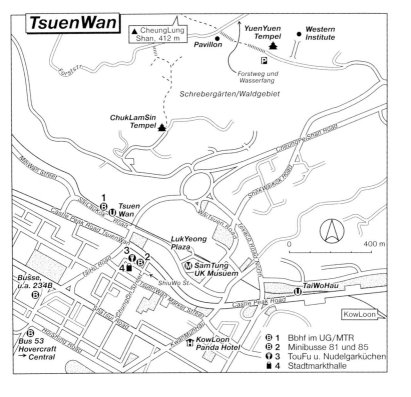

- Ⓑ 1 Bbhf im UG/MTR
- Ⓑ 2 Minibusse 81 und 85
- Ⓞ 3 TouFu u. Nudelgarküchen
- ∎ 4 Stadtmarkthalle

# DIE WESTLICHEN NEW TERRITORIES

YuenYuen-Institut

Der Hauptschrein im oberen Teil zeigt die drei wichtigsten geistigen Führer Chinas: *Buddha* (mitte), *Konfuzius* (links) und *LaoZi*, den Lehrmeister des Taoismus (rechts). An der Decke ist das Symbol der YinYang-Schule, umrahmt von den dazugehörigen Trigrammen (drei unterbrochene und geschlossene Linien), dargestellt. Im unteren Teil befindet sich eine „hundertarmige" (daher taoistische) Darstellung der *KwanYum (GuanYin)*, des Boddhisatvas der Barmherzigkeit. Der Dreifachkopf soll Allwissenheit, die Arme Allmacht darstellen. Ringsum stehen 60 große taoistische Heiligenfiguren, deren Anzahl 5 chinesische Mondjahre zu je 12 Monden symbolisiert.

Oberhalb des Hauptgebäudes liegt eine **Kantine,** die Mo–Sa von 11:00 bis 18:00 Uhr, So/Fe von 10:00 bis 18:00 Uhr auch für Besucher geöffnet ist und sehr günstig einfache, aber gute Gerichte zubereitet. In den Seitenflügeln sind Lehrsäle und Unterkünfte untergebracht, welche der Öffentlichkeit aber nicht zugänglich sind.

Werktags wird der Komplex, auch von Touristen, kaum besucht, an Sonn- und Feiertagen dagegen kommt Volksfeststimmung auf.

● Man erreicht die Anlage am besten mit Minibus No. 81 nahe der MTR-Station Tsuen-Wan (4 HK$, knapp 10 Minuten).

## Westliches Kloster (XiFangSi) 西方寺

Gleich unterhalb der YuanYuan-Klosterschule liegt das wegen seiner Lage im Westen HongKongs „westliches Kloster" genannte buddhistische XiFangSi.

Hinter dem Eingangstor steht die buddhistisch-zweiarmige Reinkarnation des KwanYum Boddhisatvas, der aus seiner Vase Mildtätigkeit über die Menschheit vergießt. Die Haupthalle birgt lediglich einen kleineren Schrein des *MiLoFu* (Maytreya-Boddhisatva). Ferner steht auf dem Gelände eine neunstöckige Pagode – die Anzahl der Etagen buddhistischer Pagoden ist immer ungerade, die Wichtigkeit der Etagen nimmt nach oben zu. Das Kloster dient traditionell männlichen Klosterschülern als Studienort.

Gegenüber der beiden Anlagen liegt ein großes Altenheim, welches vom YuanYuan-Kloster gegründet und unterhalten wird.

### CheungLung-Trail      中龍經

Hinter dem YuanYuan-Kloster beginnt am Parkplatz (gelbes Geländer) ein Fußweg in die Berge der New Territories hinauf. Nach gut zehn Minuten erreicht man einen Pavillon und eine kleine Forststraße. Gegenüber führt ein Waldweg etwa 1500 Meter steil hinauf zur **CheungLung-Höhe,** wo man an klaren Tagen einen schönen Ausblick über die Inseln bis LanTau genießen kann.

### ChukLamSinYuan      竹林禪院

Diesen großen buddhistischen Tempelkomplex aus dem Jahre 1927, der sich zu einem der bedeutendsten in HongKong entwickelte, betritt man über eine von zwei Löwen gesäumte Treppe. In der ersten Halle ist ein Doppelschrein zu sehen, vorne der dickbäuchige *MiLoFu,* auf der Rückseite *WaiTou,* ein Hüter des Buddhismus. In den vier Ecken stehen große, farbig bemalte Tempelwächter. Hinter der nächsten Treppe mit einem großen, bronzenen Räucherstäbchenkessel auf drei Beinen liegt die zweite Halle. Hier thront ein Buddha-Dreigestirn, die Wände zeigen farbige Szenen aus dem Leben des historischen *Gautama Buddha* ( ◊ Religion).

An den Seiten sind je neun Boddhisatvas zu sehen, eine Darstellung vieler buddhistischer Tempel. Die **Boddhisatvas** wurden, wie *Buddha* selbst, ebenfalls erleuchtet, lehnten es aber ab, ins Nirwana aufzusteigen. Sie zogen es vor, auf der Erde zu bleiben und die Menschen in den Lehren *Buddhas* zu unterweisen. Dritter von

## Das Svastik – Symbolzeichen des Buddhismus

Besucher buddhistischer Tempel wundern sich zuweilen oder sind empört: „Du, die benutzen ja das *Hakenkreuz!*" Mitnichten. Schon vor rund 7000 Jahren verehrten asiatische Naturvölker die Sonne als Energie- und Lebensspender und stellten sie vereinfacht als *Sonnenrad* dar. Durch Handelsverbindungen kam dieses Symbol nach Indien und ging als Sonnenzeichen in den Hinduismus ein. Später verwendete es der indische Prinz *Gautama Buddha* als *Symbol der Reinheit* in der von ihm gegründeten Lehre, und das Svastik, so die altindische Sanskritbezeichnung für das Sonnenrad, fand weite Verbreitung. Buddhas Schüler zogen in die Welt, um den Buddhismus zu verbreiten und kamen vor ungefähr 400 Jahren auch nach *Österreich.* Ein katholischer Priester versuchte die Buddhisten zu bekehren, wurde aber seinerseits vom Buddhismus überzeugt. Er errichtete eine Gebetsstätte, an der auch er das Svastik einmeißeln ließ. An jene Kapelle in seiner Heimat erinnerte sich vor rund 65 Jahren der Österreicher *Adolf Schicklgruber,* besser bekannt unter seinem „Kampfnamen" Hitler, als er ein Symbol für die von ihm geführte NSDAP in Deutschland suchte. Um nicht an eine kirchliche Sekte zu erinnern, spiegelte man einfach das ursprüngliche Svastik, und so ging es als Hakenkreuz unrühmlich in die Geschichte ein.

rechts ist der beliebte *KwanYum (GuanYin)*, der erste auf der linken Seite beispielsweise *TaiZi*, der den Feuerring in Händen hält und dem im Stadtteil (♪) ShamShuiPo/KowLoon ein eigener Tempel gewidmet wurde. Auf der Rückseite des Hauptschreines dieser Halle ist eine große *KwanYum (GuanYin)* dargestellt. In der Haupthalle schließlich ist *Gautama Buddha* selbst zu sehen. An den Seitenwänden sind wieder – hier farbig – die 18 Boddhisatvas mit dem Heiligenschein als Zeichen der Erleuchtung abgebildet. Rechts und links der Haupthalle schließen sich die Klosterschule sowie die Unterkunftsbereiche an.

●ChukLamSimYuan ist von 07:00 bis 16:00 Uhr geöffnet; man kann von TsuenWan aus per Minibus No. 81 (3,60 HK$) hinauffahren (es gibt keine Busverbindung vom YuanYuan-Kloster), oder als **Spaziergang** den ersten Teil des CheungLung-Trails gehen, der versteckt hinter dem Parkplatz am YuanYuan-Kloster beginnt (am gelben Geländer hoch). Sobald der Rastpavillon an der kleinen Forststraße erreicht ist, links halten, die zweite Treppe dann wieder links hinunter und stetig abwärts, vorbei an mehreren kleinen Tempeln und Wohnanlagen bis zum ChukLamSinYuan. Dort verkehrt Minibus 81 zur MTR.

### SamTungUk-Heimatmuseum 三棟屋博物館

Das kleine Heimatmuseum in unmittelbarer Nähe der MTR Station Tsuen-Wan ist eine kleine **Freilichtsiedlung,** die einen Einblick in Alltag und Lebensweise der frühen ländlichen Siedler HongKongs bietet.

Eine kleine Ausstellungshalle behandelt das Thema **Porzellangewinnung** im alten China.

●Das Museum ist täglich außer Dienstag von 09:00 bis 16:00 Uhr geöffnet, Eintritt frei.

## TuenMun 屯門

### Fahrt nach TuenMun

Die **Busfahrt** von TsuenWan nach TuenMun ist sicherlich die schönste Verbindung zwischen beiden Orten, da sie an der Küste entlang führt und eine beeindruckende Aussicht auf die längste Brücke HongKongs zum neuen Flughafen über die Inseln TsingYi und MaWan ermöglicht.

Kurz vor TuenMun liegt linker Hand die größte **Meerwasser-Entsalzungsanlage** der Welt sowie die „Modellstadt" *Goldcoast,* eine moderne, saubere Wohnanlage mit eigener Fährverbindung nach Central (HK-Island). Der Unterschied zu anderen Wohngegenden ist sehr augenfällig, es gibt sogar „Starenkästen", um Rotlichtsünder zu überführen. Die typisch chinesische „Garagenbauweise" (unten arbeiten, oben wohnen) oder zusammenhängende Geschäftsreihen in einer Straße sucht man hier vergebens. Hier wohnen dennoch weniger die Reichen, sondern Bürger der Mittelschicht.

Bus No. 60M oder 68M (letzterer verkehrt zwischen TsuengWan und YuenLong) fahren unterhalb der TsuenWan MTR-Station nach Tuen-Mun (TownHall, 5,50 HK$). Bus 234B fährt ab HoPing Rd./TsuenWan und Bus 53 ab Pier/TsuenWan die Castle Peak Rd. entlang nach TuenMun. Hier liegt auf etwa halber Strecke das **Airport Core Exhibition Centre,** in dem das gesamte Flughafenprojekt vorge-

# DIE WESTLICHEN NEW TERRITORIES

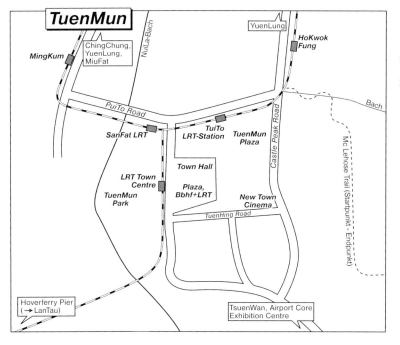

stellt wird und von dessen Aussichtsplattform aus die längste Hängebrücke Asiens in ganzer Länge bewundert werden kann (Eintritt frei).

- In TuenMun fahren LRT 506, 507, 610, 614, 615 zur TuenMun-Anlegestelle.
- Von/nach KowLoon (Jordan Rd.) fahren Busse 60X und 68X ab „Town Hall" (LRT/Busstation).

## ChingChung-Koon-Tempel　　　青松宮

Von der Town Hall (Bbhf. im UG) in TuenMun nimmt man die LRT 505 zur Haltestelle ChingChung. Kommt man per Fähre von Central, mit LRT 615 ab Pier bis ChingChung. Die Tempelanlage liegt gleich auf der gegenüberliegenden Straßenseite.

Die taoistische Anlage ist eine typische **Ahnengedenkstätte** mit mehreren Hallen voller Gedenktafeln. In der großen, mit riesigen Lampions geschmückten Haupthalle befindet sich ein Dreifachschrein mit dem taoistischen Gelehrten *LuSunYeung* sowie seinen Schülern *WongCheongYeung* (rechts) und *ChiuChangChün*.

Der Tempel ist berühmt für seinen **Bonsai- und Blumengarten**.

# DIE WESTLICHEN NEW TERRITORIES

ChingChung-Tempel

## MiuFat-Kloster 妙法寺

Das dreistöckige Kloster, an welches sich auch eine buddhistische Schule anschließt, ist sehr prunkvoll errichtet. Am Eingang grüßt der dickbäuchige *MiLoFu* (Maytreya-Boddhisatva), das schmuckvolle Treppenhaus zeigt farbenfrohe Szenen aus dem Leben des *Gautama Buddha* sowie die chinesischen Tierkreiszeichen unter der Decke im ersten Stock. Hier liegen auch die für Besucher geöffnete Kantine sowie ein kleiner Andenkenstand.

Das eigentliche Heiligtum liegt im Obergeschoss, dessen Wände mit Tausenden von Buddha-Kacheln bedeckt sind. Ein riesiges Buddha-Dreigestirn nimmt den Platz am Hauptaltar ein, umrahmt von zwei großen Kegeln mit Hunderten kleiner, leuchtender Buddhafiguren. Auch hier ist das Leben des indischen Prinzen *Gautama Buddha* unter der Decke in farbigen Szenen dargestellt. An den Seitenwänden sind Boddhisatvas, also Buddha ähnliche Figuren des Buddhismus zu sehen. Am Eingang befindet sich traditionsgemäß rechts eine große Glocke, links eine riesige Trommel. Man beachte die weißen Löwen und Elefanten vor dem Eingang – beides sind Symboltiere des Buddhismus. Gegenüber, in einer kleinen künstlichen Felsnische mit Goldfischteich ist eine hundertarmige *KwanYum (GuanYin)* zu sehen.

●Man erreicht das MiuFat-Kloster per LRT, Station LamTei, und geht über die Überführung, wo man die Anlage schon linker Hand sieht.

## Der Nordwesten

### MaiPo-Vogelschutzgebiet 米埔

Der gesamte westliche Streifen der New Territories ist dicht besiedelt, an der Küste sind die Bezirke NimWan, LauFaShan und TinShuiWai von ausgedehnten Muschelzuchtanlagen geprägt. Das Gebiet zwischen HoiHai-Wan-Bucht bis kurz vor die Grenzstation LokMaChau umfasst das größte Vogelschutzgebiet HongKongs. Ein Betreten des Gebiet ist nur mit einem lokalen Führer gestattet.

●Zweckmäßigerweise schließt man sich einer der kleinen Gruppen an, die vom *World Wide Fund of Nature*, 1 Tramway Path, Cen-

tral, Tel. 5264473, zusammengestellt werden. Die Kosten incl. Führer und Transport belaufen sich auf etwa 150 HK$ pro Person.
● Oder man bucht die *MaiPo-Wetlands Tour* bei der HKTA bzw. direkt beim Veranstalter Gray Line Tours, Tel. 23687111.

## HongKong Wetland Park 香港濕地公園

Das ehemalige *MaiPo Vogelschutzgebiet* an der Grenze zur Volksrepublik wurde in ein sehr interessantes **interaktives Freilandmuseum** umgestaltet und ermöglicht es Besuchern nunmehr, auch ohne Führungen oder aufwendige Organisation, das Marschland HongKongs zu besuchen. Drei Ausstellungsgalerien und 60 Hektar Freiland ermöglichen mannigfaltige Begegnungen mit zahllosen Wasservögeln, Pflanzen und Kleinlebewesen der teilweise mit Holzstegen begehbar gemachten Marschlandschaft im Nordwesten des Sonderverwaltungsgebietes.

● Geöffnet tgl. außer Dienstag 10:00–17:00 Uhr, Eintritt 30 HK$ (Kinder 15 HK$). Man fährt bis zur MTR-Station MeiFoo, steigt in die KCR West-Rail um bis zur Station TinShuiWai; von dort fahren LRT 705 und 706 zur Haltestelle Wetland Park.

## LokMaChau 落馬洲

Früher war die Aussicht am Grenzpunkt LokMaChau eine echte Attraktion, als die Bewohner HongKongs einen ungefährdeten Blick auf die andere Seite der Grenze in die ländliche SEZ ShenZhen werfen konnten. Heute unterscheidet sich die Szenerie kaum noch voneinander, im Gegenteil, das Hügelland der New Territories erscheint sogar ländlicher als „Boomtown" ShenZhen. Mittlerweile wurde eine Autobahn von GuangZhou (Kanton) nach HongKong via LokMaChau, dem wichtigsten Grenzübergang für PKW-, LKW- und Busverkehr gebaut. Busreisende reisen hier in die eigentliche Volksrepublik ein.

## KamTin 金帛-田

Die Gemeinde KamTin in der ländlichen Umgebung der New Territories birgt ein echt chinesisches Relikt der britischen Epoche in HongKong. Das mag auf den ersten Blick paradox erscheinen, hat aber durchaus seine Logik, wenn man auf die Gründertage der ehemaligen Kolonie zurückblickt.

HongKong war ursprünglich kaum besiedelt, und wenn, dann meist von Großfamilien, deren Siedlungen in größerer Entfernung voneinander lagen. Zum Schutz gegen Überfälle bauten die Clans eine Mauer mit Schießscharten und Verteidigungswall beinahe im Stile einer kleinen europäischen Stadt des Mittelalters. So entstand auch die **walled city (ummauerte Stadt) KatHingWai** in KamTin, die aus dem 17. Jahrhundert stammt. Als die Briten die New Territories vom chinesischen Kaiserreich zur Pacht erhielten, wanderten viele Clans aus oder machten es zur Bedingung, nicht unter das britische Recht zu fallen und innerhalb ihrer Mauern unabhängig zu bleiben. So entzogen sich einige Flecken der Kolonie dem Zugriff der britischen Behörden in einer Art rechtsfreiem Raum. Überfälle und Vergehen innerhalb dieser *walled cities* fielen somit nicht in den Aufgabenbereich der Kolonialbehörden. KatHingWai ist heute die sehenswerteste **Clansiedlung,** in welcher der Besucher einen hervorragenden Einblick in die Bau- und Lebensweise der frühen Siedler bekommt.

Natürlich haben die heutigen Bewohner die Zeichen der Zeit erkannt und versuchen, das Optimum aus dem ihnen entgegengebrachten touristischen Interesse zu ziehen. Eine „Spende" von 10 HK$ bei Betreten der Mauern gilt als obligatorisch, Fotos von älteren Frauen in traditioneller Hakka-Kleidung müssen mit einer auszuhandelnden Gebühr bezahlt werden. Wird heimlich geknipst, ist das Geschrei groß, also Obacht!

●Vom MiuFat-Kloster per LRT zur Endstation YuenLung, dort auf der Rückseite der Station Bus No 77K (bester) 54, 64K nehmen. Nach knapp 10 Minuten Fahrt liegt die dunkle Mauer KatHingWais auf der rechten Seite.

Am Busplatz/YuenLung an der LRT-Stationsvorderseite fährt die 268 von/nach KowLoon (Nathan Rd.). Die 64K fährt bis TaiPo Market, die 77K nach SheungShui und FanLing (siehe „zentrale NT"), wo jeweils KCR-Anschluss nach KowLoon besteht.

Von/nach TsuenWan fährt Bus No. 51, ebenfalls auf der Rückseite der LRT-Station, und die 53 auf der Vorderseite.

# Die zentralen New Territories
中新界

Naturgemäß wurde die Strecke entlang der KowLoon-Kanton-Railway frühzeitig stark besiedelt. Entlang dieser zentralen Achse durch die New Territories gibt es einige interessante Sehenswürdigkeiten.

## FanLing 粉嶺

Das Gebiet zwischen KamTin und FanLing liegt eingebettet zwischen zwei Bergketten und ist kaum besiedelt. Während im Norden bereits die Grenze zur VR China erspäht werden kann, liegen südlich die Gipfel und Höhen des (♫) McLehose-Trails. In FanLing ist man wieder an das Schienennetz angebunden, welches zurück nach KowLoon führt.

Der taoistische **Tempel FungYin SinKwun** (gelegentlich auch FungYin SeenKoon geschrieben) ist dem taoistischen Gelehrten *LuSunYeung* sowie seinen Schülern *WongCheongYeung* (rechts) und *ChiuChangChün* (links) gewidmet, die als Dreigestirn in der Haupthalle zu sehen sind. Dahinter liegen Hallen mit Ahnengedenktafeln, Urnenhallen und ein kleiner Friedhof. Die Anlage stammt aus dem Jahre 1929 und entwickelte sich zum Zentrum der taoistischen Sekte Kwun (Koon), deren Hauptanliegen im Studium der traditionellen taoistischen Lehren und in Gemeinnützigkeit besteht.

| | | |
|---|---|---|
| 🏠 | 1 | Schlangenshop |
| 🏠 | 2 | Straßenmarkt |
| ▲ | 3 | ManMo Tempel |
| ▲ | 4 | TaiPo Market Eisenbahnmuseum |
| 🏨 | 5 | Regal Riverside Hotel |
| ▲ | 6 | PoFukShan |
| ▶ | 7 | ShaTin Central Park |
| ▲ | 8 | CheKungMiu Tempel |
| 🏨 | 9 | Royal Park Hotel |
| ● | 10 | Town Hall Plaza |
| ● | 11 | MaLiuShui Pier |

# DIE ZENTRALEN NEW TERRITORIES

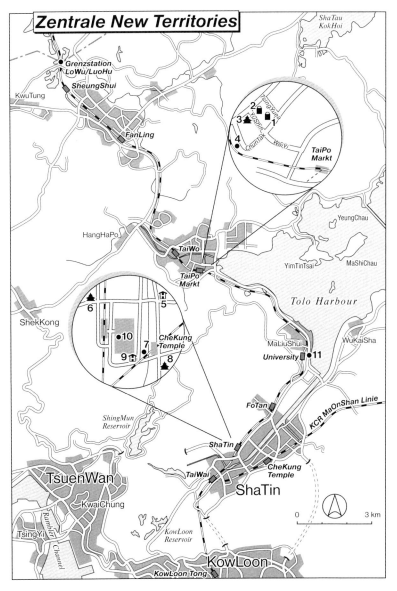

1972 wurde diese religiöse Vereinigung in eine GmbH umgewandelt, die von einem ehrenamtlichen Direktorium, bestehend aus bedeutenden Persönlichkeiten aus Gesellschaft und Lehre, geleitet wird.

● Der Tempel ist tgl. von 08:00 bis 18:00 Uhr geöffnet. Zu erreichen ab den nordwestlichen New Territories mit Bus No. 77K ab KamTin bzw. YuenLung-LRT-Station (6,20 HK$; den Fahrer bitten, auf FanLing-Station aufmerksam zu machen) oder ab KowLoon mit der KCR, Station FanLing. FungYin SinKwum liegt direkt am Westausgang der KCR-Station (Schild WoHopShek) auf der anderen Straßenseite.

## TaiPo 大埔

Der Bezirk TaiPo ist eine der älteren Wohnsiedlungen der New Territories und wurde durch die frühe Anbindung an die KCR zum attraktiven Standort für Industrieunternehmen. Der alte Kern ist dagegen noch sehr ursprünglich geblieben und steht in einem starken Kontrast zu dem modernen TuenMun. Die interessanten Punkte liegen nur wenige Minuten von der KCR-Station entfernt.

Ein Muss für Eisenbahn-Nostalgiker ist das kleine **Eisenbahn-Museum,** welches in der alten TaiPo-Market-Station von 1910 eingerichtet wurde. Diese Station ist die einzige, welche im traditionellen chinesischen Baustil errichtet wurde. Zusammengetragen wurden zahlreiche Informationen zur alten KowLoon-Kanton-Railway, Eisenbahnmodelle wie das 1:10-Modell der heute noch in der Volksrepublik eingesetzten QJ-Serie, die alte preußische T18 von 1890 oder die deutsche Sonder-

## Die KowLoon-Kanton-Railway (KCR)
九龍廣州火車

1898 überzeugte die britische Kolonialverwaltung die chinesischen Mandarine von Kanton, zwischen beiden Städten eine Bahnlinie zur Verbesserung von Handel und Personenbeförderung einzurichten. Man verständigte sich darauf, dass jede Seite ihren eigenen Abschnitt bis zur Grenze baut. HongKong begann 1905/06 mit den Arbeiten, die chinesische Seite von ShumChun (ShenZhen) nach Kanton (GuangZhou) im Jahre 1907. Die britische Sektion wurde 1910 mit den Bahnhöfen Clock-Tower (Star-Ferry), YauMaTei, ShaTin, TaiPo, TaiPo-Market, FanLing fertiggestellt und am 15. Oktober 1911 offiziell eröffnet. Aus den bekannten politischen Gründen (Gründung der Volksrepublik China) wurde LuoHu (kantonesisch LoWu) 1949 Endstation der Strecke und der Verkehr nach Kanton eingestellt. Erst 30 Jahre später (1979) wurde diese traditionsreiche Strecke wieder durchgehend in Betrieb genommen. 1982 wurde sie elektrifiziert und dient heute neben der direkten Verbindung zwischen KowLoon und Kanton (Dieselzüge) gleichzeitig auch als elektrifizierte S-Bahn zwischen KowLoon und der Grenzstation LoWu.

Der ehemalige KowLoon-Hauptbahnhof lag direkt neben der Star-Ferry, 1916 ergänzt durch den noch heute augenfälligen Clock-Tower. Mit dem zunehmenden Passagieraufkommen wurde der Hauptbahnhof nach HungHom verlegt und die alte TaiPo-Market-Station zum Railway-Museum umgestaltet.

# DIE ZENTRALEN NEW TERRITORIES

ManMo-Tempel

lok „blaue Messebahn/Klasse 96" von 1925. Einige ältere Originalwaggons der KCR sind ebenfalls zu sehen.

●Geöffnet tgl. außer Dienstag und nationalen Feiertagen von 09:00 bis 17:00 Uhr; Eintritt frei.

200 Meter weiter in der YanHing Rd. liegt auf der rechten Seite der **ManMo-Tempel**. Auf dem Vorplatz kann man oft den Rentnern der umliegenden Straßen beim Kartenspiel mit den schlanken, fast stäbchenartigen chinesischen Spielkärtchen zusehen. Beim Eintreten achte man darauf, nicht durch das zweite Tor mit der hohen Schwelle zu gehen – diese ist den Tempeldienern bei taoistischen Ritualen und Wohlhabenden vorbehalten. Hinter dem kleinen Innenhof mit den von Räucherspiralen behangenen Seitengängen folgt der Hauptschrein mit den taoistischen Gottheiten Man (rechts, mit Pinsel in den Händen), Gottheit der Literatur, und dem rotgesichtigen Mo, Gott des Krieges, Schutzpatron der Beamten.

Nahe des Museums am ManMo-Tempel liegt der **Straßenmarkt** TaiPos, auf dem es neben Obst, Gemüse und Fleisch auch alles zu kaufen gibt, was die kantonesische Küche an Schmankerln zu bieten hat, wie etwa Hundefleisch oder lebende Schlangen.

●KCR-Station „TaiPo Market" oder Busse 64K (YuenLung/westl. NT – TaiPo Market), 75K (TaiPo M. – TaiMeiTuk), 70 (TaiPo M. – Jordan Rd. Ferry/KowLoon)

## University und MaLiuShui 大學，馬料水

Unter dem lateinischen Motto *Sapientia et virtus* (Wissenschaft und Tugend) entwickelte sich die Universität von HongKong zu einem der bedeutendsten wissenschaftlichen Zentren Asiens. Für Ausländer sind insbesondere die **Sprachkurse** von Interesse (Mandarin, Kantonesisch; ♪ Sprachaufenthalt und Studium).

Für den Touristen lohnt ein Besuch der universitätseigenen **Art Gallery** (Tel. 26952218). In Dauer- und Wanderausstellungen werden Malerei und Kunsthandwerk aus allen Epochen der chinesischen Geschichte gezeigt.

- Geöffnet täglich 10:00–16:30 Uhr, an Sonn- und Feiertagen 12:30–16:30 Uhr, Eintritt frei. Das Universitätsgelände liegt direkt an der KCR-Station University.

Von der Station rund 10 Gehminuten entfernt (ausgeschildert), liegt die kleine **Anlegestelle MaLiuShui** mit Bootsverbindung nach TapMunChau (⌕ Inseln) und anderen Zielen im Nordosten der SaiKung-Halbinsel und in der Tolo-Bucht (⌕ SaiKung-Halbinsel). Abfahrtszeiten ab MaLiuShui/University sind 08:30 und 15:15 Uhr täglich (16 HK$ einfach, an Wochenenden und Feiertagen 25 HK$):

| | | | |
|---|---|---|---|
| **MaLiuShui/University** | 8:30 | | 15:00 |
| ShamChung | 9:00 | | 15:35 |
| LaiChiChong | 9:15 | | 15:50 |
| **TapMunChau** | 9:45 | | 16:20 |
| KoLauWan | 9:50 | | 16:25 |
| ChekKeng | 10:05 | 13:15* | 16:35 |
| **WongShek** | 10:30 | 13:30* | 16:50 |
| TapMunChau | 10:40 | 13:45* | 17:10 |
| LaiChiChong | 11:10 | 14:10* | 17:40 |
| ShamChung | 11:25 | 14:30* | 18:00 |
| **MaLiuShui** | 12:00 | 15:00* | 18:30 |

*nur So & Fe

- Informationen und eventuelle Änderungen zum aktuellen Fährplan können unter www.traway.com.hk/routes.html#tungpingchau erfragt werden.

## ShaTin 沙田

Der Bezirk ShaTin war ursprünglich eines der ersten besiedelten Gebiete der New Territories. Nachdem an der Küste durch Aufschüttungen Land gewonnen wurde und moderne Wohngebäude entstanden waren, erfuhr auch der alte Kern ein „Lifting", sodass ShaTin heute zu den bevorzugten Wohngegenden HongKongs zählt.

Hier liegt auch HongKongs zweite **Pferderennen-Hochburg:** Seit 1980 werden auf neu aufgeschüttetem Land im Wechsel mit Happy Valley auf HongKong-Island Renntage abgehalten.

- Veranstaltungsauskünfte erteilt die HKTA und sind in den Tageszeitungen oder der kostenlosen HKTA-Publikation *Come Horseracing Tour* nachzulesen. An Renntagen fahren Sonderzüge der KCR (direkt bis zum Eingang), Bus 887 (16 HK$) ab Argyle St./Waterloo Rd. (TST) direkt zum Turf von ShaTin oder 182 ab Admiralty (18 HK$).
- **Heritage Museum,** (⌕ Museum Pass), ManLam Rd. (15 Min. ab KCR), geöffnet tgl. außer Di 10:00–19:00 Uhr, Ausstellung mit Kleinexponaten zu Kunst, Kultur und Geschichte der SAR.

## WanFoShek (Tempel der 10.000 Buddhas) 萬佛寺

Die mehrfach umgestaltete und vor wenigen Jahren aufwendig restaurierte Anlage besteht aus zwei Teilen. Zunächst erreicht man die große buddhistische **Friedhofsanlage PoFukShan.**

Links hinter dem Eingangstor steht ein bunter Pavillon, gewidmet einer – eigentlich taoistischen – hundertarmigen *KwanYum (GuanYin)*, dem Boddhisatva der Barmherzigkeit.

Man kann, um sich die über 400 Stufen bis oben zu sparen, entweder eine Rolltreppe benutzen oder aber per Miniaturausgabe der Peak-Tram nach oben gleiten *(inclined elevator)*.

Das eigentliche Ziel aber erreicht man vor PoFukShan rechts (nicht auf dem PoFukShan-Gelände!) zwischen Zaun und Gebäude entlanggehend nach 15 sehr schweißtreibenden Minuten aufwärts durch grünen Bambus: den **Tempel der 10.000 Buddhas.** Die sanft in die umgebenden Hügel der New Territories eingebettete Anlage dürfte einer der am häufigsten von Touristen besuchten buddhistischen Tempelkomplexe der New Territories sein.

**Die Zahl 10.000** *(wan)* spielt in Fernost eine große Rolle. *WanSui*, „10.000 Jahre", wünscht man bei Festen und Geburtstagen und wurde traditionell im Kaiserreich der Regentschaft eines neuen Kaisers gewünscht. Eben dies *WanSui* wurde auch als Schlachtruf gebraucht, die japanische Version *BanZai* aus Literatur und Fernsehen weltbekannt.

Der Name der Anlage erklärt sich von selbst: Entlang des Weges stehen „10.000" lebensgroße Statuen diverser **Boddhisatvas** (buddhistische Heiligenfiguren).

Oben befinden sich eine neunstufige Pagode, ein GuanYin-Schrein sowie als zentrales Element der Außenanlage ein meditierender Buddha.

Der eigentliche *Haupttempel* steht gleich rechts neben der Erfrischungshalle und beherbergt ein Dreigestirn (Buddha zentral flankiert von zwei Schülern) mit ca. 10.000 kleinen Buddhafiguren an den umliegenden Wänden.

●**Orientierung:** Von der KCR (Exit B) kommend geht man nicht in den Town-Plaza, sondern von dem Gebäude gleich links Richtung Busplatz, die Fußgänger-Rampe hinunter und unten an der ersten Abzweigung (IKEA) wieder links zum PoFukShan Cemetary (3 Min.).

**ShaTin-Park** 沙田公園

Direkt über der KCR-Station ShaTin liegt die riesige **New Town Plaza Shopping Mall,** die es beinahe mit dem „Ocean Centre" in KowLoon aufnehmen kann. Wie in vielen anderen Einkaufsarkaden HongKongs gibt es auch hier eine musikalische Wasserfontäne.

Man läuft hier durch zum Südausgang (New Town Plaza 3) und erreicht draußen den auf der anderen Straßenseite gelegenen ShaTin-Park. Dieser schöne **Park im chinesischen Stil** mit Teichen, klassischen Brücken, Pavillons und sogar einem Abenteuerspielplatz für Kinder ist seltsamerweise fast immer menschenleer – offenbar locken die Angebote im New Town Plaza mehr.

**CheKungMiu** 車公廟

Der Tempelkomplex wurde vor mehr als 100 Jahren von den Bewohnern der damaligen dörflichen Siedlung TinSam errichtet und nach General *CheKung* aus der Sung-Dynastie (960–1279) benannt. Die aktuelle Tempelanlage stammt aus dem Jahre 1993, das ältere Originalbauwerk aus dem 19. Jh. steht hinter dem Hauptgebäude.

CheKung galt als besonders hilfreich für das Volk, bekämpfte eine Flutwelle sowie eine Plage erfolgreich. Diese Taten brachten ihm die Reputation eines Glücksbringers ein, sodass auch aus anderen Distrikten Betende diesen Tempel besuchen.

Die Portalinschriften weisen auf die göttliche Rolle des Verteidigers von

# DIE ÖSTLICHEN NEW TERRITORIES

ShaTin hin, eine Besonderheit im Innenhof sind die Messingwindmühlen, die den Pilgern des Tempels Glück bringen sollen. Außerdem säumen zwei Viererreihen mit Würdenträgern den Hof, die Haupthalle selbst ist General CheKung mit einer zentralen riesigen Statue gewidmet.

● Zum Tempel kann man vom ShaTin-Park aus (Unterführung „ShunShek Estate") die CheKungMiu Rd. entlanggehen, einfacher ist die Fahrt mit der KCR (TaiWai, Umsteigen bis Station CheKung, Ausgang B, rechts 400 m, Tempel linker Hand).

Von ShaTin aus geht es per KCR zurück nach KowLoon (in KowLoon-Tong in die MTR umsteigen).

## Die östlichen New Territories
東新界

### Plover Cove & PatSinLeng Parks

Wer sich nicht auf eine Seefahrt zu den Outlying Islands einlassen, aber trotzdem einmal das ruhige und unberührte Hinterland HongKongs erleben möchte, sollte unbedingt den Nordosten der New Territories besuchen.

Startpunkt ist die kleine Siedlung **TaiMeiTuk,** die außer zwei Restaurants noch keine touristischen „Annehmlichkeiten" bietet. Es gibt auch keine Geschäfte dort, sodass man sich mit Getränken und Snacks eindecken sollte. TaiMeiTuk erreicht man mit öffentlichen Verkehrsmitteln von KowLoon aus mit der MTR nach KowLoonTong, dort per KCR bis TaiPo-Market und schließlich von dort mit Bus 75K (letzter Bussteig unter der Station, 3,80 HK$) zur Endstation.

Nach gut fünf Minuten Fahrt passiert man HongKongs größten Teppichhersteller, die **TaiPing Carpet-Factory** (Tel. 26565161), die man nach Voranmeldung besichtigen kann. Nach weiteren fünf Minuten kommt man durch ein kleines Industriegebiet (u.a. *Carlsberg-Brauerei*) – insgesamt nicht viel größer als das Industriegebiet einer europäischen Kleinstadt. Man fragt sich, wo denn HongKong sein schier endloses Repertoire an Handelswaren herstellt – die Antwort ist einfach: Zum einen spielt der kleine Familienbetrieb, der so genannte „sweat shop", wie man ihn in schier unendlicher Anzahl z.B. in den ChungKing-Mansions sieht, nach wie vor eine zentrale Rolle, zum anderen wurden Betriebe mit großem Platzbedarf über die Grenze in die Volksrepublik ausgelagert.

- 1 KoLauWan
- 2 Bradbury Hall Youth Hostel
- 3 Startpunkt Mc Lehose Trail
- 4 PakTamChung Nature Trail
- 5 Lions Nature Education Centre
- 6 PikUk-Zentralgefängnis
- 7 HK University of Science and Technology

# DIE ÖSTLICHEN NEW TERRITORIES

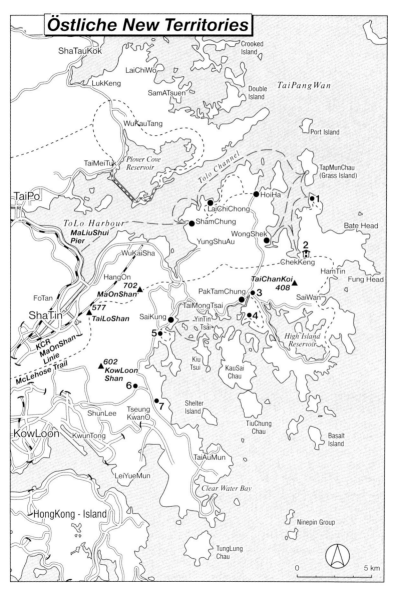

# DIE ÖSTLICHEN NEW TERRITORIES

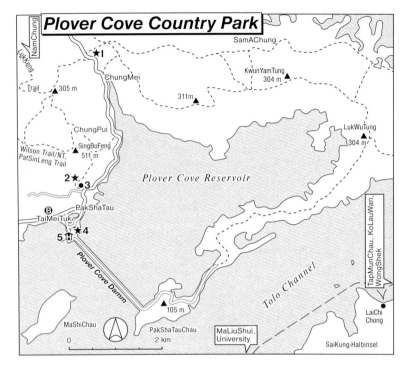

## Plover Cove Reservoir 船灣淡水湖

Nach der Beseitigung der Weltkriegsschäden und dem ersten bescheidenen Aufschwung der 1950er Jahre wuchs auch der Wasserbedarf der Kronkolonie, sodass der Bau eines Reservoirs notwendig wurde. Da es in HongKong keine Flüsse und geeigneten Täler gab, kam man 1960 auf die Idee, quer über die gesamte Bucht von TaiMeiTuk einen **Damm** zu bauen und somit ein künstliches Meerwasserbassin zu errichten. Der Bau war 1967 abgeschlossen, das Salzwasser im Becken wurde über Monate hinweg abgepumpt, anschließend das leere Bassin von Tankschiffen mit Frischwasser aufgefüllt. Im Laufe der 1970er Jahre stieg der Wasserbedarf erneut, sodass eine Erhöhung der Mauern um drei bis fünf Meter vorgenommen wurde. Seither ist einer der Wanderwege (⌕ Abschnitt Bride's Pool Trail) unter Wasser gesetzt. Der heutige Damm ist bis zu 28 Meter hoch und 2100 Meter lang, das Reservoir fasst 230 Millionen Kubikmeter Wasser.

Der **Family-Trail** ist ein einfacher Rundweg von etwa 30–40 Minuten

# DIE ÖSTLICHEN NEW TERRITORIES

- ★ 1 Bride's Pool
- ★ 2 Pavillon
- ● 3 Nature Park Visitor Centre
- ★ 4 Family Trail / Dammüberblick
- ⌂ 5 Bradbury Lodge Youth Hostel

Dauer mit erklärenden Hinweistafeln. Er bietet einen guten Überblick über die Gesamtanlage.

Von der Bushaltestelle geht man die Promenade entlang zur unübersehbaren Jugendherberge Bradbury Lodge (↗ Unterkunft), wo links der Rundweg mit Blick über den Damm beginnt.

Geradeaus kann man über den Damm **rund um das Reservoir** bis Bride's Pool (gut 15 km) wandern.

## PatSinLeng-Country-Park　　　八仙嶺經

Die hier vorgeschlagene und wärmstens zu empfehlende **Rundwanderung** kombiniert Teile der Wilson/NT-, PatSinLeng- und Bride's-Pool-Trails und dauert für ausdauernde Wanderer rund fünf Stunden plus Pausen. Man steigt auf einer Strecke von 3 km von Null auf 511 Höhenmeter – überflüssig zu erwähnen, dass dies nicht jedermanns Sache ist. Feste Schuhe und Getränke (wichtig!) müssen unbedingt mitgebracht werden. Es ist außerdem zu empfehlen, die Tour auf einen Wochentag zu legen – dann ist man nahezu alleine unterwegs.

Anstatt zur Promenade/Family-Trail geht man von der Bushaltestelle aus die Straße noch 250 Meter weiter entlang zum **Nature Park Visitor Centre** (geöffnet tgl. außer Di 09:30–16:00 Uhr). Dort beginnt der PatSinLeng Nature-Trail.

Nicht umsonst stehen bei allen Parks – wie auch hier beim Visitor Centre – Hinweisschilder mit der aktuellen Waldbrandgefahr bei Trockenphasen.

Nach einem kurzen Anstieg erreicht man den **Spring-Pavillon,** vom letzten britischen Gouverneur, *Chris Patten*, in Angedenken an zwei bei einem Waldbrand hier ums Leben gekommene Lehrer eingeweiht. Die traurige Geschichte jenes verhängnisvollen Schulausfluges ist im Pavillon nachzulesen.

Nach einem weiteren steilen Anstieg mit schönen Ausblicken erreicht man eine Abzweigung, an der es rechts hinunter zur Bride's Pool Rd. geht – man kann also „abkürzen". Der eindeutig schönste Teil kommt aber erst noch, wenn man links hinauf (Schild WanShanKeuk) dem immer steiler und holpriger werdenden Pfad folgt. Ab hier findet man zudem ein ganz seltenes Gut HongKongs – ohrenbetäubende Stille. Ein gutes Stück weiter erreicht man erneut eine Abzweigung nach links (PatSinLeng/Wilson-Trail), der man sehr steile 600 Meter zum höchsten Punkt dieses Rundweges, dem **SinGuFeng,** auf 511 Höhenmeter folgt. Die **Aussicht** spricht für sich: Direkt unter dem Aussichtspunkt liegt das Clover Cove Reservoir, gegenüber der Bucht, gerade im Süden der MaOnShan (702m), im Südwesten der höchste Berg HongKongs, der TaiMoShan (957m). Die Hügel im Norden sind schon Grenzgebiet zur Provinz GuangDong.

# DIE ÖSTLICHEN NEW TERRITORIES

Von hier aus kann man auf dem *Wilson-Trail/PatSinLeng* (der Wilson Trail der New Territories bildete früher eine Einheit mit dem ♫ Wilson-Trail auf HK-Island), der von hier oben aus der chinesischen Mauer ähnelt, immer auf und ab 9,5 km am kleinen HokTau-Reservoir vorbei bis zum HokTau Visitor Centre wandern, von dort 20 Minuten der Straße nach Norden folgen, um an der ShauTauHok Rd. wieder Busanbindung (78K zur FanLing/SheungShui KCR-Station zu haben. Da es stetig auf und ab geht und die höchste Erhebung mit knapp 650 Metern erst noch erreicht werden muss, ist dieser Weg nur sehr guten Wanderern zu empfehlen (insgesamt ab TaiMeiTuk etwa 6 Stunden).

Auf dem hier vorgeschlagenen Rundweg geht man von PatSinLeng 600 Meter zurück zur Abzweigung und folgt den Hinweisen Richtung Bride's Pool. Der Abstieg ist fantastisch und anstrengend, nach 2,5 km ist dann die Bride's Pool Rd. erreicht.

Etwa 500 Meter vor der Bride's Pool Rd. gehen zwei weitere Abzweigungen zum *NamChung/LukKeng Trail* (6 km), der an der ShaTau KokHoi Bucht endet. Auch dieser Weg ist sehr empfehlenswert, allerdings muss aufgepasst werden. Es gilt wie für den Wilson/PatSinLeng-Trail, dass ab NamChung noch gut 1500 Meter zur ShaTauKok Rd. zur Busanbindung (78K) zu laufen sind. Nur wenige Meter weiter beginnt bereits das schmale und für Touristen abseits der Straße zum Grenzübergang gesperrte Grenzgebiet. Wird man hier unerwartet von blauuniformierten Soldaten angehalten, hat man ein kleines Problem, trifft man dagegen auf grüne Uniformen, hat man ein größeres ...

Direkt gegenüber beginnt dann der bereits zum Clover Cove Country Park gehörende *Bride's-Pool-Trail,* der an zwei Kaskaden vorbei oberhalb des Baches entlang hinunter zum Reservoir führt (Wegweiser „ChungMei" folgen). An der Brücke kann man mit etwas Glück Wasservögel wie Enten

Endlose Gipfelwanderung, TaiMeiTuk

und Reiher beobachten. Kurz darauf fällt der – früher begehbare – Weg im wahrsten Sinne des Wortes ins Wasser, da er bei der Dammerhöhung geflutet wurde. Man sieht die Fortsetzung etwa 100 m weiter, kann aber nicht dorthin gelangen. Ganz rechts führt lediglich ein schmaler Trampelpfad hinauf zur Bride's Pool Rd., auf der man in gut 20 Minuten das TaiMeiTuk Visitor's Centre erreicht.

## SaiKung         西貢

Der Bezirk SaiKung umfasst die Halbinseln SaiKung und Clearwater Bay sowie rund 70 Inselchen vor der Ostküste. Mit nur 170.000 Einwohner ist SaiKung das am geringsten besiedelte Gebiet der SAR HongKong. Wassersport und Wandern sind die vorherrschenden Freizeitaktivitäten, die viele Bewohner HongKongs am Wochenende zum „Garten HongKongs" ziehen, wie die Halbinsel auch oft genannt wird.

### SaiKung Stadt     西貢市

Gleich am Busplatz liegt das neue **Sportzentrum,** in dem u.a. Squash, Tennis oder Schwimmen im Freibad möglich sind (25 HK$ Sa/So, werktags 20 HK$, 07:00–12:00, 13:30–18:30 und 19:30–22:00 Uhr, offen nur April bis Oktober).

Geht man ab Bbhf an der Promenade nach links, so endet der Weg nach etwa 400 Metern an einer kleinen Sandbucht. Rechts kommt man zu zahllosen Seafood-Restaurants, dem Fischereihafen und der **Altstadt.** Sie beginnt mit dem **TienHou-Tempel,** einem kleinen Taoistentempel zu Ehren der Meeresgöttin MaZi (im linken Flügel), im rechten Flügel wird KwanTi, dem Gott der Gerechtigkeit und des Krieges gehuldigt. Gleich links auf den Tempel blickend, beginnen die **Altstadtgassen,** in denen chinesische Kräuter, getrocknete Meerestiere und knusprige Enten (besonders empfehlenswert: No. 14 PoTung St.) angeboten werden. Wieder am Pier, kann man den Fischern beim Ausladen ihres Fanges über die Schulter blicken, außerdem warten hier die zahlreichen kaidos (kleine hölzerne Fährboote) auf Kundschaft (♪ Inseln, YimTinTsai). Auch wenn SaiKung viele Meeresfrüchte bietet, sei doch besonders auf das Curry-House an der SaiKung KungLu hingewiesen, das leckere indische Küche zu erschwinglichen Preisen brutzelt.

●**An-/Abfahrt:** entweder zunächst bis zur MTR Station ChoiHung (8 HK$) und von dort (Ausgang B: Clearwater Bay North Rd.) mit Bus 92 (ca. 20 Min. Fahrt, 4 HK$, 6,40 HK$) /Minibus (8,50 HK$) nach SaiKung (Endstation). Oder von/nach MongKok direkt per Minibus (21 HK$). Günstiger und angenehmer ist die erste Variante, da mit MTR das stauträchtige KowLoon zunächst schnell übersprungen wird, der gemütliche Doppeldecker dann aber im schöneren Landschaftsteil gemächlich dahinzuckelt. **Achtung:** Damit man bei der Rückfahrt die MTR-Station nicht verpasst, merke man sich das kleine, pinkfarbene E-Werk, welches auf der Rückfahrt links vor der MTR-Station ChoiHung liegt. An Wochenenden und Feiertagen fährt zusätzlich zum 92 der 96R von ChoiHung über SaiKung bis WongShekPier, Bus 94 täglich von SaiKung nach WongShekPier (Fähre nach TapMun). Alternativ kann man auch in ShaTin Bus 299 nach SaiKung nehmen.

# DIE ÖSTLICHEN NEW TERRITORIES

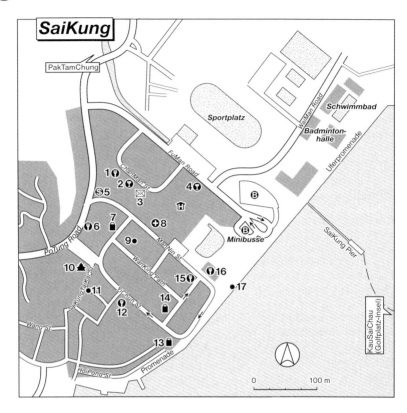

### SaiKung-Country-Park 西貢土地區

Etwa 15 Busminuten durch zunehmend einsamere Landschaft führen nach **PakTamChung,** dem Besucherzentrum des SaiKung-Country-Parks. Spätestens hier hat man alles Großstädtische hinter sich gelassen, und die Landschaft lädt zu kürzeren oder längeren Wanderungen ein.

Einen ersten Einblick gewinnt man im **Besucherzentrum** *(Visitor Centre),* wo über Geografie, Flora und Fauna, ländliche Bevölkerung und Entwicklung sowie die Attraktionen des Parks informiert wird. Ein Kurzfilm zum Park rundet das Angebot ab. Es ist möglich, im nahegelegenen PoLeungKuk-Holiday-Camp zu übernachten (Tel. 2576 3386) oder Kajaks zu mieten. Das Besucherzentrum ist geöffnet tägl. außer Di 09:30–16:30 Uhr; Eintritt frei.

Man folgt der Straße über die Schranke hinweg etwa 200 m, bis auf der

# DIE ÖSTLICHEN NEW TERRITORIES

- ❶ 1 McDonald's
- ❷ 2 Newcastle Pub
- ✉ 3 Post
- ❹ 4 Duke of York Pub
- ⓢ 5 HK Bank
- ❻ 6 Curry House Rest.
- ▌ 7 Supermarkt
- ✚ 8 Spital
- • 9 Spielplatz
- ▲ 10 TinHau Tempel
- • 11 SaiKung Altstadtgassen
- ❶ 12 TungYuan DimSum Rest.
- ▌ 13 Fischgroßmarkt
- ▌ 14 städt. Markthalle
- ❶ 15 Dragon Boat Rest.
- ❶ 16 SaiKung Seafood Rest.
- • 17 Kaidos nach YimTinTsai & KiuTsui

Lime Kiln, PakTamChung Trail

rechten Straßenseite (kurz vor einer Bushaltestelle) eine Brücke über einen Gezeitenbach (Chung) führt. Hier beginnt der **PakTamChung-Nature-Trail**. Der Weg führt zunächst den Bach entlang durch ehemalige Kräuter-, Obstbaum- und Bambusgärten bis hin zur ehemaligen Siedlung SheungYiu.

Erster erwähnenswerter Punkt ist der alte **Brennofen** der Hakka-Siedler, dessen Geschichte im wenige Meter dahinter liegenden **SheungYiu-Museum** in Wort und Bild erläutert wird. Im späten 19. Jh. kamen Hakka-Siedler nach SheungYiu und bauten das Wohnhaus für die Großfamilie, welches heute im Museum zu sehen ist. Diese Siedler lebten hauptsächlich vom Ziegelbau und errichteten mehrere Brennöfen. Das Museum besteht im wesentlichen aus einem restaurierten Wohnhaus für eine Großfamilie mit angeschlossenem Schweinestall. Es ist tgl. außer Di und feiertags von 09:00 bis 16:00 Uhr geöffnet (Eintritt frei).

Vom Museum kommt man entweder links zur TaiMongTsai Rd. oder geht geradeaus weiter zu den **Mangroven** und der **Geisterstadt.** Nach 350 Metern, an einem Strommasten vorbei, spaltet sich der Pfad: Links hinunter geht es in die Sümpfe (bei Regen & Flut), rechts geht es vorbei an mehreren gut erhaltenen, aber verlassenen Gehöften zur ebenfalls unbewohnten Siedlung WungYiChau. Ein weiterer Pfad führt aufwärts zum Bradbury-Campingplatz ( ⌕ Unterkunft).

Wer sich an den ⌕ **McLehose-Trail** wagen möchte – der Startpunkt liegt am Visitor Centre.

# DIE ÖSTLICHEN NEW TERRITORIES

●*Anfahrt* nur ab SaiKung mit Bus No. 94 (alle halbe Stunde, 4,50 HK$ bzw. 6 HK$ aircon). Die Fahrt dauert 15–20 Minuten; an Sonn-und Feiertagen fährt auch die 96R ab MTR-ChoiHung via SaiKung und PakTamChung bis WongShekPier, man kann damit ohne Umstieg in SaiKung bis PakTamChung durchfahren. **Achtung:** Die Busse fahren unterwegs in einen größeren Parkplatz hinein, der oft mit dem Parkzugang verwechselt wird. Aussteigen erst am zweiten Parkplatz („PakTamChung"-Haltestelle), das Besucherzentrum liegt schräg links.

## Lions Nature Education Centre und Naturlehrpfad

Der *Lions Club HongKong & Macau* errichtete 1991 dieses Erholungs- und Lehrgebiet, welches Ausstellungshallen (geöffnet tägl. außer Di 09:30–17:00 Uhr, Eintritt frei) über Landwirtschaft und Fischerei sowie sehr hübsch angelegte Freiluftanlagen mit Geflügel, Steinen/Mineralien, Ranken, Kräutern, Gräsern, Gemüsen, Obst sowie einen ca. 650 m langen Naturlehrpfad und ein kleines Insektarium umfasst.

●*Anfahrt:* vierte Haltestelle ab SaiKung mit der 92 (96R an So/Fe) Richtung ChoiHung.

## ToLo-Harbour/ nördliche Halbinsel SaiKung 大埔海，北西貢島

Auf der Nordseite der SaiKung-Halbinsel liegt der fantastische ToLo-Harbour, der einem gigantischen Binnensee gleicht, das offene Meer ist nicht zu sehen. Von **MaLiuShui** („Pferdeurin"), einer jener Ortsnamen, der nicht ins Englische übersetzt wurde, läuft die Fähre eine Reihe interessanter Buchten wie auch die Insel TapMun (⌕ Inseln) an. Kurz hinter MaLiuShui (KCR-Station University) passiert man mit dieser Fähre rechter Hand eines jener vietnamesischen Flüchtlingslager, welche durch die „boat people" bekannt wurden, politische Flüchtlinge, die zu Zehntausenden in den 1980er Jahren kamen und HongKong vor schier unlösbare Probleme stellten. Peking hatte es zur Bedingung bei den Übernahmeverhandlungen gemacht, dass alle Vietnamesen abgeschoben werden.

Am gegenüberliegenden Ufer ist der Damm des Plover Cove Reservoirs mit den dahinter gelegenen Bergen des PatSinLeng-Trails zu sehen, ehe steuerbord **ShamChung** und **LaiChiChong,** die ersten beiden Buchten im nördlichen SaiKung angelaufen werden. Es ist möglich, von beiden Buchten aus den Wanderwegen bis HoiHa (hier nur Bus, kein Boot), ChekKeng (nur Fähranbindung) oder WongShek (No. 94 tgl., Bus 96R an Wo/Fe, sonst Fähre) zu folgen, man beachte den Fährplan zum ToLo-Harbour (⌕ University).

Die Fähre passiert anschließend an einer 2000 Meter breiten Stelle eine **Polizeistation** mitten im Meer. Es werden Stichproben auf Schmuggelware und illegale Einwanderer (etwas seltsame Formulierung bei doch nun einem China) gemacht, auch Touristen müssen irgendeine Legitimation mit Bild vorweisen.

Nach dem nächsten Stopp auf der Insel TapMun (⌕ Inseln) wird das malerische **KoLauWan** angelaufen. Die kleine Siedlung wird von rund 50 Nachfahren der Piraten früherer Jahrhunderte bewohnt, noch heute wird nicht

# Der Mac-Lehose-Trail
## 麥理沽經

Für Kurzurlauber kommt dieser Trail wohl weniger in Betracht, wer aber längere Zeit in HongKong bleibt, könnte durchaus Interesse am „Königsweg" unter HongKongs drei großen Wanderungen, dem MacLehose-Trail, finden.

100 km quer durch die New Territories von SaiKung über den höchsten Berg HongKongs (TaiMoShan, 957m) bis nach TuenMun ganz im Westen erstreckt sich der Wanderweg, genannt nach *Lord MacLehose*, dem langjährigen britischen Gouverneur von HongKong (1971–1982). Dessen Wanderlust und Naturverbundenheit machte ihn nicht nur zum „Patron" dieses Trails, er war auch maßgeblicher Initiator für die Errichtung zahlreicher Naturparks in der damaligen Kronkolonie.

Wie andere Trails auch wurde der Mac-Lehose-Trail in 10 Teilabschnitte gegliedert, jeder mit einem Schwierigkeitsgrad von 1-3 versehen (s. Tabelle).

Zwar ist der gesamte Weg sehr gut beschildert und ein Verlaufen nahezu ausgeschlossen, dennoch empfiehlt es sich, diesen Trail nur in guter Kondition, mit genügend Getränken, Schlafsack/Zelt und entweder einer guten **Karte** (Countryside Series, 1:25.000, SaiKung/Clearwater Bay, Central New Territories und North-West NT, je 25 HK$) oder dem sehr guten **Wanderbüchlein** *The MacLehose Trail* von *R. Peace* (88 HK$) durchzuführen. Karten und Buch gibt es in jedem HongKonger Buchladen.

Wie bei einer Länge von 100 km auch nicht anders zu erwarten, passiert der Wanderer alle Höhenzonen und Vegetationsbereiche der ehemaligen Kronkolonie. Vielfach wird man allein unterwegs sein, nur die wenigsten wagen sich an die Gesamtstrecke.

Ähnlich wie beim HongKong-Trail kann man auch bei dieser Wanderung unterwegs „aussteigen" und mit öffentlichen Verkehrsmitteln zurück ins Zentrum fahren. Dies ist problemlos möglich nach Sektion 2 (Bus 94 nach SaiKung), nach Sektion 5 (TaiPo Rd., Bus 72), nach Sektion 8 (KamTin/Route Twisk, Bus 51 nach TsuenWan).

Vom **Zeitbedarf** her sind zwei volle, sehr anstrengende Tage das Ziel ehrgeiziger Wanderer, die Regel sind allerdings zwei Übernachtungen. Noch immer ungeschlagen ist die Zeit eines Gurkha-Soldaten der ehemaligen britischen Truppen, der die 100 km in sage und schreibe 13 Stunden und 18 Minuten zurücklegte!

### Die 10 Etappen des MacLehose-Trails

| Abschnitt | Schwierigkeit | Länge | höchste Höhe | niedrigster Punkt |
|---|---|---|---|---|
| PakTamChung – LongKe Beach | 1 | 10 km | 100 m | 10 m |
| LongKe Beach – PakTam Road | 2 | 14 km | 300 m | 10 m |
| PakTam Road – KaiKongShan | 3 | 11,5 km | 410 m | 160 m |
| KaiKongShan – Gilwell Campsite | 3 | 10,5 km | 480 m | 50 m |
| Gilwell Campsite – TaiPo Rd. | 2 | 10 km | 510 m | 320 m |
| TaiPo Rd. – ShingMun Reservoir | 1 | 5,5 km | 280 m | 130 m |
| ShingMun Reservoir – Lead Mine Pass | 2 | 6 km | 560 m | 200 m |
| Lead Mine Pass – Route Twisk | 2 | 10 km | 957 m | 400 m |
| Route Twisk – TinFuTsai Campsite | 1 | 6,5 km | 520 m | 280 m |
| TinFuTsai Campsite – TuenMun | 1 | 16 km | 280 m | 20 m |

# DIE ÖSTLICHEN NEW TERRITORIES

immer mit legalen Mitteln der Lebensunterhalt verdient: Eine 1997 durchgeführte Kontrolle förderte Hunderte originalverpackter TV Geräte aus der VR China zum Vorschein. Von KoLauWan kann man zu Fuß in wenigen Minuten eine Bucht erreichen, die allerdings nicht an die in etwa 30 Gehminuten erreichbare schönste Bade- und Surfbucht HongKongs im Südosten der Halbinsel heranreicht. Badesachen nicht vergessen.

● Die Fähre kostet zu allen Zielen 30 HK$ einfach, an Wochentagen die Hälfte; Informationen zum aktuellen Fährplan unter Tel. 27711630. Zusätzlich zu den in MaLiuShui/University genannten Verbindungen besteht die Möglichkeit, mit dem Boot zwischen TapMunChau (♪ Inseln) und KoLauWan zu pendeln (5 Verbindungen täglich).

## Clearwater Bay          清水灣

Im äußersten Südosten der New Territories liegt die feine Badebucht Clearwater Bay, bestehend aus zwei Buchten, einer größeren (Bus-Endstation) und einer kleineren 200 m nördlich; verbunden sind beide durch einen kleinen Höhenpfad.

● Ab MTR-Station ChungHoi Minibus (Clearwater Bay) oder Bus 91 (5,60 HK$), kommt man von SaiKung, fährt man mit Bus 91 bis zum Jugendgefängnis und nimmt dort die 91 zur Endstation Clearwater Bay.

Ebenfalls gut zum Schwimmen eignet sich **Silverstrand-Bay,** etwa 6 km vor Clearwater Bay; Bus 91 hält auf der Höhe (Schild zur Bucht), von dort geht man 500 Meter zu Fuß hinab.

Clearwater Bay – Traumbucht im Südosten der New Territories

# Die Inseln LamMa
南丫島

Es gibt drei gute Gründe für einen Besuch auf LamMa. Zum einen die gute Küche, zum zweiten die sauberen Strände und schließlich die ausgezeichneten Rundwege. Hierzu zählt auch die – allerdings recht schwierige – Besteigung des Mount „Sir Stan" Stenhouse. Mit rund 13 km² Fläche ist LamMa keine große Insel, jedoch für einen Besuch wie auch als sehr zurückgezogenes Wohngebiet im Hauptort YungShueWan außerordentlich beliebt – von den etwa 8000 Einwohnern Lammas sind beinahe die Hälfte Europäer und Amerikaner. Ob dies für die Ausländer nach Auslaufen der Arbeitserlaubnis so bleibt, steht allerdings in den Sternen.

Der großen Beliebtheit LamMas, das als eines der ursprünglichsten Gebiete HongKongs bezeichnet wird, tat auch der Bau eines großen **Kohlekraftwerkes** sowie eines Zementwerkes keinen Abbruch. Beide wurden gegen großen Widerstand der Naturschützer HongKongs gebaut und sind heute für viele der jüngeren Bewohner LamMas der einzige Arbeitgeber. Besonders das riesige Kohlekraftwerk ist weithin sichtbar, sowohl von Aberdeen wie auch von LanTau und CheungChau aus.

Motorisierten Verkehr gibt es auf der Insel keinen, lediglich ein paar Lastdreiräder pendeln zwischen dem Kraftwerk und dem Hauptort YungShueWan. Mit Ausnahme des Mt.

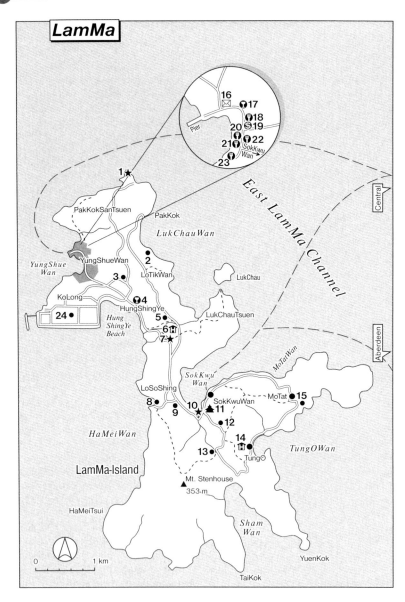

## Die Inseln — LAMMA

| | | | |
|---|---|---|---|
| ★ 1 | Leuchtfeuer | ● 13 | RastPavillon |
| ● 2 | alte Steinbrüche (Quarry) | 🏠 14 | TungO Bay Homestay Hostel |
| ● 3 | Arbeitersiedlung | ● 15 | Hubschrauber-Plattform |
| 🍴 4 | Concerto Inn | ✉ 16 | Post; MangFung Seafood Rest. |
| ● 5 | Ahnengedenkhalle | 🍴 17 | Island Bar |
| 🏠 6 | Youth Hostel u. Experimentalfarm | 🍴 18 | Bäckerei; Sampan Seafood Rest. |
| ★ 7 | AussichtsPavillon | 💲 19 | Bank; LungWah Rest. |
| ● 8 | LoShing Beach | 🍴 20 | Capital & ManKee Rest.; Deli Café |
| ● 9 | LoShing Schule | 🍴 21 | Sai Kee, Lancombe & TaiHing Seafood Rest. |
| ★ 10 | Cave Kamikaze | 🍴 22 | Diesel Bar |
| ⛩ 11 | TinHau Tempel | 🍴 23 | Waterfront Bar/Rest. |
| ● 12 | Friedhof | ● 24 | Kraftwerk |

Stenhouse sind die Fußwege betoniert (teilweise steile Treppen) und daher für jedermann mehr oder minder einfach begehbar. Die meisten einheimischen Tagesbesucher, aber auch Touristen, fahren nach YungShueWan, essen in einem der zahlreichen Restaurants an der Hauptstraße und gehen dann – vielleicht – den 5 km langen Hauptweg nach SokKwuWan, um von dort mit der Fähre zurückzufahren. Dies ist sicherlich eine lohnenswerte Strecke, wenn man nicht allzu viel zu Fuß gehen möchte. Doch gerade der Südteil LamMas ist nahezu unberührt und lädt zu einer größeren Erkundung ein. Sehr zu empfehlen ist auch die Besteigung des Mt. Stenhouse. Man sollte versuchen, wochentags nach LamMa zu fahren, vor allem im Süden spielt man dann praktisch Robinson Crusoe, während an Wochenenden der Hauptweg zwischen SokKwuWan und YungShueWan einem Volkswandertag gleicht.

### YungShueWan 俗樹灣

Da die meisten Fähren Central mit YungShueWan verbinden, hat sich das ehemalige Fischerdorf zu einer Ansammlung von Läden und Restaurants verwandelt. LamMa ist für seine exzellenten **Seafood-Restaurants** bekannt, die zudem weniger kosten als vergleichbare Lokale in HongKong oder KowLoon. Ganz besonders hervorzuheben, wenn auch nicht unbedingt landestypisch, ist *Ulrik Luttichaus Waterfront-Restaurant*, 58 Main Street, Tel. 29820159, wo dänische und französische Fischspezialitäten serviert werden. Eine luxuriös-deftige Mahlzeit für zwei Personen kostet unter 300 HK$; geöffnet 12:00–15:00 und 19:30–22:30 Uhr. Aus der unvermeidlichen Vielzahl von Fischlokalen an der Hauptstraße ragt die *Diesel Bar* hervor, wo Steaks und Nachos recht günstig angeboten werden, eine echte Abwechslung auf HongKongs Inseln.

In den Minimärkten bei der Fähre ist von gekühlten Getränken bis zu Filmen und Batterien alles Notwendige erhältlich, in den Sommermonaten werden vor den Geschäften an der Promenade Richtung SokKwuWan Fahrräder vermietet.

Eine Viertelstunde zu Fuß ab YungShueWan-Pier in südlicher Richtung am Weg nach SokKwuWan liegt die kleine **Sandstrandbucht HungShing-Ye**, wegen ihrer Nähe zum Hauptort LamMas allerdings auch die am häufigsten besuchte. Hier ist auch die touristische Erschließung am weitesten fortgeschritten *(Concerto Inn Hotel & Restaurant)*, und weitere Hotels und Restaurants sind im Entstehen begriffen, sodass andere Strände ruhiger wirken.

- **An/Abfahrt:** Ab Central werden wechselweise YungShueWan und SokKwuWan angefahren (10 HK$, 35 Minuten).
- **Unterkunft:** Es besteht keine Notwendigkeit, auf LamMa zu nächtigen, da man alles Interessante in einem Tag erkunden kann.

Das *Concerto Inn*, 28 HungShingYe Beach, Tel. 28363388, www.concertoinn.com.hk, bietet DZ ab 500 HK$ (Wochenende 800 HK$). Wer länger in HongKong bleiben möchte, kann hier ein Zimmer ab drei Monaten mieten. Im Ort bieten zahlreiche Geschäfte ebenfalls Zimmer und Wohnungen für längerfristige Verträge an.

Das *TungOWan Homestay Hostel* an der Südostküste verlangt 300 HK$, an Wochenenden 450 HK$ und ist sehr oft von Wohnungssuchenden belegt, Tel. 29828461. Ein Schlafsaalbett kostet hier 125 HK$.

- Nahe der Diesel Bar gibt es eine *HSBC-Bank* mit EC-Automat.

## PakKok　　　　　　　　　　北角

Vom LoSoShing-Strand führt der Weg stetig aufwärts Richtung Süden und passiert dabei zwei herrliche Aussichtspavillons. Zwischen den beiden führt ein Weg links vom Hauptweg zu einem Youth Hostel, das nur von Schulklassen für biologische Feldstudien genutzt wird. Rund um das Hostel liegen kleine Weiden und Experimentalfelder.

Der sehr reizvolle Weg quert dann das winzige **Fischerdorf PakKok,** das nur noch von einer Handvoll Menschen bewohnt wird. Am „Ortsende" verzweigt sich der Weg, man kann entweder direkt zu den Kamikaze-Höhlen gehen oder über den kleinen Strand der LoSoShing-Bucht, benannt nach der gleichnamigen Inselschule, (Beschilderung beachten!), den Rundweg etwas verlängern. Werktags ist dieser sehr schöne Sandstrand völlig leer, der Kiosk hat nur in der Hauptsaison geöffnet.

## Kamikaze-Höhlen und LoSoShing-Bucht

Dem Hauptweg folgend erreicht man nach 300 Metern die bis zu 50 m in den Berg getriebenen so genannten „**Kamikaze-Höhlen**". Während des zweiten Weltkrieges und der japanischen Besetzung HongKongs waren in den Höhlen Munitionsvorräte für die Küstengeschütze untergebracht. Taschenlampe nicht vergessen!

## SokKwuWan　　　　　　　索罟灣

Die 250-Seelen-Gemeinde lebt noch heute überwiegend von der Shrimp- und Austernzucht, aber auch von den **Restaurants** am Pier. Die Fischgerichte insbesondere in den *Fu-Kee* und *LamMa Seafood Garden Restaurants* gelten als die besten in ganz HongKong, wobei meines Erachtens *TaiO* ( ♪ LanTau) qualitativ gleichwertig und dabei preiswerter ist.

Ferner gibt es ein paar kleine Läden und den 2004 innen ausgebrannten **TinHau-Tempel** am Westende des Dorfes, der mittlerweile wieder vollständig restauriert wurde. Hier treffen

der Südrundweg und der Hauptweg nach YungShueWan zusammen. Vor dem Pier liegen zahlreiche künstliche Inseln in der Bucht – hier werden Shrimps für die Restaurants und zum Verkauf nach HongKong gezüchtet. Es empfiehlt sich, eine LamMa-Tour in YungShueWan zu starten und in SokKwuWan zu beenden; die Fähre von/nach Central kostet 10 HK$ einfach.

● Die Privatgesellschaft **QuanKee** (Infos unter www.ferry.com.hk) verbindet SokKwuWan 8–15 x tgl. (Sa/So/Feiertag öfter als werktags) für 8 HK$ mit Aberdeen. Es kann daher die tolle Tagestour LamMa (Yung-ShueWan, SokKwuWan), Aberdeen, Stanley (Direktbus) empfohlen werden!

SokKwuWan Pier

## MoTat 模達

Vom Pier in SokKwuWan folgt man dem Weg nach links, wo er bald entlang steiler Klippen durch eine begrünte Felslandschaft nach MoTat führt. Die winzige Siedlung besteht aus etwa 25 Häusern überwiegend ausländischer Berufstätiger, die täglich nach HongKong-Island pendeln. Rund um die Häuser wurden kleine Gemüsegärten angelegt, auch die Gardinen an einigen Fenstern zeugen vom angelsächsisch-europäischen Einfluss.

In der kleinen **Bucht MoTatWan** lässt es sich gut schwimmen, ferner legen hier in unregelmäßigen Abständen Kaidos (Fährboote) nach Aberdeen ab. Noch schöner zum Schwimmen und Schnorcheln ist allerdings die nächste Bucht, **ShekPaiWan,** die man meist für sich alleine hat, wie auch die

sich anschließende **TungOWan-Bucht**. Hier liegt auch das kleine TungOWan Homestay Hostel, welches gute Zimmer für 280 HK$ anbietet.

Am Hostel muss man ein paar Meter den Strand entlang gehen, ehe rechter Hand eine Treppe weiter zu der aus fünf Häusern bestehenden Siedlung **TungO** führt. Hier lebt heute nur noch ein knappes Dutzend vorwiegend älterer Einheimischer. Dahinter geht es aufwärts zur auf 132 Metern gelegenen Schutzhütte, wo auch der Aufstieg zum Mt. Stenhouse beginnt.

## Mt. „Sir Stan" Stenhouse 山地塘

Mit 353 Metern ist der Mt. Stenhouse die höchste Erhebung LamMas, gleichzeitig aber auch die sicherlich größte Herausforderung für Wanderfreunde. Der gesamte Südwestteil LamMas wird von der steilen Hügellandschaft des Berges geprägt, der schon manchen Wanderer zur Verzweiflung gebracht hat, der nicht denselben Weg **von Osten** her hin- und zurück nehmen wollte. Von der Schutzhütte könnte man geradeaus zum TinHau-Tempel nach SokKwuWan gehen, links zweigt der deutlich sichtbare Pfad über einen Rastpavillon hinauf zum Gipfel ab. An- und Abstieg sind bei jedem Wetter schwierig; bei Sonne wegen des Flüssigkeitsverlustes, bei Regen wegen Rutschgefahr und bei diesigem Wetter wegen des heftigen Windes.

Außerdem ist der Pfad auf der Nordseite nur sehr schwer zu erkennen. Besteigt man Mt. Stenhouse **von Norden** her, geht man zunächst bis LoSoShing-Bucht und achtet vor der Treppe zum Strand auf eine ausgebrannte Hütte mit einem Drahtzaun. Davor geht ein Trampelpfad nach links, der sich nach 25 Metern wieder verzweigt; der linke Pfad führt zum Gipfel. Insgesamt ist dieser Aufstieg nur geübten Wanderern zu empfehlen, vom Pavillon zwischen TungO und SokKwuWan aus ist der Pfad deutlich einfacher zu finden.

Die **Aussicht vom Gipfel** allerdings lohnt alle Mühen – Aberdeen, Stanley und Ocean Park auf HongKong-Island, SokKwuWan wie auch Yung-ShueWan sind deutlich zu sehen.

| ab Central nach YungShueWan | | YungShueWan nach Central | |
|---|---|---|---|
| Mo–Fr | Wo&Fe | Mo–Fr | HongKong & Wo&Fe |
| 6:45 | 7:30 * | 6:20 | 6:50 |
| 8:30 | 8:15 | 8:00 | 7:45 * |
| 10:30 | 8:45 | 9:30 | 7:50 |
| 12:00 | 9:30 * | 11:30 | 8:30 * |
| 12:50 | 9:45 | 12:50 | 9:00 |
| 14:00 | 10:45 | 13:40 | 10:30 |
| 15:50 | 11:15 | 15:00 | 10:35 * |
| 16:35 | 11:20 * | 16:40 | 12:00 |
| 17:30 | 12:30 * | 17:20 | 13:30 |
| 18:40 | 12:45 | 18:20 | 15:00 |
| 19:40 | 14:15 | 19:30 | 16:30 |
| 20:20 | 15:45 | 21:05 | 17:55 |
| 21:50 | 17:15 | 22:35 | 18:15 |
| 23:20 | 18:45 | | |
| 0:30 | | | |

\* = Feiertagsfähren

---

Steile Kletterpartie:
Mount „Sir Stan" Stenhouse

| ab Central nach SokKwuWan | | ab SokKwuWan nach Central | | ab Aberdeen nach SokKwuWan | | ab SokKwuWan nach Aberdeen | |
|---|---|---|---|---|---|---|---|
| Ferries (HKKF) | | | | QuanKee-Gesellschaft | | | |
| Mo-Fr | Wo&Fe | Mo-Fr | Wo&Fe | Mo-Fr | Wo&Fe | Mo-Fr | Wo&Fe |
| 8:00 | 7:30 | 6:50 | 8:20 | 6:45 | 8:00 | 6:05 | 6:15 |
| 10:00 | 9:15 | 9:00 | 10:05 | 8:00 | 8:45 | 7:25 | 7:30 |
| 14:30 | 11:00 | 11:00 | 12:00 | 9:30 | 9:30 | 8:45 | 8:45 |
| 16:15 | 13:00 | 15:30 | 14:00 | 11:15 | 10:15 | 10:15 | 9:30 |
| 19:10 | 15:00 | 17:20 | 16:00 | 14:00 | 11:00 | 12:45 | 10:15 |
| 21:00 | 16:50 | 20:05 | 17:45 | 16:00 | 11:45 | 15:00 | 11:00 |
| 23:00 | 18:35 | 22:00 | 19:30 | 18:00 | 12:30 | 17:00 | 11:45 |
| 21:00 | | 22:00 | 19:25 | 14:00 | 18:45 | 12:30 | |
| 23:00 | | | | 14:45 | | 14:00 | |
| | | | | 15:30 | | 14:45 | |
| | | | | 16:15 | | 15:30 | |
| | | | | 17:00 | | 16:15 | |
| | | | | 17:45 | | 17:00 | |
| | | | | 18:30 | | 17:45 | |
| | | | | 19:15 | | 18:30 | |

## CheungChau

長洲

Trotz der geringen Größe von 2,5 km² wird CheungChau von mehr als 40.000 Menschen bewohnt, womit die kleine Insel die am dichtesten besiedelte der SAR ist. Die gelassene, geruhsame Lebensweise der Bewohner wurde nicht oder nur unwesentlich von den Entwicklungen in den anderen Teilen HongKongs beeinflusst, sodass Cheung Chau eines der beliebtesten Ausflugsziele für einheimische und auswärtige Touristen bleibt. Die Insel ähnelt in ihrer Form einem dreiblättrigen Kleeblatt, in dessen Zentrum das Hauptwohngebiet mit Geschäften und Lokalen liegt. Hier kann man noch die traditionelle Arbeits- und Lebensweise der Chinesen

# CHEUNGCHAU

beobachten, die im Erdgeschoss ihr Geschäft betreiben und gleich darüber wohnen.

Wer nicht viel Zeit hat, kann an einem Tag sowohl das kleine CheungChau besichtigen als auch einen Besuch des PoLin-Klosters auf dem benachbarten LanTau anschließen. Die meisten einheimischen Touristen bleiben im Hauptort, um in den zahlreichen Lokalen frischen Fisch und andere Meeresfrüchte zu genießen. Es ist trotz der steilen Wege sehr einfach, wenn auch manchmal etwas anstrengend, die gesamte Insel zu Fuß bequem zu umrunden und dabei alle sehenswerten Punkte zu erreichen. Entlang der Uferpromenade werden auch Fahrräder vermietet – doch ist dies überflüssig und wegen der steilen Wege auch meist unnütz. Motorisierte Fahrzeuge gibt es auf der Insel keine, von einigen kleinen, dreirädrigen Lastkarren abgesehen. Am besten wendet man sich an der Fähre nach Norden (links) und umrundet CheungChau im Uhrzeigersinn.

## TaiKwaiWan 大貴灣

Entlang der ChungKwai Rd. kommt man bald zu einer kleinen Sandbucht, an der das neue kleine **Wohngebiet Scenic Garden** entsteht. Hier kaufen oder mieten sich zunehmend auch ausländische Arbeitnehmer eine Wohnung – mit der Fähre erreicht man Central ebenso rasch wie die New Territories. An der CheungPak Rd. geht es rechts den Hügel hinauf, gleich links liegt ein kleiner Rastpavillon.

## TungWanShan 東灣山

Weiter den steilen Weg hinauf erreicht man eine Abzweigung, der man links zum mit 100 Metern höchsten Punkt der Insel, dem TungWanShan folgt. Vom **Aussichtspavillon** aus bietet sich ein herrlicher Blick über CheungChau und die umliegenden Inseln: Im Nordwesten liegt LanTau, im Osten LamMa (zu erkennen an den Schornsteinen des Kraftwerkes), dahinter HK-Island und nach Südost blickt man hinunter auf die Ostseite CheungChaus.

Schlichte Gassen mit Seltenheitswert

# CheungChau

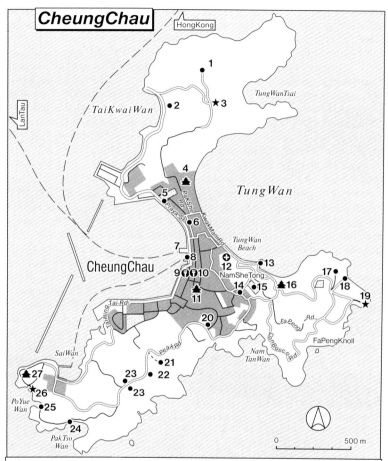

- • 1 Radarstation
- • 2 Scenic Garden Neubausiedlung
- ★ 3 TungWanShan Aussichtspavillon
- ♠ 4 PakTai Tempel
- • 5 Fahrradverleih
- • 6 SanHing St. (altes Zentrum)
- • 7 Hauptpier (Central, LanTau)
- • 8 Kaido Pier (zum C.A.R.E Village)
- ♁ 9 Markthalle & Garküchen
- ♁ 10 chin. Fast Food
- ♠ 11 TinHau Tempel
- ✚ 12 NellWind und St. John's Spitäler
- • 13 Hubschrauber-Landeplatz
- • 14 KwanTiKung Pavillon
- • 15 ChaungCHau Sportplatz
- ♠ 16 KwunYum Tempel
- • 17 Caritas Jugendzentrum
- • 18 Marinestation
- ★ 19 Menschenkopf-Felsen
- • 20 Schule
- • 21 Meteorologische Station
- • 22 ChungLok Garten
- • 23 Bergfriedhof
- • 24 PakSoWan Beach
- • 25 PoYueWan Beach und „Kletterpartie"
- ★ 26 CheungPoTsai Höhle
- ♠ 27 TinHau Tempel

## CHEUNGCHAU

### PakTai-Tempel     北帝廟

Folgt man der Abzweigung nicht links zum Gipfel, sondern nach rechts, führt ein Höhenweg hinunter an den Ortsrand zum PakTai-Tempel, auch **YuHsuKung** genannt. Der Tempel stammt aus dem Jahre 1783 und wurde seinerzeit dem Meeresgott *PakTai*, Schutzpatron der Seefahrer, gewidmet. Nach einer chinesischen Legende brach im Jahre 1777 eine Seuche aus. Fischer brachten daraufhin vom Festland eine Statue des PakTai nach CheungChau – mit Erfolg: Die Seuche verschwand auf wundersame Weise. Um die Statue wurde dann ein Tempel errichtet. Die Krone auf dem Haupt des Gottes wurde während eines Besuches von *Prinzessin Margaret* und *Lord Snowdon* 1966 gestiftet. An der rechten Altarseite steht ein knapp 2 m langes Schwert, welches bereits zurzeit der Sung-Dynastie, also einige Jahrhunderte vor dem Wunder geschmiedet wurde.

Die Einwohner widmeten es PakTai, dessen Statue mit dem Schwert auf der Sänfte des Tempels während des legendären *Bun Festivals* (engl: Kuchenfest) auf den Tempelvorplatz getragen wird.

### TungWan     東灣

Vom Tempel geht man via PakShe und KwokMan Rd. Richtung Ostufer. Hier erstreckt sich in beide Richtungen die TungWan-Bucht, die bei den Einheimischen beliebteste **Badebucht.** Mittlerweile gibt es sogar Surfbrettverleiher, auch werden hier zuweilen Windsurf-Wettbewerbe ausgetragen.

### KwanYum-Tempel     觀音廟

An der nächsten Bucht (KwanYum Bay) hinter dem Warwick-Hotel liegt an einer Gabelung links der KwanYum-Tempel, der dem gleichnamigen buddhistischen Boddhisatva der Barmherzigkeit geweiht ist. Der Tempel ist zwar im taoistischen Stil errichtet, Vermischungen der Glaubensrichtungen sind aber in Südchina keine Seltenheit.

### RenTouShi (Menschenkopf-Felsen)     人頭石

An der Gabelung geradeaus führt der Weg steil bergan am **Caritas-Jugendzentrum** auf der linken Seite vorbei. Diese Einrichtung wurde 1962 von dem deutschen Priester *Paul Koppelberg* gegründet, der mit Hilfe der im deutschen Kulturkreis bekannten Sternensänger den finanziellen Grundstein für die Anlage legte. Die Idee war die Schaffung einer Freizeitanlage mit sportlichen Aktivitäten, Grillabenden und sonstige Freizeitbeschäftigungen insbesondere für die Kinder aus HongKongs ärmeren Familien.

Hinter dem Zentrum liegt eine fünffache Gabelung. Hier folgt man dem Wegweiser geradeaus Richtung FaPeng. Wenig weiter erreicht man erneut eine Abzweigung, an der es links hinunter zu den so genannten „Menschenkopf-Felsen" geht. Die Felsen hier werden von den Einheimischen so genannt, weil sie, einige Fantasie vorausgesetzt, aus der Erde ragenden Köpfen ähneln, die aufs Meer hinaus blicken. Immerhin hat man von hier aus einen schönen Ausblick bis nach HK-Island.

## Das Kuchenfest

Der Prinz PakTai soll vor 3000 Jahren ein beneidenswert tugendhaftes und edles Leben geführt haben. Nach seinem Tode wurde er in den Rang eines Kriegsgottes gehoben und befehligt seither die himmlischen Legionen im Kampf gegen die dämonischen Mächte. Um den dritten Tag des dritten Mondes (meist April) wird sein Geburtstag auf CheungChau mit einem großartigen Fest begangen. Tatsächlich wird der zeitliche Rahmen des Festes von einem Organisationskomitee ausgelost und in die Zeit *zwischen dem letzten Tag des dritten und dem zehnten Tag des vierten Mondes* gelegt.

Seit einer verheerenden Seuche, vermutlich der Pest, im späten 18. Jh. wird zum Dank an die wundersame Rettung der Insel durch den Gott dieses Fest gefeiert. Die Einwohner glauben, jene Seuche sei auf die toten Seelen der von den auf CheungChau ansässigen Piraten getöteten Fischer zurückzuführen. Um diese Geister zu besänftigen, werden ihnen traditionelle Geisterspeisen auf dem Tempelvorplatz angeboten. Die Statue des PakTai wird dazu in einer Sänfte auf den Vorplatz getragen und drei hohe Pappmaché-Bildnisse werden errichtet, welche *SheungShang* (Erdgöttin), *ToTeiKung* (Hausgott) und *TaiSzuWong* (Gott der Unterwelt) symbolisieren.

Spektakulärste Opfergaben sind drei über 20 Meter hohe **Kuchentürme**, die nicht eher angerührt werden dürfen, ehe nicht die Geister (in der Praxis die nächtlich umherstreunenden Hunde und Katzen) ihren Teil genommen haben. Anschließend langen auch die Einheimischen zu, vorzugsweise von den Spitzen der Kuchen, die für das Folgejahr das meiste Glück bringen sollen. Da es in der Vergangenheit zu regelrechten Tortenschlachten um die besten Stücke kam, verteilt heute das Organisationskomitee die Kuchen an die Umstehenden.

Besonders farbenfroh ist die ebenfalls während des Festes stattfindende so genannte **schwebende Prozession,** bei der in bunte historische und Fantasiekostüme gekleidete Schulkinder durch die Gassen getragen werden. Dies symbolisiert die Vertreibung der Seuche und Aussöhnung mit den Geistern.

### KwanTiKung-Pavillon 關公忠義亭

Von den Felsen geht man wieder hinauf zur Abzweigung, nun aber geradeaus weiter über die ruhige und hübsche Wohnanlage FaPengKnoll (geradeaus) und das 100 Meter weiter gelegene, unscheinbare Kloster Kwai-Yuan (nicht der Öffentlichkeit zugänglich) wieder hinunter in Richtung Hauptort. Man bleibe bis zum Ende auf dieser Straße und biege dann rechts ab, wo nach etwa 50 Metern der KwanTiKung-Pavillon aus dem Jahre 1973 rechts liegt.

*KwanTi*, eine historische Figur aus der Zeit der 3 Reiche (220–280), war ein mächtiger General aus dem Reich Shu. Er half seinem Fürsten *LiuBei*, die Macht in Shu zu übernehmen. KwanTi, nicht selten durch ein rotes Gesicht charakterisiert, ist für Taoisten ein Symbol für Gerechtigkeit, Macht und Loyalität. Sein Geburtstag am 24. Tag des 6. Mondes wird besonders in der SAR HongKong gefeiert. Die 2,50 m hohe Statue wurde aufwendig aus einem einzigen Stück Kampferholz geschnitzt und stammt aus dem Zentrum der KwanTi-Verehrung, dem gleichnamigen Tempel von TaiChung auf TaiWan.

# CHEUNGCHAU

### PakTsoWan  白䱽灣

Wieder auf dem Weg zurück, folgt man diesem nach links aufwärts bis zur Middle School (hier wieder links, nicht Middle Hill Rd.). Nach der meteorologischen Station folgen der ChungLok Garden mit einem der chinesischen Dichterin *YanSze ChungTsoi* gewidmeten Pavillon und der große Friedhof mit Krematorium. Gleich hinter diesem erreicht man eine beschilderte Weggabelung. Dieser folgt man nach links hinunter zur PakTsoWan, der **schönsten Bucht von Cheung-Chau**. Sauberer Sand, klares Wasser mit Felsboden, keine Menschenseele (zumindest außerhalb der Saison), sattes Grün rundum – man kann hier leicht vergessen, in HongKong zu sein.

Von hier aus kann man entweder wieder hinauf und dann links zum C.A.R.E.-Dorf gehen oder, viel besser, dem gelben Geländer der Küste entlang folgen. Der letzere Weg hat nur einen Haken: In der nächsten Bucht, *PoYueWan,* endet er plötzlich nach 200 Metern und setzt sich auf der anderen Seite in altem Glanz fort. Mann kann sehr vorsichtig über die rutschigen Felsen hinabsteigen und dann durch einen schmalen Spalt nahe am Wasser auf die andere Seite gelangen.

### CheungPoTsai-Höhle  長保仔洞

Am Ende dieses Uferweges (Stufen) gabelt sich der Weg, links geht es hinunter zum sagenumwobenen Versteck des Piraten *CheungPoTsai*. Er machte Briten wie Chinesen das Leben schwer und befehligte über 40.000 Mann sowie rund 400 Schiffe. Der eigentliche Regent an den Küsten Südchinas war in der Tat *CheungPoTsai*, den chinesischen Legenden zufolge niemand an Grausamkeit und angehäuften Beutegütern übertraf. Die Höhle auf Cheung-Chau war einer seiner Unterschlüpfe und ist begehbar, allerdings nur mit Taschenlampe. Die ersten Meter winden sich spiralförmig nach unten und sind so eng, dass „vollschlank" gebaute Mitteleuropäer stecken bleiben.

### SaiWan  西灣

Einst Armensiedlung wurde die Westbucht CheungChaus mit einer Uferpromenade an den Hauptort

Malerische Buchten

angebunden. Am Ufer führt ein Weg direkt zum Hafen zurück (20 Minuten Fußweg), man kann sich aber auch am Pier in ein Kaido setzen (motorisiertes Holzboot), welches alle paar Minuten für 3 HK$ zum Haupt-Fährpier pendelt.

●**Unterkunft:** Eine Übernachtung auf der Insel ist kaum nötig – alles Sehenswerte kann in einem Tag bequem erkundet werden. Wegen der vielen Wochenendbesucher der Hauptinseln und KowLoons gibt es dennoch reichlich Übernachtungsmöglichkeiten: Gegenüber der Anlegestelle steht eine Reihe kleiner Stände, an denen per Bildkatalog **private Zimmer** vermittelt werden. Man sucht sich einfach ein Zimmer aus und wird dann hingeführt. Die Preise bewegen sich zwischen 400 und 800 HK$, an Wochenenden bis zu 50 % mehr. Das einzige echte **Hotel** ist das *Warwick-Hotel*, Tel. 29810081 mit DZ ab 850 HK$, während der Woche bekommt man ein luxuriöses Zimmer wegen Kundenmangels mit etwas Verhandlungsgeschick für unter 600 HK$!

●**Zu anderen Inseln:** Man kann von CheungChau aus direkt zu den Inseln PengChau oder LanTau fahren (kostet je nach Ziel zwischen 6 und 10 HK$). Die Fahrtrichtung ist immer PengChau–MuiWo (LanTau)–ChiMaWan (LanTau)–CheungChau und (mit Ausnahme des Nachtbootes) in umgekehrter Reihenfolge zurück.

●**An-/Abreise:** Von/nach Central (HK-Island): etwa stündlich je 22 Fähren von 7:00 bis 24:00 an Central; Fahrtzeit ca. 55 Minuten. Eine Hoverferry fährt viermal täglich in beide Richtungen (Fahrtzeit ca. 25 Minuten).

## Fährplan Central – CheungChau

| Ab Central | | Ab Cheung Chau | |
|---|---|---|---|
| **Mo–Sa** | **So, Fei** | **Mo–Sa** | **So, Fei** |
| 0:30, 1:30, 4:15, *6:15, 7:00, *7:40, 8:00, 8:40, *9:15, 9:45, 10:15, 10:45, *11:15, 11:45, *12:15, 12:45, *13,15, 13:45, *14:15, 14:45, *15:15, 15:45, *16:15, 16:45, *17:20, 17:40, *18:00, 18:20, *18:45, 19:00, *19:30, 19:45, *20:15, 20:30, *21:00, 21:15, *21:45, 22:00, 22:30, 22:45, *23:15, 23:45 | 0:30, 1:30, 4:15, *6:30, 7:00, *7:30, 8:00, *8:30 9:00, *9:30, 10:00, 10:30, 11:00, *11:30, 12:00, *12:30, 13:00, *13:30, 14:00, *14:30, 15:00, *15:30, 16:00, *16:30, 17:00, *17:30, 18:00, *18:30, 19:00, *19:30, 20:00, *20:30, 21:00, *21:30, 22:00, *22:30, 23:00, *23:30, 23:55 | 2:20, 5:10, *5:50, 6:20, *6:40, 7:00, *7:15, 7:45 *7:50, 8:00, 8:20, *8:40 9:00, 9:30, *10:15, 10:45, *11:15, 11:45, *12:15, 12:45, *13:15, 13:45, *14:15, 14:45, *15:15, 15:45, *16:15, 16:45, *17:15, 17:40, 18:20, 19:00, *19:15, 19:45, *20:00, 20:30, *20:45, 21:15, *21:30, 22:00, *22:15, 22:45, 23:15, 23:45 | 2:20, 5:10, 6:00, *6:30, 7:00, *7:30, 8:00, *8:30, 9:00, *9:30, 10:00, *8:40 10:30, 11:00, *11:30, 12:00, *12:30, 13:00, *13:30, 14:00, *14:30, 15:00, *15:30, 16:00, *16:30, 17:00, *17:30, 18:00, *18:30, 19:00, *19:30, 20:00, *20:30, 21:00, *21:30, 22:00, *22:30, 23:00, *23:30, |

*normale Fähre (ansonsten Hovercraft)

## Fährplan Inter Island
(Die Pfeile geben die Fahrtrichtung an)

| Peng Chau | Mui-Wo | ChiMa-Wan | Cheung Chau |
|---|---|---|---|
| 7:00 | < 6:35 | | < 6:00 |
| 5:40 > | 6:00 > | < 6:15 | |
| | < 7:10 | < 6:55 | < 6:40 |
| 7:35 > | 8:00 > | 8:20 > | |
| | < 9:30 | <9:10 | < 8:50 |
| 9:50 > | 10:10 > | 10:30 > | |
| | < 11:45 | < 11:20 | < 11:00 |
| 12:05 > | 12:25 > | | |
| | < 13:20 | | < 12:50 |
| 13:40 > | 14:00 > | 14:20 > | |
| | < 15:20 | | < 14:50 |
| 15:40 > | 16:00 > | 16:20 > | |
| | < 17:30 | < 17:10 | 16:50 |
| 17:55 > | 18:15 > | | |
| | 19:30 | < 19:05 | 18:45 |
| 19:50 > | 20:10 > | 20:30 > | |
| | < 21:30 | | < 21:00 |
| 21:50 > | 22:20 > | | |
| | < 23:20 | | < 22:50 |
| 23:40 | 23:59 | | |

# PengChau
坪洲

- 1 Leuchtfeuer
- 2 Radiostation
- 3 Neubausiedlung
- 4 Spielplatz
- 5 Fährpier
- ✉ 6 Post & Sea Breeze Club
- ♣ 7 TinHau Tempel
- 8 Wasserspeicher

Wie viele andere kleine Inseln der SAR HongKong zeichnet sich auch Peng-Chau durch fehlenden Straßenverkehr aus, nur einige kleine Betonpfade durchqueren die gerade einmal 1 km² große Insel. Immerhin wohnen hier 8000 Menschen – eine unglaublich hohe Bevölkerungsdichte also.

Außerhalb der Hauptsiedlung, in der auch sehr viele Ausländer ihren Wohnsitz genommen haben, erscheint Peng-Chau jedoch durch viele **kleine Gärten** sehr ländlich und grün.

Da etliche Fährboote von Central oder CheungChau auf dem Weg nach LanTau auf PengChau halten, lohnt es sich durchaus, hier einen Rundgang zu „wagen". Zu wagen deshalb, da nirgendwo sonst die Hunde so fremdenfeindlich scheinen wie gerade hier. Meine letzte Erkundung vor Ort kostete nicht weniger als zwei zu flickende Risse und ein Schmerzmittel. Neben den Zwei- und Vierbeinern bevölkern vor allem Schmetterlinge und Eidechsen das Eiland, welches leicht in einer guten Stunde durchstreift werden kann.

Höchste Erhebung mit schönen Rundblicken bis LanTau ist ein 95 m hoher und leicht zu erreichender **Hügel**, im Ort lohnt der **TinHau-Tempel** mit einem sehenswerten Schiffsmodell den Besuch.

Nach Auskunft vieler länger in HongKong lebender Ausländer gibt es aber nur einen einzigen Grund, um nach PengChau zu kommen: den gemütlichen **Sea Breeze Club** in der 38 WingHingStreet (Tel. 29838785), in dem die besten und günstigsten Steaks von HongKong serviert werden.

●**An-/Abfahrt:** mit HK-Ferry **von/nach Central** (10 HK$, 18 HK$ an Wochenenden & Feiertagen), oder deren Hovercraft für 25 HK$ (s. Fährplan).

# PENGCHAU

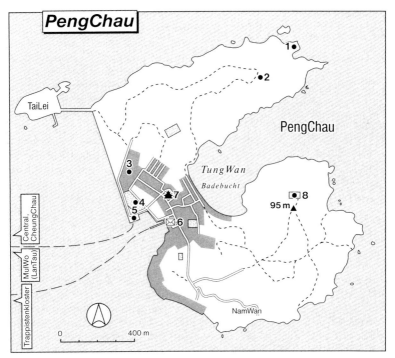

| Fährplan Central – Peng Chau | | | |
|---|---|---|---|
| **Ab Central** | | **Ab Peng Chau** | |
| Mo–Sa | So, Fei | Mo–Sa | So, Fei |
| 0:30, 3:00, *7:00, 8:00, *8:20, 9:15, *10:00, 10:45, *11:30, 12:15 *13:00, 13:45, *14,30, 15:15, *16:10, 16:45, *17:30, 18:00, *18:30, *19:00, 19:30, 20:30, 21:15, *22:00, 22:45, *23:30 | 0:30, 3:00, 7:00, 7:50 8:40, *9:30, 10:20, *11:10, 12:00, *12:50, 13:40, *14:30, 15:20, *16:10, 17:00, *17:50, 18:40, *19:30, 20:20, *21:10, 22:00, *22:50, 23:40 | 3:25, *6:15, *7:00, 7:30 *7:45, *8:10, 8:30, *9:15 10:00, *10:45, 11:30, *12:15, 13:00, 13:45, 14:30 *15:15, 16:00, *16:55 17:30, *18:15, 18:45 *19:45, 20:30, *21:15 22:00, *22:45, 23:30 | 3:25, 6:30, *7:00, 7:50 *8:40, 9:30, *10:20, 11:10, *12:00, 12:50, *13:35, 14:30, *15:20, 16:10, *17:00, 17:50, *18:40, 19:30, *20:20, 21:10, *22:00, 22:50, *23:35 |
| *normale Fähre (ansonsten Hovercraft) | | | |

**Von/nach MuiWo** (LanTau) um 07:00, 21:50, 22:50, 23:15 und 0:05 Uhr oder (besser) dem Inselshuttle (8 HK$, Fährplan s. CheungChau).

**Von/nach ChiMaWan** (LanTau) und CheungChau 7 x tgl., Fahrplan s. CheungChau.

**Zum Trappistenkloster** (LanTau): 07:45, 09:05, 11:15, 12:15, 14:20 und 16:20 Uhr für 6 HK$. In umgekehrter Richtung nur 2 Boote um 8:15 und 14:45. Diese Kaidos fahren die Strecke PengChau–Trappistenkloster–NimShueWan, die alte, kleine Siedlung an der Discovery Bay.

# LanTau
大嶼山

Mit gut 140 km² ist LanTau beinahe doppelt so groß wie die Hauptinsel HongKong-Island und damit seit jeher die größte Insel der ehemaligen Kronkolonie. In früheren Jahrhunderten diente LanTau den südchinesischen Piraten als Bastion, während die Engländer nahezu keine Anstrengungen unternahmen, die Insel zu erschließen. So blieb LanTau bis in die Gegenwart hinein relativ unberührt und vom Fortschritt verschont. Buddhistische Schulen entdeckten die Abgeschiedenheit und friedliche Stille der Insel für sich und gründeten etliche Klöster, darunter das weltberühmte PoLin-Kloster mit der größten bronzenen Buddhastatue der Welt. Strände, hohe Bergketten mit üppigem Grün und zahlreiche Wanderwege machen LanTau für jene Besucher besonders attraktiv, die dem Trubel KowLoons entkommen und ein paar Quadratmeter Platz um sich herum haben möchten.

Auf LanTau leben nur etwa 50.000 Menschen, davon ein Drittel in MuiWo und TaiO, zwei Drittel in den erst mit der Eröffnung des neuen Flughafens ChekLapKok und der über Nord-LanTau führenden Bahn-/Straßentrasse erschlossenen hochmodernen Trabantenstädte **TungChung** und **Discovery Bay**.

Dennoch wird diese Entwicklung – so zumindest die aktuelle Einschätzung – keine negativen Auswirkungen auf die Attraktivität Zentral- und Süd-LanTaus haben, und dies aus einem einfachen Grund: Die Nordküste mit der neuen Trasse und TungChung bleiben vom Rest der Insel abgeschottet. Die Straße von TungChung zur Südseite ist eine einspurige Bergstraße und kann nicht oder nur mit größerem Aufwand ausgebaut werden, andere Straßen von Nord nach Süd gibt es nicht. Diese Tendenz wurde auch beim Bau von **Disneyland** beibehalten (nur per MTR oder über die Autobahn erreichbar), und auch die neue Seilbahn *„NgongPing 360"* von TungChung nach PoLin verkürzt zwar die Reisezeit von Central nach NgongPing auf etwa 1 Stunde, aber ohne jegliche Ausweitung des Straßenverkehrs.

Ein ***empfehlenswerter Tagesausflug*** nach LanTau könnte – ohne Disneyland – wie folgt aussehen: MTR bis TungChung, Seilbahn zum Kloster, Bus nach TaiO (Rundgang), dann per Bus nach MuiWo und Wanderung via Trappistenkloster zur Discovery Bay, Schnellboot nach Central.

Bei einem Nachtflug nach Europa könnte man auch am letzten Tag per

MTR nach TungChung und von dort per Bus zum Flughafen zum Einchecken fahren, um dann ohne Gepäck den letzten Tag auf LanTau zu verbringen.

„Klassischer" ist jedoch die Fährfahrt von Central nach MuiWo, Bus nach TaiO, dann NgongPing und dort entweder Wanderung nach TungChung (MTR nach Central) oder Bus zurück nach MuiWo und Wanderung zur Discovery Bay.

## MuiWo 梅窩

Zentraler Anlaufpunkt für den Transport nach und auf LanTau ist die kleine Siedlung MuiWo an der Ostküste. Wer ähnliche Lebhaftigkeit vom Hauptort erwartet wie in KowLoon, der wird sich schon bei der Ankunft mit der Fähre getäuscht sehen: kaum Verkehr, wenig Lärm, eine geradezu friedlich kleinstädtische Idylle.

Es lohnt sich, ein wenig den Uferweg entlangzuschlendern; im kleinen Garten an der Fähre steht ein bemerkenswertes Relikt der frühen chinesischen Siedler LanTaus: **der Gemarkungsstein der Feudalfamilie Li** aus dem späten 13. Jahrhundert (Sung-Dynastie). Der Stein mit den vier chinesischen Zeichen, heute ein historisches Monument, markierte das Lehensgebiet des Sung-Beamten *LiMaoYing*.

Nur wenige Meter entfernt liegt das Areal der **Garküchen** MuiWos ursprünglich gedacht für die Zubereitung frischen Fisches, bieten sie heute aber alle Köstlichkeiten der schnellen chinesischen Küchen an.

Nördlich des Flüsschens finden Sonnenanbeter einige gute Badestrände, einen guten Kilometer landeinwärts schließlich den taoistischen **ManMo-Tempel** mit den Gottheiten *Man* (Literatur) und *Mo* (Justiz).

Sehr empfehlenswert ist der etwa **zweistündige Fußweg** zwischen MuiWo und Discovery Bay über das Trappistenkloster. Der Weg ist überwiegend betoniert und sehr leicht zu begehen, führt aber steil von der Küste auf gut 240 Höhenmeter. Von MuiWo aus geht man immer am Ufer entlang, am Ende der Bucht erreicht man nach einem kurzen Anstieg eine Abzweigung (beschildert), wo links die lange und steile Treppe zum höchsten Punkt des Weges mit einem Aussichtspavillon führt. Hier blickt man auf MuiWo, die Insel PengChau, den Golfplatz von Discovery Bay wie auch auf das Trappistenkloster, welches noch gut 10 Minuten vom Pavillon entfernt liegt. **Achtung:** Es ist auch möglich, den Fußweg von Discovery Bay aus zu starten und anschließend in MuiWo einen Bus nach TaiO oder zum PoLin-Koster zu nehmen – umgekehrt geht dies aber nicht, da keine Busse von und nach Discovery Bay verkehren.

## Trappistenkloster „Our Lady of Joy" 熙篤會紳學院

Dieses christliche Kloster ist nach meinem Dafürhalten der friedlichste und stillste Ort menschlicher Besiedlung in ganz China. Gewiss, christliche Klöster sind generell Orte der Beschaulichkeit und der Ruhe, doch muss man die his-

# 232 LANTAU
## Die Inseln

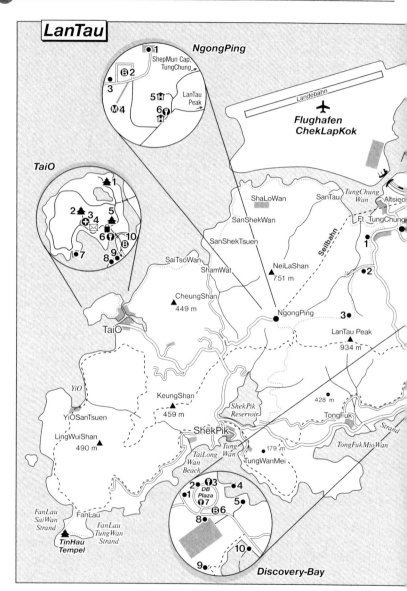

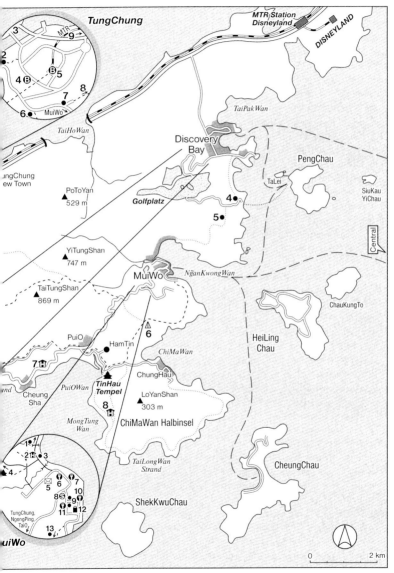

torische Entwicklung der Trappisten berücksichtigen, um das Besondere an diesem Kloster zu verstehen: Anfang des 12. Jh. entstand in Frankreich und Deutschland der Zisterzienser-Orden, der sich organisatorisch nach den strikten Regularien der Benediktiner richtete, aber stärker zentralisiert war. Im Zuge der Reformation verloren die Zisterzienser große Teile ihrer Mitglieder, darunter einige an den 1664 von *Armand de Rance* gegründeten katholischen „Reformzisterzienser"-Orden der Trappisten, welche die beschauliche, aber strenge Lebensweise der Zisterzienser übernahmen. Sie beachteten die Ordensregel zum steten Stillschweigen, nahmen rein vegetarische Nahrung zu sich, lebten von harter Feldarbeit und in asketisch einfachen Bauten. Mit dem Ausbau des europäischen Handels in China kamen auch die Trappisten; ein Ableger dieses Ordens besteht noch heute und setzt die schweigsame, asketische Ordensregel fort.

Hauptbetätigung der Mönche ist die **Milchwirtschaft** auf den kleinen Weiden rund ums Kloster, deren Erzeugnisse vom klostereigenen Pier täglich nach HongKong verkauft werden.

Sehenswert sind die schlichte, kleine **Kirche** jenseits der Brücke sowie der berühmte **Blumengarten** mit einem Marienschrein und der Aufschrift *Pax intrantibus* (Friede den Eintretenden) am Gartentor.

Es ist möglich, im Kloster eine bescheidene vegetarische Mahlzeit zu erhalten oder auch zu nächtigen (Männer und Frauen getrennt) – allerdings nur nach schriftlicher Voranmeldung:

●*Trappist Haven Monastery,* LanTau, P.O. Box 5, PengChau. Das Kloster hat zwar auch Telefon (29876286), benutzt dieses auf Grund des Schweigegelübdes allerdings nur ungern, und wenn, dann nur zur Annahme von Mitteilungen.
●*Nach Discovery Bay* folgt man dem breiten Betonpfad 200 Meter abwärts, ehe ein kleiner Pfad nach links (kleines Schild) führt. Auf dem Betonweg weiter hinunter kommt man zur Anlegestelle des Klosters für Kaidos nach PengChau (Abfahrt nur 08:15 und 14:45 Uhr).
●*Nach MuiWo* folgt man dem Betonweg aufwärts und lässt die Kapelle linker Hand liegen. Kurz darauf teilt sich der Weg – ein kleines gelbes Schild weist den Weg nach halblinks Richtung MuiWo.

## Discovery Bay 愉景灣

Mit zunehmenden Wohlstand der Oberklasse HongKongs entstand der Bedarf an exklusiven, abgeschotteten Wohnlagen. Mitte der 1970er Jahre „entdeckten" findige Investoren die ruhige Bucht Discovery Bay im Nordosten LanTaus und bauten sie zielstrebig zu einem **Luxuswohngebiet** aus. Eigene Fähranbindung an Central, eigene Busse von jedem Hochhaus zur Anlegestelle mit Ausnahme einer Busverbindung zum Flughafen ( ♪ Praktische Reisetipps/An- und Rückreise), keine Straßenverbindung zum Rest LanTaus und somit keinerlei PKW-Verkehr, eine eigene Schule und ein modernes, europäisch anmutendes Einkaufszentrum machen Discovery Bay zu einem Staat im Staate, den man als das St. Tropez HongKongs ohne Touristen bezeichnen kann. In der Tat gleicht die Nobelsiedlung eher einer modernen europäischen Siedlung mitten im südchinesischen Meer, viele Europäer

## Die Inseln – LanTau

**LanTau-Hauptkarte:**

- 1  ShekLauPo
- 2  ShekMunKap
- 3  TeiTongTsai
- 4  Trappistenkloster
- 5  Aussichtspavillon
- ⚠ 6  NanShan-Campingareal
- 🏠 7  SanShekWan-Frauenjugendherberge
- 🏠 8  MongTungWan-Jugendherberge
- - - -  LanTau Trail
- ......  andere Wanderwege

**Lupe Discovery Bay:**

- 1  Tennisplätze
- 2  New Garden Fruit Court
- 🍴 3  Mc Donald's
- 4  Fährpier nach Central
- 5  Hubschrauberlandeplatz
- Ⓑ 6  DB - Privatbusse
- 🍴 7  Stars Sandwiches
- 8  Polizei
- 9  Fußweg zum Trappistenkloster und nach MuiWo
- 10  Kaidos zum Trappistenkloster

**Lupe MuiWo:**

- 1  zum MuiWo Inn & Fußweg zum Trappistenkloster und nach Discovery Bay
- 🏠 2  Silvermine Beach Hotel
- 3  Silvermine Bay Strand
- ⛩ 4  zum ManMo Tempel
- ✉ 5  Post
- 🍴 6  Seafood Restaurants
- 🍴 7  Uferpromenade & Garküchen
- 💲 8  Bank
- 9  Fahrradverleiher
- 🍴 10  Mc Donald's
- 🍴 11  Bäckerei & LanTau Fast Food Rest.
- 🛒 12  Supermarkt
- 13  Start LanTau Trail; zur ChiMa Halbinsel

**Lupe TungChung:**

- 1  TungChung Old Town/Pier
- 2  TungChung Battery
- 3  CheckLapKok-Flughafen
- Ⓑ 4  Busse, alle Richtungen
- Ⓑ 5  MTR TungChung, Busse S51, S61, S64, Seilbahn nach NgongPing
- 6  Fußweg NgongPing
- 7  TungChung Old Town/Fort
- 8  Fußweg YiTungShan/LanTau-Trail/ MuiWo Davis Youth Hotel
- 9  AE, Autobahn n. HongKong

**Lupe NgongPing:**

- 1  NgongPing-Kloster
- Ⓑ 2  Bbhf.
- 3  Seilbahn u. NgongPing Village
- Ⓜ 4  Buddha-Statue & Museum
- 🏠 5  S.G. Davis Youth Hostel
- 🏠 6  LanTau Tea Garden Rest. & Hostel

**Lupe TaiO:**

- ⛩ 1  HauWong Tempel
- ⛩ 2  KungSheng Tempel
- ✚ 3  Spital
- ✉ 4  Post
- ⛩ 5  KwanTi Tempel
- 🍴 6  Markt; FukMoonLam Rest.
- 7  Wochenendfähre nach Central
- 8  Salzpfannen
- 9  nach MuiWo, NgongPing, TungChung
- Ⓑ 10  Bushaltestelle

haben sich nicht zuletzt auf Grund der Tatsache, dass man auf einen PKW verzichten kann, hier niedergelassen.

Neben einem kurzen Bummel durch das Zentrum rund um die Anlegestelle lohnt sich die **Wanderung nach MuiWo** über das Trappistenkloster. Direkt an der alten Hafenecke führt an einem Drahtzaun ein kleiner Betonweg (Schild Richtung Schule) am Ufer entlang. Man erreicht eine alte, ziemlich zerfallene Siedlung, geht ganz hindurch bis zu einem ockerfarbenen Gebäude. Davor geht links ein Erdpfad weiter, ehe ein kleines Schild erneut auf den Betonpfad Richtung MuiWo bzw. Kloster hinweist. Danach schlängelt sich der Pfad zickzack aufwärts, ist nur teilweise betoniert und bei Regen nur schwer begehbar.

# LANTAU – Die Inseln

- Die **Schnellboote** „Discovery Bay" pendeln in den Stoßzeiten alle 8, ansonsten etwa alle 25 Minuten zwischen Discovery Bay und Central (einfach 30 HK$, 25 Minuten). Die gleiche Linie fährt um 07:25, 11:00, 15:00, 16:10 und 18:10 Uhr ab Discovery Bay nach Mui Wo, um 07:45, 11:20, 15:20, 16:20 und 18:30 Uhr ab MuiWo zurück (15 HK$), an Wochenenden und Feiertagen verkehren drei zusätzliche Boote von/nach MuiWo.
- In Central liegt die **Ablegestelle** an Pier 3.
- **Linienbus-Anbindung** zur **MTR-Station** TungChung.

## TungChung 東涌

Im frühen 19. Jh. verunsicherten die Piraten des südchinesischen Meeres alle Seeleute und Küstenfischer zunehmend, sodass der kaiserliche Qing-Hof eine Reihe von schwer bewaffneten Festungen auf mehreren Inseln errichten ließ. Zu den bedeutendsten dieser Festungen gehörte das Fort Xi-Tai auf den (heute taiwanesischen) Pescadoren von 1884 sowie das **Fort TungChung** aus dem Jahre 1816. Es wurde in den 1980er Jahren restauriert, wird wegen des seltenen Busverkehrs jedoch kaum von Touristen besucht. Das Fort liegt 1500 m vor dem Pier auf der rechten Straßenseite und ähnelt eher einem chinesischen Tempel. Man achte im Bus nach Tung Chung-Pier auf ein englischsprachiges Schild, sobald man die Siedlung erreicht hat.

Um den Pier liegt die alte **Siedlung TungChung**, östlich davon – jenseits der kleinen Bucht – die Trabantenstadt **TungChung New Town** direkt an der neuen Bahn-/Straßentrasse vom Flughafen ins Zentrum. Die LanTau-Buslinie No. 3 endet an der MTR Station.

Für Langstreckenwanderer empfehlen sich zwei Routen von/nach TungChung: ab (♪) PoLin-Kloster über ShekMunKap und ShekLauPo (6 km, knapp

Hypermodernes Discovery Bay

2 Stunden) sowie vom TungChung Fort 2 km die WongLungHang-Straße hinauf, 200 Meter vor deren Ende liegt rechter Hand ein Pfad hinauf Richtung YiTungShan/TaiTungShan, wo man auf den ( ♪ ) LanTau-Trail trifft und bis Mui-Wo (11,5 km, ca. 4 Gehstunden) marschieren kann. Eine Straße und ein Wanderweg verbinden die Neustadt und TungChung Old Town. Der Wanderweg führt von der ShunTung Rd. über die Hügel zur TungChung-Battery. TungChung wird damit zu einem wichtigen Verkehrsknotenpunkt zwischen Flughafen, LanTau, HongKong-Island, KowLoon und den New Territories. Neben der MTR, 19 HK$ bis KowLoon, 25 HK$ bis Hong-Kong-Island, fahren in der MTR-Station sowie auf der ShunTung Rd. u.a. folgende Linien:

- S61 und S64 zum Flughafen via Fährpier, 4 HK$ ( ♪ An-/Rückreise, S. 23)
- S64 Fährpier via Flughafen,
- 23 nach NgongPing/LanTau, mehrfach tgl.,
- 34 nach ShekMunKap/LanTau,
- 11 und 31 nach TaiO/LanTau,
- A/E/N 11/12 nach Central/HK-Island (11 bis Causeway Bay, 12 bis TaiKoo),
- A/E/N21 HungHom-Station, YauMaTei & MongKok,
- E/N22 Star Ferry/KowLoon,
- A/N35 nach MuiWo/LanTau,
- E41 nach ShaTin/New Territories,
- E33 nach TuenMun/NT,
- E34 YuenLong/NT.

## Disneyland-Resort 香港迪士尼樂園度假區

Seit 2006 strömen die Massen – geplant sind jährlich rund 10 Millionen Besucher – ins HongKonger Disneyland, welches abgeschottet im Nordostzipfel LanTaus auf 126 Hektar für über **3,5 Milliarden HK$** gebaut wurde. Der Park besteht derzeit aus vier Großbereichen: der Main Street USA (pseudohistorisch), Pirateland (Spiel- und Abenteuer, z.B. Tarzans Baumhaus), Fantasyland (Begegnungen und Spiel mit den berühmten Disneyfiguren) sowie Tomorrowland (rasante Fahr-Attraktionen).

Beim Fährpier (entgegengesetzt von der MTR-Station) wurde ein **Disneyland-Hotel** gebaut (Tel. 35106000), wo man ab 1900 HK$ gleich neben dem Park logieren kann.

- **Infos** für die Vorfreude oder **Hotelreservierungen** unter http://park.hongkongdisneyland.com; der Park hat täglich von 09:00–18:00 Uhr geöffnet, der Eintritt beträgt 295 HK$ (Wochentag) bzw. 350 HK$ (Wochenende und Feiertage), Kinder unter 12 Jahren zahlen 210 bzw. 250 HK$.
- **An-/Abfahrt:** die einfachste Möglichkeit ist die Nutzung der MTR (TungChung-Linie bis Station „Disneyland-Resort-Line"), wo man in die eigens im Disney-Stil gebaute Linie umsteigt. Alternativ fahren auch Busse (R-11, Central oder Admiralty, 38 HK$ sowie R-21 (StarFerry TsimShaTsui, Nathan Road, 32 HK$), eine eigene Fährverbindung von/nach Central ist in Vorbereitung.

## NgongPing (PoLin-Kloster) 昂坪，寶蓮寺

Das **PoLin-Kloster** zählt zu den zehn wichtigsten Klöstern des Buddhismus und wird in einem Atemzug mit buddhistischen Hochburgen wie Fo-KuangShan (TaiWan), Kandy (Sri Lanka) oder ShueiDaGon (Myanmar) genannt. Das *PoLin ChingTzi*, wörtlich: „wertvoller Lotus Meditationskloster", wurde in den 20er Jahren des

NgongPing – Zentrum des Buddhismus

20. Jahrhunderts von Eremiten gegründet und 1928 offiziell eröffnet. Der heutige Komplex mit zahlreichen Einzelhallen stammt allerdings erst aus den 1970er Jahren, als PoLin in eine GmbH mit einem vorstehenden Abt sowie einem Mönchsdirektorium umgewandelt wurde.

Gleich an der Busstation liegt unübersehbar der **TianTan-Tempel** (Himmelstempel) mit der größten sitzenden **Buddhastatue** der Welt, dem Wahrzeichen LanTaus. Der Bau des 26 Meter hohen und über 200 Tonnen schweren Kolosses, den man bei schönem Wetter schon beim Anflug auf HongKong sieht, dauerte 10 Jahre und kostete rund 70 Millionen HK$. Aus Kostengründen wurden einzelne Teile in NanJing (VR China) gegossen und erst vor Ort zusammengesetzt. 260 Stufen führen zum Buddha hinauf, in dessem Inneren ein Museum untergebracht ist. Auf dem Podium stehen sechs Boddhisatvas, jeweils zwei Tonnen schwer. Sie stellen sechs Wege zur Erleuchtung mittels sechs verschiedener Opfer dar: Blumen, Räucherstäbchen, Licht, Salbe, Früchte und Musik. Innen zeigen Gemälde die Stationen des historischen Buddha und ist eine Reihe buddhistischer Kalligrafien ausgestellt. In einem kleinen Schrein des Obergeschosses soll sich – durch ein Vergrößerungsglas erkennbar – ein Knochen des historischen Buddha befinden.

Dass Buddhisten auch gute Geschäftsleute sind, ist bekannt. Um das Museum zu besichtigen muss „als Spende" ein **meal-ticket** für ein mehrgängiges vegetarisches Menü im Restaurant am Fuße der 260 Stufen zur Statue erworben werden (100 HK$).

Zur **Haupthalle** gelangt man durch eine Vorhalle mit dem dickbäuchigen *MiLoFu* (Boddhisatva der Gutmütigkeit), an dessen Rückseite *Veda*, der Hüter des Buddhismus, die bösen Geister vor dem Weitergang zur Haupthalle hindert. In der Haupthalle sitzt ein Buddha-Dreigestirn, welches aus Buddha (Mitte) sowie dem Boddhisatva des Heilwesens (rechts) und dem Boddhisatva des westlichen Paradieses (links) besteht. Im Untergeschoss der Haupthalle befinden sich einige weitere kleinere Schreine, unter anderem für *KwanYum (GuanYin)*, den Boddhisatva der Barmherzigkeit. Bemerkenswert ist die mit vielfarbigen Keramikkacheln gestaltete Dachformation, an deren äußeren vier Enden

Tierfiguren den Abschluss bilden. Zu deren Bedeutung gibt es zwei Erklärungen: Es handelt sich um Figuren des chinesischen Tierkreiskalenders (wahrscheinlicher), oder sie dienen den vegetarischen Buddhisten als Erinnerung, keine Tiere zu verletzen (so die offizielle Erklärung in HongKong).

Eine moderne **Seilbahn** verbindet NgongPing mit TungChung, an klaren Tagen ein schönes Erlebnis mit tollen Ausblicken (55 HK$ einfach). Rund um die Bergstation baute man zudem ein recht kitschiges klassisches Dörfchen mit Souvenirständen, Imbisslokalen und der **Multimediashow Ngong-Ping 360.**

●**Anfahrt:** Am einfachsten nimmt man den Bus No. 2 von/nach (↗) MuiWo oder No. 21 von/nach (↗) TaiO. Von/nach (↗) TungChung No. 23, etwa stündlich. Alternativ kann man ab MTR TungChung auch die Seilbahn (55 HK$ einfach) direkt nach Ngong-Ping nehmen.

●**Übernachtung:** *LanTau Tea Garden,* Tel. 29855161, hat sehr einfache DZ schon ab 200 HK$, an Wochenenden 300 HK$, Dreibettzimmer kosten 260/320 HK$ und Vierbettzimmer zu 280/300 HK$. 5 Minuten von Buddhastatue entfernt. *SG Davis Youth Hostel* (↗ Unterkunft am Ende des LanTau-Kapitels).

## LanTau-Peak 鳳凰山

Mit 934 Metern stellt der **FungWong-Shan,** gemeinhin auch LanTau-Peak genannt, die höchste Erhebung der Insel dar. Der **Aufstieg** dauert ab Kloster rund eine Stunde und lohnt sich unbedingt.

Er beginnt links an der Treppe zur Buddha-Statue. Der Weg führt zum *Tea Garden Restaurant,* wo eine Abzweigung liegt; hier gehe man geradeaus zum Gipfel (links geht es via *S.G. Davis Youth Hostel* auf die andere Seite des PoLin-Klosters). Nach etwa 700 Metern folgt eine Dreier-Abzweigung (Schutzhütte): Links gelangt man via TeiTongTsai- und ShekMunKap-Kloster nach TungChung, geradeaus zum Gipfel und rechts auf dem LanTau-Trail zur Südwestküste.

Vom **Gipfel** aus kann man leicht dem LanTau-Trail für 3 km nach Osten folgen und trifft auf die TungChung-Straße, wo Bus No. 3 zwischen Mui-Wo und TungChung pendelt. Man kann dieser Straße auch weitere 2,5 km nach Süden zur Hauptstraße folgen, wo wesentlich häufiger Busanbindungen bestehen.

## TaiO 大澳

Die kleine, direkt mit LanTau verbundene Insel TaiO im Westen dürfte die älteste menschliche Siedlung auf LanTau sein; bis zur Erschließung der Trabantenstadt TungChung New Town und des Luxus-Wohnviertels Discovery Bay war sie auch die größte.

Hier wohnen die Nachfahren des Volkes der **Tanka,** südwestchinesischer Migranten, die näher mit den Völkern Südostasiens verwandt sind als mit den Han-Chinesen. Auch sprachlich zeigt sich dies beispielsweise in den Zahlen von eins bis zehn, die im Kantonesischen dem Thai (!) ähnlicher sind als dem Mandarin-Hochchinesischen; auch ist der Name der Tanka-Vorfahren *Yueh* identisch mit dem heutigen chinesischen Namen Vietnams *YuehNam*. Die Tanka lebten traditionell von der Salzgewinnung, etliche alte Salzpfannen an der Küste zeugen davon. Der Fischfang für den lokalen Bedarf spielt noch heute eine große Rolle, wie man auf dem Markt des Ortes leicht feststellen kann.

Interessant und eigenartig ist auch die Bauweise auf TaiO: Viele **Häuser** stehen zum Schutz vor Hochwasser auf Holzstelzen, was TaiO auch den Beinamen „Venedig HongKongs" einbrachte. Viele der neueren kleinen Häuschen sind aus Stahlblech gebaut, was an eine seltsame Mischung aus Garage und Miniaturhangar erinnert. Außer den kleinen Booten gibt es auf dem Inselchen TaiO keinen motorisierten Verkehr; eine der größten Attraktionen, die seilgezogene Fähre, welche das Festland mit TaiO verband, wurde 1996 leider durch eine Fußgängerbrücke ersetzt. Viele der „Stelzenhäuser" wurden bei dem Brand vor einigen Jahren zerstört.

Am kleinen Stadtmarkt liegt auch der **KwanTi-Tempel** aus dem frühen 16. Jh., gewidmet dem Gott der Gerechtigkeit und Schutzpatron der Armen. Das Pferd im Eingang rechts gehörte zu der Hauptfigur selbst, das linke zum Han-Kaiser *LiuPei*, dem *KwanTi* diente. Weitere taoistische Figuren im Tempel sind *WaTou* (Gottheit der Medizin, links) und *ChoiSan* (Gottheit des Wohlstandes, rechts vom Hauptgott). *KwanTis* Geburtstag, der nach dem Mondkalender auf den 24. Tag des sechsten Mondes fällt, wird hier farbenfroh gefeiert.

TaiO vor dem Brand

Der **HauWong-Tempel** (rechts vor dem Hinweisschild zum öffentlichen WC) wurde 1699 zu Ehren eines Getreuen des Sung-Kaisers *Ping* errichtet, der den Kaiser unterstützte, als dieser vor den herannahenden Mongolen nach Südchina floh. *HauWongs* Geburtstag (sechster Tag des sechsten Mondes) geht mit viertägigen Festivitäten einher, deren Höhepunkt, die Theateraufführungen am Tempel, über die Grenzen HongKongs hinaus bekannt sind.

Ein dritter Tempel liegt nahe dem Spital und ist **KungSheng** gewidmet, einem beliebten lokalen taoistischen Heiligen. Er ist eine Art Universalgottheit für Alltagsprobleme, oft werden hier ohne besonderen Anlass Opfer in Form ganzer Schweine vom Grill und ähnlichem gebracht.

Wer die lokalen **Fischereierzeugnisse** frisch zubereitet probieren möchte, wird im *FukMoonLam-Restaurant* (Tel. 29857071) am Markt fündig. Besonders beliebt sind hier Krabben und Shrimps, gedämpfte Fischbällchen stehen bei Wochenendausflüglern aus KowLoon hoch im Kurs.

●**An-/Abfahrt:** Die HKF fährt nur an Wochenenden von Central aus direkt nach TaiO, ansonsten muss man via ( ♫ ) MuiWo fahren und von dort Bus No. 1 nehmen. Bus 21 pendelt zwischen NgongPing (PoLin-Kloster) und TaiO.

## ShekPik ShuiKu     石壁水庫

Sowohl per Bus von MuiWo nach NgongPing/TaiO wie auch zu Fuß auf dem ( ♫ ) LanTau-Trail passiert man den **Staudamm** des ShekPik-Reservoirs. Dieser Süßwasserspeicher versorgt seit 1973 nicht nur LanTau mit Frischwasser, sondern über Untersee-Pipelines auch Teile HongKongs. Unterhalb des Dammes liegt eines der größten Gefängnisse HongKongs, in dem insbesondere Kapitalverbrecher langjährige Haftstrafen abzusitzen haben.

## Strände

Neben dem „Hausstrand" von MuiWo in der **Silvermine Bay** verfügt LanTau über eine Reihe brauchbarer Sandstrände, insbesondere entlang der Südküste.

Die meisten sind touristisch nicht weiter erschlossen, per Bus sind nur **PuiOWan** und **CheungShaWan,** beide an der Busstrecke von MuiWo nach NgongPing/TaiO/TungChung gelegen, zu erreichen. Der schönere von beiden ist sicherlich der Strand von PuiO, nicht zuletzt da er rund 10 Gehminuten von der Straße entfernt liegt.

Am LanTau-Trail und für den Straßenverkehr unzugänglich liegen drei weitere, ausgezeichnete Strände im Südwesten LanTaus: **TaiLongWan, FanLauTungWan** und **FanLauSaiWan.** Die beiden letztgenannten – mit die schönsten HongKongs – liegen an der kleinen Halbinsel FanLau. Hier befinden sich auch ein kleiner TinHau-Tempel, eine ungeklärte Steinformation sowie ein altes Fort aus dem Jahre 1729. Von der Bushaltestelle am ShekPik-Reservoir muss man zur Halbinsel 6,5 km dem LanTau-Trail folgend zu Fuß gehen.

## LanTau-Trail 鳳凰山經

Zu den drei großen Trekking-Herausforderungen HongKongs gehört der LanTau-Trail, mit 70 km allerdings nicht an einem und wegen der großen Höhendifferenzen auch nur mit Mühe in zwei Tagen zu bewältigen. Der gesamte Rundweg ist narrensicher ausgeschildert, ein Verlaufen daher beinahe ausgeschlossen.

Ein organisatorischer Hinweis: Normalerweise startet der Trail in MuiWo an der Küste nach Süden und führt anschließend entlang der Südküste. Es gibt (kostenlose) Zeltplätze an der FanLau-Halbinsel, allerdings erreicht man diese schon am frühen Nachmittag, die großen Steigungen liegen dann am zweiten Tag vor einem, und man kommt erst spät wieder in MuiWo an. Besser beraten ist man, den Trail umgekehrt zu laufen, also mit dem Bus 3 km die Hauptstraße zum Beginn des zweiten Abschnittes zu fahren und die großen Höhen am Anfang zu nehmen (Meer – 800 m – 350 m – 934 m – 550 m).

Dann kommt man gegen Abend am Tea Garden Hostel (günstige Übernachtungsmöglichkeit) bei NgongPing an und braucht dann am zweiten Tag nur noch abwärts bzw. eben zu laufen. Außerdem ist so keine Zeltausrüstung nötig. Neben guten Schuhen sind Getränke, Sonnen- und Windschutz die wichtigsten Utensilien. Außerhalb der Sommermonate (Juli, August) wird man oft stundenlang keiner Menschenseele begegnen.

Wer nur einen Teil des Trails gehen möchte, kann vom PoLin-Kloster über den LanTau-Peak und den TaiTung-Shan bis MuiWo (ca. 18 km, gut sechs Stunden Fußweg) laufen – dieser Abschnitt ist sicherlich von den Aus-

### Fährplan Central – MuiWo (LanTau)

| Ab Central | | Ab MuiWo | |
|---|---|---|---|
| Mo-Sa | So, Fei | Mo-Sa | So, Fei |
| 0:30, #3:00, *6:10, *6:50, 7:10, 7:40, *8:30, 9:00, 9:20, *10:30, 11:10, 11:50, 12:30, 13:10, 13.50, *14:30, 15:10, 15:50, *16:30, 17:10, 17:40, 18:00, *18:30, 19:00, 19:30, *20:00, *20:30, 21:10, 21:50, *22:30, 23:10, 23:50 | 0:30, #3:00, *7:00 8:00, 8:30, *9:00, 9:30, 10:30, *11:00, 12:00, *13:00, 13:40, 14:20, *15:00, 15:40, 16:20, 17:00, *17:40, 18:20, *19:00, *19:40, 20:20, *21:00, *21:40, 22:20, *23:00, 23:40 | 3:40, *#5:55, 6:20, *#6:35, 7:00, * 7:10 *#7:50, 8:05, 8:30, *8:45, 10:00, 10:40, *11:30, 12:10, 12:50, *13:30, 14:10, 14:50, *15:30, 16:10, 16:50, *17:30, 18:10, 18:50, *19:30, 20:10, 20:50, *21:30, 22:10, 22:50, *23:30 | 3:40, 6:20, *#6:35, 7:05 *8:00, 8:40, 9:20, *10:00, 10:40, 11:20, *12:00, 12:40, 13:20, *14:00, 14:40, 15:20, *16:00, 16:40, 17:20, *18:00, 18:40, 19:20, *20:00, 20:40, 21:20, *22:00, 22:50, 23:30 |
| * normale Fähre (sonst Hovercraft) # über PengChau | | | |

blicken her der schönste Teil der Strecke.

## Transport

### Von/nach LanTau

●**per MTR:** Mit der neuen LanTau-Linie (orange) werden die 34 km von Central nach TungChung in 23 Minuten überbrückt, 19 HK$ (KowLoon) bzw. 25 HK$ (Central) einfach, was den Fähren erhebliche Rückschläge bringen wird. Diese Linie ist aber vorwiegend für Pendler von TungChung New Town nach Central und KowLoon gedacht, weniger für Touristen. Man kann sich diese aber sehr wohl zunutze machen und eine LanTau-Tour in TungChung beginnen, per Bus dann andere Teile der Insel besuchen. Von der MTR-Station TungChung New Town muss man allerdings rund 15 Minuten zu Fuß zum Fort und zur Bushaltestelle an der Hauptstraße nach MuiWo bzw. TaiO laufen ( ♪ TungChung).

●**per Fähre:** Auf LanTau werden drei Häfen angefahren, wegen der neuen MTR-Linie sind hier aber kurzfristig Änderungen oder Streichungen möglich:

**Central – MuiWo** (10 HK$) ist die nach wie vor gängigste Route (s. Fahrplan unten).

**Central – Discovery Bay,** ca. alle 10–15 Minuten (30 HK$), ist die schnellste und häufigste, allerdings nur selten von Touristen genutzte Verbindung, da man nur zu Fuß von Discovery Bay weiterkommt.

**Central – TaiO** wäre zwar sehr attraktiv, fährt aber nur an Wochenenden (Sa 8:15 und 14:15 ab Central, 11:50 und 17:00 ab TaiO, So 8:15 ab Central, 17:30 ab TaiO). Vom Pier zur Ortsmitte ist es außerdem ein gutes Stück zu laufen.

Gleiches gilt für die Verbindung **TuenMun (New Territories) – TaiO** (Sa 10:40, 15:40 ab TuenMun, 11:50, 17:00 ab TaiO bzw. So 9:40, 16:15 ab TuenMun, 15:00, 17:30 ab TaiO (20 HK$).

### Zu anderen Inseln

Die im obigen Fährplan mit * gekennzeichneten Fähren halten ca. 20 Minuten nach der Abfahrt ab MuiWo auf **PengChau**. Man kann nach PengChau auch den Inselshuttle nehmen; derselbe Shuttle fährt auch die Insel CheungChau (Fahrplan s. dort) an.

### Zum Flughafen ChekLapKok

Es ist möglich, mit der MTR (orange) von Central oder KowLoon nach TungChung und von dort (an der Station) mit den Shuttle-Bussen S-51 oder S-61 zum Flughafen zu fahren.

Einzelheiten zu den Verbindungen s. TungChung und An- und Rückreise im A–Z-Teil.

### Taxis

Taxis auf LanTau sind hellblau und verlangen 15 HK$ für bis zu 2 km sowie 1,20 HK$ für jede weiteren 200 Meter. Von MuiWo zum PoLin-Kloster kostet es rund 150 HK$, etwa 250 HK$ von MuiWo oder NgongPing zum (neuen) Flughafen. Taxis können unter den Rufnummern 29841368 und 29841328 bestellt werden.

### Busse auf LanTau

●**1:** *MuiWo–TaiO* via LungTsai, KwanYum-Tpl, LinYan-Kloster (ca. alle 30 Min., 16/24 HK$ an Wochenenden)

●**21:** 7:45, 10:15, 11:00, 12:00, 13:00, 14:00 und 15:00 **von TaiO nach NgongPing,** 7:30, 10:30, 11:15, 12:15, 13:15, 14:15, 15:15 und 17:00 ab NgongPing nach TaiO (7 HK$); an Wochenenden doppelt!

●**2:** *MuiWo–Ngong Ping* (PoLin-Kloster) via YinHing-Kloster (12 HK$, ca. alle 25 Min.)

●**23:** *NgongPing–TungChung* tägl. von 07:00–19:00 Uhr alle 20 Minuten (20 HK$)

●**3 und 13:** *MuiWo–TungChung* (14 HK$ etwa stündlich)

●**11:** werktags 1 Bus 7:10 *TaiO nach Tung-Chung,* 8:10 zurück (10 HK$).

●**4:** *MuiWo–TungFuk* via TungSha Beach, TungSha, SanShekWan

●**5:** *MuiWo–ShekPik* via ShaTsui (9 HK$)

●**7:** *MuiWo–PuiO* via NamShan Campsite (3,50 HK$)

Verbindungen vom Flughafen via TungChung nach HongKong s. Internationale An-/Abreise.

**Achtung:** Gezahlt wird beim Einsteigen per Einwurf in einen Kasten, es gibt also kein Wechselgeld – Octopus ist besser!

## Unterkunft

- Mehrere kostenlose **Campingplätze** befinden sich an der Südküste, besonders angenehm sind die Plätze an der FanLau-Halbinsel.
- Die HKYHA unterhält drei **Jugendherbergen** auf LanTau: zwei kleinere in **SanShekWan** (Busanschluss No. 4) ausschließlich für Frauen sowie eine in der Bucht von **MongTungWan**. Telefonische Voranmeldung ist ratsam (Tel. 27881638, Fax: 27883105), da sie nicht durchgehend geöffnet sind. Betten kosten 60 HK$. MongTung Wan erreicht man von MuiWo aus zunächst per Bus No. 7 nach PuiO, dort folgt man dem Asphaltweg zum Fischergehöft HamTin, bleibt aber bis zum Tin-Hau-Tempel auf dem Weg an der Küste. Am Tempel knickt der Weg scharf landeinwärts ab, ein Fußpfad führt weiter an der Küste entlang bis zum Hostel (ab Bus eine Strecke von ca. 3,5 km).
- Die größte und wegen der unvergleichlichen Lage am Fuße des LanTau-Peak in NgongPing beliebteste Jugendherberge ist das **S. G. Davis Hostel,** NgongPing, LanTau, Outlying Islands, Tel. 29855610, Dorm 40 HK$ (bis 17 J. 30 HK$), Zeltplatz 30 HK$. Da der neue Flughafen relativ günstig vor der Nordküste LanTaus liegt, sind das S. G. Davis Hostel sowie das nahegelegene und erfreulich günstige Tea Garden Hotel brauchbare Alternativen für KowLoon oder Central, wenn man ohnehin vorhat, auch auf LanTau Station zu machen – allerdings ist dann das eigentliche HongKong knapp 2 Stunden entfernt.

Vom Flughafen nimmt man entweder einen Bus oder ein Zubringerboot nach LanTau. Von TungChung 300 Meter zur alten Straße (Richtung Fort) gehen und den Bus 23 (nur sonn- und feiertags direkt nach NgongPing oder Bus 3 nach MuiWo und dort Bus 2 nach NgongPing nehmen. Dort folgt man dem Pfad links der großen Buddhastatue zum Hostel. Der Haken an der Sache: Dieses Hostel ist nur an Wochenenden und Feiertagen geöffnet.

- Um die Ecke liegt das **Tea Garden Hostel,** LanTau Tea Garden, Tel. 29855161, es hat sehr einfache DZ ab 200 HK$, an Wochenenden 300 HK$, Dreibettzimmer zu 260/300 HK$ und Vierbettzimmer zu 280/300 HK$. 5 Minuten von der Buddhastatue (am Fußweg links) entfernt.

Zu den Jugendherbergen allgemein ␥ auch Reisetipps, Unterkunft.
- Auch in den heiligen Hallen des nahegelegenen **PoLin-Klosters** (Tel. 29855113) kann man in getrennten Schlafsälen unterschlüpfen, allerdings für recht gesalzene 220 HK$/Person (beinhaltet drei vegetarische Mahlzeiten, ob man sie will oder nicht).
- Gleich am Ausgang vom Pier rechts in MuiWo befindet sich ein kleiner Stand, der **private Zimmer** (überall auf LanTai) ab 190 HK$ (DZ) vermittelt.

Die wenigen Hotels liegen alle in MuiWo und sind binnen weniger Minuten ab der Fähre zu Fuß erreichbar:
- Das **MuiWo Inn** (Tel. 29841916) bietet sehr gute DZ ab 380 HK$, an Wochenenden und Feiertagen plus 50 %.
- **Silvermine Beach Hotel,** Tel. 29848295, Fax: 29841907, ist ein gutes Hotel der mittleren bis gehobenen Kategorie mit Preisen ab 500 HK$ während der Woche. Das Hotel bietet auch eigene Inselrundfahrten an.

## Verpflegung auf LanTau

- Ein toller Ort für chinesische Schnellgerichte dürfte der **New Garden Fruit Court** im Discovery Bay Plaza sein, eine moderne Form der chinesischen Garküche mit mehreren Anbietern unter einem Dach. Hier kann man ohne Angst vor mangelnder Hygiene z.B. ShuiJiao (chinesische Ravioli), vegetarische Gerichte oder sogar vietnamesische Küche preiswert ausprobieren. Geöffnet tgl. 07:00–22:30 Uhr.
- Einige Geschäfte werden von Europäern betrieben, so das **Stars-Sandwich-Restaurant** im Discovery Bay Plaza – für den Fall, dass man mal wieder etwas Heimisches kosten möchte.
- Die **Garküchen** nahe der Fähre in MuiWo bieten kurzgebratene Kleinigkeiten, Nudelgerichte und Snacks zu günstigen Preisen an.
- In der mittleren bis gehobenen Preisklasse empfiehlt sich das **Korean BBQ** im Silvermine Beach Hotel, geöffnet samstags von 18:30 bis 21:30 Uhr für 185 HK$ – essen, soviel man kann.

- Gleichfalls Essen ohne Grenzen, nur auf vegetarischer Basis, bietet das **PoLin-Kloster** von NgongPing für 100 HK$, Snacklokale findet man rund um die Seilbahnstation.
- Frische Meeresfrüchte und Fisch probiert man am besten im **FukMoonLam Restaurant** (Tel. 29857071) in TaiO. Teurer sind die **Fischrestaurants** an der Promenade in Mui-Wo. In MuiWo findet man außerdem Mc Donald's sowie einige Supermärkte.

# TungLungChau
東龍洲

Einheimische Jugendliche, die aus den Zentren heraus wollen und nicht das nächstbeste Seafood-Restaurant suchen, handeln die nur 684 Hektar große Insel TungLungChau (Ost-Drachen-Insel) im Osten von HK-Island als Geheimtipp. Es gibt keinerlei Fahrzeuge, nicht einmal ein Fahrrad auf der Insel, auch Restaurants sucht man vergebens. Hinzu kommt, dass sie nur an Wochenenden und Feiertagen per Fährboot erreichbar ist. Man kann die Insel leicht an einem Tag erkunden, genauso gut aber auch am Samstag an-, am Sonntag zurückreisen und einen Tag lang ausgiebig grillen, zelten und wandern. Ferner liegen hier auf TungLungChau zwei interessante historische Relikte.

Festes Schuhwerk und ausreichend Getränke müssen mitgebracht werden. Die Pfade sind durchwegs schwer begehbar und verlangen Trittsicherheit und Schwindelfreiheit.

Nach ca. 30 Minuten Fahrt erreicht man TungLungChau an der winzigen Siedlung **NamTung,** wo noch etwa ein Dutzend Menschen leben.

Der befestigte Pfad teilt sich hier, rechts geht es zu den *ancient rock carvings* (Schild), **steinzeitliche Felsgravuren** in die Klippen, die auf ein Alter von etwa 3000–4000 Jahre geschätzt werden und somit als ältestes schriftliches Zeugnis menschlicher Besiedlung in HongKong gelten. Man folge dem Pfad (der nicht mehr, wie Schilder vorgeben, verschüttet ist) bis zu einem Wassertank, an dem halbrechts ein kaum sichtbarer Pfad den Hügel hinauf führt. Dort folgt man vorsichtig dem Pfeil die Klippen rund 60 Meter tief hinunter zu den Gravierungen.

An der Fähre links führt der Weg vorbei am **TaiChienShan** (BigPoint Mountain, 98 m), den man etwa Mitte der Strecke rechter Hand sieht und der ein beliebtes Ziel all derer ist, die sich nicht der Herausforderung „Navaids Station" stellen wollen.

An der nächsten Abzweigung kommt man links durch eine zweite kleine Siedlung mit dem „Holiday Store" und zur **Tung Lung Fort Special Area.** Schon während der Sung-Dynastie (960–1279) spielte TungLung Chau eine wichtige Rolle als Beobachtungsposten, um chinesischen Handelsdschunken Unterstützung im Kampf gegen Piraten zu gewähren. Diese Funktion wurde während der Dynastien Ming (1390–1648) und Qing (1648–1911) noch verstärkt, im späten 17. Jh. wurde das Fort mit 25 Mann Besatzung und acht Kanonen errichtet. Um 1810 wurde es aufgegeben und zerfiel, ehe es 1979 als historisches Monument restauriert wurde.

# TungLungChau

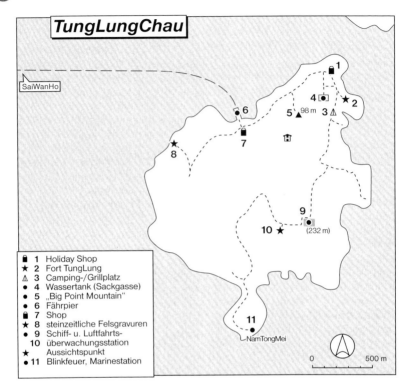

- 🔒 1 Holiday Shop
- ★ 2 Fort TungLung
- ⚠ 3 Camping-/Grillplatz
- ● 4 Wassertank (Sackgasse)
- ● 5 „Big Point Mountain"
- ● 6 Fährpier
- 🔒 7 Shop
- ★ 8 steinzeitliche Felsgravuren
- ● 9 Schiff- u. Luftfahrts-
- 10 überwachungsstation
- ★ Aussichtspunkt
- ● 11 Blinkfeuer, Marinestation

Archäologen vermuten noch eine Reihe unausgegrabener Artefakte in der Gegend um das Fort. Rund um das Fort führen einige Pfade zu den Felsen am Meer, müssen aber teilweise erklettert werden.

Am **Grillplatz** sieht man zwei weiterführende Pfade (die dort aushängende Karte stimmt nicht mit der Realität überein!): einen Stufenweg, der bereits an der Abzweigung vor der Siedlung nach rechts beginnt. Dieser führt entlang einer Wasserleitung und endet als Sackgasse.

Der Trampelpfad am Grillplatz dagegen führt hinauf zu den höhergelegenen Klippen und zur höchsten Erhebung der Insel, der 232 Meter hoch gelegenen Leitstation *(„Navaids Station")*. Der Pfad ist schon von Anfang an nicht einfach, wird aber im letzten Stück beinahe unbegehbar. Die Steigung ist mörderisch, die teilweise mannshohen, steinharten und den Pfad überwuchernden Sträucher tun ihr übriges.

Nach ein paar Metern am Zaun rechts entlang erreicht man einen befestigten Weg, der die Station mit einer Schiffsfunkstation in der LukKeng-Wan-Bucht verbindet. Dort sind lediglich ein Leuchtfeuer und ein paar Wohnblocks zu finden, in denen die Angestellten wohnen. Hier unten liegt auch eine kleine Anlegestelle, die aber nicht dem öffentlichen Bootsverkehr dient. Es soll nach etwa einem Viertel der Strecke ab Navaids Station Richtung LukKengWan einen Pfad nach rechts hinunter Richtung Anlegestelle NamTung geben – dem ist leider nicht mehr so, zumindest ist er so überwuchert und zugewachsen, dass man den gleichen steilen Weg wie hinauf auch wieder hinunterrutschen muss.

Historisches Relikt: Fort TungLung

Trotz aller Mühe lohnt sich die Kletterei, die Aussicht von hier über das südöstliche KowLoon, Discovery Bay, HongKong-Island, etliche kleinere, unbewohnte Inseln sowie über ganz TungLungChau ist schon fantastisch. Hier kann man die ehemals herausragende strategische Bedeutung Tung LungChaus nachvollziehen.

● *An-/Abreise:* TungLungChau wird nur an Samstagen, Sonntagen und Feiertagen ab (♫) SaiWanHo um 08:30 und 15:30 Uhr, Rückfahrt ab TungLungChau 09:00 und 16:00 Uhr von einem einzigen Boot (Tel. 25609929) angefahren. Die Hin- und Rückfahrt kostet 25 HK$, wenn man am selben Tag zurückfährt, ansonsten 10 HK$ Aufpreis. Gezahlt wird an Bord, man erhält einen kleinen Zettel mit der Aufschrift „4:00", der als Rückfahrtticket gilt. Ab KowLoon Star-Ferry nach WanChai, dort MTR – SaiWanHo, Ausgang A. Die Fähre in SaiWanHo liegt ab MTR-Station 200 Meter nach rechts kurz vor den Bushaltestellen rechter Hand (keine engl. Hinweise).
● *Übernachtung* ist mit eigener Ausrüstung am ausgewiesenen kleinen Grill- und Zeltplatz vor dem Fort kostenlos möglich. In den beiden Kiosken gibt es sogar gekühlte Getränke, mit 12 HK$ für ein eiskaltes Bier auch nicht überteuert.

# TapMunChau
塔門洲

Wer fernab allen Trubels einen schönen ruhigen Spaziergang auf einer Insel sucht, die auch an Wochenenden von nicht mehr als einem guten Dutzend einheimischer Touristen besucht wird, für den ist TapMunChau genau das richtige. Die **Grasinsel,** so die

# TapMunChau

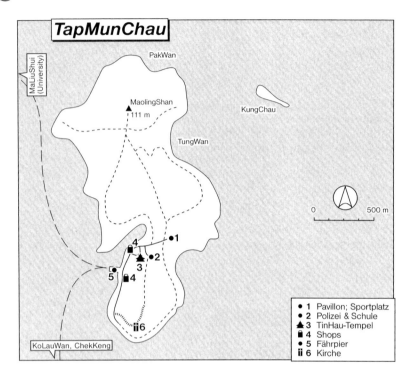

- 1 Pavillon; Sportplatz
- 2 Polizei & Schule
- 3 TinHau-Tempel
- 4 Shops
- 5 Fährpier
- 6 Kirche

Übersetzung für TapMunChau, misst nur rund vier km², wird von rund 150 Fischern bewohnt und kennt keinen Straßenverkehr. Auf der Insel, die trotz teilweise dichter Vegetation besonders auf den Höhen und grasbedeckten Plateaus (daher der Name) eher an die schottischen Highlands erinnert, weiden friedlich etliche freilaufende Rinder – bis 1997 vermutlich das BSE-freieste Rindvieh Ihrer Majestät!

TapMunChau war einst eine christliche Hochburg, die recht moderne kleine **Kirche** zeugt noch heute davon.

Der **TinHau-Tempel,** den die Fischer zu Ehren der Meeresgöttin *TinHau (TianHou* oder *MaZi)* errichteten, zeigt die Göttin im Mittelschrein gleich zweifach; die hintere größere Statue sogar mit Lächeln, was bei taoistischen Tempel nicht sehr häufig der Fall ist. Die Seitenwände sind mit taoistischen Szenen bemalt, ergänzt durch die so genannte alte chinesische Grasschrift.

Die Insel ist leicht in einem halben Tag zu erkunden, ab dem Sportplatz allerdings nur auf einem Netz von

Trampelpfade, die nach Norden hin zunehmend schwieriger zu sehen sind, dafür aber keine großen Steigungen beinhalten (höchste Erhebung: MauPingShan, 109 m).

●**An-/Abfahrt:** Ab (↗) University/MaLiuShui: zwei Boote täglich um 8:30 und 15:00 ab University, 10:40 und 17:20 ab TapMunChau (20 HK$) einfach. Von der Insel fährt an Sonn- und Feiertagen zusätzlich ein Boot nach MaLiuShui (13:45, nur in diese Richtung).

Häufiger fährt die Fähre vom WongShek Pier (siehe SaiKung, dort Bus 94 tgl., Bus 96R an Wo/Fe), ab 08:30 Uhr 7 x tgl. hin, ab Tap Mun bis 18:00 Uhr 7 x tgl. zurück, 8 HK$ einfach. An Wochenenden fahren bis zu 12 Fähren tgl., 12 HK$.

Nach KoLauWan (↗ ToLo-Bucht): 07:45, 09:45, 11:45 13:45 und 15:45, zurück 08:30, 10:30, 12:30, 14:30 und 16:30 Uhr (5 HK$).

# PingChau
泮洲

Bis in die 1980er Jahre hinein lebten auf der **Geisterinsel,** wie sie heute genannt wird, noch über 2500 Menschen. Diese Bauern und Fischer lebten ganz nach den Traditionen der Provinz GuangDong auf dem Festland, welche an schönen Tagen in Sichtweite liegt. Ihre Steinhäuser sind einzigartig in der ehemaligen britischen Kronkolonie.

Anfang der 1970er Jahre begann eine Abwanderung in die attraktiveren und wirtschaftlich vielversprechenderen New Territories, sodass PingChau, knapp zwei Bootsstunden vom Zen-

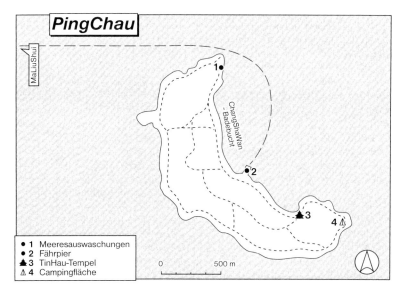

- 1 Meeresauswaschungen
- 2 Fährpier
- ▲ 3 TinHau-Tempel
- △ 4 Campingfläche

trum entfernt, heute bis auf eine Handvoll Menschen verlassen ist. Lediglich einige Rinder bevölkern heute, völlig auf sich allein gestellt, die Insel.

Die Häuser wurden nur verschlossen, nicht verkauft. Nach chinesischer Auffassung bringt es Unglück, einen Familienbesitz zu veräußern, nicht aber, ihn zu verlassen. Aufgrund der Nähe zum chinesischen Festland schrieb PingChau auch ein Stück blutiger Geschichte: Viele Flüchtlinge der Volksrepublik schwammen vom Festland herüber in die vermeintliche Freiheit und fielen den Angriffen der hier zahlreichen Haie zum Opfer.

Neben der **Geisterstadt** am Pier sind der alte **TinHau-Tempel** sowie vor allem die **unberührte Natur** der Insel mit ihrer eigenartigen Stimmung sehenswert.

Die 2 km² sind zwar schnell durchwandert, auch gibt es keine großen Erhebungen (maximal 41m), doch kann man PingChau nicht an einem Vormittag besuchen – von MaLiuShui (↗ University) fährt samstags sowie an Sonn- und Feiertagen ein Boot um 9:00Uhr hin, um 17:30 zurück (Rückfahrkarte 80 HK$). Getränke und kleine Snacks konnte man bislang bei einem uralten Mann im kleinen Laden beim Pier kaufen, der von den Einnahmen der wenigen Wochenendbesucher lebt. Eine Übernachtung ist nur am (kostenlosen) Zeltplatz bei NaiTau im Südosten möglich.

# YimTinTsai
監田仔

In der Bucht von SaiKung an der Sai-Kung-Halbinsel der nordöstlichen New Territories liegen Dutzende ziemlich unbekannter Inseln und Inselchen, viele von ihnen unbewohnt. Zu den interessanteren Inseln in der Bucht gehört YimTinTsai („Salzpfanne"), heute nur noch von ein paar Dutzend Menschen bevölkert.

Britische Gurkha-Truppen, Britanniens indische Elitesoldaten, bauten die heute noch benutzte **Anlegestelle,** um hier auf der Insel Vorräte und Munition zu lagern.

Folgt man dem Betonweg zwei Minuten, erreicht man eine alte **Schule,** in der noch heute knapp 10 Kinder der traditionell auf ihren Booten lebenden „schwimmenden Bevölkerung" unterrichtet werden.

Nur wenige Meter weiter liegt die beeindruckende **St.-Josephs-Kapelle,** das Wahrzeichen YimTinTsais. Anders als auf anderen Inseln dominiert hier eine christliche Gebetsstätte, die mit einer chinesischen Legende in Verbindung steht: Die ursprünglich schamanistischen Inselbewohner lebten einst in Frieden vom Fischfang und der Salzgewinnung, wurden aber von Piraten immer wieder überfallen. Erst eine Erscheinung des *Heiligen Joseph* vertrieb die Piraten, und seither sind alle Bewohner YimTinTsais überzeugte Katholiken. Die Sakristei dient übrigens auch als Amtsgebäude der Schule, eine Besichtigung ist nur nach vorheri-

# YIM TINTSAI

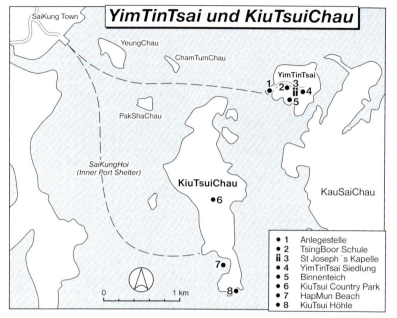

ger Anfrage bei der Schule möglich (an Wochenenden geschlossen).

In der Hauptsiedlung lebt nur noch eine Handvoll Familien, die restlichen Häuser wurden verlassen, ähnlich wie auf (↗) PingChau. Wer Glück hat, kann mit der Schulklasse nach Schulschluss um 14:30 nach SaiKung zurückfahren und vom Dorflehrer die eine oder andere alte Erzählung über das interessante YimTinTsai hören. Es gibt keine Einkaufs- oder Übernachtungsmöglichkeiten auf der Insel, Zelten ist allerdings gestattet.

●*An-/Abreise:* Von (↗) SaiKung in den New Territories muss man mit einem Kaido nach YimTinTsai übersetzen. Das Problem ist, diese Kaidos fahren nicht regelmäßig, sondern nach Bedarf. Wer allein eine Hafenrundfahrt mit einstündigem Aufenthalt auf YimTinTsai machen möchte, zahlt sage und schreibe 150 HK$, hin und zurück. Der offizielle Preis dagegen beträgt 10 HK$ (einfach), man muss aber gegebenenfalls warten, bis das Boot voll ist oder eventuell eine Gruppe Einheimischer, die eine andere Insel anfahren wollen, sich dieser kurz entschlossen anschließen. Die Preise sollten für die einfache Fahrt nach YimTinTsai oder KiuTsuiChau nicht weit über 25 HK$ betragen (am Pier von SaiKung herumfragen). Die Überfahrt dauert 15 Minuten.

# KiuTsuiChau, PoToi

## KiuTsuiChau
橋咀洲

Als echter Tipp für Sonnenanbeter und Badefreunde sei KiuTsuiChau in der SaiKung-Bucht empfohlen. Diese bewaldete Insel (was in der SAR recht selten der Fall ist) bietet ausgezeichnete **Strände,** die ausschließlich für den einheimischen Tourismus gepflegt und nur teilweise erschlossen wurden. Während der Sommermonate gibt es hier einen kleinen Kioskbetrieb sowie Boots- und Sonnenschirmverleih. Ein regulärer Fährservice soll nicht entstehen, um die Schönheit der Insel nicht über Gebühr zu strapazieren. Die schönste der drei (zur Saison) bewachten Buchten ist sicherlich die **HapMunBay** im Südwesten mit feinstem Sandstrand und – für HongKonger Verhältnisse – auch zur Hauptsaison mit nur wenigen Besuchern.

Sehenswert sind auf KiuTsuiChau ferner die **Erosionshöhlen** und -formationen ganz im Süden, die bei Sonnenuntergang hervorragende Fotomotive bilden.

● Auf der Insel gibt es keine **Übernachtungsmöglichkeiten,** auch zelten ist offiziell nicht gestattet. Zur **Anfahrt** siehe die Kaido-Verbindungen zur Insel YimTinTsai ab SaiKung.

## PoToi
蒲台洲

8 km südöstlich der Südspitze Hong-Kong-Islands liegt die Inselgruppe PoToi mit den drei Hauptinseln **LoChau, SungKong** und dem eigentlichen **Po-**

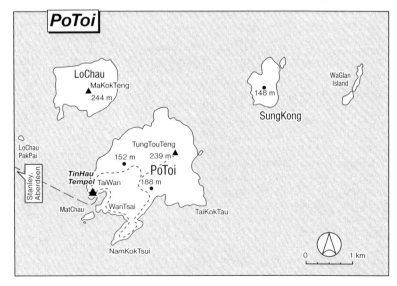

***Toi.*** Drei Dutzend Menschen halten es auf letzterer dauerhaft aus, und die kennen vermutlich jeden (ausländischen) Touristen mit Vornamen, so selten verirrt sich jemand nach PoToi. Die Fährverbindung kann nur mit Hilfe von Subventionen aufrechterhalten werden, Touristen (auch einheimische Besucher, die nicht auf PoToi wohnen) zahlen einen kleinen Aufschlag auf den Fährpreis.

Ein paar **Pfade** ziehen sich durch die Insel zum höchsten Punkt, dem 239 Meter hohen TungTouTeng, ansonsten gibt es außer rauher, unwirtlicher Landschaft und felsiger Küste einen ***TinHau-Tempel*** an der Westspitze PoTois zu sehen. Wer die absolute Abgeschiedenheit sucht, wandelt hier genau richtig. Es gibt keine offiziellen Übernachtungs- oder Einkaufsmöglichkeiten auf PoToi.

●*An-/Abreise:* PoiToi dürfte wohl die am schwierigsten zu erreichende der hier beschriebenen Inseln sein. Dienstag und Donnerstag um 10:00 (zurück 14:00 Uhr), Samstag 10:00 und 15:00 Uhr (zurück 14:00 und 16:00 Uhr), So/Fe 8:15 Uhr ab **Aberdeen,** zurück 18:00 Uhr. In **Stanley** geht Samstag 13:20 ein Boot hin (12:40 ab PoToi), sonntags fahren in Stanley von 09:15 bis 16:30 vier Fähren hin, von 10:00–17:00 Uhr vier wieder zurück. Der Fahrpreis beträgt jeweils 20 HK$ einfach.

# Weitere Inseln

HongKong wird häufig „nur" als eine Stadt beschrieben, und selbst 90 % der Einheimischen kennen wenig mehr als HongKong-Island, KowLoon und vielleicht LanTau.

Das Gebiet der SAR HongKong umfasst jedoch insgesamt 182 Inseln, von denen die meisten allerdings unbewohnt und unzugänglich sind. Von den bewohnten und für den interessierten Besucher empfehlenswerten Inseln etliche bereits beschrieben. Nicht alle sind schnell oder auf dem direkten Weg zu erreichen. Wer auf weitere Abenteuer aus ist und zum Teil – zumindest vom touristischen Besucher – „unentdeckte" Inseln erkunden möchte, dem mögen folgende Hinweise vielleicht völlig neue Wege eröffnen.

Von ( ☎ ) PengChau pendeln täglich rund 20 Fähren (8 HK$ einfach) zur Insel ***HeiLingChau*** vor LanTau. Diese mit knapp 5 km² durchaus nicht kleine Insel dient heute als Wohngebiet für wohlhabendere ältere Menschen, die absolut zurückgezogen, unter sich und ohne direkten Fähranschluss nach HongKong/Central leben möchten. Zwei christliche Kirchen zeugen von der Entdeckung und Erschließung durch die Europäer, von der 187 m hohen höchsten Erhebung HeiLingChaus bieten sich famose Blicke nach LanTau, PengChau, CheungChau und LamMa bis nach HongKong.

In der Bucht von SaiKung liegen die Friedhofsinsel ***YeungChau,*** die von weißen Sandstränden umsäumte Insel ***PakShaChau*** sowie die für ihren ausgezeichneten Golfplatz über die Grenzen Chinas hinaus bekannte Insel ***KauSaiChau.*** Sie werden alle drei nicht von offiziellen Fähren, ab ( ☎ ) SaiKung aber durchaus häufig mit Kaidos angefahren.

# Macau (AoMen)
## 澳門

# Praktische Reisetipps von A bis Z

## An- und Weiterreise

### Landweg (von/nach China)

Die meisten Reisenden mit Aufenthalt in Macau fahren mit dem **Macau-Stadtbus** (3, 9, 9A) zur Grenze (Portas do Cerco, geöffnet 07:00–21:00 Uhr) und von dort aus weiter per Minibus oder Linienbus (↗ GongBei/Zhu-Hai), da man dann nicht auf Mitreisende an der Grenze warten muss. **Wichtige Bushaltestellen** liegen direkt am schwimmenden Casino gegenüber vom Hotel Grand und am Hotel Lisboa.

Für Reisende, vor allem für Geschäftsleute, wurde am Flughafen die Möglichkeit einer **Direkt- Weiterrreise nach China** eingerichtet. Anstatt durch die Immigration zu gehen folge man der Beschilderung „Express Link / China" in die Abflughalle, wo an Schalter 8 ein Busticket für umgerechnet knapp 6 Euro gekauft werden kann. Dieser Schalter sorgt gegen Vorlage der Gepäckscheine im Flugticket für den direkten Transport des Gepäcks zum Bussteig. Abfahrt ist um 11:00, 11:30, 12:00, 12:30, 13:00, 14:45, 17:00, 17:30, 18:00 und 18:45 Uhr (ca. 20 Minuten bis zur Grenze ZhuHai).

Von ZhuHai direkt Richtung Flughafen Macau reisend muss man dagegen die chinesische Ausreise und die macanesische Einreise passieren. Dahinter links liegt ein Schalter für **Direktbus-Tickets zum Flughafen** (Bus fährt von 10:00 bis 20:00 Uhr alle 15 Minuten).

# Seeweg

### Ab Ferry Terminal nach HongKong

Die Benutzung der Fähren ist denkbar einfach. Binnen weniger Minuten kauft man sein Ticket, erledigt die Formalitäten und steigt ein.

**Reservierungen** können zwar mehrere Tage vorab an den Schaltern in HongKong oder Macau vorgenommen werden, sind aber außer an Feiertagen und den Stoßzeiten am Wochenende vollkommen unnötig. Werktags wird der Reisende feststellen, dass er viel zu früh am Fährpier steht und würde am liebsten ein früheres Boot nehmen – kein Problem: Selbst bei gekauftem Ticket kann man, sofern Plätze frei sind, ein früheres Boot der gleichen Gesellschaft nehmen, die Ticketkontrolleure helfen dabei.

Die Fähren fahren – pro Gesellschaft – **alle 15 Minuten,** bei einigen Anbietern (z.B. *Far East Jetfoils*) sogar rund um die Uhr.

- **Preise:** Ab 139 HK$, je nach Gesellschaft/Bootsart. An Wochenenden und Feiertagen ist mit rund 10 % Zuschlag zu rechnen, bei Nachtfahrten (die bereits jede Fahrt ab 17:30 Uhr umfassen) nochmals etwa 15 %.
- In Macau (Avenida da Amizade, Tickets und Abfahrt im Obergeschoss des Fährhafens) können Karten bis zu 7 Tage, in HongKong bis zu 28 Tagen im Voraus geordert werden.
- Zahlreiche Busse in Macau verkehren zwischen Stadtmitte und Ferry Terminal (z.B. 10, 10A, 10B, 12); man kann zum Fährhafen aber auch Busse mit Endstation IaoHan (auch Yao-Han geschrieben, nicht zu verwechseln mit dem IaoHon-Markt nahe der Grenze!) nehmen – diese Kaufhausarkade liegt nur 100 Meter gegenüber der Fähren.

Seit einigen Jahren verbindet *First Ferry* **TsimShaTsui** (HarbourCity) mit Macau, Tel. 21318181, www.nwff.com.hk.

Eine Fährverbindung besteht auch zwischen **HongKong-Airport** (Sky Pier) und dem HongKong-Pier in Macau (180–200 HK$ einfach). Gepäck wird durchgecheckt, Zollformalitäten fallen nur einmal an. Ein Flughafenbus verbindet Pier und Terminal (7 Minuten Fahrt); Reisende aus Europa könnten somit direkt nach der Landung nach Macau reisen (40 Minuten), Informationen (aktueller Fahrplan und Preise) unter www.cksp.com.hk und www.turbojetseaexpress.com.hk.

Diese Fährgesellschaften fahren auch 6–10x tgl. nach SheKou (ShenZhen).

Illegale Fährboote nach GongBei

## AN- UND WEITERREISE

### Luftweg

Der Flughafen **Aeroporto Internacional de Macau** verbindet Macau mit zahlreichen Städten Asiens.

Die **Verbindungen** werden in Zukunft weiter ausgebaut, und schon jetzt kann es durchaus sinnvoll sein, von Europa nach HongKong zu fliegen, bei Weiterreise zu anderen Zielen in Asien dann aber ab Macau zu fliegen. Tickets können bei den Vertretungen der Fluggesellschaften in Macau oder am Flughafen gekauft werden, die jeweiligen Flughafenschalter dort sind aber nur an Flugtagen durchgängig besetzt. Tickets für Flüge nach China sind auch bei der Filiale des *China Travel Service* am Flughafen, offen 09:00-17:00 Uhr, erhältlich.

Der Flughafen ist übersichtlich und gut organisiert; bei der Ankunft kann man schon während der Gepäckausgabe zur Information oder Bank, nach Erledigung der Zollformalitäten läuft man direkt auf Hotelreservierungs-, Turbocat- (Fähre nach HK) und Flugticketschalter im Erdgeschoss zu.

An mehreren Stellen im Flughafen sind elektronische, dreisprachige **Informationssäulen** postiert, an denen aktuelle Veranstaltungen, Telefonnummern und andere Informationen zu Macau abgerufen werden können.

Ferner gibt es eine **Gepäckaufbewahrung** und eine kleine **Post** (geöffnet Mo-Fr 09:00-18:00 Uhr, Sa 09:00-13:00 Uhr). Die **Wechselstuben** am Flughafen geben ähnliche Kurse wie die Money-Changer in der Stadt, schlechter also als bei Banken.

Mittlerweile gibt es vier Busverbindungen vom Flughafen auf die Inseln bzw. ins Zentrum: AP1 (06:16-01:15 Uhr täglich) pendelt alle 10-15 Minuten für 8 M$ vor dem Ausgang im Erdgeschoss zwischen Flughafen und Stadtmitte *(Hotel Lisboa)*. Der neue AP2 (ebenfalls vor dem Ausgang im EG) fährt via Coloane ins Zentrum und kostet 9 M$. Geht man am Ausgang nach rechts über das Gebäudeende hinaus, trifft man auf die günstigeren, aber langsameren Stadtbusse 21 und 26 (Routen ♪ Verkehrsmittel).

Beim Abflug wird eine **Flughafensteuer** in Höhe von 100 M$ bei Flugziel VR China bzw. 150 M$ für alle anderen Flüge (Kinder bis 12 Jahre 70/100 M$) erhoben.

**Achtung:** eine **Rückbestätigung** (Reconfimation) des Fluges ab Macau

### Die wichtigsten Flugziele von/nach Macau im Überblick

**Anmerkung:** Die Zahlen stehen für Wochentage (1 = Montag etc.)

| Flugziel | Flugtage | Flüge/Tag | Flugziel | Flugtage | Flüge/Tag |
|---|---|---|---|---|---|
| **VR China** | | | **TaiWan** | | |
| BeiJing | 1,2,3,4,5,6,7 | 1 | TaiBei | 1,2,3,4,5,6,7 | 9-16 |
| FuZhou | 1,2,3,4,5,6,7 | 1 | KaoHsiung | 1,2,3,4,5,6,7 | 4-5 |
| GuiLin | 1,2,3,4,5,6,7 | 1-3 | | | |
| KunMing | 1,2,3,4,5,6,7 | 1 | **Singapur** | 2,5 | 1 |
| ShangHai | 1,2,3,4,5,6,7 | 3 | | | |
| XiAn | 1,2,3,4,5,6,7 | 1 | **Manila** | 2,6 | 1 |

## AUSFLÜGE UND ORGANISIERTE RUNDREISEN

ist, auch bei bereits bezahltem Ticket mit Rückflugdatum, 2–3 Tage vor Flugantritt bei vielen Gesellschaften erforderlich (telefonisch genügt).

### Die wichtigsten Fluggesellschaften in Macau
- **Air Macau,** Avenida de Praia Grande, Edificio TaiWah 9–12, Tel. 283965555, Fax 283966866.
- **China National Aviation,** Avenida Dr. Joa IV, Centro Comercial 19, 5. St., Tel. 2878 8034, Fax 28788036.
- **EVA Air,** Novos Aterro do Porto, Dynasty Plaza 21, Tel. 28726866, Fax 28726840.
- **Malaysia Airlines,** Bank of China Building, Av. Dr. Mario Soares, 18. St., Tel. 28787898.
- **Singapore Airlines,** 1–3 Rua Dr. Pedro Jose Lobo, Luso-Center 10. St., Tel. 28711728, Fax 28711732.
- **Trans Asia Airways,** 244–246 Rua de Pequim, Macau Finance Center, 11. St., Tel. 28701777, Fax 28701565.

Detaillierte Informationen, Flugpläne und Serviceleistungen sind auch im Internet unter www.airmacau.com.mo zu finden.

### Hubschrauberverbindung
Zwischen HongKong und Macau fliegt die *East Asia Airlines* (Tel. 27907240, in HK: 28593359); **Tickets** (1210 M$ an Werk-, 1400 M$ an Sonn- und Feiertagen) **und Abflug im Ferry Terminal** (in HongKong ↗ ShunTak Centre/Macau Ferry Terminal).

# Ausflüge und organisierte Rundreisen

Eine ganze Reihe von Anbietern organisiert Stadtrundfahrten, Besichtigungstouren und Ein- oder Mehrtagesausflüge nach HongKong oder in die VR China, kann aber auch für andere Serviceleistungen wie Flugticketkauf, Hotelbuchungen usw. in Anspruch genommen werden.

Wer mit der Fähre aus HongKong kommt, kann auch schon im *Macau Ferry Terminal* Hotels und Touren vorab buchen (mehrere Büros in der Tickethalle, auch die dortige Touristeninformation hilft weiter); gelegentlich werden hier unter der Woche gute Hotels zu sehr niedrigen Preisen angeboten (Aushänge beachten), da diese anders nicht voll belegbar sind.

Wichtige Reisebüros sind u.a.:

- **Agencia de Viagens e de Turismo Gray Line de Macau,** Rua do Campo 179, Tel. 28336611, grayline@macau.ctm.net;
- **Nolasco & Cia.,** Edificio Industrial Novel 294, Tel. 283956521-4, inbound@nolasco.com.mo;
- **SunTak Travel,** Avenida Sir A. Ljungstedt 160, Tel. 28333555, www.shuntaktravel.com;
- **Agencia de Viagens e de Turismo Estoril,** Avenida Dr. Rodrigo 103–107, Tel. 2871 0360, www.estoril.com.mo.

Sehr beliebt ist etwa die **Ganztagestour** (10:00–22:00 Uhr) von ShunTak für 400 M$, die eine Stadtrundfahrt Macau, die Besichtigung der SunYat-Sen-Residenz (ZhongShan), den Besuch des JingShan-Parks (ZhuHai) sowie Abendessen mit Tanzvorführung beinhaltet (Visumskosten extra). Reine Stadttouren innerhalb Macaus kosten rund 300 M$.

- Wichtig insbesondere für China-Reisen ist der **China Travel Service,** Rua de Nagasaki, XinHua Building, Tel. 28700888, da hier nicht nur Touren aller Art, sondern auch China-Visa erhältlich sind.

*Achtung:* am Gebäude ist kein Hinweisschild angebracht, man achte auf das Schild *„Plaza-Building"*.

## Ausrüstung und Bekleidung

Für Macau gilt auch das im entsprechenden Kapitel zu HongKong Gesagte.

In Macau kleidet man sich weit weniger geschäftsmäßig als in HongKong, selbst in den **Spielcasinos** bestehen – für den Smoking-gewöhnten deutschsprachigen Casinobesucher überraschend – weder Krawatten- noch Kleiderzwang. Lediglich allzu kurze Hosen (und Fotoausrüstungen!) können zum Anlass genommen werden, den Einlass zu verwehren.

## Behinderte auf der Reise

Die macanesische Infrastruktur kann nicht als behindertenfreundlich bezeichnet werden. Betroffen sind insbesondere Rollstuhlfahrer, für die nur die wenigsten Einrichtungen und Gebäude leicht zugänglich sind. So gleicht die Anreise nach Macau ab HongKong per Schiff einem Hindernislauf, der auf Grund zahlreicher Treppen zwei Begleitpersonen erforderlich macht. In Macau selbst kommt man dann zwar auf der Hauptinsel einigermaßen zurecht, nicht aber mit öffentlichen Verkehrsmitteln (mit denen man die beiden Inseln Macaus erreichen kann). Ohne Begleitung ist von einem Besuch Macaus daher eher abzuraten, und selbst mit Hilfe müssen Schwierigkeiten in Kauf genommen werden. Die Gehwege werden oft von Stufen unterbrochen; abgeflachte Kanten an Bürgersteigen, Behindertentoiletten oder behindertengerechte Hotelzimmer fehlen völlig.

## Ein- und Ausreisebestimmungen

Staatsangehörige aus Deutschland, Österreich und der Schweiz benötigen für einen Aufenthalt in Macau bis zu 20 Tagen **kein Visum,** ein gültiger Reisepass genügt. In Deutschland, Österreich oder der Schweiz lebende Staatsbürger von Nicht-EU-Staaten sollten sich jedoch bei der entsprechenden chinesischen Botschaft nach der Notwendigkeit für ein Visum erkundigen (siehe „Ein- und Ausreisebestimmungen" im HongKong-Kapitel).

Einmalige Visaverlängerungen von einem Monat und ständige Aufenthaltsgenehmigungen kann man bei der **Einwanderungsbehörde** im Macau Chamber of Commerce Building, 175 Rua de XanGai, 9. St., Tel. 2857 7338, beantragen.

Während der Anreise per Fähre oder Flugzeug werden kleine **Einreisezettel** ausgeteilt, die mit dem Pass bei der Einreise ausgefüllt vorzulegen sind. Ein Durchschlag verbleibt beim Reisenden und ist bei der Ausreise abzugeben.

# EINKÄUFE, ELEKTRIZITÄT

Die **Zollformalitäten** beschränken sich auf Stichproben; Artikel des persönlichen Bedarfs dürfen in „angemessener Menge" mitgeführt werden, explizit verboten sind Drogen, Schusswaffen und andere gefährliche Gegenstände. Devisenbeschränkungen bestehen ebenso wenig wie Ausfuhrbeschränkungen, man beachte aber die Einfuhrbestimmungen des Ziellandes bzw. Heimatlandes ( ⌂ HongKong, Ein-/Ausreisebestimmungen).

Wer als europäischer Tourist/Geschäftsmann von Macau aus in die Volksrepublik China reisen möchte, benötigt ein Visum. Eine eigenständige Visaabteilung wie in HongKong ( ⌂ WanChai, HK-Island) gibt es in Macau nicht, allerdings erledigt der **China Travel Service,** XinHua Building, Rua de Nagasaki, Tel. 28700888, die Visabesorgung. Die Bearbeitung dauert bei gleichem Preis meist einen Tag länger als in HongKong.

> **Hinweis:** Da sich die **Einreisebedingungen kurzfristig ändern** können, raten wir, sich kurz vor der Abreise beim Auswärtigen Amt (www.auswaertiges-amt.de bzw. www.bmaa.gv.at oder www.dfae.sdmin.ch) oder der jeweiligen Botschaft zu informieren.

## Einkäufe

Macau bietet lange nicht das Warenangebot wie HongKong, die meisten Besucher kommen auch eher wegen der Sehenswürdigkeiten, den Casinos, Rennbahnen oder wegen des Nachtlebens. Allerdings bietet auch Macau interessante Einkaufsmöglichkeiten.

Der **Goldschmuck** Macaus ist berühmt, da die Verarbeitung hervorragend, die Lohnkosten aber weit niedriger als anderswo sind. Entlang der Rua Almeira de Ribeiro gibt es reihenweise Juweliere, der aktuelle Goldpreis wird täglich auf Tafeln angeschrieben.

Auf den **Kleidermärkten** am Tang-Kung-Tempel oder vor allem in den Seitenstraßen am Largo Leal Senado (abends) kann man so manches unglaubliche Schnäppchen machen – wer will, kann sich hier für 50 M$ bescheiden, aber komplett neu einkleiden!

Ähnliches gilt auch für den Straßenzug Avenida de Vaceslav de Morais im Norden, wo oft Boutiquen und Straßenhändler **Restposten kartonweise** anbieten und gelegentlich tolle Schnäppchen gemacht werden können.

**Tabakwaren** und **Alkohol** sind in Macau sehr billig, ein beliebtes Souvenir ist der Mateus-Bocksbeutel, der in Asien bekannteste portugiesische Wein.

Ein Eldorado für Philatelisten sind sicherlich die **Briefmarken** Macaus; allerdings stehen täglich Tausende von morgens bis abends an der Hauptpost Schlange. Naturgemäß werden solche Marken nach der Rückgabe Macaus an China erhebliche Wertsteigerungen erfahren.

## Elektrizität

Wie in ( ⌂ ) HongKong beträgt die Spannung 220 V bei 50 Hz, die **Steckdosen** sind meist Dreipunktdosen, d.h., die obere Rundung dient als Sicherung und kann per Kugelschreiber

„geöffnet" werden, DIN-Stecker können dann (gleichzeitig) wie gewohnt in die unteren beiden Löcher eingeführt werden. **Adapter** für Rund- und Flachstecker sind unnötig. In Mittel- und Oberklassehotels sind Universaladapter oft bereits eingebaut.

# Essen und Trinken

Zu den diversen Stilarten der chinesischen Küche ♪ HongKong.

In Macau spielt außerdem naturgemäß die **Küche des Mutterlandes** und der Einfluss durch deren frühere Kolonien eine große Rolle. Original portugiesisch ist der Kabeljau in diversen Zubereitungsarten (gebacken, gebraten, gedünstet), grillte Ochsenbrust, Kaninchen oder Suppen wie *Sopa a Alentejana* oder *Caldo Verde*. Andere berühmte Gerichte stammen aus Afrika *(African Chicken)* oder Brasilien (*Feijoada*, ein köstlicher Eintopf aus Kartoffeln, Schweinefleisch, Bohnen und Kohl). Das umfassende frühe Kolonialreich der Portugiesen brachte – um nur einige zu nennen – indische, afrikanische und malayische Einflüsse nach Macau, die hier zu der einzigartigen macanesischen Küche verschmolzen.

Anders als in HongKong und weiten Teilen Asiens – den Portugiesen sei Dank – sind gute **Tafelweine** zu günstigen Preisen überall erhältlich, sodass ein gutbürgerliches Essen in Macau ein preiswertes Erlebnis wird. Der bekannteste Wein ist der in Bocksbeuteln angebotene *Mateus*, den es in Macau schon für 35 M$ gibt. **Softdrinks** und **Bier** werden fast ausschließlich importiert (Preise wie in HongKong sehr günstig), seit 1997 werden die beiden ersten, ohne künstliche Additive gebrauten lokalen Biersorten *Golden Ale* und *Praia Grande Ale* vom Fass und in Flaschen vertrieben.

Berücksichtigt man die hohe Qualität und teilweise beste Lage der folgenden Lokale, so sind die durchschnittlich anzusetzenden 100 M$ pro Person für ein komplettes Menü sicherlich nicht zu teuer.

## Portugiesisch-macanesisch

●**Alfonso's,** Hyatt Regency Macau, TaiPa 12:00–15:00 und 19:00–23:00 Uhr, Tel. 2883 1234, Dienstag Ruhetag. Alfonso's Fischgerichte sind bis HongKong berühmt, die Preise am oberen Ende der Skala anzusiedeln.

●Unerreicht und auch bei Travellern über Macau hinaus beliebt ist und bleibt **Restaurante Fernando,** 9 Praia de HacSa, Coloane (HacSa-Bucht), Tel. 28882264. Fernando macht keine Werbung, es gibt nicht einmal ein Hinweisschild am Lokal selbst (200 Meter nördlich der Bushaltestelle am Strand). Sehr preiswert und exzellent; geöffnet nur von 12:00 bis 21:30 Uhr.

●Im Süden Macaus, an der Avenida Praia Grande reichen sich gleich mehrere gute Lokale die Hand. Allen voran **Henri's Galley,** 4 Avenida de la Republica, Tel. 28556251, dessen African Chicken, wenngleich eine Spur teurer als anderswo, unerreicht bleibt (geöffnet 12:00–23:00 Uhr).

●Sehr beliebt sind die **JinLong/Balichao** Park SeacPaiWan auf Coloane (Tel. 28870098). Spezialitäten sind Feijoada und Caldo Verde.

●Das **Portugues** (Tel. 28375445) in der 16 Rua do Campo ist auf rein portugiesische Küche spezialisiert, das sehr empfehlenswerte **Estrela do Mar** (Tel. 28322074) in der 11 Travessa do Paiva bietet das vielleicht beste Preis-Leistungs-Verhältnis in der macanesisch-portugiesischen Küche.

- Auf den Inseln zählen neben *Fernando* auch **Estrela do Mar/Taipa** (Tel. 28827843), **Panda** (Tel. 28827338, beide auf Taipa), sowie das **LouVan FaiKei** (Tel. 28880003) auf Coloane zu den empfehlenswertesten Lokalen.
- „In" ist derzeit das **JHS-Expresso** in der Rua do Campo, unweit der chinesischen Bibliothek, welches als eines der wenigen in der Zeit von 10:00–02:00 Uhr geöffnet hat. Gerichte kosten hier ab 25 M$, die Speisekarte ist zweisprachig und ist außen aufgehängt.
- Zu den gehobeneren Lokalen zählt das **Vela Latina**, No 205 Avenida de Almeida Ribeiro (20 Meter vom Leal Senado).
- **Great Fortune Portugiese Barbeque**, Praca de Leal Senado (oberhalb Watson-Drogerie), bietet z.B. komplette 4 Personen-Schlemmermenus für 375 M$.

## Chinesische Küche

- Durchgehend von 08:00 bis 24:00 Uhr geöffnet und sehr empfehlenswert für Dim-Sum ist das **Jade-Garden**, 35 Rua do Dr. Pedro J. Lobo, Tel. 28710203. Gleiches gilt für das Restaurante **New Ocean**, 11 Avenida da Amizade, 4. Stock. DimSum kostet hier (je nach gewählter Menge) zwischen 40 und 75 M$. Gute und nicht zu teure (scharfe) Si-Chuan-Gerichte bietet das **Pep'n Chili** in der 9 Rua Gago Coutinho (Tel. 28515151, geöffnet 10:00–24:00 Uhr). Die regionale, kantonesische Küche ist im **LongKei**, Largo de Leal Senado, Tel. 28573970, vertreten.
- Ein heißer Tipp für sehr günstige, knusprige Enten ist das unscheinbare, kleine Straßenlokal **MeiMei** in der 95 Rua Cules. Hier wird nur chinesisch gesprochen, und hier verkehren fast ausschließlich einheimische Chinesen.

## Internationale Küche

- **McDowell**, 24 Commandante da Oliveira, Tel. 28710246, war einmal ein reines Steakhaus, hat sich aber zu einem preiswerten Lokal für internationale Gerichte gewandelt.
- Eine preiswerte und originelle **japanische Variante** des kantonesischen **DimSum** sollte man am oberen Ende des Largo do Leal Senado probieren. Im wahrsten Sinne des Wortes „am Fließband" laufen hier die verschiedensten japanischen Snacks am Gast vorbei. Jede Preisklasse der einzelnen Speisen ist durch Fähnchen mit dem Preis (ab 8 M$) auf dem Fließband markiert. Ein echter Tipp, um einmal günstig japanisch zu essen.
- Gehobene japanische und koreanische Küche zu entsprechenden Preisen bietet das **Furasato** im Hotel Lisboa (Tel. 28388568), geöffnet 12:00–15:00 und 18:00–01:00 Uhr.
- Zu den Toplokalen der internationalen Küche zählen das **A Pousada** im Hyatt Regency auf TaiPa (Tel. 28831234, geöffnet 07:00–24:00 Uhr) sowie das **Algarve Sol** in der 41 Rua Comandante Mata e Oliveira (Tel. 28710259, geöffnet 9:00–01:00 Uhr).
- Nur wenige Touristen verirren sich ins **Maharaja**, 170 Avenida de KwongTung, Tel. 28822146; delikate indische Gerichte, geöffnet täglich 12:00–24:00 Uhr.
- Weit häufiger frequentiert – nicht zuletzt wegen der Lage neben „Henry's Galley" – wird **Alis Curryhouse** mit Gerichten zwischen 35 und 60 M$.

## Snacks, Fast food und Frühstück

- Westliche Fast-food-Ketten halten sich erstaunlicherweise mit einem Engagement in Macau noch zurück. Bislang sind nur *Pizza Hut*, *Starbucks* und *Mc Donald's* vertreten. Bei den **Straßenküchen** in den Seitenstraßen am unteren Ende der Avenida de Almeida Ribeiro und der Rua da Escola Comercial (Handelsschule beim Hotel Lisboa) gibt es zahllose sehr preiswerte (viel bessere) Snacks von Waffeln mit Erdnusssoße bis zu pikant gegrilltem Fisch.
- Für das **Frühstück** empfehlen sich das *Cafe a Bica* in der 223 Avenida do Dr. Rodrigo Rodrigues (Macau Exhibition Centre), 1. Stock, Tel. 28223225, der Coffee Shop des *Restaurante Safari*, 14 Patio do Cotovelo (gegenüber *Hotel Central*), Tel. 28574313 oder *Starbucks* am Leal Senado.
- **Selbstverpfleger** decken sich entweder auf dem **Penha-Stadtmarkt** oder dem **Markt am Praca Ponte e Horta** mit Obst und Gemüse ein. Der **Supermarkt** am Praca Ponte e Horta führt auch etliche Weine wie den portugiesischen Mateus-Bocksbeutel, die größte Auswahl aber bietet der Supermarkt in der Avenida de Praia Grande.

## Feste und Feiertage

Wie in HongKong werden etliche Feste und nationale Feiertage nach dem Mondkalender berechnet. Hierzu zählen in Macau das **Chinesische Neujahrsfest,** das **Laternenfest,** der **Ahnengedenktag** (QingMingJie), der **Geburtstag der Meeresgöttin AMa** (oder: TinHau), das **Drachenbootfest,** der **Geistermonat** (8. Mondmonat, meist August) und das **Mittherbstfest** (Erläuterungen und genaue Daten ↗ Feste und Feiertage, HongKong).

Zu den genannten Festen kommt eine Reihe portugiesischer und christlicher (vor allem katholischer) Feste hinzu, die sich mit Ausnahme des Osterfestes nach dem Sonnenkalender bestimmen lassen. Neben **Ostern, Weihnachten** (24. und 25. Dezember) und **Neujahr** (1. Januar) sind hier zu nennen:

- **Jahrestag des Aufstandes in Portugal** von 1974 am 25. April.
- **Fatima-Prozession** am 13. Mai in Erinnerung an das Wunder von Fatima (Portugal) 1917 mit einer Prozession von Sao Domingo zur Penha-Kapelle.
- **Camoes-Tag** (10. Juni), ein offizieller portugiesischer Feiertag in Angedenken an den Nationalpoeten (↗ Camoes-Garten).
- **Sao Antonio de Lisboa,** Mitte Juni, ist eine Prozession zu Ehren des Schutzpatrons der portugiesischen Hauptstadt.
- **Schlacht des 13. Juni:** Auf TaiPa und Coloane wird den Helden der gewonnenen Schlacht über die Piraten vom 13.6.1910 gedacht (↗ Coloane-Siedlung).
- 1. (und 2.) Okt.: **Gründung der Volksrepublik China.**
- **Allerheiligen/Allerseelen** am 1./2. Nov.
- 20. Dez.: **Tag des Sonderverwaltungsgebietes** (Rückgabe an China 2000).

An den genannten Feiertagen sind Banken, Behörden, Kaufhäuser usw. geschlossen, lediglich Fähr-/Flughafen (incl. deren Services), Hotels und Restaurants sind geöffnet.

## Film und Foto

In Macau sind Foto- und Diafilme überall erhältlich (z.B. in den Geschäften am Praca Leal Senado), letztere etwas seltener als in HongKong, auch Speicherkarten für Digitalkameras besorgt man sich besser in HongKong. Fotografierverbot besteht nur in den Spielcasinos. In den Tempeln sollte man die Pietät wahren und Mönche oder Betende nicht mit Blitzlicht stören.

- **Buchtipp:** Wissenswertes rund um das Thema „Fotografie" findet sich in den REISE KNOW-HOW „Praxis"-Titeln **Reisefotografie** und **Reisefotografie digital.**

## Geldangelegenheiten

### Währung

Die macanesische Währung heißt **Macau Pataca,** abgekürzt MoPs oder **M$.** Neben Scheinen zu 1000, 500, 100, 50 und 10 M$ exisitieren Münzen zu 5 und 1 M$ sowie 50, 20 und 10 Avos; 100 Avos ergeben 1 M$.

Der M$ ist **eng an den HK$ gebunden,** und zwar in einem Verhältnis von durchschnittlich 1: 1,03. Schwankungen sind nur im Rahmen von 0,93–1,14 M$ gesetzlich möglich, nennenswerte Abweichungen vom Durchschnittssatz kamen bislang nur sehr selten vor – sind aber angesichts der veränderten politischen Rahmenbedingungen in HongKong für die Zukunft nicht gänzlich auszuschließen. Der HK$ wird überall im **Verhältnis 1 : 1** akzeptiert, bei einigen Spielcasinos sogar ausschließlich. Umgekehrt aber ist der M$ in HongKong nutzlos, wird nicht einmal bei allen Wechselstuben getauscht. Für Tagesbesucher lohnt es sich daher kaum, mühselig die Kurse zu vergleichen, um nach Abzug der Umtauschgebühr für Fremdwährung oder Reisescheck (bevorzugt auf US-Dollar) letztlich vielleicht 102 M$ für 100 HK$ zu bekommen.

### Geld wechseln

Besonders ungünstig erwiesen sich die Wechselkurse an Fähre und Flughafen, bei der *HongKong Bank* und bei *Money Changers*, auch die Wechselstuben der großen Hotels und des *Lisboa-Casinos* geben nicht die besten Quoten. Einzig bei der **Bank of China** erhält man für die gleiche Summe an Fremdwährung, für die man in HongKong 1000 HK$ erhalten würde, etwa 1015–1020 M$ ausbezahlt.

**Wechselkurse**

| | |
|---|---|
| 1 € = 11,30 M$ | 1 M$ = 0,09 € |
| 1 SFr = 6,87 M$ | 1 M$ = 0,15 SFr |

(Stand: August 2007)

Die Bank of China hat damit begonnen, andere werden über kurz oder lang nachziehen: Auch in Macau kann man insbesondere in der Av. Almeida Ribeiround Av. Joao IV. an **Geldautomaten** mit rot-blauem MAESTRO-Zeichen per EC-Karte (mit PIN) Bargeld abheben und einen umständlichen, oft mit Verlust verbundenen Bargeldwechsel vermeiden.

Gängige **Kreditkarten** werden in mittleren und größeren Hotels, Restaurants, für Fährtickets usw. weitgehend akzeptiert.

Zu **Sperrnummern** im Fall von Verlust oder Diebstahl der Kreditkarte oder EC-/Maestro-Karte und zu Geldbeschaffung im Notfall ♪ HongKong/Notfälle.

Die *Deutsche Bank Macau* liegt in der 99 Avenida Almirante Ribeira, Tel. 28356200, Fax: 28304939.

## Gesundheit und Hygiene

Siehe auch ausführliches Kapitel **Aktuelle Reise-Gesundheits-Informationen** im Anhang.

● In **gesundheitlichen Notfällen** wende man sich bei Zahnproblemen z.B. an *Dr. Johnson Yip*, Av. Dr Rodrigo Rodrigues, Highfield Court, 2. St., Tel. 28780328, ansonsten an das *Gouvernement Hospital (Centro Hospitalar Conde S. Januario)*, Cc Visc. S. Januario (an Estrada Sao Francisco), Tel. 28313731, 28514499. Internationalem Standard entspricht das neue *Government Hospital,* Rua Nova da Guia, Tel. 28373731, Busse 28c und 6.
● Eine **Apotheke** findet man am Largo Leal Senado.
● Die **allg. Notrufnummer** Macaus, auch für die Krankenwagen, lautet **999.**

## Informationsstellen

Touristische und administrative Informationen zu Macau sind im Internet mehrsprachig unter www.macautourism.gov.mo erhältlich.

> ●*Buchtipp:* Der Praxis-Ratgeber *Internet für die Reise* gibt Tipps rund ums Surfen im Netz. Erschienen im REISE KNOW-HOW Verlag, Bielefeld.

### In Europa
●*Macau Goverment Tourist Office,* Schenkendorfstraße 1, 65187 Wiesbaden, Tel. (0611) 2676730, www.macau-info.de.
●*Macau Economic and Trade Office,* Avenue Louise 375, 1050 Bruxelles, deleg. macao@skynet.be, Tel. (02) 6731265, Fax: 6401552.

### In Macau
●*Macau Goverment Tourist Office,* Alameda Dr. Carlos D'Assumpcao Tel. 28335-341, mgto@macautourism.gov.mo.

Weitere Filialen befinden sich am Ferry Terminal, Largo de Senado, Guia-Leuchtturm, St.-Paul-Ruinen, an der Grenze sowie am Flughafen von Macau.

Die offizielle **Touristen-Hotline** steht unter Tel. 28333000 von 08:00 bis 19:00 Uhr täglich zur direkten telefonischen Verfügung, danach werden wichtige Informationen per Bandansage bereitgestellt.

### In HongKong
●*Macau Goverment Tourist Office,* 11th Floor, Yue Thai Commercial Building, 128 Connaught Road, Central, Sheung Wan, mgto@macautourism.com.hk, Tel. 28388680.

## Kinder auf der Reise

Wer mit Kindern, insbesondere Kleinkindern reist, wird zwar auch in Macau wenig Probleme haben (↗ HongKong), doch ist die Stadt vor allem mit geschichtlichen Sehenswürdigkeiten gespickt, die jüngere Besucher vermutlich weniger interessieren. Auch richtet sich das Unterhaltungsangebot eher an die spielbeflissenen (Casino-)Besucher aus HongKong und China, sodass Kinder bei einem längeren Aufenthalt eher Unterhaltung in HongKong finden werden als in Macau.

## Kosten

Neben der Anfahrt reißt die **Unterkunft** das größte Loch in die Reisekasse. Einzelreisende sind davon am meisten betroffen, da sich die Unterkunftspreise meist pro Zimmer berechnen, unabhängig von der Zahl der Gäste darin.

Die sonstigen Verbraucherpreise (Busse, Verpflegung) liegen auf etwas niedrigerem Niveau als in HongKong. Als Einzelreisender rechne man – bei Wahl günstiger Unterkünfte und einfachsten Verpflegungsmöglichkeiten – mit einem **Tagessatz** von 30 € als Minimum, zu zweit reduziert sich diese Summe auf Grund der im Vergleich zum Einzelzimmer günstigeren Doppelzimmer auf 25 € pro Person.

Hotels und große Restaurants schlagen 10 % **Service Charge** und 5 % **Consumer Tax** auf, in kleinen Hotels, an Straßenständen und in Läden sind die ausgezeichneten Preise Endpreise. *Trinkgelder* sind – nicht zuletzt wegen der *Service Charge* – unüblich, für außergewöhnliche Serviceleistungen können natürlich freiwillige Trinkgelder gegeben werden.

*Ermäßigungen* gibt es bei bestimmten Unterkünften, Veranstaltungsorten, Museen, Tourveranstaltern, Sportstätten etc., wenn man im Besitz eines *internationalen Studentenausweises* (ISIC) oder eines *internationalen Jugendherbergsausweises* ist (siehe „Kosten" im HongKong-Kapitel).

# Maße und Gewichte

In Macau findet wie in Portugal das internationale metrische System bei allen Maß- und Gewichtseinheiten Anwendung, sodass der westliche Besucher sich nicht umstellen muss. Auf einigen Straßenmärkten, in alten chinesischen Geschäften (Gewürz- und Medizinläden) sowie in Juwelierläden werden alte chinesische Gewichtseinheiten verwendet (♪ HongKong, Maße und Gewichte).

# Medien

In Macau werden die **englischsprachigen Tageszeitungen** *HongKong Standard* und *South China Morning Post* an Straßenständen und in Buchhandlungen vertrieben, ebenso westliche **Wochenzeitschriften** wie *Time-Magazine* oder *Asiaweek*. Eigene englischsprachige Zeitungen werden nicht gedruckt, wenn man von **Welcome to Macau**, der kostenlosen Monatszeitung des MGTO *(Macau Gouvernment Tourist Office)* absieht.

Alle lokalen **Hörfunkstationen** senden ausschließlich auf Portugiesisch und Kantonesisch, auch der macanesische **Fernsehsender** *Teledifusao de Macau* strahlt ebenfalls lediglich portugiesisch- oder kantonesischsprachige Programme aus. Per Satellit (in Macau sehr weit verbreitet) können *RTP* (Portugal), einige englischsprachigen Programme des *Star TV* (HongKong) und darüber hinaus die chinesischsprachigen Sender der Volksrepublik empfangen werden.

Das Angebot der **Buchläden** in Macau ist bescheiden im Vergleich zu HongKong, der Schwerpunkt liegt auf historischen und kunstgeschichtlichen Werken, wobei ein Großteil der Publikationen bisher nur in portugiesischer Sprache erhältlich ist.

# Notfälle

Die **Notrufnummer** für Diebstahl, Überfall, Feuer usw. lautet einheitlich **999.**

Bei **Verlust oder Diebstahl** der Kredit-, Maestro-(EC)-Karte oder Reiseschecks siehe „Notfälle" im HongKong-Kapitel.

Wird der Reisepass oder Personalausweis im Ausland gestohlen, muss man dies bei der örtlichen Polizei melden. Darüber hinaus wende man sich an die jeweiligen **Konsulate in Hong-Kong**. Dies von Macau aus zu erledigen, kann sehr zeitaufwendig sein, und es empfiehlt sich (wie auf allen Auslandsreisen), ein zweites Dokument (z.B. Personalausweis) und eine Kopie des Reisepasses getrennt aufzubewahren. Hiermit ist es in der Regel möglich, nach Verlustmeldung des Passes bei Polizei oder Einwanderungsbehörde zumindest nach Hong-Kong auszureisen.

## Öffnungszeiten

Als Tourist muss man beachten, dass die **Siesta** (Mittagsruhe) im portugiesischen Macau weit verbreitet ist.

**Staatliche Einrichtungen** und **Geschäfte** haben meist von 09:00 bis 13:00 und von 15:00 bis 17:00 Uhr geöffnet, **Banken** dagegen meist durchgehend von 09:00 bis 16:00 Uhr (samstags 09:00–12:00 Uhr). Für Einzelhändler gibt es keinen generellen Ladenschluss, bis mindestens 19:00 Uhr haben alle geöffnet, **Restaurants** nur bis ca. 22:00 Uhr, Spielcasinos bis spät in die Nacht, manche sogar durchgehend 24 Stunden (z.B. das *Lisboa*).

## Orientierung

Im Grunde genommen ist Macau ein großes Dorf, die Orientierung fällt hier wesentlich leichter als in HongKong oder Kanton. Vom Fährhafen aus fährt man am besten mit einem Bus bis zum markanten Hotel *Lisboa* an der TaiPa-Brücke (3, 3A, 10, 12, 28A, 28B) und erkundet dann die wichtigsten Sehenswürdigkeiten zu Fuß, die Inseln TaiPa und Coloane per Bus.

Das **Stadtzentrum** liegt zwischen Hotel Lisboa und dem schwimmenden Casino entlang der Avenida do Infante D'Henrique/Avenida de Almeida Ribeiro, dessen absoluter Mittelpunkt wiederum am Largo de Leal Senado zu finden ist.

Die im Sehenswürdigkeiten beschreibenden Teil abgedruckten Karten sollten zwar ausreichen, größere (kostenlose) **Stadtpläne** sind aber noch bei den Informationsstellen in Macau und HongKong (Macau Ferry Pier) erhältlich.

## Post und Telefon

### Post

Direkt am Largo Leal Senado befindet sich die **Hauptpost** (geöffnet Mo–Fr 09:00–18:00, Sa 09:00–13:00 Uhr), bei der auch die beliebten **Sammlermarken** Macaus erhältlich sind – allerdings muss man hierfür manchmal stundenlang anstehen (Sonderschalter).

**Porto:** Karten und Aerogramme nach Europa kosten 5 M$ und Briefe 6,50 (bis 20 g) bzw. 12 M$ (bis 50 g). Briefmarken aus HongKong gelten in Macau nicht (und umgekehrt).

**Kurier- und Express-Sendungen** können bei ENS (im Hauptpostamt, Tel. 28596688) in Auftrag gegeben werden.

Es ist möglich, sich Post an das „Name + General Post Office, poste restante, Largo de Leal Senado, Macau", **postlagernd** *(poste restante)* schicken zu lassen. Der Nachname sollte dabei aus sortiertechnischen Gründen unterstrichen (besser noch: in Großbuchstaben gedruckt) werden; zur Abholung ist ein Ausweis oder Pass erforderlich.

## Telefon

Telefongespräche nach Europa **kosten** 2 M$ für 6 Sekunden am IDD Phone (in den meisten Hotelzimmern vorhanden), per Operator für 3 Minuten 60 M$, jede weitere Min. 20 M$. Ortsgespräche vom Hoteltelefon sind kostenlos, bei Münzfernsprechern ist 1 M$ einzuwerfen.

**Öffentliche Telefone** sind in Macau recht selten anzutreffen, einige befinden sich rund um den Largo Leal Senado, aber auch die Foyers vieler Hotels verfügen über einen Münzfernsprecher.

Die Umstellung auf **Telefonkarten** für öffentliche Fernsprecher schreitet auch in Macau voran; Telefonkarten sind bei der *Companhia de Telecomunicacoes* am Largo Leal Senado zu 50, 100 und 200 M$ erhältlich.

**Hinweis:** Seit Kurzem wurde in Anlehnung an das HongKonger Telefonnummernsystem bei Inlandsgesprächen auf eine achtstellige, meist mit „28" beginnende Rufnummer umgestellt.

Das Wählsystem ist relativ einfach, wer Probleme hat, kann sich auch bei der staatlichen Telefongesellschaft am Largo Leal Senado *(Companhia de Telecomunicacoes)* ein **Gespräch vermitteln** lassen. Hierzu entrichtet man vorab einen angemessenen Betrag und nennt die Zielnummer, welche die Angestellten dann anwählen. Nach Beendigung des Gespräches wird auf Basis der Vorauszahlung die Gesprächsgebühr abgerechnet.

Für die Nutzung von **Mobiltelefonen** ↗ HongKong-Kapitel.

| ● Vorwahlnummern: | |
|---|---|
| Deutschland | 0049 |
| Österreich | 0043 |
| Schweiz | 0041 |
| HongKong | 00852 |
| VR China | 00862 |
| Macau | 00853 |
| ● Notruf-Nummern: | |
| Allg. Notrufnummer | 999 |
| Erste Hilfe | 28577199 |
| Touristen-Notruf | 112 |
| Touristische Informationshotline (09:00–18:00 Uhr tägl.) | 28333000 |

# Reisezeit

Ähnlich wie HongKong ist auch Macau prinzipiell das ganze Jahr über besuchenswert. Vom **Klima** her unangenehm können auch hier die Monate Juni bis August sein, in denen die höchsten Temperaturen (durchschnittlich 28 Grad tagsüber, 23 Grad nachts) herrschen, gleichzeitig aber auch mit im Schnitt 350 mm die größten Niederschlagsmengen gemessen werden. Aufgrund der großzügigeren Stadtarchitektur und der geringeren Industriebelastung empfindet man das Klima in Macau oft als angenehmer als in HongKong, auch wenn objektiv dieselben Werte gemessen werden. Die angenehmsten Reisemonate sind März bis Mai und Mitte September bis Mitte November, wenn die Tageshöchsttemperaturen bei gut 20 Grad mit geringer Regenwahrscheinlichkeit liegen ( ↗ HongKong, Klima).

Im Gegensatz zu HongKong muss man an **Feiertagen** damit rechnen, dass nicht nur Banken und Behörden geschlossen haben, sondern auch Museen, Sehenswürdigkeiten und vor allem Geschäfte.

## Sicherheit

Macau ist ein ausgesprochen sicheres Terrain, selbst **Taschendiebstahl** kommt kaum vor. Dennoch sollten die üblichen Vorsichtsmaßnahmen (Geldgürtel/Brustbeutel usw.) auch in Macau beachtet werden. Das kleine Territorium Macaus lässt sich polizeilich gut überschauen, und auf Grund mangelnder Fluchtmöglichkeiten fehlt die Schicht der kleinen Ganoven hier nahezu völlig. Auch für alleinreisende Frauen ist Südchina einschließlich HongKong und Macau sehr angenehm und sicher zu bereisen.

Der **Schmuggel** von und nach China hingegen boomt, wenn auch nicht mehr so wie in den 1980er Jahren, als man noch ganz offen das „Schmieren" von Polizisten mit Zigarettenstangen und Schnaps beobachten konnte. Kleine Ruderboote pendelten zwischen Festland und Macau zum jeweils illegalen Einkauf hin und her. Vor der Rückfahrt – einfach quer über den Kanal – warfen die Grenzer einen Blick auf die Einkäufe und pickten sich eine Kleinigkeit heraus, als Entgelt für das zugedrückte Auge.

Die größte Gefahr für den Besucher besteht in der ungewollten Schmälerung der Reisekasse durch den übermäßigen Besuch der lokalen **Casinos ...**

## Sport

Viele Möglichkeiten der sportlichen Betätigung bietet Macau, von den **Stränden** auf Coloane abgesehen, nicht.

Im *Future Bright Amusement Centre*, 6–8 Praca Luis de Camoes, Tel. 2895 3399, gibt es eine **Kegelbahn** sowie eine **Schlittschuhhalle. Hotelschwimmbecken** sind – mit Ausnahme des *Hotel Lisboa* – nur Hotelgästen vorbehalten, gleiches gilt für die hoteleigenen **Fitness-Centres** und **Tennis-/Squashanlagen. Radfahren** ↗ Coloane.

## Sprache

Neben **Kantonesisch** ist **Portugiesisch** die offizielle Amtssprache Macaus, in Handel und Tourismus wird viel **Englisch** gesprochen, wenn auch nicht ganz so selbstverständlich wie im nahegelegenen HongKong; dennoch verstehen mehr Bewohner Macaus Englisch als Portugiesisch. Dem **Mandarin** (Hochchinesisch) kommt eine steigende Bedeutung zu, nicht nur wegen der Beendigung der Kolonialzeit, sondern auch wegen des alltäglichen grenzüberschreitenden Handels.

In der Praxis sind Englischkenntnisse vollkommen ausreichend, allerdings werden dem Touristen etliche geografische Begriffe auf Portugiesisch begegnen. Die folgende kleine **Liste portugiesischer Begriffe** ist für die Orientierung in der Stadt (auf Straßenschildern usw.) von Nutzen:

| | |
|---|---|
| entrada | Eingang |
| saida | Ausgang |
| largo, praça | Platz |
| rua | Straße |
| avenida | Prachtstraße |
| travessa | Seitenstraße |
| baia | Bucht |
| praia | Strand |
| monte | Berg |
| jardim | Garten |
| museu | Museum |
| se | Kathedrale |
| fortaleza | Festung |
| escola | Schule |
| igreja | Kirche |
| pousada | Hotel |
| hospedaria, vila | Billighotel |
| casa de pasto | Restaurant |

● **Buchtipp:** Empfehlenswert sind die Sprechführer aus der Reihe **Kauderwelsch – Wort für Wort** von REISE KNOW-HOW, z.B. Kantonesisch, Bd. 20, Hochchinesisch, Bd. 14, Englisch, Bd. 64, Portugiesisch, Bd. 11. Auch mit Tonträger sowie digital erhältlich.

# Studium

Für Sprachstudenten des Chinesischen ist Macau weniger von Interesse, weit mehr Ausländer aus aller Welt nehmen an Kursen des **Handelsrechts** teil. Der von Pekinger (!) Professoren gehaltene Unterricht geht besonders fundiert auf handelsrechtliche Fragen für ausländische Unternehmen ein, die mit China Handel treiben oder in China investieren wollen.

● **Informationen** sind bei der *University of Macau*, P.O Box, TaiPa, Macau erhältlich.

# Uhrzeit

↗ HongKong, Uhrzeit

# Unterhaltung

Neben den großartigen historischen Monumenten und Relikten ist es das **Glücksspiel,** welches jährlich Millionen von Besuchern nach Macau lockt. Als neutraler Beobachter kommt man nicht umhin, über die sozialen Konsequenzen der „Freizeitindustrie" Macaus nachzudenken. In den teilweise einfachen, für jedermann ohne Kleidungszwang zugänglichen Spielhöllen Macaus setzen Jung und Alt, Manager und Marktfrau ohne mit der Wimper zu zucken oft erhebliche Beträge, und schnell entsteht der Eindruck, alle Macanesen hätten Geld im Überfluss für ihre Spielleidenschaft. Nur: In den Spielsälen sieht man nur jene, die noch Geld besitzen, die Verlierer können nicht mehr spielen. Tatsache ist, gewinnen wird nur die Bank, und schon so mancher hat Haus und Hof verspielt. Wenn selbst einfache Leute die Tausender setzen, als sei Geld Papier, so kann manch ein Tourist in Versuchung geraten, die Reisekasse auf diesem Wege etwas aufzubessern. An dieser Stelle sei gewarnt: Nichts ist einfacher, als in den Casinos sein Geld zu lassen – ohne Gegenwert.

## Spielcasinos

Die größten Spielhöllen Macaus sind das Casino des *Hotel-Lisboa*, das *KamPek* (Av. de Almeida Ribeiro), das schwimmende Casino am China-Fährhafen, das *JaiAlai* nahe der Hong-Kong-Fähre sowie die Hotelcasinos des *Hyatt Regency* (TaiPa), *Mandarin Oriental*, *Kingsway* und des *Holiday Inn*.

Es besteht keine Kleiderordnung, sofern man nicht in Shorts herumläuft. Fotografieren ist generell in allen Casinos verboten. Mit Ausnahme des KamPek wird mit HK\$ (nicht M\$) gewettet.

Zu den beliebtesten **Spielen** zählen:

### Baccarat

Baccarat **(Chemin de Fer)** hat sich in Macau zum Spiel der Oberklasse entwickelt und fehlt in keinem Casino, wird aber oft abgetrennt von den anderen Spielen gespielt. Ziel des Kartenspiels ist es, möglichst dicht an die Augenzahl 9 heranzukommen, wobei die Spieler nicht nur auf ihre, sondern auch auf die Karten der Bank wetten können.

Die Mindesteinsätze betragen 100–1000 HK\$, je nach Tisch (pro Spiel wohlgemerkt, das jeweils keine fünf Minuten dauert!).

### Blackjack (17 und 4)

Bei diesem einfachen Kartenspiel geht es darum, mit zwei oder mehr Karten möglichst dicht an die Punktzahl 21 zu kommen, ohne diese zu überschreiten, denn sonst ist der Einsatz sofort verloren. In den Kasinos gibt es verschiedene Arten von Blackjacktischen – an einigen müssen mindestens 50 HK\$ gesetzt werden, an anderen mindestens 100 HK\$.

### Roulette

Die Roulettetableaus in Macau entsprechen der internationalen Norm. Im Roulette-Kreisel befinden sich Fächer mit den Zahlen 0–36. Die Mindesteinsätze auf jede Roulettezahl sind 20 HK\$. Mindesteinsätze von 20 HK\$ sind bei Viertelung der Zahlenfolge möglich. Gewinnt Zero (Null), werden die Einsätze von der Bank einbehalten. Die Höchsteinsätze (zwischen 100 und 3500 HK\$) und Gewinne (bis 3500 HK\$) sind genau festgelegt. Spieler in Macau bekommen eine Abbildung des Tableaus, auf dem die Reihenfolge der Zahlen, die Farben und die Abteilungen vermerkt sind. Für Freunde der Statistik enthält die Karte außerdem die Gewinnnummern der letzten Spiele.

### Boule

Der Hauptunterschied zu Roulette ist eine große Kugel, die sich auf einer Scheibe mit einer Reihe von Einkerbungen und Abteilungen wie auf einer Roulettescheibe dreht. Die 25 Nummern auf dem Boule-Tableau sind noch einmal unterteilt, damit die Kombinationsmöglichkeiten größer sind. Der Mindesteinsatz beträgt 10 HK\$.

### Fan Tan

Fan Tan ist ein kompliziertes, altes chinesisches Spiel mit Porzellanknöpfen. Bei diesem Spiel wird ein Silberbecher über einen Haufen Knöpfe gestülpt. Der Becher, unter dem sich nun eine Anzahl dieser Knöpfe befindet, wird auf eine Seite bewegt. Nach Abschluss der Wetten wird der Becher aufgehoben und die Knöpfe in Viergergruppen aufgeteilt, bis entweder einer, zwei, drei oder vier übrig sind. Bareinsätze werden auf dem Tisch auf die Nummern 1, 2, 3 oder 4, auf gerade oder ungerade oder Felder zwischen den Nummern plaziert. Der Mindesteinsatz beträgt 100 HK\$. Die Regeln erfordern, dass man genau beobachtet, wo das eigene Geld plaziert wird. Wird es auf einer anderen Nummer als gewünscht plaziert, und die Wette ist verloren, dann wird es nicht zurückgezahlt. Wird Ihr Geld jedoch auf eine andere Nummer plaziert als von Ihnen gewünscht, so sind Sie gewinnberechtigt, wenn diese gewinnt.

## Groß und klein (DaiSiu, DaXiao)

Auch hierbei handelt es sich um ein chinesisches Spiel, welches in keinem macanesischen Casino fehlt. Tatsächlich ist DaiSiu wesentlich beliebter als Roulette, insbesondere bei den „kleinen Leuten". Unter einer Glasglocke werden drei Würfel geworfen, wobei eine Leuchtziffer den Countdown der verbleibenden Setzzeit anzeigt. Die Spieler setzen auf Augenzahlen, groß oder klein, gerade oder ungerade, oder auf Pasch. Es kann also gewettet werden, ob die kombinierte Augenzahl einen „großen" oder „kleinen" Wert haben wird. Zu „klein" zählen die Summen von drei bis neun, zu „groß" die Summen elf bis achtzehn. Ist die Summe der Augen zehn, gewinnt die Bank. Ferner kann gewettet werden, ob die Summe der Augen gerade oder ungerade ist. Das Spiel gilt als verloren, wenn die Wette nicht vom Spieler selbst oder auf eine andere Nummer als gewünscht gesetzt wurde und diese Nummer verliert. Nach dem Glockenton dürfen keine Einsätze mehr gemacht werden. Wenn die Würfel anstoßen oder in irgendeiner Weise im freien Fall behindert werden, wird das Spiel abgebrochen und die Würfel werden noch einmal geworfen. Wenn alle Würfel die gleiche Augenzahl zeigen (Pasch), dann gewinnt nur der, der auf Pasch gesetzt hat (nicht aber der mit der richtigen Summe). Der Mindesteinsatz beträgt 20 HK$ pro Spiel.

## Spielautomaten

In allen Kasinons gibt es eine Vielzahl unterschiedlicher Spielautomaten, die in Macau im Volksmund „Hungrige Tiger" genannt werden. Der Spieleinsatz beträgt ein oder zwei M$ bzw. HK$.

## Windhundrennen

Die Windhundrennen **(Canidromo)** finden dienstags, donnerstags und an den Wochenenden ab 20:00 Uhr auf der Hunderennbahn in der Avenida General Castelo Branco/Avenida do Almirante Lacerda statt. Pro Abend werden 14 Rennen gestartet.

Der **Eintritt** für einen öffentlichen Tribünenplatz kostet 2 M$, für einen Mitgliedstribünenplatz 5 M$. Logen für 6 Personen kosten 80 M$, für einen Platz im VIP-Raum zahlt man 25 M$. Die Anlage verfügt über eine Bar, Snackbars und ein Restaurant.

**Wettannahmestellen** befinden sich im Erdgeschoss des *Hotel Lisboa*, im *Jai-Alai-Palast* und im *KamPek-Casino*. Der Mindesteinsatz pro Rennen beträgt 5 M$.

Als Köder dient den Hunden ein ausgestopftes Hasenfell, welches, an einer kurzen Stange baumelnd, in Windeseile per Seilwinde über die Bahn gezogen wird. So wie bei Pferderennen üblich, werden auch die Hunde vor dem Rennen von ihren Betreuern oder Eigentümern mit stolzgeschwellter Brust an der Tribüne vorbeigeführt. Auf großen digitalen Leuchttafeln werden die Tippquoten ständig aktualisiert und auch die insgesamt gesetzten Beträge addiert. Es kommen erstaunliche Wettsummen zusammen, 1 Millionen M$ pro Rennen sind durchaus möglich!

## Pferderennen

Die Pferderennbahn von Macau (Hipodromo, Macau Jockey Club), eine der modernsten Turfanlagen der Erde, wurde 1991 eröffnet. Hier finden im Gegensatz zu Happy Valley und Sha-Tin in HongKong ganzjährig Rennen statt, was viele HongKonger in den Sommermonaten zusätzlich nach Macau lockt. Zweimal wöchentlich, meist mittwochs und samstags um 14:00, 15:30 und 19:30 Uhr, riskiert hier so mancher ein kleines Vermögen, auch wenn der Mindesteinsatz mit 10 M$ recht niedrig liegt. Im Juni werden die Rennen an heißen Tagen erst abends gestartet. Der Eintritt zur vollklimatisierten, 18.000 Zuschauer fassenden Anlage beträgt 20–30 M$.

Der Jockey-Club von Macau verfügt über moderne Einrichtungen und über international erfahrene Trainer und Jockeys. Pferde aus allen Teilen der Welt werden importiert, um Weltklasserennen bieten zu können. Clubmitglieder und das Publikum können die Rennen in Privatlogen oder von der vollklimatisierten Tribüne aus live, auf einer Multivisionswand oder auf den internen Fernsehmonitoren verfolgen. Zu den Einrichtungen gehören chinesische und europäische Restaurants. Auch hier ist es faszinierend, die Leuchttafeln mit den ständig aktualisierten Quoten und Wettsummen zu beobachten. Je später der Abend, desto höher sind die Wetteinsätze. Wettsummen von 40 Millionen M$ sind keine Seltenheit.

Wie in HongKong sind die wichtigsten **Turfbegriffe** bei Wetten *Quinella* (1. und 2. Platz), *Six Up* (eines der ersten beiden Pferde in sechs bestimmten Rennen), *Triple* (drei Siegpferde in drei Rennen). Natürlich können auch Sieg und Platz gewettet werden.

● *Informationen* zu den Rennveranstaltungen können telefonisch unter 28321888 (Macau) oder 25170872 (HongKong) erfragt werden.

● *Busse* 28a, 34, 35, 31, 15, 11, 22, 30 und AP1 passieren den Jockey Club.

## Der Macau Grand Prix

Der den Freunden des Motorsports wohlbekannte Große Preis von Macau wird alljährlich am **drittletzten Novemberwochenende** ausgetragen. Zimmer und Passagen sind zu dieser Zeit ausgebucht, ohne langfristige vorherige Reservierung geht nichts.

● *Anfragen und Buchungen* können beim *Grand Prix Organising Committee*, c/o Macau Gouvernment Tourist Office, 9 Largo do Senado, P.O. Box 3006, Macau vorgenommen werden (siehe auch Sehenswertes, Grand Prix-Museum).

## Nachtclubs

Das bekannteste Varieté Macaus ist die **Crazy Paris Show** in der Mona Lisa Hall (Hotel Lisboa, außen). Tanzshows finden täglich um 20:00 und 21:30 Uhr, samstags zusätzlich um 23:00 Uhr statt (Eintritt 200 M$). Der **Guia Disco Nightclub** (am Guia-Hotel) ist von 21:00 bis 04:00 Uhr geöffnet, die dem JaiAlai-Casino angeschlossene **China City** von 14:00 bis 04:00 Uhr (200 M$ Gedeck). Livemusik und Tanzvorführungen werden in der **Bar da Guia** (Mandarin Oriental Hotel) täglich außer Montag von 20:00 bis 01:00 Uhr geboten (Happy Hour 17:00–19:00). Die genannten Clubs (mit Ausnahme der Crazy Paris Show) sind auf männliche Besucher eingestellte Hostessenclubs ( ♬ HongKong) mit Livemusik und/oder Tanzdarbietungen.

Reine **Tanzdiscos** sind beispielsweise die *Skylight Disco* (Hotel Presidente, Av. da Amizade) oder die *Mondial Disco* (Hotel Mondial, Rua de A. Basco); Eintritt incl. ein Getränk ca. 100 M$.

## Sauna und Massage

Etliche Hotels bieten auch für Nichtgäste Sauna und **medizinischen Massageservice** an. Im Untergeschoss des *Hotel Lisboa* kostet die Stunde ab 250 M$, geöffnet von 12:00 bis 04:30 Uhr. Im *Hotel Presidente* (UG, Av. da Amizade) kostet die Sauna 100 M$, incl. Massage 200 M$/Stunde; geöffnet 12:00–04:00 Uhr. Außerhalb der Hotels ist die *Emanuelle-Sauna*, Avenida D Joao IV die größte ihrer Art.

## Bierbars

Gegenüber vom großen KunIam-Tempel liegt zwischen Rua Cabral und Rua Xavier die **Rua de Pedro Coutinho.** Hier liegen einige der wenigen Bierkneipen Macaus, in denen man in Ruhe ein Bierchen schlürfen kann. Während die chinesischen Touristen sich überwiegend dort aufhalten, vergnügen sich Europäer und ansässige Portugiesen im **Moonwalk Pub** (114 die Rua de Pedro Coutinho, Tel. 2852 9201) oder **Talker Pub** (104 die Rua de Pedro Coutinho, Tel. 28528975). Geöffnet täglich 20:00– 02:00 Uhr.

# Unterkunft

Macau bietet erfreulicherweise eine breite Palette – verglichen mit der Schwesterstadt HongKong – an ausgesprochen preiswerten Unterkünften. Für das gleiche Geld, für welches man in den ChungKing Mansions/ KowLoon Doppelzimmerchen mit U-Boot Flair erhält, kann man in Macau schon wirklich gute und geräumige DZ in Mittelklassehotels bekommen. Auch in der oberen Mittel- bis Luxusklasse bieten die Hotels in Macau ein deutlich besseres Preis-Leistungs-Verhältnis als HongKong. Wer wenig Zeit und Geld hat, aber dennoch etwa gleichviel Zeit in HongKong wie Macau verbringen möchte (meist bleibt man aber länger in HongKong), sollte ernsthaft überlegen, direkt in Macau unterzukommen (Fähre ab HK-Airport!) und Tagesausflüge nach HongKong zu unternehmen.

Allerdings gilt wie in der chinesischen Provinz GuangDong auch in Macau, dass echte **Billigunterkünfte** rar geworden sind und zunehmend modernen Neubauten weichen. Die günstigsten Unterkünfte, die in etwa den „Guesthouses" HongKongs entsprechen, heißen in Macau „Vila" oder „Hospedaria". Ein Zentrum für diese kleinen, überwiegend privaten Pensionen gibt es nicht, lediglich zwischen Rua da Praia Grande und Avenida D. Joao IV sowie an der Rua das Lorchas um den Praca Ponte e Horta gibt es eine Ansammlung dieser Unterkünfte.

Unter der Woche gibt es kaum Probleme, an Samstagen und Feiertagen (teilweise werden dann 10 % Aufschlag erhoben, bei Großereignissen wie den Olympischen Spielen 2008 auch schon einmal satte 100 %) kann es zu Engpässen bei der Zimmerreservierung kommen, wenn halb HongKong in die *Spielcasinos* von Macau fährt; eine Vorabreservierung noch aus HongKong oder eine Vermittlung durch den Service am Flughafen oder dem Fährhafen ist dann auf jeden Fall anzuraten. Aber auch unter der Woche empfiehlt es sich, doch zumindest einmal die Angebote der Hotelreservierung zu überfliegen – sowohl die Reisebüros am Macau Ferry Pier in HongKong als auch die Schalter in Macau erzielen erheblich bessere Preise im mittleren und oberen Preissegment als der direkt im Hotel anfragende Einzelreisende. Unter der Woche erhält man bei diesen Anbietern Zimmer in Hotels wie dem *Guia* oder *East Asia* schon ab rund 250 M$/DZ, für Top-Hotels rund 500 M$.

Wie auch in HongKong schlagen Mittel- und Oberklasse-Hotels jeweils 10 % *„Service Charge"* und 5 % *„Tourist Tax"* auf. In den einfacheren Herbergen (Vilas, Hospedarias und Pensaos) sind diese Zuschläge bereits im Preis enthalten. Bei diesen Vilas kann gehandelt werden, die Preise schwanken je nach Nachfrage. Anders als in HongKong muss das Hotel in Macau meist im Voraus bezahlt werden – offenbar hat man schlechte Erfahrungen mit bankrotten Spielern gemacht!

*Hinweis:* an der Landgrenze zu China gibt es keinen Hotelreservierungsservice; hier muss man auf eigene Faust suchen oder zum Fährterminal fahren und dort reservieren.

### Günstigste Möglichkeiten (unter 300 M$/DZ)

**Achtung:** Nur wenige Besitzer der einfachen Unterkünfte sprechen Englisch; wer kein Chinesisch spricht, sollte daher bei der Ankunft (Fähre, Flughafen) die Touristen-Information aufsuchen, um ein freies *Zimmer reservieren* zu lassen.

Noch ein **Hinweis:** Zwischen Praca Ponte e Horta und dem schwimmenden Casino bis in den unteren Teil der Avenida de Almeida Ribeiro hat sich das horizontale Gewerbe Macaus angesiedelt. Hier, wo übrigens auch die ersten Szenen von *Indiana-Jones und der Tempel des Todes* gedreht wurden, liegen aber auch die günstigsten Möglichkeiten, in Macau unterzukommen.

- Das *„Hotel" Ungleong* in der 29 Bocage (zu erreichen über die Rua de Gamboa, die wiederum von der Rua das Lorchas abzweigt), Tel. 28573814, bietet DZ (Gemeinschaftsbad) für sage und schreibe 100 M$ – zugegeben spartanisch, aber keineswegs schäbig.
- Ein weiterer Preisbrecher ist das **Cantao** im gleichen Block um die Ecke, Tel. 28922416. Die Zimmer sind klein und äußerst einfach; Gemeinschaftsbad. DZ 100 M$. Gleiches bietet die *San Va Hospedaria,* Tel. 28573701, Rua de Felicidade 67, DZ ab 90 M$.
- Ähnlich preiswert ist auch die **Hospedaria VongHong,** 253 Rua das Lorchas, EZ ab 90 M$, DZ ab 120 M$.
- *Hotel HoiKeng,* Rua Caldeira 2, Tel. 28572033. Nur 10 Zimmer ab 200 M$. Schlicht, steril-sauber und absolut zentral.
- Ebenfalls beachtenswert sind die **Vila VongKok** und **Vila ManKok** (Tel. 28937889), 253 bzw. 231 Rua das Lorchas. Beide haben einfache, aber ordentliche DZ ab 200 M$.

## Praktische Reisetipps
### UNTERKUNFT

- Deutlich schöner ist das **KoWah,** 71 Rua Felicidade, 3. St., Tel. 28375599 mit Top-DZ ab 275 M$. Sehr zu empfehlen.
- Die **Pensao KuanHeng,** 4 Rua Ponte e Horta, 2. St., Tel. 28573629 mit sehr guten DZ zu 300 M$ (EZ 200 HK$) ist eine beliebte Unterkunft bei westlichen Individualreisenden.
- **Pensao TaiFat,** 43 Rua da Caldeira, Tel. 28933908, Zi ab 220 M$ – überhöht!
- **Vila Universal,** 73 Rua da Felicidade, Tel. 28573247 hat EZ zu 220 und DZ zu 300 M$.
- **HouKong Hotel,** 1 Travessa das Virtudes, Tel. 28937555, EZ 250/DZ 320 M$, an Wochenenden ca. 40 M$ mehr.
- **Vila Tai Loy,** Travessa Auto Novo/Ecke Tr. das Virtudes, Tel. 28939315, DZ ab 180 M$, nett und empfehlenswert.

Eine weitere Ansammlung von Herbergen liegt rund um die Av. D. Joao IV/Rua da Praia Grande. Diese liegen zentral, fernab vom Rotlichtviertel der Rua das Lorchas und sind daher teurer.

- **Vila NamKuok,** 715 Rua da Praia Grande, DZ ab 220 M$.
- **Pensao NamIn,** 3 Traversa Praia Grande, Tel. 28710008, 28710024, feine DZ 280 M$, einfache EZ ab 170 M$.
- **Vila MengMeng,** 24 Rua Dr. Pedro Jose Lobo, 3. St., Tel. 28715241, ab 200 M$ für sehr gute Zimmer.
- **Vila LocTin,** 32 Rua Dr. Pedro Jose Lobo, Tel. 28710018, DZ ab 220 M$, aber nicht so gut wie die Vila **NamLoon,** 30 Rua Dr. Pedro Jose Lobo, Tel. 2881042 mit ähnlichen Preisen.
- **VilaSamSui,** ebenfalls 32 Rua Dr. Pedro Jose Lobo, Tel. 28572256 mit DZ ab 230 M$.
- **Vila NamPan,** 8 Avenida D. Joao IV, Tel. 28572289, DZ 280 M$.
- **Vila NgaVa,** Formosa 25, 2. St. im Innenhof links, Tel. 28331797 ist sehr ruhig und familiär. DZ 270 M$.
- Am anderen Ende der Formosa/Ecke Calcada Sao Joao liegt für Notfälle das **ShaoKaFai,** welches nette Zimmer für 200 M$ bietet – diese allerdings auch (überwiegend) stundenweise vermietet. Nur auf den ersten Blick etwas ungünstig sind einige Vilas in der Estrada de Sao Francisco nahe des Krankenhauses unterhalb der Guia-Festung gelegen. Bei der Haltestelle der Busse 6 und 28C befinden sich im selben Gebäude die **Vila Empress** und **Vila Mekado** (7 Rua de Sao Francisco, Tel. 28713708) sowie in No. 2 die **Vila TakLei** (Tel. 28577484). Alle haben hübsche Zimmer mit einem schönen Ausblick ab 300 M$.
- Wer einen internationalen Jugendherbergsausweis besitzt und die Entfernung zum Zentrum nicht scheut, kann in der **Posada de Juventude,** CheocVan-Bucht/Coloane für 50 M$ ein Bett im Schlafsaal bekommen. Eine telefonische Voranmeldung über die TI am Fährhafen oder unter Tel. 28888151 ist ratsam, an Wochenenden und Feiertagen ist die kleine Herberge mit ihren 15 Betten meist übervoll. Anfahrt mit Bus 21A; von 10:00 bis 15:00 Uhr halten die Verwalter Siesta (kein Einlass).

## Mittelklassehotels
### (bis 400 M$/DZ)

- **Hotel NamTin,** Traversa Praia Grande, Tel. 28711212, mit EZ ab 320 M$ etwas teuer.
- **Hotel East Asia,** 1 Rua de Madeira, Tel. 28922433. Ausgezeichnete EZ ab 290, DZ ab 330 M$. Sehr ruhig; empfehlenswert auch das angeschlossene DimSum-Restaurant im Erdgeschoss.
- Schlicht, aber nicht schlecht ist das **ManVa** in der 30 Rua Caldeira, Tel. 28388656 (kein Englisch!). Einfache EZ sind schon ab 240 M$, gute DZ mit TV und Kühlschrank für 300 M$ zu haben.
- Eines der schönsten Mittelklassehotels vor Ort ist zweifellos das **Holiday,** 36 Estrada do Repouso, Tel. 28350161 (hier wird leider kein Englisch gesprochen!), mit hübschen DZ ab 300 M$.
- **Hotel London,** 4 Praca Ponte e Horta, Tel. 28937761. Ein ausgezeichnetes Mittelklassehotel mit EZ zu 280 M$ und DZ ab 320 M$. Empfehlenswerter als so manche Villa.

*Hinweis:* Die o.g. Mittelklassehotels kann man schon am Fährhafen (Ankunftshalle) buchen, wobei meist ein besserer Preis erzielt werden kann als bei persönlicher Anfrage. Die früher hier empfohlenen Hotels **Penin-**

sula, **Masters** und **Grand** (rund um den ehemaligen Hafen in der Rua das Lorchas) sind – bis auf das derzeit geschlossene Grand – offen, werden aber ausschließlich von Pauschalreisegruppen aus der Volksrepublik frequentiert und offiziell nicht von der TI oder den Agenturen am Fährhafen vermittelt. Wer Chinesisch spricht, kann hier Preise von 220 bis 250 HK$ für DZ erzielen.

## Obere Mittelklasse (ab ca. 600 M$)

● **Hotel Metropole,** 63 Rua da Praia Grande, Tel. 28388166, mhhotel@macau.ctm.net, bietet DZ schon ab 550 M$ bis 1350 M$ und ist damit das günstigste Hotel der Oberklasse.

● Zwischen LouLimlok- und Floras-Gärten liegt das **Mondial** in der 8 Rua da Antonio Basto, Tel. 28566866. Die schönen DZ kosten zwischen 700 und 1200 M$, Suiten bis 2800 M$. Gäste könne den kostenlosen Hotelbus zur Fähre und zum Casino des Hotel Lisboa in Anspruch nehmen.

● **Hotel Sintra,** Avenida de D. Joao IV, bcsintra@macau.ctm.net, Tel. 28710111, Fax: 28510527, DZ ab 750 M$. Reservierungen können schon in HongKong unter Tel. 2546 6944, Fax: 25467118 vorgenommen werden.

Stilvolle Kolonialbauten prägen Macau

- **Hotel Guia,** 1 Estrada do Engenheiro Trigo, gleich unterhalb der Guia-Festung, Tel. 2851 3888, Fax: 28559822, guia@macau.ctm.net, DZ 600–800 und Suiten 1000–1200 M$.
- Das **Hotel Grandeur,** 199 Rua de Pequim, www.hotelgrandeur.com, Tel. 28781233, Fax: 28781211, Reservierung ab HongKong: 28572846, ist nicht mit dem ehemaligen Hotel Grand im Rotlichtdistrikt zu verwechseln. DZ ab 1000 M$. Das Hotel rühmt sich des einzigen rotierenden Restaurants in Macau mit portugiesischer Küche und Livemusik.
- Das nahegelegene **Holiday Inn Macau,** www.macau.holiday-inn.com, Tel. 28783333, Fax: 28782321, Reservierung ab HongKong: 28109628, hat DZ ab 850 und Suiten ab 12.000 M$; bekannt ist hier insbesondere das chinesische Dragon-Court-Restaurant.
- Geradezu ein Schnäppchen ist das am Strand von CheocVan/Coloane gelegene kleine **Pousada de Coloane** (Tel. 28882143, Fax: 28882251, Reservierung ab HongKong: 27391216, pcoloane@macau.ctm.net) mit DZ ab 650 M$ – allerdings liegt es auch weitab am äußersten Ende Macaus.

## Oberklasse- und Top-Hotels (ab 1200 M$/DZ)

- Eines der interessantesten Hotels Macaus ist das an der äußersten Südspitze der Barra-Halbinsel gelegene **Pousada de Sao Tiago** in der Avenida da Republica, Tel. 28378111, Fax: 28552170, www.saotiago.com.mo. Die exquisiten DZ beginnen bei 1200 M$, Suiten kosten um die 2750 M$. Das Hotel wurde 1976 auf den Grundmauern der ehemaligen Festung Sao Tiago da Barra im portugiesischen Stil errichtet ( ♪ Sao Tiago da Barra).
- Ähnlich stilvoll ist eigentlich nur noch das nahegelegene **Bela Vista,** 8 Rua Comendador KouHoNeng, Tel. 28965333, Fax: 28965588. DZ in diesem herrlichen Kolonialbau kosten ab 2000 M$ bis zu 5000 M$ für eine Suite.
- Gegenüber des Bela Vista konkurriert das **Pousada Ritz,** Tel. 28339955, Fax: 28317826, www.ritzhotel.com.mo, mit DZ ab 1500 und Suiten bis 10.000 M$.
- Drittes „Wahrzeichen" Macaus neben den Ruinen von St. Paul und dem imposanten Guia Leuchtturm ist das markante und futuristisch anmutende **Hotel Lisboa,** das im Zentrum an der Avenida de Amizade liegt (Tel. 28883888, Fax: 28883838, www.hotelisboa.com). Tatsächlich ist das Lisboa mit seinem berühmten Spielcasino und der angeschlossenen Revue eines der ältesten Hotels der Stadt und bietet einfache DZ ab 800 M$ bis hin zu luxuriösen Suiten für 9000 M$.
- Auf TaiPa ist das nahe der Universität gelegene **Hyatt Regency Macau** in der Estrada Almirante Marques Esparteiro zu nennen (Tel. 28831234, Fax: 28830195, www.macau.hyatt.com). DZ kosten ab 1100 M$, Suiten bis 12.000 M$.
- Auf der Insel Coloane in der Estrada de HacSa liegt Macaus großartiges Strandhotel **Westin Resort** (Tel. 28871111, Fax: 28871122, www.westin-macau.com). Die mit allen Annehmlichkeiten ausgestattete Anlage kostet im DZ ab 1300 M$, Luxussuiten 16.000 M$.
- Neuestes Tophotel in Macau ist das **Grande Waldo,** Rotunda do Dique, Tel. 2888 6888, www.grandwaldohotel.com, schräg gegenüber vom Lisboa gelegen. Der Riesenkomplex mit lediglich 318 Luxuszimmern ab 1500 M$ bietet alle Annehmlichkeiten, Wellness, Einkaufsarcade, Casino usw.

# Verkehrsmittel

Ohne Gepäck kann man Macau problemlos zu Fuß erkunden und benötigt Bustransport nur zu den Inseln oder den Zielen im äußersten Norden Macaus.

### Bus

Der öffentliche Transport ist ausgezeichnet ausgebaut. Der Fuhrpark besteht überwiegend aus größeren, gelbblauen Minibussen mit deutlich sichtbaren Liniennummern sowie den Endstationen in lateinischen Lettern/chin. Zeichen.

# VERKEHRSMITTEL

*Gezahlt* wird wie in HongKong beim Einstieg per Einwurf in einen Kasten (kein Wechselgeld), an dem der Fahrpreis abzulesen ist. Einen Octopus wie in HongKong gibt es nicht, wohl aber elektronische Monatskarten der jeweiligen Busgesellschaft, die für Touristen allerdings uninteressant sind. Es ist völlig legal, auch HongKong-Münzen im Verhältnis 1:1 zu verwenden; bei der Ankunft per Flugzeug oder Fähre kann man so Zeit sparen und rasch einen Bus nehmen, statt erst am Wechselschalter anzustehen (8 M$ ab Flughafen, 3 M$ ab Fährhafen). Stadtbusse 2,50 M$, nach TaiPa 5 M$ und nach Coloane 8 M$, egal, ob man die ganze Route oder nur eine Haltestelle fährt. Auf Coloane ist der reine Inselbus (No. 15, 3,50 M$) günstiger als der TaiPa und Coloane verbindende Bus No. 14 (5 M$) oder die Macau-TaiPa-Coloane-Linie (8 M$).

*Achtung:* Die letzten Busse fahren von der Insel gegen 23.00 Uhr zurück.

Zu den wichtigsten *Haltestellen* im Zentrum zählen: AMa-Tempel, Ponte e Hortas, Hotel Lisboa, Escola Comercial (Handelsschule), Floating Casino.

### Die einzelnen Buslinien:
- **1** Barra – Alm. Lacerda – Alm. Sergio
- **1A** Barra – Alm. Sergio – Alm. Lacerda – Venceslau de Morais – Pescadores – Jai Alai (HK Fähre)
- **2** Barra – China Fähren – Canidrom – LinFong Tpl. – KunIam Tpl. – Jardim dos Flores – da Gama Park – Alm. Ribeiro – Barra
- **3/3a** HK Fähre – Lisboa – Alm. Ribeiro – Ponte e Horta
- **4** Alm Ribeiro – Alm. Lacerda – LinFong Tpl.
- **5** Barra – Alm. Ribeiro – Av. C.F. Almeira – Av. Horta e Costa – Alm. Lacerda – Grenze – LinFung Tpl. – Horta e Costa – (Tunnel) – Jai Alai (nahe HK Fähre)
- **6** Av da Amizade – IaoHon (HK Fähre) – Pescadores – de Morais – Kunlam Tpl. – Av. Horta e Costa – Rua do Patane – Barra – Praia Grande – Lisboa – Estr. S. Franc. – Av. Alm. Ribeiro – Alm. Lacerda – Horte e Costa – Av. C.F. Almeida – Av Morais – Iao Hon
- **7** Rua Bairro IaoHon (nahe Grenze) – Alm. Ribeiro – Barra – Alm. Ribeiro – Albuquerque – Canidr./MongHa – R.B. IaoHon.
- **8** Ilha Verde – LinFung Tpl. – Horta e Costa – Alm. Ribeiro – Barra – Do Campo – Rua Barca – Rua Fr. Xavier Pereira – Ilha Verde
- **8A** wie Linie 8, nur ab Barra schneller ⇆ Ilha Verda
- **9** Grenze – LinFung Tpl. – Ouvidor Arriaga – Do Campo – Praia Grande – Lisboa – Barra – Bela Vista – Praia Grande – Lisboa – Do Campo – Ouvida Arriaga – Grenze
- **9A** wie Linie 9 bis Praia Gr. & Lisboa, aber ohne Barra
- **10/10A** Grenze – HK Fähre – Lisboa – Alm. Ribeiro – Barra und zurück
- **10B** Grenze – HK Fähre – Grenze
- **11** Barra – Alm. Ribeiro – Lisboa – TaiPa Univ. – TaiPa Siedlung und zurück
- **12** IaoHon Markt (in der Nähe der Grenze) – Av. Cor. Mesquita – Do Campo – Lisboa – IaoHan – HK Fähre – Lisboa – Horta e Costa – IaoHon
- **14** TaiPa Siedlung – Damm (Istmo Seac Pai-Van) – Coloane Siedlung – Hac Sa Bucht und zurück
- **15** Coloane Siedlung – KaHo und zurück
- **16** Grenze – Alm. Lacerda – Alm. Sergio – Praia Grande – Do Campo – Ouv. Arriaga – Barbosa (Grenze)
- **17** Camoes Garten – Cor. Mesquita – Jardin dos Flores – Av. Rodr. Rodrigues – Macau Forum – HK Fähre – Areia Preta – Grenze – Av. Lacerda – Av. Horta e Costa – Camoes Garten
- **18** Barra – Alm. Ribeiro – 5 Oct. – R. Barca – Grenze – Alm. Lacerda – Horta e Costa – Do Campo – Barra
- **19** IaoHon Markt (nahe Grenze) – Cor. Mesquita – Do Campo – Alm. Ribeiro – Camoes Garten – Horta e Costa – IaoHon
- **21** Barra – Alm. Ribeiro – Lisboa – TaiPa Univ. – airport – Coloane Siedlung und zurück

## VERKEHRSMITTEL

- **21A** wie Linie 21, fährt aber weiter zur Bucht von HacSa
- **22** IaoHon Markt – Cor. Mesquita – Do Campo – Lisboa – TaiPa Univ. – Galopprennbahn TaiPa
- **23** Ilha Verde – Areia Preta – Cor. Mesquita – HK Fähre via Tunnel – Praia Grande – Alm. Ribeiro – R. Mercadores – Camoes Garten – Ilha Verde
- **25** Grenze – Jardim dos Flores – Do Campo – TaiPa Univ. – Coloane Siedlung – TaiPa Univ. – Lisboa – Do Campo – Grenze
- **26** Av. Lacerda – Alm. Ribeiro – Lisboa – Hyatt/TaiPa – airport – Coloane Siedlung – CheocVan & HacSa und zurück (Mai–Okt.)
- **26A** LinFung Tpl. – Alm. Ribeiro – Lisboa – Hyatt/TaiPa – Coloane Siedlung – HacSa Bucht und zurück
- **28A** HK Fähre – Lisboa – Hyatt/TaiPa – TaiPa Univ. – Galopprennbahn TaiPa und zurück
- **28B** Ilha Verde – Areia Preta – Av. Morais – HK Fähren – Lisboa und zurück
- **28C** JaiAlai Stadion (bei HK Fähren) – Lisboa – Av. C.F. Almeida – Horta e Costa – IaoHon Markt – Grenze – LinFung Tpl. – Ouv. Arriaga – Lisboa – JaiAlai
- **32** LinFung Tpl. – Horta e Costa – HK Fähren (via Tunnel) – Macau Forum – Horta e Costa (via Tunnel) – LinFung Tpl.
- **33** LinFung Tpl. – Alm. Ribeiro – Lisboa – Hyatt/TaiPa – Univ. TaiPa – TaiPa Siedlung und zurück
- **38** Esc. Comercial – Lisboa – Galopprennbahn TaiPa und zurück
- **Ap 1** Barbosa (Grenze) – HK Fähren – Macau Forum – Lisboa – Galopprennbahn TaiPa – Flughafen und zurück

### Fahrrad und Moped

Leihfahrräder gibt es leider gar nicht mehr. Touristische **Tricyclos** (Fahrrad-Rikschas) sieht man gelegentlich noch am Fährhafen und am *Hotel Lisboa* (ca. 100 M$ einfach oder 200 M$ für eine einstündige Rundfahrt).

Gegenüber vom Centro Cultural in der Rua de Londres, Edf. ZhuKuan, Tel. 28750880, kann man gegen Vorlage eines Führerscheins (nationaler genügt) **Mopeds** und **Scooter** mieten (ca. 350 M$/Tag). Damit kann man bequem alle Punkte auf TaiPa und Coloane erkunden, für die Innenstadt ist das Ausleihen eines Mopeds hingegen weder empfehlenswert noch notwendig.

### Taxis

Wie in HongKong ist das Taxi auch in Macau ein Alltagstransportmittel. Die schwarzen Limousinen mit ihren cremefarbenen Dächern kosten 10 M$ für die ersten 1500 Meter, anschließend 1 M$ für alle weiteren 250 Meter. Fahrten nach TaiPa und Coloane kosten 5 bzw. 10 M$ extra.

Die meisten Fahrer verstehen kaum Englisch, sodass sich bei Taxifahrten der **dreisprachige Stadtplan** der Touristeninformation als hilfreich erweist.

- *Taxiruf:* 28337676

### Leihwagen

Von der Anmietung eines Kraftfahrzeugs in einem Stadtstaat von einmal 20 km$^2$ sei abgeraten, zumal ein freier Parkplatz ähnlich selten zu finden ist wie ein Sechser im Lotto.

**Führerscheine** aus Österreich, der Schweiz und aus Deutschland werden in Macau anerkannt, die aus HongKong nicht (internationaler Führerschein dann erforderlich). Das Mindestalter für Fahrer beträgt 21 Jahre, es gilt – im Unterschied zu Portugal – wie in HongKong Linksverkehr. Eine sinnvolle „Spezial-Verkehrsregel" ist das Hupverbot.

- **AVIS Rent-a-Car** im Mandarin Oriental Hotel (Tel. 28567888), Av. de Amizade: Kleinwagen kosten zwischen 400 und 600 M$ pro Tag, Motorräder um die 300 M$. Vorabbuchungen können bereits in HongKong unter Tel. 25412011 vorgenommen werden.

### Zu Fuß

Macau ist klein genug, um zumindest auf der Macau-Halbinsel alles Interessante zu Fuß zu besichtigen. Lediglich die Sehenswürdigkeiten ganz im Norden mögen manchem zu weit und ein Stadtbus angeraten erscheinen. Die Inseln TaiPa und Coloane müssen per Bus besucht werden, da Fußgänger (wie auch Radfahrer) wegen „Absturzgefahr" nicht die Brücke nach TaiPa überqueren dürfen.

# Land und Natur  Geografie

Macau gehört geografisch zur südchinesischen Küstenregion und grenzt im Norden, an der Westseite des Perlflussdeltas, an die VR China. Das Territorium umfasst die Halbinsel Macau mit 8 km² sowie die südlich vorgelagerten Inseln TaiPa und Coloane mit zusammen 20,5 km². Die höchsten Erhebungen liegen in der Stadtmitte und reichen nicht über 100 Höhenmeter hinaus. Das Trinkwasser Macaus kommt mangels eigener Quellen aus der VR China.

## Klima

Macau gehört wie HongKong zur subtropischen Klimazone mit Durchschnittstemparaturen zwischen 16 und 25 Grad. Auf dem Papier scheinen

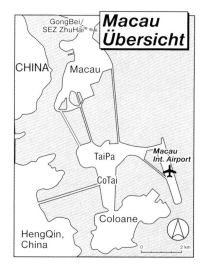

# Flora und Fauna

Niederschläge von 101–203 mm im Jahresmittel sehr hoch zu sein, doch gehen die meisten Regengüsse in den Monaten Juni bis August nieder, gelegentlich Hand in Hand mit tropischen Regenstürmen (Taifunen). Auch die Luftfeuchtigkeit ist mit 70–90 % im Jahresdurchschnitt sehr hoch, sodass für Europäer die Monate September bis Mai die klimatisch angenehmsten sein dürften.

Ausführlichere Angaben zum Klima und eine annähernd auch für Macau gültige Klimatabelle stehen im Kapitel HongKong, Klima.

## Flora und Fauna

Wegen der dichten Besiedlung weist Macau zwangsläufig keine nennenswerte Tier- und Pflanzenwelt auf. Lediglich im Südteil der Insel Coloane gibt es einige zusammenhängende Eukalyptus- und Pinienbaumbestände.

# Staat und Gesellschaft

## Geschichte

Die chinesische Südküste war bereits seit Jahrtausenden besiedelt, als der **Legende** zufolge vor vielen Hundert Jahren ein verarmtes Mädchen namens *AMa* eine Mitfahrgelegenheit auf einem Boot nach GuangZhou (Kanton), dem Zentrum Südchinas suchte. Die Händler wiesen sie ab, nur ein Fischer erbarmte sich ihrer und nahm sie an Bord. Bald darauf erhob sich ein Sturm, und alle Schiffe sanken – bis auf das Fischerboot mit dem Mädchen an Bord, welches die Elemente beruhigte. Das Schiff wurde beschädigt ans Ufer des heutigen Macau getrieben, das Mädchen verschwand spurlos, kaum dass es den Boden betreten hatte. Der Fischer und alle Umstehenden schrieben ihre Rettung dem wundersamen Mädchen zu. So wurde ein AMa-Tempel errichtet, das Mädchen zur Göttin der Seefahrer und Fischer erhoben. Die örtlichen Fischer nannten ihre Siedlung fortan *AMaGao* (große AMa).

Im Europa des ausgehenden 15. Jh. dominieren die **Portugiesen** auf den Weltmeeren. *Kolumbus* segelt nach Amerika, *Vasco da Gama* nach Indien. 1511 wird Melakka (Malaysien) gegründet, 1513 wird durch die Expedition *Jorge Alvarez'* erstmals China als Handelsmarkt entdeckt, das Kaiserreich lehnt jedoch jegliche Zusammenarbeit ab. Die Portugiesen müssen sich auf zunächst unbedeutenden Schmuggel beschränken, „entdecken" zufällig Japan, wo eine größere Bereitschaft zum Handel besteht. Doch sowohl chinesische als auch portugiesische, mit Waren aus Japan beladene Galeeren werden wiederholt von Piraten überfallen, dabei erweisen sich die schweren, kanonenbestückten portugiesischen Schiffe für China als wertvolle Hilfe.

Zum Dank überlässt der Kaiserhof den Portugiesen 1557 die Fischersiedlung AMaGao, wo in der Folgezeit die **erste europäische Handelsniederlassung** in China entsteht. Der Hafen bringt auch eine Monopolstellung Portugals im Chinahandel, selbst Japaner und Chinesen greifen für den Handel untereinander auf portugiesische Mittelsmänner zurück. Haupthandelsgüter sind Gewürze (Melakka), Seide (China), Tee (China,

# Staat und Gesellschaft
## GESCHICHTE

Japan) und Textilien (Portugal), welche den Portugiesen riesige Gewinne einbringen.

1580 wird das portugiesische Mutterland von Spanien besetzt, Macau verweigert die Anerkennung und hisst weiter hartnäckig die portugiesische Flagge. Als Dank wird nach Beendigung der Besetzung Portugals (1640) Macau der bis 1999 offizielle Name *Cidade Do Nome De Deus De Macau Nao Ha Outra Mais Leal* (Stadt im Namen des Herren, Macau, es gibt keine treuere) verliehen.

Bis ins frühe 17. Jh. bleibt die Vorherrschaft Portugals in Asien unangetastet, Macau, chinesisch AoMen, wird weiter ausgebaut. Die anderen europäischen Nationen folgen nach und errichten ihrerseits Handelsstützpunkte in Fernost, allen voran die Holländer in Indonesien. Mehrere Angriffe auf Macau (1604–1627) bleiben erfolglos, Melakka wird den Portugiesen dagegen 1640 entrissen.

Das chinesische Kaiserreich lässt jedoch zunächst keine weiteren ausländischen Stützpunkte außer Macau zu.

1685 gestattet Kaiser *KangXi* (1661–1722) aus dem Hause der Qing-Dynastie (1644–1911) einen beschränkten **Handel der Ausländer in Kanton.** Dies nutzen vor allem die Engländer, deren *British East Indian Company* in den Jahren 1700–1720 zur größten Handelsgesellschaft der Erde avanciert, in Kanton dürfen nun sogar Niederlassungen eröffnet werden.

Macau fällt damit in die Bedeutungslosigkeit als Handelsstützpunkt, bis 1757 der Kaiser *TianLong* (1735–1795) der Kaufmannsgenossenschaft der *Co-Hong* den gesamten chinesischen Außenhandel überlässt. Diese bestimmen per Erlass, dass Ausländer sich nur von September bis März in Kanton aufhalten dürfen und das auch nur auf ihrem Niederlassungsgelände und ohne Frauen. Macau wird damit zum Sommersitz und **Rückzugsgebiet der wohlhabenden Händler,** Abenteurer, Seeleute und Soldaten aus ganz Europa. Führende Handelsnation im 18. und 19. Jh. ist nun England.

Portugiesische Trachtengruppe vor Sao Paolo

Mit dem **Ersten Opiumkrieg** (1840–42) fällt die Insel HongKong an England, und Macau versucht, aus der chinesischen Schwäche Kapital zu schlagen. Mehrere portugiesische Angriffe scheitern schon im Ansatz, 1887 kommt lediglich ein Vertrag mit China zustande, in dem die Herrschaft Portugals in Macau dauerhaft bestätigt wird. Da es nicht gelingt, die finanziellen Nöte der Kolonie auf dem Handelswege zu lösen, führt Gouverneur *Guimaraes* (1851–63) das genehmigungspflichtige Spielen/ Wetten ein. Mit der Lizenzvergabe für Spielbetriebe sollte sich die Kolonie ein lukratives Standbein schaffen.

So entwickelt sich Macau, anders als HongKong, nicht industriell, sondern eher in den Bereichen Kleinmanufaktur und Vergnügungsgewerbe. Im **Zweiten Weltkrieg** bleibt Macau von den Japanern verschont, vermutlich soll die Neutralität Portugals in Europa nicht verletzt werden.

Wie HongKong muss Macau allerdings mit Flüchtlingswellen fertig werden, die im **chinesischen Bürgerkrieg** (1945–49) nochmals ansteigen. In Spitzenzeiten muss das kleine Land 600.000 Menschen beherbergen.

Während der **Kulturrevolution** (1966) wird Macau von den Roten Garden überrannt. Mit der Drohung, die Portugiesen würden sich für immer aus Macau zurückziehen, erreicht man jedoch deren Abzug.

Trotzdem haben es die Portugiesen plötzlich eilig, das für sie wertlos gewordene Macau abzustoßen; nach dem Linksputsch 1974 in Portugal bietet man allen Ländern die **Rückgabe der portugiesischen Kolonien** (seinerzeit noch Macau, Angola, Mosambique und Ost-Timor) an – erneut lehnt China ab.

Dennoch zieht Portugal am 31.12.1975 seine Truppen aus Macau vollständig ab und erklärt die bisherige Kolonie zum „chinesischen Territorium unter portugiesischer Verwaltung mit vollständiger innerer Autonomie".

Im Zuge der sino-britischen Verhandlungen über die Rückgabe HongKongs vereinbaren auch China und Portugal 1987 die **Rückgabe Macaus zum 20.12.1999**. Die Bestimmungen lehnen sich eng an das HongKonger Vorbild an, Macau wird also für 50 Jahre zum **Sonderverwaltungsgebiet** mit Selbstständigkeit in inneren Angelegenheiten wie Recht, Währung, Wirtschaftssystem usw.

Die Übergabe HongKongs 1997 wurde in Macau mit Interesse beobachtet, der eigenen Heimkehr ins Reich der Mitte nach den unproblematischen Ereignissen in der großen Schwesterstadt dann aber noch gelassener entgegengesehen. Dennoch kann man beide Städte nicht über einen Kamm scheren – die Probleme begannen im Frühjahr 1999, wobei sich in nahezu jeder Kleinigkeit die Chinesen als Meister der Symbolik entpuppten:

Zunächst wurde auf den Tag genau 9 Monate (Glückszahl 3 mal 3) vor dem eigentlichen, im Vergleich zu HongKong weit bescheidenerem, Akt das neue **Cultural Centre** in Macau eingeweiht, welches den äußeren Rahmen der Feierlichkeiten bilden sollte. Der chinesische Vizepremier *Qian QiChen* traf zu diesem Anlass am 19.03.1999 mit Portugals Präsident *Sampaio* zusammen, um alle Einzelheiten der Rückgabe zu erörtern. Knackpunkt war die Frage der **Stationierung chinesischer Truppen** in Macau, was Portugal schon vorher mit dem Hinweis, auch Portugal habe keine Truppen in Macau, ablehnte. China bestand jedoch darauf, um die 1998/99 rapide angestiegene Kriminalität in Macau eindämmen zu können. Zeitgleich führte die Volksrepublik daher in ShenZhen eine minutiös geplante Razzia gegen etliche Mätressen HongKonger Geschäftsleute durch – eine unmissverständliche Geste. Sampaio blieb zwar hart, stand allerdings mit seiner Ansicht auf verlorenem Posten.

Exakt sechs Monate (zwei mal drei) vor dem 20.12. wurde *Edmund Ho*, nach ähnlichem Verfahren wie *TungChiHua* (HongKong) als erster Chief Executive von Macau benannt. Ho schaffte es bis zu den Asienspielen 2006, die bis dato als „lasterhaft" geltende Ex-Kolonie umzustrukturieren und zu einem „wunschgemäßen" Gebilde nach dem Motto **„ein Land, zwei Systeme"** umzukrempeln. 2006 und 2007 wurde das innere System Macaus dem HongKongs weiter angenähert, was sich u.a. in der Adaption des Telefonsystems (2007), bargeldlosem Zahlungsverkehr mit China (2006) oder auch in den Regularien für grenzüberschreitenden Tourismus äußerte.

# Politik

## Name und Symbole

In unmittelbarer Anlehnung an Hong-Kong wurde auch das frühere portugiesische Übersee-Verwaltungsgebiet Macau zu einem **Sonderverwaltungsgebiet der Volksrepublik China** (Special Administrative Region, SAR) mit weitgehender innerer Autonomie (Währung, Recht) und einer unverändert abgeschotteten Grenze nach China.

Das neue macanesische Wappen zeigt eine dreiblättrige Seerose mit fünf Sternen darüber, welche der chinesischen Staatsflagge entlehnt wurden.

Seit Anfang des neuen Jahrtausends wird die SAR Macau (Special Administrative Region) als Sonderverwaltungsgebiet von einem **Chief Executive** (eine Art Gouverneur, z. Zt. *Edmund Ho*) geführt, dem sieben Untersekretäre (quasi Minister, ernannt bis 2010) assistieren.

Die **macanesische Führungsriege:**
- *Edmund Ho* – Chief Executive, gewählt bis 2010
- *Florinda da Rosa Silva Chan* – Justiz und Verwaltung
- *Francis Tam Pak Yuen* – Wirtschaft und Finanzen
- *Cheong Kuoc Va* – Innere Sicherheit
- *Fernando Chui Sai On* – Soziales und Kultur
- *Ao Man Lung* – Transport und Bauwesen
- *Cheong U* – Korruptionsbeauftragter
- *Susanna Chou* – Präsidentin der Gesetzgebenden Versammlung

Wichtigstes parlamentarisches Organ ist die **Gesetzgebende Versammlung** *(Legislative Assembly)* mit 23 Mitgliedern. Je acht werden durch direkte und indirekte Wahl ermittelt, sieben ernennt der Chief Executive.

Brisantestes innenpolitisches Thema nach der Übergabe war die **Änderung des Staatsbürgerschaftsrechts.** Bis 1982 war jeder in Macau Geborene automatisch portugiesischer Staatsbürger. Da die Briten ihre HongKonger Untertanen nicht mit diesem Privileg versahen, verkauften viele Macanesen ihren portugiesischen Pass nach HongKong. China tobte, und Macau änderte das Gesetz nun dahingehend, dass mindestens ein Elternteil Portugiese sein muss. Doch auch diese Regelung birgt noch viel Zündstoff.

1999 wurde der Bankier *Edmund Ho* erwartungsgemäß zum ersten Chief Executive (oberster Verwaltungschef, eine Art Oberbürgermeister, Verfahren vgl. HongKong, Politik) gewählt. Kritiker witzelten, Ho sehe Hong Kongs damaligen CE Tung CheeHua nicht nur äußerlich ähnlich, wie Tung stehe auch Ho „in der Schuld Chinas": Anfang der 1980er Jahre hatte Edmund Ho nämlich die Nachfolge seines Vaters als Leiter der angeschlagenen, familieneigenen *TaiFung-Bank* angetreten. Es gelang ihm zwar, die Bank mit Hilfe von außen zu regenerieren – allerdings mit hohen Darlehen der Bank of China!

Eine **innenpolitische Feuertaufe** musste Ho 2006 und 2007 überstehen, als Peking von Macau „**Ordnung und Sauberkeit"** als Vorbereitung für

# WIRTSCHAFT, TOURISMUS

die Olympischen Spiele 2008 verlangte. Schon für die Asienspiele in Macau waren gewaltige Anstrengungen unternommen worden, für 2008 wurde nochmals mit eisernem Besen gekehrt, zahllose halbseidene Hotels (z.B. das Grand) geschlossen und Tausende illegal im Horizontalgewerbe arbeitende Chinesinnen ins Mutterland ausgewiesen – all das sehr zum Leidwesen der einheimischen Geschäftsleute.

## Wirtschaft

Macaus Wirtschaft ist bei weitem nicht so entwickelt wie diejenige HongKongs, auch wenn die Rahmenbedingungen (Freihafen, 15 % Maximalsteuer) kopiert wurden. Die **Textilindustrie,** neben dem **Spielgewerbe** und der **Bauwirtschaft** wichtigster Wirtschaftszweig, produziert zu drei Vierteln für den Export, die **Tourismusbranche** wurde zum größten Beschäftigungsfeld für lokale Arbeitskräfte. Das Lohnniveau wird durch eine Tagelöhnervereinbarung mit der Volksrepublik China niedrig gehalten; täglich pendeln Tausende aus China zur Arbeit nach Macau.

Ausschlaggebend hierfür war das Flughafenprojekt *Macau International Airport*, das zu erheblicher Nachfrage an Arbeitskräften führte. Weitere **Großprojekte** waren die Errichtung der Trabantenstadt TaiPa-City auf der Insel TaiPa, die zweite Brücke nach TaiPa sowie die Landgewinnungen vor der Avenida da Amizade und die dortigen Neubauten.

Das durch die Arbeitskraftpolitik mit China niedrig gehaltene **Lohnniveau** in Macau erwies sich auch als Vorteil gegenüber HongKong und zog in den letzten Jahren Fremdinvestoren an. An der Spitze steht TaiWan, das den Löwenanteil der Auslandsinvestoren stellt.

Der **Staatshaushalt** Macaus basiert auf drei Säulen: der Lizenzvergabe für Spielcasinos (25 %), direkte und indirekte Steuern (39 %) sowie Landpacht und Gebühren (32 %).

Bedingt durch einen Bau- und Investitionsboom stieg das jährliche **Pro-Kopf-Bruttosozialprodukt** von 4000 US$ (1990) auf ca. 21.000 US$ (2006) und liegt damit längst höher als in Portugal (ca. 19.000 US$).

## Tourismus

Die Wirtschaft Macaus ist in nicht geringem Umfang vom Tourismus abhängig. Alleine aus HongKong kommen jährlich über 10 Millionen Tages- und Wochenendtouristen in die kleine Schwesterstadt, hauptsächlich um dem in HongKong offiziell verbotenen Glücksspiel zu frönen. Rund 25 % des Bruttoinlandsproduktes werden in Macau durch **Glücksspieleinnahmen** erwirtschaftet, was sich auch nach der Rückgabe an die Volksrepublik nicht geändert hat. Die Sorgen einiger Lokalpolitiker erwiesen sich daher als unbegründet.

Macau wird auch in Zukunft vornehmlich das **Wochenendreiseziel der Spielwütigen** aus dem chinesischen

Kulturkreis bleiben. Von den jährlich 10 Millionen Besuchern kommen alleine 5,5 Millionen aus HongKong, 2,7 Millionen aus der VR China und 1,5 Millionen aus Taiwan. Ferner gesellen sich zu den je 110.000 Amerikanern und Europäern (darunter ca. 13.000 Deutsche) noch gut 150.000 Gäste aus Südostasien. Insgesamt wird die SAR nahezu ausschließlich als Tages- oder Wochenendausflug besucht, drei- oder mehrtägige Aufenthalte sind die Ausnahme, woraus die hohen Unterkunftspreise an Wochenenden resultieren und für den Individualreisenden ein Besuch unter der Woche das wahre El Dorado sein dürfte.

Seit der Übernahme Macaus durch die Volksrepublik hat sich einiges getan: Man ging drastisch gegen die bis dato ausufernde **Straßenprostitution** vor. Die „Unterhaltungskünstlerinnen" aus Thailand, den Philippinen, China und Osteuropa gehen nun in Saunas und Privatclubs ihrem Gewerbe nach.

Auch um die **Sauberkeit** der Stadt war man angesichts der Großereignisse (Ostasienspiele 2005/Macau und Olympische Spiele/Peking 2008) spürbar besorgt und rief Aufräum- und Verschönerungskampagnen ins Leben. Macau wirkt gegenwärtig – im Vergleich zu früheren Jahren – deutlich ordentlicher und penibler, wobei man sich am „großen Bruder" HongKong orientiert. Natürlich spielen dabei auch die SARS- und Vogelgrippe-Epidemien der vergangenen Jahre eine Rolle. Sauberkeit auf allen Ebenen soll in diesem Bereich flankierend unterstützen.

Wie in HongKong und China muss derzeit auch bei der Einreise nach Macau ein **Gesundheitsformular** ausgefüllt werden (es liegt in den Einreisestationen aus).

# Bevölkerung und Religion

Auch wenn es nicht den Eindruck erweckt, ist Macau mit knapp 510.000 Einwohnern bei rund 29 km$^2$ Fläche eine der am dichtesten besiedelten Städte der Erde (17.717 Einwohner/km$^2$). Etwa 96 % der Bevölkerung sind Chinesen, der Rest verteilt sich auf Portugiesen und Eurasier.

Trotz des hohen Anteils an Chinesen innerhalb der Bevölkerung sind nur etwa drei Viertel Anhänger der traditionellen chinesischen Glaubensrichtungen (Buddhismus, Taoismus). Über die Jahrhunderte unter portugiesischer Führung traten viele Chinesen zum Christentum über, die hohe Anzahl christlicher Sakralbauten und Friedhöfe sind dafür ein beredtes Zeugnis.

# Die Insel Macau  Penha Peninsula

Die **Halbinsel Penha,** an der Südspitze des Festlandes gelegen, war einst die große Flaniermeile der Kolonialzeit, die sich bis zur Rua da Praia do Bom Parto und noch in den 1980er Jahren die ganze Avenida de Amizade entlang zog. Heute gehören diese beiden Straßen schon beinahe zur Stadtmitte, da die seeewärts gelegenen Grundstücke künstlich durch Aufschüttung entstanden und mit modernen Trabantensiedlungen bebaut wurden. Nach wie vor aber ist ein kolonialer Hauch zu spüren; hier liegen einige der bedeutendsten Monumente Macaus, und hier kann der Blick auf die vorgelagerten Inseln wie auch auf das nur wenige hundert Meter entfernte chinesische Festland genossen werden. Außerdem findet der hungrige Reisende in dieser Gegend einige ausgezeichnete Restaurants mit portugiesisch-macanesischer Küche.

## Largo de Santo Agostinho

Seit dem späten 16. Jh. besiedelten die spanischen Augustiner Macau und errichteten die **Kirche Sto. Agostinho.** Mit den spanischen Augustinerbrüdern in Macau sind etliche Legenden verbunden. So soll die Christusfigur ihrer Kirche auf wundersame Weise zurückgekehrt sein, als sie von den Portugiesen aus der Kathedrale entwendet worden war. In Erinnerung an dieses Wunder – und um die Portugie-

# HALBINSEL MACAU

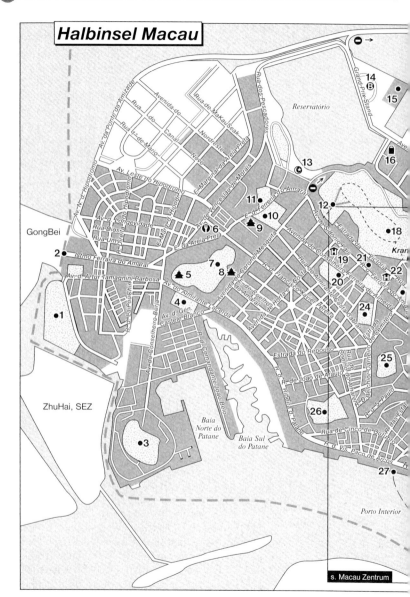

Ausschnitt Seite 298, Legende Seite 295

# HALBINSEL MACAU

Die Insel Macau

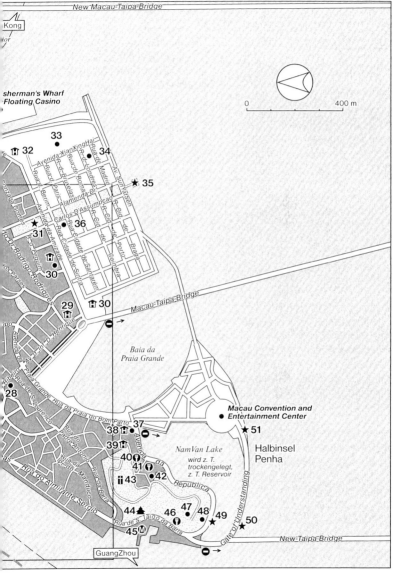

Im Inneren der Kirche, deren heutige Form aus dem Jahre 1814 stammt, sind mehrere interessante Persönlichkeiten der macanesischen Geschichte begraben, z.B. die als Heldin verehrte *Maria de Moura*, Gattin des *Capitano Antonio Albuquerque Coelho*, der einen Arm im Kampf gegen einen Verehrer *Marias* verlor. *Maria* starb im Kindbett und wurde mit dem abgeschlagenen Arm ihres Gatten und dem totgeborenen Kind beerdigt.

## Monte Penha 西望洋聖堂山

Der **Hügel** hinter dem Gouverneurspalast aus dem 19. Jh. ist heute ein nobles Wohnviertel, welches man auf der Rua Boavista umrunden und von wo aus man interessante Ausblicke auf das bunte Treiben unterhalb genießen kann. Hier liegt auch das Hotel *Bela Vista*, eines der edelsten Hotels Macaus.

sen bloßzustellen – hielten die Augustinerbrüder jährlich eine große Prozession ab. 1712 wurde den Kolonialherren dieses Treiben zu bunt, und sie verboten den Orden. Daraufhin kam es zu einer großen Hungersnot unter den Chinesen Macaus, und jene baten die Portugiesen, dass die Männer mit dem Kreuz wieder auf den Straßen ihre Prozession abhalten mögen. Die Portugiesen lenkten ein – und die Hungersnot verschwand.

## Ernida Penha 西望洋聖堂

Diese hübsche **Kapelle** stammt aus dem Jahre 1622, als portugiesische Seereisende knapp einen holländischen Überfall überlebten und zum Dank die Kirche errichteten. Seither bitten hier Seefahrer, die vor einer schweren Fahrt stehen, um Schutz von oben für ein gutes Gelingen. 1837 wurde die Ernida Penha generalüberholt, heute zieht es überwiegend Touristen auf den Hügel. Geöffnet täglich 10:00 bis 17.30 Uhr.

Von der **Aussichtsplattform** gegenüber der Kirche aus hat man einen großartigen Ausblick auf GongBei.

Penha-Kirche

# PENHA PENINSULA

| | | | |
|---|---|---|---|
| • | 1 | SunYatSen-Park | |
| • | 2 | Grenztor und Grenzübergang | |
| • | 3 | Ilha Verde | |
| • | 4 | Canidromo (Hunderennbahn) | |
| ▲ | 5 | LinFongMiu (Lotustempel) | |
| ❶ | 6 | Park n'Shop & Mc Donald's | |
| • | 7 | Fortaleza MongHa | |
| ▲ | 8 | kleiner Kuanlum-Tempel | |
| ▲ | 9 | Kunlam-Tempel | |
| • | 10 | Friedhof | |
| • | 11 | Jardim Don Bosco (Montanha Russa) | |
| • | 12 | Jardim de los Flores | |
| ☾ | 13 | Macau Moschee | |
| ⓑ | 14 | Busse | |
| • | 15 | HongKong Fähren | |
| ■ | 16 | IaoHan Kaufhaus, Casino & Nachtclub | |
| • | 17 | Macau Forum, Grand Prix & Weinmuseum | |
| Ⓜ | | | |
| • | 18 | Guia-Leuchtturm | |
| 🏨 | 19 | Hotel Mondial | |
| • | 20 | Jardim LouLimloc | |
| • | 21 | Jardim da Vitoria | |
| 🏨 | 22 | Hotel Estoril | |
| • | 23 | Jardim Vasco da Gama | |
| • | 24 | Michaelsfriedhof | |
| • | 25 | Fortaleza do Monte | |
| • | 26 | Camoes Garten, Fundacao Oriente & Protestantenfriedhof | |
| • | 27 | GuangZhou/China-Fähren | |
| • | 28 | Leal Senado | |
| 🏨 | 29 | Hotel Lisboa & Casino | |
| 🏨 | 30 | Hotel Waldo | |
| 🏨• | 31 | Palacio Farao Hotel u. Casino | |
| ★ | 32 | Jardin Commendador Ho Yin | |
| 🏨 | 33 | Mandarin Orientel u. Venetian Hotel | |
| • | 34 | Macau Convention und Exhibition Centre | |
| • | 35 | Mopedverleih | |
| ★ | 36 | GuanYin-Statue | |
| • | 37 | Air Macau | |
| • | 38 | Collegio Ricci Gymnasium | |
| 🏨 | 39 | Hotel Bela Vista | |
| 🏨 | 40 | Hotel Pousada Ritz | |
| ❶ | 41 | Café Marisol & Henry's Restaurant | |
| ❶ | 42 | Curry House Restaurant | |
| • | 43 | Gouverneursresidenz | |
| ⛪ | 44 | Monte Penha & Kirche | |
| ▲ | 45 | AMa-Tempel | |
| Ⓜ | 46 | Meeres-Museum | |
| ❶ | 47 | Restaurant Pele | |
| • | 48 | Colina do Barra | |
| • | 49 | Pousada do Sao Tiago | |
| ★ | 50 | Henry Dunant Büste | |
| ★ | 51 | Tor des Verständnisses | |
| ★ | 52 | Torre Panoramica | |
| ⊖→ | | kein Fußweg | |
| ⁞⁞⁞⁞ | | Treppe | |

## Sao Tiago da Barra     媽閣山

Schon in den ersten Jahren der portugiesischen Präsenz in Macau entstand auf dem Barra-Hügel eine Küstenbatterie, die erfolgreich einen Invasionsversuch der Holländer von 1622 abzuwehren half. Ab 1629 wurde Barra schrittweise zu einer starken **Festung** mit eigenem Kleinstadtcharakter ausgebaut. Der Festungskommandant wurde wegen der herausragenden strategischen Bedeutung direkt vom portugiesischen König eingesetzt. Schutzpatron des Forts war *Sao Tiago*, dem zu Ehren 1740 eine Kapelle auf dem Areal errichtet wurde. Kein Angreifer unternahm den Versuch, Macau zu erobern, sodass die Festung im Laufe der Jahrhunderte zunehmend verfiel. In den 70er Jahren des 20. Jahrhunderts übernahm die Wasserpolizei kurzzeitig die alten Gebäude, ehe auf den Ruinen das Luxushotel *Pousada da Sao Tiago* entstand. Die Originalmauern wurden auf gelungene Weise in den Bau miteinbezogen, auch die Kapelle Sao Tiago wurde umfassend restauriert. Das Hotel weist darauf hin, dass jedermann zur Besichtigung willkommen ist.

## Templo de AMa      媽閣廟

Dies ist jener **Tempel**, der zu Ehren des Mädchens *AMa* errichtet wurde, welches die Fischer vor einem Sturm gerettet haben soll und die zur Namenspatronin Macaus *(AMaGao,* große AMa) wurde. Die Gegend des Tempels gehörte zuvor zu der Fischersiedlung HouKong. Das Mädchen *AMa* wird auch *MaZi* oder *TianHou* (kantonesisch *MaTou* und *TinHau)* genannt, und sie wurde zur Meeresgöttin und Schirmherrin der Fischer ernannt.

Der taoistische Tempelkomplex besteht aus vier Abschnitten. Vor dem Eingangstor stehen zwei **Löwen,** beide mit einer beweglichen Perle im Maul. Links steht das Weibchen mit einem Jungen, rechts das Männchen auf einem Knäuel. Frauen rollen die Perle im Maul des Löwenweibchens; bleibt sie auf der Erhöhung liegen, gibt es bald Nachwuchs, gelingt dies Männern beim Männchen, bringt dies Erfolg.

Dahinter steht der ursprüngliche, alte und recht unscheinbare kleine Tempel aus dem frühen 16. Jh. mit *TinHau* oder *MaZi*, der Göttin der Meere.

Der größere Tempel rechts davon ist ein Neubau, ebenfalls mit einer Tin-

AMa-Tempel

## Museum-Pass

Auch Macau hat ein sehr preiswertes, 5 Tage gültiges Komplett-Ticket auf den Markt gebracht, mit dem man das *Grand Prix Museum, Museu do Vinho, Maritime Museum, LinZeXu, Museum of Art* und *das Museu de Macau* besuchen kann. Der Museum-Pass ist für 25 M$ (Kinder 12 M$) bei allen genannten Museen erhältlich.

Hau-Statue. Nahe der Trommel und der Glocke am Eingang hängen zwei riesige Seidenpapier-Lampions, die aber heute nicht mehr verwendet werden.

Oberhalb dieser beiden befindet sich ein dritter Tempel, welcher dem Boddhisatva der Barmherzigkeit, *KwanYum (GuanYin*, hier in Macau auch *KunIam* genannt) gewidmet ist. Eine ungewöhnliche Besonderheit ist hier die sitzende Darstellung der Figur. Normalerweise sieht man *KwanYum* nur stehend mit einer Vase (buddhistisch) oder sitzend und hundertarmig (taoistisch).

Darüber hinaus befinden sich im oberen Abschnitt der Anlage mehrere **Felsinschriften** und ein kleiner **Bambushain.**

## Marine-Museum   海事博物館

Direkt gegenüber des AMa-Tempels erstreckt sich eine kleine Uferpromenade mit dem interessanten Schifffahrtsmuseum von Macau. Neben zahlreichen Exponaten zur lokalen portugiesischen und chinesischen Seefahrtsgeschichte sind Schiffsmodelle und Seefahrts-Zubehör zu sehen.

Um 10:30, 11:30, 15:30 und 16:30 Uhr werden für 15 M$ gleich vor dem Museum **Hafenrundfahrten** mit einer umfunktionierten Fischer-Dschunke angeboten.

In Anbetracht der Spitzenlage mit Blick hinüber auf die andere Seite der Grenze ist die **Cafeteria** an der Promenade am Museum sehr preiswert; sie bietet einen ausgezeichneten Capuccino an.

●*Geöffnet* 10:00–17:30 Uhr tgl. außer Dienstags, Eintritt 10 M$, Kinder 4,50 M$, Tel. 28595481.

## Penha-Mercado   西望洋市場

Etwa 200 Meter nördlich des Marinemuseums liegt rechter Hand das alte Viertel der Halbinsel, in dem traditionell unten gearbeitet und oben gewohnt wird. Entlang der Rua da Praia do Mercado liegt ein großer **Straßenmarkt** mit Garküchen, Obst- und Gemüseständen sowie der großen Markthalle. Hier versorgen sich die Einheimischen mit Lebensmitteln, für den Touristen ist es interessant, das bunte Treiben einfach mitzuerleben.

### Rund um die Nan Van Lakes

Das südliche Ende der Penha Halbinsel bilden die künstlichen Seen Nan Van, wo auf der Avenida da Republica eine Reihe klassizistischer Häuser im **portugiesischen Kolonialstil** stehen; eines davon birgt das **macanesische Rote Kreuz,** schräg gegenüber ist die Büste von *Henry Dunant*, dem Gründer des Roten Kreuzes zu sehen. An der äußeren Uferstrasse (Av. SunYat-Sen) stehen das – künstlerisch umstrittene – **„Tor des Verständnisses"** (Portas do Entendimento) sowie der futuristische, 338 m hohe **Torre Panoramica** (Macau Tower) mit alles überragender Aussicht (Aussichtsplattform auf 233 m), drehendem Restaurant, Messezentrum sowie „Skywalk" (angeseilter Außenrundgang auf 233 m, ab 198 M$) bei *Bungee-Pionier A.J. Hacket* (Tel. 29888656, www.macautower.com.mo).

# Die Insel Macau
## ZENTRAL-MACAU

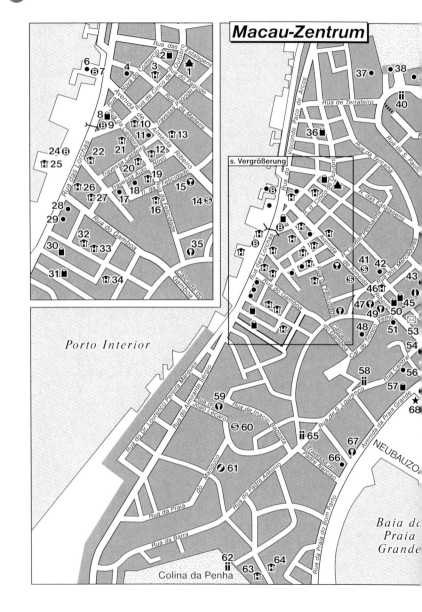

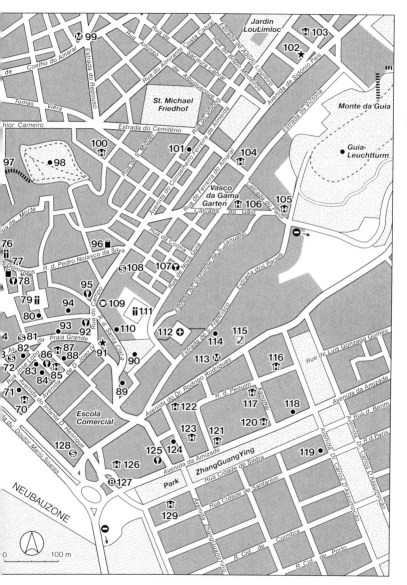

# Zentral-Macau

Das alte Zentrum rund um den Leal Senado strahlt jenen Charme aus, der den Reisenden an Macau fasziniert. Im Gegensatz zu den Mega-Städten GuangZhou (Kanton) und HongKong wirkt alles überschaubarer, und gerade die alten, exzellent renovierten Kolonialgebäude rund um den Plaza Leal Senado unterstreichen die – noch immer bestehende – Gegenwart der portugiesischen Kolonialherren.

Interessant ist auch ein Gang durch die **Rua Felicidade/Rua Mercadores,** einem restauriertem Straßenzug mit traditionellen Wohn- und Handelshäusern aus dem „alten" Macau.

## Leal Senado (Instituto)   市政廳

Das **Gebäude des „Loyalen Senats"** im Herzen Macaus ist sicherlich einer der schönsten Kolonialbauten des fernen Ostens. Der Name geht auf das frühe 17. Jh. zurück, als Portugal 60 Jahre lang von Spanien einverleibt worden war, der Senat von Macau dies aber nicht anerkannte und Verwaltung wie auch die portugiesische Flagge beibehielt (↗ Geschichte).

Die Wände des **Innenhofes** verdienen eine genauere Betrachtung, sie sind mit den typischen portugiesischen Azulejos (blau-weißen Kacheln) verziert. Im kleinen Garten am anderen Ende des Hofes sind die Büsten von *Luis de Camoes* (links, ↗ Camoes-Garten) sowie dem ehemaligen Gouverneur *Amaral* zu sehen. Die Plattform im Zentrum bildet einen Globus mit den Routen der frühen portugiesischen Entdecker und Seefahrer ab. In die Wand des Hauptgebäudes wurde ein Relief der Königin *Leonor*, umrahmt von Engeln, eingemeißelt. Sie begründete im 15. Jh. die *Santa Casa de Misericordia*, die 1568 von Macau übernommen wurde und die älteste Wohlfahrtseinrichtung für Arme in Asien war.

Die Treppenaufgänge im Innenhof führen zur prunkvollen städtischen **Bibliothek** (geöffnet täglich 13:00 bis 19:00 Uhr) mit klassischen Werken und Schriften, die bis in die Anfänge des Buchdrucks zurückreichen sowie zum **Sitzungssaal,** der allerdings nur mit vorheriger Genehmigung der Gemeindeverwaltung (im Erdgeschoss) besichtigt werden kann. Im großen Sitzungssaal wurden bei wichtigen Angelegenheiten auch die Bürger gehört, eine der ältesten demokratischen Einrichtungen in Fernost. Heute werden diese Möglichkeiten von Volksvertretern wahrgenommen, die Befugnisse des Senats, der ursprünglich eine erhebliche Machtfülle innehatte, sind auf die reine Stadtverwaltung beschränkt. Im Erdgeschoss des Leal Senado finden gelegentlich Ausstellungen lokaler Künstler statt.

Der Schriftzug „Leal Senado" wurde übrigens kürzlich entfernt und durch „Instituto para os acuntos civicos e municipais" (Institut für Bürger- und Stadtangelegenheiten, quasi Rathaus) ersetzt; ebenso der Name des Vorplatzes – Pekings Handschrift des „Ausradierens" kolonialer Relikte ist deutlich erkennbar!

# ZENTRAL-MACAU

Karte Seite 298 — Die Insel Macau — 301

- ♠ 1 Kang-Tempel
- ■ 2 PRC Kaufhaus
- 🏨 3 Hotel East Asia
- ● 4 Vila Capital
- ● 6 China-Fährhafen
- 🚍 7 Stadtbusse 1,1a,3,6, 25,26,26a,33,34
- ■ 8 SongHuong Books
- 🚍 9 Busse nach TaiPa & Coloane
- 🏨 10 Hotel HoiKeng
- ● 11 KamPek-Casino
- 🏨 12 Pensao TaiFat
- 🏨 13 Pensao Florida
- 💲 14 TaiFung Bank
- ● 15 Snack-Bar
- 🏨 16 Hospedaria SanVa
- ● 17 Vila TaiLoi
- ● 18 Vila Tong Keng
- 🏨 19 Hotel KoWah
- 🏨 20 Hotel ManVa
- 🏨 21 Silver Plaza Hotel
- 🏨 22 Hotel HouKong
- 🚍 24 Busschalter GuangZhou-Busse (KanTon)
- 🏨 25 Masters Macau Hotel
- 🏨 26 Hotel Cantao
- 🏨 27 Hotel Ung Ieong
- ● 28 Macau Jockey Club
- ● 29 Hospederia VongHong & VilaVongKok
- ■ 30 Praca Ponte e Horta & Fischmarkt
- ■ 31 Supermercado Belissimo (Supermarkt)
- 🏨 32 XinXin (SunSun) Hotel
- 🏨 33 London Hotel
- 🏨 34 Pensao KuanHeng
- ● 35 MeiMei Entenlokal
- ■ 36 ChiHengMaoYekHong-Stoffe
- ● 37 Camoes Garten
- ● 38 Fundacao Oriente
- ● 39 Protestantenfriedhof
- ⛪ 40 Kirche Sao Antonio (St. Anthony´s Church)
- 💲 41 TaiFung Bank
- ● 42 Wäscherei (Lavandoria)
- ● 43 Watson´s Drogerie
- ● 44 Touristeninformation
- ■ 45 Abend-Kleidermarkt
- 🏨 46 Hotel Central
- ● 47 Safari Restaurant
- ● 48 Wäscherei (Lavandoria)
- ● 49 Vela Latina Restaurant
- ■ 50 Juweliere
- ● 51 Leal Senado
- ✉ 52 Hauptpost
- ☎ 53 Macau Telefongesellschaft
- ● 54 Central Plaza mit McDonald´s
- 🏨 55 Hotel Metropole
- ● 56 Conselho de Consumidores
- ■ 57 Supermarkt
- ⛪ 58 St Augustin-Kirche
- ● 59 chinesisches Fast Food
- ● 60 TaiFung Bank
- ● 61 Zentraldrogerie
- ⛪ 62 Our Lady of Penha
- 🏨 63 Ritz Hotel
- ● 64 Bela Vista Hotel
- ⛪ 65 St Lazarus-Kirche
- ● 66 Regierungssitz
- ● 67 Estrela do Mar-Restaurant
- ★ 68 J. Alvarez-Statue
- ● 69 Rest. Solmar
- 🏨 70 Sintra Hotel, Emanuelle Sauna
- ● 71 Pacapio Wettbüro
- 💲 72 Banco Comercial de Macau
- 💲 73 Bank of China
- 💲 74 Bank of America
- ● 75 McDonald´s
- ⛪ 76 St Dominik
- ● 77 portug. Buchhandel
- ● 78 japan. DimSum-Rest.
- ⛪ 79 Kathedrale DaSe
- ● 80 ShaoKaFei
- 💲 81 HongKong Bank
- ● 82 Vila SamSui & Vila LocTin
- ● 83 Vila MengMeng & Vila NamLoon
- ● 84 Vila TinTin
- 🏨 85 Pensao NamIn (=NamUn)
- ● 86 McDowell Restaurant
- 🏨 87 Hotel NamTin & Vila SanNga
- ● 88 Vila NamPan
- ● 89 ehemaliger Militärklub
- ● 90 San Francisco Garten
- ★ 91 chin. Bibliothek
- ● 92 Pizzeria
- ● 93 Vila NamKuok & Rest
- ● 94 Vila NgoVa
- ● 95 McDonald´s
- ■ 96 SengHuong Baptistenbookshop
- ★ 97 Ruinen von St Paul´s
- ● 98 Fortaleza do Monte (Monte Fort)
- Ⓜ 99 Museum Los Bombeiros (Feuerwehrmuseum)
- 🏨 100 Holiday Hotel
- ● 101 Fährtickets
- ★ 102 SunYatSen Gedenkhaus
- 🏨 103 Mondial Hotel
- 🏨 104 Hotel Estoril
- 🏨 105 Hotel Guia
- 🏨 106 Hotel Royal
- ● 107 Paprika-Bar
- 💲 108 TaiFung Bank
- ○ 109 Bäckerei und JHS-Expresso-Rest. Maxim´s
- ● 110 Kino Cineteatru de Macau
- ⛪ 111 Sta Rosa da Lima Schule und Kirche
- ✚ 112 Nationalkrankenhaus
- Ⓜ 113 Macau Exhibition Centre
- ● 114 Vilas Empress, Mekado & TakLei
- ☎ 115 NamKuok („Käfer") Bldg. CTM Telefongesellschaft
- 🏨 116 Grandeur Hotel
- 🏨 117 Holiday Inn Hotel
- 🏨● 118 Farao Hotel & Casino
- ● 119 Air Macau
- 🏨 120 New World Emperor
- 🏨 121 Presidente Hotel
- 🏨 122 Beverley Plaza Hotel
- 🏨 123 Fortuna Hotel
- ● 124 Casino Kam Tek
- ● 125 Pizza Hut
- 🏨 126 Hotel Lisboa & Casino
- 🚍 127 Flughafen, Fähr- und Inselbusse
- 💲 128 Bank of China Tower
- 🏨 129 Hotel Waldo

- ⊖ → kein Fußweg
- ⁞⁞⁞⁞⁞⁞ Treppe
- ▓▓▓ Fußgängerzone

Macau

# ZENTRAL-MACAU

## Die Insel Macau

TaiJiQuan am Fortaleza do Monte

Ein Bummel durch die **Fußgängerzone**, die sich vom Leal Senado bis zur Sao-Paulo-Ruine beziehungsweise fast bis zur Kathedrale DaSe erstreckt, lohnt sich. Auf der rechten Seite des Platzes (Largo do Senado), gegenüber vom Leal Senado liegt die **Hauptpost**, vor der Briefmarkensammler sehr oft hunderte von Metern für begehrte Sondermarken anstehen sowie der Hauptsitz der **Santa Casa de Misericordia**.

## DaSe 大寺

Die in den 1990er Jahren aufwendig und modern renovierte **Kathedrale** am Largo DaSe (Der Begriff „DaSe" ist ein hübsches Beispiel einer sehr seltenen sinoromanischen Wortkontraktion. „Da" bedeutet chinesisch „groß", „Se" ist die portugiesisch-lateinische Abkürzung „Sedes Episcopis" für Bischofssitz) ist heute das geistliche Zentrum des katholischen Macau. Am christlichen Osterfest wird die Kathedrale zum wichtigsten Punkt der Stadt, wenn hier traditionelle Ostermessen gelesen werden. Besonders erwähnenswert sind die schmuckvollen Fenster der Kathedrale, die im Jahre 1837 eingesetzt wurden.

In einem Seitengebäude befindet sich die **Biblioteca dos Colecarto.** Am Largo DaSe findet in den Morgenstunden ein **Kleider- und Obstmarkt** statt.

## Igreja Sao Domingo 玫瑰堂

1587 strandeten drei spanische Dominikaner auf ihrem Weg von Mexiko nach Manila vor Macau und errichteten am oberen Ende des Largo do Senado bereits im Jahre 1590 eine Kapelle, die im 17. Jh. durch die heutige **Kirche** ersetzt wurde. Die hübsche Kirche mit dem beeindruckenden barocken Altar wurde mehrfach in politische Ereignisse verwickelt. 1644, zurzeit der spanischen Regentschaft im portugiesischen Mutterland, wurde ein Offizier während einer Messe ermordet, weil er sich auf die Seite der Spanier geschlagen hatte. 1707 stellten sich die Dominikanermönche in einem Ritenstreit auf die Seite des Papstes und gegen den Bischof von Macau. Letzterer befahl die militärische Durchsetzung der von ihm verkündeten Exkommunizierung der Mönche, woraufhin diese sich mehrere Tage in der Kirche einschlossen und die Soldaten mit aus dem Boden gebrochenen Steinen bewarfen. 1834 schließlich wurden dem Orden sämtliche Betätigungen untersagt, die Dominikanerkirche für militärische und administrative Zwecke genutzt.

Wegen **Termitenbefalls** wurde Sao Domingo aufwendig renoviert, wobei in alten Truhen und Schränken geschnitzte Heiligenbildnisse aus Holz und Elfenbein gefunden wurden. Deshalb wurde zusätzlich das kleine **Museum of sacred art** im rechten Seitenflügel (Zugang von außen, Eintritt frei) eingerichtet, welches Fundstücke zeigt, die erst bei den Renovierungsarbeiten entdeckt worden waren.

●Kirche und Museum tgl. 10:00–18:00 Uhr geöffnet.

## Ruinas do Sao Paolo 大三巴牌坊

Das Wahrzeichen Macaus sind die **Ruinen der Muttergotteskirche,** gemeinhin als St.-Pauls-Kirche bekannt.

Die Kirche wurde 1602 auf dem Gelände der seinerzeit weltberühmten **Jesuitenschule** von Macau errichtet, in der Missionare wie *Adam Schall von Bell* oder *Mateo Ricci* die chinesische Sprache erlernten, bevor sie zum Kaiserhof nach Peking gingen.

Nach der Vertreibung der Jesuiten 1835 wurde St. Paul, ähnlich wie andere Jesuitenkirchen in Macau, als militärische Unterkunft genutzt. Noch im selben Jahr brach durch unvorsichtiges Hantieren mit dem Küchenfeuer ein Brand aus, der Schule und Kirche mit Ausnahme der heute noch vorhandenen **Fassade** vollständig zerstörte. Diese prächtige Fassade wurde vom italienischen Stukkateur und Jesuiten *Carlo Spinola* 1620–27 fertiggestellt. Sie ist in fünf Ebenen gegliedert. Im kleinen Dreieck ganz oben stellt eine große Taube den heiligen Geist dar, umrahmt von einer Sonne (links), Symbol des Männlichen, sowie einem Mond (rechts), dem Symbol des Weiblichen. Die Statue darunter stellt Gottes Sohn dar, umrahmt von einigen symbolischen Gegenständen aus seinem Leidensweg. Mittig auf der dritten Etage steht die Figur der Maria umgeben von Engeln, die vier Heiligenstatuen darunter stellen von links nach rechts *Francisco de Borja*, *St. Ignatius*, *St. Francisco Xavier* (↗ Xavier-Kapelle, Coloane) sowie *Luis Gonzaga* dar. Die Inschrift über dem Hauptportal zeigt den eigentlichen Namen der Kirche, *Mater Dei* (Mutter Gottes). Das Monogramm der Jesuiten ist über den Seiteneingängen verewigt.

Der Bereich hinter der Fassade wurde konserviert und kann ebenfalls besichtigt werden. Hinweisschilder erklären, welcher Bereich der Kirche sich ursprünglich wo befand. Pläne zum Wiederaufbau der St.-Pauls-Kirche wurden aus Kostengründen bislang nicht erwogen, alleine die Erhaltung der vom Einsturz bedrohten Fassade verschlingt Unsummen.

● Die Ruinen sind kostenlos rund um die Uhr zu besichtigen und lohnen auch bei Nacht. Die Ausgrabungsstätte hinter der Fassade ist allerdings nur 09:00–17:00 Uhr geöffnet.

## Fortaleza de Sao Paolo do Monte 中央大炮台

Die **Bergfeste**, älteste befestigte militärische Anlage in Macau, wurde 1617–1626 auf dem zum Jesuitengelände gehörenden Hügel erbaut und war daher während des holländischen Angriffs von 1622 noch nicht fertiggestellt. Dennoch wurde der entscheidende Schlag von hier aus geführt: Ein Mönch soll mit einer Kanone mitten ins holländische Munitionsdepot getroffen haben, woraufhin sich die Angreifer zurückziehen mussten.

Seit 1998 beherbergt die Festung das neue **Nationalmuseum „Museu de Macau"** mit einzigartigen Exponaten zur Geschichte Macaus von den Anfängen bis in die Gegenwart. Unter anderem wurde eine Straße des 19. Jh. mit handwerklichen Läden und Geschäften nachgebaut, oft multimedial untermalt (Erklärungen auch in Englisch). Ein besonderer Gag ist das abschließende EDV-gestützte „Macau-Quiz", bei dem der Besucher 5 nicht ganz einfache Fragen beantworten muss – als Belohnung winkt eine Urkunde mit direkt eingescanntem Portrait des Kandidaten.

● *Informationen* unter Tel. 28357911, geöffnet täglich außer Montag von 10:00–18:00 Uhr, Eintritt 15 M$ (Kinder 8 M$), am 15. eines jeden Monats freier Eintritt. Das äußere Festungsgelände mit seinen Ausblicken über die Grenze nach GongBei ist von Mai bis September täglich von 06:00–19:00 Uhr, von Oktober bis April von 07:00–18:00 Uhr geöffnet (Eintritt frei). Ein Besuch lohnt vor allem am Morgen, wenn hier viele Macanesen TaiJiQuan und Vogelsingen praktizieren.

# Die portugiesischen Festungen

Zu den bedeutendsten Relikten der Kolonialzeit zählen die zahlreichen Festungen, welche die Portugiesen in den von ihnen besetzten Küstenregionen Afrikas und Asiens errichteten. In Asien sind A Famosa/Melakka (Malaysia), Ft. Victoria/Kota Ambon (Indonesien) – beide um 1511 von *Alfonso d'Albuquerque* gegründet – und HongMaoCheng/DanShui (Taiwan) die bekanntesten neben der Kette von Festungen auf Macau. Das 16. Jh. stand durch die Handelsmonopolstellung Portugals nach der Entdeckung des Seeweges nach Asien durch *Vasco da Gama* noch ganz im Zeichen des friedlichen Geschäftes mit den Völkern des fernen Ostens. Mit der Erfindung der windbetriebenen Sägemühle in Holland und der damit einhergehenden „Massenproduktion" seetüchtiger Schiffe erwuchs den Portugiesen im späten 16. Jh. der erste große europäische Kolonialrivale in Asien. Es genügte nun nicht mehr, kanonenbestückte, schwere Schiffe den wendigen holländischen Seglern entgegenzustellen, Festungen zur Verteidigung der Ländereien mussten gebaut werden. Auf den Hügeln der Stadt Macau entstanden daher nach den ersten abgeschlagenen Invasionsversuchen der Holländer (1622) kanonenbewehrte Forts. Unter Gouverneur *Dom Francisco de Mascarenhas* wurden die Forts Sao Januario, Penha, Monte, Sao Francisco und Barra ausgebaut und verstärkt sowie die Festung Guia neu angelegt, sodass Macau – im Gegensatz zu fast allen anderen portugiesischen Forts in Asien – nicht erobert werden konnte. Die Kraft der Forts lag auch in ihren Kanonen, alle aus der Werkstatt des seinerzeit in Macau ansässigen Kanonenbauers *Manuel Tavares Bocarro*, dessen Kanonen nicht nur von den Portugiesen verwendet, sondern auch von den Herrschern Thailands und Chinas gekauft wurden. Die Festungen wurden auf massiven Steinfundamenten gebaut, die Mauern dagegen aus einer interessanten Mischung aus festgestampften Muschelschalen, Stroh, Erde und Reisig. Dieser *Chunambo* genannte Baustoff soll sogar Kanonenkugeln widerstanden haben, was in Macau allerdings nie getestet werden musste.

Neue Festungen kamen mit MongHa und Dona Maria sowie zwei kleineren auf TaiPa und Coloane erst im 19. Jh. hinzu, was in den zunehmenden Auseinandersetzungen zwischen China und England begründet lag. Die jahrhundertealten, bewährten Kanonen von Meister *Bocarro* wurden in den 70er Jahren des 18. Jh. fast alle als Schrott verkauft, nur Einzelstücke sind noch in den erhaltenen Festungen Macaus zu sehen.

## Igreja Sao Antonio 聖安多尼堂

Am Largo de Sao Antonio wurde 1558 die erste Kapelle Macaus errichtet, 1636 dann durch die später bei mehreren Bränden zerstörte und wieder aufgebaute **St.-Antonius-Kirche** ersetzt. Der *Hl. Antonius*, dessen Figur außen an der Fassade unter dem Kreuz zu sehen ist, wird noch heute in Macau als Schutzpatron der portugiesischen Armee verehrt. Am 13. Juni eines jeden Jahres legt hier der Vorsitzende des Leal Senado dem *Hl. Antonius* gegenüber symbolisch Rechenschaft über die Ereignisse des vergangenen Jahres ab. Anschließend wird

# ZENTRAL-MACAU
## Die Insel Macau

das Bildnis des Schutzpatrons in die Festungen Macaus getragen, damit er diese für das kommende Jahr schützen möge.

●Hinter den Ruinen von St. Paul folgt man der Rua Dr. Belchior Carneiro nach links. Am Ende der Straße führen links Treppen hinunter zur St.-Antonius-Kirche.

### Jardim do Camoes 白鴿巢賈梅士花園

Rund um den kleinen Hügel auf dem ehemaligen Gelände der *British East India Company* liegt ein kleiner **Park** mit Banyan-Bäumen, Blumenbeeten und Bambushainen, der zu Ehren des großen portugiesischen Poeten *Camoes* ( ♪ Exkurs) benannt wurde. 1785 errichtete der französische Astronom *La Perouse* ein kleines **Observatorium** auf dem Hügel. Nach dem Auszug der *British East India Company* 1835 stellten die Portugiesen in der natürlichen Felsnische des Parks zunächst eine steinerne Büste des *Luis de Camoes* auf, umsäumt von Steintafeln mit Stanzen aus dessen Hauptwerk, den *Lusiaden*, und weiterer Inschriften zum Dichter. 1886 ging das Gelände aus Privatbesitz in Staatseigentum über, aus dem gleichen Jahr stammt auch die Bronzebüste des Poeten. Der Park liegt direkt gegenüber der St.-Antonius-Kirche.

### Fundacao Oriente 東方基金會

Im ehemaligen Hauptverwaltungsgebäude der *British East India Company* von Macau, die über Jahrhunderte

## Luis de Camoes (1524–1580)

*Luis de Camoes* war einer der berühmtesten portugiesischen Lyriker und Dichter zur Blütezeit der portugiesischen Seefahrtsgeschichte. Sein abenteuerliches Leben verschlug ihn in alle Welt: Als junger Soldat wurde er 1549–1551 in Nordafrika eingesetzt, später in den indischen Besitzungen Portugals (z.B. Goa, 1553–1556). Im weiteren Verlaufe seines Lebens soll er nach Macau gegangen und von dort 1569 nach Lissabon zurückgekehrt sein. Sein berühmtestes Werk, die *Lusiaden*, gelten als das bedeutendste portugiesische Epos überhaupt. In diesem werden die Entdeckungsfahrten und Eroberungen der portugiesischen Seefahrer besungen. Eine der Zentralfiguren soll der nicht namentlich erwähnte *Vasco da Gama* sein, der mit seinen Entdeckungsfahrten Portugal zur führenden Seefahrernation machte und den *Camoes* geradezu verherrlichte. Die Lusiaden sind angeblich im heutigen Camoes-Garten entstanden, tatsächlich wird heute aber teilweise bestritten, dass *Camoes* überhaupt jemals in Macau gewesen sei. *Luis de Camoes* starb 1580 in Lissabon an der Pest, die zu dieser Zeit auch in Portugal wütete.

hinweg den Handel zwischen Großbritannien und Asien prägt, ist heute die Orient-Stiftung, eine kleine **Kunstgalerie,** untergebracht. Die Halle rechts unterhalb der Treppe beinhaltet moderne chinesische Exponate, während in der Haupthalle moderne Werke internationaler Künstler gezeigt werden. Der stilvolle Kolonialbau an sich ist schon sehenswert, da er gut den Unterschied zwischen der schnör-

kellosen britischen und der verspielten portugiesischen Architektur verdeutlicht. Zum Gelände der *British East India Company* gehörten auch der angrenzende Protestantenfriedhof sowie der Camoes-Garten, der nach dem Auszug der Briten 1835 angelegt wurde.

● Geöffnet 11:00–17:00 Uhr außer Mittwoch, Eintritt 2 M$.

## Cemiterio 基督墓地

Am Praca de Luis de Camoes wurde 1814 der **protestantische Friedhof** mit der so genannten Morrison-Kapelle angelegt. Hier ruhen die sterblichen Überreste aller Nicht-Portugiesen, deren Leben in direktem Zusammenhang mit der Geschichte Macaus steht. Bis 1814 war es für Engländer und andere Nicht-Katholiken ein großes Problem, ihre Toten zu begraben, da nach katholischem Kirchenrecht nur Katholiken auf „katholischem Boden" beerdigt werden durften. Nach macanesischem Gesetz konnten aber Ausländer seinerzeit keinen Boden erwerben, und da auch die Chinesen keine Beerdigungen auf ihren Ländereien gestatteten, fanden Bestattungen entweder zur See oder illegal statt. Erst mit dem Ankauf dieses Geländes durch die *British East India Company* 1814, als der Gouverneur ein Einsehen hatte und das Gesetz ausnahmsweise überging, konnte das Problem gelöst werden. Neben zahlreichen englischen Offizieren, Kauf-

Niederlassung der British East Indian Company in Macau

leuten und Abenteurern aus aller Herren Länder – unter anderem sind hier auch deutsche Grabsteine zu finden – liegen hier der englische Maler *George Chinnery* und *Captain Lord John Spencer Churchill*, Vorfahr des *Sir Winston Churchill* begraben.

Nach dem ebenfalls hier ruhenden *Dr. Robert Morrison* wurde die kleine **Morrison-Kapelle** auf dem Friedhof benannt. Er verfasste das erste englisch-chinesische Wörterbuch und übersetzte die Bibel ins Chinesische. In der Kapelle, in der allsonntäglich englischsprachige Messen gelesen werden, ist diese unglaubliche Leistung in einem Glasfenster mit einem offenen Buch mit den chinesischen Zeichen für „Am Anfang war das Wort" für die Nachwelt festgehalten.

● Leider gibt es keine festen Öffnungszeiten; der Friedhof ist meist von 09:00 bis 17:00 Uhr geöffnet, die Kapelle dagegen (außer sonntags) nur sporadisch.

## Chinesische Bibliothek　　　　八角亭

Auf einer Verkehrsinsel am Schnittpunkt der Rua de Praia Grande mit der Rua Santa Clara liegt ein kleines, turmähnliches Gebäude. Wo einst portugiesische Wachsoldaten ihren Dienst taten, ist heute die städtische chinesische Bibliothek untergebracht. Auch wenn die Werke vor allem für Fachleute von Interesse sein dürften, lohnt es sich auch für den Besucher, einen Blick in diese seltene Turmbibliothek zu werfen.

● Die Öffnungszeiten sind tägl. vormittags von 10:00 bis 12:00 Uhr und abends von 19:00 bis 22:00 Uhr.

## Jardim Sao Francisco　　　南灣花園

Hinter der chinesischen Bibliothek liegt das Gelände der ehemaligen Festung Sao Francisco mit dem **Franziskus-Garten.** Wo früher Exerzierübungen durchgeführt wurden, verbringen heute die Schüler der nahegelegenen Schulen Sta. Rosa da Lima und Escola Comercial ihre Pausen. Der zweigeschossige Turm im oberen Teil des Gartens wurde zu Ehren der Soldaten des ersten Weltkrieges errichtet und dient heute als Sitz des macanesischen Behindertenverbandes. In den Morgenstunden üben Einheimische im Gartengelände das traditionelle TaiJi-Quan oder lassen ihre Ziervögel gemeinsam singen.

## Clube Militar　　　軍事博物館

Der **ehemalige Offiziersklub** der portugiesischen Militärangehörigen an der Rua Sta. Clara ist heute ein nobles Restaurant mit Bar und Spieltischen. Der Restaurantbetrieb beginnt zwar erst um 14:00 Uhr, das Club-Gebäude ist aber auch schon am Vormittag geöffnet, sodass man sich durchaus einmal in Ruhe den Prunk der Armee vergangener Tage ansehen kann. Das Gebäude aus dem Jahre 1870 ist direkt an die heutige Sao-Francisco-Polizeischule angelehnt.

## KangZhenMiao 康真君廟

In der Rua 5. Octobre/Ecke Rua des Estalagens liegt der sehr interessante **taoistische Tempel** zu Ehren des Gottes *Kang*. Er wird durch drei Tore betreten, das Eingangstor, das Mitteltor (man darf nicht durch die Mitte dieses Tores gehen, dies ist den Taoisten während ritueller Festlichkeiten vorbehalten) sowie das Tor zur Vorhalle. Erst dahinter liegt der eigentliche Hauptschrein, der die Gottheit im Zentrum dreier großer Bronzefiguren zeigt.

Vor dem Tempel findet tagsüber ein großer **Kleidermarkt** statt.

## Fisherman's Wharf 澳門漁人碼頭

Jüngster Beweis für das stetige Streben Macaus bei gigantischen Projekten mit HongKong mitzuhalten ist das 100 Millionen US$ Projekt „Fisherman's Wharf" am Fährhafen, wo auf bislang rund 100.000 m² in historisch-kitschiger Verquickung ein **Abenteuer- und Vergnügungspark der Superlative** entstand. Im Mittelpunkt stehen weniger die (im Vergleich zu HongKong eher bescheidenen) Fahrgeschäfte, sondern Shows, 3-D Simulationen, Restaurants, kulturelle Aufführungen und ein künstlicher Vulkan, dessen abendliche Ausbrüche besonders den Schiffsreisenden beeindrucken sollen.

## Macau Cultural Centre 澳門文化中心

Für die Übergabe der ehemaligen portugiesischen Kolonie wurde 1999 auf über 50.000 m² ein monströses **Kulturzentrum** mit Auditorium, Kunstgalerie, Ausstellungs- und Tagungsräumen errichtet, welches für alle bedeutsamen politischen und kulturellen Ereignisse als Forum dienen wird. Der völlig untypische und wenig ansehnliche Bau kostete umgerechnet rund 100 Millionen Euro und wurde exakt 9 Monate vor dem Abzug der Portugiesen (20.12.99) am 20.03.99 feierlich unter Anwesenheit des damals amtierenden portugiesischen Präsidenten *Sampaio* eingeweiht.

**Veranstaltungsauskünfte** erteilt die Tourist Information unter Tel. 315566; sehenswert sind der Park hinter dem Gebäude und die **GuanYin-Statue** an der Avenida Marginal de Baia Nova, das neue Wahrzeichen Macaus.

# Nord-Macau

## Museo do Grande Premio und Museo do Vinho 塞車博物館 葡萄酒博物館

Auf eine recht ungewöhnliche Museumskombination trifft man im **Forum Macau,** dem modernen Kongresszentrum Macaus.

Im Untergeschoss sind das **Grand-Prix-Museum** wie auch ein modernes Weinmuseum untergebracht. Für Freunde des jährlich stattfindenden Grand Prix von Macau dürfte dieses Museum ein besonderer Höhepunkt sein, sind doch neben modernen Motorrad- und Formelrennmaschinen auch ältere Modelle wie der berühmte *54er Triumph TR2* oder Ehrentafeln

## NORD-MACAU
### Die Insel Macau

der Macau-Serienwagensieger wie *H. J. Stuck* (1980 und 1988) oder *M. Winklhock* (1981 und 1994) zu sehen.

Ebenfalls im Untergeschoss finden Bacchus-Jünger eine weiträumige Ausstellungshalle zum Thema **Weingeschichte** und moderne portugiesische Weine. Der Besuch wird durch eine kleine Weinprobe, die im kombinierten Eintrittspreis beider Museen inbegriffen ist, abgerundet.

- Geöffnet täglich von 10:00 bis 18:00 Uhr, Eintritt 20 M$.
- Ab/zum Zentrum und Hotel Lisboa fahren die Busse 3, 3A, 32, 28A, 28B, 28C, 10, 10A, 12, 23 und 17, Bus 28B fährt zurück bis zum AMa-Tempel/Schiffahrtsmuseum. **Achtung:** Das Museum liegt knapp 10 Gehminuten vom HongKong-Fährhafen entfernt, es gibt

Vasco-da-Gama-Garten – Denkmal für die Entdeckerlegende

## Vasco da Gama (1468–1524)

Die Geschichte der Entdeckung der Seeverbindung von Europa nach Indien begann mit der abenteuerlichen Reise des *Pedro de Covilhao*, der – als Araber verkleidet – bereits 1684 auf arabischen Handelsschiffen mitfuhr und nach Indien gelangte. Auf seine Berichte stützten sich die nachfolgenden Entdecker. Auf der Suche nach diesem Seeweg um Afrika herum war *Bartolomeu Diaz* 1487 bereits bis Südafrika gesegelt, wegen einer Meuterei dann aber gescheitert. Nachdem sich *Kolumbus'* Westroute nach Indien 1492 als Irrweg erwiesen hatte, wollte der portugiesische König *Manuel* die Suche nach der Ostroute wieder aufnehmen. Er wählte als Expeditionsleiter *Vasco da Gama*, der mit vier Schiffen im Juli 1497 die Reise begann. Das größte Hindernis nach der Umrundung des Kap der guten Hoffnung waren die Araber, die bislang das Handelsmonopol im indischen Ozean innehatten. Nach etlichen Schwierigkeiten kaperte *da Gama* im April 1498 ein arabisches Schiff und tauschte es in Malindi (nahe des heutigen Mombasa) gegen einen arabischen Lotsen ein. Dieser führte die kleine Flotte binnen 23 Tagen nach Calikut (alter Name für Kalkutta), der Seeweg nach Indien war somit von *da Gama* für Portugal „entdeckt". Damit begann die langjährige Vormachtstellung Portugals unter den europäischen Seefahrernationen.

*Da Gama* wiederholte die Reise 1502-04, wurde für seine Verdienste mit dem Titel eines Grafen von Vidigueira ausgezeichnet und schließlich 1524 als Vizekönig nach Ostindien entsandt, wo rasch zahlreiche portugiesische Handelsstationen gegründet worden waren. Er starb im Dezember des gleichen Jahres in Kotschin (Indien), sein Leben und seine Taten regten den portugiesischen Dichter *Luis de Camoes* zum Seefahrerepos *Lusiaden* an.

aber keinen Fußweg die Hügel hinauf zur Guia-Festung, die nur wenige hundert Meter Luftlinie entfernt liegt.

## Jardim da
## Vasco da Gama 華士占達義馬花園

Nicht weit vom unmittelbaren Zentrum auf dem Weg zur Guia-Festung passiert man zwischen Estrada da Vitoria und Rua de Ferreira do Amaral den einst größten **Stadtgarten,** der aber mittlerweile auf wenige Parkbänke und die Büste des berühmten *Vasco da Gama* geschrumpft ist. Dieser Leitfigur der portugiesischen Kolonialgeschichte wird noch heute auch in Macau großer Respekt zuteil.

## Cemiterio
## Sao Miguel 聖美基西洋墓地

Dieser größte **katholische Friedhof** Macaus in der Estrada do Cemiterio war ursprünglich Portugiesen vorbehalten, später durften auch konvertierte Chinesen hier beerdigt werden. Die hübsche Friedhofskapelle Sao Miguel stammt aus dem Jahre 1875 und zählt zu den am besten erhaltenen Bauwerken Macaus.

## Fortaleza
## da Guia 松山燈塔

Neben Sao Paolo ist die durch den weißen Leuchtturm weithin sichtbare **Guia-Festung** das bedeutendste historische Relikt der Portugiesen in Macau. Diese mächtigste europäische Festung der frühen Neuzeit in Asien wurde 1637–38 vom Artilleriehauptmann *Antonio Ribeiro* auf dem höchsten Hügel Macaus errichtet. Ursprünglich sollten von hier aus Angreifer aus China und die Kolonialrivalen, insbesondere die Holländer, zurückgeschlagen werden. Aufgrund des ausgezeichneten Überblickes über die Stadt wurde die Guia aber im Laufe der Zeit vorwiegend als Aussichtsplattform für die Stadtwachen genutzt.

Der weiße **Leuchtturm,** der älteste ganz Chinas, kam erst im Jahre 1865 hinzu. Mehrere Wege führen ringförmig um den Guia-Hügel, unter anderem sogar ein Trimm-dich-Pfad. Treppen an der Westseite führen hinunter in den Jardim de los Flores.

Die kleine **Seilbahn** zwischen Guia und Jardim de los Flores kostet 5 M$ einfach bzw. 8 M$ retour.

●Die Festung ist täglich 09:00–17:30 Uhr geöffnet, der Eintritt ist frei.

## Jardim
## de los Flores 松山花園

Dieser **Garten** unterhalb der Guia-Festung wurde im frühen 20. Jh. von *Alfredo Augusto de Almeida* angelegt. Er war ein begeisterter Blumenfreund und wollte die Bewohner Macaus an seiner Leidenschaft teilhaben lassen.

Zusätzlich sind kleine zoologische Abteilungen integriert, am bekanntesten und vor allem bei Kindern beliebt sind die **Affenkäfige.** Durch die Explosion einer nahegelegenen Feuerwerkskörper-Fabrik wurde der Garten in den 1920er Jahren weitgehend zerstört, wurde aber insbesondere auf Betreiben des langjährigen Gouverneurs *Artur Tamagnini de Souza Barbosa* († 1940) wieder aufgebaut. Seine Büste ist ebenso im Park zu sehen wie die des Begründers dieses Gartens. Der Eintritt ist frei.

## Jardim LouLimloc 蘆廉若花園

Der **LouLimloc-Garten** ist eine sehr hübsche und gepflegte Gartenanlage im traditionellen chinesischen Stil. Er wurde im späten 19. Jh. von dem wohlhabenden chinesischen Kaufmann LouKao angelegt, daher wird die Anlage bei den Einheimischen auch inoffiziell und korrekterweise **LouKao HuaYuan** (LouKao-Garten) genannt. Nach seinem Tod 1906 trat sein Sohn *LouLimloc* das Erbe an, konnte aber das Vermögen nicht zusammenhalten. So musste er die Anlage dem Municipal de Macau überlassen, der hier zunächst eine Schule einrichtete, dann aber 1974 die Gärten restaurierte und wieder der Öffentlichkeit zugänglich machte. Die Gärten werden von zahlreichen verspielten Wegen mit Pavillons, Bambushainen und Teichen durchzogen. Anwohner spielen hier häufig in den Vormittagsstunden das Saiteninstrument ErHu und singen dazu. Der Park ist täglich von 08:00 bis 18:00 Uhr geöffnet und kostet symbolisch 1 M$ Eintritt (freitags kostenlos). Der sehenswerte Garten liegt nur wenige Gehminuten vom Jardim de los Flores unterhalb der Guia-Festung entfernt.

Gegenüber der Anlage an der Avenida do Conselheiros stehen sehr hübsch restaurierte **Kolonialbauten** aus dem Jahre 1924 – hier befindet sich heute unter anderem das ***Instituta Oriente do Portuguese**,* das portugiesische Sprachinstitut von Macau.

## KunIamTong 觀音堂

Dieser **GuanYin-Tempel** mit buddhistischen und taoistischen Elementen stammt ursprünglich aus dem 13. Jahrhundert, die erhaltenen Teile datieren allerdings aus dem Jahre 1627. Dieser neben dem AMa-Tempel wohl wichtigste Tempelkomplex Macaus ist nicht nur an den wichtigen Feiertagen wie dem chinesischen Neujahrsfest, den Mondwendefesten des sechsten, neunten und elften Mondmonats sowie dem Geburtstag von GuanYin (KunIam, KwanYum) am 19. Tag des zweiten Mondmonates gut besucht. Auch in den Vormittagsstunden ganz gewöhnlicher Werktage strömen die Gläubigen hierher. Einheimische Pilger verbrennen tonnenweise symbolische Opfergaben für die Göttin, vornehmlich, damit KunIam aus ihrer Vase Glück beim Spiel am Abend spendet.

Die drei **Haupttempel** zeigen einen Buddha mit zwei Boddhisatvas, den Boddhisatva der Langlebigkeit sowie *KunIam (GuanYin)*, die hier in ein seidenes Brautkleid gehüllt und mit einer jährlich wechselnden Krone aus Perlschnüren zu sehen ist, sofern nicht der Rauch von Tausenden von Räucherstäbchen die Sicht zu den Schreinen unmöglich macht.

Die Seitenhallen der Anlage stellen **Ahnengedenkhallen** dar, hinter den Tempeln liegt eine kleine **Gartenanlage** mit einer großen Inschrift in einer Steintafel. Sie erinnert an das erste US-chinesische Abkommen vom 3. Juli 1844 – kurz nach dem 1. Opiumkrieg zwischen England und China –, in dem sich auch die USA Handelsvorrechte sicherten. Die vier miteinander verschlungenen Banyan-Bäume sind als QingRenShu (Verliebten-Baum) bekannt und symbolisieren die Mutterliebe.

● Vom LouLimloc Garten geht man gut fünf Minuten die Avenida do Conselheiro Ferreira de Almeida in nördliche Richtung bis ans Ende und wendet sich nach links, wo der Tempel nach wenigen Metern rechter Hand liegt. Nur 300 Meter weiter die Avenida do Coronel Mesquita entlang am Fuße der MongHa-Festung liegt ein weiterer, allerdings sehr kleiner KunIam-Tempel, der nicht mit seinem großen Namensvetter zu verwechseln ist.

## Jardim Don Bosco  螺絲山公園

Dieser hübsche **Garten** mit der offiziellen Bezeichnung Jardim de Montanha Russa oberhalb des Friedhofes Cemiterio de Nostra Senhora da Piedade stellt eine Mischung aus westlicher und chinesischer Gartenbaugestaltung dar. Hier sind insbesondere verschiedene Bambusarten vom fingerdicken Stabbambus bis zu meterhohen, armdicken Bambusstäben zu sehen. Der Garten wurde eigentlich zu Ehren des *Don Bosco* angelegt, dessen Statue versteckt außen am Zaun der Südseite steht. *Don Giovanni Bosco* (1815–1888) war ein bekannter Turiner Pädagoge und Priester, der 1841 zur Erziehung verwahrloster Knaben die „Kongregation der Salesianer Don Boscos" sowie 1872 „die Klöster der Töchter Mariens" für Mädchen ins Leben rief.

● Vom/zum LouLimlok-Garten sind es etwa fünf Gehminuten, der KunIam-Tempel liegt praktisch um die Ecke.

Don Bosco

## Fortaleza MongHa 望廈古堡

1849 sah der portugiesische Gouverneur *Ferreira do Amaral* eine Invasion der Qing-Truppen vom chinesischen Festland voraus und ließ die **Festung MongHa** als nördlichstes Bollwerk Macaus errichten. Innere Zerwürfnisse innerhalb der Kolonialverwaltung verzögerten die Fertigstellung, erst 1866 unter Gouverneur *Coelho do Amaral* war sie einsatzbereit und diente bis in die späten 1960er Jahre als Kaserne.

Dann beschloss die Tourismusbehörde, hier eine Hotelfachschule sowie eine **Nobelherberge** *(Pousada MongHa)* für Staatsgäste zu errichten. Das heute noch zu besichtigende Fort ganz oben wurde bis zur Rückgabe an China aufwendig restauriert.

● Geöffnet 09:30–17:30 Uhr, Eintritt frei. Es gab einen schönen Treppenweg vom LinFungMiu-Tempel hinauf zur Festung; wegen der Umbauarbeiten ist dieser für unbestimmte Zeit geschlossen.

## LinFungMiu 蓮峰廟

Der einzige **Tempel** Macaus rein taoistischen Ursprungs stammt aus dem Jahre 1592. Über die Jahrhunderte diente er den Mandarinen der Provinz GuangDong (Kanton) auch als Herberge auf ihren Amtsreisen nach Macau.

Der Hauptflügel birgt eine **Vorhalle** mit einem TinHau- (MaZi-) Tempel, flankiert von zwei taoistischen Generälen. Sie sollen besonders weit sehen bzw. hören können.

Dahinter liegt die **Haupthalle,** in der zunächst an die Rückwand der Vorhalle ein Drache über einem kleinen Goldfischteich wacht. Dann folgt der Hauptschrein, gewidmet dem Boddhisatva *KunIam (GuanYin).* Ein besonderes Kleinod sind die in die tragenden Stämme des Tempels eingeschnitzten Kalligrafien. Auch die alten geflochtenen Lampions am Eingang lohnen näherer Betrachtung.

Der 1980 gründlich restaurierte LinFungMiu-Tempel wird von den Gläubigen wesentlich mehr verehrt als der „Glücksrittertempel" KunIamTong.

Vor dem Tempel wurde 1999 ein kleines **Museum** (Lin ZeXu-Museum) mit Stichen und Zeichnungen eröffnet; Eintritt 5 M$, geöffnet täglich 09:00–17:00 Uhr.

## Nahe der Grenze 關閘

Wer nicht in die Volksrepublik einreist, aber doch einmal einen Blick auf die andere Seite der Grenze nach China hinüber werfen möchte, sollte per Bus zur Endstation **Ilha Verde** (8, 28a,b) oder zu Grenztor (3, 28c) fahren. Von diesen Punkten aus liegt das moderne GongBei auf der anderen Seite nur einen guten Steinwurf entfernt.

Eine der schönsten Ecken auf der Insel ist der moderne chinesische **Sun YatSen-Garten,** in dem es neben einem Trimm-dich-Pfad, Rastpavillons, Teichen, großen Vogelkäfigen und dem Restaurant *Canal dos Patos* mit portugiesischer Küche einen „Fakir-Pfad" gibt, auf dem bestimmte Zonen der Fußsohle angeregt werden, sofern

man verrückt genug ist, barfuß darüber zu laufen.

Der Garten liegt nur wenige Meter westlich vom alten **Grenztor (Portas do Cerco).** Jenes Tor wurde schon im 16. Jh. an der Landverbindung zwischen Macau und China errichtet, die heutige Version stammt von 1870. Über dem aufwändig restaurierten Tor wehte noch bis Dezember 1999 die portugiesische Flagge.

Angesichts der zahlreichen hypermodernen Wohnblöcke auf chinesischer Seite, die jene in Macau sogar teilweise überragen, stellt sich die Frage, ob der „Schüler" nicht längst den „Lehrmeister" von einst übertroffen hat. Die Grenze selbst scheint nur gering abgesichert zu sein, insbesondere dann, wenn man sie mit Erinnerungen an die ehemalige innerdeutsche Grenze vergleicht.

● **Hinweis:** Die Busse zur Ilha Verde und zum Grenztor passieren auch das Canidromo/ Hunderennbahn (♫ Kapitel Unterhaltung) und die MongHa-Festung.

SunYatSen-Park

**TaiPa**

乙仔島

Die beiden Inseln Macaus, TaiPa und Coloane, sind mit Brücken und einem Damm von TaiPa nach Coloane an das Festland angebunden. Beide sind leicht per Bus innerhalb weniger Minuten zu erreichen, per Fahrrad darf man nicht über die Brücken vom Festland nach TaiPa, wohl aber über den Damm von TaiPa nach Coloane fahren.

TaiPa, noch bis in die 1980er Jahre eine ruhige und eher rückständige Insel, dient heute vorwiegend als moderne **Wohnsiedlung,** Standort der **Universität** von Macau (↗ Praktische Reisetipps, Studium) und im Nordosten als Sitz der **Industrie** von Macau. Diese ist weltbekannt für die Herstellung von chinesischem Feuerwerk; nicht zuletzt wegen immer wieder vorkommenden Unfällen liegen die Produktionsstätten abgelegen auf TaiPa.

Seit der Eröffnung des **Macau International Airport** ist es mit der Ruhe und Beschaulichkeit endgültig vorbei, touristisch lohnenswerte Ziele sind heute nur noch die alte Siedlung im Südwesten sowie die Pferderennbahn.

## TaiPa-Altsiedlung 乙仔市區

An der Südseite liegt der alte Kern TaiPas, entstanden aus einer Fischersiedlung, die auch heute noch nicht von den modernen Wohngebäuden und Industriegebieten der Nordseite überrollt wurde. Hier lohnt sich auf jeden Fall ein Stopp mit dem Bus, die kleine Siedlung kann bequem in kurzer Zeit umfassend besichtigt werden.

Interessant ist ein Gang durch die **alten Gassen** zwischen Rua do Redegor

# TAIPA

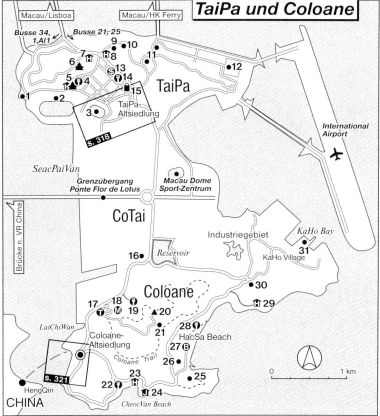

- 1 Küstenwache & Polizei
- 2 Pferderennbahn
- 3 Stadion
- 4 Maharadja Restaurant
- 5 buddhist. Schrein & Grand View Hotel
- 6 PouTaiUn Tempel
- 7 Hyatt Regency Macau
- 8 New Century Hotel
- 9 Casino Taipa
- 10 Universität
- 11 Friedhof
- 12 Flughafen
- 13 Bank of China
- 14 McDonald's
- 15 SengCheong Supermkt.
- 16 neues Kartodrom
- 17 Mobil-Tankstelle
- 18 Museum of Nature and Agriculture
- 19 SeacPaiVan-Park & Balichao-Restaurant
- 20 Alto de Coloane (176m)
- 21 Wetterstation & Flugleitstation
- 22 La Torre Restaurant
- 23 Hotel Pousada de Coloane
- 24 Pousada de Juventude (Coloane-Jugendhbrg.)
- 25 Marine- und Flugleitradar
- 26 Reit- und Sportmöglichkeiten
- 27 Bushaltestelle
- 28 Fernando´s Restaurant
- 29 Westin Resort Hotel
- 30 Macau Golf & Country Club
- 31 Frachthafen

# TaiPa

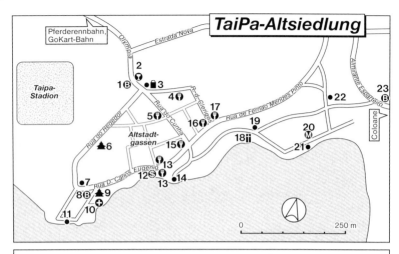

- Ⓑ 1 Bushaltestelle
- ⊘ 2 Carpenters Pub
- • 3 Feuerwehr,
  ▪ So. Flohmarkt
- ⊘ 4 Pinocchio´s Restaurant
- ⊘ 5 LeongUn Restaurant
- ▲ 6 PakTai Tempel
- • 7 Camara Municipal dos Ilhas (Inselverwaltung)
- Ⓑ 8 zentrale Bushaltestelle
- ▲ 9 TinHau Tempel
- ✚ 10 Spital
- • 11 Pavillon
- Ⓢ 12 Bank of China
- ⊘ 13 Bäckereien
- • 14 Polizeistation
- ⊘ 15 Restaurant Galo
- ⊘ 16 Restaurant Panda
- ⊘ 17 Restaurant Estrela do Mar/Taipa
- ⅱ 18 Igreija de nostra Senhora do Carmo - Kirche
- • 19 Karmelitergarten
- Ⓜ 20 Residencias da Avenida de Praia (Taipa Museum)
- • 21 Uferpromenade
- • 22 Hallenbad
- Ⓑ 23 Bushaltestelle nach Coloane

und Rua de Carlos Eugenio. Nahe der Bushaltestelle liegt der kleine **TinHau-Tempel,** der von den Fischern der Meeresgöttin *TinHau (TianHou)* gewidmet wurde. Feiner gearbeitet und besser erhalten ist der 100 m um die Ecke an der Rua do Regedor gelegene **PakTai-Tempel** (zur Bedeutung des Schutzpatrons der Seefahrer ♪ Hong-Kong, Insel LamMa, PakTai-Tempel).

Am Ostende der Regedor und am Largo dos Bombeiros findet sonntags ganztägig ein interessanter **Flohmarkt** statt, in der Eugenio/Correia da Silva lohnt ein Blick in das 2006 eröffnete **Historische Museum** von TaiPa und Coloane (tgl. außer Mo 10:00–18:00 Uhr, 5 M$), wo in acht Sälen auf zwei Etagen die historische Entwicklung der macanesischen Inseln dargestellt wird.

Auf der anderen Seite des alten Ortskernes, am Ende der Avenida Carlos da Maia, liegt die **Igreja do nostra Senora do Carmo.** Sie ist die einzige christliche Kolonialkirche auf TaiPa.

Ihr gegenüber liegt der kleine **Jardim do Carmo** (Carmo-Garten), der zwar keinem Vergleich zu den Gärten auf Macau standhält, aber feine Blicke auf die Neustadt wie auch das Landgewinnungsgebiet im Süden zwischen TaiPa und Coloane bietet.

Unterhalb des Gartens liegt die **Avenida da Praia**, eine sehenswerte koloniale, von Gummibäumen gesäumte Uferallee mit einigen hübschen alten Gebäuden der wohlhabenderen Portugiesen aus den 1920er Jahren. Hier scheint es unglaublich, dass TaiPa noch in den 1980er Jahren eine eigenständige Insel war, wenn man das zugewachsene Neuland vor der Promenade sieht. Das erste Gebäude beherbergt das **Taipa Houses Museum** (traditionelles Wohnhaus), das zweite ein kleines **Heimatmuseum**, das dritte ein portugiesisches **Trachtenmuseum**, das vierte eine **Galerie lokaler Künstler** und das fünfte am kleinen Amphiteater ein **Restaurant**. Geöffnet tgl. außer Montag 10:00–18:00 Uhr, Eintritt 5 M$.

● Bei der Anfahrt mit dem Bus (11, 22, 28A, 30, 33, 34) warte man, bis der unverkennbare alte Ortskern erreicht ist; der Bus hält dann direkt am TinHau-Tempel.

## PouTaiUn-Tempel　博大恩司

Die buddhistische Tempelanlage auf der Nordseite von TaiPa mag vielleicht nicht der spektakulärste Tempel Macaus sein, die **100-armige Guan-Yin-Statue** im Hauptschrein ist jedenfalls sehenswert. Rund um die Haupthalle liegen weitere kleine Pavillons und Schreine mit Ahnentafeln und Statuen; für den Besucher dürfte das sehr gute und günstige **vegetarische Tempelrestaurant** von Interesse sein.

Der Tempel kann leicht zu Fuß von zwei Seiten aus besucht werden: vom Jockey Club in die Avenida de KwongTung, kurz hinter dem Maharaja-Restaurant in einer links-rechts Kombination parallel zur KwongTung bis zum Hintereingang. Den Haupteingang erreicht man von der großen Bushaltestelle (Busse 26, 26a, 28, 33, 11, 21, 21a, 22 und 25 halten hier) gegenüber vom Macau Marine Park 150 Meter die Estrada LouLimIeok hinauf.

## CoTai　檢大

Das Land zwischen TaiPa und Coloane wurde in den letzten zehn Jahren vom ursprünglich nur die Straße auf der Westseite umfassenden Damm zu einem **komplett neuen Landgebiet aufgeschüttet**, die beiden Inseln sind somit eigentlich zu einer verschmolzen.

Auf dem Neuland *(CoTai)* wurde 2000 die **Lotus-Brücke** nach HengQin (VR China) mit einem neuen Grenzübergang eröffnet. CoTai wird zu einem eigenen Stadtteil unter dem Namen „**CoTai-City**" ausgebaut, wichtigste Sehenswürdigkeit werden die **East TV-Studios** der eSun-Holding.

Gegenüber der Dammstraße wurde auf Coloane (Nordseite) für die Ostasienspiele 2006 ein neues und modernes Olympiazentrum, der **Macau Dome** gebaut, der eine breite Palette an Sportmöglichkeiten bietet.

## An- und Abfahrt

♪ Coloane

# Coloane 路環島

Coloane war und ist immer noch der am wenigsten entwickelte Teil Macaus. Der Damm, welcher die Insel mit TaiPa verbindet, wird in absehbarer Zeit kaum noch als solcher zu erkennen sein, da das Meer weiträumig aufgeschüttet wurde und mittlerweile einer Marschlandschaft gleicht. Auch auf der Nordseite von Coloane selbst herrscht rege Bautätigkeit, um neue Wohngebiete und Industriestandorte zu erschließen. Zentral- und Südcoloane mit seinen Stränden und beschaulichen, ländlichen Siedlungen steht dagegen nach wie vor in einem krassen Gegensatz zu TaiPa und dem Stadtzentrum Macaus.

## Seac PaiWan

Auf dem Weg von TaiPa zur Coloane-Siedlung passieren die Busse den größten Park Macaus, den **Coloane-Park.** Mit seinem *Aviarium* (begehbare Vogelvoliere), chinesischen Pavillons und den gartenähnlich angelegten Spazierwegen dient er den Bürgern Macaus als einzige Erholungsquelle im Grünen. Geöffnet täglich 09:00–19:00 Uhr, Eintritt 10 M$. Der Besuch des kleinen „Museum of Nature and Agriculture" (tgl. außer Montag 10:00–18:00 Uhr) ist kostenlos.

An der Straße vor dem Eingang weist ein Holzschild den Weg zum *Macau-Trail,* einem gut 8 km langen Wanderweg durch die Insel über die höchste Erhebung, den 176 Meter hohen **Alto Coloane.** Dieser „Trail" hält gewiss keinen Vergleich mit den Wandermöglichkeiten HongKongs stand, die Aussicht vom Hügel über die Insel bis in die Volksrepublik ist allerdings wunderbar.

## Coloane-Siedlung 路環市區

Die kleine Siedlung im Westen der Insel, auch hier nur wenige Meter vom Ufer der Volksrepublik entfernt, war ursprünglich das einzige Dorf Coloanes und strahlt auch heute noch den Charme eines ruhigen und beschaulichen Fischerdorfes aus. Der Ort ist allerdings auch Macaus größter Schmuggelplatz und Einreisehafen für illegale Einwanderer, dies erklärt die starke Anwesenheit von Polizei- und Grenzeinheiten.

An der engsten Stelle zum chinesischen Mutterland, an der kleinen Landzunge am Ende der Avenida do Cinco de Outobro, steht der **Tam-Kung-Tempel.** Diese Gebetsstätte zu Ehren eines der vielen Meeresgötter ist durch sein aus einem Walfischknochen geschnitztes Drachenboot mit hölzernen Figuren in roten Roben und gelben Hüten bekannt.

An dem winzigen Platz an der Avenido Cinco do Outobro liegt die **Francisco-Xavier-Kapelle.** Die kleine, stilistisch an die größeren Barockbauten

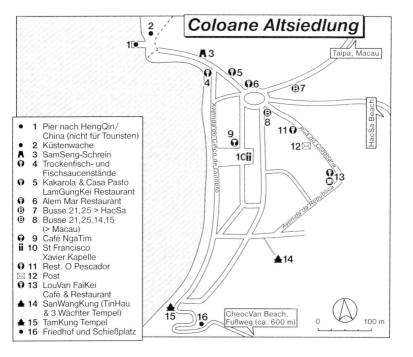

**Coloane Altsiedlung**

- 1 Pier nach HengQin/China (nicht für Touristen)
- 2 Küstenwache
- 3 SamSeng-Schrein
- 4 Trockenfisch- und Fischsaucenstände
- 5 Kakarola & Casa Pasto LamGungKei Restaurant
- 6 Alem Mar Restaurant
- 7 Busse 21,25 > HacSa
- 8 Busse 21,25,14,15 (> Macau)
- 9 Café NgaTim
- 10 St Francisco Xavier Kapelle
- 11 Rest. O Pescador
- 12 Post
- 13 LouVan FaiKei Café & Restaurant
- 14 SanWangKung (TinHau & 3 Wächter Tempel)
- 15 TamKung Tempel
- 16 Friedhof und Schießplatz

Macaus angelehnte Kirche wurde 1928 gebaut und birgt eine der wichtigsten christlichen Reliquien in Fernost. In einer silbernen Vitrine soll sich ein Armknochen des heiligen *Francisco Xavier* (♪ Exkurs) befinden. Nach seinem Tod 1552 sollte diese Reliquie eigentlich in Japan aufbewahrt werden, blieb aber wegen der Christenverfolgungen im Japan des 16. Jh. in Macau. Hier wurde sie zunächst in der St.-Pauls-Kirche bis zum Brand von 1835 aufbewahrt, anschließend in der Kathedrale da Se. Erst seit 1974 wird die Vitrine in der Kapelle von Coloane gehütet. Weitere Knochenrelikte in Sao Francisco Xavier stammen von konvertierten christlichen Märtyrern aus Vietnam und Japan. Etwas „unorthodox" wirken die am Eingang ausliegenden biblischen Geschichten in Comic-Form.

Auf dem Vorplatz steht ein Denkmal für die am 13. Juli 1910 im Kampf gegen chinesische Piraten Gefallenen.

Der nahegelegene **TinHau-Tempel** gilt als gepflegteste Tempelanlage Coloanes. Neben der Haupthalle mit der Meeresgöttin *MaZi (TinHau, TienHou)* stehen links drei bärtige Heilige.

Vom Busplatz in die Rua dos Navigantes gelangt man zum winzigen Straßentempel **SamSeng,** Schutzpatron der Fischer, und zum Fährpier.

Gegenüber des Tempels und des Cacarola-Restaurants befinden sich Stände mit **Trockenfisch.** Die Fischer stellen hier auch noch selbst die Spezialität der Insel her: fermentierte Fischsoße, die zum Würzen gebraucht wird. Die Flasche kostet hier um die 20 M$.

## Strände  竹灣，黑沙灣

Die beiden besten Strände Macaus liegen an der Südseite Coloanes.

Der kleinere Strand **CheocVan,** knapp 2 km südöstlich von der Coloane-Siedlung, ist nicht so überlaufen

## Francisco Xavier (1506-1552)

*Francisco de Jassu y Javier,* im deutschsprachigen Raum *Franz Xaver* genannt, wurde 1506 auf Schloss Javier in Navarra, Spanien, geboren und trat 1522 zunächst dem katholischen Orden von Pamplona bei. Er schloss sich 1533 *Ignatius von Loyola* an, der 1534 den von Papst *Paul III.* anerkannten Jesuitenorden gründete. *Ignatius,* Priester und erster General der Jesuiten, setzte *Xavier* 1539 als seinen Sekretär ein und bestimmte ihn im Jahr darauf für die Missionierung Indiens. Nach mehreren Jahren der Missionsarbeit (1542-1548), unter anderem in Goa, Malaysien und den Molukken wurde er 1549 von *Ignatius* zum Provinzial der Jesuiten ernannt und missionierte von 1549 bis 1551 in Japan. Nach wiederholten Stationen in Goa und Malaysien starb *Francisco Xavier* am 3. Dezember 1552 auf der chinesischen Insel ShangChan. Er wurde zunächst dort begraben, 1553 aber exhumiert und in Melakka (Malaysien) erneut bestattet. Im August desselben Jahres wurde der Leichnam erneut ausgegraben und nach Goa gebracht, wo 1614 der Unterarmknochen, 1619 der Schulterknochen entfernt wurden und als heilige Reliquien nach Macau kamen. 1622 wurde *Xavier* heiliggesprochen, die übriggebliebenen sterblichen Überreste 1698 in das Florentiner Mausoleum überführt, wo sie noch heute ruhen.

und bietet neben einem kostenlosen Bad im Meer auch einen Meerwasserpool, kleine Imbissstände und Umkleidekabinen.

Wesentlich größer und beliebter ist die etwa 2 km weiter nordöstlich gelegene Bucht von **HacSa,** in der an sonnigen Wochenenden meist nur ein Stehplatz im Wasser zu bekommen sein dürfte. Am Strand gibt es einen Sport- und Vergnügungspark mit Minigolf und Süßwasserpool, geöffnet täglich von 9:00 bis 21:00, Eintritt 5 M$ (zuzüglich 15 M$ bei Schwimmbeckennutzung). Weitere Freizeiteinrichtungen wie Surfbrettverleih und Pferdereiten runden das Angebot der Bucht von HacSa ab.

Winterliche Leere am HacSa-Beach

- Busse 21A, 26A ab Hotel Lisboa oder Busse 14, 21A, 25 und 26A ab Coloane-Siedlung fahren zu den Stränden.

## Anfahrt

- Nach TaiPa und Coloane kommt man **per Bus** von 07:00 bis 23:00 Uhr alle paar Minuten ab Haltestelle Hotel Lisboa (Linien 11, 33 nach TaiPa-Altsiedlung für 5 M$, Linien 21, 26, 26A nach Coloane 6 M$, „Ap 1" zum Flughafen 8 M$).
- Die Siedlungen lässt sich leicht **zu Fuß** erkunden, ein Inselrundgang ist sehr mühsam, da man meist die Straße entlang laufen muss.
- Es ist nicht möglich, als Passagier mit der Fähre von der Coloane-Siedlung auf die Insel **HengQinDao** in der Volksrepublik überzusetzen. Zwar kann man theoretisch mit einem gemieteten Boot hinüberfahren. Da sich dort aber kein offizieller Grenzpunkt für Touristen befindet, wird man auf chinesischer Seite zurückgeschickt und hat zudem womöglich größten Ärger. Die Hafenpolizei auf Coloane lässt daher in aller Regel westliche Touristen gar nicht erst ein Boot besteigen.

# Kanton (GuangDong)

广东

# Praktische Reisetipps von A bis Z

## An- und Weiterreise

Aus Europa gibt es bislang nur **Direktflüge** ab Amsterdam mit *China Southern Airlines* (14 Stunden Flugzeit), ansonsten ist die Anreise wie unter HongKong beschrieben am zweckmäßigsten. Umständlicher, zeitaufwendiger und teurer wäre der Anflug über BeiJing (Peking) mit Weiterreise per Bahn, Flugzeug oder Bus bis GuangZhou (Kanton).

*Von HongKong und Macau aus* fährt man mit öffentlichen Verkehrsmitteln binnen weniger Minuten über die Grenze in die Volksrepublik. Dort pendeln öffentliche Verkehrsmittel zwischen den Grenzregionen ShenZhen, ZhuHai und GuangZhou. Die Anreise nach ShenZhen, ZhuHai oder GuangZhou von HongKong oder Macau aus selbst zu organisieren, bereitet keinerlei Probleme (↗ HongKong, Abreise bzw. Macau, An- und Abreise).

Wer **arrangierte Touren** bevorzugt, kann in HongKong oder Macau Ein- oder Mehrtagesausflüge bei den lokalen Reisebüros buchen (↗ jeweils Kapitel Ausflüge).

Auch die **Organisation** eines Ausflugs von HongKong nach China **von Europa aus** ist problemlos möglich. Hierzu sollte man sich mit einem der in HongKong genannten Ausflugsorganisatoren rechtzeitig in Verbindung setzen.

### Weiterreise in China

Wer weiter entfernte Ziele in China besuchen möchte sollte *Inlandsflüge* erwägen, die man erst in GuangZhou selbst kauft. So kosten *(one way)* Peking ca. 800 Y, ShangHai ca. 750 Y, ChengDu ca. 600 Y und QingDao ca. 900 Y, wenn man bei den Fluggesellschaften direkt bucht.

Neben den in ↗ GuangZhou genannten Stellen kann man Tickets auch zuverlässig telefonisch bei den Airport-Schaltern von *China Southern* (Tel. 020-38904432, 38904602) oder *GuangZhou PingAn* (Tel. 020-8639 3606) ordern.

# Ausrüstung und Bekleidung

In Chinas Süden kann man bei Bedarf nahezu alles nachkaufen, sodass man nicht mehr als nötig mitschleppen sollte. Sehr gut bewährt für alle Zwecke haben sich **Tragetaschen** mit versenkbarer Rucksackvorrichtung. Damit hat man in jedem Hotel gute Karten und ist auch für ein paar Minuten zu Fuß (Grenzübergänge, Bushaltestellen usw.) gerüstet. Zur Not geht auch eine Tragetasche mit Schulterriemen, Koffer sind jedenfalls das denkbar ungeeignetste Transportmittel für eine Chinareise, es sei denn, man ist vorwiegend mit dem Flugzeug in China unterwegs – Rucksäcke und weiche Taschen werden von innerchinesischen Fluggesellschaften nur höchst ungern befördert!

Bei der **Bekleidung** sollte man darauf achten, dass sie so leicht und bequem wie möglich, dabei aber auch schmutzunempfindlich ist. Auf Jeans sollte man von April bis September verzichten, sie sind einfach zu dick und zu warm. **Achtung:** Es wird sehr schwierig sein, **Schuhe** über Größe 44 für Männer und über 40 für Frauen vor Ort zu finden. Gleiches gilt für XXL-Bekleidung (vor allem Hosen). Für üppig gebaute Frauen kann das Erstehen eines BHs problematisch sein. Schwimmenthusiasten sollten ihre eigene Badebekleidung dabeihaben.

Viele Hotels bieten einen **Wäschereiservice** an; man braucht sich also nicht für die gesamte Reise mit Kleidung einzudecken.

# Behinderte auf der Reise

Die Schwierigkeiten und alltäglichen Hindernisse in der Volksrepublik für Behinderte sind kaum zu überwinden. Dies beginnt bei den öffentlichen Verkehrsmitteln, setzt sich über kaum begehbare Bürgersteige und dichtes Gedränge insbesondere in GuangZhou fort bis hin zu mangelnden Behinderteneinrichtungen in Hotels, Museen oder Bahnhöfen. Eine Chinareise ohne immense Vorplanung, hohe Kosten, Begleitpersonal usw. zehrt an den Nerven selbst so mancher Nichtbehinderter, umso mehr sind Behinderte davon betroffen.

# Ein- und Ausreisebestimmungen

## Visum

### Reguläres Touristenvisum für ganz China

Für die Einreise in die VR China benötigen EU-Bürger und Schweizer prinzipiell ein Visum, welches bei den chinesischen Vertretungen in Europa (♪ HongKong, Ein- und Ausreisebestimmungen) oder – problemlos und schneller – *in HongKong* binnen eines Werktages erhältlich ist.

● *Visaabteilung der VR China,* 26 Harbour Rd., 5. St., WanChai, China Resources Bldg./ HongKong Exhibition Centre (Seiteneingang Gloucester Rd. Ecke Fleming Rd.), geöffnet Mo–Fr 09:00–12:30 und 14:00–17:00 Uhr, Sa nur 09:00–12:30 Uhr.

Hier füllt man den Antrag direkt aus. Die Bearbeitung kostet dort derzeit etwa 250 HK$. Der Pass (mindestens 6 Monate Gültigkeit) wird abgegeben und kann am nächsten Werktag (nachmittags) wieder abgeholt werden. Zur Bearbeitung ist ein Passfoto nötig. Vor Ort werden bei Bedarf für 30 HK$ vier Fotos gemacht (Automaten in HK sind nicht billiger).

*Expressvisa* kosten 150 HK$ extra. Ein bis 11:30 Uhr abgegebener Pass kann dann ab 15:00 Uhr des gleichen Tages abgeholt werden.

*Mehrfachvisa* sind ebenfalls erhältlich und kosten knapp 100 Euro für die mehrfache Einreise innerhalb von sechs Monaten ab Ausstellung.

*Hinweis:* Mit einem regulären Visum ist nur eine Einreise in die Volksrepublik möglich, wobei visatechnisch HongKong und Macau bei der Ausreise aus China als Ausland gelten; eine Wiedereinreise in die Volksrepublik wäre dann nur mit einem neuen oder einem Mehrfachvisum möglich.

Visa sind auch *in Macau* bei *China Travel Service*, Rua de Nagasaki, erhältlich; die Bearbeitung dauert dort allerdings meist länger als in HongKong.

*Tipp:* Am einfachsten, stressfrei und sehr günstig geht es so: Im Gebäude des China Resources Bldg/WanChai, HongKong, im 40. Stock, Zi 4008, bietet die Agentur **Sunrise Travel** (Tel. 28909698) äußerst günstige und schnelle (bis 12:00 Uhr beantragen, um 17:00 Uhr abholen!) Touristenvisa für nur 200 HK$ (Mehrfachvisum ca. 600 HK$; Fotos können dort gemacht werden). Die Firma sitzt direkt an der Quelle, hat günstige Kontingente gekauft und ist daher schneller und preiswerter!

Im Visumsantrag muss generell der Anreisetermin angegeben werden; das Visum kann nur innerhalb eines Monats ab diesem Termin benutzt werden, danach ist es ungültig. Vom Tag der Einreise an hat man ein **Aufenthaltsrecht von 30 Tagen** mit der – nicht immer gewährten – Option einer einmaligen **Verlängerung** für weitere 30 Tage. Diese Verlängerung muss bei der Polizei *(GongAnJu,* manchmal englisch als *Public Security Bureau* beschildert) vor Ablauf der ersten 30 Tage beantragt werden (ca. 50 Y). In den

# EIN- UND AUSREISEBESTIMMUNGEN

hier beschriebenen Orten ist eine Visaverlängerung nur in GuangZhou im PSB, WaiSheKe, 863 JieFang Beilu, Tel. 83354269 möglich.

## Visa upon arrival (beschränktes Visum)

Wer in die VR weiterreisen möchte hat neben dem traditionellen Touristenvisum die Möglichkeit, ein „visa upon arrival" an den Grenzübergängen ShenZhen bzw. ZhuHai für Tagesbesuche der Sonderwirtschaftszonen **ShenZhen** und **ZhuHai** zu erwerben. Es kostet 150 HK$, gestattet aber offiziell nur den Besuch der beiden Sonderwirtschaftszonen. Wer also etwa nach GuangZhou reisen möchte, benötigt wie gehabt ein reguläres Touristenvisum. Ausländer werden so gut wie nie an den Schnittstellen von den Sonderwirtschaftszonen zum Hinterland kontrolliert (Chinesen schon!). Es sei allerdings davor gewarnt, mit einem solchen eingeschränkten Visum ins Hinterland zu reisen! Wer erwischt wird, befindet sich ohne gültiges Visum im Land, was zur Ausweisung und einer saftigen Geldstrafe führen dürfte!

Es ist derzeit im Gespräch, „landing-visa" auf 6 Tage für bestimmte Städte Südchinas (also auch GuangZhou) auszudehnen, allerdings nur für Gruppen ab 3 Personen. Bislang steht noch nicht fest, ob es sich dabei um organisierte Gruppentouren (etwa Ausflüge ab HongKong) handeln muss oder ob 3 Personen, die zusammen reisen, ebenfalls in den Genuss dieser Regelung kommen können. Weitere Informationen unter www.fac.de.

*Achtung:* „landing-visa" aller Art können nicht von Briten, US-Amerikanern und Afrikanern erworben werden, Reisende aus Japan, Brunei und Singapur benötigen dagegen generell kein Visum!

## Einreiseformulare

Bei der inzwischen weiter vereinfachten Einreise muss nach dem Vorbild HongKongs und Macaus eine Einreisekarte sowie derzeit (wegen Vogelgrippe/SARS) eine **Gesundheitserklärung** ausgefüllt werden, die (mehrsprachig) in den Einreisehallen ausliegt.

## Zoll

Mitgeführte größere **Wertgegenstände** (Kameras usw.) müssen angegeben werden, bei der Ausreise könnte geprüft werden, ob sie nicht illegal verkauft wurden.

*Zollfrei* eingeführt werden dürfen 600 Zigaretten und 2 l Alkohol sowie sämtliche Artikel des persönlichen Bedarfs.

Die anschließenden **Zollkontrollen** sind meist ziemlich oberflächlich, die erfahrenen Beamten sehen sofort, wer etwas zu verbergen hat und wer nicht.

*Verboten* ist die Einfuhr von Waffen, Munition, Rauschgift, Pornografie, Funksendern, Tieren, frischen Lebensmitteln und staatsfeindlichen oder die VR China verunglimpfenden Schriften. Letzteres scheint ziemlich dehnbar zu sein, allzu kritische Zeitungsartikel bzw. Zeitschriften nehme man daher besser gar nicht erst mit.

Bei der **Ausreise** ist zu beachten, dass man seinen Durchschlag der Einreisekarte aufheben soll und keine Antiquitäten ohne offizielle Kaufbestätigung staatlicher Antiquitätenläden mit sich führen darf.

Darüber hinaus sind die Einfuhrbestimmungen bei der Einreise nach Europa zu beachten ( ↗ HongKong/Ein- und Ausreisebestimmungen).

## Dokumente

Während der Reise ist es sinnvoll, **zusätzlich einen Personalausweis** o.Ä. mitzuführen, da in Hotels gelegentlich, bei Leihfahrzeugen grundsätzlich ein Dokument, zu hinterlegen ist.

Chinesische **Studentenausweise** (auch aus HongKong oder TaiWan, kein sonstiger) berechtigen auch in der Volksrepublik theoretisch zum Erwerb vergünstigter Fahr- oder Eintrittskarten. In den vergangenen Jahren traten allerdings zunehmend gefälschte Studentenausweise auf (in einigen Billighotels in HongKong wird sogar ein schwunghafter Handel damit betrieben), weshalb selbst echte – auch volksrepublikanische – Ausweise manchmal nicht mehr akzeptiert werden.

> **Hinweis:** Da sich die **Einreisebedingungen kurzfristig ändern** können, raten wir, sich kurz vor der Abreise beim Auswärtigen Amt (www.auswaertiges-amt.de bzw. www.bmaa.gv.at oder www.dfae.sdmin.ch) oder der jeweiligen Botschaft zu informieren.

## Einkäufe

Wenn das Warenangebot auch bei weitem nicht so übertrieben groß ist wie in HongKong (aber wo sonst ist es das schon?), so vermisst man mittlerweile in der Volksrepublik, zumindest in den Städten, kaum etwas. Typische und original chinesische Waren kauft man am besten in GuangZhou.

Vom Kauf höherwertiger **Elektroartikel** ist mangels Durchsetzbarkeit eines etwaigen Garantieanspruchs generell abzuraten.

Noch ein prinzipieller Tipp: Als Reisender sieht man unterwegs manchmal Souvenirs oder Gebrauchsgegenstände, die ein gutes **Mitbringsel** abgeben würden. Oft wartet man dann aber und verschiebt den Kauf auf einen späteren Zeitpunkt der Reise. Viele Dinge wird man aber nie wieder finden, das gilt insbesondere für China – daher immer sofort zugreifen!

In China ist das **Handeln** auf Märkten, an Straßenständen, bei kleineren Einzelhändlern oder beim Kauf höherwertiger Artikel wesentlich weiter verbreitet als in Macau und HongKong. Die zunehmende Vermischung zu einem geschlossenen südlichen Wirtschaftsraum und die Nähe der ehemaligen Kolonien führte aber gerade in der Provinz GuangDong zu einem weitgehenden Festpreissystem in Kaufhäusern, Boutiquen, Hotels und Restaurants. Die erhebliche Übervorteilung von Ausländern, der man sonst in China oft begegnet, tritt hier erfreulicherweise zunehmend in den Hintergrund.

# Elektrizität

Die **Stromversorgung** in Südchina (220 V bei 50 Hz) hat sich weiter verbessert. Vor allem die nach GuangZhou gelockten Industrieunternehmen protestierten energisch gegen häufige Stromausfälle, sodass heute die Versorgung nahezu gesichert ist.

Wer als Tourist auf Strom angewiesen ist, sollte in HongKong einen **China-Adapter** (mit vier verschiedenen Steckern) kaufen. Prinzipiell verwendet man in der Volksrepublik den europäischen zweipoligen Flachstecker. Daneben gibt es Steckdosen mit drei runden Löchern, wo man das obere, eine Sicherung, mit einem Stift „öffnen" und den normalen Stecker dann wie gewohnt einführen kann. Ferner gibt es in vielen Hotels Steckdosen mit zwei oder drei flachen Schlitzen – hier hilft dann ein Adapter. In europäischen Baumärkten und Elektrofachgeschäften werden „Weltadapter" vertrieben, die allerdings in China oft versagen.

# Essen und Trinken

(Zur chinesischen Küche ♫ HongKong)

Die kantonesische Küche wurde nach ihrem Ursprungsgebiet, der Provinz GuangDong benannt. Diese Stilrichtung ist hier natürlich noch weit bedeutender als in Macau oder HongKong. Zu der Vielzahl traditioneller Lokale kam in den vergangenen Jahren eine Reihe westlicher Restaurants hinzu, sodass gerade die Städte der Provinz GuangDong mittlerweile auf kulinarischem Gebiet einiges zu bieten haben. Auch Schnellimbisse „westlicher Prägung" sind bereits zu finden.

Empfehlenswerte **Snacks** in der Provinz GuangDong sind z.B. kleine Fleischspießchen für 2 RMB/St., die meist von moslemischen Straßenbratern angeboten werden, oder frittierte Lauchfladenbrote für 1 RMB.

Empfehlenswerte **Restaurants** sind in den Kapiteln zu den einzelnen Orten aufgeführt.

# Feste und Feiertage

In der Volksrepublik werden neun **nationale Feiertage** gefeiert, von denen das wichtigste, das **chinesische Neujahr,** nach dem Mondjahr berechnet wird. Von den weiteren staatlichen Feiertagen fallen sechs auf Monatserste:

- *1. Januar* (Neujahr)
- *8. März* (Tag der werktätigen Frau)
- *1. Mai* (Tag der Arbeit)
- *4. Mai* (Jugendtag)
- *1. Juni* (Kindertag)
- *1. Juli* (Gründungstag der Kommunistischen Partei Chinas)
- *1. August* (Gründungstag der Volksbefreiungsarmee)
- *1. Oktober* (Gründung der VR China am 1.10.1949)

Einige **traditionelle Feste** werden mancherorts gefeiert, in den Städten wird man dies als Tourist nur am Rande (zum Beispiel in Tempeln) registrieren. Hierzu gehören das QingMing-Fest (April), Buddhas Geburtstag (Ende April), das Drachenbootfest (Juni) sowie Konfuzius' Geburtstag (28.9.); Einzelheiten ♫ HongKong, Feste.

## Film und Foto

Zumindest in den Kaufhäusern und Fotogeschäften der hier beschriebenen Städte sind **Filme** (auch die in Asien weniger gebräuchlichen Diafilme) keine Mangelware; *Fuji*, *Konika* und *Kodak* sind die gängigsten Marken. Selbst Lithium-Batterien oder Digitalspeicherkarten sind nicht mehr unbekannt. Natürlich findet man just in dem Augenblick, in dem man keinen Film mehr hat, kein entsprechendes Geschäft, sodass sich die Mitnahme eines kleinen Vorrates empfiehlt. Die ist besonders in den Sommermonaten anzuraten, wenn nicht allerorts die fachgerechte Lagerung der Filme garantiert sein dürfte.

In vielen Fotogeschäften wird auch eine preiswerte **Filmentwicklung** angeboten, was insbesondere bei längeren Aufenthalten und vor Flügen in China empfehlenswert ist – die Röntgenmaschinen an den Flughäfen sind bei weitem nicht immer filmsicher. Die Mitnahme eines röntgensicheren Bleibeutels kann hier eine gute Vorsichtsmaßnahme sein.

*Fotografierverbote* bestehen in manchen Museen und Tempeln (Hinweisschilder) sowie generell bei Flughäfen, Häfen, Bahnhöfen, Brücken, Grenzanlagen und militärischen Einrichtungen.

## Geldangelegenheiten

### Währung

Die Wechselkurse der offiziellen Landeswährung **RenMinBi (RMB,** Volkswährung) werden nicht mehr staatlich zu illusorischen Quoten festgelegt. Dennoch ist der RNB nicht völlig frei konvertierbar und darf offiziell weder ein- noch ausgeführt werden.

Der RenMinBi unterteilt sich wie folgt: 1 **Yuan** (umgangssprachlich **Kuai)** = 10 **Jiao** (umgangssprachlich **Mao)** = 100 **Fen.** Die Untereinheit Jiao ist für Touristen zuweilen gewöhnungsbedürftig und muss bei Preisangaben beachtet werden. 1,85 € entsprächen im Chinesischen **YiKuai BaMao WuFen,** also „Ein Yuan, acht Jiao/Mao und fünf Fen".

Scheine und Münzen sind in folgender **Stückelung** in Umlauf:

- *Scheine:*
  100, 50, 10, 5, 2 und 1 Yuan;
  5, 2 und 1 Jiao;
  5, 2 und 1 Fen
- *Münzen:*
  1 Yuan;
  5, 2 und 1 Jiao;
  5, 2 und 1 Fen

Münzen sind verhältnismäßig selten, sodass man als Torist oft ein dickes Bündel schmuddeliger Banknoten mit sich führt.

Eine **Geldklammer** (gibt es in Hongkong und China in Kaufhäusern) hilft, Ordnung zu halten.

Zwei **Geldscheinserien** sind gleichzeitig in Umlauf: eine sozialistisch anmutende mit Arbeiter- und Bauernmo-

tiven (durchgehend) sowie eine sehr hübsche mit Portraits verschiedener Volksgruppen der Volksrepublik China (1 Jiao bis 1 Yuan). Die Fen-Scheine gibt es nur in der „sozialistischen" Ausgabe, der Wert ist nicht mit arabischen Zahlen gekennzeichnet (LKW = 1, Flugzeug = 2, Schiff = 5 Fen). Ab 1 Jiao aufwärts gibt es dann je zwei völlig unterschiedlich aussehende Scheine mit gleichem Wert. Auf beiden Serien ist der Wert in arabischer Ziffer und die Einheit (Jiao oder Yuan) in lateinischer Schrift abgebildet.

## Geldwechsel

Für den Umtausch von Devisen ist ausschließlich die **Bank of China** zuständig, die Filialen in jeder größeren Stadt und vielen mittleren und großen Hotels hat. Banken sind normalerweise Mo–Fr 09:30–12:00 Uhr und 14:30–17:00 Uhr, Sa nur vormittags geöffnet, Hauptstellen 09:00–19:00 Uhr, Sa 09:00–15:00 Uhr, es kann allerdings örtliche Abweichungen geben.

Die **Umtauschbestätigungen** müssen unbedingt aufbewahrt werden, da der Rücktausch – offiziell – nur an den Flughäfen möglich ist; mittlerweile aber werden in HongKongs Wechselstuben schon längst RMB zurückgetauscht (natürlich zu einem miserablen Kurs), und an keiner der Landgrenzen im Süden (GongBei oder LuoHu) hat in den letzten Jahren jemals ein Zöllner nach übriggebliebenen RMB gefragt.

### Zahlungsmittel

Die *Bank of China* wechselt neben **Bargeld** auch gängige **Reiseschecks** (bevorzugt *AmEx*).

Mit **Kreditkarten** kann in den meisten mittleren und großen Hotels, in staatlichen Läden sowie zunehmend in Kaufhäusern bezahlt werden.

Auch **EC-Karten** mit PIN sind im Kommen. Einige Automaten der *BoC* sind bereits entsprechend eingerichtet worden (zu erkennen am rot-blauen MAESTRO-Zeichen).

Für die **Sperrnummern** in Falle von Verlust oder Diebstahl der Kreditkarte oder EC-/Maestro-Karte und Geldbeschaffung im Notfall ↗ HongKong/Notfälle.

**Wechselkurs**

Der Wechselkurs des RMB hat sich in den letzten Jahren nach etlichen großen Schwankungen etwas stabilisiert und lag im August 2007 bei:

| | |
|---|---|
| 1 € = 10,45 RMB | 1 RMB = 0,09 € |
| 1 SFr = 6,36 RMB | 1 RMB = 0,15 SFr |

# Gesundheit und Hygiene

Siehe auch ausführliches Kapitel *Aktuelle Reise-Gesundheits-Informationen* im Anhang.

Ein Blick auf die Landkarte genügt bereits, um zu erkennen, dass es angesichts der Größe des Landes und der verschiedenen Klimagebiete große Unterschiede zwischen Nord und Süd, aber auch zwischen weitentwickelten städtischen und rückständigen ländlichen Gebieten gibt. Die Provinzhauptstadt GuangZhou sowie die Distrikte ZhuHai und ShenZhen gehören zu den höchstentwickelten Regionen Chinas, sodass Sorgen in Bezug auf Gesundheit oder hygienische Standards beim Reisenden unangebracht wären.

Klimabedingt wird man gelegentlich auf *Ungeziefer,* insbesondere Kakerlaken treffen, doch in den für Ausländer offenen Hotels wird dies eher die Ausnahme sein.

Eine **Schutzimpfung** ist nur dann obligatorisch, wenn man aus einem Gelbfiebergebiet anreist. Selbstverständlich sollte man sich bei seinem Hausarzt – wie vor jeder Auslandsreise – überzeugen, ob die allgemeinen Schutzimpfungen (Polio, Tetanus, Diphtherie, Hepatitis) noch wirksam sind. Es empfiehlt sich ferner die Mitnahme eines Malariamittels, welches nur im Bedarfsfall einzunehmen ist. Diese Richtlinien gelten wohlgemerkt nur dann, wenn man sich auf die genannten Regionen beschränkt. Wer eine weiterführende Chinareise, insbesondere auch in ländliche Gebiete, plant, vergewissere sich bei den Gesundheitsämtern, den Tropeninstituten oder beim Hausarzt über weitergehende Empfehlungen.

Vor Ort sind es ganz banale Dinge, die dem Touristen zu schaffen machen können. So kann der **Verkehrslärm** in GuangZhou manchmal im wahrsten Sinne des Wortes „ohrenbetäubende" Ausmaße annehmen – man sehnt sich dann nach einem Stück Watte!

Das drückende, schwüle **Klima** nicht nur in den Sommermonaten führt oft zu starker Erschöpfung und Unwohlsein. Kinder leiden oft am meisten unter dem Klima; in den Drogerien in HongKong und Macau gibt es kühlendes Puder, welches mehrmals täglich auf unbedeckte Hautflächen, vor allem im Gesicht, aufgetragen werden kann.

Viel **Flüssigkeit** (bevorzugt heißer Tee) und Sonnenschutzmittel sind probate Vorbeugemaßnahmen, ebenso wie die allgemeingültige Prophylaxe gegen Mao's Rache: *Boil it, peel it or forget it* (koch' es, schäl' es, oder vergiss' es!). Wasser sollte man nur abgekocht trinken, Thermoskannen mit *KaiShui* (heißem, abgekochtem Wasser) werden in jedem Hotel kostenlos zur Verfügung gestellt.

**Toiletten** entsprechen in den Hotels westlichen Standards, öffentliche WCs dagegen sind meist „französische" Stehtoiletten und sehen entsprechend aus. Toilettenpapier ist nur in Hotels zu finden, die Mitnahme einer eigenen Rolle sehr zu empfehlen.

Wer **Medikamente** benötigt, sollte spätestens in HongKong die Bestände auffüllen, in China findet man westliche Arzneimittel nur selten.

Viele Chinareisende monieren das weitverbreitete **Spucken** auf Straßen, in Bussen, in Gebäuden (selbst bei Teppichböden!) – auch dieses nach chinesischer Auffassung reinigende Ritual ist in den Metropolen des Südens zunehmend auf dem Rückzug.

Auf dem gesamten eurasischen Doppelkontinent gibt es fünf führende Hersteller für **Antisera gegen Schlangenbisse** mit umfangreicher Verfügbarkeit, vier davon liegen in Asien, aber nur zwei sind per Notruf in relativer Rettungsnähe. Schlangenbisse sind selbst in abgelegenen Regionen Chinas eher selten, hier für alle Fälle die **Notrufnummern:**

●**Thai Red Cross Society,** Queen Saovabha Memorial Institute, Bangkok, Thailand, Tel. 0066-(0)2-2520161 bis 4, sowie das Biological Production Service, Abalang, 1702 Muntinlupa, Metro-Manila, Philippinen, Tel. 0063-(0)2-8421333

# Informationsstellen

Weiterführende Informationen, auch hinsichtlich der sich häufig ändernden Einreisebestimmungen, sollten man sicherheitshalber vorab erfragen.

### In Europa
●**Fremdenverkehrsamt der VR China,** Ilkenhanstraße 6, 60433 Frankfurt/M., Tel. 069-520135, www.china-tourism.de, info@china tourism.de.
●**Fremdenverkehrsamt der VR China,** Genfer Str. 21, 8002 Zürich, Tel. 01-2018877, zurich@cnta.gov.cn.

### In HongKong
●**Asian Tourism Exchange Centre,** B1, 20th Floor, Far East Finance Centre, 16 Harcourt Road, Tel. 28630000, atec@cnta.gov.cn.

### In China
●In China gibt es in jedem größeren Ort eine **Zweigstelle von CTS oder CITS,** die als Informationsstellen und staatliche Vertriebsagenturen von Bahn- und Flugtickets sowie von organisierten Ausflügen fungieren. Auf internationaler Ebene firmieren sie mittlerweile unter **China National Tourism Administration (CNTA).** Unter „Links" auf ihrer Website www.cnta.gov.cn/lyen kommt man zu den Vertretungen in Chinas Städten.
●**Guangdong Province Travel Bureau (GTB),** 185 Huanshi Road West, Guangzhou, Tel. (020) 86666889, www2.visitgd.com/german/index.htm, gdlyjscc@public.guangzhou.gd.cn.

# Kinder auf der Reise

Kinder sind in China außerordentlich beliebt, sodass das zu HongKong Gesagte hier ebenfalls gilt. Fertignahrung für Kleinkinder sollte man allerdings aus HongKong mitbringen, da diese in China schwer erhältlich ist.

## Kosten

Den größten Teil der Reisekasse fressen die Übernachtungen auf ( ↗ Unterkunft). Öffentliche Verkehrsmittel sowie Verpflegung sind – je nach Ansprüchen natürlich – sehr preiswert. Inklusive aller Besichtigungen und Ausflüge sollte man – um eine Chinareise angenehm zu gestalten – als Einzelreisender mit mindestens 350 RMB, zu zweit mit je 300 RMB als **Tagessatz** rechnen, wobei Top-Ereignisse wie die Olympischen Spiele 2008 zusätzlich zu Aufschlägen führen können.

Viele Preise in Kaufhäusern und Geschäften sind **Festpreise,** gehandelt wird lediglich auf Märkten und an Straßenständen (nicht bei Garküchen).

Große Hotels und Restaurants schlagen 10 % *Service Charge* auf, **Trinkgelder** sind in China nach wie vor unüblich und lediglich in internationalen Hotels gängig.

## Maße und Gewichte

China verwendet nahezu ausschließlich das internationale metrische System, lediglich Obst und Gemüse auf Märkten sowie Gewürze und Medikamente in traditionellen Geschäften werden noch in **Jin** (600 Gramm) und **Liang** (37,5 Gramm) abgewogen.

## Medien

In China werden über 2200 lokale und nationale **Zeitungen** mit einer Gesamtauflage von rund 150 Millionen Exemplaren aufgelegt, die größte ist das Parteiorgan der KPC (Kommunistische Partei Chinas), die chinesischsprachige *RenMin RiBao* (etwa: Volkstageszeitung).

Für Touristen ist allerdings lediglich Chinas einzige, politisch gefärbte, englischsprachige Tageszeitung **China Daily** von Interesse, die in größeren Hotels, Buchhandlungen sowie an Bahnhöfen und Flughäfen erhältlich ist.

Chinas **Fernsehsender** strahlen ihre Sendungen national (in Mandarin-Hochchinesisch) oder provinzweit aus (in der Provinz GuangDong in Kantonesisch), englischsprachige Programme sind in Hotels per Kabel oder Satellit aus HongKong zu empfangen.

Das wichtigste Medium in China ist nach wie vor das **Radio.** Zwei staatliche Rundfunkanstalten strahlen über 161 Sendestationen fünf Inlandsprogramme in elf nationalen Sprachen sowie ein Auslandsprogramm in Englisch aus.

Die meisten Nachrichten aus dem In- und Ausland werden von der staatlichen Nachrichtenagentur *XinHua* (neues China) zur Verfügung gestellt. **Pressefreiheit** gibt es nicht, alle Massenmedien unterstehen der staatlichen Aufsicht.

# Notfälle, Öffnungszeiten, Post und Telefon

## Notfälle

Bei **Verlust oder Diebstahl** der Kredit-, Maestro-Karte oder Reiseschecks siehe „Notfälle" im HongKong-Kapitel.

Wird der Reisepass oder Personalausweis im Ausland gestohlen, muss man diesen bei der örtlichen Polizei melden. Darüber hinaus wende man sich an die jeweiligen **Konsulate in GuangZhou:**

- **Consulate General of Germany:** Guangdong International Hotel, 19th floor, 339 Huanshi Dong Road, Tel. 83306533. An dieses Konsulat kann man sich im Notfall auch als Österreicher wenden.
- **Consulate General of Switzerland:** Grand Tower, 27th Floor, 228 Tianhe Lu, Tianhe District, Tel. 2038330450.

## Öffnungszeiten

**Staatliche Geschäfte** haben werktags – was den Samstag einschließt – von 08:00 bis 12:00 Uhr und von 14:00 bis 18:00 Uhr geöffnet, *Einzelhändler* und **Kaufhäuser** sind an keine Richtlinien gebunden und öffnen *SuiBian* (nach Belieben). Von 08:00 bis 22:00 Uhr ist jede Geschäftszeit denkbar, späteste Öffnungszeit ist 10:00 Uhr, bis mindestens 19:00 Uhr hat fast jedes Geschäft offen.

**Restaurants** orientieren sich an der 22:00-Uhr-Grenze, Bars und Restaurants in Hotels haben länger geöffnet.

## Post und Telefon

### Post

Das Postwesen liegt in staatlicher Hand, man stelle sich daher auf gewisse Abstriche beim Service ein. Die chinesische Post *(YouJu)* arbeitet meist lustlos und wenig engagiert. Dennoch erstaunt letztlich die Schnelligkeit und Effektivität, die Verlustquote liegt unter 0,1 %.

**Luftpostbriefe** kosten lediglich 3 Y (3 RMB), ebenso **Aerogramme**; *Postkarten* 2Y (2 RMB).

**Postlagernde Sendungen** zu empfangen, erweist sich in China teilweise als außerordentlich problematisch. Im Unterschied zu Postbeamten in Macau und HongKong, die alle zumindest zweisprachig sind, kennen die Kollegen in der Volksrepublik in den seltensten Fällen das lateinische Alphabet. Andererseits kennen auch die Absender nicht die korrekte lateinische Umschrift vieler chinesischer Städte (BeiJing, falsch: Peking; GuangZhou, falsch: Kanton usw.). Sendungen werden daher oft fehlgeleitet, und wenn sie am richtigen örtlichen Hauptpostamt ankommen, falsch einsortiert.

In dringenden Fällen empfiehlt es sich, **Schriftverkehr über das Hotel** abwickeln zu lassen – die meisten Mittel- und Oberklassehotels bieten Faxservice oder Annahme von Briefsendungen aus dem Ausland für ihre Gäste an.

Will man **Sendungen an das Hauptpostamt** schicken lassen, sollte man versuchen, die chinesischen Zeichen für Hauptpostamt und Stadt zu ver-

# REISEZEIT, SICHERHEIT

wenden (abmalen oder vergrößert kopieren und aufkleben) und sollte ferner den Familiennamen in Druckbuchstaben und unterstrichen schreiben.

## Telefon

Das Telefonwesen ist in China noch im Aufbau begriffen, der Süden und die Städte sind dabei am weitesten vorangeschritten. *Ortsgespräche* sind kostenlos, *landesweite Gespräche* hängen von der Entfernung ab und liegen zwischen 5J und 3Y/Min. *Auslandsgespräche* (seltsamerweise zählt auch HongKong noch dazu) kosten deutlich mehr, mindestens 30 Y (3/Min.).

In LuoHu/ShenZhen und GongBei/ZhuHai sind **öffentliche IDD-Telefone** *(International Direct Dialing)* weit verbreitet (an größeren Plätzen, in Hotels, vor Postämtern usw.), in Kanton z.B. vor der staatlichen Telefongesellschaft gegenüber vom Hauptbahnhof. Dort sind auch für 100 Y **Telefonkarten** erhältlich.

Neben den öffentlichen Fernsprechern kann man auch in *Hotels* (geringer Aufpreis), oft sogar vom Zimmertelefon aus, direkt ins Ausland wählen.

Hinweise zum Gebrauch von *Mobiltelefonen* ⇗ HongKong-Kapitel.

### Wichtige Telefonnummern

- Polizei 110
- Feuerwehr 119
- Telefonvermittlung: 113 (international), 115 (HK, Macau) bzw. 114 (national)

### Telefonvorwahlen

- *Innerhalb Chinas:*

| | | | |
|---|---|---|---|
| BeiJing (Peking) | 010 | ZhongShan | 07654 |
| ShangHai | 021 | ShenZhen | 0755 |
| GuangZhou | 020 | ZhuHai | 0756 |

| | |
|---|---|
| ● *HongKong:* | 00852 |
| ● *Macau:* | 00853 |
| ● *Deutschland:* | 0049 |
| ● *Österreich:* | 0043 |
| ● *Schweiz:* | 0041 |
| ● Vom Ausland *nach China:* | 0086 |

+ Vorwahl ohne die erste 0

## Reisezeit

Die Monate Juni bis August mit Höchsttemperaturen von über 30 Grad bei hoher Regenwahrscheinlichkeit sind klimatisch für einen Besuch der Provinz GuangDong die unangenehmsten, die Hauptmessezeiten (April und Oktober) sowie das chinesische Neujahrsfest können zu gelegentlichen Unterkunftsengpässen bzw. saftigen Preisen in GuangZhou führen.

## Sicherheit

China ist ein generell sehr sicheres Reiseland, Übergriffe und Belästigungen, auch auf alleinreisende Frauen, kommen höchst selten vor. Dies liegt zum einen an den drastischen Strafen in China (bis hin zur Todesstrafe), zum anderen daran, dass bestimmte Regionen wie die SEZ ShenZhen, die SEZ ZhuHai oder erst recht die SAR HongKong nicht für alle Chinesen ohne weiteres zugänglich sind.

### Diebstahl

GuangZhou dagegen liegt im Kernland, und viele Chinesen aus allen

# Sprache, Uhrzeit, Unterhaltung

Provinzen, so genannte „fließende Menschen" (arbeitssuchende, umherreisende Tagelöhner) wurden in den letzten Jahren durch den wirtschaftlichen Boom und das im Vergleich zum Landesdurchschnitt höhere Lohnniveau angelockt. Da nicht alle Zugereisten am Profit teilhatten, entwickelte sich auch eine kleine kriminelle Schicht, von der sich ein Teil in letzter Zeit besonders auf den **Taschendiebstahl** an Ausländern spezialisiert zu haben scheint. Dies um so mehr, seit die wichtigste „Einnahmequelle", der Schwarzumtausch, seit der Aufhebung der Ausländerwährung FEC weggefallen ist. Methoden wie das Aufschlitzen von Rucksäcken mit Rasierklingen oder das einfache Entwenden von Geldbörsen im Gedränge (Bus, Schlangen vor Schaltern usw.) finden gerade in GuangZhou zunehmend Verbreitung. Einfache Vorbeugemaßnahmen sind das Tragen von Geldgürteln oder Brustbeuteln unter der Kleidung.

Ein markanter Unterschied zum Stadtbild HongKongs oder Macaus sind die vielen **Bettler,** die durch den Reichtum der Sonderwirtschaftszonen angezogen wurden. In den Innenstädten, auf Fußgängerbrücken und vor Bahnhöfen wird der Reisende vielen Bettlern begegnen, die aber in China bei weitem nicht so aufdringlich sind wie beispielsweise in Indien. Sozialpolitischen Zündstoff birgt das Betteln von Kindern (gehäuft in LuoHu), da diese oft mehr Tageseinnahmen als die hart arbeitenden Eltern heimbringen. Demzufolge werden Schule und Ausbildung vernachlässigt, die Gefahr des Abgleitens in die Kriminalität im Erwachsenenalter wächst dadurch erheblich. Der Reisende sollte diese Tendenz durch gutgemeinte Spenden nicht noch weiter fördern.

●**Buchtipp:** Empfehlenswert sind die Sprechführer aus der Reihe **Kauderwelsch – Wort für Wort** von Reise Know-How, z.B. Kantonesisch, Bd. 20, Hochchinesisch, Bd. 14, Englisch, Bd. 64. Auch mit Tonträger sowie digital erhältlich.

## Sprache

In der Provinz GuangDong wird **Kantonesisch** gesprochen, die offizielle Amtssprache **Mandarin** (GuoYu oder PuTongHua) aber weitgehend verstanden (siehe die Sprachhilfe zu weiteren Einzelheiten). **Englisch** wird auch in China zunehmend gesprochen, ist aber bisher überwiegend auf große Hotels und die Geschäftswelt beschränkt.

## Uhrzeit

In ganz China gilt die **BeiJing-Zeit,** also MEZ + 7 bzw. MESZ + 6 Stunden.

## Unterhaltung

In China wird früh aufgestanden, ein ausgeprägtes Nachtleben ist überwiegend unbekannt. In den Großstädten kommen bei der modernen chinesischen Jugend durch westliche Einflüsse allerdings zunehmend Bars und

Discos in Mode. Die ältere Generation dagegen bevorzugt klassische Musik und Peking-Oper sowie das MahJong-Spielen in Parks oder Privathäusern.

Zu den Zerstreuungen zählen ferner die sagenhaften **Akrobatik-Vorführungen,** bei denen in kleinen Hinterhoftheatern Weltklasseleistungen geboten werden, ohne dass die einheimischen Zuschauer sonderlich beeindruckt erscheinen.

Auch das überall in Asien weit verbreitete **Karaoke** (Singen zu Musikvideos in speziellen Bars) erfreut sich in China zunehmender Beliebtheit, die Verbreitung beschränkt sich aber bislang überwiegend auf große Hotels, in denen viele Ausländer und viel Geld stecken. Der Text wird beim Karaoke auf dem Bildschirm als Untertitel eingeblendet, damit eventuell vergessene Texte nicht zum peinlichen Gesichtsverlust führen.

Für die hier beschriebenen Städte der Provinz GuangDong muss allerdings auf einige markante Besonder-

heiten speziell im Unterhaltungsbereich hingewiesen werden. Die **Grenzstädte** GongBei (vor Macau) und LuoHu (vor HongKong) sind nahezu ausschließlich auf den Tagesbesucher von der anderen Seite der Grenzen ausgerichtet. Die „Unterhaltung" besteht hier meist in dem Vergnügen, für den Familien- oder Bekanntenkreis abends ein Bankett zu geben. Auch das hier große Angebot an Bars, getarnten „Barber-Shops" oder auch guten Lokalen wird man in anderen Regionen Chinas nicht finden. Die Provinzhauptstadt GuangZhou bietet für chinesische Verhältnisse ein breites Angebot an kulturellen Darbietungen. Detaillierte Hinweise stehen in den einzelnen Ortskapiteln.

Dass HongKong eher Einfluss auf das Umland hat statt umgekehrt, sieht man an der Gründung zahlreicher **Golfplätze** in der Provinz GuangDong, wahrlich kein urchinesischer Sport. Hier trifft sich die „High Society", werden Geschäftskontakte geknüpft – und natürlich auch Golf gespielt.

- **GuangZhou International Golf Club,** Tel. (20)-82933888, Fax: (20)-82933168, Greenfee 950 Y
- **ShenZhen Mission Hills Golf Club,** Tel. (755)-8022931, Fax: (755)-8010713, Greenfee 400–1100 Y
- **ZhuHai Lakewood Golf & Country Club,** Tel. (756)-3352502, Fax: (756)-3352504, Greenfee 700 Y
- **ZhuHai Golf Club,** Tel. (756)-3311173, Fax: (756)-3311174 , Greenfee 550–1200 Y

# Unterkunft

Die Unterkunft ist der teuerste Brocken einer Chinareise. Ausländer dürfen **offiziell nur in bestimmten Hotels** unterkommen. Die ebenfalls offizielle Begründung lautet, dass man den ausländischen Gästen nur die größten Annehmlichkeiten bieten will, der tatsächlich Grund aber liegt darin, dass so die meisten Devisen zu verdienen sind. Auch sprechen die wenigsten Ausländer Chinesisch, sodass schon alleine deshalb auf die Hotels mit englischsprachigem Personal verwiesen wird. Schlafsaalbetten sind (mit einer Ausnahme in GuangZhou) nicht vorhanden, Einzelzimmer kaum unter 200 RMB zu haben, Doppelzimmer kosten etwas mehr. Viele Hotels bieten preiswerte Drei- oder Vierbettzimmer an, kleinere Gruppen fahren daher finanziell am besten.

Die **Qualität** dieser Mittelklassehotels ist ausgesprochen gut, fast alle Zimmer haben Klimaanlage, Telefon, TV, gelegentlich sogar einen Kühlschrank. Verglichen mit HongKong erhält man also für das gleiche Geld einen deutlich höheren Gegenwert. In

Rentner beim privaten Glücksspiel

vielen Hotels gibt es nur morgens und abends warmes Wasser, in den besten Hotels selbstverständlich auch tagsüber.

Auf jeder Hoteletage sitzt i. d. R. eine **Concierge,** die den Zimmerservice arrangiert, *KaiShui* (heißes Trinkwasser) in Thermoskannen bereitstellt und überwacht, dass sich nur Hotelgäste auf den Etagen aufhalten. Sofern der Schlüssel *(JiaoShi)* bei Verlassen des Hotels abgegeben werden muss (was in China nicht einheitlich geregelt ist), ist meist die Diensthabende der jeweiligen Etage und nicht die Rezeption zuständig.

In vielen Hotels muss der Reisepass und/oder eine **Kaution** in Höhe einer Übernachtung hinterlegt werden, letztere wird bei der Abreise rückerstattet.

Wie international üblich, muss bis 12:00 Uhr **ausgecheckt** werden, andernfalls wird der halbe (bis 18:00 Uhr) und danach der volle Übernachtungspreis fällig.

**Empfehlenswerte Hotels** sind in den Ortskapiteln angegeben.

**Tipp:** Viel Arbeit kann man sich sparen, wenn man bei den Agenturen im ShunTak-Centre (Macau Ferry Pier) ein Hotel für GuangZhou (ShenZhen, ZhuHai) vorab bucht.

Speziell in GuangZhou scheinen die Verbote von **Privat- und Billigunterkünften** ganz allmählich nach dem Motto „Peking ist weit" aufzuweichen. Am Bahnhofsvorplatz laufen seit neuestem Schlepper mit Bildkatalogen von Privatzimmern herum und bieten diese für 100–150 RMB/p.P. auch westlichen Touristen an. Auch die eigentlich nur Chinesen zugänglichen Billighotels der HuanShiLu (um 150 RMB/DZ) weisen Kunden nicht mehr pauschal ab. Wer das absolut Billigste sucht, mag diese Möglichkeiten ausprobieren, offiziell erlaubt ist beides bislang nicht. Mir ist bisher allerdings kein Fall bekannt, in dem das Übernachten in einer solchen Privatpension negative Folgen für einen westlichen Touristen nach sich gezogen hätte.

# Verkehrsmittel

Es ist möglich, auf dem Luftweg von der Provinz GuangDong aus in andere Provinzen Chinas oder eine Reihe asiatischer Metropolen zu reisen, die wichtigsten Verkehrsmittel sind jedoch Schiff, Bahn und Bus. ( ↗ An-/Abreise sowie Transport in den einzelnen Ortskapiteln). Ab GuangZhou besteht wesentlich häufiger Anbindung nach Süden als nach Norden, auch qualitativ verkehren nach ShenZhen/HongKong und ZhuHai/Macau gewissermaßen die Paradelinien Chinas. Bestes Beispiel dafür ist der Luxuszug zwischen GuangZhou und ShenZhen.

**Busreisen** sind nicht angenehm, da die geringen Abstände zwischen den

---

In vielen Hotels in ShenZhen, ZhuHai und GuangZhou werden männliche Einzelreisende – nach vorheriger Informationsweitergabe durch die Rezeption – von Damen des horizontalen Gewerbes angerufen, die ihre Dienste bis spät in die Nacht anbieten. Beste Gegenmaßnahme: Hörer aushängen.

## Ein Erlebnis: Zugfahren in der VR China

In China gibt es vier Klassen in den Zügen: *YingZuo* (Hartsitz; immer dabei), *RuanZuo* (Weichsitz; nur auf Tagesstrecken), *YingWo* (Hartbett; bei Nachtfahrten erhältlich) und *RuanWo* (Weichbett; Nachtfahrten, kostet 2/3 eines Fluges zum gleichen Ziel). Für kurze Strecken – und das soll heißen: wenn man am gleichen Tag den Zug wieder verlässt – genügt der Hartsitz. Bei Übernacht-Strecken sollte man unbedingt versuchen, einen Hartbettplatz zu erstehen. Die „weichen" Varianten sind komfortabler und geräumiger, dafür aber auch wesentlich teurer. Der „Weichsitz" hält durchaus dem Vergleich mit IC-Zügen in Deutschland stand. Der „Hartsitz" hat eher Bimmelbahn-Niveau. Interessant ist die Hartbett-Variante. Die Waggons bestehen aus offenen Abteils à sechs Holzpritschen (jeweils drei übereinander), die nur mit einer Bambusmatte „gefedert" sind. Tagsüber sitzen die Fahrgäste eines Abteils auf der untersten Pritsche, und die mittlere *(zhong)* wird hochgeklappt. Ist man zu zweit unterwegs, sollte man daher geschickt kombinieren: z.B. die unterste *(xia)* und die oberste *(shang)*, damit immer einer sich ausruhen kann. Die Preise der Pritschen variieren nur minimal. Die Pritschen sind relativ lang und ca. 70 cm breit, sodass sich auch ein größerer Europäer ausstrecken kann. Obacht geben muss man aber mit den Ventilatoren, die unermüdlich unter der Decke kreisen. Manches Ohr wurde schon säuberlich abgetrennt. Das Reisen im Zug ist zuweilen einen stickige und stinkige Angelegenheit, da viele Chinesen Kettenraucher sind, geflissentlich die Nichtraucher-Zeichen ignorieren und dabei nicht gerne lüften. Auch auf schmutzstarrende Toiletten, verspuckte Böden und Müllberge in den Gängen sollte man eingestellt sein. Kleine Reismahlzeiten in Styroporbehältern und heißes, abgekochtes Wasser zur Tee- und Fertigsuppenzubereitung sind i.d.R. immer erhältlich. Eine eigene Tasse ist daher sehr nützlich. Wer zum Frühstück nicht gerne Reis mit Fleisch und/oder Hühnerbeinen zu sich nimmt, der sollte sich mit Keksen etc. eindecken. Zugfahrkarten können mehrere Tage im Voraus gekauft werden, oft (mit Ausnahme der Strecke ShenZhen – GuangZhou wegen der Sonderschalter) ist der Kauf nervend, da mit stundenlangem Warten in langen Menschenreihen verbunden. Falls CITS-Schalter vorhanden sind, sollte man nicht knausern, sondern diese VIP-Behandlung genießen, obschon sie mit einem höheren Preis verbunden ist. Hartnäckiges Nachfragen nach den günstigeren Klassen führt meistens zum Erfolg, selbst wenn zuerst *MeiYou* – gibt's nicht – erklingt.

Reihen manchem Europäer blaue Flecken auf den Kniescheiben bescheren. Da zwischen GuangZhou und den Wirtschaftssonderzonen im Süden viele Privatlinien fahren, wird oft nach dem Motto „Abfahrt wenn voll" verfahren. **Schiffsreisen** sind i. d. R. angenehm, bequem und gemütlich, dauern dafür deutlich länger als eine Busfahrt. Alle Verkehrsmittel zu Lande sind äußerst preiswert, Richtung Norden noch mehr als Richtung Süden.

## Land und Natur  Geografie

Chinas Landschaft ist geprägt von dem Wechsel der zahlreichen Gebirgszüge (etwa 34 % der Gesamtfläche), Berge (10 %), Hochplateaus (26 %), hochgelegenen Täler (20 %) und fruchtbaren Tiefebenen (10 %). Das Land steigt von einer buchtenreichen Küste, der zahlreiche Inseln vorgelagert sind, über Tiefebenen und drei deutlich abgesetzte Stufen zu den Hochgebirgen und Hochplateaus im Westen an. Mit dem Mount Everest (8872 m ü. d. M.) im Himalaya, auf der Grenze zwischen China (Tibet) und Nepal, befindet sich der höchste Berg der Erde auf chinesischem Gebiet.

**Südchina** ist gegen den Norden durch den über 4000 m hohen QinLing Shan abgegrenzt. Der Großraum gliedert sich in die ChangJiang-Ebene (YangTseKiang), das Rote Becken (Becken von SiChuan), das Südchinesische Bergland und das Hochland von YunNan im Südwesten. Das Südchinesische Bergland steigt von der Küstenebene nach Westen hin zum Roten Becken an. Dabei wird es durch Mittelgebirge mit Höhen von 1000 bis 2000 m gegliedert. Die Flüsse sind hier tief eingeschnitten, und in den mächtigen Kalksteinschichten ist stellenweise der typische Kegelkarst anzutreffen. Westlich schließen die bis zu 2000 m gelegenen Hochländer von GuiZhou und YunNan an und bilden den Übergang zu den innerasiatischen Hochgebirgslandschaften.

Der 1958 km lange XiJiang mündet bei Macau in das Südchinesische

# GEOGRAFIE

Meer. Charakteristisch für alle chinesischen Flüsse ist die große Schwankung der Wasserführung. In der Monsunzeit können die Flüsse zwanzigmal soviel Wasser führen wie in der Trockenzeit. Die regelmäßigen Hochwasser, die durch Schneeschmelze im Oberlauf und durch Monsunregen im Mittel- und Unterlauf ausgelöst werden können, stellen trotz technischer Vorsorgemaßnahmen eine ständige Gefahr für die Bevölkerung und die Landwirtschaft dar. Der YangTseKiang (ChangJiang) besteht in seinem Unterlauf aus einer Kette von Seen und findet damit ausreichende Speichermöglichkeiten für die Hochwasser. Zum Teil wurden die Seen durch Dammbauwerke aufgestaut, um auch Schiffahrt und Energiegewinnung zu erleichtern.

Die **Provinz GuangDong** liegt an der Südostküste der Volksrepublik China und nimmt mit knapp 180.000 km² etwa 2 % der Staatsfläche Chinas ein. Höchste Erhebung der Provinz ist der ShiKengGong mit 1902 Höhenmetern, verwaltungstechnisch ist die Provinz in 20 Distrikte sowie die Provinzhauptstadt GuangZhou gegliedert. Neben der Exportindustrie mit Schwerpunkten in GuangZhou und den Wirtschaftssonderzonen ZhuHai (bei Macau) und ShenZhen (bei HongKong) gehört die Landwirtschaft (Reis) in den fruchtbaren Niederungen am Perlfluss (ZhuJiang) zu den wichtigsten Erwerbszweigen GuangDongs. Das breitgefächerte Perlfluss-Delta ist zudem traditionell die wichtigste Verkehrsader innerhalb der Provinz sowie nach HongKong und Macau.

# KLIMA, FLORA UND FAUNA

## Klima

GuangZhou liegt nicht an der Küste, daher fehlt hier die Meeresbrise, die HongKong und Macau erfrischt. Umrahmt von den Ausläufern der Mo-Xing-Mittelgebirgskette wird der **Industrie- und Verkehrssmog** wie in einer Art Kessel gehalten, klare Sonnentage werden in GuangZhou daher immer seltener. Insgesamt wird der Besucher das Klima als unangenehmer als in HongKong oder Macau empfinden. Der schlimmste Faktor dabei ist der in der Luft hängende Staub, der bewirkt, dass man sich selbst nach einer Dusche binnen einer halben Stunde wieder schmutzig und verklebt fühlt.

Obgleich GuangZhou nur gut 100 km nördlich von Macau und HongKong liegt, weichen die durchschnittlichen **Temperaturwerte** bemerkenswert deutlich ab.

|       | mm Regen/m² | Höchst-temp. | Tiefst-temp. |
|-------|-------------|--------------|--------------|
| Jan.  | 40          | 27           | 0            |
| Feb.  | 60          | 28           | 3            |
| März  | 90          | 30           | 5            |
| April | 160         | 33           | 8            |
| Mai   | 270         | 34           | 13           |
| Juni  | 300         | 35           | 16           |
| Juli  | 220         | 36           | 20           |
| Aug.  | 230         | 37           | 20           |
| Sept. | 210         | 35           | 17           |
| Okt.  | 50          | 30           | 11           |
| Nov.  | 40          | 28           | 8            |
| Dez.  | 20          | 27           | 5            |

## Flora und Fauna

Entsprechend der Größe des Landes umfasst der Pflanzenbewuchs das Spektrum der Arten von der sibirischen bis zur indischen Flora. Es reicht von der Steppenvegetation bis zu Regen- und Mangrovenwäldern, von üppiger Küstenvegetation bis zur Hochgebirgsflora. Der Waldanteil beträgt etwa 13 % der Landesfläche. Durch Ackerlanderschließung und Abholzung für Brenn- und Bauholzzwecke verringert sich die Waldfläche ständig. Weite Teile Chinas sind durch Naturkatastrophen bedroht. Erdbebengefährdet sind besonders das zentralasiatische China und der Bereich des HuangHe. Die Küsten des Landes werden häufig von Taifunen heimgesucht und von Flutwellen (Tsunamis) verwüstet.

Von den bewaldeten Hügeln um GuangZhou abgesehen, wird der Besucher der Provinz GuangDong weitläufige landwirtschaftliche Nutzflächen für Reis- und Gemüseanbau sehen. Die besten Eindrücke von der Landschaft gewährt eine Anreise per Schiff. Von Kleinsäugern und Schlangen abgesehen, die sogar noch in den Stadtparks leben (!), sind freilebende Tiere aus dem Großraum GuangZhou verschwunden.

# Staat und Gesellschaft

## Geschichte

### Bis zum 19. Jh.

Mit rigorosen Mitteln formte *QinShiHuang-Di*, der berühmte Kaiser der **Qin-Dynastie** (221–206 v. Chr.), China zu einem Einheitsstaat, dessen Einrichtungen (Einheitsmaße, Einheitswährung, -schrift usw.) nicht nur von der **Han-Dynastie** (206 v. Chr.–220 n. Chr.) übernommen wurden, sondern sich bis zur Gründung der Republik erhielten. Dem Zerfall des Reiches in drei Staaten folgte eine Periode der Wiedererstarkung unter der **Tang-Dynastie** (618–906). Nach kurzer Herrschaft der so genannten „Fünf Dynastien" (906–960) folgte die **Sung-Dynastie** (960–1279), die von der Mongolen- oder **Yuan-Dynastie** (1280–1368) beseitigt wurde, die zum erstenmal ganz China unter einem fremden Herrscher vereinte. Aus den zahlreichen Aufständen gegen die Fremden ging die **Ming-Dynastie** (1368–1644) als Siegerin hervor, die wieder von einer fremden Dynastie, der Mandschu- oder **Qing-Dynastie** (1644–1912), abgelöst wurde.

### Kolonialpolitik der Westmächte

Im **1. Opiumkrieg** (1840–42) erzwangen die Engländer die freie Handelsausübung, die Öffnung von 5 Häfen und die Abtretung der Insel HongKong. 1856 entbrannte im Süden der „Lorcha-Krieg" mit Großbritannien, an dem sich Frankreich, Russland sowie die USA beteiligten und der die Verbündeten nach Peking führte; die Friedensverträge vom Oktober 1860 öffneten weitere Häfen und räumten den Fremdmächten die Errichtung ständiger Gesandtschaften in Peking ein.

1885 eroberte Frankreich Annam und Tonkin (Vietnam), 1886 England Birma; 1879 annektierte Japan die Riukiu-Inseln und erlangte durch den Japanisch-chinesischen Krieg 1894/95 Chinas Verzicht auf Korea, die Abtretung der heute taiwanesischen Inselgruppe der Pescadores sowie der Insel TaiWan (Friede von Shimonoseki). Die Ohnmacht

Chinas nutzten die Westmächte zur **Erwerbung von „Pachtgebieten"** und Interessensphären aus. Den Aufstand des dynastie- und ausländerfeindlichen Geheimbundes der „Boxer" (1900) versuchte das chinesische Kaiserreich gegen die Fremdmächte zu lenken, musste aber im Friedensvertrag von 1901 die Errichtung fremder Garnisonen im Pekinger Gesandtschaftsviertel zugestehen.

## Der Kampf zwischen Nationalisten und Kommunisten

Nun ergriffen die Reformbestrebungen selbst konservative Kreise, der **Untergang des Kaiserreiches** war nicht mehr aufzuhalten. Unter der Führung *Dr. SunZhongShans (SunYatSens)* und seiner Partei GuoMinDang (KuoMinTang, nationale Volkspartei) verbreitete sich der revolutionäre Gedanke. Am 1.1.1912 verkündeten die Revolutionäre in Südchina die **Republik** mit der neuen Hauptstadt NanJing (NanKing), woraufhin der minderjährige Kaiser *PuYi* (vgl.: Kinohit „Der letzte Kaiser") abdanken musste.

Zum Staatspräsident wurde General *YuanShiKai* ernannt, der sich kurz darauf zum Kaiser krönte. Nach seinem Tod 1916 wechselten Präsidenten, Minister und Cliquen einander ab, bis Marschall *ChangTsuoLin* 1922 eine Diktatur in Nordchina ausrief. Inzwischen hatte im Süden die **Nationalpartei GuoMinDang** eine feste Regierung gebildet und *SunYatSen* zum Präsidenten der Republik gewählt. *Sun* suchte Hilfe bei der Sowjetunion, die seit Herbst 1923 auf Partei, Regierung und Armee der GuoMinDang großen „beratenden Einfluss" ausübte. Nach *Suns* Tod (1925) begann 1926 General *JiangJieShi (ChiangKaiShek)* den „nationalen Feldzug" gegen Nordchina.

1927 erfolgte der **Bruch zwischen der GuoMinDang und den Kommunisten,** ein Jahr später war China weitgehend unter Kontrolle der GuoMinDang. Die Kommunisten behaupteten sich jedoch in der Provinz. *JiangSi (KiangSi)* rief 1931 sogar eine „Chinesische Sowjetrepublik" aus.

1934 mussten die Kommunisten wegen der Übermacht *ChiangKaiSheks* nach Nordwesten weichen (**„Langer Marsch"**).

Mit dem Überfall Japans auf die Mandschurei und Gründung des Staates Mandschukuo mit dem reaktivierten Marionettenkaiser *Henry PuYi* begann der **Zweite Weltkrieg** für China (1937–45).

Nach der japanischen Niederlage besetzte die Sowjetunion bis zur Rückgabe an die VR China (1950) die Mandschurei. Bereits 1946 wurde die Äußere Mongolei nach einer Volksabstimmung unabhängig. In China aber ging der Konflikt zwischen Kommunisten und Nationalisten weiter: Der Waffenstillstand mit *ChiangKaiShek* wurde aufgehoben, und **Bürgerkrieg** wütete. 1949 wurde BeiJing (Peking), anschließend ShangHai und schließlich das ganze Land von *Mao's* Truppen erobert.

Die Nationalregierung unter *ChiangKaiShek* zog sich „vorübergehend", bis zur Rückeroberung" mit der Armee und dem Staatsschatz auf die Insel TaiWan zurück. Die **Republik China auf TaiWan** wurde bis in die 1970er Jahre völkerrechtlich als rechtmäßige Vertretung ganz Chinas anerkannt.

## Die VR China

*MaoZeDong* baute die Volksrepublik China zunächst nach sowjetischem Vorbild auf. 1950 wurde von den Truppen der VR China das bis dahin unabhängige Land **Tibet besetzt.** Rotgardisten kämpften als Freiwillige auch in Korea und Indochina.

1959/60 folgten Konflikte mit Indonesien und Grenzschwierigkeiten mit Indien. Schließlich begannen auch ideologische Spannungen mit der Sowjetunion. Nachdem die sowjetischen Berater aus Ärger über die politischen Differenzen abgezogen wurden, wollte Mao den **„Großen Sprung nach vorne",** der im Desaster endete. Die Chinesen mussten z.B. Rohstoffe spenden, was dazu führte, dass selbst Kochtöpfe penibel gesammelt, eingeschmolzen und verbaut wurden. Wirtschaftliches Chaos und Hungersnöte waren die Folge, da die Landwirtschaft völlig vernachlässigt wurde.

# Staat und Gesellschaft
## GESCHICHTE

Erinnerungen an Deng im LiuHua-Park

Ab 1966 setzte eine umfassende politische Säuberungswelle unter dem Deckmantel der so genannten **Kulturrevolution** ein, die Hunderttausende das Leben kostete. 1969 gab es wiederholt Zusammenstöße zwischen chinesischen und sowjetischen Truppen am Ussuri.

Ab 1971 folgte eine Phase der zunehmenden politischen Erfolge: Die Volksrepublik wurde **in die UNO aufgenommen,** TaiWan (Republik China) ausgeschlossen. Seitdem erhebt China den Anspruch als **regionale Ordnungsmacht** in Asien.

Mit dem Tod *MaoZeDongs* (1976) und der Amtsübernahme durch *HuaGuoFeng* wuchs auch der politische Einfluss des während der Kulturrevolution entmachteten *DengXiaoPing*. Dank seiner Maßnahmen (Zulassung der Privatwirtschaft, Erfolgszwang auch für Staatsbetriebe) erfolgte eine Hinwendung zur **kapitalistischen Wirtschaftspolitik,** deren Wachstum auch in den 1990er Jahren ungebrochen anhielt. International machte sich die Volksrepublik zur Sprechernation der dritten Welt.

Außenpolitisch geriet China 1989 unter Druck, als studentische **Demonstrationen** *auf dem Platz des Himmlischen Friedens* in BeiJing blutig niedergeschlagen wurden.

Mit dem Zusammenbruch der Sowjetunion und des Ostblocks (ab 1990) wurde China die letzte große Hochburg des Sozialismus, gleichzeitig aber auch Nachfolger der UdSSR als **zweite Supermacht** neben den USA. Die Volksbefreiungsarmee verfügt immerhin u.a. offiziell über 3 Millionen Mann unter Waffen, 8000 Kampfpanzer sowie 4000 Kampfflugzeuge.

**Innenpolitisch** werden neben weiterem (gebremsten) Wirtschaftswachstum vor allem eine Verbesserung der Infrastruktur, bescheidener Wohlstand für alle sowie eine Sicherung der Energie- und Wasserversorgung auf mittlere Sicht angestrebt.

**Chinas außenpolitisches Hauptinteresse** liegt unter der neuen Führungsriege *Hu JinTao* und *Wen JiaBao* (seit 2004, so genannte „vierte Generation") auf dem asiatischen Kontinent (regionale Ordnungsmacht) sowie auf der friedlichen „Heimholung" Taiwans unter der Parole „ein Land, zwei Systeme". Da sich dieses System ( ↗ HongKong/Politik) als äußerst delikat erweist, zeigt sich die Inselrepublik bislang „not amused" und wählte dort den Demokraten und Pro-Unabhängigkeitskandidaten *Chen* erneut zum Präsidenten – was Peking höchst bitter aufstieß. Dass auf *Chen* am Vorabend der Wahl ein Kennedy-reifes Attentat verübt wurde, war – natürlich – reiner Zufall.

Größter internationaler Erfolg der Volksrepublik war der **Zuschlag für die Olympischen Spiele 2008** in Beijing, einhergehend mit einer weiteren zügigen Modernisierung zumindest jener Landesteile, die als Austragungsorte vorgesehen sind.

# Politik

## Politische Gliederung

China ist per Verfassung von 1982 ein sozialistischer Staat unter der „demokratischen Diktatur" des Volkes, der von der Arbeiterklasse geführt wird und auf dem Bündnis der Arbeiter und Bauern basiert. Die 2921 Mitglieder des **Nationalen Volkskongresses** (NVK), dem höchsten Organ der Staatsmacht und Gesetzgebungsorgan, werden alle fünf Jahre von den Parlamenten der Provinzen, autonomen Gebieten und Städten sowie von der Armee gewählt.

Der NVK tagt einmal im Jahr, er wählt den **Staatspräsidenten** (derzeit *Hu JinTao*), der überwiegend repräsentative Aufgaben wahrnimmt und den **Ministerpräsidenten** (aktuell *Wen JiaBao*), der eine Regierung mit vier Stellvertretern, acht Staatsräten, einem Generalsekretär und 38 Ministern leitet.

Die **Volksbefreiungsarmee** wird durch den Nationalen Verteidigungsrat geführt, dem der Generalsekretär der Kommunistischen Partei Chinas (KPC) vorsitzt.

Die kommunistische Partei hat über 51 Mio. Mitglieder. Neben dem alle fünf Jahre zusammentretenden **Parteitag** sind das **Zentralkomitee** (198 Mitglieder) und das **Politbüro** (24 Mitglieder) die Entscheidungszentren der Partei.

Starker Mann Chinas wurde in den letzten 5 Jahren sukzessive **HuJinTao** (*1943), ehemaliger Verantwortlicher in Tibet und enger Vertrauter des verstorbenen *DengXiaoPing* sowie *JiangZiMins*. Hu übernahm von Jiang die Ämter als Parteichef der KPC wie auch das Präsidentenamt und wurde auch Vorsitzender des Politbüros sowie der Zentralen Militärkommission.

## Aktuelle Probleme

Die Volksrepublik China besitzt eine der am schnellsten wachsenden Volkswirtschaften der Erde. Das Land verfügt über ein erhebliches Potential an Menschen und natürlichen Ressourcen. Es gilt als sicher, dass China bei weiter im bisherigen Tempo voranschreitender Entwicklung schon bald eine führende **Weltwirtschaftsmacht** wird. Gleichzeitig ist China in gesellschaftlicher, wirtschaftlicher und sicherheitspolitischer Hinsicht einer Reihe von Gefahren ausgesetzt, die den Fortgang der Entwicklung im bisherigen Sinne fraglich erscheinen lassen:

Ein ernstes Problem ist das anhaltende **Bevölkerungswachstum,** das mit ca. 1,5 % jährlich zwar relativ niedrig liegt, wegen der hohen Ausgangsbasis von über 1 Mrd. pro Jahr aber 15 bis 20 Mio. zusätzliche Menschen bedeutet.

Die **Verknappung von Agrarflächen** und teilweise sinkende Erträge werden das Land zukünftig zu größeren Nahrungsmitteleinfuhren zwingen. Die ohnehin **rückständige Infrastruktur** bei Verkehrswegen, Energie- und Wasserversorgung sowie sozialen Diensten läuft trotz positiver Entwicklung dem Bevölkerungswachstum hinterher.

Das **soziale Gleichgewicht** wird durch das unterschiedliche Wirtschaftswachstum im Land destabilisiert. In den Sonderwirtschaftszonen und in den südlichen Küstenprovinzen ist es sehr viel höher als in den übrigen Landesteilen. Dies führt u.a. zu einer starken Landflucht der Bauern, die in den Städten die Arbeitslosigkeit verstärken und die **Kriminalität,** besonders die Korruption, erhöhen. Trotz rigoroser Bemühungen der Zentralregierung insbesondere den Korruptionsfilz auf allen Ebenen zu beseitigen, sind es oftmals höhere Kader und Amtsinhaber, die ein Extrastück vom großen Kuchen zusätzlich in die Tasche stecken.

Die rasche Wirtschaftsentwicklung ist abhängig von einer sicheren Energieverfügbarkeit. Dabei setzt die chinesische Führung auf Energieträger, die im Land gewonnen werden können. Trotz fortschreitender Erhöhung der Wirkungsgrade chinesischer Kraftwerke, Industrie- und Hausfeuerungsanlagen wird es, beim weiteren Anstieg des Pro-Kopf-Energieverbrauches auf westliches Niveau, zu einer deutlichen **Erhöhung von Schadstoffemissionen** mit globalen Auswirkungen auf das Klima kommen. Weitere Umweltthemen Chinas sind die Bereiche Abwasser, Pestizideinsatz, Luftreinhaltung und Bodenschutz, wobei offener Bürgerprotest gegen industrielle „Dreckschleudern" vermehrt Wirkung zu zeigen scheint (XiaMen, 2007).

China begreift sich zunehmend als Ordnungsmacht im asiatisch-pazifischen Raum. Zu den vitalen Interessen Chinas gehört die Wiederherstellung der territorialen Einheit des Landes. Nach der Besetzung Tibets (XiZhang) 1950, der Rückgabe HongKongs und Macaus hofft man weiter auf die **Rückgewinnung TaiWans** sowie einer Reihe von Inseln im Südchinesischen Meer.

Seit dem Zerfall der Sowjetunion und der Gründung der zentralasiatischen moslemischen Staaten wachsen die Sorgen der Regierung in BeiJing, dass an den westlichen Rändern der Volksrepublik **Selbstständigkeitsbestrebungen** zunehmen. Hauptproblemgebiete sind die autonomen Regionen XinJiang (SinKiang), die Innere Mongolei (Nei MonGol) und Tibet (XiZang). In **XinJiang** wehren sich die moslemischen Uiguren gegen Assimilierungsversuche, Unterdrückung des Islam und Umweltzerstörung durch die Han-Chinesen. Auch in den anderen beiden Regionen kämpfen die einheimischen Völker gegen die Migration durch Chinesen sowie gegen die Zerstörung ihrer Religion und Umwelt. Besonders in **Tibet** kommt es in unregelmäßigen Abständen zu gewaltsamen Protesten gegen die chinesische Unterdrückung.

Zur schwersten Belastung in den Beziehungen Chinas und den Ländern

# BEVÖLKERUNG, WIRTSCHAFT UND HANDEL

der westlichen Welt kam es nach der **Niederschlagung der** studentischen **Demokratiebewegung** im Juni 1989 auf dem Platz des Himmlischen Friedens (TianAnMen) in BeiJing. Obwohl die Unterdrückung Oppositioneller unvermindert anhält und von einer Demokratisierung der Gesellschaft keine Rede sein kann, sind die Sanktionen der Industrienationen aus wirtschaftlichen Interessen wieder aufgehoben worden.

Die Übernahme der kapitalistischen Metropolen **HongKong** und **Macau** ins Mutterland ging dagegen überraschend problemlos vonstatten. Auch die vielfach befürchteten großen Eingriffe Chinas in das Innenleben der ehemaligen Kolonien blieben weitgehend aus, zumindest in den ersten Jahren. In Macau wurden alle Straßenzüge von Prostituierten freigefegt und die schwimmenden Casinos sowie zweifelhafte Hotels geschlossen. In beiden Städten wird Mandarin (statt Kantonesisch) erzwungen – man achte auf die Ansagen in der MTR (HK), die heute in Mandarin – Kantonesisch – Englisch erfolgen (früher Kantonesisch – Englisch)! Die ehemaligen „Outlying Islands" in HongKong wurden in „HongKong underlying islands" umbenannt. Umfragen zufolge glauben 51 % der SAR-Bewohner an das System „ein Land, zwei Systeme", doch zwei Drittel mistrauen politisch der Zentralregierung in Peking! Aufmerksame Beobachter werden auf ihrer Reise feststellen, dass in Südchina HongKonger Fernsehsender zwar empfangen werden können, dass jedoch immer dann, wenn über die dortigen Demokraten um *Martin Lee* berichtet wird, in China mit der Bitte um Geduld ein hübsches Landschaftsbild bei gleichzeitigem Tonausfall erscheint!

## Bevölkerung

Insgesamt leben rund 70 Millionen Menschen in der Provinz GuangDong, davon knapp 7 Millionen in der Provinzhauptstadt GuangZhou. Die **Bevölkerungsdichte** in GuangDong liegt bei etwa 372 Einwohner pro Quadratkilometer (der Landesdurchschnitt bei 116). Bedingt durch höhere Löhne und größere Attraktivität der Städte nimmt die Abwanderung vom Land in die Städte weiter zu, heute leben etwa 55 % der Bewohner in städtischen Siedlungen.

Rund 98 % der Bewohner der Provinz GuangDong gehören ethnisch zu den **Han-Chinesen,** obwohl man sie als Kantonesen bezeichnet (die aber keine eigene Volksgruppe darstellen). Die größte Minderheit GuangDongs sind die **Miao** (rund 700.000).

## Wirtschaft und Handel

China befindet sich in einer Phase kräftigen Wirtschaftswachstums. Dabei setzt die Regierung zunehmend auf das eigene Modell einer *sozialistischen Marktwirtschaft.* Darin soll das Staatseigentum für eine Übergangszeit weiterhin die Grundlage der Volkswirtschaft bilden, allerdings zeigte die Tagung des Nationalen Volks-

# WIRTSCHAFT UND HANDEL

kongresses von 2007 mit Beschlüssen wie dem weit gehenden Schutz von Privateigentum oder der Möglichkeit auch von Großaktionären, politische Ämter zu bekleiden, einen weiteren Schritt in Richtung „Kapitalismus".

Durch hohe **staatliche Investitionen,** die durch ein schuldenfinanziertes Konjunkturprogramm sichergestellt werden, und durch einen positiven **Außenhandel** wird auch künftig ein hohes Wachstum erreicht werden. Etwa zwei Drittel aller Investitionen kamen von der öffentlichen Hand. Dadurch versucht China ein günstiges Investitionsklima auch für ausländische Anleger zu schaffen. Die Arbeitslosenquote lag 2005 bei ca. 4,2 %, wobei die je nach Schätzung zwischen 120 Mio. und 170 Mio. unbeschäftigten, vagabundierenden Landarbeiter *(floating people)* unberücksichtigt bleiben. Experten schätzen die Arbeitslosenquote der Landbevölkerung auf rund 30 %.

Das **Wirtschaftswachstum** lag auch im Fünfjahreszeitraum 2003–2007 ungebrochen bei Schwindel erregenden 9–10%, womit die Zentralregierung ihr fest geschriebenes Ziel, allen Chinesen mittelfristig „bescheidenen Wohlstand" zu sichern, nachhaltig verfolgt.

Die **Bundesrepublik Deutschland** ist einer der wichtigsten Handelspartner der VR China: Deutschlands Anteil am chinesischen Gesamtexport beträgt ca. 4 %, am Gesamtimport nach China ca. 5 %.

Besondere Dynamik zeigen weiterhin die Küstenprovinzen mit den **Sonderwirtschaftszonen** *(Special Economic Zone*, SEZ, besonders geförderte Wirtschaftsgebiete).

Die Entwicklung auf dem **Arbeitsmarkt** stellt die chinesische Regierung vor ernste Probleme. Das Modell der sozialistischen Marktwirtschaft macht den Abbau von unrentablen Arbeitsplätzen in den staatlichen Fabriken notwendig. Gleichzeitig finden immer weniger Arbeitskräfte in der Landwirtschaft Beschäftigung. Zu der unterschiedlichen Entwicklung zwischen Küste und Landesinnerem kommt die Spaltung der Gesellschaft in eine Gruppe, die von den Entwicklungen profitieren kann, und eine große Gruppe, die wirtschaftlichen und sozialen Abstieg erleidet. Auch wenn offizielle Zahlen nur von etwa 4 % Arbeitslosigkeit sprechen, so muss doch einschließlich unterbeschäftigter Landarbeiter von ca. 17 % Arbeitslosen ausgegangen werden. China im Allgemeinen gehört, verglichen mit Macau oder HongKong, immer noch zu den ärmeren Ländern, für chinesische Verhältnisse werden in Guang-

| Eckdaten der chinesischen Volkswirtschaft | | | | |
|---|---|---|---|---|
| | *2004* | *2005* | *2006* | *2007* |
| **Wachstum des BIP (in %)** | 10,1 % | 9,9 % | 9,5 % | 9,0 % |
| **Inflation** *(in %)* | 3,9 % | 1,8 % | 2,5 % | 2,5 % |
| **Arbeitslosigkeit (in %)** | 4,2 % | 4,2 % | 4,2 % | 4,2 % |

Zhou aber durchaus gute Monatslöhne gezahlt: Ca. 75 % der Stellenangebote bieten 800–2500 Y, 25 % 2500–3500 Y, der Landesdurchschnitt liegt bei etwa 1100 Y im Monat.

Der Getreideanbau von Reis im Süden sowie Weizen, Hirse und Sorghum im Norden ist das Kernstück der chinesischen **Landwirtschaft.** Stabile Erträge der Landwirtschaft sind besonders durch klimatische Faktoren bedroht. Beinahe 60 % der Nutzfläche werden künstlich bewässert, wozu die großen Ströme gute Voraussetzungen bieten. Gleichzeitig sind die Felder jedoch durch Hochwasser mit oft katastrophalen Dammbrüchen gefährdet. Ein verspätetes Einsetzen der Monsunregenfälle oder deren Ausbleiben kann zu erheblichen Ernteverlusten führen. Die Viehhaltung beschränkt sich auf die Stallhaltung (Schweine, Geflügel). Lediglich in den Nomadengebieten des Nordens und Westens ist die Weidewirtschaft von Bedeutung.

Landwirtschaftliche **Hauptanbauregionen** sind die große Ebene zwischen BeiJing und ShangHai, die Täler des unteren ChangJiang (YangTseKiang) und HuangHe, das Rote Becken sowie das sehr fruchtbare Delta des XiJiang (Perlfluss) bei GuangZhou (Kanton). Dies sind auch die Hauptsiedlungsgebiete des Landes.

Die chinesische **Energiewirtschaft** wird entscheidend durch die Kohlenutzung geprägt, die 75 % der Primärenergieerzeugung umfasst. Die Gesamtkohleressourcen des Landes werden auf ca. 950 Mrd. Tonnen geschätzt, wovon rund 115 Mrd. Tonnen als sicher gewinnbare Reserven gelten. Damit verfügt China hinter den USA über die zweitgrößten Kohlevorräte der Erde. Die chinesischen Kohlevorräte befinden sich zu etwa 80 % im Norden, Nordosten und Nordwesten des Landes (allein in der Provinz ShanXi liegen 30 %). Die Kohleförderung beläuft sich z. Zt. auf rund 1,3 Mrd. Tonnen jährlich. Ein Drittel wird in den Provinzen ShanXi, HeBei und der Inneren Mongolei gefördert, was große Transportprobleme mit sich bringt. Obwohl die Effizenz der Energieausnutzung im Durchschnitt der 80er Jahre jährlich um 4 % gesteigert werden konnte, liegen teilweise beachtliche Industriekapazitäten wegen Energiemangels brach. Der Effektivitätsgrad der chinesischen Kohlekraftwerke liegt bei nur etwa 60 % vergleichbarer westlicher Anlagen.

Die chinesische Erdölförderung wächst seit Jahren nur sehr langsam und erreichte 1994 mit ca. 146 Mio. t einen bisherigen Höchststand. Mit Ausnahme des Hochlandes von Tibet befinden sich in allen Landesteilen förderbare Vorkommen. Die Ölreserven werden mit 3 Mrd. t angegeben. Die Fördertechnik entwickelt sich jedoch schleppend. Erdgasfelder befinden sich u.a. in der Provinz SiChuan, bei ShangHai und südlich HaiNan im Südchinesischen Meer.

Die Regierung plant eine erhebliche Ausweitung der Wasserkraft-Nutzung. Das Großprojekt eines Kraftwerkes mit einer Bruttoleistung von 17.000 MW am ChangJiang (YangTseKiang), das umstrittene „Drei-Schluchten-Projekt" zum Schutz gegen Hochwasser wurde abgeschlossen. Hinter einer 185 m hohen Staumauer bei YiChang in der Provinz Hubei wurde der Fluss zu einem 600 km langen See mit einem Fassungsvermögen von 22,5 Mrd. m³ aufgestaut, über 1,2 Mio. Menschen wurden umgesiedelt.

Das Wachstum der chinesischen Industrie wird zunehmend durch die **Erfolge des nicht-staatlichen Sektors** bestimmt und zwar vor allem in den Küstenprovinzen mit den Sonderwirtschaftszonen. Die chinesische Industrie leidet aber weiter unter systembedingten Strukturschwächen. So wird es notwendig sein, unrentable und überzählige Arbeitsplätze in den Staatsbetrieben abzubauen, von denen mehr als 40 % Verluste erwirtschaften, und auch die unterentwickelte Infrastruktur erweist sich als Entwicklungshemmnis.

Wichtigste **Lieferländer** Chinas (chemische Erzeugnisse, Maschinen, Transportausrüstungen, bearbeitete Waren, Fertigprodukte) sind Japan, TaiWan, HongKong und Deutschland, die meisten **Exporte** (Strickwaren, Kleidung, elektrotechnische Erzeugnisse, Schuhe, Lederwaren, Kleingeräte) gehen nach HongKong, Deutschland und in die USA.

# Tourismus

Der touristische Einbruch nach der Zerschlagung der Demokratiebewegung in BeiJing vom 3.6.1989 ist längst ebenso vorbei wie die internationale Entrüstung. Mittlerweile hat der China-Tourismus erstmals die 50-Millionen-Besucher-Grenze überschritten, dabei entfiel allerdings ein Großteil auf Tagesausflügler aus Macau und HongKong sowie Geschäftsreisende; einen neuerlichen touristischen Schub werden anlässlich der Olympischen Spiele 2008 erwartet. Die Masse der westlichen Touristen besucht per **Pauschalreise** BeiJing, XiAn, ShangHai, NanJing und KunMing mit anschließendem Einkaufs- und Erholungsstopp in HongKong. Diese Form des Besuches ist offiziellen Stellen in China auch heute am liebsten, da Gruppenreisen das meiste Geld bei geringstmöglichem Kontakt mit der einheimischen Bevölkerung bedeuten.

**Individualreisende** werden aber keineswegs automatisch als „konterrevolutionär" eingestuft, vielmehr erstaunt die Menschen der Mut, sich ohne chinesische Sprachkenntnisse durch das Land zu schlagen.

Der Tourismus bringt erhebliche Devisen ein, teilweise mit Praktiken, die der nicht chinesisch sprechende Besucher allerdings kaum realisiert. So zahlen in manchen Museen, Parks, Tempeln und Verkehrsmitteln **Touristen ein Vielfaches des normalen Preises** (in Einzelfällen bis zum 30fachen). Die erhöhten Preise sind deutlich in Englisch angeschrieben, die Inländerpreise hingegen nur in chinesisch. In ShenZhen (♪ Folkloredorf, Splendid China) müssen auch HongKong- und Macau-Chinesen den Ausweis zeigen und Ausländerpreise zahlen, weiter nördlich, schon in GuangZhou, können diese sich einfach als Chinesen ausge-

# Verkehr und Umwelt

Der motorisierte Personen- und Güterverkehr wächst unaufhaltsam in China, die Provinz GuangDong nimmt dabei eine führende Rolle ein. **Verkehrschaos** und Staus gehören in GuangZhou mittlerweile zum Alltag, und wo noch vor zehn Jahren Hunderttausende Werktätiger mit dem Fahrrad zur Arbeit fuhren, drängen sich heute Zehntausende von Mopeds und Kleinwagen durch die Straßen. Über Land kommt man dagegen zügig voran, die Straßen sind verhältnismäßig gut ausgebaut, und die neue vier- bis sechsspurig angelegte Schnellstraße HongKong – GuangZhou – Macau verkürzt die Fahrtzeit auf knapp zwei Stunden.

Der Stadtverkehr und die zunehmend intensivierte Industrie bedingen erhebliche **Umweltprobleme** in GuangDong. Auch der relativ laxe Umgang mit Giftstoffen birgt etliche Gefahren für die Umwelt. So verlor vor einigen Jahren ein Lastschiff Fässer mit hochgiftigem Inhalt, die Fässer brachen auf und verseuchten weite Teile des Perlfluss-Deltas. Viele Lebensmittel waren kontaminiert. Von einem Umweltbewusstsein, welches sich selbst in HongKong erst ganz allmählich entwickelt hat, ist China im Allgemeinen und GuangDong im Besonderen noch weit entfernt, allerdings wird in den letzten Jahren ein besonderer Wert auf **Erfolge im Umweltsektor** gelegt – rein offiziell, damit der Ruf Chinas, insbesondere im Zusammenhang mit den Olympischen Spielen 2008, international nicht geschädigt wird.

ben und zahlen selbst als Millionär weniger als ein europäischer Student.

Nach wie vor stehen dem Individualtouristen nur die besseren Hotels offen, wird er Probleme beim Kauf von Bahnfahrkarten haben (vor allem **ab GuangZhou nach Norden),** muss er sich an Schmutz und Unterversorgung in ländlichen Gebieten gewöhnen und Nerven wie Drahtseile besitzen. Bis GuangZhou, von Süden kommend, ist eine „Chinareise" hingegen mittlerweile spielend einfach, unkompliziert und unbürokratisch geworden und somit für jedermann leicht selbst zu organisieren.

Alltag heute – endloser Stau

# GuangZhou (Kanton)

## Überblick

GuangZhou hinterlässt bei europäischen Besuchern einen äußerst **zwiespältigen Eindruck,** je nachdem aus welcher Richtung sie anreisen. Kommt man aus den modernen Metropolen HongKong oder Macau oder gar direkt aus Europa, erscheint die Stadt schrecklich, dreckig, überlaut, chaotisch und arm. Individualreisende, die sich mehrere Wochen mit bescheidenen finanziellen Mitteln quer durch China geschlagen haben, werden sich dagegen geradezu im „Westen" wähnen: Es gibt ein vielfältiges Warenangebot, genug Auswahl an Speisen und Getränken, der Fortschritt zeigt sich in reger Bautätigkeit und chaotischem Straßenverkehr, und GuangZhou scheint sogar sauberer zu sein als viele andere Orte der Volksrepublik.

Entstanden ist die Stadt angeblich im Jahre 213, als der **Gründungslegende** nach während einer Hungersnot fünf Götter auf Ziegen mit Getreidebüscheln vom Himmel kamen. Die Getreideähren ließen die Götter den Bauern als Saatgut zurück. Die Saat brachte in kürzester Zeit Getreide im Überfluss ein, sodass die Menschen den Ort der Begegnung mit den Göttern ⊕**WǔYáng** (5 Ziegen) nannten. Über viele Jahrhunderte blieb WuYang der Name GuangZhous, das offizielle Stadtwappen zeigt noch heute die Ziegen mit Ähren.

Die **Hauptstadt der Provinz** ⊕**GuǎngDōng** hat 6,85 Millionen Einwohner und liegt nur 120 km nordwestlich von HongKong, aber 2300 km südlich der chinesischen Hauptstadt BeiJing.

Diese unmittelbare Nähe zum boomenden Handelszentrum hinterließ zwangsläufig Spuren. Die traditionell auf den Außenhandel hin orientierte Metropole im Süden der Volksrepublik erhielt 1983 den **Status einer „geöffneten Küstenstadt"** mit etlichen Anreizen für ausländische Investoren. In punkto Exportproduktion steht die Stadt mittlerweile an zweiter Stelle aller Küstenstädte Chinas hinter ShangHai. Die zweimal jährlich (Frühjahr und Herbst) stattfindende Exportgütermesse gehört zu den absoluten Pflichtmessen aller im Chinahandel engagierten Unternehmen. Einige ausländi-

# GuangZhou (Kanton)

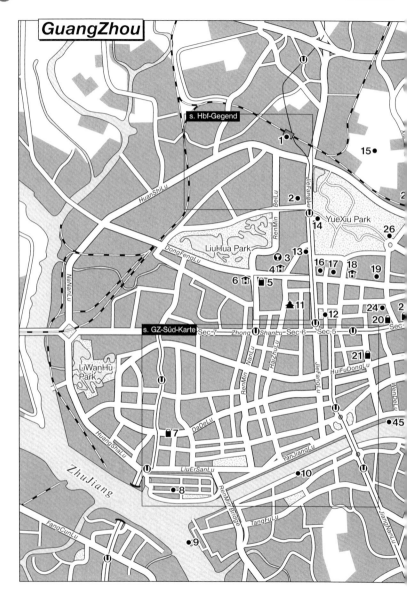

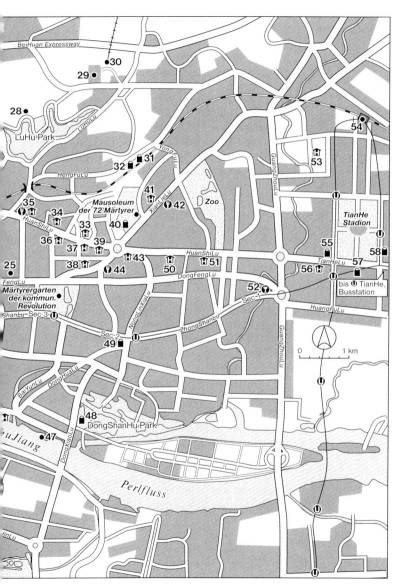

sche Banken und Großunternehmen haben sogar ihren Filialsitz aus Kostengründen von HongKong nach GuangZhou verlegt.

Dennoch ist GuangZhou naturgemäß die „chinesischste" Stadt der in diesem Buch beschriebenen Metropolen Südchinas. Hinter dem geschäftigen Treiben, dem Modebewusstsein der kantonesischen Jugend und dem geradezu übereifrigen Versuch, die rasche Entwicklung zu einer modernen Stadt zu vollziehen, sind nach wie vor Einfachheit, Gelassenheit und chinesische Geschäftstüchtigkeit zu erkennen. Der Individualtourist kann sich bei einem Abstecher nach GuangZhou sehr gut ein **Bild vom heutigen China** machen, solange er in Erinnerung behält, dass die Stadt eine der höchstentwickelten Gegenden Chinas mit den besten Verdienstmöglichkeiten für die Menschen repräsentiert. Andere Städte und Regionen sind wesentlich schlechter entwickelt und versorgt. Auch wird der Besucher rasch erkennen, wie schwierig das eigenständige Reisen in China sein kann – man gehe nur einmal zum Hauptbahnhof und betrachte die Schlangen vor den Fahrkartenschaltern! GuangZhou, von HongKong oder Macau aus besucht, ist nach wie vor der am einfachsten selbst zu organisierende Teil einer Chinareise und eine lohnende Erfahrung.

Die *offizielle Webseite* der Stadt findet man unter www.gz-gov.org/index.htm (chinesisch), brauchbar ist auch die englischsprachige Seite www.lifeofguangzhou.com/.

**Orientierung**

Wegen der chinesischen Zeichen fällt die Orientierung dem China-Neuling gelegentlich schwer. Um dem Leser die Besichtigungstour auf eigene Faust einfacher zu gestalten, wurde GuangZhou in den Beschreibungen der Sehenswürdigkeiten in drei Teile gegliedert, Hbf bis ZhongShanLu, von dort zur ShaMian-Insel sowie den Nordosten. Jeder Teil für sich kann gut in einem Tag zu Fuß besucht werden, zwischen diesen Bezirken empfiehlt sich dann aber ein Bus.

## Sehenswertes zwischen HúanShìLu und ZhōngShānLù

环市路·中山路

### LiúHuā-Park

流花公园

Im Straßendreieck LiuHuaLu – RenMinLu – DongFengLu wurde im LiuHua-Park ein 400.000 qm großer **künstlicher See** angelegt. Ein ziemlich kitschiges Wasserschloss und

Karte Seite 358  **GUANGZHOU (KANTON)**

- 1 GuangZhou Zhan (Hbf)
- 2 Messezentrum
- 3 Kings Pub Biergarten;
- 4 Financial Hotel
- 5 East Asia Kaufhaus
- 6 HuTian Hotel
- 7 DiShi PuLu Einkaufsstraße
- 8 ShaMian-Insel
- 9 ZhouTouZui-Pier
- 10 Uferpromenade
- 11 GuangXiao & LiuRong Tempel (s. Detailkarte)
- 12 RenMin Park
- 13 Polizei
- 14 Haupteingang YueXiu Park
- 15 Fernsehsender
- 16 GZ Centre of Science & Technology
- 17 SunYatSen Gedächtnishalle
- 18 Hotel GuangDong
- 19 Provinzverwaltung (Landesregierung)
- 20 Camping- und Winterkleidung
- 21 BeiJingLu Einkaufsstraße
- 22 XinYiTai Sportwaren & KFC
- 23 ehem. Seminar der Bauernbewegung
- 24 Schlangen & Schildkröten
- 25 HQ VBA GuangZhou
- 26 Hintereingang YueXiu Park m. Friseur
- 27 Garküchen
- 28 GuangZhou Golf & Country Club
- 29 YunTai-Blumengarten
- 30 BaiYunShan Seilbahn/Talstation
- 31 Park n' Shop Supermarkt
- 32 Kaufhaus
- 33 Holiday Inn
- 34 BaiYun Hotel
- 35 GuangDong International Hotel, Mc Donald's, Gitic Plaza und deutsches Konsulat
- 36 Garden Hotel
- 37 Cathay Hotel
- 38 HuaTai Hotel
- 39 Ocean Hotel
- 40 XinDaXin Kaufhaus
- 41 FuChun Hotel
- 42 DoMe Fried Chicken
- 43 HuaShan und GuangDong JinYe Hotels
- 44 Waschbären- & Schlangenlokale
- 45 Pier für Ausflugsboote und Rundfahrten
- 46 Pacific Riverside Hotel
- 47 DaShaTou-Pier
- 48 DongShanHu Park mit Trödel- und Elektromarkt
- 49 DongShan Kaufhaus
- 50 YueHai Hotel
- 51 MeiLiHua Hotel & Plaza
- 52 Disco „1 Love"
- 53 Star Hotel
- 54 GuangZhou DongZhan (Ostbahnhof)
- 55 Buchladen
- 56 TianHe Guesthouse
- 57 TianHe Einkaufszentrum
- 58 Elektronik-Einkaufsplaza

zahlreiche Blumenbeete – darunter auch eines mit einer Freundschaftssäule der Stadt Frankfurt a. M. – erinnern ein wenig an europäische Schlossparks. An Sonn- und Feiertagen lustwandelt hier Jung und Alt oder genießt ein kühles Bier an den Kiosken am See.

●*Eintritt* 5 Y

**Museum der westlichen Han**

(NánYuèWáng-HànMù)

南越王汉墓

Eine der großen archäologischen Sensationen Südchinas des 20. Jahrhunderts war die Entdeckung des vollständig erhalten gebliebenen Grabes von König *ZhaoMo* (um 100 v. Chr.) in GuangZhou. *ZhaoMo* spielte in der chinesischen Geschichte eine eher untergeordnete Rolle, die Ent-

# GuangZhou (Kanton)

deckung seines Grabes brachte aber wegen der zahlreichen Grabbeigaben viele neue Erkenntnisse über das Alltagsleben vor 2000 Jahren.

Heute sind die schönsten Grabbeigaben in diesem Museum ausgestellt. Die ersten beiden Etagen beinhalten Kalligrafien und Porzellanartefakte aus allen Dynastien. Erst dann kommt man zum Hauptteil des Museums, dem originalen unterirdischen **Mausoleum des Regenten des südlichen Yuè.** Daran schließt sich dann ein ganzes Labyrinth von Ausstellungshallen mit den Grabfunden an. Bei der Grablegung wurden auch 15 weitere Personen des Hofstaates mit eingeschlossen. Bei traditionellen Bestattungen im chinesischen

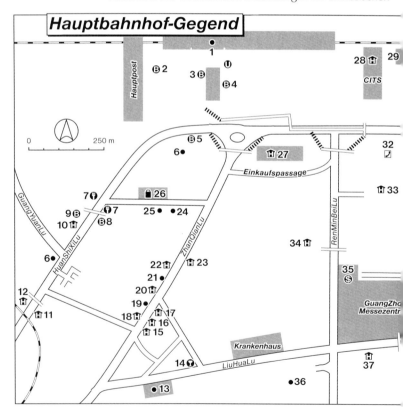

# GuangZhou (Kanton)

- **1** Bahnhofs-Haupthalle
- Ⓑ **2** Stadtbus-Hbf
- Ⓑ **3** Minibusse
- Ⓑ **4** Stadtbusse 550,552,180,181
- Ⓑ **5** Busstickets, LiuHua Schalter
- **6** Kino und HongMian Hotel
- ❶ **7** Garküchen
- Ⓑ **8** North-Station-Bbhf (SheKon, ZhuHai, HaiNan) & Gepäckaufbewahrung
- Ⓑ **9** Provinz-Busbahnhof (ZhuHai, FuZhou, FoShan usw.)
- 🏨 **10** XinJiaXin Hotel
- 🏨 **11** Silver Road Hotel
- 🏨 **12** HuaLi Hotel
- **13** Bowling- & Fitnesscentre
- ❶ **14** China Nightclub & Glory City Restaurant
- 🏨 **15** Sinochem Hotel
- 🏨 **16** LeiZhou Hotel & China Eastern Airlines
- 🏨 **17** Overseas Chinese Hotel & Chinese Southern Airlines
- 🏨 **18** JinHuan Hotel
- **19** China South-West Airlines
- 🏨 **20** MaoMing ShiHua Hotel
- **21** YangCheng Railway Travel Service (Fahrkartenorg.)
- 🏨 **22** ZhanQian Hotel & China Northern Airlines
- 🏨 **23** New Mainland Hotel
- **24** Eisenbahntickets
- **25** Langstreckenbusse Abfahrt
- 🔒 **26** BaiMa Kaufhaus
- 🏨 **27** LiuHua Hotel & Mc Donald's
- 🏨 **28** GuangDong Tourist Hotel
- 🏨 **29** XiangJiang Hotel
- **30** YueXiu Minigolfzentrum
- ❶ **31** Spital
- 📋 **32** GZ-Telecom (Telefone und -karten)
- 🏨 **33** YouYi (Freundschaft) Hotel
- 🏨 **34** Hotel Equatorial
- 💲 **35** TenShine Plaza & Bank of China
- **36** LiuHua Park
- 🏨 **37** DongFang Hotel
- ❶ **38** Mc Donald's
- 🏨 **39** China Hotel GZ
- **40** Orchideenpark
- **41** Air China & Lamex Möbelzentrum
- Ⓜ **42** Museum der westlichen Han
- 💲 **43** Commercial Bank, Bank of China & Polizei
- **44** YueXiu Park (Haupteingang)

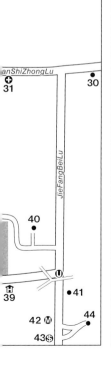

Altertum wurden den Verstorbenen die Körperöffnungen mit Jade verschlossen, da dies der Verwesung vorbeugen und gleichzeitig böse Geister vom Eindringen in den Körper fernhalten sollte. Verstorbene Kaiser wurden aus diesem Grunde oft zusätzlich in Jadegewändern bestattet.

Alle Gegenstände sind ausführlich (englisch) beschrieben, das Grab mit Museum ist auf jeden Fall interessanter als die hochgelobten, aber für den normalen Touristen doch eher enttäuschenden Ming-Gräber von ShiSanLing bei BeiJing.

●Man verlässt die Ausstellungshallen durch einen großen **Souvenirshop,** der einige interessante und qualitativ gute Mitbringsel führt. Die angegebenen Preisschilder sollten nicht abschrecken – für Landschaftsgemälde sind beispielsweise 1000 Y angegeben, auf Nachfrage sind sie aber schon für 200 Y zu haben.
●*Eintritt* 40 Y; ermäßigt (chin. Studentenausweis, westl. Kinder) 30 Y
●*Geöffnet* täglich 09:30–16:45 Uhr

## Orchideenpark
(LánPùGōngYuán)
兰圃公园

Auf dem 4 Hektar großen Areal nahe des Hbf. wurden rund 200 Orchideenarten im südchinesischen Gartenbaustil angelegt. Durch den verspielten Orchideenpark ziehen sich gewundene Wege, kleine Teiche und Teehäuser, in denen sehr preiswert die Teezeremonie genossen werden kann. Der sehenswerte Park ist ein in GuangZhou sehr beliebtes Hintergrundmotiv für Hochzeitsfotos und ist besonders attraktiv zur Blütezeit der Orchideen ab Mai.

●*Eintritt* 15 Y, *geöffnet* tgl. außer Mittwoch 07:30–11:30 und 13:30–17:00 Uhr. Der **Eingang** liegt in der kleinen Seitengasse an der JieFangLu.

## YuèXiù-Park
越秀公园

Der schönste Innenstadtpark GuangZhous rund um den Berg YueXiu südöstlich vom Hauptbahnhof ist offiziell ein Themenpark zur Chinesischen Oper. In unregelmäßigen Abständen finden im **YuèXiù-Freilufttheater** Aufführungen von Amateurgruppen statt, doch auch außerhalb der Spielzeiten gibt es für Jung und Alt etliches zu sehen, der Park wird hier zu einem Vergnügungspark mit Fahrtgeschäften und kulturellen Sehenswürdigkeiten.

Unbedingt sehenswert ist das **GuǎngZhōu-Museum** (Eintritt 10 Y), welches im ZhenHaiLou, dem letzten verbliebenen Teil der ehemaligen Stadtbefestigungsanlage unterge-

# GUANGZHOU (KANTON)

bracht wurde. Das mehrstöckige Gebäude im traditionellen chinesischen Baustil birgt interessante Relikte zur Stadtgeschichte und zur Entwicklung GuangZhous. Das Erdgeschoss ist der gegenwärtigen Bauplanung vorbehalten, die oberen Etagen zeigen Alltagsgegenstände und Kleidung der Region während der Dynastien Han, Ming und Qing. An den (überteuerten) Souvenirshop im 4. Stock schließt sich ein Tee-Restaurant an, welches sehr gute chinesische Teesorten führt.

Das **YuèXiùShān-Stadion** mit einer Kapazität von 42.000 Besuchern ist der Austragungsort für internationale Sportfeste, insbesondere Fußball-Länderspiele.

Das **Denkmal zu Ehren Dr. SunYatSens** stammt aus dem Jahre 1929, die Inschrift gibt auszugsweise das politische Testament des Revolutionärs ( ⌕ CuiHeng, ZhuHai) wieder, in welchem er zur Vollendung der chinesischen Einheit, zur

Oase der Stille – der Orchideenpark

# GuāngZhōu (Kanton)

Gründung der Nationalversammlung und zur Abschaffung „ungleicher Verträge" (gemeint sind die Knebelverträge der westlichen Nationen mit dem Qing-Hof) aufrief.

Die **Skulptur der fünf Ziegen** erinnert an die Entstehung des alten Namens von GuangZhou, „WuYang" (5 Ziegen), den die Stadt in Erinnerung an fünf auf Ziegen reitende Götter annahm ( ↗ oben, Überblick).

Im Nordteil des Parks liegen noch einige weitere **Vergnügungsmöglichkeiten** wie Seen mit Bootsverleih, Achterbahn oder Tischtennisplatten.

●Der *Eintritt* zum YueXiu-Park beträgt 15 Y; **geöffnet** täglich 06:00–21:00 Uhr, bei Veranstaltungen im Park länger. Die Stadtbusse 5, 7, 24, 29, 101, 103 fahren vom/zum Park.

### GuāngXiàoSì
光孝寺

Dieser **Tempel der reinen Kindespietät** ist die vermutlich älteste Tempelanlage GuangZhous und datiert aus dem 4. Jahrhundert unserer Zeitrechnung. Hinter dem Tempeltor

Pekingopern-Figuren im YueXiu-Park

# GUANGZHOU (KANTON)

mit Tempelwächtern und einem steinernen Löwenpaar begrüßt ein Schrein des dickbäuchigen MiLoFu-Boddhisatva den Besucher. An dem kleinen Glückstürmchen im Innenhof versuchen die Gläubigen, Münzen hineinzuwerfen, Wünsche könnten so in Erfüllung gehen. Rechts und links davon liegen die heute nicht mehr benutzten Glocken- und Trommeltürme. Im Glockenturm ist ein Schrein zu Ehren des Erdgottes *DiHua*, im Trommelturm die Gottheit der Gerechtigkeit und des Krieges untergebracht. Es schließen sich drei Buddha-Schreine an, im rechten stehen zwei Statuen des Boddhisatvas *GuanYin*, eine aus Porzellan in der buddhistischen und die goldfarbene, hundertarmige in taoistischer Darstellung. Zwischen den buddhistischen Haupttempeln und den Mönchsunterkünften befindet sich ein kleiner Schrein zu Ehren des berühmten buddhistischen Mönches *HuiNeng*, der hier im 7. Jahrhundert gelebt haben soll. Er war

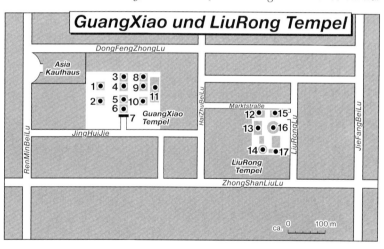

- 1 Buddha im Nirvana, liegend
- 2 Trommelturm
- 3 Porzellan-Boddhisatva
- 4 Buddha mit Schülern & Boddhisatvas
- 5 Glückskessel
- 6 MiLoFu Boddhisatva (dickbäuchig)
- 7 Eingangstor mit Tempelwächtern
- 8 HuiNeng Schrein
- 9 Buddha bei Erleuchtung; GuanYin
- 10 Glockenturm mit TiHua
- 11 Ahnenhallen
- 12 GuanYin-Darstellungen
- 13 Haupthalle m. Buddha-Dreigestirn
- 14 Pavillon
- 15 KuanTi-Halle (geschlossen)
- 16 Pagode
- 17 Ahnengedenkhallen

# GuangZhou (Kanton)

einer der Führer der Zen-Buddhisten, einer meditativen Randgruppe der Buddhisten in Südchina und Japan.

Heute leben hier nur noch wenige Mönche, doch die große und weitläufige Anlage lohnt einen Besuch.

● *Eintritt:* 6 Y, geöffnet tgl. 06:00–17.50 Uhr, Spenden werden gerne genommen. Südlich der Kreuzung RenMinBeiLu/DongFengZhongLu liegt die kleine Nebenstraße JingHuiJie; hier liegt der Tempel nach 100 Metern linker Hand. Busse 4, 31, 36 und 102 passieren den Tempel.

## LiùRóngSì
六榕寺

In direkter Nachbarschaft des GuangXiao-Tempels liegt das **Zentrum des kantonesischen Buddhismus,** der LiuRongSi (Sechs-Banyan-Baum-Tempel). Gebaut im 6. Jahrhundert und ursprünglich rein buddhistisch, wurde die Anlage im 10. Jahrhundert quasi ein Ableger des GuangXiao-Tempels (♫) und des Kultes um *HuiNeng*. Sogar der Gründer der Zen-Sekte, *Boddhidharma*, soll hier einmal gelebt haben.

● Eintritt 10 Y, tgl. 08:30–17:00 Uhr, Busse 74 und 86 oder Metrolinie 1.

Auf oben geschilderte Begebenheit geht die Legende zurück, nach der die **Blumenpagode,** mit 55 Metern höchste und älteste der Stadt, seit jener Zeit von Stechmücken verschont geblieben ist. Diese Pagode ist ein einzigartiges architektonisches Meisterwerk: Von außen betrachtet sieht man neun Stockwerke, innen aber ist jede Etage ab der zweiten unterteilt – innen sind es folglich 17 Etagen. Neben der Pagode und dem HuiNeng-Schrein ist die GuanYin-Halle mit ihren Bildern der verschieden Darstellungen des GuanYin-Boddhisatvas sehenswert.

● *Eintritt* 15 Y; **geöffnet** täglich 08:00–18:00 Uhr.

## SunYatSen-Gedächtnishalle
(SūnZhōngShān JìNiànTáng)
孙中山纪念堂

Das an den TianTan (Himmelstempel) in BeiJing erinnernde Gebäude zu Ehren des chinesischen Revolutionärs *Dr. SunYatSen* (1866–1925; zur Biografie ♫ CuiHeng, Zhu Hai) ist eine der größten Gedächtnishallen der Volksrepublik, die einer Einzelperson gewidmet wurde. Die tempelähnliche Haupthalle aus dem Jahre 1931 liegt eingebettet in einen kleinen Park südlich des YueXiu-Parkes und zeigt Stationen aus dem Leben *Dr. Suns*. Vor dem Haupteingang steht eine lebensgroße Statue, ebenfalls eine Huldigung, die in China nur wenigen Personen zuteil wird. Außergewöhnlich, wenn nicht einzigartig ist die Tatsache, dass *Dr. Sun YatSen* im gesamten chinesischen Kulturkreis, also auch in HongKong, Macau und TaiWan, als der Gründervater des modernen China verehrt wird, da er die letzte kaiserliche Dynastie zum Abdanken zwang und die erste Republik China ausrief (1. Januar 1912). An dieser Stelle stand während der Qing-Dynastie (1644–1911) die Residenz der Präfekten der Provinz GuangDong, die noch während der ersten Jahre der Republik von *SunYatSen* als Präsidentensitz genutzt wurde.

● *Eintritt* 5 Y, *geöffnet* täglich 08:00–18:00 Uhr.

### LièShì LíngYúan
烈士陵园

Dieser **Märtyrergarten der kommunistischen Revolution** wurde 1954 für die während der kommunistischen Aufstände in Kanton am 11.12.1927 ums Leben gekommenen Volkshelden eingerichtet. Nach dem Sturz des Kaiserreiches (1911) regierte zunächst bis 1949 die nationalchinesische GuoMinDang (Volkspartei) unter *SunYatSen* und *ChiangKaiShek* das Land, bis die Kommunisten unter *MaoZiDong* 1949 *Chiang* nach TaiWan vertrieben. Bis zum Sieg *Maos* gab es einige blutige Auseinandersetzungen zwischen Nationalisten und Kommunisten, unter anderem in GuangZhou. Das Märtyrergrab ist ein riesiger Hügels umgeben von einem 18 ha großen Park. Daneben gibt es auch künstliche Seen mit Bootsverleih sowie Pavillons und Erinnerungshallen im chinesischen Stil. Typisch sozialistisch ist die gigantische steinerne Faust, die an den 27er-Aufstand selbst erinnern soll. Bemerkenswert ist auch der „Pavillon der nordkoreanisch-chinesischen Blutsbrüderschaft", der an das gemeinsame Vorgehen im Koreakrieg erinnert.

● *Eintritt* 5 Y. Der Märtyrergarten liegt von der SunYatSen-Gedächtnishalle ein ganzes Stück nach Osten auf der Südseite der DongFengLu.

### NóngJiǎngSuǒ JiùZhǐ
农讲所旧址

Während der Aufbauphase Chinas z.Z. der nationalchinesischen GuoMinDang (1911–49) gelangten die Kommunistenführer zu der Überzeugung, dass der Erfolg eines kommunistischen Umsturzes von den breiten Massen, also den Bauern in China, abhinge. Zu diesem Zweck errichtete *PengPai*, ein Mitstreiter *Maos*, diese Ausbildungsstätte für zukünftige Kader aus allen Teilen Chinas. *Mao* selbst leitete

1925–26 das Institut, und der ehemalige Premier *ZhouEnLai* dozierte hier. Das ehemalige Seminar der Bauernbewegung birgt heute ein kleines **Revolutionsmuseum** mit der originalgetreuen Rekonstruktion der Amtsräume *Maos* sowie einigen interessanten Relikten aus der aktiven Zeit des Instituts.

● *Eintritt* 10 Y, *geöffnet* täglich 08:00–18:00 Uhr.

## Sehenswertes im Nordosten

### LùHúTàn
麓湖

Der kleine **LùHú-See** war vor noch nicht allzu langer Zeit eines der beliebtesten Picknick- und Naherholungsgebiete der Kantonesen. Mittlerweile hat der *GuangZhou Golf Country Park* große Flächen der Umgebung in „englischen Rasen" verwandelt, trotz einiger Spielplätze, Restaurants und Bootsverleih sind heute fast nur noch ein paar Angler anzutreffen. Der See liegt aber günstig auf dem Weg zum BaiYun-Hügelland, sodass man, sofern zu Fuß unterwegs, durchaus einen Schlenker um den See herum machen kann.

### BáiYúnShān
白云山

Das **Hügelland** BaiYunShan im Nordosten GuangZhous gehört zu den Ausläufern der DaYuLing-Gebirgskette, die sich quer durch die Provinz GuangDong erstreckt. Hier liegt nahe beieinander eine ganze Reihe sehenswerter Parks und Aussichtspunkte.

Am südlichen Ende, direkt am Stadtrand, liegt der **YúnTài HúaYuàn (YunTai-Blumengarten,** Eintritt 10 Y, tgl. 06:00–17:00 Uhr). Der weitläufige, hübsch in den Hügeln angelegte Park lädt zum Spazierengehen und Frische-Luft-Tanken ein. Höhepunkt des Parks ist ein ultramodernes Gewächshaus mit zahlreichen Kakteen und tropischen Pflanzenarten.

Rechts vom Parkeingang liegt die Talstation der **Seilbahn,** die hinauf zum Berggebiet führt (Rückfahrkarte 20 Y, fährt 08:00–11:45 Uhr und 13:30–16:00 Uhr).

Kurz vor der Bergstation liegt malerisch unterhalb der Seilbahn der **NéngRénSì-Tempel,** eine sehr ruhige und sehenswerte taoistische Anlage (erreichbar über einen Trampelpfad auf der anderen Straßenseite des Vorplatzes der Bergstation).

Gegenüber der Bergstation liegt der **BáiYún-Park** (Cheng Pecipice). Mit dem Park sind zahlreiche Legenden verbunden, seine Entstehung verdankt der 16.000 qm große Park

# GUANGZHOU (KANTON)

LuHu-See

dem Minister *Cheng* der Qing-Dynastie, der von seinem Kaiser *QinShiHuangDi* (221–206 v. Chr.) auf die Suche nach einem Mittel der Unsterblichkeit ausgesandt worden war. Cheng fand ein Kraut an dieser Stelle und nahm es selbst ein. Daraufhin gingen alle Kräuter ein und *Cheng* wagte es nicht, seinem Regenten, der von der Idee der Unsterblichkeit besessen war, vor die Augen zu treten, und stürzte sich vom Abhang. Da er aber nun unsterblich war, überlebte er den Sturz und musste unverrichteter Dinge zurückkehren (8 Y Eintritt).

Folgt man der kleinen Straße aufwärts, verzweigt sich diese an einem kleinen Restaurant; rechts führt sie zum **BaiMu GongYuan.** Dieser großartige **Bergpark** im chinesischen Stil gilt als einer der schönsten in Südchina, wobei versucht wurde, die Landschaftsmalerei und Gartenbaukunst Chinas widerzuspiegeln. Zahlreiche Stelen, Pavillons und Aussichtspunkte (alle auch englisch beschildert) säumen den Weg hinauf zum 382 Meter hohen **MoXingLing,** dem höchsten

# GuangZhou (Kanton)

Gipfels rund um GuangZhou. Der Park wurde erst 1992–94 angelegt (Eintritt 5 Y).

Man kann den BaiMu-Park auch entlang der Straße links des Parkplatzes umgehen, allerdings ist dieser Weg weit weniger interessant. Auf Höhe der **Neun-Drachen-Quelle** liegt ein **Aussichtspunkt,** von dem aus man den NanFang-Vergnügungspark, den BaiYun-Flughafen und die ganze Nordweststadt überblicken kann.

●*Zu Fuß:* Vom LuHuTan kommend, geht man die LuHuLu bis zum Ende und geht dann die rechte Straße weiter, dann gleich links (durch eine Unterführung), dort befinden sich der YunTai HuaYuan sowie die Seilbahn-Talstation.

●*Bus:* Vor dem YunHua-Park/Talstation liegt die Endstation der Buslinie 24. Diese fährt durch die JieFangBeiLu in die DongFengZhongLu und biegt an der SYS-Gedächtnishalle ab zum Eingang des RenMin Parks, wo sie endet.

## GuǎngZhōu DòngWùYuán
广州动物园

Auch wenn der städtische **Zoo** GuangZhous nicht an westeuropäische Tierparks heranreicht, muss er doch zu den besten der Volksrepublik gezählt werden. Der Tierpark ist insbesondere für seine Vielfalt an Menschenaffen bekannt, nicht zuletzt seit der Hannoveraner Zoologe *Thomas Geissmann* 1997 auf der chinesischen Tropeninsel HaiNan eine neue Menschenaffenart, den Schopfgibbon, entdeckte. Die Tiere sind hier besser gepflegt und versorgt als in manch anderem chinesischen Tierpark, Raubkatzen und Yaks scheinen sich hier allerdings weniger wohl zu fühlen.

●*Eintritt* 15 Y, *geöffnet* täglich 09:00–18:00 Uhr. **Zu erreichen** von der BaiYun-Talstation in gut 20 Gehminuten. Busse: 201, 218, 257 vom/zum Hbf; 65 BeiJingLu.

## HuángHuāGāng
黄花岗

Dieses **Mausoleum der 72 Märtyrer** erinnert an *XinHaiJie*, der einen bewaffneten Aufstand in GuangZhou am 27.4.1911 unternahm, um das Kaiserhaus der Qing zu stürzen. Der Versuch misslang, erst ein halbes Jahr später dankte der letzte Kaiser ab. Die gefallenen Helden des missglückten Aufstandes wurden hier ab 1912 (nach der Gründung der Republik China) geehrt. 56 Stelen und Gräber sowie 123 historische Relikte verteilen sich im Park. Die ganzjährig blühenden gelben Blüten sollen den ständig wachen Revolutionsgeist symbolisieren. Angeblich hat auch *Dr. SunYatSen* hier Pinien zu Ehren der „Märtyrer" gepflanzt.

Haupttеil ist ein Gedächtnisbogen aus Blocksteinen, die von zahlreichen nationalchinesischen Zirkeln aus aller Welt gestiftet wurden. Um die neue Epoche zu symbolisieren, wählte man Miniaturen berühmter Freiheitssymbole aus aller Welt. So erklärt sich die kitschig scheinende Anhäufung berühmter Bauten wie des Versailler Trianons oder der amerikanischen Freiheitsstatue. Der weitläufige Park ist ruhig und vor allem für geschichtlich Interessierte zu empfehlen. Er spiegelt mit seinen Pavillons und Statuen in besonderer Weise den nationalchinesischen Geist des frühen 20. Jh. wider.

●*Eintritt* 15 Y, *geöffnet* täglich 06:00–19:00 Uhr. Zu Fuß 5 Minuten zum/vom Zoo, Busse s. dort.

## Sehenswertes südlich der ZhōngShānLù

**WǔXiānGùGuān**
五仙故观

In diesem ursprünglich taoistisch-schamanistischen **Tempelkomplex** fand der Legende nach die Begegnung der fünf auf Ziegen reitenden Gottheiten mit den an einer Hungersnot leidenden Siedlern statt. Daraus resultierte der langjährige Name Kantons „WuYang" (5 Ziegen). Der Tempel zerfiel trotz etlicher Restaurationen, die heutige Anlage mit Skulpturen der Gottheiten und der Ziegen ist lediglich eine moderne Replik. Einziges echtes historisches Relikt ist die drei Meter hohe und 4800 kg schwere Glocke aus der Ming-Zeit (1368–1644). Während die Anlage Touristen gegenüber als für die Stadtgeschichte bedeutend gepriesen wird, meiden viele, insbesondere ältere Einwohner GuangZhous den „Tempel". Dies hängt mit eben jener großen, klöppellosen Glocke zusammen, deren Erklingen Unheil ankündigen soll. Ominös ist auch die Tatsache, dass es sich in jener Legende um fünf Gottheiten handelt, aber nur vier mit ebenfalls nur vier Ziegen dargestellt sind. Diese Anzahl bedeutet nach chinesischer Auffassung nichts Gutes, da „vier" (Si) und „Tod" (Si) bei unterschiedlichen Schriftzeichen gleich gesprochen wird. Daher wurde der Begriff „Tempel" auch durch **Historische Stätte der fünf Gottheiten** ersetzt. Warum keine fünf Gottheiten nebst Ziegen aufgestellt wurden, bleibt rätselhaft.

●Man erreicht die Anlage am einfachsten über die JieFang ZhongLu, geht in die HuiFu XiLu, wo nach 100 Metern rechts eine kleine Seiten-

# GuangZhou (Kanton)

- ▲ 1 HuaLinSi-Tempel
- • 2 GuangZhou LiWan Plaza
- ⊕ 3 GuangZhou Restaurant
- ⊕ 4 Timmy's Fast Food
- Ⓢ 5 Bank of China
- ⊕ 6,7 McDonald's
- ✚ 8 Spital
- ▪ 9 QingPing-Markt
- • 10 Deutsches Konsulat
- • 11 US-Konsulat
- 🛏 12 Wäscherei; White Swan Hotel
- • 13 ShaMian-Bar
- ⊕ 14 LiQin & KiuMei Rest.
- ⊕ 15 Bäckerei
- 🛏 16 Hotel Victory
- ✉ 17 Post
- 🛏 18 GuangZhou Jugendh., ShaMian Hotel & Fotogeschäft
- ○ 19 Lucy's Café & Michaels Internetcafé (11:00-01:00 Uhr)
- 🛏 20 Hotel Victory (neuer Flügel)
- ⊕ 21 Pasar-Restaurant
- Ⓢ 22 Bank of China
- ⊕ 23 Paddington Continental Style Restaurant
- • 24 Stadtbus-Sammelstelle
- ▪ 25 Antikmarkt
- ▪ 26 NanFang Kaufhaus & veg. R. Buddhist World
- • 27 Piere für Ausflugsboote
- ⊕ 28 G-Zint Seaman's Club
- • 29 Brücken-Barbiere
- ⊕ 30 Top Show Disco
- 🛏 31 XinHua Hotel & Rest.
- ⊕ 32 Timmy's Fast Food
- 🛏 33 New Asia Hotel
- 🛏 34 BaiGong (White House)
- • 35 Harbin Ice Carvings
- ▪ 36 Supermarkt, Fast Food
- ⊕ 37 DoMe Fried Chicken
- ⊕ 38 Moslemisches Rest.
- ⊕ 39 Vegetarisches Rest.
- Ⓒ 40 Moschee
- ▲ 41 Historische Stätte der fünf Gottheiten
- ✚ 42 Spital
- ⅱ 43 Kathedrale zum Herzen Christi
- 🛏 44 GuangDong Hotel; Furama Hotel
- • 45 Arbeiter-Heldenstatue
- ⊕ 46 Kentucky Fried Chicken
- 🛏 47 AiQun Hotel (neuer Flügel)
- 🛏 48 AiQun Hotel (alter Flügel)
- • 49 RenMin Park
- Ⓑ 50 BaiYunShan-Busse
- ▪ 51 XinDaXin Kaufhaus
- • 52 kleiner Park
- ▪ 53 Campingartikel-Geschäft
- ⊕ 54 GuangZhou Kaufhaus; McDonald's
- ▪ 55 Buchladen & chinesische Apotheke
- ⊕ 56 Pizza Hut; Timmy's Fast Food
- ▪ 57 Straßenmarkt & Garküchen
- 🛏 58 GuangLi LüDian Hotel
- 🛏 59 Hotel GuangZhou
- 🛏 60 Hotel Landmark
- 🛏 61 HaiZhu Hotel
- ▪ 62 Supermarkt

# GuangZhou (Kanton)

straße vor dem Krankenhaus zum WuXian GuGuan führt. **Geöffnet** täglich 08:30–11:30 Uhr und 14:30–17:30 Uhr; **Eintritt** 10 Y.

**Kathedrale zum Herzen Christi**
(ShíShìJiàoTáng)
石室教堂

Nach dem Vertrag von TianJin zwischen China und Frankreich erhielten die Franzosen das Areal zur Pacht, auf dem 1863–88 vom französischen Architekten *Guillemin* nach dem Vorbild einer gotischen Kathedrale die größte christliche Kirche GuangZhous errichtet wurde. Messen werden wochentags 06:30 und 07:30 Uhr, an Sonn- und Feiertagen 06:30 und 08:30 Uhr gelesen. Zumindest tagsüber ist das Haupttor meist offen.

**Perlfluss**
(ZhūJiāng)
珠江

Entlang der beinahe 2 km langen **Uferpromenade** an der BinJiang XiLu an der Südseite des Perlflusses kann man dem lebendigen Treiben auf dem Fluss zusehen und kommt aus dem Staunen nicht heraus, was da alles auf dem Fluss schwimmt: Passagierboote, Kadaver, Ausflugsdampfer, Unrat, bis beinahe zum Kentern vollgeladene Barken, kleine motorbetriebene Holzboote – es lohnt sich, hier einmal entlang zu schlendern. Viele kleine Kioske bieten für nur fünf Yuan eine Flasche des erfrischenden lokalen ZhuJiang-Bieres an.

**Rundfahrten** auf dem Fluss mit Ausflugsbooten sind täglich um 19:00 Uhr ab den Rundfahrt-Pieren am Nordufer bei der RenMin-Brücke möglich. Die Fahrpreise liegen bei 50 Y. **Tickets** gibt es entweder direkt am Pier oder bei den großen Touristenhotels (z.B. *White Swan* und *ShaMian Hotels*).

**HǎiChuáng GongYuan**
海幢公园

In der NanHua ZhongLu, einer Parallelstraße der Uferpromenade, liegt ein kleiner und unscheinbarer **Bezirkspark.** Über viele Jahrhunderte stand hier das größte Buddhistenkloster der Stadt, welches aber nach der Revolution von 1911 zunächst zu einer Schule umfunktioniert und nach einigen Jahren der staatlichen Nutzung in eine Kaserne umgewandelt wurde. Von der einstmaligen Klosterpracht steht nur noch die Haupthalle, die an Wochenenden als Disco mit Live-Gruppen dient. Tagsüber sieht man hier insbesondere ältere Anwohner beim TaiJiQuan (Schattenboxen) oder bei Spielen wie chinesischem Schach oder MaJong. An Sonntagen bringen ältere Männer ihre Singvögel in Bambuskäfigen hierher, um sie gemeinsam musizieren zu lassen.

## ShāMiànDào
沙面岛

Die kleine **Insel im Perlfluss** südlich der LiuErSan-Straße war einst nicht mehr als eine Sandbank im Fluss, ehe die europäischen Mächte die Öffnung GuangZhous für den Chinahandel erzwangen. Den Lagerhäusern und Manufakturbetrieben, die seither auf der Insel betrieben werden durften, folgten Verwaltungsgebäude und ausländische Repräsentanzen – noch heute liegt das US-Konsulat auf ShaMian.

In den vergangenen Jahrzehnten wurden viele Gebäude zu einer ruhigeren und gepflegten Siedlung mit Wohn- und Hotelklomplexen umfunktioniert. Delikatessenshops, hochpreisige Restaurants und sogar 7/11-Läden prägen das heutige Bild ShaMians, das wieder deutlich auf dem Weg zum Nobelviertel zu sein scheint. Das neue, durchaus empfehlenswerte *Paddington Continental Style Restaurant* (mittlere/gehobene Preisklasse) etwa erinnert deutlich an die Ursprünge.

ShaMian war über viele Jahre hinweg eine Hochburg auch für westliche Individualtouristen, die hier weit günstigere Unterkunftsmöglichkeiten vorfanden als anderswo in GuangZhou. Neben den besten Hotels der Stadt *(White Swan* und *Victory*) befindet sich hier immerhin noch ein Radverleih sowie die derzeit einzige Jugendherberge des Südens.

Sehenswert ist die gesamte Anlage der Bauten im Stil der ehemaligen Fremdmächte entlang kleiner Alleen, auch wenn der Glanz vergangener Tage mehr und mehr abbröckelt.

**LiǔErSànLù
(6-2-3-Straße)**
六二三路

Nördlich der Insel ShaMian und mit einigen kleinen Brücken verbunden liegt die LiuErSanLu, die in Angedenken an den 23.6.1925 benannt wurde, als französische und britische Soldaten während eines Streiks chinesischer Arbeiter brutal in die Menge schossen.

Etwa in Höhe der Mitte der ShaMian-Insel zweigt von der LiuErSanLu die kleine QingPingLu nach Norden ab. Hier liegt GuangZhous Version der berühmten taiwanesischen Snake-Alley, der ✛*QīngPíng-Markt.*

清平市场

Ursprünglich sollten Bauern und Viehzüchter des Umlandes hier während der Anfänge einer kleinen Privatwirtschaft Ende der 1970er Jahre offiziell ihre Erzeugnisse vertreiben dürfen. Im Laufe der Jahre spezialisierten sich die Händler des QingPing-Marktes auf exotische „Lebensmittel" wie Schlangen, Affen, Frösche, Echsen und viele andere Tiere – alles in lebender Form. Der Hauptgrund dafür, dass viele Lebensmittel lebend gekauft werden, liegt nicht in der den Kantonesen angedichteten Brutalität, sondern schlicht in der Tatsache begründet, dass in Subtropen Fleisch schnell verdirbt und daher möglichst frisch zubereitet werden muss. Auch glauben viele Chinesen, dass ein Tier kurz vor dem Schlachten Unmengen an Adrenalin erzeugt, und dieses, kurz darauf genossen, sich positiv auf Gesundheit, Kraft und Mut des Verzehrenden auswirkt. Weiterhin können auf dem Markt Knochen von Bären, Raubkatzen, Rotwild und ähnlichem, und daraus gewonnenes Pulver für teures Geld erworben werden. Die Einnahme solch pulverisierter Knochen wirkt sich nach chinesischer Auffassung potenzfördernd aus. Daneben gibt es eine Reihe diverser Heilkräuter als auch weniger Spektakuläres wie lebenden Fisch und Gemüse zu kaufen. Der exotischste Straßenmarkt der Stadt wurde zu einem mittlerweile nicht mehr wegzudenkenden Touristenmagneten.

# GuangZhou (Kanton)

文化公园

Ein Stück östlich des Marktes liegt der **Kulturpark (中 Wén-Huà GōngYuàn)**. In diesem interessanten Park gibt es neben Karussells und Imbissständen wechselweise Aufführungen von Künstlergruppen der chinesischen Oper, Akrobatikshows (fantastisch!), Filmvorführungen, Tanzdarbietungen sowie Stunteinlagen chinesischer Stuntleute. Alle Aufführungen, so unterschiedlich sie auch sind, werden hervorragend dargeboten und könnten jederzeit in Europa einem Millionenpublikum standhalten. Das chinesische Publikum ist allerdings sehr verwöhnt (oder gleichgültig) und spendet im Karaoke mehr Beifall als bei diesen brillianten Vorführungen. Eintritt 6 Y, geöffnet täglich bis mindestens 22:00 Uhr.

Um die Ecke in der RenMin NanLu wird etwas ziemlich Außergewöhnliches gezeigt, die **„Harbin Ice-Carvings"**. In einer Halle schnitzen Künstler verschiedenste Figuren und Gegenstände aus Eisblöcken nach dem Vorbild der weltberühmten Wettbewerbe im nordchinesischen HarBin. Eintritt 20 Y.

## Unterkunft

GuangZhou verfügt über ein breites Angebot an Unterkünften, wie in China üblich aber überwiegend im mittleren bis oberen Preissegment. Auf der ShaMian-Insel liegt die einzige echte **Jugendherberge** Südchinas, einige **Billighotels** liegen in der HuanShi XiLu nahe des Hbf. Letztere sind Ausländern offiziell nicht zugänglich, doch wird man nicht mehr wie früher unbedingt abgewiesen – zumindest wenn man etwas Mandarin spricht. Wer Glück hat, wird am Hbf von „Schleppern" mit Bildkatalog angesprochen, die private Zimmer vermitteln (um 150 Y für 2 Personen), allerdings ist dieses System noch sehr neu, und ob es politisch genehm bleibt, muss abgewartet werden.

Es gibt drei Zentren für Unterkünfte in der Stadt: **Südlich vom Ostbahnhof** liegen einige Nobelherbergen in der Neustadt, die recht ungünstig weit ab vom Zentrum liegen und für den Touristen kaum interessant sind.

In Gehnähe vom **Hauptbahnhof** („Nord") liegen etliche Hotels aller Preisklassen, auf die man zurückgreifen sollte, wenn man per Bahn weiterreisen möchte.

Das dritte Zentrum liegt auf der **ShāMiàn-Insel** und am **Südende der RenMinLu** („Süd"). Neben Ober- und Mittelklassehotels findet der Reisende hier die Jugendherberge GuangZhous. Zweckmäßigerweise wählt man diese Gegend, wenn man per Boot ab ZhouTouZui-Pier (HongKong) oder DaShaTou-Pier (Chinesische Inlandsziele) weiterfahren möchte.

Noch ein allgemeiner *Tipp:* GuangZhou verfügt über eine große Anzahl an Hotels, die aber meist nur während der Messen oder zu Feiertagen gut belegt sind. Es lohnt sich unter http://chinatour.net/Guangzhou-Hotels/page/1/sort/5a.html nachzusehen, ob zum beabsichtigten Reisetermin ein sehr gutes Hotel zu außerordentlich günstigen Preisen vorab arrangiert werden kann. Man bekommt hier manchmal schon für 20 Euro ein Vier-Sterne-Hotel!

## Nord

● In der HuanShi XiLu sind einige ordentliche Hotels zu finden (wieder achte man auf die glücksverheißenden Dreierkombinationen der Zahlen 8 und 6!):

新加新大旅店
✛ *XīnJiāXīn DàLüDiàn,* HuanShi XiLu (neben Provinz-Bbhf), DZ 320 Y, sehr gute Zimmer

银路旅店
✛ *YínLù JiǔDiàn* (Silver Road-Hotel), HuanShi XiLu, DZ ab 210 Y.

● Gegenüber liegen die Hotels:

花梨大酒店
✛ *HuāLì DàJiǔDiàn* (ab 230 Y/DZ) und

西城大酒店
✛ *XīChéng DàJiǔDiàn* (320 Y/DZ).

● In der Parallelstraße ZhanQianLu liegt eine Reihe Mittel- und Oberklassehotels:

流花大酒店
✛ *LiúHuā-Hotel,* 194 HuanShi XiLu, Tel. 86668800, jüngst renoviert, 500 Zimmer, DZ ab 438 Y, gleich gegenüber vom Hbf, sehr gut.

站前大酒店
✛ *ZhànQián JiǔDiàn,* 81 ZhanQianLu, Tel. 86670348, DZ ab 210 Y, 3er 285 Y, sehr zu empfehlen. Gegenüber liegt das auffällige Oberklassehotel ✛ *XīnDàDì BīnGuǎn* (New Mainland Hotel) mit ausgezeichneten DZ ab 475 Y.

新大地宾馆

● Ein Stück weiter die Straße hinunter liegen mehrere Hotels nebeneinander:

华侨酒店
✛ *HuáQiáo JiǔDiàn* (Overseas Chinese Hotel), Tel. 86663488, DZ ab 400 Y.

雷州酒店
✛ *LéiZhōu JiǔDiàn,* 88 ZhanQianLu, Tel. 86681688, DZ ab 280 Y, bessere Zimmer kosten 440 Y.

中华大酒店
✛ *ZhōngHuá DàJiǔDiàn* (Sinochem-Hotel), 58 ZhanQianLu, Tel. 86672288, DZ ab 380 Y.

● Auf der gegenüberliegenden Straßenseite schließlich das

金环大酒店
✛ *JīnHuán DàJiǔDiàn,* 101 ZhanQianLu, Tel. 86689510, mit DZ ab 290 Y.

● Einige weitere empfehlenswerte Unterkünfte in Bahnhofsnähe liegen rund um das Messegelände in der RenMin BeiLu/LiuHuaLu:

友谊宾馆
✛ *YǒuYí BīnGuǎn* (Friendship Hotel), 698 RenMin BeiLu, Tel. 86679898, Fax: 86678653. Dieses schöne Hotel bietet Unterkünfte in mehreren Blöcken an; im A-Block kosten DZ 350 Y, in den B/C-Blocks 300 Y. Hier gibt es auch günstige 3er- und 4er-Zimmer (ab 250 Y). *Tipp!*

# GuangZhou (Kanton)

贵都就店     ●Gegenüber das **Ф *Equatorial*,** 931 RenMin BeiLu, Tel. 86672888, Fax: 86672582, bietet Top-DZ ab 535 Y und einige günstige ab 330 Y, liegt gut zur Messe und wird meist von Messerepräsentanten bewohnt.

东方宾馆     ●Ebenfalls gegenüber der Messe in der 120 LiuHuaLu liegen das moderne **Ф *DōngFàng*-Hotel,** Tel. 86669900, Fax: 86681618, mit DZ ab 775 Y sowie nebenan GuangZhous vielleicht bestes Hotel, das

中国大酒店     **Ф *ZhōngGuó DàJiǔDiàn*** (China Hotel), Tel. 86666888, Fax: 86677014 mit DZ ab 850 Y.

●Nahe des Mausoleums der 72 Märtyrer, rund um die Kreuzung HuanShi DongLu und XianLieLu liegen einige weitere Hotels, die überwiegend von Gruppenreisenden genutzt werden. Leider liegen sie nicht in Gehnähe vom Hbf (Busse 30 und 33) oder den Fährpiers. Unter anderem liegen hier:

华山宾馆     **Ф *HuáShān BīnGuǎn*,** Tel. 87763868, feine DZ gibt es hier schon ab 320 Y,

白云宾馆     **Ф *BáiYún BīnGuǎn*,** 367 HuanShi DongLu, Tel. 83333998, DZ ab 480 Y, gehört seit wenigen Jahren zur „Best Western"-Gruppe, sowie gegenüber das fantastische

花园酒店     **Ф *HuāYuàn JiǔDiàn*** (Garden-Hotel), Tel. 83338989, Fax: 83350467 mit DZ ab 1000 Y; tolle Aussicht vom drehenden Restaurant im Obergeschoss.

## Süd

Auf der Insel ShaMian sowie in den angrenzenden LiuErSanLu und RenMinNanLu gibt es ebenfalls eine Reihe von Unterkünften in allen Preisklassen:

●In der TaiGangLu (wenige Meter neben dem GuangZhou-Hotel) liegt inmitten von Heimwerkerläden das kleine **GuangLi LüDian** Privathotel, wo man schon ab 115 Y unterkommen kann.

广州青年招待所     ●**GuǎngZhōu Youth-Hostel** (Ф GuǎngZhōu QīngNián ZhāoDàiSuǒ), 2 ShaMian 4 Jie, Tel. 81884298, ein Zentrum für Individualreisende, obgleich Schlafsaalbetten zu 80 Y recht teuer sind; DZ ab 200 Y.

沙面宾馆     ●Lediglich 50 Meter vom Youth-Hostel entfernt in der 52 Shamian NanJie liegt das **Ф *ShāMiàn BīnGuǎn*,** Tel. 8888124, 81912288 mit guten DZ ab 300 Y.

●Am Nordende der ShaMian 4 Jie bietet das

胜利宾馆     **Ф *ShèngLì BīnGuǎn*** (Victory), Tel. 8862622, DZ im alten Flügel für 320 Y, im neuen Flügel für 580 Y, 3er 700 Y.

●Zu den Top-Hotels in GuangZhou zählt auch das traditionelle

白天鹅宾馆     **White Swan,** 1 ShaMian NanJie, Tel. 81886968, Fax: 81861188. DZ beginnen bei 920 Y, zählt zu den besten Hotels in China.

●Gegenüber der ShaMian-Insel, am Nordufer des Perlflusses, konzentrieren sich mehrere Mittelklassehotels auf engem Raum:

爱群大酒店     **Ф *ÀiQún DàJiǔDiàn*,** 113 YanJiang XiLu, Tel. 8666668, DZ um 400 Y – sehr preiswert für ein Luxushotel

新亚酒店     **Ф *XīnYà JiǔDiàn*,** 10 RenMinNanLu, Tel. 86884722, DZ ab 320 Y

新华大酒店     **Ф *XīnHúa DàJiǔDiàn*,** 4 RenMin NanLu, Tel. 86882688, DZ ab 250 Y

白宫酒店     **Ф *BáiGōng JiǔDiàn*,** 17 RenMin NanLu, Tel. 86882313, EZ ab 280 Y, DZ ab 350 Y

广东大酒店     **Ф *GuǎngDōng DàJiǔDiàn*,** 294 ChangDiLu, Tel. 85883601, DZ 340 Y

福丽华大酒店

文化假日酒店

● Nebenan liegt das teure ⊕ *Furama-Hotel,* 316 ChangDiLu,
Tel. 85863288, DZ ab 450 Y

Einen guten Kilometer weiter östlich, zwischen HaiZhu-Square und DaShaTou-Pier wurden in Top-Lage einige neue Luxushotels errichtet:
● *Pacific Riverside Hotel,*
Tel. 83839888, Fax: 83814448, DZ ab 650 Y, Suiten bis 4750 Y,
● *Landmark-Hotel,* Tel. 83355988, Fax: 83336197,
DZ ab 680 Y, Suiten zu 3350 Y sowie das günstigere
● *GuǎngZhōu-Hotel,* Tel. 83338168, Fax: 83330791, DZ ab 550 Y.

## Essen und Trinken

### Einfach, günstig und schnell

Wie nicht anders zu erwarten, dringen westliche Fast-Food-Ketten in China allmählich von Süd nach Nord vor. So sind *Mc Donald's*, *Pizza Hut* oder *Kentucky Fried Chicken* – zumindest in GuangZhou – längst keine exotische Neuerung mehr. Chinesische Fast-Food-Ketten wie *Timmy's* oder *Fairwood* (beide mehrfach in der Stadt vertreten) ermöglichen den Genuss einheimischer Schnellgerichte ohne große Sprachschwierigkeiten. Auch *DoMe Fried Chicken* erfeut sich bei Einheimischen wachsender Beliebtheit und steht *KFC* in nichts nach. Die Fast-Food-Preise liegen höchstens auf dem Niveau HongKongs und dürften damit die günstigsten weltweit sein.

Von der ZhongShanLu 50 Meter in die BeiJingLu hinein bietet eine winzige **Garküche** gebratene und gekochte Teigtaschen in großen Portionen für wenige Yuan.

Für ein kleines **Frühstück** empfiehlt sich die *Victoria-Bäckerei* am gleichnamigen Hotel auf der ShaMian-Insel.

Für Obst und Gemüse sei auf die Märkte verwiesen, deren Garküchen ebenfalls nicht zu verachten sind. Beim **QīngPíng-Markt** muss man sich allerdings darüber im klaren sein, dass dort nicht nur Schwein oder Rind gegrillt wird.

Gute **Garküchen** (Huhn, Schwein sowie Pfannküchlein mit Erdnusssauce) findet man in der BeiJingLu – die Stadtverwaltung duldet hier keine „Exotika". Gleiches gilt für die Garküchen rund um die ChangDi-Lu/YanJiang XiLu (nur in den Abendstunden). Am Nordende des **Ten-Shine Plaza** (Messe-Nordseite) gibt es ein chinesisches Fast-food-Restaurant mit kleinen Snacks zwischen 15 und 50Y.

### Restaurants

披明珠酒店

利群饮食店

● Auf der ShaMian-Insel bietet sich für chinesische Gerichte wie DimSum, Geflügel süß-sauer oder sogar gutes Frühstück das ⊕ *YèMíngZhū JiǔDiàn* in der ShaMian NanJie (beim ShaMian-Hotel) an.
● Eine Oase der Stille – die allerdings ihren Preis verlangt – ist das Biergarten-Restaurant **Pasar** (BaSha) auf ShaMian mit sehr guten Gerichten diverser asiatischer Küchenrichtungen (Tel. 81215910).
● Bei westlichen Touristen ist **Lucy's Cafe** (ShaMian NanJie) beliebt.
● Kantonesische Gerichte für wenig Geld gibt es im ⊕ *LìQún YǐnShí-Diàn* (ShaMian DaJie).
● Eine breite Auswahl ausgezeichneter chinesischer Menüs im mittleren Preissegment bietet das **Victory Restaurant** (Victory Hotel), welches sogar über eine englischsprachige Speisekarte verfügt.

In den gehobeneren Restaurants muss mit Preisen ab 100 Y für ein Komplettmenü inklusive Getränken gerechnet werden:

广州酒家  Φ *GuǎngZhōu JiǔJiā,* 2 WenChang NanLu, Tel. 88888388.
Das führende Lokal der Stadt (erkennt man schon an den vielen Achten) für exquisite chinesische Küche.

北园酒家  Φ *BěiYuán JiǔJiā,* 202 XiaoBeiLu, Tel. 83330087.
Qualitativ gleichwertig, aber preiswerter.

泮溪酒家  Φ *PànXī JiǔJiā,* 151 LongJin XiLu, Tel. 88815718. Definitiv bestes Dim-Sum-Restaurant der Provinz; etwas teurer, dafür aber mit unglaublicher Auswahl. Geöffnet 05:30–22:30 Uhr, Dim Sum bis gegen 09:30, 11:30–12:30 und ab 17:30 Uhr erhältlich.

菜根香素菜馆  Φ Das *CàiGēnXiāng SùShíGuǎn,* 167 ZhongShan 6 Lu, Tel. 83344363, ist das bekannteste vegetarische Restaurant der Stadt. Insbesondere die DouFu- (ToFu-) Variationen sind köstlich.

## Einkäufe

**Kaufhäuser**

Auf dem Weg zum GuangXiao-Tempel passiert man das **Asia-Kaufhaus** an der RenMin BeiLu – eigentlich nichts Besonderes. Interessant aber ist hier die Öffnungszeremonie um 09:00 Uhr, wenn die – überwiegend weiblichen – Angestellten in Uniform auf dem Vorplatz militärisch exakt aufmarschieren, die chinesische Flagge hissen und rund 20 Minuten hin- und hermarschieren; ein Feldwebel hätte seine wahre Freude.

Auch im Norden – aber für Otto-Normal-Verbraucher weniger empfehlenswert, da die Luxuswaren hier eher die Messebesucher ansprechen sollen – ist das **TenShine Plaza** am Nordende der Messe.

**Tipp:** Eine reichhaltige Auswahl lokaler und internationaler Produkte bieten die **Kaufhäuser der BěiJīngLu.** Es macht Spaß, hier herumzuschlendern und das eine oder andere zu kaufen (Metro: GongYuanQian).

Ähnlich interessant sind auch die kleinen **Geschäfte und Boutiquen** in der RenMin NanLu und RenMin ZhongLu: von Brillen über chinesische Medizin bis zu Elektro-Kleingeräten kann man alles sehr preiswert erwerben (Qualität: *made in China!*). Auch ein Gang durch die YiDeLu (Kathedrale) mit Haifischflossenhändlern und anderen exotischen Zutaten fasziniert viele Besucher.

南方大厦  Gleiches gilt für das große Φ *NánFáng-Kaufhaus* beim Kulturpark. Vor allem Kleidung und Sportartikel sind hier sehr günstig zu fest ausgezeichneten Preisen zu haben. Zu den vielleicht interessantesten Artikeln zählen die chinesischen Daunenjacken, die sehr gut verarbeitet und dabei ausgesprochen preiswert (schon ab 350 Y) sind.

**Hauptgeschäfts-straßen**

北京路・下九上九路

Die besten Einkaufsmöglichkeiten mit dem breitesten Angebot einheimischer wie auch westlicher Produkte findet man in der ✛*BěiJīngLù* und der ✛*XiàJiǔ-ShàngJiǔLù;* in beiden Zentren mit großen Kaufhäusern, Boutiquen, Fachgeschäften und fliegenden Händlern wird der Besucher rasch erkennen, wohin Chinas Weg wirtschaftlich führt.

中山路
中山四路\小北路

Interessant für **originär chinesische Waren** von der Fahrradkette bis zum Waschzuber sind die Abschnitte 5 und 6 der ✛ZhōngShānLù; für **Sportartikel** ist das große Fachgeschäft in der ✛ZhōngShān SìLù/Ecke XiǎoBěiLù zu empfehlen.

Am Nordtor des YueXiu-Park liegt ein ausgezeichneter **Friseursalon,** der 75 Y für eine komplette Damenfrisur (im westlichen Stil) nimmt.

**Märkte**

清平市场

Der zweifellos interessanteste und exotischste Markt GuangZhous ist der ✛*QīngPíng-Markt* an der LiuErSanLu; von Obst und Gemüse bis zu allerlei lebendem Getier reicht die Angebotspalette. Der kleine **Straßenmarkt** an der Nordseite des LiuRong-Tempels bietet neben buddhistischen Souvenirs ebenfalls Obst und Gemüse.

**Bücher und Landkarten**

In der BeiJingLu liegen zwei Buchläden, die auch einige wenige englischsprachige Bücher und Zeitschriften führen. Auch zweisprachige (chinesisch-englische) Landkarten und Stadtpläne sind hier für wenige RMB zu haben. Ausländische Zeitschriften sind meist in den Souvenirabteilungen größerer Hotels zu finden.

**Mitbringsel**

Beliebte China-Souvenirs sind **Landschaftsmalereien** (Bildrollen), kleinere geschnitzte oder gegossene **Figuren/Statuen, Kalligrafien** oder **Antik-Repliken.** In den Kaufhäusern findet man alles, was das Herz begehrt.

Auch viele nützliche **Kleinigkeiten** wie Essstäbchen, Reise-Spiele, Taschenmesser oder Haushaltsartikel sind für wenig Geld zu haben. Auch Textilien aller Art, Cassetten mit chinesischer Musik, Tee, Reissschnaps und Tabak sind billig, einheimische Zigaretten gibt es schon ab 3 Y die Packung.

Für höherwertige Produkte (Gemälde, Schmuck, Repliken) empfiehlt sich ein Besuch des **Souvenirshops im Museum der westlichen Han** (JieFang BeiLu). Das Personal ist hier – im Gegensatz zu anderen staatlichen Einrichtungen – sehr aufgeschlossen und hilfsbereit, die angegebenen Preise kann man oft bis auf die Hälfte herunterhandeln.

Die **Ausfuhr antiker Waren** aus China ist nur möglich, wenn der Käufer eine offizielle Kaufbestätigung und ein rotes Wachssiegel am Artikel selbst vorweisen kann. Als antik gilt, was älter als 100 Jahre ist. In der WenDeLu (Parallelstraße der BeiJingLu) liegen mehrere zugelassene **Antiquitätenläden.**

## Unterhaltung

海幢公园

越秀公园

Das abendliche Unterhaltungsleben GuangZhous spielt sich überwiegend in den Stadtparks oder den zunehmenden **Karaoke-Sälen** der großen Hotels statt. Die Jugend trifft sich eher im ⊕**HǎiChuáng-Park** (Disco- und Live-Musik), kulturell Interessierte sollten sich die mannigfaltigen Theater-, Artistik- und Gesangsvorstellungen im **Kulturpark** oder eine chinesische Oper im ⊕**YuèXiùPark** ansehen.

Eine **Kneipenszene** gibt es (noch) nicht, ein Bier *(ZhuJiang PiJiu)* trinkt sich am gemütlichsten an den Kiosken der **Uferpromende** an der Südseite des Perlflusses. Der *Kings Pub* in der RenMin BeiLu dürfte der erste Ansatz eines kantonesischen Biergartens sein (relativ teuer, da in Messenähe). Mehr auf die gutbetuchten Messeteilnehmer zielt der *China Nightclub* in der LiuHuaLu (neben dem Spital) ab, Traveller treffen sich in Lucy's Bar auf ShaMian (♪).

Auch bei den **Discos** haben in Kanton die ersten Pioniere Einzug gehalten: *JJ Disco*, LingYuan XiLu, Tel. 83813668, *Hit Disco*, 1 TongXinLu, Tel. 83313889 oder Kantons beliebteste Disco, *One Love Disco*, GuangZhou Lu/Ecke DongFengLu, Tel. 83445726.

## Institutionen

广州总邮局

⊕ **Hauptpost:** am Hauptbahnhof;
geöffnet Mo–Fr 07:30–19:00, samstags bis 12:00 Uhr.
● **Telefonzentrum:** gegnüber vom Hauptbahnhof,
geöffnet 08:00–19:00, Samstag bis 12:00 Uhr.

中国国际旅行社

中国银行

广州第一人民医院

- **Michael's Internet-Café** bietet Anschluss ans Netz, auch die größeren Hotels bieten Internetecken an.

ΦCITS (*China International Travel Service*): staatliche Informations- und Buchungsstelle für Flüge, Bahnfahrkarten, organisierte Touren, Hotelreservierungen usw. mit Büros in HongKong und Macau (♪). Die Hauptvertretung in GuangZhou liegt direkt am Hauptbahnhof (179 HuanShiLu, Tel. 86677151, geöffnet Mo–Fr 08:30–11:30 und 14:00–17:00 Uhr, samstags nur vormittags), viele größere Hotels verfügen ebenfalls über einen CITS-Schalter.

- **GongAnJu WaiShiKe (PSB, Public Security Bureau):** Die Ausländerabteilung der Polizei (Tel. 83331060) ist neben den üblichen Polizeiaufgaben für Visaverlängerungen zuständig und liegt in der 863 JieFang BeiLu (neben Museum der westlichen Han, Metro: GongYuanQian, exit J).

- **Banken:** Zweigstellen der Φ*Bank of China* (oft schon mit Maestro) sind an viele Hotels angeschlossen, Filialen befinden sich ferner am Nordende des TenShine Plaza (Messe), in der DiShiPuLu sowie der JieFang BeiLu (am Museum der westlichen Han).

- **Krankenhaus:** Das Φ*GuǎngZhōu DìYī RénMín Yīyuàn* in der 602 RenMin BeiLu verfügt über englischsprachiges Personal und behandelt nach der westlichen Medizin; Notruf: 120.

- **Konsulate:** (♪Reisetipps, diplomatische Vertretungen)

## Transport in der Stadt

**Taxis**

Alle Fahrzeuge sind mit Taxameter ausgestattet, die **Preise** hängen vom Fahrzeugtyp ab. Derzeit gibt es drei Kategorien, kleine (10 Y Grundgebühr inklusive 1km, 1,50 Y alle weiteren 500 m), mittlere (12 Y plus 1,50Y/500 m) und große Fahrzeuge (15 Y plus 2Y/500 m). Die Taxis sind rot, chinesisch und englisch beschriftet und können auf der Straße per Handzeichen gestoppt, über das Hotel oder per Tel. 83600000 bestellt werden.

**Bus**

Das Stadtbussystem GuangZhous ist ähnlich umfassend wie das in Macau oder HongKong, hat aber den Nachteil, dass der sprachunkundige Tourist es nur mit Mühe nutzen kann. Neben den motorisierten gibt es noch einige **elektrifizierte Linien** (101–107, weiter unten „E" genannt).

Die meisten Stadtbusse haben auf OMO (One Man Operated) umgestellt, man zahlt also passend beim Einstieg; bei einigen wenigen Linien fahren noch *MaiPiaoYuan* (Ticketierer) mit, die den Fahrpreis einsammeln.

Waren noch vor wenigen Jahren die Straßen leer und die Busse voll (noch Anfang der 1990er gab es den professionellen „Drücker" zum Schieben der Fahrgäste in den gerammelt vollen Bus; gibt es in Nordchina noch), so muss man kurz vor der Jahrtausendwende feststellen: Die Busse sind leer, die Straßen ziemlich voll. Es macht wieder Spaß, bei Preisen zwischen 1 und 5 Yuan (je nach Entfernung) in Kanton Stadtbus zu fahren. Hier einige wichtige Linien (alle fahren die gleiche Strecke umgekehrt zurück):

广州火车站

- *5:* ΦHbf (andere Straßenseite, gegenüber Hauptpost) – HuanShi ZhongLu – JieFang Bei, -Zhong und -NanLu, YanJiang XiLu – LiuErSan-Lu (ShaMian-Insel)
- *7:* Hbf – DaShaTou Pier (China Schiffe)
- *24:* RenMin-Park (parallel ZhongShan LiuLu) – BaiYun-Park
- *27:* GuangDaLu (s. 61) – Zoo
- *29:* Hbf (andere Straßenseite, gegenüber Hauptpost) – JieFangLu – HaiZhu ShiChang (HaiZhu-Square; kann für Hotels Landmark und GuangZhou sowie für DaShaTou-Pier/5 Gehminuten genommen werden)
- *30:* Hbf – HuanShiLu – NongLin XiaLu – ZhongShan YiLu
- *31:* Hbf – RenMinLu – YanJiangLu (Ufer, ShaMian-Insel)) – RenMinBrücke (wichtig für HK-Fähren) – Endstation GeXinLu
- *57:* LiuErSanLu (ShaMian-Insel) – YanJiangLu – DaShaTou-Pier (China-Fähren)
- *58:* Flughafen – JieFangLu ganz hinunter – geradeaus weiter in die QingHaiLu/YiDeLu (nahe HaiZhu-Square)
- *60:* GuangZhou DongZhan (Ostbahnhof) – DaShaTou-Pier (China-Fähren)
- *61:* DaShaTou Pier – ZhongShan BaLu – GuangDaLu (westl. Parallelstr. der BeiJingLu an der ZhongShan WuLu)
- *63:* DongShanHu-Park – HengFuLu (LuHu-Park und BaiYunShan)
- *E 103:* WenHua-Park – RenMin BeiLu – LiuHua Lu (China Hotel) – JieFang BeiLu – Kreuzung JiangShi Lu und Endstation JiChangLu
- Für Fahrten **vom Hbf in die LiuErSanLu** (6-2-3-Straße) können auch die 181, 186 und 556 nützlich sein (2 Y, OMO-System).

**U-Bahn**

„Gottlob gibt es die U-Bahn!" sagen viele Reisende, die entnervt am Bussystem verzweifelten. Die Benutzung ist einfach: Am Automaten drückt man auf dem Netzplan die Zielstation, prompt erscheint der Preis (3–8 Y), man zahlt und erhält einen **Chip,** den man auf die Leuchtfläche am Drehkreuz des Zugangs legt und bis zum Ausgang der Zielstation behält. Es gibt auch eine elektronische **Mehrfachkarte** („OCT") ab 20 Y, die an den Schaltern gekauft und an Automaten beliebig nachgeladen werden kann, jedoch noch nicht in allen Verkehrsmitteln (insbesondere Bussen) gilt. Englischsprachige Auskünfte gibt es unter Tel. 83178128. Die Beschriftung der Stationen erfolgte auch in lateinischer

Schrift, sodass sich die **Orientierung** recht einfach gestaltet, wenn man sich die wichtigste Umstiegsstation „GongYuanQian" in der ZhongShan 5 merkt, von wo aus man in alle Richtungen kommt. Das Netz wurde in den vergangenen Jahren kontinuierlich in Richtung Osten erweitert, sodass insbesondere die beiden Bahnhöfe nunmehr miteinander per Metro verbunden sind *(Metro-Fahrplan siehe nächste Seite).*

### Fahrrad

Man kann zwar gegenüber vom White Swan Hotel und beim GuangZhou Youth Hostel auf ShaMian-Insel noch **Räder leihen,** davon ist jedoch eher abzuraten. Zum einen wird das Radfahren im Straßenverkehr GuangZhous zunehmend zur Qual, andererseits werden viele Drahtesel gestohlen, sodass die Verleihstation an die endgültige Schließung denkt. Preis pro Tag: 35 Y. Falls es unterwegs einen „Platten" gibt – auf große Fußluftpumpen am Wegrand achten, das sind Reparaturshops.

## Organisierte Chinareisen

*CITS (China International Travel Service), CTS (China Travel Service)* sowie etliche private Reisebüros bieten schon in HongKong und Macau **Komplettarrangements** für ein- oder mehrtägige Touren nach GuangZhou und andere Ziele in China an. Derartige Touren kosten rund 60–100 % mehr als selbstorganisierte Reisen und sollten nur dann in Erwägung gezogen werden, wenn man über Kanton hinaus weiter nach Norden reisen möchte oder sehr wenig Zeit hat.

Möchte man **nur nach GuangZhou,** ist von einer organisierten Tour abzuraten. Zum einen kann man spielend einfach selbst per Zug oder Bus von HongKong und Macau anreisen, zweitens spart man sehr viel Geld (Agenturen verlangen oftmals bis zu 250 HK$ für eine Bahnfahrkarte, die nur 100 HK$ kostet), und schließlich sind Teilnehmer solcher organisierter Ausflüge oft unzufrieden mit den gebotenen Leistungen.

Als Faustregel gilt Folgendes: Von Süden her bis GuangZhou kommt man gut alleine zurecht, ab hier nach Norden wird es ohne chinesische Sprachkenntnisse z.T. kompliziert.

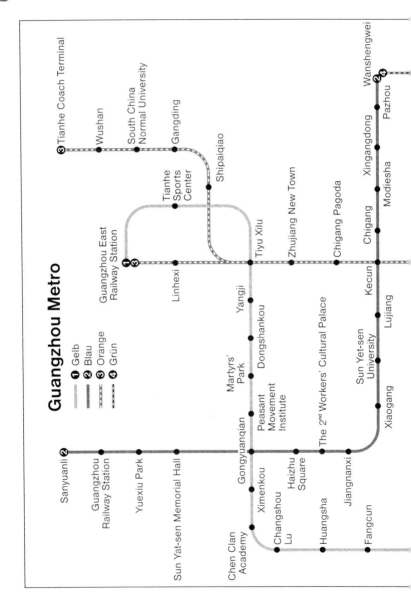

# GUANGZHOU METROPLAN

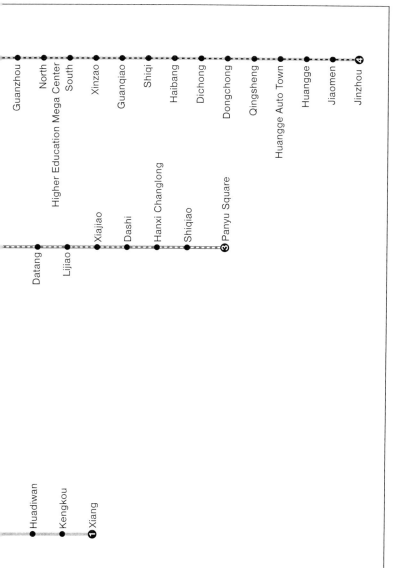

Kanton

# GuangZhou (Kanton)

中国国际旅行社

•In GuangZhou bietet Φ*CITS,* 179 HuanShiLu (am Hbf), Tel. 86666271, Touren, Ausflüge, Stadtrundfahrten, Flug-/Bahntickets usw. an.

## Weiterreise

**Der neue Flughafen von GuangZhou**

Seit März 2007 gilt für den neuen **BaiYun-Flughafen** (ca. 30 km nördlich der Innenstadt 24-h-Betrieb und Visafreiheit für Reisende, die weniger als 24 Std. in der VR bleiben. **Achtung:** vielfach ist (unabhängig von der 24-Std.-Regelung) von „visa-upon-arrival" am Flughafen GuangZhou zu hören. Dies gilt bislang nicht für den „normalen" Reisenden, sondern beschränkt sich derzeit auf Verwandtenbesuche, Firmendelegationen usw.

Ein *medizinischer Notdienst* steht bei Gate 25 unter Tel. 020-36066926, 020-86122926 24 Std. zur Verfügung.

*Flughafeninformationen* können unter Tel. 020- 8613 7273 oder direkt an den Infoschaltern (F-Island, D-Island, Flugsteige 11 und 15) abgefragt werden.

Eine **Bank** befindet sich in der Ankunfthalle (nahe Gate 3), eine **Post** ist bei Gate 9 zu finden.

**Anbindung zur Stadt/ andere Ziele**

Für **Taxis** gilt seit neuestem (auch in der Stadt): 7 Y für die ersten 2,3 km, dann je nach Tageszeit 2,20 bis 2,60 Y für jeden weiteren Kilometer.

**Fähranbindungen** werden zur Zeit auch nach Macau oder HongKong eingerichtet, ein direkter **Fährbus** verbindet den Flughafen noch vor der Immigration mit dem Pier.

Direkt am Flughafen gibt es zahlreiche **Transferbusse** (Airport Express) zu den großen Innenstadthotels (Busfahrplan s. nächste Seite).

**Bus/ZhuHai (Macau),** Ankunftshalle Bereich A (Ausgang 7) und Ankunftshalle B (Ausgang 10) stündlich von 10:25 bis 20:55 Uhr.

Zu den wichtigsten Fluganbindungen und für weitere Informationen sei auf die Internetseiten www.baiyun airport.com (offizielle Seite des Flughafens), www.newsgd. com/specials/airportguide/ sowie www.travelchinaguide. com verwiesen.

Neben internationalen Flügen nach HongKong, Singapore, Bangkok, Jakarta, Hanoi, Kuala Lumpur, Manila und einigen

| Bus Nr. | Busroute | Zeiten | Haltestellen | Frequenz | Fahrpreis in Yuan |
|---|---|---|---|---|---|
| 1 | Flughafen – CAAC Ticket Center | 07:00 bis letzter Abflug | Central Hotel, Aviation Village | 5–15 Min. | 16 Y p./P. |
| 1 | retour | 05:00 bis 23:00 | | | |
| 2 | Flughafen – Tianhe Guangyun Building | 07:00 bis 22:30 | GITIC Plaza, Holiday Inn, President Hotel Garden Hotel | 15–30 Min. | 22 Y/p./P. |
| 2 | retour | 05:30 bis 21:00 | | | |
| 3 | Flughafen – Fangcun Bus Station | 07:00 bis 22:30 | Haizhu Baohua Plaza, Rosedale Hotel | 30 Min. | 19 Y p./P. |
| 3 | retour | 05:30 bis 21:00 | | | |
| 4 | Flughafen – Mingzhu Hotel | 08:00 bis 21:00 | Dongpu Bus Station, Lejietu Square | stündlich | 28 Y p./P. |
| 4 | retour | 06:00 bis 20:00 | | | |
| 5 | Flughafen – Yuexiu Nanlu | 06:50 bis 00:20 | Dongfang Hotel Guangdong Dasha (Beijing Lu) | 15 Min. | 20 Y p./P. |
| 5 | retour | 05:30 bis 22:00 | | | |
| 6 | Flughafen – Tianhe Dasha | 07:05 bis 00:10 | Zhujiang Xincheng Square | 20 Min. | 20 Y p./P. |
| 6 | retour | 05:30 bis 09:00 | | | |
| 7 | Flughafen – Fanyushi Bridge | 07:00 bis 23:35 | Fanyu Bus Station, Lijiang Mingzhu Hotel | 30 Min. | 32 Y p./P. |
| 7 | retour | 05:30 bis 21:00 | | | |

Direktflügen nach Australien werden vorwiegend nationale Flüge zu über 50 Städten Chinas angeboten.

**Flugtickets** sind beim staatlichen Dachverband *CAAC* (neben *CITS* am Hbf) erhältlich. Preisbeispiele: HongKong 950 Y, BeiJing 1900 Y, ShangHai 1350 Y, GuiLin 600 Y, ULuMuQi (Urumchi) 3735 Y, QingDao 1840 Y. Auch internationale Tickets können bei *CAAC* gekauft werden oder entsprechend bei *Singapore Airlines* und *Malaysia Airlines*, Garden

# GuangZhou (KanTon)

Hotel, 368 HuanShi DongLu, Tel. 83358886. Früher musste man alles über *CAAC* kaufen, heute machen sich die Tochtergesellschaften wie *Air China* (917 RenMinLu, Tel. 86681319), *China Southern Airlines* oder *China Eastern Airlines* (beide in den LeiZhou bzw. Overseas Chinese Hotels) Konkurrenz.

Bei der Abreise per Flugzeug wird eine **Flughafensteuer** in Höhe von derzeit 100 Y erhoben.

## Bahnreisen

Bahnreisen sind bequemer, wenn auch auf Langstrecken oft langsamer als Busse. Karten sind nur mühselig (chinesische Anzeigen) am Hbf zu haben. Einfacher gelingt der **Kartenkauf,** wenn man gegen einen Aufschlag bei *CITS* am Bahnhofsvorplatz oder beim *GuangDong YangCheng Railway Travel Service* in der ZhanQianLu bucht. Tickets (auch HongKong/ShenZhen) gibt es in den Schalterhallen rechts und links der Bahnhofsuhr *(Achtung:* – Taschendiebe). Die regulären Preise beispielsweise für ShangHai sind je nach Klasse 200–600 Y, BeiJing (Peking) 300–800 Y.

## Nach ShēnZhèn und HongKong
到深圳
到香港

● **Bahn:** Ab **GuǎngZhōuDōng** (8 km östlich vom Hbf, Metro „East Railway Station") fahren vier Direktzüge nach HongKong um 08:40, 10:25, 15:10 und 18:00 Uhr.

Viel einfacher und am günstigsten ist es, ab Hbf den ShenZhen-Zug direkt bis zur Grenze zu nehmen und nach der Grenzkontrolle in die KCR-S-Bahn HongKongs (alle 5–10 Minuten) einzusteigen.

Es gibt zwei ShenZhen-Zugarten: einen Schnellzug (Gao, 15 mal täglich, 70 Minuten, je nach Zugart 80–105 Y) sowie einen Bummelzug (Shen, 15 mal täglich, 3,5 Stunden, 60 Y).

● **Bus:** Die einst vielen kleinen Einzelgesellschaften kooperieren heute und bieten einen guten, auch für Sprachunkundige nutzbaren Service an. Im **LiuHua-Terminal,** oben an der Überführung in der ZhanQianLu (gegenüber Mc Donald's, Metro-Station HBF, Ausgang B-4), gibt es Tickets für ShenZhen (HongKong/Grenzterminal, 75 Y) und ZhuHai (Grenzterminal, 70 Y), Abfahrt halbstündlich. Auch SheKou und GongBei werden hier angeboten. Unterhalb dieses Schalters fahren einige Busse. Wenn sie nicht voll sind wird man von Stewardessen zum Langstreckenterminal geführt (Karte Nr. 7) – einfach mit dem Ticket wedeln, dann werden Ausländer „an die Hand genommen". So verfahren u.U. auch die Gesellschaften der **HuanShi XiLu** (Karte 12 und 11) zu anderen Zielen der Volksrepublik. Die Tickets werden per Computer erstellt, Überbuchungen und Drängeleien gibt es bei den offiziellen und günstigen Gesellschaften nicht mehr. Die Busse sind sehr bequem, klimatisiert und mit hinreichend Beinfreiheit ausgestattet.

Gewarnt werden muss vor den **Minibusbetreibern**, die wegen der guten Langstreckenbusanbindungen ihre Felle davon schwimmen sehen und zu überhöhten Preisen arglose Touristen in ihre Fahrzeuge locken.

# GUANGZHOU (KANTON)

Am komfortabelsten und schnellsten (zu der angegebenen Abfahrtszeit wird auch gefahren) kommt man mit den verschieden **Luxus-Expressbussen** nach ShenZhen; solche Busse werden von den großen Hotels (z.B. *Hotel China, DongFangHo*) betrieben. Tickets und Abfahrt dort, etwa alle 30 Minuten, Fahrtzeit ca. 2 Stunden, Preis: 100 Y.

### Nach GǒngBěi und Macau
到拱北
到澳门

- **Bus:** ab Langstreckenbusbahnhof HuanShi XiLu etwa stündlich für 70 Y nach Macau; auch hier ist es günstiger, am selben Bbhf für 40 Y nach GongBei/Grenzstation zu fahren und hinter der Grenze in den Stadtbus zur Stadtmitte zu steigen (No. 3, 9 und 9A, 2,50 M$).

### Andere Ziele der VR China

- Am **Busstand vor der Post /Westseite des Hbf** werden weitere Städte Chinas angeboten: XiAn (335 Y), ShangHai (380 Y), FuZhou (195 Y), ZhongShan (45 Y), ChangSha (150 Y).
- Von der *Provinzialbusstation* (gegenüber Langstreckenstation/ HuanShi XiLu) fahren laufend Busse zu Zielen der Provinz Guang-Dong, z.B. FoShan, NanNing, ZhuHai (Grenze zu Macau), TaiPing, FuZhou oder ChangAn.
- Für innerchinesische Ziele per **Boot** liegt die Ablegestelle am **DàShā-Toù-Pier** an der Nordseite des Perlflusses (Stadtbusse vom/zum Hbf: 7, 205).

### Nach TàiPíng
太平

- 07:20 und 17:00 per Boot (DaShaTou-Pier)

### Nach GuìLín und YángShuò
桂林
阳朔

- **Boot:** Die schönste Möglichkeit, zu den legendären, malerischen Spitzkegel-Landschaften von GuiLin, oder – noch schöner – YangShuo zu kommen, ist per Boot via WuZhou (über Nacht). Ab DaShaTou-Pier fährt man 07:15, 10:00, 12:00 und 14:00 Uhr bis WuZhou, von dort direkt mit einem der am Pier wartenden Minibusse weiter zum gewünschten Ziel (im Ticketpreis von 100 Y enthalten). Je nach Wasserstand gibt es zeitweise auch Boote von WuZhou bis nach GuiLin.
- **Bus:** ab Bbhf vor dem DaShaTou-Pier mehrfach täglich nach GuiLin mit Stopp in YangShuo, oder ab Langstrecken-Bbhf HuanShi XiLu (15 Stunden, 120 Y)

### Nach HǎiNán
海南岛

Die tropische Insel im Südwesten Chinas ist in mehrfacher Hinsicht bemerkenswert. Sie ist der beliebteste Badeort Chinas, hier wird der einzige Kaffee Chinas angebaut, und hier wurde 1997 eine bis dahin unbekannte Menschenaffenart, der Schopfgibbon entdeckt.

- **Busse** fahren mehrmals täglich ab der Langstreckenbusstation in der HuanShi XiLu nahe Hbf für 87 Y nach HaiAn, wo die Fähren zur Insel ablegen **(Achtung:** Im Bbhf steht HaiKou, der Hauptort HaiNans angeschrieben, die Busse fahren natürlich nur zur Fähre). Luxusbusse fahren vor dem CITS-Gebäude (Karten dort) am Hbf (285 Y), Minibusse gegenüber (140 Y).
- Direkt nach HaiKou kommt man per **Boot** täglich um 09:00 Uhr ab ZhouTouZui-Pier (24 Stunden, 150–260 Y in vier Klassen).

深圳 # ShenZhen, SEZ

## Überblick

LuoHu, der Grenzübergang von HongKong in die Sonderwirtschaftszone ShenZhen, ist für viele auf dem Landweg reisende Besucher meist der erste Kontakt mit dem „echten" China. Und viele trifft die Realität wie ein Schlag, erwartet man doch Ärmlichkeit, Rückständigkeit und in Einheitsuniformen gekleidete Kommunisten. Doch das Gegenteil ist längst der Fall: Angesichts modernster Wolkenkratzer, sauberer Straßen und üppigem Warenangebot wird der Besucher bezweifeln, in die Volksrepublik China eingereist zu sein und sich vielmehr irgendwo in HongKong wähnen.

1980 beschloss die Pekinger Zentralregierung, in vier **Sonderwirtschaftszonen** *(Special Economic Zone, SEZ)* den Kapitalismus zu erproben und nebenbei Devisen zu verdienen. Neben ShenZhen waren dies XiaMen (Provinz FuJian), ShanTou (Ost-GuangDong) und ZhuHai (GuangDong, vor Macau). Alle Sonderwirtschaftszonen sollten zeigen, was möglicherweise passieren würde, wenn in ganz China die freie Marktwirtschaft ohne Einschränkungen herrschte.

In ShenZhen wurden binnen weniger Jahre eine **hypermoderne Großstadt** aus dem Boden gestampft, ausländische Investitionen mit günstigsten Konditionen angelockt, eine Wertpapierbörse eröffnet und seither wirtschaftliche Rekordzuwächse von jährlich 30 % und mehr erzielt. Da Büroraum und Land in HongKong in den 1980er Jahren schon nicht mehr bezahlbar waren, wurden die HK$ lieber auf der anderen Seite der Grenze investiert. Heute ist nicht nur die Industrie HongKongs in ShenZhen ansässig, auch Arbeitnehmer kauften Wohnungen und leben hier billiger als in HongKong, pendeln aber täglich über die Grenze zur Arbeit. In den Anfangsjahren flossen überwiegend gebrauchte Güter, Möbel und Fahrzeuge von HongKong in die Stadt, heute fragt man sich, wer für wen Modell steht. Auch westliche Unternehmen nutzten ShenZhen als Sprungbrett für das Chinageschäft, nicht weniger als 15.000 Firmen aus dem Westen sind mittlerweile vor Ort ansässig.

Offiziell leben in LuoHu 4 Millionen Menschen, und weitere 8,5 Millionen im zur 2020 km$^2$ großen SEZ gehörenden

# SHENZHEN, SEZ

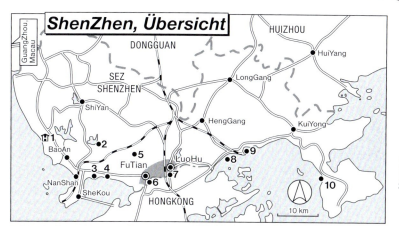

- 🏛 1 ShenZhen Int. Airport
- ● 2 Safari Park und XiLiHu-See
- ● 3 Fenster der Welt
- ● 4 Splendid China & Kulturdorf
- ● 5 Honey Lake Country Club
- ● 6 LokMaChau - LaMaChau Grenzübergang (Straße)
- ● 7 LoWu - LuoHu Grenzübergang (Bahn & Straße)
- ● 8 DaMeiSha Bucht
- ● 9 XiaoMeiSha Bucht
- ● 10 NanAo Bucht

Umland. Nachdem sich der Erfolg ShenZhens in China herumgesprochen hatte, kamen jährlich bis zu 300.000 **Zuwanderer** aus allen Provinzen hinzu. Dieser Entwicklung wurde schließlich energisch gegengesteuert, heute dürfen Chinesen der Volksrepublik ShenZhen nur mit Sondergenehmigung betreten, überwachte elektrische Zaunanlagen bilden eine Grenze nach Norden und schotten das Gebiet vom Rest Chinas ab.

ShenZhen ist längst eine Region der Superlative geworden: ein ***internationaler Flugplatz*** im Westen der SEZ soll langfristig HongKong Konkurrenz machen, die HongKonger MTR-Gesellschaft baut bis 2011 einen umfassenden Schienenverbund, der das Zentrum mit allen Teilen ShenZhens verbinden wird und die Reisezeiten zwischen den Städten des Perlflussdeltas auf ein Minumum reduzieren wird (MTR-Verbindung LuoHu – SheKou/Fährpier).

Als westlicher Tourist steht man also vor der paradoxen Situation, in das heute wieder chinesische HongKong zu reisen, anschließend dann über die (alte) Grenze in die Volks-

# SHENZHEN, SEZ

republik China einzureisen, um danach wieder an einer **innerchinesischen Grenze** zwischen ShenZhen und dem Rest Chinas zu stehen. Westliche Besucher werden an jenem Kontrollpunkt allerdings nur in Ausnahmefällen überprüft (Pass mitnehmen, Richtung GuangZhou „echtes" Visum notwendig, „landing-visa" für die SEZ genügt nicht).

ShenZhen und der **Hauptort LuoHu** ist unbedingt eine lohnenswerte Erfahrung, entweder als Tagesausflug, oder als Zwischenstopp auf dem Weg von HongKong nach GuangZhou.

## Orientierung

Von den fünf für Personen- und Warenverkehr geöffneten Grenzübergängen in die SEZ ShenZhen sind für Touristen hauptsächlich **LuoHu** (LoWu) mit der Bahnstrecke sowie **Western Corridor** nach SheKou-Fährpier (ShenZhen) von Bedeutung; die meisten Individualreisenden kommen per KCR über LuoHu.

Direkt an den Grenzübergang LuoHu schließt sich **ShēnZhèn-City** mit dem Grenzbahnhof, den Hauptgeschäftsstraßen (RenMin NanLu und JianSheLu) und vielen Hotels an.

Die Industriegebiete liegen weiter westlich rund um **ShéKǒu**, wo die Fähren nach HongKong, Macau und ZhuHai fahren. Seit 1997 verkehren Stadtbusse HongKongs im kleinen Grenzverkehr zwischen der SAR und SheKou über den Grenzübergang LokMaChau, für Touristen ist diese Option nur empfehlenswert, wenn man direkt zum Flughafen von ShenZhen im Westen oder nach SheKou möchte.

LuoHu/ShenZhen-City kann man leicht zu Fuß erkunden, andere Sehenswürdigkeiten in der SEZ, Hafen und Flughafen sind gut per Stadtbus, Minibus oder Taxi zu erreichen.

## Sehenswertes

### ShēnZhèn-City/LuóHú
深圳市
罗湖

Ein Stadtrundgang durch die Geschäftsstraßen vermittelt schnell das seltsame Gefühl, in China zu sein, irgendwie aber auch wieder nicht. Die meisten **Kaufhäuser, Geschäfte und Boutiquen** liegen im Straßendreieck JianSheLu, ShenNan DongLu und RenMin NanLu. Die Fußgängerzone und Einkaufsstraße DongMen ist recht untouristisch für ShenZhen und mit den vielen kleinen Einzelhändlern am ehesten traditionell. Sehr beliebt ist auch die neue Shopping-Mall direkt am Grenzübergang nach HongKong.

Am beeindruckendsten aber dürfte die ShenNan ZhongLu westlich der Bahnlinie sein. Hier liegen die neuen **Wolkenkratzer** mit farbigen Glasfassaden, hinter denen die großen Geschäfte abgewickelt werden.

# SHENZHEN, SEZ

Wer sich vom hypermodernen China überrollt fühlt, entflieht am besten zu einem Spaziergang in den hübschen *LiZhi-Park* oder den **Kinderpark** (WenJinLu) mit Karussells und Wasserbahn. In den Abendstunden lohnt ein Besuch im *LuoHu-Kulturpark,* wenn Freiluftkonzerte und chinesische Opern aufgeführt werden.

JǐnXiù
ZhōngHuá
锦秀中华

Wer sich etliche tausend Kilometer ermüdender Bahnfahrten durch China ersparen, aber dennoch alle Sehenswürdigkeiten der Volksrepublik innerhalb eines Tages sehen möchte, ohne eine Concorde mieten zu müssen, liegt hier genau richtig: Als Miniaturausgabe (1:15) sind im **Window of China** alle bedeutenden Bauwerke Chinas vom Potala-Palast in Tibet über die verbotene Stadt in BeiJing bis zur großen Mauer zu sehen.

Kinderpark in ShenZhen

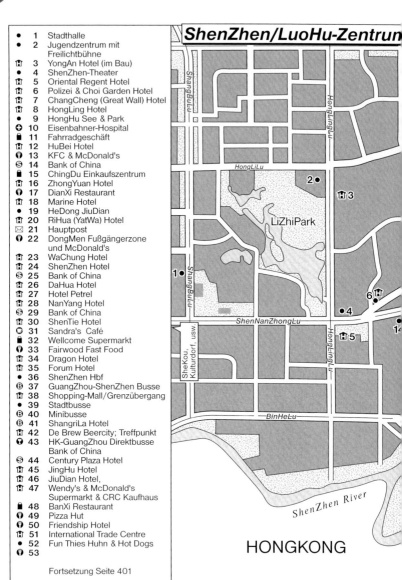

## ShenZhen/LuoHu-Zentrum

| |  | |
|---|---|---|
| • | 1 | Stadthalle |
| • | 2 | Jugendzentrum mit Freilichtbühne |
| 🏨 | 3 | YongAn Hotel (im Bau) |
| • | 4 | ShenZhen-Theater |
| 🏨 | 5 | Oriental Regent Hotel |
| 🏨 | 6 | Polizei & Choi Garden Hotel |
| 🏨 | 7 | ChangCheng (Great Wall) Hotel |
| 🏨 | 8 | HongLing Hotel |
| • | 9 | HongHu See & Park |
| ✚ | 10 | Eisenbahner-Hospital |
| ▪ | 11 | Fahrradgeschäft |
| 🏨 | 12 | HuBei Hotel |
| ❶ | 13 | KFC & McDonald's |
| $ | 14 | Bank of China |
| ▪ | 15 | ChingDu Einkaufszentrum |
| 🏨 | 16 | ZhongYuan Hotel |
| ❶ | 17 | DianXi Restaurant |
| 🏨 | 18 | Marine Hotel |
| • | 19 | HeDong JiuDian |
| 🏨 | 20 | RiHua (YatWa) Hotel |
| ✉ | 21 | Hauptpost |
| ❶ | 22 | DongMen Fußgängerzone und McDonald's |
| 🏨 | 23 | WaChung Hotel |
| 🏨 | 24 | ShenZhen Hotel |
| $ | 25 | Bank of China |
| 🏨 | 26 | DaHua Hotel |
| 🏨 | 27 | Hotel Petrel |
| 🏨 | 28 | NanYang Hotel |
| $ | 29 | Bank of China |
| 🏨 | 30 | ShenTie Hotel |
| ○ | 31 | Sandra's Café |
| ▪ | 32 | Wellcome Supermarkt |
| ❶ | 33 | Fairwood Fast Food |
| 🏨 | 34 | Dragon Hotel |
| 🏨 | 35 | Forum Hotel |
| • | 36 | ShenZhen Hbf |
| Ⓑ | 37 | GuangZhou-ShenZhen Busse |
| 🏨 | 38 | Shopping-Mall/Grenzübergang |
| • | 39 | Stadtbusse |
| Ⓑ | 40 | Minibusse |
| Ⓑ | 41 | ShangriLa Hotel |
| 🏨 | 42 | De Brew Beercity; Treffpunkt |
| ❶ | 43 | HK-GuangZhou Direktbusse Bank of China |
| $ | 44 | Century Plaza Hotel |
| 🏨 | 45 | JingHu Hotel |
| 🏨 | 46 | JiuDian Hotel, |
| 🏨 | 47 | Wendy's & McDonald's Supermarkt & CRC Kaufhaus |
| ▪ | 48 | BanXi Restaurant |
| ❶ | 49 | Pizza Hut |
| ❶ | 50 | Friendship Hotel |
| 🏨 | 51 | International Trade Centre |
| • | 52 | Fun Thies Huhn & Hot Dogs |
| ❶ | 53 | |

Fortsetzung Seite 401

# SHENZHEN, SEZ

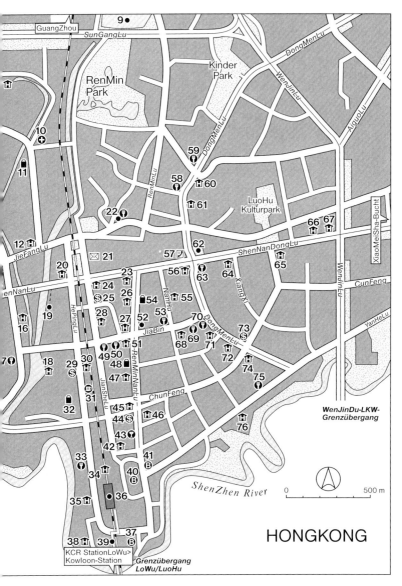

# SHENZHEN, SEZ

• **Geöffnet** tgl. 08:00–17:00 Uhr (Tel. 6600626), **Eintritt** 120 Y. **Zu erreichen** ab Hbf per A/C-Bus 101 (5 Y), Stadtbus 310, 311 (3 Y) oder Minibus 550 (12 Y). Einfacher und schneller geht es mit der Metro (ab LuoHu) bis zur Station ShiJie ZhiZhuang.

**ZhōngGuó MínSú WénHuàCūn**
中国民俗文化村

Direkt neben Window of China (Eintrittskarten an derselben Kasse) bieten Repräsentanten der ethnischen Minderheiten in China in einem **Kulturdorf** kulturelle Darbietungen und Tänze. Alte Wohnstätten, Tempel, Verkehrswege, Handwerkliches und Trachten wurden zu diesem Zweck auf dem Gelände rekonstruiert. Leider sind die ethnischen Minderheiten ebenso unecht. Auch das offizielle Anliegen des Parks, China als multiethnisch und unrassistisch darzustellen, erscheint gekünstelt. Bei 120 Y Eintritt (für Ausländer) ist dem nichts hinzuzufügen.

• An-/Abfahrt ♫ Window of China, Tel. 6600626

**ShìJièZhīChuāng**
世界之窗

Der große wirtschaftliche Erfolg des nahegelegenen Window of China brachte die Verantwortlichen auf die ebenso einfache wie geniale Idee „was mit China funktioniert, geht

# SHENZHEN, SEZ

| | | | | |
|---|---|---|---|---|
| ■ 54 | Einkaufspassage; Park n'Shop Supermarkt u. Disco | 🏨 65 | TungNam Hotel |
| 🏨 55 | Hotel Landmark ShenZhen | 🏨 66 | JingPeng Hotel |
| 🏨 56 | GuangDong Hotel | 🏨 67 | NamFong Hotel |
| ✉ 57 | Telecom ShenZhen | 🏨 68 | KaiLi Hotel |
| ❶ 58 | McDonald's, Garküchen und Bekleidungsstraßenmarkt | ❶ 69 | McDonald's |
| ❶ 59 | XiaoChi Straßenlokal | ❶ 70 | ShiTian Mittelklasserestaurant |
| 🏨 60 | XingWa Hotel | 🏨 71 | Sun Shine Hotel & Polka Beer City |
| 🏨 61 | DaJiang NanJiuDian Hotel & Kaufhaus | 🏨 72 | ShenZhen Hotel |
| ● 62 | KFC | 💲 73 | Bank of China |
| ❶ 63 | Wendy's und Mc Donald's | 🏨 74 | Silver Seat und ShenZhen KaiYue Hotels |
| 🏨 64 | Far East Grand Hotel | ❶ 75 | Garküchen |
| | | 🏨 76 | CITS Hotel |

auch mit anderen Ländern". So entstand das **Fenster der Welt** mit 118 Miniaturausgaben berühmter Bauwerke und Monumente aus aller Welt. Während der Park bei chinesischen Besuchern sehr gut ankommt, äußern sich westliche Besucher eher enttäuscht. In der Tat muss man nicht unbedingt nach China fahren, um beispielsweise den Eiffelturm zu sehen ...

●*Eintritt* auch hier gepfefferte 120 Y, geöffnet tgl. 09:00–22:30 Uhr, Tel. 26608000; *An-/Abfahrt* ⌕ Window of China, aber die ShenNan DaTou 1500 Meter weiter fahren.

## ShēnZhèn DòngWùYuán
深圳动物园

Dieser **Safaripark** ist in der Volksrepublik bislang einmalig. Auf 1,2 km² Fläche leben 10.000 Tiere von 300 Arten in vergleichsweise natürlicher Umgebung zusammen. Anders als in Zoos wurden hier Großgehege mit Tieren angelegt, die friedlich zusammenleben können. Der Besucher kann die meisten Abschnitte des Parks durchwandern, lediglich der Mittelteil mit Bären, Löwen und Tigern wird mit Kleinwagen befahren. In mehreren kleinen Arenen werden zu festgelegten Zeiten Tiershows aufgeführt, auf der großen Bühne bieten wechselweise chinesische und russische Artistentruppen hervorragende Vorstellungen.

●Der Park (Tel. 26622888) liegt 15 km nordwestlich von LuoHu am Xi-Li-Reservoir und **kann am besten per Bus** (101 vom/zum Hbf) oder Minibus (442, 457 vom/zum Hbf) **erreicht werden. Achtung:** Wollen alle anderen Fahrgäste nur zum Reservoir, nicht aber zum Park, sparen

Window of China

# SHENZHEN, SEZ

sich die Busse gelegentlich die 2 km vom Reservoirtor bis zum Safaripark – man muss anzeigen, wohin man möchte. **Eintritt** stolze 170 Y!

**XīLì ShŭiGù-Reservoir**
西丽湖水库

Der künstlich angelegte Binnensee im Herzen der SEZ dient nicht nur als Trinkwasserreservoir, sondern mit seinen vielen klassischen Pavillons, Spazierwegen, mit Bademöglichkeit, Museum und Restaurant ein beliebtes **Naherholungsgebiet.**

● Stadtbus 101 oder Minibus 442, 457 vom/zum Hbf

**ShéKŏu**
蛇口

Während LuoHu gewissermaßen als Schaufenster der Sonderwirtschaftszone erscheint, wird in und um SheKou das getan, weshalb die SEZ eigentlich gegründet worden war: produziert. In HongKong gibt es nur noch wenig **Industrie,** ein Großteil wurde hierher verlagert.

Löwentanz am China Folk Culture Village

Direkte **Fähr- und Flugverbindungen** zwischen SheKou und HongKong ziehen täglich Tausende von Geschäftsreisenden an. Für den Touristen mag es interessant sein, das „Wirtschaftswunder" Chinas aus nächster Nähe zu betrachten oder aber einfach nur die Fährverbindung zu nutzen, um vom Flughafen aus billiger als von HongKong aus zu anderen Städten Chinas weiterzureisen.

**XiǎoMéiShā**
小梅沙

15 km östlich von LuoHu liegt der schönste **Strand** der SEZ ShenZhen, XiaoMeiSha. Die hübsche Bucht von XiaoMei-Sha gehört zum Hotelkomplex *Beach Resort*, der feine Sandstrand steht aber jedermann offen.

● Minibus 443 vom/zum Hbf

**Thermalbad**
**Yulu Hot Springs**

ShenZhen wird zunehmend zu einem beliebten Erholungsziel für Geschäftsleute und ausländische Delegierte in HongKong. So entstand die Wellness-Feriensiedlung **Shiyan Holiday Village** rund um heiße Thermalquellen, wobei das 67 Grad warme und mit Sulfiden, Jod und Bor versetzte Wasser vor allem Hautkrankheiten und Rheuma heilen soll. Des Weiteren kann man hier bei Tennis oder ausgedehnten Bootstouren relaxen.

● *Minibus* 523 (90 Minuten ab LuoHu).

**Mission Hills**
**Golfresort**

Wer Lust auf eine Partie Golf hat, puttet nicht in HongKong, sondern auf dem größten Golfplatz der Welt – in Mission Hills. Hört sich amerikanisch an, liegt aber in ShenZhen. Nicht weniger als **zehn 18-Loch Kurse,** gestaltet von den Ausnahme-Golfern *Nick Faldo* und *Vijay Singh*, umfasst Chinas erstes **5-Sterne Golf Resort.** Nichts für den Normalsterblichen – die Mitgliedschaft kostet rund 60.000 Euro, die Green-Fee für Gastspieler beginnt bei 50 Euro. Die Anlage umfasst Asiens größtes Profigolfgeschäft, eine Golf Akademie, Driving Range, über 50 Tennisplätze, ausgezeichnete Restaurants, de-luxe-Bäder sowie das **Resort Hotel La Quinta.** Ungefähr 100 Shuttle Busse verkehren täglich zwischen dem Golfplatz und Hongkonger Top-Hotels.

● ***Mission Hills,*** Guanlan Town, Shenzhen. Telefon: 28260238, www.missionhills.com.hk.

## Unterkunft

ShenZhen wird überwiegend von Geschäftsreisenden oder aber Tagesausflüglern aus HongKong besucht, dementsprechend ist das Hotelwesen mehr auf die mittleren und höheren Preisklassen ausgerichtet; Billigunterkünfte sucht man vergebens.

An der Küste wurden in einigen Außenbezirken der Sonderwirtschaftszone Strandresorts errichtet, in denen vor allem HongKonger ihren Sommerurlaub verbringen. Diese **Urlaubszentren** mit Schwimmbad, Einkaufszentrum, Karaoke-Saal, Disco und Sauna bieten westlichen Standard zu – verglichen mit HongKong – sehr günstigen Preisen. Da die meisten dieser Hotels einen Abholservice anbieten, empfiehlt sich eine Vorabbuchung über ein HongKonger Reisebüro, das oft auch günstigere Preise anbietet, als man vor Ort erzielen kann.

Wenn man nicht um jeden Preis billigst unterkommen möchte, empfiehlt es sich, noch vor der Anreise bei einer der Agenturen bei den Fährhäfen in HongKong (China Ferry Terminal/Kowloon bzw. Macau Ferry Terminal/ShunTak Center) die aktuellen Preise für Reservierungen zu prüfen – oft kann man hier sehr preiswert Oberklassehotels buchen. Auch die Webseite http://chinatour.net bietet Vorabreservierungen in ShenZhen.

**LúoHú**

Der Individualtourist wird in LuoHu etliche gute Mittelklassehotels zu Preisen finden, für die er in HongKong lediglich eine kleine Kammer bekommen würde. Die großen Hotels verlangen wie in HongKong 10 % Service Charge als Aufschlag; ferner herrscht in den teureren Häusern gelegentlich die Unsitte, HongKong Dollar zu kassieren.

●**Tipp** in der einfachen Kategorie: **ShenZhen Loft Youth Hostel,** 3 EnPingJie, Tel/Fax 26601293, www.yhachina.com. Moderne, sehr schöne Jugendherberge mit DZ ab 138 Y und Familienräumen ab 280 Y. Metro QiaoChengDong, Ausgang A, nördlich die EnPingJie bis zur Ecke XiangShan DongJie hinein. Liegt zwar ziemlich weit im Westen der SEZ (2 Metrostationen vor Window of China), mit der Metro ist man aber schnell im Zentrum.

海事酒店

ΦDas **Marine-Hotel** in der JiaBinLu ist mit 200 Y für ein DZ sehr günstig, ebenso das

# SHENZHEN, SEZ

河东酒店    ⌗ *HéDōng JiŭDiàn* an der ShenNan DongLu (Seitengasse am Kanal) mit DZ zu 190 Y. Beide verweisen nicht-chinesischsprachige Ausländer allerdings des öfteren auf teurere Hotels.

●Ebenfalls sehr günstig, dafür in der DongMen NanLu recht weit ab,
行瓦酒店    liegen das ⌗ *XíngWă JiŭDiàn* (DZ 230 Y) und das
大江南酒店    ⌗ *DàJiāng NànJiŭDiàn,* (DZ 190 Y). Offiziell stehen auch diese beiden Hotels Ausländern nicht offen, doch weicht diese Regelung gerade in ShenZhen zusehends auf.

深铁大厦    ⌗ *ShēnTiĕ DàXià,* HePingLu, Tel. 25584248, bietet DZ für 300 Y sowie 3er- und 4er-Zimmer für wenig mehr.

宾江大酒店    ⌗ *BīnJiāng DàJiŭDiàn,* HongLingLu, Tel. 22228149, DZ ab 235 Y. 15 Gehminuten ab Hbf.

京湖大酒店    ●In unmittelbarer Bahnhofsnähe bietet das ⌗ *JīngHú DàJiŭDiàn,* RenMin NanLu, DZ ab 400 Y.

大花大酒店    ●Nur wenig weiter, ebenfalls in der RenMin NanLu liegen ⌗ *DàHúa DàJiŭDiàn,* Tel. 22255888 mit DZ zwischen 280 und 355 Y sowie das
广信大酒店    ⌗ *GuăngXìn DàJiŭDiàn,* welches DZ zu 300 Y und 5er-Zimmer für nur 555 Y anbietet.

南洋酒店    ⌗ *NánYáng JiŭDiàn,* JianSheLu, Tel. 22224968, gute DZ zu 390, 3er-Zimmer zu 450 Y.

京鹏宾馆    ●Sehr zu empfehlen als oberes Mittelklassehotel ist das ⌗ *JīngPéng BīnGuăn,* ShenNan DongLu, Tel. 22227190, mit DZ ab 350 Y und Dreibettzimmern zu 435 Y.

航空宾馆    ●Nicht nur als gehobenes Mittelklassehotel, auch als Verkaufsstelle für Flugtickets ist das ⌗ *Airlines Hotel,* 130 ShenNan DongLu, Tel. 22237999, DZ ab 520 Y von Bedeutung.

远东大酒店    ●Sehr gut sind in dieser Preisklasse auch das ⌗ *Far East Grand Hotel,* 104 ShenNan DongLu, Tel. 22200239, DZ 525 Y und das
广东大酒店    ⌗ *GuăngDōng Hotel,* ShenNan DongLu, Tel. 25895108, DZ 820–1200 Y.

Von den vielen Tophotels, die allmonatlich aus dem Boden sprießen, seien hier nur einige erwähnt:

Das **Shangri-La** gegenüber vom Bahnhofsvorplatz, Tel. 22230888, DZ ab 1850 Y rühmt sich des ersten drehenden Restaurants ShenZhens im Obergeschoss; bessere und modernere Zimmer bietet das neue **Oriental Regent,** ShenNan ZhongLu, Tel. 22247000, und ist mit DZ ab 1200 Y sogar preiswerter.

**Century Plaza,** ChunFengLu, Tel. 22220888, DZ ab 1150 Y.

## ShéKŏu

蛇口南海酒店    Das ⌗ *ShéKŏu NánHăi JiŭDiàn* am Südende der SheKou-Bucht, Tel. 26692888, führt die wenigen Hotels von SheKou, die ausschließlich auf Geschäftsreisende abzielen, an. DZ 855–1300 Y.

## Resorthotels

小梅沙大酒店    ●Das beste Resorthotel ist das ⌗ *XiăoMéiShā DàJiŭDiàn,* XiaoMeiSha-Beach, Tel. 25060000, Fax: 25550000, DZ 500–700 Y.
西丽湖大酒店    ⌗ Das *XīLìHú Resort Hotel* am XiLi Reservoir, nahe des Safari-Parks, Tel. 26626888, Fax: 26660022, DZ 430–650 Y liegt zwar nicht am Meer, dafür aber zentral zwischen LuoHu, SheKou und Flughafen.

●In relativer Stadtnähe liegt das **Honey Lake Resort** (XiāngMìHú), Tel. 23705061, Fax: 27745061, ist mit DZ von 340 bis 500 Y sogar

## Essen und Trinken

**Einfache Küche**
万小吃

- Die **Garküche** ⌖ *WànXiǎoChī* in der DongMen ZhongLu hinter einer Mauer ist leicht zu übersehen. Man deutet einfach auf die ausliegenden Speisen – sehr zu empfehlen, wenn man ohne Chinesischkenntnisse Gaumenfreuden zu kleinen Preisen (ab 10 Y) probieren möchte. Köstlich sind vor allem die gedünsteten Gemüsesorten und gebratener DouFu.
- Für das **Frühstück** empfiehlt sich *Sandra's Café* (HePingLu).
- Zwei einfache und günstige **Straßenlokale** liegen nebeneinander in der YanHeLu nahe des WenJinDu-Grenzüberganges; sehr beliebt bei Fernfahrern. Ausgezeichnet ist hier das gesottene Rindfleisch auf Reis.

东门市场

- Der ⌖ **DōngMén-Straßenmarkt** ist ein Fundus für Liebhaber chinesischer Garküchen und frittierter Kleinigkeiten, eine an einem roten Torbogen zu erkennende Fußgängerzone an der JieFangLu.
- Hot Dogs und Brathuhn gibt es bei *Fan Thies Fastfood* in der JiaBinLu, im *Café Coral* (JianSheLu) kann man für wenige Yuan kleine **chinesische Schnellgerichte** selbst zusammenstellen. Auch *Kentucky Fried Chicken*, *Pizza Hut*, *Wendy's* und *Mc Donald's* sind in ShenZhen mehrfach vertreten.
- Obst und Getränke bekommt man am günstigsten in den aus HongKong „importierten" **Supermärkten** wie *Park n' Shop* oder *Wellcome*.

**Gutbürgerliche und gehobene Küche**

- Sehr gutes DimSum bietet das **Dragon Restaurant** über dem Hauptbahnhof.
- Alle Köstlichkeiten der chinesischen Küche sind zu stattlichen Preisen im **BànXī JiǔJiā**, 33 JianSheLu, Tel. 22238081, zu haben.
- Weniger eine Speisegaststätte als vielmehr eine Art Bierhalle ist die beliebte **De Brew Beer-City** in der RenMin NanLu.

## Institutionen

邮局
中国国际旅行社
中国旅行社
公安局
银行，中国银行

- ⌖ **Post:** 13 JianSheLu, geöffnet tgl. 08:00–18:00 Uhr.
- ⌖ **CITS:** im Hauptbahnhof, 1. Stock, Tel. 22229403.
- ⌖ **CTS:** RenMin NanLu. (Flugtickets, organisierte Toren)
- ⌖ **Polizei:** JieFangLu, neben dem ShenZhen-Theatre, Tel. 25572114.
- ⌖ **Bank:** Filialen der ⌖ *Bank of China* befinden sich in der DongMen NanLu (gegenüber ShenZhen-Hotel) und der 23 JianSheLu. In der Wechselstube an der Grenze können bei Vorlage der Umtauschbestätigung unverbrauchte Yuan zurückgetauscht werden. Auf der HongKonger Seite der Grenze gibt es jedoch keine Tauschmöglichkeit, man muss vorher HK$ einwechseln, um ein KCR-Ticket kaufen zu können.

人民医院

- ⌖ **Krankenhaus:** Shi RenMin YiYuan, RenMin BeiLu, Tel. 25531387.

# ShenZhen, SEZ

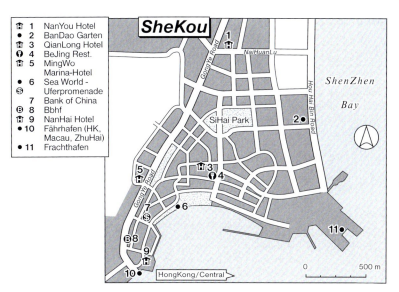

|  |    |                   |
|--|----|-------------------|
|🏨| 1  | NanYou Hotel      |
|●| 2  | BanDao Garten     |
|🏨| 3  | QianLong Hotel    |
|🎧| 4  | BeJing Rest.      |
|🏨| 5  | MingWo Marina-Hotel |
|●| 6  | Sea World - Uferpromenade |
|⑤| 7  | Bank of China     |
|Ⓑ| 8  | Bbhf              |
|🏨| 9  | NanHai Hotel      |
|●|10  | Fährhafen (HK, Macau, ZhuHai) |
|●|11  | Frachthafen       |

## Transport in ShenZhen

**Busse**

Das öffentliche Bussystem in der SEZ ShenZhen ist vergleichsweise sehr gut und preiswert. Neben normalen Stadtbussen (Nummern 1–399 ohne 100er, ca. 5 Y pro Fahrt) verkehren Air-Con-Busse (100er Nummern, ca. 8 Y pro Fahrt) und Minibusse (400er und 500er Nummern, je nach Ziel 13–28 Y pro Fahrt). Stadt- und Minibushaltestellen liegen unmittelbar am Bahnhofsvorplatz. Die wichtigsten **Linien** sind:

| | |
|---|---|
|●Hbf – Window of China | 101, 310, 311, 550 |
|●Hbf – XiLi Reservoir | 442, 457 |
|●Hbf – XiaoMeiSha Strand | 443 |
|●Hbf – Flughafen | 501 |
|●Hbf – SheKou (Pier) | 439 |
|●SheKou – Flughafen | 505 |

**Taxis**

Taxis sind mit Taxametern ausgerüstet, eine Fahrt LuoHu – SheKou kostet rund 120 Y, zum Flughafen 200 Y. Wo kein Taxameter vorhanden ist, muss der **Fahrpreis** vorher ausgehandelt werden, die wenigsten Fahrer sprechen allerdings Englisch.

# SHENZHEN, SEZ

## Metro

Die Metro wurde von der HongKonger MTR gebaut, wobei bislang eine Linie von LuoHu (Grenzübergang/Bbhf nach Westen bis ShiJie ZhiZhuang (Window of China, s.u.) sowie eine weitere Linie vom Übergang LokMaChau nach Norden führt. Das Netz wird vor allem nach Westen zum SheKou-Fährhafen sowie zum Flughafen zügig ausgebaut und die gesamte SEZ bis 2011 vernetzen.

Optisch und in der Benutzerfreundlichkeit gleicht die Metro ihrer „Schwester" in HongKong, das Logo ist identisch, nur weiß auf grün statt weiß auf rot, auch die Kartenautomaten, Ein-/Ausgangssperren usw. wurden übernommen.

## Weiterreise

### Nach HongKong
到香港

Nach Erledigung der Grenzformalitäten fährt man auf HongKong-Seite mit der KCR (38 HK$), der S-Bahn HongKongs weiter. **Achtung:** Die KCR-Tickets sind in HK$ zu zahlen, eine Wechselstube gibt es im Grenzgebäude, ebenso eine kleine Tourist-Info. Der Grenzübergang ist täglich von 07:00 bis 23:00 Uhr geöffnet.

●**Zug:** Die Direktzüge GuangZhou – KowLoon halten nur zur Grenzabfertigung, nicht aber am Bahnhof von LuoHu. Es gibt daher keine Möglichkeit, auf chinesischer Seite in LuoHu einen Zug nach KowLoon zu nehmen, man muss über die Grenze zur HongKonger Seite (LoWu) zu Fuß gehen (150 Meter ab LuoHu-Hbf) und dort in die KCR steigen.

●**Bus:** Tausende von Bussen verkehren täglich zwischen HongKong und ShenZhen, allerdings keine echte Linien, sondern Ausflugsbusse (über Reiseagenturen zu buchen) oder Hotel-Link-Busse (zwischen allen großen Hotels in HongKong und ShenZhen). Pendelnde Individualreisende können sich problemlos für Tagesbesuche anschließen (Hotelrezeption fragen) und an der Grenze bei Fahrt Richtung ShenZhen ein landing-visum erhalten (s.o.).

Wer ein Visum besitzt und individuell per Bus fahren möchte: Die Intercity-Busstation liegt in der Jordan Rd. etwa mittig zwischen MTR Jordan und AE-Station Kowloon.

Weitere Direktbusse verkehren zwischen ShenZhen und dem Flughafen von HongKong, Infos unter www.hongkongairport.com.

●**Boot:** Der Fährpier liegt etwa 25 km westlich von LuoHu in **SheKou,**, die Metroanbindung ist derzeit im Bau. Fähranbindung besteht mehrfach täglich nach Kowloon, HongKong-Island (ShunTak Center), dem HongKonger Flughafen ChekLapKok sowie nach Macau. Anfragen unter Tel. 26695600 oder in HongKong unter Tel. 27361387 sowie im Internet unter www.cksp.com.hk und www.turbojetseaexpress.com.hk.

### Nach Guǎng-Zhōu (Kanton)
到广州

●**Zug:** Von 06:00 bis 22:00 Uhr verkehren ca. 30 Züge täglich zwischen LuoHu und GuangZhou. Die Hälfte sind Schnellzüge *(Gao,* 90 Y) und brauchen für die Strecke gut eine Stunde, Bummelzüge *(Shen,* 60 Y)

# ZhuHai, SEZ

brauchen über drei Stunden. Fahrkarten sind direkt am Bahnhof in ShenZhen erhältlich.

●*Bus:* Unmittelbar unter der großen Shopping-Mall/Grenzstation (die Grenze wird zunehmend zum Shopping-Event umfunktioniert!) wird die neue Busstation gebaut (analog zur bereits fertiggestellten in ZhuHai). Derzeit halten die Busse vom Grenzübergang kommend rechts unten. Die Fahrt nach GuangZhou dauert rund 2 Stunden und kostet 70 Y.

### Nach ZhūHǎi und Macau
到珠海
到澳门

●*Bus:* Die Busverbindung ShenZhen – ZhuHai soll eingestellt werden, da trotz der neuen HongKong-GuangZhou-Macau-Autobahn das gesamte Perlflussdelta umrundet werden muss (jetzt ca. 4 Stunden), die Schnellboote aber nur eine Stunde benötigen und nicht teurer sind. Die Provinzbus-Haltestelle liegt in der HePingLu; derzeit noch eine Verbindung täglich „wenn voll".
●*Boot:* Täglich 6–9 Schnellfähren ab SheKou nach Macau (120 Y); nach ZhuHai (JiDa-Fährpier) täglich 5–7 Schnellboote (100 Y).

### ShēnZhèn Airport
深圳机场

Der HuangTian-Flughafen wurde schon vor dem neuen HongKonger Flughafen gebaut, angeflogen werden derzeit innerchinesische Ziele sowie Singapur und Bangkok, Informationen siehe *Singapur Airlines* (www.singaporeair.com), *Air China* (www.airchina.com) und *Air Macau* (www.airmacau.com.mo/en). Mittelfristig könnte es für Individualreisende preislich interessant werden, einen Flug von Europa nach ShenZhen zu wählen, um von dort aus per Fähre oder auf dem Schienenweg nach HongKong einzureisen.

●Von HongKong (China HK City Ferry Terminal) aus fahren um 07:30, 09:00, 10:30, 13:00, 14:30 und 16:00 Uhr (in umgekehrter Richtung je 90 Minuten später) *Schnellboote* direkt zum ShenZhen-Flughafen (280 HK$).
●Beliebteste **Flugverbindungen** sind HaiKou (Insel HaiNan) mit drei Flügen täglich (08:45, 14:30 und 18:15), ShangHai (tgl. 09:10) und BeiJing (tgl. 08:50).
●Die *Airport-Tax* beträgt derzeit 100 Y.

*Tickets* und Fluginformationen in LuoHu bei:

中华东方航空

Φ*China Eastern Airlines,*
HongLi XiLu/Ecke HuaQiang BeiLu, Tel. 23222931

中国民航
中国旅行社
中国国际旅行社

Φ*CAAC,* 44 ShenNan Lu, Tel. 23241440
Φ*CTS,* 40 RenMinLu (im DaWa Hotel), Tel. 22255888
Φ*CITS,* im GuangDong Hotel, NanHuLu, Tel. 22202320

珠海

# ZhuHai, SEZ

## Überblick

Nach dem Vorbild ShenZhens wurde auch der Macau vorgelagerte Grenzort ZhūHǎi 1980 zur **Sonderwirtschaftszone** erklärt. Auf 1580 km² leben hier über 1 Mio. Einwohner – verglichen mit Macau geradezu unbesiedelt.

Anders als in ShenZhen, wohin insbesondere die Leichtindustrie HongKongs verlagert wurde, sind es nicht etwa die Unternehmen Macaus, die den Löwenanteil der Investitionen in der SEZ ZhuHai ausmachen. Clevere und weitsichtige Unternehmer aus TaiWan erkannten früh, dass ShenZhen eine „Filiale" HongKongs wird und eine zusätzliche Nachfrage nach Industrieland dort nur die Preise weiter in die Höhe treiben würde. So gingen sie nach ZhuHai in dem Wissen, dass aus dem kleinen, auf Textilindustrie spezialisierten Macau kaum unternehmerische Konkurrenz erwachsen würde. Die **taiwanesische Dominanz** zeigt sich auch an der Vielzahl direkter Flugverbindungen zwischen TaiWan und Macau. Der Schwerpunkt unternehmerischer Aktivitäten liegt im Bereich der intensiven Landwirtschaft und Lebensmittelerzeugung, petrochemische und energieerzeugende Unternehmen sind im Aufbau begriffen.

Bedingt durch die verhältnismäßig unauffällige **Fischzucht** und **Lebensmittelindustrie** wirkt ZhuHai wesentlich ruhiger und ländlicher als ShenZhen und bietet sich als interessantes Studienfeld an: So könnte ganz China funktionieren. Ein Abstecher ist durch die 72stündige Visafreiheit deutlich einfacher und unkomplizierter geworden.

Neben Stadtbummel, Parkbesuchen und Strandbademöglichkeiten bietet ZhuHai dem Touristen vor allem die Möglichkeit, das Freilichtmuseum in CuìHēng, den Geburtsort des Begründers der ersten chinesischen Republik, *Dr. SunYatSen*, zu besuchen.

## Orientierung

*GōngBěi,* der Hauptort der SEZ ZhuHai, liegt direkt an der Grenze zu Macau. Hier befinden sich Geschäfte, Restaurants, Hotels sowie Stadtbus- und Überlandbus-Stationen. Hauptverkehrsader ist die YingBin DaDao, die am Nordende GongBeis in die JiouZhou DaDao mündet und GongBei mit dem Fährhafen-Distrikt *JíDà* verbindet. Zum Xiāng-

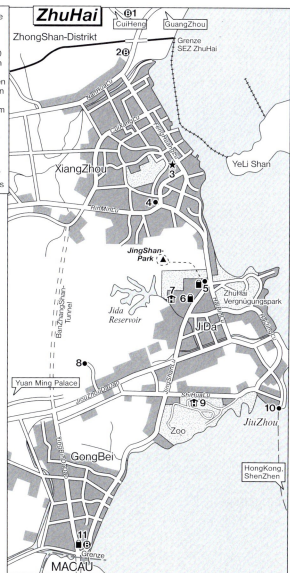

# ZhuHai, SEZ

Zhōu Bezirk und nach CuìHēng fährt man durch den langen Ban-ZhangShan-Tunnel, den auch einige Stadtbusse nach JiDa nehmen. Dort liegen ferner einige Vergnügungs- und Spazierparks, Strände sowie Resorthotels. Zwischen GongBei und JiDa liegt das Hauptwohngebiet, beide Bezirke können gut zu Fuß besucht werden, ab GongBei die Uferpromenade entlang gut 4 km bis zum Südrand von JiDa.

Von JiDa führt eine mehrspurige Schnellstraße an der Küste nach Norden entlang bis zur **Grenze der SEZ.** Die Kontrollen beschränken sich auf Stichproben, Ausländer werden in der Regel nie kontrolliert, was sich aber durch die Visafreiheit für die SEZ ändern dürfte.

## Sehenswertes

**GǒngBěi**
拱北

Das Leben in GongBei pulsiert vor allem an Abenden und an Wochenenden, wenn sich die Nachbarn aus China und Macau, HongKong und auch TaiWan quasi auf „neutralem Boden" treffen. Riesige gemeinsame Gelage in den Straßenlokalen werden dann abgehalten, Chinesen der Volksrepublik kaufen vorwiegend hochwertige Elektroartikel, die im „Mutterland" nicht überall zu haben sind. In vielen kleinen traditionellen Läden im Hauptort GongBei sieht man Tierköpfe, Schildkrötenpanzer, Knochen usw., die von Auslandschinesen als Potenzmittel, „natürlich" oder in Pulverform gekauft werden. Die Märkte und Kaufhäuser GongBeis bieten ferner eine reichhaltige und interessante Auswahl lokaler und nationaler Produkte. Eine nette **Uferpromenade** führt von GongBei bis JiDa und bietet neben der Möglichkeit eines entspannten Spazierganges feine Ausblicke hinüber nach Macau.

**JíDà**
吉大

Gute Bademöglichkeiten bestehen an den Stränden vom HaiBin-Park (Strand, Meerwasserpool und Amüsierbetriebe) und dem ZhuHai Holiday-Village, in dem sich auch ein kleiner Tierpark befindet. Mit seinen Fahrtgeschäften ist der ZhuHai-Vergnügungspark an der Hauptstraße aber vor allem für Kinder interessant. Eine nette kleine Wanderung bietet sich im JingShan-Park an, von dessen höchster Erhebung aus man feine Ausblicke über GongBei bis Macau hat.

- Vom **Fährpier** in JiDa (JiuZhouGang) legen die Schnellboote nach SheKou (ShenZhen) und HongKong ab.
- Die **Stadtbusse** 2, 4 und 10 verbinden GongBei mit JiDa.

# ZhuHai, SEZ

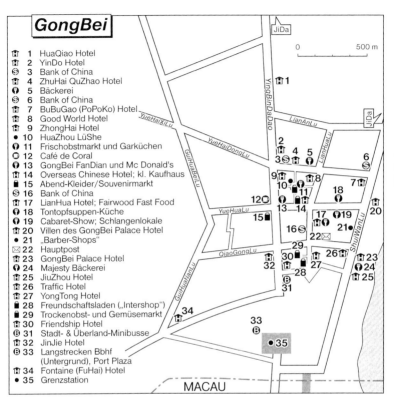

## YuanMing-Palast
原名公园

Der neue ⊕ **YuanMing-Palast** (Xin YuanMing GongYuan) am Fuße des ShiLin-Hügels im Nordwesten ZhuHais wurde dem Pekinger Original nachempfunden und in ein 1,4 km² großes Parkareal eingebettet. Pagoden, Teiche, Rundwege, schwimmende Lokale und abendliche Kultur-, Tanz- und sogar mit echten Booten durchgeführte Seemanövershows machen die Anlage zu einem sehr lohnenswerten Ausflugsziel.

● **Geöffnet** tgl. 10:00–23:00 Uhr, Eintritt 110 Y, nach 18:30 Uhr 70 Y, Busse 1, 25, 30 und 60.

# ZHUHAI, SEZ

### CùiHēng (ZhōngShān GùJū)
翠亨
中山故居

Die kulturgeschichtlich interessanteste Sehenswürdigkeit der Gegend liegt außerhalb der SEZ ZhuHai im Dorf CuiHeng. Die **Geburtsstätte des Gründers der Republik China, Dr. SunYatSens** ( ↗ Exkurs) wurde zu einem vielbesuchten **Freilichtmuseum** umgewandelt. Dieses parkähnliche Heimatmuseum zeigt neben Bild- und Sachdokumenten aus *Dr. Suns* Leben auch Gebäude, Alltagsgegenstände und Lebensweise der Menschen aus seiner Zeit. In den Ausstellungsräumen finden sich jeweils zweisprachige Erläuterungen (engl., chin.).

- *Geöffnet* täglich 08:00–20:00 Uhr, Eintritt 5 Y.
- *Achtung:* CùiHeng liegt außerhalb der SEZ ZhuHai und ist daher **visapflichtig!**
- *An-/Abfahrt:* Stadtbus Linie 10 bis Checkpoint (3Y), dahinter an der Abzweigung der Straße links folgen und entweder auf die Linie 12 der ZhongShan-Stadtbusse (1 Y) warten (keine Haltestelle, winken) oder bis ZhongShanGuJu laufen (gut 1500 Meter).

CùiHeng – Heimat des Revolutionärs Dr. SunYatSen

*Achtung:* Etliche Minibusse und Kanton-Busse behaupten, „über CuiHeng" zu fahren, halten aber nur kurz hinter der SEZ-Grenze an der Abzweigung. Im Gegenzug werden vom Ausländer 35 Y kassiert. Daher nur in solche Minibusse steigen, die tatsächlich ZhongShan Gu-Ju anfahren! Diese fahren von 08:30 bis 20:00 Uhr ab Minibusstation GongBei für 20 Y alle 30 Minuten (2. Bus rechts vom Kartenschalter, s. chin. Zeichen).

Zurück mit der 12 bis zum Checkpoint fahren, dahinter Stadtbus 10 nach GongBei (Stadtbusse dürfen den Kontrollpunkt nicht passieren).

## Unterkunft

Unterkünfte sind in ZhuHai deutlich preiswerter als in ShenZhen. Wie andernorts in China auch, sind Billigunter-

### Dr. SunYatSen

*SunYatSen* (mandarin: *SunZhongShan*) wurde am 12.11.1866 als *SunWen* in SiangShan (Festlandsprovinz KuangTung; Guang-Dong) geboren und setzte sich sein ganzes Leben für die republikanischen Strömungen Chinas ein. Nach Abschluss des Medizinstudiums beschloss er, als Berufspolitiker tätig zu werden und gründete die „Gesellschaft zur Erneuerung Chinas" (1894). Am 10.10.1911 stürzten Teile der Armee, die der republikanischen Bewegung positiv gegenüberstanden, die kaiserliche Mandschu-Dynastie (1644–1911) und zwangen den letzten Kaiser, *Henry PuYi,* zum Abdanken. Am 1.1.1912 rief *Sun* die „Republik China" aus und organisierte die Volkspartei GuoMinDang (KuoMin-Tang). Er selbst wurde zum Staatspräsidenten ernannt, trat aber bald darauf freiwillig zugunsten des machthungrigen Generals *YuanShiKai* ab. Nach dessen Tod (1917) baute *Sun* die GuoMin-Dang mit Unterstützung der Kommunistischen Internationalen (KomIntern) und seines fähigsten militärischen Führers, *Chiang-KaiShek,* zu einer Kaderpartei um. Es gelang ihm zu Lebzeiten aber nicht mehr, China völlig zu einen und die regionalen Machthaber, insbesondere im Norden Chinas, zu kontrollieren. *Dr. Suns* politische Ideen basieren auf den „drei Volksprinzipien" *(SanMinChuYi)* Nationalismus, Demokratie und Volkswohlstand (noch heute Titel der Nationalhymne TaiWans).

*Dr. Sun* starb am 12.3.1925 in BeiJing (Peking) an Leberkrebs und ist der von „beiden Chinas" (der Volksrepublik wie TaiWan) hochverehrte Gründervater des nachkaiserlichen China. Interessanterweise verstehen sich sowohl die kommunistische Volksrepublik wie auch Nationalchina (TaiWan) als politische Erben *Suns.*

künfte allerdings rar, die billigen Chinesenhotels bleiben Ausländern gegenüber häufig verschlossen. Trotzdem werden derartige Anweisungen aus der fernen Hauptstadt nicht immer ganz ernst genommen, und wenn man sogar noch Chinesisch spricht (allein das genügt als Legitimation, man sei Student oder in China Arbeitender), hat man gute Chancen, auch bei solchen Unterkünften einmal Glück zu haben.

Auch hier werden die höheren „Wochenendpreise" aufgeführt, bei denen wochentags Abschläge von ca. 30 % üblich sind.

Wenn man nicht um jeden Preis billigst unterkommen möchte, empfiehlt es sich, **noch vor der Anreise** bei einer der Agenturen bei den Fährhäfen in HongKong (China Ferry Terminal/Kowloon bzw. Macau Ferry Terminal/ShunTak Center) sowie im Fährhafen von Macau die aktuellen Preise für Reservierungen zu prüfen – oft kann man hier sehr preiswert Oberklassehotels buchen. Auch über die Webseite http://chinatour.net können Unterkünfte in ZhuHai vorab reserviert werden.

## Günstig

交通大厦
友谊酒店

Φ *JiāoTōng DàShà*, 1 ShuiMenLu, Tel. 3884474, DZ ab 250 Y.
Φ *YǒuYí JiǔDiàn*, 2 YouYiLu, Tel. 3886683, DZ ab 270 Y. Modernisiert und sehr zu empfehlen. Beim Einchecken ist eine Kaution in Höhe eines Übernachtungspreises zu hinterlegen; hiefür erhält man eine Quittung, gegen deren Vorlage man beim Auszug den Betrag zurückbekommt.

莲花大厦

Φ *LiánHūa DàShà*, 13 LianHuaLu, Tel. 3885637, DZ ab 265 Y.

## Mittelklasse

华桥大酒店

Φ *HuáQiáo DàJiǔDiàn*, YueHuaLu, Tel. 3885183, DZ 260 Y.
Die Zimmer dieser Hotels sind sehr sauber und modern mit TV, A/C und teilweise sogar mit Kühlschrank; Englisch wird nur wenig verstanden.

华桥宾馆
步布高大酒店
永通酒店

Φ *HuáQiáo BīnGuǎn*, YingBin DaDao, Tel. 3885123, DZ 350–500 Y.
Φ *BùBùGāo DàJiǔDiàn*, 2 YueHai DongLu, Tel. 3886628, DZ 350–450 Y.
Φ *YǒngTōng JiǔDiàn*, YouYiChang (gegenüber des Fußgänger-Grenzgebäudes), Tel. 3888887, DZ ab 350 Y.

拱北大厦

Φ *GǒngBeǐ DàShà* (ZhuHai QuZhao), YueHai DongLu, Tel. 3886256, DZ 345 Y.

中海大店

Φ Das gegenüberliegende *ZhōngHǎi DàDiàn* ist bei gleichen Preisen neuer.

## Oberklasse

In den besseren Hotels wird durchweg gut Englisch gesprochen, allerdings werden auf die Preise mindestens 10 % „Service Charge" aufgeschlagen.

# ZHUHAI, SEZ

假日酒店
 ⊕ *JiàRì JiǔDiàn,* HaiBin GongYuan (JiDa-Distrikt), Tel. 3333277, DZ 350–550Y; sehr ruhig und schön gelegen.

好世界酒店
 ⊕ **Good World Hotel,** 82 LianHuaLu, Tel. 3880222, DZ ab 490 Y, zuzüglich 10 % „Service Charge" und weiteren 10 % Wochenendzuschlag. Ausgezeichnetes und preiswertes Oberklassehotel.

九州九店
 ⊕ *JiǔZhōu JiǔDiàn,* ShuiWanLu, Tel. 3886851, DZ 400–700 Y, liegt sehr günstig in Grenznähe.

拱北宾馆
 ⊕ **GōngBěi Palace,** ShuiWanLu, Tel. 3886833, DZ ab 680 Y, Apartments auf dem gleichen Gelände kosten ab 1500 Y. Ebenfalls nahe der Grenze gelegen.

粤海酒店
 ⊕ *YuèHǎi JiǔDiàn* (GuangDong-Hotel), 34 YueHai DongLu, Tel. 3885063, DZ recht preiswert ab 570 Y, aber es werden 15 % Zuschlag erhoben!

银都酒店
 ⊕ *YínDū JiǔDiàn* (Yindo-Hotel), YueHai DongLu, Tel. 3883388, DZ ab 730, Suiten bis 1600 Y. Plus 15 % „Service Charge" plus weiteren 10 % an Wochenenden bzw. 20 % an Feiertagen.

福海酒店
 •In der ChangChengLu und somit günstig zum Busbahnhof, liegt ZhuHais modernes Luxushotel ⊕ **FùHǎi (Fontaine),** Tel. 3838838, wo DZ ab 1000 Y zu haben sind (15 % Zuschlag).

珠海宾馆
 ⊕ *ZhūHǎi BīnGuǎn,* JingShanLu (JiDa-Distrikt), Tel. 3333718, DZ ab 580 bis 1100 Y, Apartments ab 1400 Y. Von Sauna und Schwimmbad über Tennisplätze wird bis zum Nachtclub alles unter einem Dach geboten. Dieses Hotel verfügt über einen Buchungsservice in Macau unter Tel. 3552275. 15 % Zuschlag.

珠海度假村
 ⊕ **ZhūHǎi Holiday Resort,** ShiHua DongLu (JiDa-Distrikt), Tel. 3332038, DZ und Apartments ab 620 Y, 15 % Zuschlag. Liegt ausgezeichnet am besten Strand von ZhuHai und verfügt über Disco, Kegelbahn, Tennisplätze und sogar Reitmöglichkeiten.

## Essen und Trinken

•Leckere Suppen, im Tontopf serviert, gibt es bei der kleinen **Suppen-Garküche** in derYueHuaLu; gegenüber braten moslemische Zuwanderer aus Chinas Norden ausgezeichnete **Fleischspießchen** für 5 Y das Stück.
•Frisches Obst, Gemüse und allerlei Imbissstände findet man auf dem

市场
⊕ **Stadtmarkt,** Brot und gefüllte Teilchen bieten die **Bäckereien** (ShuiWanLu, YueHai DongLu) für wenige Yuan an.
•Von den **Fast-Food-Ketten** sind in GongBei *Fairwood, Café Coral* und *Mc Donald's* vertreten.
•Für das Frühstück empfielt sich *Maxims* in der LianHuaLu (nahe Grenze).
•Für die Liebhaber der kantonesischen „Spezialküche" liegen **Schlangenlokale** in der ShuiWanLu und YueHuaLu. Der beliebteste Treffpunkt der chinesischen Touristen für größere Ess- und Trinkgelage ist das

拱北饭店
⊕ **GōngBěi FànDiàn** in der YueHuaLu (neben *Mc Donald's*).
•Bessere **Restaurants** beschränken sich auf die großen Hotels, besonders zu empfehlen ist hier das Hotelrestaurant des ⊕ **HuáQiáo Bīn-**

华桥宾馆
**Guǎn,** YingBin DaDao, 2. Stock.
• In der Fußgängerzone LianHuaLu, den Kaufhäusern sowie den unterirdischen Einkaufszentren (s. Einkäufe) gibt es viele **Fast-Food Lokale** (westlich/chinesisch), wo Snacks und einfache Kost serviert werden.

## Unterhaltung

Sehr interessant ist in den Abendstunden der **Kleider- und Souvenirmarkt** in der QiaoGuangLu/Ecke YingBin DaDao. Hübsche **Bierkneipen** mit sehr günstigen Preisen findet man in der Fußgängerzone LianHuaLu (Lotus St.) sowie in der Jiu-BaJie (am Grenzvorplatz der Straße mit dem Clocktower immer geradeaus folgen).

**Diskotheken** gibt es nur in den großen Hotels *(GongBei Palace, ZhuHai Holiday Resort).*

## Einkäufe

Aus dem Grenzübergang kommend nach links die Treppen hinunter liegt die große Untergrund-Einkaufszeile **GongBei DìXià GuangChang** (Port Plaza) mit dem Busbahnhof. Hier findet man zahllose Boutiquen, Minimärkte, Souvenirgeschäfte und Snacklokale.

Nördlich der Grenze, Ausgang 1 und 2 aus dem Untergrund-Einkaufskomplex kommend, liegt die Hauptachse YinBinLu mit mehreren Kaufhäusern und Fast-Food Lokalen. Linker Hand findet man in dem markanten Gebäude das auch bei Einheimischen sehr beliebte **WanJia-Kaufhaus** (WànJia BaiHuò), ein Stück die Straße entlang folgt das **YingBin-Kaufhaus** (YíngBin GuangChang) mit KFC und Mc Donald's und zahlreichen Bekleidungsboutiquen.

Einen Block östlich (rechts) wurde die parallel verlaufende LiánHuaLù (Lotus Straße) zur Fußgängerzone umgestaltet, wo man neben etlichen Fachgeschäften und einer Bank of China (EC) in einer unterirdischen Einkaufszone Elektronik und Textilien zu günstigen Preisen erwerben kann.

## Institutionen

邮局

中国银行

公安居

- Φ***Hauptpost:*** 7 QiaoGuangLu, geöffnet 08:00–12:00 Uhr und 14:00–17:30 Uhr, samstags nur vormittags.
- ●***Banken:*** Filialen der Φ*Bank of China* liegen in der YueHuai DongLu (2x), der LianHuaLu und in der Grenzstation.
- Φ***Polizei:*** Das Public Security Bureau liegt weit außerhalb nördlich vom JiDa Distrikt in der KangNingLu. Tel. 3222459. Visaverlängerungen sind hier nur in absoluten Ausnahmefällen möglich.
- ●***CTS-Informationen und Buchungen,*** YingBin DaDao (am HuaQiao Hotel), Tel. 8886748

## Transport in ZhuHai

Für Fahrten zwischen GongBei und JiDa genügen die **Stadtbusse** 2, 4 und 10 (3–5 Y, Nordostseite des Port Plaza/Untergrund-Einkaufszentrum an der Grenze), **Taxis** (überwiegend rote VW-Jetta) kosten für die gleiche Strecke ca. 50 Y. Vor allem für Touristen wurden die so genannten **„Sightseeing-Bus"-Linien** (Doppeldecker) eingeführt, welche für 3 Y alle wichtigen Teile der SEZ anfahren. Einziger Nachteil: sie fahren nur bis 19:00 Uhr.

## Weiterreise

### Nach Macau
到澳门

●Der **Grenzübergang** GongBei ist täglich von 07:00 bis 23:00 Uhr geöffnet, die Zollformalitäten beschränken sich i. d. R. auf Stichproben. Auf macanesischer Seite fahren dann die Stadtbusse 3, 9, 9A (2,80 M$) ins Zentrum.

**Achtung:** An der Grenze ist **Geldwechsel** nur auf chinesischer Seite möglich (bei Vorlage der Tauschbestätigungen); in Macau werden auch HK$ akzeptiert.

### Nach Guǎng-Zhōu
到广州

●Die *KeeKuan Company* fährt rund um die Uhr alle 30 Minuten für 60 Y. Man gehe aus der Grenzstation kommend die Treppe linker Hand hinab in die unterirdische Einkaufspassage *Port Plaza* (mit Supermarkt, KFC, Boutiquen), gleich links liegt der Schalter. Dahinter wieder eine Treppe hinunter kommt man zur Abfahrtshalle. Die Fahrt über die Autobahn dauert keine drei Stunden. Man sollte nur ungefähr wissen, wo man hin will: Es werden überwiegend **Busse** zu den Stationen „HuaAn" (Landmark Hotel am Perlfluss) sowie „GuangZhou HuoCheZhan" (HBF) angeboten.

### Nach ShéKǒu (ShenZhen)
到蛇口

●Es verkehren zwar auch (selten) **Busse** ab Bbhf, da die Fahrt um das Perlflussdelta herum aber selbst auf der neuen (mautpflichtigen) Macau–Kanton–HongKong Schnellstraße etwa 4 Stunden dauert, ist das Schnellboot (1 Stunde) wesentlich empfehlenswerter.

●Die **Boote** legen vom Pier in JiDa (JiuZhouGang) 5–7 mal täglich ab; Tickets kosten 130 Y und sind am Pier erhältlich.

### Nach HongKong
到香港

●Alle halbe Stunde pendeln **Schnellboote** von 07:30 bis 21:30 Uhr abwechselnd nach HongKong (Macau Ferry Pier/ShunTak Center) und China Ferry terminal (Kowloon) für 180 Y.

## ANHANG

# Anhang

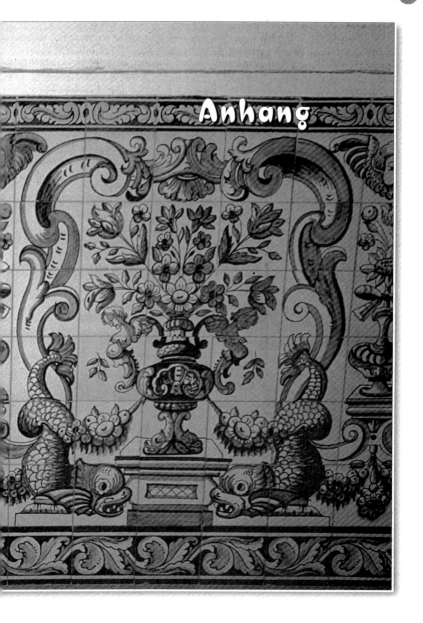

# Sprachhilfe

Diese kleine Sprachhilfe vermittelt wichtige Begriffe und Redewendungen. Wer sich näher mit den chinesischen Sprachen beschäftigen möchte, sei auf die beiden für Anfänger konzipierten Sprachführer der Reihe **Kauderwelsch** verwiesen:

- *Hochchinesisch – Wort für Wort (Mandarin)*
- *Kantonesisch – Wort für Wort*

In der Provinz GuangDong (mit GuangZhou/Kanton, ShenZhen und ZhuHai) ist das nordchinesische **Mandarin** Amtssprache, als Muttersprache wird aber **Kantonesisch** gesprochen. In HongKong und Macau dagegen sind Kantonesisch und Englisch bzw. Portugiesisch die offiziellen Amtssprachen, Mandarin wird weitgehend verstanden.

Geschrieben wird ausschließlich in Charakteren (Zeichen), eine lateinische Umschrift gibt es nur selten und nicht immer einheitlich. Die geschriebene Sprache *(Schriftzeichen)* ist überall in China gleich, egal, ob die gesprochene Sprache Kantonesisch oder Mandarin oder noch eine andere ist. Ein Nordchinese wird sich daher nicht in seiner Muttersprache (Mandarin) mit einem Kantonesen unterhalten, wohl aber schriftlich verständigen können.

Für die folgende Sprachhilfe wird auf die beste **Umschrift,** das so genannte (festlandschinesische) PinYin, zurückgegriffen.

Eine kleine Abweichung in der Schriftsprache wurde in der Volksrepublik mit der so genannten Schriftreform vorgenommen, in der etliche wichtige Schriftzeichen deutlich „vereinfacht" wurden. Diese so genannten reformierten oder **kurzen Schriftzeichen** *(JianTiZi)* werden ausschließlich in der Volksrepublik verwandt, während in HongKong und Macau (wie auch auf TaiWan) mit traditionellen **Langzeichen** *(FanTiZi)* geschrieben wird.

Es gibt daher in den in diesem Buch beschriebenen Regionen eine ganze Reihe von Kombinationen an Sprache und Schrift:

- *Mandarin/Kurzzeichen:*
Amtssprache der Volksrepublik China, im Norden Muttersprache
- *Mandarin/Langzeichen:*
in HongKong und Macau Fremdsprache (in TaiWan Amtssprache)
- *Kantonesisch/Kurzzeichen:*
Provinz GuangDong (GunagZhou/Kanton, ZhuHai, ShenZhen)
- *Kantonesisch/Langzeichen:*
HongKong, Macau

Die folgende Sprachhilfe berücksichtigt alle denkbaren Sprach-/Schriftkombinationen, wobei sich der normale Tourist in HongKong und Macau meist mit Englisch verständlich machen kann, ansonsten als Anfänger eher auf Mandarin (auch in Guang-Dong) zurückgreifen sollte, da dies für die Kantonesen auch nur eine erlernte „Fremd"-sprache ist und der Ausländer eher im Mandarin verstanden wird als im (schwierigeren) Kantonesisch.

# KLEINE SPRACHHILFE

## Aussprache

Alle chinesischen Zeichen stehen prinzipiell für je eine Silbe. Diese Silbe beginnt jeweils mit einer Konsonantengruppe und endet auf einer Vokalgruppe oder den Konsonanten n und ng. Bei der Aussprache des PinYin kommen Vokale und Konsonanten der deutschen Aussprache sehr entgegen, unterschiedlich sind lediglich die folgenden Konsonanten und Vokale:

X – [chß], wie in „Mil<u>chs</u>uppe"
Q – [tj], wie in „<u>tj</u>a"
J – [dji], wie in „<u>J</u>eep"
Zh – [dsch], wie in „<u>Dsch</u>ungel"
Ch – [tsch], wie in „deu<u>tsch</u>"
C – [tz], wie in „Hi<u>tz</u>e"
Z – [ds], wie in „Run<u>ds</u>aal"
Sh – [sch], wie in „<u>Sch</u>ule"
H – [ch], wie in „a<u>ch</u>"
R – [sh, r], wie in Journal bzw. am Wortende wie ein englisches „R" (Es ist übrigens ein Gerücht, die Chinesen sprächen kein „R". Es gibt allerdings einige südliche Dialekte, die kein „R" kennen.)
Yu – [ü], im Anlaut, lautgleich mit ü am Ende einer Silbe
Auslautende Vokalgruppen:
Ei – [ei], wie in „h<u>ey</u>, Du!"
Ou – [ou], wie im englischen „g<u>o</u>"
Ui – [uei], wie im englischen „<u>way</u>"

Alle übrigen Vokale sind mit der deutschen Aussprache in etwa identisch.

Es ist sehr wichtig, alle Konsonanten und Vokale sehr genau zu sprechen. Da alle Wörter einsilbig sind und nur rund 400 verschiedene Silben existieren, lauten sehr viele Wörter mit unterschiedlicher Bedeutung gleich und sind nur am Schriftzeichen zu unterscheiden. Um mit den wenigen Silben kommunizieren zu können, setzten die Chinesen fünf verschiedene Töne ein, anhand derer eine Silbe auf fünf verschiedene Weisen ausgesprochen werden kann.

● **1. Ton: mā,** gleichbleibend hoch, vergleichbar mit deutsch „Aal" in der Situation: „Ich esse heute Aal." „Was isst du?" „Aal esse ich!"
● **2. Ton: má,** von unten nach oben aufsteigend, etwa: „Was schenkst du ihm, ein Buch? Er hat schon so viele!" Oder: „Na, wie geht's?"
● **3. Ton: mǎ,** erst von oben nach unten fallend, dann steigend (in der Praxis meist leicht vibrierender tiefer Ton), etwa deutsch: (fragendes, verblüfftes) „aha?", aber das h bleibt weg, die Betonung (erst abwärts dann aufwärts) liegt nur auf dem a.
● **4. Ton: mà,** Von oben nach unten fallend, etwa deutsch: „Jawoll!".

# KLEINE SPRACHHILFE

●**5. Ton: ma** (ohne Betonungszeichen), Der Vokal wird sehr kurz ausgesprochen, abrupt abgebrochen, etwa wie das erste O in „Otto", nur noch viel kürzer (beinahe erstickt, abgewürgt).

Ein Beispiel: Es gibt für die Silbe (das gesprochene Wort) „Shi" nicht weniger als 61 verschiedene Schriftzeichen, verschiedene (Grund-) Bedeutungen also. Mit Hilfe der Töne wird „Shi" 13-mal im ersten, neunmal im zweiten, siebenmal im dritten, 28-mal im vierten und zweimal im fünften Ton gesprochen – es bleibt also immer noch unheimlich schwierig, die genaue Bedeutung zu erschließen. Selbst wenn der Ausländer Aussprache und Ton genau trifft (was aber nur Profis gelingt), bleiben 28 verschiedene (Grund-) Möglichkeiten für „Shì"

im vierten Ton! Jedes Schriftzeichen gibt dann wiederum eine Grundbedeutung mit verschiedenen Varianten je nach Zusammenhang wieder; Shì (nur im vierten Ton) kann demnach bedeuten:

● Als Zeichen No. 1 je nach Zusammenhang und Zusammensetzung „Junggeselle", „Gelehrter", „Leibwache", „Held", „Ritter", „Unteroffizier".
● Zeichen No. 2 wäre „Clan", „geborene..." oder ein Namenszusatz.
● Zeichen No. 3: „Markt", „Stadt" oder ein Zusatz bei Maßeinheiten.
● Usw. bis Zeichen No. 28!

Isoliert betrachtet ist es daher auch für Fachleute und manchmal selbst für Muttersprachler schwierig bis unmöglich, ad hoc die richtige Bedeutung einer korrekt gesprochenen Silbe wiederzugeben. Es kommt also im Ge-

| Deutsch | Mandarin |
|---|---|
| Guten Tag | Ní Hǎo Ma |
| Wiedersehen | Zài Jiàn |
| Sprechen Sie Englisch? | Ní Shuō YīngWèn Ma |
| Ich verstehe kein Chinesisch | Wǒ Bú Dòng ZhōngWèn |
| Ich komme aus | Wǒ Lǎo Jiā Zài... |
| Österreich/Schweiz/Deutschland | Wǒ Lǎo Jiā Zài AòDìLì / RùiShi / DéGuó |
| Vielen Dank | DuōXiè |
| toll, gut, klasse | (Hén)Hǎo |
| Entschuldigung | DuìBúQǐ |
| Wo ist denn bitte der Bahnhof | QíngWèn, NǎLi Shì HuòChēZhàn |
| ................. der Busbahnhof | ................. . QìChēZhàn |
| ................. die Post | ................. YóuJú |
| ................. die Polizei | ................. JīngChá |
| ................. eine Toilette | .................CèSuǒ |
| ................. ein Spital | .................YīYuàn |
| ................. ein Hotel | ................. LùDiàn |
| ................. der Flughafen | ................. . JīChǎng |
| ...........der Hafen für Boote nach | ........... Yǒu Chuán Dào (Ort) Ge Gǎng |
| Ich möchte nach.......fahren | Wǒ Xiǎng Qù ........ |
| (Zahl) Fahrkarten nach.... | ....ZhāngPiào Dào (Ort) |

# KLEINE SPRACHHILFE

spräch immer auf den Gesamtzusammenhang an; zum anderen tendiert das moderne Mandarin zur Doppelsilbigkeit. Dies bedeutet, dass immer häufiger zwei ähnliche Begriffe, die ursprünglich einzeln gesprochen wurden, zusammengesetzt werden und erst dann ein Wort komplett ist.

So genügte früher in der eschriebenen (und gesprochenen) Sprache das Wort „Shǐ" im dritten Ton für (historische) „Geschichte". Heute verwendet man „LìShǐ" als Zusammensetzung von „alte Ereignisse" (Lì) und „Historie" (Shǐ), um „Geschichte" zu sagen.

Noch etwas schwieriger ist das **Kantonesische,** welches in der Hochsprache sechs, in Dialekten noch mehr Töne kennt. Doch nicht nur die Töne, auch die Silben selbst sind oft ganz anders als im Mandarin und ähneln bisweilen eher südostasiatischen Sprachen (9 = „Gáu", Thai „Khao", Mandarin aber „Jiǔ"; 7 = Cēd, Thai Chet, Mandarin aber Qī)

Die Töne 1–6 im Kantonesischen wären demnach bei unserem Beispiel „Ma":

- **1. Mā** – wie im ersten Mandarin-Ton
- **2. Má** – wie im zweiten Mandarin-Ton
- **3. Ma** – gleichbleibender Ton in mittelhoher Stimmlage
- **4. Mà** – wie vierter Mandarin-Ton
- **5. Mǎ** – wie dritter Mandarin-Ton
- **6. Ma** – gleichbleibender Ton in tiefer Stimmlage

| Kantonesisch | Kurzzeichen (VR China) | Langzeichen (HK, Macau) |
|---|---|---|
| Něi Hóu Mā | 你好吗 | 你好嗎 |
| Zɵi Gin | 再见 | 再見 |
| Něi Góng YīngMèn Mā | 你说英文吗 | 你說英文嗎 |
| Ngǒ M Wǔi Góng ZūngMèn | 我不懂中文 | 我不懂中文 |
| Ngǒ Cùng .... LèiGē | 我老家在 | 我老家在 |
| OɵDeiLei/SeuXi/DēgGuɵg | 澳地利・瑞士・得国 | 澳地利・瑞士・得國 |
| DōZe | 多谢 | 多謝 |
| (Hóu)Hóu | 很好 | 很好 |
| DeuYimJiu | 对不起 | 對不起 |
| Qíng Men, Bīn Dou Hei FóCēZam | 请问叶　裏是火车站 | 講問葉　裏是火車站 |
| ..................... BāXiZam | 一汽车站 | 一汽車站 |
| ..................... YeòGug | 一邮局 | 一郵局 |
| ..................... GíngCɑd | 一警察 | 一警察 |
| .....................XɨSó | 一厕所 | 一厠所 |
| ..................... YīYún | 一医院 | 一醫院 |
| ..................... LěuDim | 一旅店 | 一旅店 |
| ..................... GēiCèng | 一机场 | 一機場 |
| ...... Yěo Xùn Dɵu (Ort) Gē Góng | 一船到---个港 | 一船到---個港 |
| Ngǒ Séng Hɵu ........ | 我想去--- | 我想去--- |
| ..... ZēngPiɵ Dɵu (Ort) | ---张票到--- | ---張票到--- |

# KLEINE SPRACHHILFE

| | |
|---|---|
| Ich suche ein günstiges Lokal | Wǒ Zhǎo Yī Ge PíanYī De FànGuan |
| Ich möchte die Speisekarte | QǐngNǐ GěiWǒ CàiDān |
| Ich esse vegetarisch | Wǒ Chī SùCài |
| Ich möchte (Zahl) Bier/Tee | WǒXiǎng ....PíJiú/Chā |
| (Zahl) Suppen | Tāng |
| Fisch | Yú |
| Fleisch | Ròu |
| Meeresfrüchte | HǎiXiān |
| gebratene Ente | YāRòuChǎo |
| geschmortes Huhn | HǎoYǒu MènJi |
| Rindercurry | GāLǐ NiúRòu |
| Reisnudeln, Fleisch & Zwiebel | GānChǎo NiúHé |
| Gemüseplatte | DǐngHú ShàngSù |
| TouFu in Sojasauce | HóngShāo DòuFǔ |
| süßsaures Schweinefleisch | GǔLǎo Niú |
| scharf | Là |
| süß & sauer | TángCù |
| eine Schale Reis | Yī Bēi MǐFàn |
| Prost | GānBēi |
| Bitte nicht so scharf | Qǐng Bú Tài Là |
| Das Essen ist sehr gut | Nǐ De Fàn Hěn Hǎo Chī |
| Ich möchte die Rechnung | Qǐng Nǐ JiēZhàng |
| Kaffee – Tee | GāFēi / Chā |
| Milch | NiùNǎi |
| Mineralwasser | KuàngQuānShǔi |
| Reiswein | MǐJiú |
| Coca Cola – Saft | KēKǒu KēLè |
| Bier | PíJiú |
| wie teuer/wieviel kostet | DūoShǎo Qián |
| zu teuer | TàiGùi |
| 1, 2, 3, 4, 5 | Yī, Er, Sān, Sì, Wǔ |
| 6, 7, 8, 9, 10 | Liù, Qī, Bā, Jiǔ, Shí |
| 11, 12, 13... | ShíYī, ShíEr, ShíSān, |
| 20, 30, 40 | ErShí, SānShí, SìShí |
| 50, 60, 70 | WǔShí, LiùShí, QīShí |
| 80, 90, 100 | BāShí, JiùShí, YīBǎi |
| 101, 110 | YīBǎiYī, YīBǎiShí |
| 120, 121 | YīBǎi ErShí, YīBǎi ErShíYī |
| 200, 300, 400 | LiǎngBǎi, SānBǎi, SìBǎi |
| Tausend | YīQiān |
| Zehntausend | YīWàn |
| zu teuer | Tài Gùi |
| Ich möchte das günstige | Wǒ Xiǎng PiánYī De |
| Haben Sie ein billiges Zimmer? | Nǐ Yǒu PiánYī De FàngJiàn Ma? |
| Doppelzimmer | ShuāngRénFàng |
| Dreibettzimmer | SānRénFàng |
| Ich will heute/morgen abreisen | Wǒ JīnTiān / MíngTiān Qù |
| Wecken Sie mich morgen um 05:00 | Qǐng ZaoChang WǔDiǎn JiaoXing Wo |
| Ich bleibe (Zahl) Nächte | Wǒ Zhù (Zahl) Wǎn |

| | | |
|---|---|---|
| Ngǒ Wen PengDi Ge FanDim | 我找一个便宜的饭馆 | 我找一個便宜的飯館 |
| MGōi Něi Béi Ngǒ CānPài | 请你给我菜单 | 請你給我菜單 |
| Ngǒ Xig SouCoi | 我吃素菜 | 我吃素菜 |
| Ngǒ Séng...BēZéo / Cà | 我想---啤酒＼茶 | 我想---啤酒＼茶 |
| Tōng | 汤 | 湯 |
| Yù | 鱼 | 魚 |
| Yug | 肉 | 肉 |
| Hói Xīn | 海鲜 | 海鮮 |
| Gīng Dōu Hāo Ab | 鸭肉炒 | 鴨肉炒 |
| Hòu Yeo Mēn Gēi | 蚝油焖鸡 | 蚝油燜雞 |
| Ga Lē Ngèo Yug | 咖喱牛肉 | 咖喱牛肉 |
| Gōn Cáo Ngèo Hó | 干炒牛河 | 干炒牛河 |
| DíngWù SengSou | 鼎湖上素 | 鼎湖上素 |
| HùngXīu DeoFu | 红烧豆腐 | 紅燒豆腐 |
| Gū Lōu Ngèo | 古老牛 | 古老牛 |
| Lad | 辣 | 辣 |
| TìmXūn | 糖醋 | 糖醋 |
| Yēd Wún Fan | 一杯米饭 | 一杯米飯 |
| GōnBūi | 干杯 | 干杯 |
| MGòi M Tài Lad | 请不太辣 | 請不太辣 |
| Něi CānFàn HóuHóu Xig | 你的饭很好吃 | 你的飯很好吃 |
| MGōi Něi Gid Zeng | 请你结帐 | 請你結帳 |
| KāFēi | 咖啡＼茶 | 咖啡＼茶 |
| NgèoNǎi | 牛奶 | 牛奶 |
| KongQùnSéu | 矿泉水 | 礦泉水 |
| MěiZéo | 米酒 | 米酒 |
| HóHéo HóLog | 可口可乐 | 可口可樂 |
| BēZéo | 啤酒 | 啤酒 |
| GéiDō Qìn | 多少钱 | 多少錢 |
| TàiGuei | 太贵 | 太貴 |
| Yēt, Yi, Sām, Sei, Ng, | 一、二、三、四、五 | 一、二、三、四、五 |
| Lok, Chāt, Ba, Gau, Sap | 六、七、八、九、十 | 六、七、八、九、十 |
| SapYēt, SapYi, SapSām | 十一、十二、十三 | 十一、十二、十三 |
| YiSap, SāmSap, SeiSap | 二十、三十、四十 | 二十、三十、四十 |
| NgSap, LokSap, ChātSap | 五十、六十、七十 | 五十、六十、七十 |
| BaSap, GáuSap, YētBǎ | 八十、九十、一百 | 八十、九十、一百 |
| YētBǎYēt, YētBǎSap | 一百O一、一百十 | 一百O一、一百十 |
| YētBǎYiSap, YētBǎYiSapYēt | 一百二十、一百二十一 | 一百二十、一百二十一 |
| LeǔngBǎ, SāmBǎ, SeiBǎ | 两百、三百、四百 | 兩百、三百、四百 |
| YētChīn | 一千 | 一千 |
| YētMan | 一万 | 一萬 |
| Taàai Gwai | 太贵 | 太貴 |
| Ngǒ Séng Pèng Dǐ | 我想便宜的 | 我想便宜的 |
| Yeǒ Mǒu Pèng DǐGē Fòng Mā | 你有便宜的房间吗 | 你有便宜的房間嗎 |
| SēngYènFòng | 双人房 | 雙人房 |
| SāmYènFong | 三人房 | 三人房 |
| Ngǒ GēmYed / TīngYed Zéo | 我今天＼明天去 | 我今天＼明天去 |
| MGǒi Něi Tīng Jīu Ng Dím GiuSéng Ngǒ | 请早晨五店钟叫醒我 | 請早晨五店鐘叫醒我 |
| Ngǒ Ju (Zahl) Mǎn | 我主---晚 | 我主---晚 |

# Glossar

## Acht

Viele Zahlen nehmen in der chinesischen Symbolik eine besondere Rolle ein. Alle geraden sind weibliche (Yin-Zahlen), alle ungeraden männliche (Yang-Zahlen). Die Zahl acht ist die Zahl der Gelehrten und der Religionen, wie zum Beispiel die acht Unsterblichen des Taoismus oder die acht Kostbarkeiten im Konfuzianismus.

## Acht Unsterbliche

Die acht Unsterblichen sind taoistische Heilige, die durch Befolgung der taoistischen Lehren Unsterblichkeit erlangten und auf ihrem Weg vom asiatischen Festland zur paradiesischen Insel PengLai im Pazifik auch Südchina passiert haben sollen. Jeder von ihnen hatte ein besonderes Utensil (Fächer, Schwert, Kürbis, Kastagnetten, Bambusrohr, Flöte, Lotus, Blumenkorb), welches ihm magische Fähigkeiten verlieh. Ferner symbolisieren sie je einen bestimmten Lebens- bzw. Gesellschaftstyp: Männlichkeit, Weiblichkeit, Alter, Jugend, Adel, Volk, Wohlstand und Armut. In taoistischen Tempeln werden sie oft an den Seitenwänden als Bilder oder Statuen dargestellt.

## Amitabha-Buddha

Nichthistorischer Buddha, der „Buddha des unendlichen Lichtes" genannt wird. Er lebt, umgeben von zahlreichen Boddhisatvas, im Paradies des Westens. Meist wird er in buddhistischen Tempeln rechts von Buddha (Mitte) als Buddha-Dreigestirn dargestellt.

## Apfel

Da in der chinesischen Sprache nur wenige hundert Silben für den gesamten Wortschatz zur Verfügung stehen, lauten viele Begriffe und Worte gleich. Jede Frucht symbolisiert daher etwas, das gleich oder ähnlich ausgesprochen wird. Der Apfel *(Ping)* ist zwar ein gutes Mitbringsel, da er den Frieden *(Ping)* symbolisiert, darf aber keinem Kranken geschenkt werden (Krankheit = *Bing*). Die Zeit der Apfelblüte ist der Frühling, der Apfel ist daher auch ein Symbol für diese Jahreszeit.

## Apfelsine

Die Orange *(JuZi)* ist wegen ihrer goldorangenen Farbe ein Symbol für Gold (Wohlstand) und daher stets ein positives Geschenk. Ähnlich gesprochen wird *Zhu* (erbitten, wünschen), sodass das Verschenken von Orangen als „ich wünsche dir Wohlstand" interpretiert wird.

## Aprikose

Eine gelbe Aprikose *(Xing)* symbolisiert den zweiten Monat des Mondjahres (etwa März), eine rote dagegen eine verheiratete Frau mit außerehelichen Beziehungen.

## Auberginen

Die chinesischen Auberginen *(JieZi)* sind länglich und erinnern mit ihrem grünen Stengelansatz an einen stehenden Menschen mit Hut. Hutträger waren überwiegend nur Beamte, sodass die Aubergine den Wunsch „mögest du einen Beamtenrang erhalten" ausdrückt. In einer Nebenbedeutung steht die Aubergine in Fernost auch für Penis. In HongKong, Macau und Tai-Wan wird sie am Jahresende bevorzugt von Frauen gegessen, da sie angeblich verführerische rote Lippen macht.

### Avalokitesvara

Indischer Boddhisatva der Barmherzigkeit, der als Zwitterwesen auf der Welt blieb, um den Menschen zu helfen. Die Allmacht wird durch Hunderte von Armen und mehrere Köpfe symbolisiert. In China wird Avalokitesvara als GuanYin (⌕) verehrt.

### Ball

Der Ball *(Qiu)* hat zwei symbolische Bedeutungen. Während des Herbstfestes am 15. Tag des achten Mondmonates (⌕ Kap. „Feste und Feiertage") warfen die heiratsfähigen jungen Mädchen einen Ball vom Balkon; wer ihn fing, wurde der Bräutigam. Zum anderen stehen die Löwen vor taoistischen Tempeln auf einem Ball, genauer gesagt der weiter östlich stehende rollt einen Ball unter der linken Tatze. Der weiter westlich stehende Löwe ist ein Weibchen, welches aus der rechten Tatze ein Junges säugt. Der Ball beim Männchen wird oft als beim Liebesspiel ausgerissenes Haarknäuel interpretiert, der Ball an sich gilt daher auch als Fruchtbarkeitssymbol.

### Bambus

Bambus ist ein innen hohles Grasgewächs, „sein Herz ist leer". Dies ist ein Zeichen für Bescheidenheit und Tugend. Der Bambus ist aber auch immergrün und daher ein Symbol für langes Leben. Er war traditionell bei der klassischen chinesischen Malerei äußerst beliebt und stellt eines der Leitmotive aller Landschaftsmalereien dar. Bambus, Pflaume, Chrysantheme und Orchidee sind die vier edlen Blumen Chinas (z.B. die Blumensteine beim MaJong-Spiel).

### Banane

Das Bananenblatt symbolisiert in China eine der vierzehn Kostbarkeiten, die Frucht selbst ist ein Symbol der Selbsterziehung.

### Birne

Wegen des möglichen hohen Alters der Birnbäume wurde die Frucht zum Symbol für langes Leben, aber auch ein Zeichen für eine gute (langanhaltende) Ehe. Paare dürfen die Birne *(Li)* nicht aufschneiden, da dies gleichlautend mit Trennung *(Li)* wäre.

### Blau

Blau *(Lan)* ist eine zwiespältige Farbe, die je nach Zusammenhang sowohl Erfolg wie auch Unglück bedeuten kann.

### Boddhisatva

Jünger des historischen Buddha, der in seiner Entwicklung bis zum Nirwana (buddhistischen Paradies) angelangt ist. Er tritt allerdings nicht in das Nirwana ein, sondern verbleibt in der diesseitigen Welt, um andere Menschen auf dem Pfad des Buddhismus (⌕ Mahayana, Hinayana) zu unterstützen. Im religiös-spirituellen Alltag werden Boddhisatvas in China als götterähnliche Wesen angesehen.

### Cathay

Alter Name für China, abgeleitet vom nordöstlichen Stamm der Kithan auf dem Festland, der 916 n. Chr. in der Region Mandschurei-Nordostchina die Liao-Dynastie gründete. Der Begriff Cathay wurde in die russische Sprache durch Kontakte sibirischer Pelzjäger zu China am Amur aufgenommen *(kitaj* = China), auch die HongKonger Fluggesellschaft Cathay-Pacific griff diesen Namen auf.

### DaoDeJing (TaoTeChing)

Von LaoZi (↗) im vierten Jahrhundert vor unserer Zeitrechnung verfasstes philosophisches Werk, auf welchem der Daoismus (↗ Kap. „Religion") aufbaut. Zentrale Lehre ist das so genannte *WuWei* (nicht-handeln), durch welches der Mensch meditativ seine Umwelt erfaßt und begreifen lernt.

### Drache

Der Drache *(Long)* ist in der chinesischen Symbolik sehr vielschichtig. Im Gegensatz zum Westen ist er positiv und gutartig, seit der Han-Zeit (seit 206 v. Chr.) auch Sinnbild des Kaisers (daher „Drachenthron"). Der Drache ist nahezu allmächtig, kann sich unsichtbar machen, Regen erzeugen und sich in jede beliebige Größe verwandeln. So ist es nicht weiter verwunderlich, dass der Drache in Volkstänzen, Erntefesten (zum Dank für den Regen), im chinesischen Kalender und bei den so genannten Drachenbootrennen traditionell eine Schlüsselrolle spielt. Oft wird der Drache mit der Zahl neun in Verbindung gebracht. Die neun symbolisiert die potenzierte drei (Zahl der Männlichkeit) und deutet besondere Fruchtbarkeit an. *YiLong JiuZi* (ein Drache, neun Kinder) wird Jungvermählten mit auf den Weg gegeben; auch in Ortsnamen wird diese Verbindung oft gewählt, z.B. JiuLong (kantonesisch: KowLoon), Stadtteil von HongKong.

### Drei

Aus der ursprünglich religiös-spirituellen Bedeutung des Dreieckes Himmel-Erde-Mensch und dem häufigen Buddha-Dreigestirn (Buddha in der Mitte, Amitabha rechts und Shakyamuni links) ergab sich in der chinesischen Geschichte eine breite Palette von symbolischen Verwendungen der Zahl drei *(San)*. So bei den drei Lehren (Konfuzianismus, Daoismus, Buddhismus), dem „Drei-Zeichen-Klassiker" (Moralregeln in einfachen Sätzen zu je drei Zeichen in der klassischen Schule), den drei Alten (drei Dorfoberhäupter) oder den drei Augen der Frau (Augenpaar und Vagina). Die drei ist auch eine männliche Yang-Zahl und Sinnbild für Fruchtbarkeit.

### Drei Erhabene (SanHuang)

*Yao, Shen* und *Yu* sind legendäre Urheroen der chinesischen Vorgeschichte, die in China als götterähnliche Urkaiser einer paradiesischen Zeit angesehen wurden.

## Dreizehn

Die 13 *(ShiSan)* als unangenehme Zahl spielt in China – wenn überhaupt – nur im Buddhismus eine Rolle. Jener kam aus Indien, wo die 13 in der Zahlenmystik eine wesentlich größere Rolle spielt (und deren Negativdeutung bei uns im Westen ihren Ursprung hat). Vermutlich liegt dies am Mondjahr mit 12 Mondmonaten, welches kürzer als das Sonnenjahr ist. Nach einigen Mondjahren musste ein Schaltmonat (der dreizehnte) zwischengeschaltet werden, um den Kalender dem Sonnenstand wieder anzugleichen. Dieser Monat wurde „Monat der Bedrängnis" genannt und war unbeliebt. In China gibt es lediglich einige Schimpfausdrücke, die auf der Zahl 13 als Ausdruck des Negativen basieren.

## Fisch

Der Fisch *(Yu)* ist gleichlautend mit Überfluss *(Yu)* und daher ein Symbol für Wohlstand. Beliebtester Fisch ist der Goldfisch *(JinYu)*, der wegen der Lautgleichheit als Zeichen für „Gold im Überfluss" verstanden wird (Gold = *Jin)*. In chinesischen Lokalen (auch im Westen) spielt das Goldfischbecken am Eingang eine symbolhafte Rolle bei der Schutzgelderpressung: Die Anzahl der Goldfische zeigt, wieviel man zu zahlen bereit ist.

## Fo

chinesisch für Buddha

## Fünf

Die Fünf *(Wu)* ist eine der wichtigsten Symbolzahlen der Chinesen. So kennt man fünf Himmelsrichtungen (N, O, S, W und Mitte), fünf Geschmacksrichtungen, fünf Töne im Mandarin, fünf Farben (Cyan, Magenta, Gelb, Schwarz, Weiß), fünf Beziehungen (Fürst-Diener, Vater-Sohn, Mann-Frau, Freund-Freund, ältere-jüngere Geschwister), fünf klassische Bücher, fünf Elemente, fünf buddhistische Verbote (töten, stehlen, Lust, unbuddhistische Nahrung, lügen), fünf Anzeichen der Wollust der Frau und vieles anderes mehr.

## Fünf Elemente

*(WuXing)* Holz, Feuer, Wasser, Metall und Erde waren die fünf Grundelemente, aus denen sich alle Dinge ableiten lassen und die miteinander in Harmonie stehen sollen. Die fünf Elemente spielen auch in der traditionellen chinesischen Küche eine Rolle; so sollte man stets bemüht sein, alle fünf im Hause zu haben und bei einem Essen Anteile aller Elemente zu verarbeiten.

## Fünf Herrscher

In der chinesischen Legende folgten auf die Drei Erhabenen (↗) die Fünf Urherrscher. Man geht heute davon aus, dass es sich bei ihnen in der Volksreligion um Götter handelte, die im Laufe der Zeit immer mehr als fiktive weltliche Herrscher verehrt wurden. Der bedeutendste von ihnen war *HuangDi*, von dessen Namen sich später der Titel „Kaiser" *(HuangDi = göttergleich erhaben)* ableitete.

## Gelb

*(Huang)* Einer der wichtigsten Flüsse Chinas, der gelbe Fluss (HuangHe),

führt Unmengen gelblichen Lössbodens mit sich und färbt die Böden am Flussverlauf. Gleichzeitig wird gelb als Farbe der Himmelsrichtung „Mitte" betrachtet und steht symbolisch für das „Reich der Mitte" (China). *QinShi HuangTi* war der erste gelbe Kaiser, im Laufe der Jahrhunderte wurde gelb auch die Farbe der Kaiser. Nur buddhistischen Mönchen und den Kaisern war es gestattet, gelbe Kleidung zu tragen. China wird auch heute noch gelegentlich als „gelber Drache" bezeichnet, die Farbe selbst steht im Alltag für Ruhm und Fortschritt.

### Geomantik (FengShui)

Aus der Yin-Yang Theorie, die den Einklang der Dinge mit der Natur postuliert, ergab sich die Notwendigkeit, vor dem Bau eines Gebäudes die unsichtbaren Strömungen vor Ort zu erforschen. Nach bestimmten Regeln legt der Geomantiker fest, wie und wo ein Haus zu stehen hat, insbesondere die Geister dürfen nicht negativ vom Gebäude beeinflusst werden. Noch heute ist der Geomantiker ein wichtiger Beruf; er wird vor Baubeginn auch von modernen Großunternehmen zu Rate gezogen.

### Grün

*(Lü)* Farbe des Frühlings und des Lebens. In der chinesischen Traumdeutung gilt grün als besonders positiv.

### Hinayana

Die ältere und ursprüngliche altindische buddhistische Lehre vom Weg der Erlösung. Diese kann der Mensch nur in sich selbst und ohne äußere Hilfe durch Boddhisatvas finden. Die Hinayana-Strömung (Sanskrit: kleiner Wagen) verbreitete sich hauptsächlich in Südindien und Südostasien.

### Jade

*(Yu)* Diese Kieselerde wurde in China in den Flüssen des Nordostens gefunden und wegen ihrer Seltenheit als sehr kostbar erachtet. Da man annahm, sie sei vom Himmel gekommen, schrieb man ihr auch magische Kräfte zu, wie zum Beispiel das Verhindern der Verwesung eines Leichnams. Bedeutende Kaiser wurden daher vor ihrer Bestattung oft mit Jade gefüllt und in Jadehemden gekleidet.

### Jadekaiser

*(YuHuangTi)* Legendärer Urkaiser, der heute einer der wichtigsten Götter in der Volksreligion (taoistisch-schamanistisch) ist.

### Kalligrafie

Kunstform des Schreibens chinesischer Zeichen mit schwarzer Tusche und Pinsel.

### Karpfen

Der Karpfen *(Li)* ist gleichlautend mit „Vorteil". Da der Fisch auf seiner Wanderung im gelben Fluss springend Schnellen flussaufwärts überwindet, setzte man ihn mit „Erfolg in der Beamtenprüfung" (Überspringen von Prüfungshürden) gleich. Der Karpfen wird gelegentlich mit Bart dargestellt, ein Zeichen für übernatürliche Kraft und besondere Beharrlichkeit.

# GLOSSAR

**Katze**

Oft sind in Geschäften (künstliche) winkende Katzen zu sehen – sie gelten für Geschäftsleute als Glücksbringer.

**Kiefer**

*(Sung)* Wegen ihrer Unempfindlichkeit gegenüber Wind und Wetter dient sie als Symbol der Langlebigkeit; gemeinsam mit dem Kranich dargestellt, ist dies ein Zeichen für das Ende eines langen Lebens.

**Konfuzius**

Lateinischer Name des Philosophen und Staatstheoretikers *KungFuZi* (551 v. Chr.–479 v. Chr.). Die nach ihm benannte Lehre wurde erst lange nach seinem Tod von der Han-Dynastie (ab 206 v. Chr.) als Staatsphilosophie anerkannt. Zum Konfuzianismus ⌖ Kapitel „Religionen" im Hauptteil.

**Kranich**

*(He)* Symbolvogel für langes Leben.

**KwunYum (GuanYin, auch KunIam, KwanIum o.Ä.)**

Der indische Boddhisatva (⌖) *Avalokitesvara* („der das weltliche Bitten hört") wurde im Chinesischen mit GuanShiYin, kurz GuanYin, übersetzt. Als Boddhisatva ist die geschlechtliche Trennung überwunden, die Gottheit kann wahlweise als weiblich oder männlich auftreten. Im fernen Osten wird GuanYin als Gottheit der Barmherzigkeit und Schutzpatronin der Frauen betrachtet. Sie wird sowohl von Buddhisten (als Statue meist aufrecht stehend mit einer erhobenen Hand) als auch von Taoisten (hundertarmig als Zeichen der Allmacht) verehrt. GuanYin ist eine der häufigsten Figuren in südchinesischen Tempeln.

**KuanTi (auch GuanYu oder WuDi)**

*GuanYu* ist ein historisch belegter General während der Zeit der drei Reiche (222–265 n. Chr.), der zahlreiche Schlachten gewann und heldenhaften Ruhm erlangte. Dennoch war ihm ein tragisches Ende beschieden, er wurde durch eine List gefangengenommen und hingerichtet. Sein Leben und Heldentum diente vielen Soldaten als Vorbild, unter den Ming (1368–1644) wurde *GuanYu* schließlich zum Kriegsgott und Schutzpatron der Soldaten sowie zum Gott der Gerechtigkeit ernannt. Zahlreiche Tempelschreine erinnern an ihn, meist unter dem Namen WuShengMiao. Sowohl im Tempel wie auch als Figur der chinesischen Oper wird *GuanYu* mit auffälliger roter Gesichtsfarbe (Maske) dargestellt.

**LaoZi (LaoTzu)**

Verfasser des DaoDeJing und Begründer der darauf basierenden Lehre des Daoismus. Zu Leben und Werk ⌖ Kap. „Religionen" im Hauptteil.

**Löwe**

*(Shi,* persisch: *Sirr)* Der Löwe war in China bis zu Handelskontakten mit Persien unbekannt. Seine Stärke ließ ihn zum Fabeltier und Tempelwächter werden. Vor vielen (insbesondere taoistischen) Tempeln stehen ein männlicher Löwe mit einer Perle (⌖ Ball) so-

wie ein weiblicher mit einem Löwenbaby. Übertragen bedeutet der Ausdruck „der Löwe wirft den Ball" den Beischlaf vollziehen. In den berühmten Löwentänzen an Festtagen sollen böse Geister vertrieben werden.

### Lotusblüte

Der Lotus *(LienHua)* wächst auf schmutzigen Tümpeln, ohne selbst schmutzig zu sein und wird als Zeichen der Reinheit betrachtet. *Lien* ist außerdem lautgleich mit „Bescheidenheit", „lieben" und „ehelich verbinden", kann daher in zahlreichen symbolischen Varianten eingesetzt werden. Der Stengel stellt in der Sexualsymbolik das männliche, die Blüte das weibliche Geschlecht dar. Lotusblüte wurde daher zum Synonym für Frau an sich, der „Goldlotus" bezeichnete den durch straffes Umwickeln von Kindesalter an verkrüppelten Fuß der Frau, eine Praxis, die bis zum Ende der letzten Kaiserdynastie (in ländlichen Gegenden auch noch darüber hinaus) weit verbreitet war.

### Mahayana

(Sanskrit: großer Wagen) Die in Nordindien, Nepal und China verbreitete Lehre des Buddhismus. Im Unterschied zur (↗) Hinayana-Strömung kann der Weg zur Erlösung des Menschen aus dem ewigen Kreislauf durch die Hilfe von (↗) Boddhisatvas erleichtert werden.

### Maitreya

Diese nach Buddha zweithöchste Figur des Buddhismus kam während der Sung-Dynastie (960–1280) aus Indien nach China. Maitreya bedeutet „der noch nicht Erschienene" und wird im Chinesischen mit „MiLoFu" wiedergegeben. MiLoFu ist keine historische Figur und symbolisiert durch seine stets lachende, gemütliche und dickbäuchige Gestalt den naiven Frohsinn. Dadurch stellte er nie eine politische Gefahr dar und konnte leicht in China Anhang finden. Er wird auch HuanXiFo, „Freuden-Buddha" genannt, seine Beleibtheit drückt insgesamt Zufriedenheit aus; dicke Menschen erinnern in China an ihn und werden (im Gegensatz zum Westen) geschätzt. Einer anderen Interpretation zufolge spielt der Begriff „Freuden-Buddha" nicht auf die Leibesfülle dieses Buddha, sondern auf Beischlaf an.

### MaZi

Göttin des Meeres und Schutzpatronin der Fischer und Seeleute (kantonesisch **TinHau, TianHou o. Ä.),** die insbesondere in Südchina sowie auf Tai-Wan besonders verehrt wird. MaZu wird auch „TinHau" (Himmelskaiserin) genannt, die zu ihren Ehren errichteten Tempel heißen daher entweder „TinHau Kung" oder „MaZi Miao". Ihr Geburtstag (am 14. April, angeblich 901 n. Chr.) wird in allen TinHau-Tempeln HongKongs und Macaus besonders gefeiert.

### Ming-Dynastie

Das vorletzte Kaisergeschlecht von 1368 bis 1644 n. Chr. war gleichzeitig die letzte echte chinesische Dynastie und wird entsprechend verehrt. Die nachfolgende Qing-Dynastie (1644–

# GLOSSAR

1911 n. Chr.) wurde immer als Fremdherrschaft der Mandschuren angesehen. Unter den Ming entstanden der Kaiserpalast in BeiJing, die Ming-Gräber bei XiAn, kam die Porzellanverarbeitung zur Blüte und entstanden die größten literarischen Werke.

## Namensgebung

Ein Baby erhält zunächst einen Kindernamen, der bis etwa zum zehnten Lebensjahr getragen wird. Erst danach wird entsprechend der Persönlichkeit des Kindes der eigentliche Dauername vergeben. Namen werden in China und auf TaiWan mit besonderer Sorgfalt von den Eltern ausgewählt. Der Name soll bestimmte Charaktereigenschaften widerspiegeln, so werden Mädchen häufig mit blumigen oder positiven Adjektiven ausgezeichnet, Knaben dagegen mit Worten der Stärke, Tugend oder Tiernamen.

Die zweisilbigen Namen werden dem einsilbigen Familiennamen nachgestellt. Frauen behalten nach der Heirat ihren alten Familiennamen, werden aber als „Frau XY" mit dem Familiennamen des Ehemannes angesprochen. Falls ein Mensch im Laufe seines Lebens eine Pechsträhne hat, kommt es sogar zu Namensänderungen, wobei häufig Astrologen zu Rate gezogen werden. Auch die Furcht vor Geistern spielt dabei eine Rolle, zumeist aber eher auf dem chinesischen Festland.

## Nirwana

Eine Art buddhistisches Paradies oder die Endstation auf dem spirituell-religiösen Pfad. Wörtlich bedeutet Nirwana etwa „Ende der Bestrebungen" und bezeichnet jenes Stadium in der Entwicklung eines Individuum, in dem es die Kette der unendlichen Wiedergeburten durchbricht.

## Opiumkrieg

Auseinandersetzung zwischen Großbritannien und dem kaiserlichen China um die Öffnung Chinas für den britischen Handel mit Opium 1840–1842.

## Pagode

Die Pagode *(BaoTa)* entspricht der indischen Stupa und bezeichnet entweder eine heilige Stätte oder ist ein Ort, an welchem Reliquien aufbewahrt werden. Pagoden befinden sich überwiegend in unmittelbarer Nähe buddhistischer Tempel und Schreine.

## PakTai

Hüter der Gesellschaft mit besonderer Rolle als Patron auf HongKongs Insel CheungChau

## PaoKung

Taoistische Gottheit der Justiz

## Papagei

Der in Südchina und auf TaiWan beheimatete Papagei *(YingWu)* ist in seiner religiösen Bedeutung ein Begleiter des KwunYum-Boddhisatva ( ♫ ) und trägt dabei auf Darstellungen häufig eine Perle im Schnabel. Im Alltag meint man mit Papagei auch „junges Mädchen", und die Redewendung „mit dem Papagei Tee trinken" bedeutet, ein Freudenmädchen besuchen.

### Pavillon

*(Ting)* Beliebtes Thema der chinesischen Landschaftsmalerei. Gemeinsam mit Kranichen ein Symbol der Zauberinsel im Ostmeer, dem Ziel der Reise der acht Unsterblichen.

### Perle

*(Ju)* Symbol der Reinheit. Einer chinesischen Legende zufolge besitzen die tibetanischen Mönche eine Zauberperle. Wenn sie 60 Jahre unter dem Einfluss der Mönche stand, kann sie jede Frau, die sie erblickt, liebestoll machen.

### Pfirsich

Der Pfirsich *(Tao)* ist das bedeutendste Symbol der Langlebigkeit in China. Zum chinesischen Neujahrsfest wurden Pfirsichzweige vor die Türen gelegt, um Geister zu vertreiben und das eigene Leben zu schützen. Im KunLun-Gebirge auf dem Festland soll alle 9000 Jahre ein Pfirsichbaum blühen, dessen Früchte unsterblich machen. Auch der Affengott Sun (oder Hanuman, beides basiert auf dem Hinayana-Epos) kam auf seiner im legendären, im Roman „Reise nach dem Westen" *(XiYuJi*, 16. Jh.) beschriebenen Reise hier vorbei und verzehrte die Früchte dieses Baumes kurz vor ihrer Reife zum Entsetzen aller – und wurde unsterblich.

### Pflaume

Die Pflaume *(Mei)* bezeichnet Winter und Jungfäulichkeit, die Bettdecke eines Brautbettes wird sinnigerweise „Pflaumenblütendecke" genannt. Eine Reihe anderer Bezeichnungen wird ebenfalls mit *Mei* gebildet, z.B. „Weiden-Pflaume-Krankheit" (Syphillis), „die Pflaume blüht zum zweiten Mal" (eine Nebenfrau nehmen oder zweiter Beischlaf einer Nacht) oder „Pfirsich-Pflaume" *(TaoLi* = Studenten).

### Piktogramm

Bezeichnung für chinesische Schriftzeichen, die aus Bildern entstanden.

### QinShi HuangDi

Erster chinesischer Kaiser, der über ganz China herrschte. Er regierte nur relativ kurz von 221 bis 206 v. Chr., viele der nachfolgenden Herrscherhäuser und selbst *MaoZiDong* orientierten sich an ihm. Sein zentraler Gedanke war es, das Land rigoros zu vereinheitlichen und mit alten Traditionen zu brechen. Einschneidendste Taten waren der Bau der großen Mauer und die Bücherverbrennung traditioneller Schriften durch seinen Minister *LiSi*.

### Reich der Mitte

Heutiger Name Chinas *(ZhongGuo)*, der bereits während der Chou-Dynastie (1028–221 v. Chr.) entstand und den führenden Teilstaat Chou inmitten unterworfener Fürstentümer am Rande bezeichnete. Der Begriff Zhong-Guo spiegelt auch das heutige Selbstverständnis Chinas und das sinozentrische Weltbild der politischen Führung in BeiJing wieder.

### Republik China (R.o.C., ZhongHua MinGuo)

1912 von *Dr. SunYatSen* ausgerufene Republik als Nachfolgestaat des Kaiserreiches. Die „Republik China auf TaiWan" versteht sich als direkter Nachfolger der Republik *Suns*, die aber 1949 vor den Kommunisten „vorübergehend" nach TaiWan ausweichen musste.

### Rosa
*(FenHong)* Farbe der Unzucht und Prostitution.

### Rot
Rot *(Hong)* ist sowohl die Farbe des Kriegsgottes GuanYu, des Reichtums und des Lebens. In Kombination mit der Farbe grün gibt es noch heute einige interessante Wendungen wie „Lampen rot, Wein grün" (Kneipenleben), „roter Rock und grüne Socken" (Jungfrau), aber auch in Kombination mit weiß bedeutet „rot und weiß" ein Kompliment für die Schönheit einer Frau (rote Lippen, weiße Zähne).

### Schildkröte
*(Gui)* Symboltier, welches die Geheimnisse des Himmels und der Erde vereint. Sie steht auch für Zähigkeit und Standfestigkeit. Anderseits bedeutet *GuiGong* (Schildkrötenherr) das Fluchwort „Vater einer Hure" und *WuGui* (dunkle Schildkröte) „Zuhälter".

### Schlange
In Südchina ist die Bedeutung der Schlange *(She)* recht vielfältig. Sie wird gerne verzehrt, da ihr Genuss gut für die Augen sei. Anderseits sei das Schlangenfett gefährlich, da die Funktion des Penis beeinträchtigt werde. Träumt ein Chinese von einer Schlange, bedeutet dies den Verlust seines Wohlstandes oder aber eine neue Frauenbekanntschaft (wie sinnig!). Da man nicht genau sagen kann, welche Möglichkeit zutrifft, ist die Beratung durch traumdeutende Astrologen am Morgen danach (nach dem Traum) weit verbreitet. In der Praxis werden Schlangen mit Hilfe von – Damenunterwäsche gefangen, da sie durch den Geruch angeblich angezogen werden. Daher wird die Schlange in Südchina folgerichtig auch mit dem Penis gleichgesetzt.

### Schwarz
*(Hei)* Symbolfarbe für Tod, Ehre und das Dunkel.

### Sex
*(Se)* Die verhältnismäßig strikte Moral des Konfuzianismus (allerdings nach *Konfuzius* selbst) bedingte eine Tabuisierung, wenn auch nicht völlige Unterdrückung jedweder erotischer oder sexueller Handlung und Beschreibung in China. So entwickelte sich die beinahe ausschließliche symbolische Beschreibung erotischer Handlungen, wobei die Symbole zwar eindeutig waren, gemäß der strengen Moral die Dinge aber nie direkt beim Namen genannt wurden. In ländlichen Regionen des Festlandes ist es noch heute üblich, vollkommen bekleidet zu Bett zu gehen, auch im Ehebett. In HongKong und Macau weicht die Prüderie nicht zuletzt durch westliche Einflüsse erheblich auf, in der Volksrepublik drohen bei vorehelichem Verkehr dagegen auch heute noch Strafen.

## Glossar

**Sieben**

*(Qi)* Zahl des Lebens und des Todes. Mit sieben Jahren verliert das Mädchen die Milchzähne, mit vierzehn hat sie die erste Regel, mit 49 die letzte. Nach dem Tod werden Opfer an jedem siebenten Tag gebracht, nach sieben mal sieben Tagen geht die Seele ins Jenseits über.

**Stein**

*(Shi)* Berge, Felsen und Steine stehen für langes Leben. In Südchina und TaiWan liefern sich manche kleine Dörfer am fünften Tag des fünften Mondmonates regelrechte Steinschlachten, um die Fruchtbarkeit zu fördern und Krankheiten vorzubeugen.

**SunYatSen**

*(SunZhongShan)* Chinesischer Politiker (1866-1925), der mit seiner „Gesellschaft zur Erneuerung Chinas" das chinesische Kaiserreich 1911 stürzte und die demokratische „Republik China" gründete. Zur Biografie ♂ Exkurs.

**TaiJiQuan**

Chinesisches Schattenboxen, eine meditative Leibesübung für Körper und Geist.

**TaiZi**

Der junge, götterähnliche Held TaiZi *(TaiTzu)* oder NaCha ist eine Art chinesischer Siegfried, der auf einem Feuerrad stehend mit Hilfe eines Zauberringes seine Feinde bekämpft. TaiZi ist der Sohn des nördlichen Himmelskönigs LiJing und ehrte nur Buddha, nicht aber seine Eltern. Obgleich inhaltlich eher eine buddhistische Figur, ist er in Südchina nur sehr selten (in HongKong nur in ShamShuiPo) zu sehen.

**TamKung**

Überwiegend in Südchina verehrte Figur eines Fürsten der südlichen Song-Dynastie (1127-1279), der vor den Mongolen nach Süden floh.

**Tee**

Das chinesische Nationalgetränk kam vermutlich im dritten Jahrhundert aus Indien nach China. Im Süden heißt er *Ti* (Fukienesisch, Taiwanesisch), im Norden dagegen *Cha*. Das nordchinesische *Cha* (Gesprochen Tscha) kam als Lehnwort in die slavischen Sprachen (russisch *tschaj*), das südchinesische *Ti* als *tea*, Tee usw. zu den westeuropäischen Sprachen.

Wer oft in der Welt umherreist, wird gewiss schon die unterschiedlichsten Worte für „Tee" - sei es im Hotel, im Restaurant, auf Verpackungen usw. - gelesen oder gehört haben. Dabei lässt sich das Wort Tee jedoch, aus welcher Sprache der Welt auch immer, auf zwei Grundformen zurückführen, beide in China origin. Das kantonesische „cha" prägte nicht nur weite Teile der chinesischen Sprachen und Dialekte, sondern erstreckte sich über Handelsbeziehungen zu Lande quer durch Asien u.a. in die Sprachen Thai, Hindi, Koreanisch, Japanisch, Tagalog, Vietnamesisch, Arabisch, und nicht zuletzt ins Russische und Portugiesische.

Anders die meisten westeuropäischen Sprachen: beispielsweise im

Englischen, Deutschen, Niederländischen, Französischen, Spanischen und Italienischen wurde das jeweilige landessprachliche Wort für Tee aus dem Fukienesischen „tai" abgeleitet, hier durch Handelsbeziehungen der Seefahrernationen mit der Küstenprovinz Fukien.

## Tempel

(allgemein: *SiMiao)* Ursprünglich war die Benennung chinesischer Tempel relativ klar gegliedert. So war ein *Si* immer buddhistisch, ein *Miao* taoistisch und konfuzianistisch, ein *Tan* eine Stätte der Volksreligion. In Südchina fand eine starke Vermischung der einzelnen Strömungen statt, sodass heute lediglich der *Si* relativ eindeutig und ausschließlich für buddhistische Tempel steht. Konfuziustempel sind immer *KongZiMiao*, aber auch taoistische und schamanistische (volksreligiöse) Tempel werden als *Miao* bezeichnet.

## Tempelwächter

Steinerne Wächter an den Eingangstoren finden sich gelegentlich bei buddhistischen, nahezu immer bei taoistischen Tempeln. Meist dienen die vier bewaffneten und furchterregend blickenden Himmelskönige (Wen, Ma, Li und Zhao) als Tempelwächter, aber auch andere ehrenwerte Figuren wie die Generäle *Fan* und *Xie* nehmen diese Aufgabe wahr.

## Vier

*(Si)* Unglückszahl, da lautgleich mit sterben. In chinesischen Gebäuden wird der vierte Stock oft übersprungen, auf den dritten folgt unmittelbar der fünfte. Mit vier Geldscheinen oder 400/4000 NT$ als Geschenk macht man daher niemandem eine Freude, vier halbe, glasierte Birnen ( ♫ ) kommen schon beinahe einer Kriegserklärung gleich.

## Volksrepublik China

Nachdem die kommunistischen Truppen *MaoZiDongs* 1949 die republikanischen Truppen *ChiangKaiSheks* samt Regierung nach TaiWan vertrieben hatten, rief *Mao* am 1. Oktober 1949 auf dem Platz des Himmlischen Friedens (TianAnMen) in BeiJing die „Volksrepublik China" aus.

## WongTaiSin

Distriktgottheit im gleichnamigen HongKonger Stadtteil WongTaiSin. Wird wegen seiner Kenntnis eines Allheilmittels verehrt, kann zudem Gegenstände verwandeln.

## Yin-Yang

Prinzip der Harmonie zwischen den universalen Polen Yin (weiblich, schattig, weich, negativ) und Yang (männlich, sonnig, hart, positiv), welches in der Volksreligion und der chinesischen klassischen Medizin von Bedeutung ist. Beide Pole ergänzen sich und können nur gemeinsam, im Idealfall in vollendeter Harmonie, existieren.

# Literaturhinweise

Selbstverständlich können politische, wirtschaftliche und kulturelle Themen im Rahmen dieses Handbuchs nur angerissen werden. Der Leser wird vielleicht an dem einen oder anderen Gebiet besonders interessiert sein oder möchte mehr zu bestimmten Punkten wissen. Zur Vorbereitung einer Reise in den Süden Chinas empfiehlt es sich durchaus, neben reisepraktischer Information auch weiterführende Hintergrundliteratur zu lesen. Über China im Allgemeinen besteht ein breites Literatur-Angebot zu Geschichte, Sprache und Landeskunde. Konkrete empfehlenswerte Werke etwa zu den Sonderwirtschaftszonen, aber auch zu Macau oder HongKong sind dagegen eher die Ausnahme. A/B: antiquarisch oder in Bibliotheken.

## Gesamtdarstellungen

- *Gernet, Jacques:* **Die chinesische Welt,** Frankfurt, 1979.
Ein Standardwerk der Universalgeschichte Chinas von den Anfängen bis zur Gegenwart.
- *Information Services Department:* **HongKong,** HongKong, 2006.
Jährlich neu aufgelegtes statistisches Jahrbuch mit detaillierten Angaben zu allen politischen, wirtschaftlichen und gesellschaftlichen Betätigungen innerhalb des Sonderverwaltungsgebietes.
- *Seitz, Konrad:* China – eine Weltmacht kehrt zurück. München, 2003.
Bester und sehr gut aufgebauter historischer Überblick und Darstellung der modernen politischen und wirtschaftlichen Entwicklung Chinas. Pflichtlektüre für alle, die sich mit China befassen wollen.

## Geschichte

- *Menzies, Gavin:* 1421 – Als China die Welt entdeckte. München 2002.
Eine unbedingt empfehlenswerte Darstellung der chinesischen Entdeckungsfahrten im frühen 15. Jh., als China den gesamten Erdball erschloss und kartografierte – 70 Jahre vor Kolumbus!
- *Eberhard, Wolfram:* **Geschichte Chinas,** Stuttgart, 1980. A/B
Wirtschafts- und sozialgeschichtliches Standardwerk.
- *Schafer, Edward:* **Das alte China,** Amsterdam, 1982. A/B
Überblick über die chinesische Geschichte von der Bronzezeit bis zur Tang-Dynastie (618–907 n. Chr.). Mit Exkursen zu Buchdruck, Kalligrafie u.a., einfach und verständlich.

## Politik und Gesellschaft

- *Doling, Annabel:* **Macau on a Plate,** HongKong, 1993.
Einmaliger Gourmetführer mit ausführlichen Anekdoten und Beschreibungen von der Kolonialgeschichte bis in die Gegenwart. Eigentlich eine Art historischer Restaurantführer, der aber wie kaum eine andere Monografie Macau beleuchtet.
- *Troyelle, Claudie:* **Die Hälfte des Himmels,** Berlin, 1973. A/B

Feldstudie über Frauen, Emanzipation und Kindererziehung in China (VR, dennoch sehr interessant).

## Sprache

- *Eberhard, Wolfram:* **Lexikon chinesischer Symbole,** Köln, 1983. A/B
  Detaillierte Beschreibung des Symbolgehaltes chinesischer Zeichen.
- *Karlgren, Bernhard:* **Schrift und Sprache der Chinesen,** Berlin, Heidelberg, 1986.
  Einführung in die Hintergründe und Geschichte der Sprache (keine Sprachlehre), ohne dass Vorkenntnisse notwendig wären.
- In der Reihe *Kauderwelsch* sind die Sprechführer **Hochchinesisch – Wort für Wort** (Mandarin), **Kantonesisch – Wort für Wort** und **Chinesisch kulinarisch – Wort für Wort** erschienen. REISE KNOW-HOW Verlag.

## Wirtschaft

- *Bürklin, Wilhelm:* **Die vier kleinen Tiger,** München, 1993. A/B
  Vergleichende Einstiegslektüre zu den Wirtschaften in HongKong, Singapur, Korea und TaiWan.
- *Fukuyama, Francis:* **Konfuzius und Marktwirtschaft,** München, 1995.
  Studie über die Unterschiede der wirtschaftlichen Großzonen Amerika, Europa und Asien mit Schwerpunkt Asien. Bemerkenswert dabei die feinen Unterschiede zwischen den einzelnen asiatischen Marktwirtschaften. Sehr genau und das Verständnis fördernd. Pflichtlektüre für Geschäftsleute.

## Kunst und Kultur

- *Burger, Helga:* **Die chinesische Oper,** Würzburg, 1983.
  Gelungene Einführung in diesen für Einsteiger schwer verständlichen Teil der chinesischen Kultur.
- *Herrmann, Konrad (Hg.):* **Reiskörner fallen nicht vom Himmel,** Leipzig, 1984. Sammlung chinesischer Sprichwörter und Redensarten.
- *Levy, Howard:* **Chinese Footbinding,** New York, 1967.
  Beschreibt die Tradition des Fußbindens im kaiserlichen China, anhand von Interviews mit Zeitzeuginnen.
- *Timmermann, Irmgard:* **Die Seide Chinas,** München 1988. A/B
  Bietet einen guten Einblick in die Geschichte der Seide, Seidengewinnung, Techniken, Kleidersitten, Rituale, Kunst und Handel mit Seide in China. Leicht verständlich.

## Philosophie und Religion

- *Granet, Marcel:* **Das chinesische Denken.** München, 1963.
  Gilt als Standardwerk der chinesischen Philosophie und des politischen Denkens. Macht chinesische Denkweisen auf allen Gebieten verständlich.
- *Hülsmann, Heinz & Mall, Ram Adhar:* **Die drei Geburtsorte der Philosophie – China, Indien, Europa,** Bonn, 1989.
  Guter Ein- und Überblick über die wichtigsten Philosophien und Religionen der Welt im Vergleich. A/B
- *Schuhmann, Hans-Wolfgang:* **Buddhismus.** Olten, 1976.
  Gute Einführung zum Buddhismus.

# Aktuelle Reise-Gesundheits-Informationen im Überblick: China/HongKong

**Stand: 21.8.2007**
© Centrum für Reisemedizin 2007

Die nachstehenden Angaben dienen der Orientierung, was für eine geplante Reise in das Land an Gesundheitsvorsorgemaßnahmen zu berücksichtigen ist. Die Informationen wurden uns freundlicherweise vom *Centrum für Reisemedizin* zur Verfügung gestellt. Auf der Homepage: **www.travelmed.de** werden diese Informationen stetig aktualisiert. Es lohnt sich, dort noch einmal nachzuschauen

### Einreise-Impfvorschriften
**Bei einem Direktflug aus Europa sind keine Impfungen vorgeschrieben.** Bei vorherigem Zwischenaufenthalt (innerhalb der letzten 6 Tage vor Einreise) in einem der aufgeführten Länder (Gelbfieber-Endemiegebiete) wird bei Einreise eine gültige **Gelbfieber-Impfbescheinigung** verlangt.

Angola · Äquatorialguinea · Äthiopien · Benin · Bolivien · Brasilien · Burkina Faso · Burundi · Ecuador · Elfenbeinküste · Franz. Guayana · Gabun · Gambia · Ghana · Guinea · Guinea-Bissau · Guyana · Kamerun · Kenia · Kolumbien · Kongo, Rep. · Kongo, Dem. Rep. · Liberia · Mali · Mauretanien · Niger · Nigeria · Panama · Peru · Ruanda · Sao Tomé & Principe · Senegal · Sierra Leone · Somalia · Sudan · Suriname · Tanzania · Togo · Tschad · Uganda · Venezuela · Zentralafr. Republik

### Empfohlener Impfschutz
Generell: Tetanus, Diphtherie, Hepatitis A

**Je nach Reisestil und Aufenthaltsbedingungen im Lande sind außerdem zu erwägen:**

| Impfschutz | Reisebedingung 1* | Reisebedingung 2** | Reisebedingung 3*** |
|---|---|---|---|
| Typhus | x | | |
| Hepatitis B [1] | x | | |
| Tollwut [2] | x | | |
| Jap. Enzephalitis [3] | x | | |

[1] vor allem bei Langzeitaufenthalten und engerem Kontakt zur einheimischen Bevölkerung

[2] bei vorhersehbarem Umgang mit Tieren

[3] bei bes. Aufenthaltsbedingungen in bestimmten ländlichen Gebieten. Impfstoff in Deutschland nicht zugelassen. Beschaffung über Apotheken mit entsprechenden Erfahrungen.

**\*Reisebedingung 1:** Reise durch das Landesinnere unter einfachen Bedingungen (Rucksack-/Trecking-/Individualreise) mit einfachen Quartieren/Hotels; Camping-Reisen, Langzeitaufenthalte, praktische Tätigkeit im Gesundheits- o. Sozialwesen, enger Kontakt zur einheimischen Bevölkerung wahrscheinlich.

# Aktuelle Reise-Gesundheits-Informationen

**\*\*Reisebedingung 2:** Aufenthalt in Städten oder touristischen Zentren mit (organisierten) Ausflügen ins Landesinnere (Pauschalreise, Unterkunft und Verpflegung in Hotels bzw. Restaurants mittleren bis gehobenen Standards)

**\*\*\*Reisebedingung 3:** Aufenthalt ausschließlich in Großstädten oder Touristikzentren (Unterkunft und Verpflegung in Hotels bzw. Restaurants gehobenen bzw. europäischen Standards)

## Malaria-Risiko:

Gebiete unterhalb 1500 m; nördlich 33° N Juli–November; zwischen 33° und 25° N Mai–Dezember; südlich 25° N ganzjährig

**Hohes Risiko** mit Anteilen von P. falciparum, teilw. multiresistent, im Süden in den Provinzen Hainan und tiefer liegenden Gebieten von Yunnan; **mittleres Risiko** ausschließlich P. vivax, südlich des Yangtse herdförmig in den Provinzen: Fujian, Guangdong, Guangxi, Guizhou und Sichuan (hier auch der nördliche Teil der Provinz); **geringes Risiko** ausschließlich P. vivax, herdförmig in den östlichen Landesteilen südlich des Huang He mit den Provinzen Anhui, Hubei, Hunan, Jiangsu, Jiangxi, Shandong; **sehr geringes Risiko** im N von Kongkong außerhalb des Stadtgebietes; **kein Risiko** in den übrigen (nördlichen) Landesteilen, in Taiwan, in Großstädten einschließlich Hongkong und Macao sowie in Höhenlagen über 1500 m.

**Vorbeugung:** Ein konsequenter Mückenschutz in den Abend- und Nachtstunden verringert das Malariarisiko erheblich (Expositionsprophylaxe).

Ergänzend ist die Einnahme von Anti-Malaria-Medikamenten (Chemoprophylaxe) zu empfehlen. Zu Art und Dauer der Chemoprophylaxe fragen Sie Ihren Arzt oder Apotheker, bzw. informieren Sie sich in einer qualifizierten reisemedizinischen Beratungsstelle (s. unten). Malariamittel sind verschreibungspflichtig.

## Aktuelle Meldungen

**Darminfektionen:** Risiko für Durchfallerkrankungen landesweit. Cholera, gewöhnlich durch unzureichend gegarte Meeresfrüchte übertragen, kommt vereinzelt an den Küsten vor, auch in Großstädten wie Hongkong und Shanghai. Rohe Schalentiere bergen immer eine hohe Infektionsgefahr. Hygiene beachten.

**Tollwut:** China ist derzeit nach Indien das Land mit den höchsten Fallzahlen bei Menschen und Tieren, speziell Hunden. Bei verdächtigen Tierkontakten ist sofort ein Arzt aufzusuchen; bei vorhersehbarem Risiko und bei längeren Aufenthalten ist für Reisende eine prophylaktische Impfung dringend zu empfehlen.

**Dengue:** Nach dem Einsetzen der Monsunregenfälle wurde im Juni der erste Erkrankungsfall dieser Saison aus dem Annan-Distrikt in Taiwan gemeldet. Mit einem steigenden Übertragungsrisiko dieser grippeähnlichen Virusinfektion ist auch in den tropischen Gebieten im Süden des Festlandes zu rechnen. Schutz vor tag- und nachtaktiven Überträgermücken beachten.

# Aktuelle Reise-Gesundheits-Informationen

*Vogelgrippe:* In zwei Epizootien ist die hochpathogene Vogelgrippe durch Influenza A(H5N1) seit 2003 über Teile des Landes gezogen, die erste endete im Frühjahr 2004, die zweite begann nach einer Pause von 15 Monaten im Oktober 2005. In diesem Jahr wurde das Virus noch bei verendeten Wildvögeln in Hongkong, bei Nutztieren in der Provinz Fujian (SO) sowie in Lhasa (Tibet) nachgewiesen. Bis Juli 2007 wurden insgesamt 25 menschliche Erkrankungen mit 16 Todesfällen durch A(H5N1) bestätigt. Bei den meisten Erkrankten ließen sich unmittelbare Kontakte zu befallenen Tieren nachweisen.

*Hand-Fuß- und Mundkrankheit* (HFMD): Ein deutlicher Anstieg der Fallzahlen wird seit Anfang Juli aus Peking berichtet. Betroffen sind vorwiegend Kinder unter 5 Jahren. Der Erreger, ein sog. „Enterovirus", ist sowohl durch verunreinigte Nahrung und Trinkwasser wie auch durch Tröpfchen übertragbar. Die HFMD tritt in asiatischen, zumeist tropischen Ländern (Städten) bisweilen zyklisch mit mehrjährigen Unterbrechungen auf. In China ist sie verbreitet. In Peking gab es einen größeren Ausbruch zuletzt 2003. Bei entsprechender Hygiene und Vermeidung von Kontakten mit Erkrankten ist mit einer erhöhten Gefährdung von Reisenden (Kindern) nicht zu rechnen. Ein Zusammenhang mit der Maul- und Klauenseuche der Tiere besteht nicht.

*Gesundheitserklärung:* Ausländer müssen bei Einreise eine Gesundheitserklärung ausfüllen, in der speziell nach HIV-Infektion gefragt wird. Bei Infektion kann die Einreise verweigert werden bzw. Ausweisung erfolgen. Eine Gesundheitserklärung („Declaration of Good Health") muss **vor der Einreise aus anderen südostasiatischen Ländern** ausgefüllt werden. Bei Krankheitsangaben kann eine ärztliche Untersuchung veranlasst werden. Diese Bestimmung kommt allerdings selten zur Anwendung.

*Gesundheitszeugnis/HIV-Test:* Für Arbeits- und Langzeitaufenthalte wird ein Gesundheitszeugnis („Health Certificate") sowie ein HIV-Test in chinesischer und englischer Sprache verlangt (Formular auf Anfrage über die Botschaft).

---

**Unter www.travelmed.de finden Sie Adressen von**
- Apotheken mit qualifizierter Reise-Gesundheits-Beratung (nach Postleitzahlgebieten).
- Impfstellen und Ärzte mit Spezialsprechstunde Reisemedizin (nach Postleitzahlgebieten).
- Abruf eines persönlichen Gesundheitsvorsorge-Briefes für die geplante Reise.

# Kurzbeschreibung der erwähnten Erkrankungen

●**Cholera:** Die Kontamination von Nahrungsmitteln oder Trinkwasser (Brunnen) mit Cholera-Vibrionen führt meist zu endemischen Ausbrüchen, selten zu Einzelerkrankungen. Bei mangelhafter Sanitärhygiene kann sich die Krankheit explosionsartig ausbreiten. Die Inkubationszeit ist kurz (einige Stunden bis Tage). Plötzlich einsetzende, schmerzlose, wäßrige Durchfälle evtl. mit Erbrechen, meist ohne Fieber, führen rasch zu lebensbedrohlichen Flüssigkeitsverlusten. Daneben gibt es auch mildere Verlaufsformen.

●**Dengue:** Dengue- und verwandte Viren sind in den Tropen und Subtropen weit verbreitet. In diesen Regionen kommt es immer wieder zu Ausbrüchen mit zahlreichen Krankheitsfällen. Die Übertragung erfolgt durch Stechmücken. Die Inkubationszeit beträgt 2-7 Tage. Das Krankheitsbild ist grippeähnlich: hohes Fieber, starke Kopf- und Gliederschmerzen, Druckschmerz hinter dem Auge sind die hauptsächlichen Symptome, oft kommt es zusätzlich zu einer flüchtigen Hautrötung. Die akuten Symptome klingen nach etwa einer Woche ab, die Rekonvaleszenz mit allgemeiner Abgeschlagenheit kann jedoch länger dauern. Insgesamt ist die Erst-Erkrankung gutartig und heilt in der Regel komplikationslos aus. Bei einer Zweitinfektion ist ein schwerer Verlauf mit Blutungsneigung oder Schocksymptomen möglich. Vor allem Einheimische sind hiervon betroffen; Kinder eher als Erwachsene. Die Diagnose wird durch den Nachweis von Antikörpern im Blut gestellt.

●**Diphterie:** Bakterielle Infektion, die meist durch Tröpfcheninfektion übertragen wird. Symptome sind Fieber um 38 Grad, leichte Rachenentzündung mit grau-weißen Belägen und süßlichem Mundgeruch und Allgemeinerscheinungen. In schweren Fällen kann es zu einer Halsschwellung mit Luftnot, zu Herzmuskelentzündung und zu Nervenlähmungen kommen. In tropischen Ländern siedelt sich die Diphtherie öfter in Hautgeschwüren an. Diagnose durch Bakterien-Nachweis aus dem Rachen.

●**Hand-Fuß- und Mundkrankheiten:** An dieser, meist harmlos verlaufenden Virusinfektion erkranken hauptsächlich Säuglinge und Kleinkinder aus armen Bevölkerungsschichten in Entwicklungsländern. Die Übertragung erfolgt von Mensch zu Mensch durch Tröpfcheninfektion, mangelnde Sanitärhygiene begünstigt die Ausbreitung ebenfalls. Nach einer Inkubationszeit von 4–6 Tagen klagen die Kinder über Allgemeinerscheinungen wie Übelkeit, Fieber, Hals- und Bauchschmerzen. Später treten kleine Bläschen auf der Mundschleimhaut auf, anschließend an Händen und Füßen. Aufgeplatzte Blasen können sich entzünden. In der Regel heilt die Krankheit nach einigen Tagen von selbst aus.

●**Hepatitis A:** Diese Virusinfektion der Leber ist weltweit verbreitet, meist in Entwicklungsländern. Die Inkubationszeit liegt zwischen 2 und 6 Wochen. Die Erkrankung beginnt mit Grippegefühl, Fieber, Appetitlosigkeit, Übelkeit und Erbrechen. Nach einigen Tagen wird der Urin dunkel und der Stuhl hell, schließlich entwickelt sich eine Gelbsucht (zuerst im Weiß der Augen bemerkbar). Der weitere Verlauf ist unterschiedlich, meist leicht, besonders bei Kindern. Gelegentlich kommt es bei Erwachsenen zu schwereren und länger anhaltenden Krankheitsbildern (bis zu einigen Monaten). Dauerschäden treten nicht auf. Die Diagnose wird durch Blutuntersuchungen auf Leberzellfermente und spezifische Antikörper gesichert. Die Übertragung erfolgt faekal-oral. Das Virus wird vorwiegend über verunreinigte Nahrung und Trinkwasser aufgenommen, besonders häufig über Muscheln, Austern und Krebstiere, aber auch über Milch, kaltes Fleisch und andere Speisen.

●**Hepatitis B:** Krankheitsbeginn wie Hepatitis A. Die Krankheitsdauer liegt nicht unter 4 Wochen. In ca. 10 % der Fälle rechnet man mit Komplikationen, schweren oder chronischen Verläufen, vereinzelt mit Dauerschäden. Infektiös sind Blut und andere Körperflüssigkeiten von Erkrankten und Virusträgern (in Mitteleuropa 0,1–0,5 %, in einzelnen tropischen Ländern über 20 % der Bevölkerung). Die Übertragung erfolgt über entsprechende Kontakte; Bluttransfusionen,

# AKTUELLE REISE-GESUNDHEITS-INFORMATIONEN

unsterile Spritzen, Nadeln und Instrumente (z.B. bei unqualifizierten medizinischen Eingriffen, Drogenabhängigen, Tätowierungen) sowie beim Geschlechtsverkehr.

- **Jap. Enzephalitis:** Diese Virusinfektion, die gebietsweise in Südostasien auftritt, kann zu einer schweren Hirn- und Hirnhautentzündung führen. Symptome sind hohes Fieber, starke Kopfschmerzen, Nackensteifigkeit, Lähmungserscheinungen, Verwirrtheit, Bewusstlosigkeit. Todesfälle (ca. 30 %) und Dauerschäden sind möglich. Die Übertragung erfolgt durch nachtaktive Stechmücken auf dem Lande.
- **Malaria:** Malaria wird durch einzellige Parasiten (Plasmodien) verursacht und durch bestimmte Stechmücken (Anophelen) übertragen. Leitsymptom ist Fieber, mit Kopf- und Gliederschmerzen mit starkem Krankheitsgefühl. Schüttelfröste und Schweißausbrüche können vorkommen. Die „bösartige" Malaria (tropica) hat eine Inkubationszeit von 7–12 Tagen. Sie kann rasch zu lebensbedrohlichen Zuständen mit Koma, Nierenversagen und Schock führen. Die „gutartige" Malaria (tertiana) kann nach 9–16 Tagen auftreten, bisweilen noch bis zu einem Jahr nach der Rückkehr. Spätere Rückfälle sowie eine dritte Art (Malaria quartana) sind extrem selten. Die Diagnose wird während der akuten Erkrankung durch den mikroskopischen Parasitennachweis im Blut gesichert, nachträglich kann sie noch durch Antikörperuntersuchungen geführt werden. Trotz wachsender Resistenzprobleme ist die Malaria bei rechtzeitiger Behandlung heilbar.
- **Tetanus (Wundstarrkrampf):** Tetanusbakterien können bei Wunden jeder Art, auch bei Bagatellverletzungen, in die Haut gelangen. Besonders gefährdet sind mit Straßenstaub oder Erdreich verschmutzte Wunden und Tierbisse. Die Erreger sondern ein Gift ab, das nach einer Inkubationszeit von 1–2 Wochen (die Wunde ist meist schon verheilt) zu schweren, schmerzhaften Muskelkrämpfen und Lähmungen mit Todesfolge führen kann. Die Diagnose wird aus den klinischen Symptomen gestellt.
- **Tollwut:** Viruserkrankung von Tieren, die gelegentlich auf den Menschen übertragen wird und immer tödlich endet. Die Inkubationszeit liegt in der Regel zwischen 1–3 Monaten. Infektiös ist der Speichel eines tollwütigen Tieres, und zwar 3–5 Tage vor Ausbruch der Symptome bis zu seinem Verenden nach 7–10 Tagen. Der Mensch infiziert sich durch Bissverletzungen, meist von Hunden und Katzen, oder durch Einbringen von deren Speichel in verletzte Hautstellen oder unverletzte Schleimhäute (Augen). Die Krankheit beginnt beim Menschen mit Schmerzen und Kribbeln im Bereich der oft bereits verheilten Bissstelle und führt über Krämpfe, Erregungszustände und Lähmungen innerhalb von 2 Wochen zum Tod.
- **Typhus:** Typhusbakterien werden mit verunreinigter Nahrung und Trinkwasser aufgenommen. Nach einer Inkubationszeit von ca. 2 Wochen entwickelt sich hohes Fieber mit schwerem Krankheitsgefühl und Lethargie, das unbehandelt mehrere Wochen anhalten kann. Komplikationen wie Darmblutung und Bauchfellentzündung können tödlich verlaufen. Beim „Paratyphus" handelt es sich um verwandte Erreger, die ein ähnliches, meist etwas milderes Krankheitsbild hervorrufen. Die Diagnose ist aus dem Blut, später aus dem Stuhl zu sichern.
- **Vogelgrippe:** Die Vogelgrippe ist eine der menschlichen Influenza verwandte, in Epidemien auftretende Viruskrankheit, die unter Vögeln und Geflügel auftritt. Allerdings kann das Virus auch von Vögeln auf Menschen übertragen werden. Erkrankungen von Menschen, die durch das Virus ausgelöst wurden, sind selten und setzen einen direkten Kontakt mit infizierten Tieren oder infiziertem Tiermaterial voraus. Es gibt verschiedene Viren, die für Menschen unterschiedlich gefährlich sind. In den meisten Fällen handelt es sich dabei um eine Bindehautentzündung, tödliche Verläufe bei Infektion mit H5N1-Stämmen sind vor allem bei Kindern möglich. Übertragungen von Mensch zu Mensch wurden bisher nur in Einzelfällen beobachtet.

# HILFE!

***Dieses Reisehandbuch*** ist gespickt mit unzähligen Adressen, Preisen, Tipps und Infos. Nur vor Ort kann überprüft werden, was noch stimmt, was sich verändert hat, ob Preise gestiegen oder gefallen sind, ob ein Hotel, ein Restaurant immer noch empfehlenswert ist oder nicht mehr, ob ein Ziel noch oder jetzt erreichbar ist, ob es eine lohnende Alternative gibt usw.

Unsere Autoren sind zwar stetig unterwegs und versuchen, alle zwei Jahre eine komplette Aktualisierung zu erstellen, aber auf die Mithilfe von Reisenden können sie nicht verzichten.

***Darum: Schreiben Sie uns,*** was sich geändert hat, was besser sein könnte, was gestrichen bzw. ergänzt werden soll. Nur so bleibt dieses Buch immer aktuell und zuverlässig. Wenn sich die Infos direkt auf das Buch beziehen, würde die Seitenangabe uns die Arbeit sehr erleichtern. Gut verwertbare Informationen belohnt der Verlag mit einem Sprechführer Ihrer Wahl aus der über 170 Bände umfassenden Reihe „Kauderwelsch" (siehe unten).

Bitte schreiben Sie an:
REISE KNOW-HOW Verlag Peter Rump GmbH, Postfach 140666,
D-33626 Bielefeld, oder per e-mail an: info@reise-know-how.de
***Danke!***

## Kauderwelsch-Sprechführer –
## sprechen und verstehen rund um den Globus

Afrikaans ● Albanisch ● Amerikanisch – *American Slang, More American Slang,* Amerikanisch oder Britisch? ● Amharisch ● Arabisch – Hocharabisch, für Ägypten, Algerien, Golfstaaten, Irak, Jemen, Marokko, ● Palästina & Syrien, Sudan, Tunesien ● Armenisch ● *Bairisch* ● Balinesisch ● Baskisch ● Bengali ● *Berlinerisch* ● Brasilianisch ● Bulgarisch ● Burmesisch ● Cebuano ● Chinesisch – Hochchinesisch, kulinarisch ● Dänisch ● Deutsch – *Allemand, Almanca, Duits, German, Nemjetzkii, Tedesco* ● *Elsässisch* ● Englisch – *British Slang, Australian Slang, Canadian Slang, Neuseeland Slang,* für Australien, für Indien ● Färöisch ● Esperanto ● Estnisch ● Finnisch ● Französisch – kulinarisch, für den Senegal, für Tunesien, *Französisch Slang, Franko-Kanadisch* ● Galicisch ● Georgisch ● Griechisch ● Guarani ● Gujarati ● Hausa ● Hebräisch ● Hieroglyphisch ● Hindi ● Indonesisch ● Irisch-Gälisch ● Isländisch ● Italienisch – *Italienisch Slang,* für Opernfans, kulinarisch ● Japanisch ● Javanisch ● Jiddisch ● Kantonesisch ● Kasachisch ● Katalanisch ● Khmer ● Kirgisisch ● Kisuaheli ● Kinyarwanda ● *Kölsch* ● Koreanisch ● Kreol für Trinidad & Tobago ● Kroatisch ● Kurdisch ● Laotisch ● Lettisch ● Lëtzebuergesch ● Lingala ● Litauisch ● Madagassisch ● Mazedonisch ● Malaiisch ● Mallorquinisch ● Maltesisch ● Mandinka ● Marathi ● Modernes Latein ● Mongolisch ● Nepali ● Niederländisch – *Niederländisch Slang,* Flämisch ● Norwegisch ● Paschto ● Patois ● Persisch ● Pidgin-English ● *Plattdüütsch* ● Polnisch ● Portugiesisch ● Punjabi ● Quechua ● *Ruhrdeutsch* ● Rumänisch ● Russisch ● *Sächsisch* ● *Schwäbisch* ● Schwedisch ● *Schwiizertüütsch* ● *Scots* ● Serbisch ● Singhalesisch ● Sizilianisch ● Slowakisch ● Slowenisch ● Spanisch – *Spanisch Slang,* für Lateinamerika, für Argentinien, Chile, Costa Rica, Cuba, Dominikanische Republik, Ecuador, Guatemala, Honduras, Mexiko, Nicaragua, Panama, Peru, Venezuela, kulinarisch ● Tadschikisch ● Tagalog ● Tamil ● Tatarisch ● Thai ● Tibetisch ● Tschechisch ● Türkisch ● Twi ● Ukrainisch ● Ungarisch ● Urdu ● Usbekisch ● Vietnamesisch ● Walisisch ● Weißrussisch ● *Wienerisch* ● Wolof ● Xhosa

# China

Ein kommunistisches Riesenreich, eine boomende Kapitalismus-Metropole und ein kleiner Inselstaat, faszinierende Reiseländer, eine Herausforderung für jeden Traveller! Die Reiseführerreihe REISE KNOW-HOW bietet verlässliche Handbücher mit umfassenden und aktuellen Informationen für das Reisen auf eigene Faust, Lektüre zum kulturellen Hintergrund und leicht verständliche Sprachführer für die Region:

Oliver Fülling
## Chinas Osten
648 Seiten, über 80 Karten und Pläne, durchgehend illustriert, mit chinesischen Schriftzeichen zu jedem Ort, Hotel, Highlight

Andrea und Oliver Fülling
## China Manual
768 Seiten, 150 Karten und Pläne, durchgehend illustriert, mit chinesischen Schriftzeichen zu jedem Ort, Hotel, Highlight

Werner Lips
## Taiwan
600 Seiten, 65 Karten und Pläne, durchgehend illustriert, mit chinesischen Schriftzeichen für alle wichtigen Begriffe

Joerg Dreckmann
## Shanghai
ca. 300 Seiten, detaillierte Karten und Stadtpläne, durchgehend farbig (ab Nov. 2007)

REISE KNOW-How Verlag, Bielefeld

# Mit REISE KNOW-HOW ans Ziel

Die Landkarten des **world mapping project** bieten gute Orientierung – weltweit.

- Moderne Kartengrafik mit Höhenlinien, Höhenangaben und farbigen Höhenschichten
- GPS-Tauglichkeit durch eingezeichnete Längen- und Breitengrade und ab Maßstab 1:300.000 zusätzlich durch UTM-Markierungen
- Einheitlich klassifiziertes Straßennetz mit Entfernungsangaben
- Wichtige Sehenswürdigkeiten, herausragende Orientierungspunkte und Badestrände werden durch einprägsame Symbole dargestellt
- Der ausführliche Ortsindex ermöglicht das schnelle finden des Zieles
- Wasserabstoßende Imprägnierung
- Kein störender Pappumschlag, der den behindern würde, der die Karte unterwegs individuell falzen möchte oder sie einfach nur griffbereit in die Jackentasche stecken will

Derzeit rund 160 Titel lieferbar (siehe unter www.reise-know-how.de), z.B.:

| | |
|---|---|
| **Tibet** | **1:1.500.000** |
| **Westchina** | **1:2.700.000** |
| **Ostchina** | **1:2.700.000** |

**world mapping project**
**REISE KNOW-HOW Verlag, Bielefeld**

# Die Reiseführer von Reise

## Reisehandbücher
## Urlaubshandbücher
## Reisesachbücher
## Edition RKH, Praxis

**A**frika, Durch, 2 Bde.
Agadir, Marrakesch, Südmarokko
Ägypten individuell
Ägypten/Niltal
Alaska ⌲ Kanada
Algerische Sahara
Argentinien, Uruguay, Paraguay
Äthiopien
Australien – Auswandern
Australien, Osten und Zentrum
Australien, Westen und Zentrum

**B**aikal, See u. Region
Bali und Lombok
Bali, die Trauminsel
Bangkok
Botswana
Brasilien
Brasilien kompakt

**C**abo Verde
Chicago
Chile, Osterinsel
China Manual
Chinas Osten
Costa Rica
Cuba

**D**jerba & Zarzis
Dominikanische Republik
Dubai, Emirat

**E**cuador, Galápagos
Erste Hilfe unterwegs

**F**ahrrad-Weltführer
Florida
Fuerteventura

**G**uatemala

**H**avanna
Hawaii
Honduras
Hongkong, Macau, Kanton

**I**ndien, der Norden
Indien, der Süden
Iran

**J**apan
Jemen
Jordanien

**K**alifornien und USA Südwesten
Kalifornien, Süden und Zentrum
Kambodscha
Kamerun
Kanada, USA
Kanadas Maritime Provinzen
Kanadas Osten, USA Nordosten
Kanadas Westen, Alaska
Kapstadt – Garden Route (Südafrika)
Kapverdische Inseln
Kenia
Kenia kompakt
Kerala (Indien)
Krügerpark – Kapstadt (Südafrika)

**L**adakh, Zanskar
Laos
Lateinamerika BikeBuch
Libyen

**M**alaysia, Singapur, Brunei
Marokko
Mauritius, La Réunion
Mexiko
Mexiko kompakt
Mongolei
Motorradreisen
Myanmar

**N**amibia
Namibia kompakt
Neuseeland BikeBuch
New Orleans
New York City
New York im Film

**O**man
Outdoor-Praxis

**P**anama
Peru, Bolivien
Peru kompakt
Phuket (Thailand)

**Q**atar
Queensland (Australien)

**R**ajasthan (Indien)

**S**an Francisco
Senegal, Gambia
Singapur
Sri Lanka
St. Lucia, St. Vincent, Grenada
Südafrika
Südafrika: Kapstadt – Garden Route
Südafrika: Krügerpark – Kapstadt
Sydney, Naturparks
Syrien

**T**aiwan
Tansania, Sansibar
Thailand
Thailand – Tauch- und Strandführer
Thailands Süden
Tokyo, Kyoto, Yokohama
Transsib
Trinidad und Tobago
Tunesien
Türkei, Hotelführer
Türkei: Mittelmeerküste

**U**ganda, Ruanda
USA, als Gastschüler
USA, Kanada
USA, Canada BikeBuch
USA Nordosten, Kanada Osten
USA, der große Süden
USA Südwesten, Kalif., Baja California
USA, Südwesten, Natur u. Wandern
USA, der ganze Westen

**V**enezuela
Vereinigte Arabische Emirate
Vietnam

**W**estafrika – Sahel
Westafrika – Küste
Wo es keinen Arzt gibt

**Y**ucatán (Mexiko)

## PANORAMA

Australien
Cuba
Rajasthans Palasthotels
Südafrika
Thailands Bergvölker und Seenomaden
Tibet
Vietnam

# Know-How auf einen Blick

## Edition RKH

Abenteuer Anden
Auf Heiligen Spuren
Durchgedreht –
  Sieben Jahre im Sattel
Inder, Leben und Riten
Mona und Lisa
Myanmar – Land
  der Pagoden
Please wait to be seated
Rad ab!
Salzkarawane
Südwärts durch
  Lateinamerika
Suerte – 8 Monate
  durch Südamerika
Taiga Tour
USA – Unlimited Mileage

## Praxis

Aktiv Marokko
All inclusive?
Australien: Outback/Bush
Australien: Reisen/Jobben
Auto durch Südamerika
Ayurveda erleben
Buddhismus erleben
Canyoning
Clever buchen/fliegen
Daoismus erleben
Drogen in Reiseländern
Dschungelwandern
Expeditionsmobil
Fernreisen auf
  eigene Faust
Fernreisen, Fahrzeug
Fliegen ohne Angst
Frau allein unterwegs
Früchte Asiens
Fun u. Sport im Schnee
Geolog. Erscheinungen
GPS f. Auto, Motorrad
GPS Outdoor-Navigation
Handy global
Hinduismus erleben
Höhlen erkunden
Hund, Verreisen mit
Indien und Nepal,
  Wohnmobil
Internet für die Reise
Islam erleben
Japan: Reisen
  und Jobben
Kanu-Handbuch
Kartenlesen
Kommunikation unterw.
Konfuzianismus erleben
Kreuzfahrt-Handbuch
Küstensegeln
Langzeitreisen
Maya-Kultur erleben
Mountainbiking
Mushing/Hundeschlitten
Neuseeland: Reisen
  und Jobben
Orientierung mit
  Kompass und GPS
Panamericana
Paragliding-Handbuch
Pferdetrekking
Radreisen
Reisefotografie
Reisefotografie digital
Reisekochbuch
Reiserecht
Respektvoll reisen
Safari-Handbuch Afrika
Schutz vor Gewalt
  und Kriminalität
Schwanger reisen
Selbstdiagnose
  unterwegs
Shopping Guide USA
Sicherheit Bärengeb.
Sicherheit am Meer
Sonne, Wind,
  Reisewetter
Sprachen lernen
Südamerika, Auto
Survival-Handbuch
  Naturkatastrophen
Tango in Buenos Aires
Tauchen Kaltwasser
Tauchen Warmwasser
Transsib – Moskau-Peking
Trekking-Handbuch
Trekking/Amerika
Trekking/Asien
  Afrika, Neuseeland
Tropenreisen
Unterkunft/Mietwagen
USA Shopping Guide
Volunteering
Vulkane besteigen
Wann wohin reisen?
Was kriecht u. krabbelt
  in den Tropen?
Wildnis-Ausrüstung
Wildnis-Backpacking
Wildnis-Küche
Winterwandern
Wohnmobil-Ausrüstung
Wohnmobil-Reisen
Wohnwagen Handbuch
Wracktauchen
Wüstenfahren

## KulturSchock

Afghanistan
Ägypten
Argentinien
Australien
Brasilien
China, Taiwan
Cuba
Ecuador
Familien im Ausland
Kl. Golfstaaten, Oman
Indien
Iran
Japan
Jemen
Kambodscha
Kaukasus
Laos
Leben in fremd. Kulturen
Marokko
Mexico
Pakistan
Peru
Russland
Thailand
Thailands Bergvölker
  und Seenomaden
Türkei
USA
Vietnam
Vorderer Orient

**Wo man unsere Reiseliteratur bekommt:**
**Jede Buchhandlung** Deutschlands, der Schweiz, Österreichs und der Benelux-Staaten kann unsere Bücher beziehen. Wer sie dort nicht findet, kann alle Bücher über unsere **Internet-Shops** bestellen.
Auf den Homepages gibt es **Informationen** zu allen Titeln:

# www.reise-know-how.de oder www.reisebuch.de

## Fremdsprachen lernen ohne Stress – am PC!

**Kauderwelsch DIGITAL** bringt das Kauderwelsch-Buch komplett Seite für Seite auf den Bildschirm, erweitert um die Möglichkeit, sich auf Mausklick jedes fremdsprachliche Wort vorsprechen zu lassen. Die Funktionen von Buch und Begleitkassette sind hier kombiniert. Als Zugabe ist der Kauderwelsch AusspracheTrainer mit auf der CD, der sowohl am PC als auch in allen anderen Audio-CD-Geräten abgespielt werden kann.

### Funktionen:

- Vorsprechen aller fremdsprachlichen Wörter auf Mausklick
- leichtes Navigieren innerhalb des Buches
- Suchfunktion
- Vergrößerte Darstellung nach Bedarf
- Druckfunktion
- Mit dem Vollprogramm Adobe Acrobat können zusätzlich Anmerkungen eingefügt, Textstellen farbig markiert und Bookmarks gesetzt werden.
- Kostenpunkt: € 14,90 [D]

**Das ganze Programm unter:**
**http://www.reise-know-how.de/ buecher/digitalindex.html**

**REISE KNOW-How Verlag, Bielefeld**

# Kauderwelsch?
# Kauderwelsch!

Die **Sprechführer der Reihe Kauderwelsch** helfen dem Reisenden, wirklich zu sprechen und die Leute zu verstehen. Wie wird das gemacht?

●Die **Grammatik** wird in einfacher Sprache so weit erklärt, dass es möglich wird, ohne viel Paukerei mit dem Sprechen zu beginnen, wenn auch nicht gerade druckreif.

●Alle Beispielsätze werden doppelt ins Deutsche übertragen: zum einen **Wort-für-Wort,** zum anderen in „ordentliches" Hochdeutsch. So wird das fremde Sprachsystem sehr gut durchschaubar. Ohne eine Wort-für-Wort-Übersetzung ist es so gut wie unmöglich, einzelne Wörter in einem Satz auszutauschen.

●Die **Autorinnen und Autoren** der Reihe sind Globetrotter, die die Sprache im Lande gelernt haben. Sie wissen daher genau, wie und was die Leute auf der Straße sprechen. Deren Ausdrucksweise ist häufig viel einfacher und direkter als z.B. die Sprache der Literatur. Außer der Sprache vermitteln die Autoren Verhaltenstipps und erklären Besonderheiten des Landes.

●**Jeder Band** hat 96 bis 208 Seiten. Zu jedem Titel ist begleitendes Tonmaterial erhältlich.

●**Kauderwelsch-Sprechführer** gibt es für über 100 Sprachen in **mehr als 200 Bänden,** z.B.:

●**Chinesisch Mandarin/ Hochchinesisch – Wort für Wort,** Band 14
●**Chinesisch kulinarisch** Band 158
●**Kantonesisch – Wort für Wort,** Band 20
●**Englisch – Wort für Wort,** Band 64

REISE KNOW-HOW Verlag, Bielefeld

## PRAXIS – für jedes Thema der richtige Ratgeber

Wer weiß schon, wie man sich Vulkanen nähert, Höhlen sicher erkundet, sich im Dschungel orientiert, ein Kanu steuert, seine Flugangst überwindet — oder einfach nur Flüge, Unterkunft und Mietwagen am cleversten bucht und mit einer Digitalkamera auf Reisen umgeht?
Die erfahrenen Autoren der Reihe PRAXIS vermitteln in jedem der über 90 Bände eine Fülle nützlicher Informationen und praktischer Tipps für alle Themen rund um Urlaub und Freizeit.

Hier eine kleine Auswahl:

- Clever buchen – besser fliegen
- Reisefotografie digital
- Fliegen ohne Angst
- Essbare Früchte Asiens
- Transsib v. Moskau nach Peking
- Internet für die Reise
- Clever buchen – besser fliegen
- All inclusive?
- Konfuzianismus erleben
- GPS Outdoor-Navigation
- Sprachen lernen im Ausland
- Respektvoll reisen
- Schutz vor Gewalt und Kriminalität
- Selbstdiagnose und Behandlung unterwegs
- Drogen in Reiseländern
- Wann wohin reisen?

Weitere Titel siehe Programmübersicht.

Jeder Titel 144-176 Seiten, reich illustriert, handliches Taschenformat 10,5 x 17 cm, robuste Fadenheftung, Glossar, Register und Griffmarken zur schnellen Orientierung

REISE KNOW-HOW Verlag, Bielefeld

# Register

**A**berdeen 165
Abkürzungen 13
Abreise 26
Acht 428
Acht Unsterbliche 428
Ahnengedenktag 56
Airport Express Railway 100
Airport-Busse 23
Airport-Express 23
Airport-Shuttle 23
Amitabha-Buddha 428
Angeln 71
Anreise 18
Anreise, Kanton 326
Anreise, Macau 256
Apfel 428
Apfelsine 428
Aprikose 428
Architektur 140
Auberginen 428
Ausflüge 29
Ausflüge, Macau 259
Ausreisebestimmungen 34
Ausreisebestimmungen, Kanton 328
Ausreisebestimmungen, Macau 260
Ausrüstung 30
Ausrüstung, Kanton 327
Ausrüstung, Macau 260
Ausweisverlust 66
Auto 103
Avalokitesvara 429
Avenue of Stars 176
Aw 159

**B**aden 70
Badminton 73
Bahn 100
BáiYúnShān, GuangZhou 370
Ball 429
Bambus 429
Banane 429
Bank of China 145
Banken 59
Bargeld 59
Bars 76
Behinderte 32
Behinderte, Kanton 327
Behinderte, Macau 260
Bekleidung 33, 39
Bekleidung, Kanton 327
Bekleidung, Macau 260
Bettler, Kanton 339
Bevölkerung 122
Bevölkerung, Kanton 352
Bevölkerung, Macau 290
Bevölkerungsdichte 105
Bierbars, Macau 275
Big Wave Bay 161
Bildung 133
Bird Garden 185
Birne 429
Blau 429
Boddhisatva 429
Bonham Strand West 148
Bootssport 70
Botschaften, 34, 66
Bowling 74
Brauchtum 128
British East India Company 109
Buddhismus 126
Bus 97

**C**at Street Flohmarkt 150
Cathay 430
Causeway Bay 155
Cemiterio 307
Cemiterio Sao Miguel 311
Central 144
Central Market 148

Central Plaza 154
Chater Garden 145
CheKeiShan 152
ChekLapKok International 21
CheKungMiu-Tempel 203
CheungChau 221
CheungLung-Trail 193
CheungPoTsai-Höhle 226
Chi Lin Nunnery 188
Chinalink 26
Chinareisen,
  organisierte, GuangZhou 389
Chinesische Bibliothek, Macau 308
Chinesische Küche 43
ChingChung-Koon-Tempel 195
Christentum 128
ChukLamSinYuan 193
Clearwater Bay 214
Clock Tower 176
Clube Militar, Macau 308
Coastal Defence Museum 160
Coloane 320
Coloane-Siedlung 321
Computer 38
CoTai 319
CRC-Kaufhaus 151
CTS 26
CùiHëng, ZhuHai 414

**D**aoDeJing 430
DaSe 302
De Voeux Rd. 148
Deep Water Bay 162
DengXiaoPing 113
Diplomatische Vertretungen 34, 66
Diplomatische Vertretungen,
  Kanton 337
Discovery Bay 234
Disneyland-Resort 237
Drache 430
Drachenbootfest 56

Dragon's Back 169
Drei 430
Drei Erhabene 430
Dreizehn 431
Duddell St. 151

**E**DV 38
Einkäufe 35
Einkäufe, GuangZhou 382
Einkäufe, Kanton 330
Einkäufe, Macau 261
Einkäufe, ZhuHai 418
Einkaufszentren 37
Einreisebestimmungen 34
Einreisebestimmungen, Kanton 328
Einreisebestimmungen, Macau 260
Einwanderung 62
Eislaufbahn 75
Elektrizität 42
Elektrizität, Kanton 331
Elektrizität, Macau 261
Elektronik 38
Ermäßigungen 63
Ernida Penha 294
Essen 43
Essen, GuangZhou 381
Essen, Kanton 331
Essen, Macau 262
Essen, ShenZhen 406
Essen, ZhuHai 417

**F**ähren 26, 96
Fahrrad 103
FanLauSaiWan, Strand 241
FanLauTungWan, Strand 241
FanLing 198
Fast-food-Ketten 47, 50
Fauna 108
Fauna, Kanton 346
Fauna, Macau 284
Feiertage 55

Feiertage, Kanton 331
Feiertage, Macau 264
Feilschen 36
Fernsehen 65
Feste 55
Feste, Kanton 331
Feste, Macau 264
Film 58
Film, chinesischer 76
Fisch 431
Fisherman's Wharf 309
Flagstaff House 152
Flora 108
Flora, Kanton 346
Flora, Macau 284
Flughafen 21
Flughafen, GuangZhou 389
Flughafensteuer 22, 25
Flughafen-Transfer 22
Flug-Know-how 20
Flugpreise 19
Flugzeug 18
Foreign Correspondents Club 151
Fortaleza da Guia 311
Fortaleza
  de Sao Paolo do Monte 304
Fortaleza MongHa 314
Fotografieren 58
Fotografieren, Kanton 332
Fotografieren, Macau 264
Fotozubehör 37
Francisco Xavier 322
Fremdenverkehrsbüros 61
Fundacao Oriente 306
Fünf 431
Fünf Elemente 431
Fünf Herrscher 431
FungYinSinKwun-Tempel 198

**G**arantiewesen 41
Geistermonat 56

Gelb 431
Geld 58
Geld, Kanton 332
Geld, Macau 264
Geldautomaten 59
Geldkarten, Verlust 66
Geldnot 66
Geldwechsel 59
Geografie 105
Geografie, Kanton 344
Geografie, Macau 283
Geomantik 132, 432
Gepäckaufbewahrung 60
Geschäftszeiten 36
Geschichte 109
Geschichte, Kanton 347
Geschichte, Macau 285
Gesellschaft 122
Gesellschaft, Kanton 347
Gesellschaft, Macau 285
Gesundheit 60
Gesundheit, Kanton 334
Gesundheit, Macau 265
Getränke 46
Gewichte 64
Gewichte, Kanton 336
Gewichte, Macau 267
Glaubensrichtungen 123
Glossar 428
Golf 73
GôngBê, ZhuHai 412
Good Wish Garden 186
Grün 432
GuāngXiaòSì, GuangZhou 366
GuângZhōu
  DòngWùYuán, Zoo 372
GuangZhou, Kanton 357
GuângZhōu-Museum 364
GuanYin-Pavillon 161
Guesthouses, HongKong-Island 93
Guesthouses, LowLoon 84

**H**âiChuáng GongYuan, GuangZhou 375
Handel 117
Handel, Kanton 352
Handy 68
Han-Gräber 188
Happy Valley 160
HauWong-Tempel 241
HeiLingChau, Insel 253
Helikopter 96
Herbstfest 57
Hinayana 432
Hollywood Road Park 149
HongKong & ShangHai Bank 148
HongKong Convention and Exhibition Centre 80, 154
HongKong Cultural Centre Complex 178
HongKong Park 151
HongKong Peak 152
HongKong Tourism Board 61
HongKong Tourist Association 29
HongKong-Dollar 58
HongKong-Island 141
HongKong-Museum-Pass 179
HongKong-Trail 165
Hostels, HongKong-Island 93
Hostels, KowLoon 84
Hostess-Bars 79
Hotellimousinen 23
Hotels, HongKong-Island 94
Hotels, KowLoon 90
HuángHuāGāng, GuangZhou 372
Hubschrauber 96
Hubschrauberservice 26
HungHom 180
HungShing-Ye Bay 218
Hygiene 60
Hygiene, Kanton 334
Hygiene, Macau 265

**I**CC 185
Igreja Santo Antonio 305
Impfungen 15
Informationsstellen 61
Informationsstellen, Kanton 335
Informationsstellen, Macau 266
Innenpolitik 115
Institutionen, GuangZhou 385
Institutionen, ShenZhen 406
Institutionen, ZhuHai 418
Internet 61
Islam 128

**J**ade 40, 432
Jadekaiser 432
Jademarkt 184
Jardim da Vasco da Gama 311
Jardim de los Flores 311
Jardim do Camoes 306
Jardim Don Bosco 313
Jardim LouLimloc 312
Jardines Lookout 168
JíDà, ZhuHai 412
JĭnXiù ZhōngHuá, ShenZhen 397
Joggen 74
Jugendherbergen 81
Jugendherbergsausweis 64

**K**alligrafie 432
Kamikaze-Höhlen 218
Kampfsport 73
KamTin 197
KangZhenMiao 309
Kanu 71
Karpfen 432
Kathedrale zum Herzen Christi, GuangZhou 375
Katze 433
KauSaiChau, Insel 253
KCR 101

# REGISTER

Kiefer 433
Kinder 62
Kinder, Kanton 335
Kinder, Macau 266
Kinos 75
KiuTsuiChau 252
Klima 106
Klima, Kanton 346
Klima, Macau 283
KoLauWan 212
Konfuzianismus 123
Konfuzius 433
Konsulate 66
Konsulate, Kanton 337
Konzerte 80
Kosten 63
Kosten, Kanton 336
Kosten, Macau 266
KowLoon 172
KowLoon Station 185
KowLoon Walled City Park 188
KowLoon-Kanton-Railway (KCR) 200
KowLoon-Park 176
Kranich 433
Krankenhäuser 60
Kriminalität 68
KuanTi 433
Kuchenfest 225
Kulturinstitute 62
KungSheng-Tempel 241
KunIamTong 312
Künste, traditionelle 134
KwanTiKung-Pavillon 225
KwanTi-Tempel 240
KwanYum-Tempel 224
KwunYum 433

**L**adder Street 150
LamMa 215
Landmark 148
LanTau 230
LanTau-Peak 239
LanTau-Trail 242
LaoZi 433
Largo de Santo Agostinho 291
Last-Minute-Flüge 21
Laternenfest 56
Leal Senado 300
Legislative Council (LegCo) 145
LièShì LíngYúan, GuangZhou 369
LinFungMiu 314
Lions Nature Education Centre 212
Literaturhinweise 440
LiùÈrSànLù, GuangZhou 377
LiùRóngSì, GuangZhou 368
LiYuan Kleidermarkt 148
LiYuan-Markt 37
LokMaChau 197
LoSoShing-Bucht 218
Lotusblüte 434
Löwe 433
LRT 99
Luftweg, An-/Abreise 18
LùHúTàn, GuangZhou 370
Luis de Camoes 306
LuóHú, ShenZhen 396

**M**acau 256
Macau Cultural Centre 309
Macau Grand Prix 274
Macau-Nord 309
Macau-Zentral 300
Mac-Lehose-Trail 213
Mahayana 434
MaiPo-Vogelschutzgebiet 196
Maitreya 434
MaLiuShui 201
ManMo-Tempel 150, 201, 231
ManWa Lane 148
Marine-Museum, Macau 297

Märkte 37
Massage, Macau 275
Maße 64
Maße, Kanton 336
Maße, Macau 267
MaZi 434
Medien 64
Medien, Kanton 336
Medien, Macau 267
Mentalität 128
Mid-Level Escalators 102
Ming-Dynastie 434
Mission Hills Golfresort, ShenZhen 403
MiuFat-Kloster 196
Möbel 40
Mobiltelefon 68
Mondfest 57
MongKok 185
Monsun 107
Monte Penha 294
MoTat 219
MoTatWan Bay 219
Motorrad 103
Mt. „Sir Stan" Stenhouse 220
Mt. Butler 169
Mt. Nicholson 168
MTR 100
MuiWo 231
Museo do Grande Premio, Macau 309
Museo do Vinho, Macau 309
Museu de Macau 304
Museum der westlichen Han, GuangZhou 361
Museum of Art 179
Museum of Classical Chinese Relics 155
Museum of History 179
Museum of Science 179
Museum-Pass, Macau 296
Musik 139

**N**achtclubs, Macau 274
Nachtmärkte 75
Namensgebung 435
Nan Van Lakes 297
Natur 105
Natur, Kanton 344
Natur, Macau 283
Neujahr 55
New KowLoon 186
New Territories 189
NgongPing (PoLin-Kloster) 237
Nirwana 435
NóngJiângSuô JiùZhî, GuangZhou 369
Noon Day Gun 155
North Point 160
Notfälle, HongKong 66
Notfälle, Kanton 337
Notfälle, Macau 267
Notruf 62

**O**cean Park/Water-World 144
OceanPark 163
Octopus-Karte 24, 95
Öffnungszeiten 36, 67
Öffnungszeiten, Kanton 337
Öffnungszeiten, Macau 268
Oper, chinesische 139
Opiumkrieg 435
Orchideenpark, GuangZhou 364
Organisierte Touren 29
Orientierung 67
Orientierung, Macau 268
Orientierung, ShenZhen 396
Orientierung, ZhuHai 410
Ostern 56
Our Lady of Joy, Trappistenkloster 231

**P**agode 435
PakKok 218
PakShaChau, Insel 253

PakShing-Tempel 149
PakTai 435
PakTai-Tempel 224
PakTamChung-Nature-Trail 211
PakTsoWan 226
PaoKung 435
Papagei 435
PatSinLeng Parks 204
PatSinLeng-Country-Park 207
Pavillon 436
Peak-Tower 152
Peak-Tram 98, 152
PengChau 228
Penha Peninsula 291
Penha-Mercado 297
Perle 436
Perlfluss, GuangZhou 375
Pferderennen 80
Pferderennen, Macau 273
Pfirsich 436
Pflaume 436
Piktogramm 436
PingChau, Geisterinsel 249
Plover Cove 204
Plover Cove Reservoir 206
Politik 109, 115
Politik, Kanton 350
Politik, Macau 288
Polizei 62
Possession Street 149
Post 67
Post, Kanton 337
Post, Macau 268
PoToi 252
PouTaiUn-Tempel 319
Privatkliniken 61
Promenade 176
Pubs 76

**Q**ingPíng-Markt, GuangZhou 377
QinShi HuangDi 436

**R**abatte 63
Radio 65
Reich der Mitte 436
Reisebüros 30
Reisegepäck 15
Reise-Gesundheits-Informationen 442
Reisekosten 63
Reiseschecks 59
Reiseschecks, Verlust 66
Reiseveranstalter in HongKong 26
Reisezeit 106
Reisezeit, Kanton 338
Reisezeit, Macau 269
Reiten 73
Reklamation 42
Religion, Macau 290
Religionen 123
RenTouShi 224
Republik China 436
Repulse Bay 162
Restaurants, HongKong-Island 52
Restaurants, KowLoon 49
Restaurants, New Territories 55
Revolutionstag 57
Rikscha 103
Ritz-Carlton HongKong 185
Rollschuhbahnen 75
Rosa 437
Rot 437
Rückreise 18
Rufnummern, wichtige 67
Ruinas do Sao Paolo 303
Rundreisen, Macau 259

**S**afaripark, ShenZhen 401
SaiKung 209
SaiKung Stadt 209
SaiKung-Country-Park 210
SaiWan 226
SamTungUk 194
SanTaiZi-Tempel 187

Sao Tiago da Barra 295
Sauna, Macau 275
Schildkröte 437
Schlafsaal-Unterkünfte 83
Schlange 437
Schmuck 40
Schnellboote 27
Schwarz 437
Schwimmbäder 70
Seac PaiWan 320
Segeln 71
Selbstversorger 48
Sex 437
ShāMiànDào, GuangZhou 376
ShamShuiPo Straßenmarkt 187
ShaTin 202
ShaTin-Park 203
ShauKeiWan 160
ShekO 161
ShéKǒu, ShenZhen 402
ShekPaiWan Bay 219
ShekPik ShuiKu 241
ShenZhen 394
ShēnZhèn DòngWùYuán 401
ShēnZhèn-City 396
SheungWan 144
ShìJièZhīChuāng, ShenZhen 400
Shopping 35
Sicherheit 62, 68
Sicherheit, Kanton 338
Sicherheit, Macau 270
Sieben 438
SikSikYuan-(Yuen-)Tempel 186
Silvermine Bay 241
Silverstrand-Bay 214
SokKwuWan 218
Souvenirs 39
Soziales 133
Space Museum 179
Spielcasinos, Macau 272
Sport 70

Sport, Macau 270
Sporttauchen 71
Sprachaufenthalt 69
Sprache 69
Sprache, Kanton 339
Sprache, Macau 270
Sprachhilfe 422
Sprachkurse 69
Squash 72
St. John's Cathedral 151
Staat 109
Staat, Kanton 347
Staat, Macau 285
Staatsname 115
Staatsname, Macau 288
Staatssymbole 115
Staatssymbole, Macau 288
Stanley 161
Stanley Gap Rd. 171
Stanley-Market 37
Star Ferry 176
Statue Square 145
Stechmücken 60
Stein 438
Strände 70
Strände, Coloane 322
Straßenbahn 98
Studium, Infos 62, 69
Studium, Macau 271
SunYatSen 415, 438
SunYatSen-Denkmal,
   GuangZhou 365
SunYatSen-Gedächtnishalle,
   GuangZhou 368
Surfen 71
Svastik 193
Symphony of Lights-Show 178

**T**ag der Verliebten 57
Taifun 107
TaiJiQuan 438

# REGISTER

TaiKwaiWan 222
TaiLongWan, Strand 241
TaiO 239
TaiPa 316
TaiPa-Altsiedlung 316
TaiPing Carpet-Factory 204
TaiPo 200
TaiTam 169
TaiTauChau 161
TaiYuen-Straßenmarkt 159
TaiZi 438
TamKung 438
Taoismus 124
TapMunChau 247
Taxi 23, 101
Tee 438
Telefon 67
Telefon, Kanton 338
Telefon, Macau 269
Tempel 439
Tempelwächter 439
Temple-Street Night Market 184
Templo de AMa 296
Tennis 72
Theater 80
TianTan-Tempel 238
TienHou-Tempel 209
Tiger Balm 159
Tiger Balm Garden 159
TinHau-Tempel 158, 161, 182, 218
Tischsitten 45
Tischtennis 73
ToLo-Harbour 212
TongChoi Street 186
ToTeiWan-Bucht 169
Tourenvorschläge 13
Tourismus 120
Tourismus, Kanton 355
Tourismus, Macau 289
Tram 98
Transit 22

Trinken 43
Trinken, GuangZhou 381
Trinken, Kanton 331
Trinken, Macau 262
Trinken, ShenZhen 406
Trinken, ZhuHai 417
TsimShaTsui 173
TsuenWan 190
TuenMun 194
Tung Lung Fort Special Area 245
TungChung 236
TungLungChau 245
TungOWan Bay 220
TungWanShan 222
TV 65

**U**hrzeit 75
Uhrzeit, Kanton 339
Umwelt 121
Umwelt, Kanton 356
Universitäten 69, 201
Unterhaltung 75
Unterhaltung, GuangZhou 384
Unterhaltung, Kanton 339
Unterhaltung, Macau 271
Unterhaltung, ZhuHai 418
Unterkunft 80
Unterkunft, GuangZhou 378
Unterkunft, Kanton 341
Unterkunft, Macau 275
Unterkunft, ShenZhen 404
Unterkunft, ZhuHai 415
Urban Council SheungWan
  Complex 148
Urban Council Victoria
  Park Centre Court 158

**V**asco da Gama 310
Verhaltenstipps 128
Verkehr 121
Verkehr, Kanton 356

Verkehrsmittel 95
Verkehrsmittel, GuangZhou 386
Verkehrsmittel, Kanton 342
Verkehrsmittel, Macau 279
Verkehrsmittel, ShenZhen 407
Verkehrsmittel, ZhuHai 419
Verpflegung, günstige 47
Verpflegungstipps 48
Versicherungen 15, 103
Verwaltung 115
Victoria Park 158
Vier 439
Violet Hill 171
Visum, Kanton 328
Volksrepublik China 439
Vorwahlnummern 67

**W**ährung 58
WanChai 154
Wandern 74
WanFoShek-Tempel 202
Wasserski 71
Water World 164
Weiterreise, allgemein 26
Weiterreise, Kanton 326
Weiterreise, Landweg 28
Weiterreise, Macau 256
Weiterreise, Seeweg 26
Weiterreise, ShenZhen 408
Weiterreise, ZhuHai 419
Western 144
Western Market 148
Western Union 66
West-KowLoon 185
Wetland Park 197
WhampoaGarden 180
Wilson-Trail 170
Windhundrennen, Macau 273
Window of China, ShenZhen 397
WingKut St. 148
Wirtschaft 117

Wirtschaft, Kanton 352
Wirtschaft, Macau 289
Wirtschaftsinstitute 62
WongTaiSin 439
WǔXiānGùGuān, GuangZhou 373

**X**iǎoMéiShā, ShenZhen 403
XīLì ShuǐGù-Reservoir, ShenZhen 402

**Y**auMaTei 182
YeungChau, Friedhofsinsel 253
YimTinTsai 250
Yin-Yang 439
YuanMing-Palast, ZhuHai 413
YuanYuan, Klosterschule 191
YueHwa-Kaufhaus 37
YuèXiù-Park, GuangZhou 364
YuèXiùShān-Stadion, GuangZhou 365
Yulu Hot Springs, ShenZhen 403
YungShueWan 217

**Z**ahlungsmittel 59
Zeitungen 64
ZhōngGuó MínSú
WénHuàCūn, ShenZhen 400
ZhongHua Travel 26
ZhuHai 410
Zoll 34
Zoll, Kanton 329
Zug 100

## Der Autor

Werner Lips, Jahrgang 1961, absolvierte ein Studium der Slavistik, Sinologie (Chinesisch) und Geschichte in Würzburg und TaiPei. Sein beruflicher Werdegang reicht vom Balkaneinsatz als Offizier über den Manager bei Markenunternehmen und Betriebsleiter in der Baunebenbranche bis hin zum Fachhochschuldozenten für Sprachen und Kulturwissenschaften. Als gefragter Experte im Bereich Osteuropa/Asien berät er wiederholt Fernsehen (WDR, VOX) sowie regelmäßig Bundeswehrbehörden. Studium, Sprachaufenthalte und touristische Reisen führten ihn mit öffentlichen Verkehrsmitteln wie auch per Motorrad oder PKW in alle Ecken des eurasischen Kontinentes. Von ihm sind im Verlag REISE KNOW-HOW Reisebücher u.a. zu Taiwan und zum Mittelmeerraum erschienen.

# Kartenverzeichnis und Legende

Übersicht Region 106

## HongKong

| | |
|---|---|
| Aberdeen | 166 |
| Causeway Bay | 156 |
| Central | 146 |
| CheungChau | 223 |
| HongKong, Übersicht | Umschlag vorn |
| HongKong, Verkehrsnetz | Umschlag hinten |
| HongKong-Island | 142 |
| HungHom | 181 |
| KiuTsuiChau | 251 |
| KowLoon | 172 |
| LamMa | 216 |
| LanTau | 232 |
| Mong Kok | 183 |
| New Territories, westl. | 190 |
| New Territories, zentrale | 199 |
| New Territories, östliche | 205 |
| Peak | 153 |
| PengChau | 229 |
| PingChau | 249 |
| Plover Cove Country Park | 206 |
| PoToi | 252 |
| SaiKung | 210 |
| SikSikYuan / WongTaiSin | 187 |
| Stanley | 162 |
| TapMunChau | 248 |
| TsimShaTsui | 174 |
| TsuenWan | 191 |
| TuenMun | 195 |
| TungLungChau | 246 |
| WanChai | 156 |
| Western | 146 |
| YauMaTei | 183 |
| YimTinTsai | 251 |

## Macau

| | |
|---|---|
| Coloane | 317 |
| Coloane Altsiedlung | 321 |
| Macau, Halbinsel | 292 |
| Macau, Übersicht | 283 |
| Macau-Zentrum | 298 |
| TaiPa | 317 |
| TaiPa Altsiedlung | 318 |

## Kanton

| | |
|---|---|
| GongBei | 413 |
| GuangDong, Provinz | 345 |
| GuangZhou | 358 |
| GuangZhou, Hauptbahnhof-Gegend | 362 |
| GuangZhou-Süd | 374 |
| LiuRong und GuangXiao Tempel | 367 |
| LuoHu, Zentrum | 398 |
| SheKou | 407 |
| ShenZhen, Übersicht | 395 |
| ZhuHai, Übersicht | 411 |

---

| | | |
|---|---|---|
| ❶ Tourist-Information | Ⓜ Museum | Ⓑ Busbahnhof |
| 🏨 Hotel | ♠ Tempel | Ⓤ U-Bahn |
| 🍴 Restaurant | ⛪ Kirche | 🅿 Parkplatz |
| ★ Sehenswürdigkeit | ✚ Krankenhaus | +++ Tram |
| Ⓢ Bank | ✉ Post | ⋮⋮⋮⋮⋮ Treppe |
| 🛍 Shopping | ⊖ Kein Fußweg | ✈ Flughafen |